Sprache im Fach

Waxmann Verlag GmbH
Steinfurter Straße 555, 48159 Münster
info@waxmann.com

Fachdidaktische Forschungen

Herausgegeben vom
Vorstand der Gesellschaft für Fachdidaktik (GFD)

Band 3

Fachdidaktik ist die Wissenschaft vom fachspezifischen Lehren und Lernen innerhalb und außerhalb der Schule. In ihren Forschungsarbeiten befasst sie sich mit der Auswahl, Legitimation und didaktischen Rekonstruktion von Lerngegenständen, der Festlegung und Begründung von Zielen des Unterrichts, der methodischen Strukturierung von Lernprozessen sowie der angemessenen Berücksichtigung der psychischen und sozialen Ausgangsbedingungen von Lehrenden und Lernenden. Außerdem widmet sie sich der Entwicklung und Evaluation von Lehr- und Lernmaterialien (Konferenz der Vorsitzenden der Fachdidaktischen Fachgesellschaften, KVFF 1998).

Mit der Gründung der Gesellschaft für Fachdidaktik (GFD) im Jahre 2001 haben die Fachdidaktiken in Deutschland eine organisierte Vertretung und ein effektives Sprachrohr bekommen. Gleichzeitig wurde eine eigene Publikationsreihe (Forschungen zur Fachdidaktik) eingerichtet, die nun als Fachdidaktische Forschungen weitergeführt wird. In dieser Reihe erscheinen Monographien und Sammelbände, die aufgrund ihrer methodischen Anlage oder inhaltlichen Schwerpunkte von allgemeinem fachdidaktischem Forschungsinteresse sind. Dadurch soll die interdisziplinäre Kooperation der Fachdidaktiken auf dem Gebiet der Forschung angeregt und gefördert werden.

Michael Becker-Mrotzek
Karen Schramm
Eike Thürmann
Helmut Johannes Vollmer (Hrsg.)

Sprache im Fach

Sprachlichkeit und fachliches Lernen

Waxmann 2013
Münster / New York / München / Berlin

Bibliografische Informationen der Deutschen Nationalbibliothek
Die Deutsche Nationalbibliothek verzeichnet diese Publikation in
der Deutschen Nationalbibliografie; detaillierte bibliografische
Daten sind im Internet über http://dnb.d-nb.de abrufbar.

Fachdidaktische Forschungen, Band 3
ISSN 2191-6160
ISBN 978-3-8309-2659-7

© Waxmann Verlag GmbH, 2013
Postfach 8603, 48046 Münster

www.waxmann.com
info@waxmann.com

Umschlaggestaltung: Pleßmann Design, Ascheberg
Umschlagabbildung: © tom – Fotolia.com
Redaktion und Layout: Michael Seyfarth, Leipzig/Novosibirsk

Gedruckt auf alterungsbeständigem Papier,
säurefrei gemäß ISO 9706

Alle Rechte vorbehalten
Printed in Germany

Alle Rechte vorbehalten. Nachdruck, auch auszugsweise, verboten.
Kein Teil dieses Werkes darf ohne schriftliche Genehmigung des Verlages
in irgendeiner Form reproduziert oder unter Verwendung elektronischer
Systeme verarbeitet, vervielfältigt oder verbreitet werden.

Inhalt

Michael Becker-Mrotzek, Karen Schramm, Eike Thürmann & Helmut Johannes Vollmer
Sprache im Fach: Einleitung..7
Language in Content Classrooms: Introduction...15

Fachübergreifende Aspekte

Sabine Schmölzer-Eibinger
Sprache als Medium des Lernens im Fach.. 25

Helmut Johannes Vollmer & Eike Thürmann
Sprachbildung und Bildungssprache als Aufgabe aller Fächer der Regelschule 41

Wolfgang Hallet
Generisches Lernen im Fachunterricht.. 59

Florian Hiller
Sachtexte erschließen mit Hilfe von Frames und Scripts
Eine Interventionsstudie zur Förderung der Lesekompetenz in Klassenstufe 8..................77

Fokus: Deutsch

Beate Lütke
Sprachförderung im Deutschunterricht –
fachspezifische und fachübergreifende Schwerpunkte.. 99

Helmuth Feilke
Bildungssprache und Schulsprache am Beispiel
literal-argumentativer Kompetenzen... 113

*Volker Frederking, Volker Gerner, Jörn Brüggemann, Christian Albrecht,
Sofie Henschel, Thorsten Roick, Christel Meier & Adelheid Rieder*
Literarästhetische Kommunikation im Deutschunterricht.. 131

Fokus: Mathematik

Helmut Linneweber-Lammerskitten
Sprachkompetenz als integrierter Bestandteil der *mathematical literacy?*................. 151

Susanne Prediger
Darstellungen, Register und mentale Konstruktion von Bedeutungen und Beziehungen –
mathematikspezifische sprachliche Herausforderungen identifizieren und bearbeiten........... 167

Stefan Ufer, Kristina Reiss & Volker Mehringer
Sprachstand, soziale Herkunft und Bilingualität:
Effekte auf Facetten mathematischer Kompetenz... 185

Sabine Stephany, Markus Linnemann & Michael Becker-Mrotzek
Schreiben als Mittel des mathematischen Lernens.. 203

Fokus: Naturwissenschaftliche Fächer

Christoph Kulgemeyer & Horst Schecker
Schülerinnen und Schüler erklären Physik – Modellierung, Diagnostik und
Förderung von Kommunikationskompetenz im Physikunterricht.................................. 225

Ilka Parchmann & Sascha Bernholt
In, mit und über Chemie kommunizieren – Chancen und Herausforderungen von
Kommunikationsprozessen im Chemieunterricht... 241

Elke Sumfleth, Iwen Kobow, Nermin Tunali & Maik Walpuski
Fachkommunikation im Chemieunterricht.. 255

Hannah Busch & Bernd Ralle
Diagnostik und Förderung fachsprachlicher Kompetenzen im Chemieunterricht............... 277

Karen Schramm, Ilonca Hardy, Henrik Saalbach & Anne Gadow
Wissenschaftliches Begründen im Sachunterricht... 295

Fokus: Gesellschaftswissenschaftliche Fächer

Saskia Handro
Sprache und historisches Lernen
Dimensionen eines Schlüsselproblems des Geschichtsunterrichts............................... 317

Olaf Hartung
Sprache und konzeptionelles Schreibhandeln im Fach Geschichte
Ergebnisse der empirischen Fallstudie „Geschichte – Schreiben – Lernen".................... 335

Alexandra Budke
Stärkung von Argumentationskompetenzen im Geographieunterricht – sinnlos,
unnötig und zwecklos?.. 353

Stephan Altmeyer
Die (religiöse) Sprache der Lernenden. Sprachempirische Zugänge zu einer
großen Unbekannten... 365

Steffi Donnerhack, Annette Berndt, Eike Thürmann & Helmut Johannes Vollmer
Bildungssprachliche Kompetenzerwartungen für den Mittleren Schulabschluss –
am Beispiel des Faches Evangelische Religion... 381

Die Beitragenden... 401

*Michael Becker-Mrotzek, Karen Schramm, Eike Thürmann
& Helmut Johannes Vollmer*

Sprache im Fach: Einleitung

Der vorliegende Band „Sprache im Fach – Sprachlichkeit und fachliches Lernen" greift ein brennendes bildungs- und forschungspolitisches Thema der Fachdidaktiken auf, das bislang weitgehend vernachlässigt wurde: die Identifizierung und Förderung von sprachlichen Kompetenzen, die für erfolgreiches Lernen in jedem Fach notwendig sind. In den letzten Jahren hat sich zunehmend herausgestellt, wie sehr Sprache (und nicht nur Fachsprache) konstitutiv ist für das Lehren und Lernen in allen schulischen Fächern, von den Gesellschaftswissenschaften über Naturwissenschaften bis hin zur Mathematik. Es geht dabei konkret um den Aufbau von fachbezogenen Verstehens- und Mitteilungsfähigkeiten, die sich offenbar nicht von alleine einstellen, sondern die explizit und systematisch in einem guten Fachunterricht mit vermittelt werden müssen. Das betrifft sowohl das Mündliche wie das Schriftliche.

Der Deutschunterricht könnte – vorausgesetzt er stellt sich dieser Aufgabe explizit – allgemeine Grundlagen in der Sprach- und Kommunikationsfähigkeit und insbesondere der Lese- und der Textkompetenz legen. Im Unterricht der einzelnen Fächer dagegen ginge es vor allem darum, die spezifischen, erweiterten kognitiven und sprachlichen Anforderungen in den Blick zu nehmen. Diese ergeben sich aus den je besonderen fachlichen Inhalten und Erwerbsprozessen und den damit verbundenen notwendigen Versprachlichungen einschließlich der Nutzung und Verbalisierung von nonverbalen, multimedialen Informations- und Bedeutungsträgern. Die sprachlichen Fächer können nur in Ansätzen auf solche fachspezifischen Anforderungen vorbereiten. Deshalb brauchen Schülerinnen und Schüler jeder Altersstufe – insbesondere diejenigen, die aus ihren Familien diese Sprach- und Denkmuster nicht in die Schule mitbringen – hier gezielte Unterstützung zur Entwicklung der fachbezogenen mündlichen wie schriftlichen Sprachfähigkeit, um Fachlernen mit Gewinn durchlaufen und ihre Bildungswege erfolgreich absolvieren zu können. Zugleich stellt sich die Frage nach dem Zusammenhang allen fachbasierten, sprachlichen Lernens, und zwar sowohl zwischen Fächern als auch über die Fächer hinweg, und damit nach den Möglichkeiten des Transfers von Sprachkompetenzen – jeweils aus der Sicht von Lernenden und von (Fach-)Lehrerinnen und Lehrern.

Wir sprechen in diesem Zusammenhang von den Erfordernissen und Merkmalen der sogenannten Schul- bzw. Unterrichtssprache, die auch als Bildungssprache oder alltägliche Wissenschaftssprache bezeichnet wird. Wir haben es hier mit einem spezifischen Sprachregister zu tun, das typisch für den differenzierten Fachunterricht ist und dessen Beherrschung durch die Schülerinnen und Schüler von Seiten der Institution Schule in der Regel einfach erwartet wird – oft ohne dass dies explizit gemacht oder in seinen Implikationen ausformuliert wird. Andererseits ist dieses Sprachregister in seiner Struktur und Eigenart noch nicht systematisch und umfassend beschrieben. Für viele Kinder und Jugendliche mit und auch ohne Migrationshintergrund stellt sich diese Erwartungshaltung der Schule deshalb oft wie ein „geheimes Curriculum" dar, an dem viele Lernende durch Unkenntnis oder durch mangelnde Unterstützung beim Erwerb dieses Sprachregisters scheitern. Mehr als 20 % der Schülerinnen und Schüler verlassen die Schule ohne hineichende Qualifizierung und sind deshalb auf dem Ausbildungs- und Arbeitsmarkt nur schwer vermittelbar bzw. müssen zusätzliche Qualifikationsschleifen durchlaufen. Die Daten für das Verfehlen der zweiten Kompetenzstufe (in Mathematik und Leseverstehen etwa) sind seit PISA 2000 alarmierend. Dabei hat jeder Lernende das Recht auf eine qualitativ hochwertige Bildung und Ausbildung, das Recht auf ausreichende sprachlich-fachliche Qualifizierung und auf die Befähigung zur Teilhabe an demokratischen Entscheidungsprozessen, die zunehmend solides, reflektiertes, sprachlich vermitteltes fachliches Wissen und Können erfordert. Diese hohen Ansprüche kann der Deutschunterricht nicht alleine erfüllen, sondern dies ist Aufgabe aller Unterrichtsfächer.

Zur Bearbeitung der skizzierten Fragestellungen ist im Oktober 2011 erstmals ein Kongress auf nationaler Ebene durchgeführt worden, zu dem Vertreter aus den verschiedenen Fachdidaktiken eingeladen wurden, die sich mit Sprache in ihrem jeweiligen Fach befassen. Ausgerichtet und organisiert wurde dieser Kongress auf Initiative von Helmut Johannes Vollmer in Kooperation zwischen Deutsch- und Fremdsprachendidaktik (unter Einschluss von Deutsch als Zweitsprache) innerhalb einer Reihe von interdisziplinären fachdidaktischen Tagungen. Diese Reihe begann mit dem Thema „Evolution und Schöpfung" (ausgerichtet von Biologiedidaktikern und Religionspädagogen; s. Bayrhuber, Faber & Leinfelder, 2011) und fand ihre Fortsetzung dann im fachdidaktischen Forschungssymposium „Reden über Kunst" (ausgerichtet von Literatur-, Kunst- und Musikdidaktik; s. Kirschenmann, Richter & Spinner, 2011).[1] Der fachdidaktische Kongress „Sprache im Fach – Sprachlichkeit und fachliches Lernen" war die dritte Tagung in dieser Reihe; sie fand vom 14.–15. Oktober 2011 auf Schloss Wahn der Universität zu Köln statt.

Der vorliegende Sammelband beruht auf ausgewählten Beiträgen, die auf diesem Kongress vorgetragen wurden, und auf kritischen Diskussionen, die sich im Anschluss an die Einzelvorträge oder in übergreifenden Reflexionsphasen entwickelt haben. Die Intensität des Austausches über die Relevanz einzelner Fragestellungen, Theoriebildung, Forschungsdesigns und einzelne Forschungsmethoden sowie über bildungspolitische Perspektiven und die praktische Umsetzung von Forschungsergebnissen in diesem Bereich war sehr erfreulich. Sie lässt hoffen, dass die Problematik im Bewusstsein der Fachdidaktiken prominenter geworden ist. Sprache ist als eine zentrale Dimension in der Bestimmung von Fachlernen, von Fachkompetenz und von fachlicher Bildung erkannt und wird bei der Erforschung des Lehrens und Lernens fachlicher Gegenstände in Zukunft zu berücksichtigen sein. Ebenso ist als eines der übergeordneten Ziele schulischen Lernens die Entwicklung einer angemessenen fachbasierten Diskursfähigkeit in allen Fächern und über alle Fächer hinweg nicht mehr wegzudenken.

---

1   Bayrhuber, H., Faber, A. & Leinfelder, R. (Hrsg). (2011). *Darwin und kein Ende? Kontroversen zu Evolution und Schöpfung*. Seelze: Klett-Kallmeyer.
    Kirschenmann, J., Richter, C. & Spinner, K.H. (Hrsg.). (2011). *Reden über Kunst. Fachdidaktisches Forschungssymposium in Literatur, Kunst und Musik*. München: kopaed.

Der Band „Sprache im Fach" ist in fünf Themenbereiche gegliedert. Nach der Diskussion fachübergreifender Aspekte steht zunächst das Fach Deutsch im Fokus. Danach werden die Mathematik und die naturwissenschaftlichen Fächer diskutiert; abschließend werden Fächer mit gesellschaftswissenschaftlicher Orientierung behandelt. Die Einzelbeiträge sollen im Folgenden kurz vorgestellt werden.

Die ersten vier Beiträge beleuchten **fachübergreifende Aspekte**. In ihrem Beitrag „Sprache als Medium des Lernens im Fach" gibt *Sabine Schmölzer-Eibinger* zunächst einen Überblick über den Zusammenhang von sprachlichen Kompetenzen in der Schule und Literalität und zeigt an Unterrichtsinteraktionen beispielhaft prototypische Problemfelder auf, die den Fachunterricht im Hinblick auf das Sprachenlernen kennzeichnen. Auf dieser Grundlage entwirft sie didaktische Perspektiven für integriertes Sprach- und Fachlernen, bei denen Sprachaufmerksamkeit und Sprachbewusstheit, aktivem Sprachhandeln und Interaktion sowie auch Schriftsprachlichkeit und Texten eine zentrale Rolle zukommt.

An diese Einführung schließen *Helmut Johannes Vollmer & Eike Thürmann* in ihrem Beitrag „Sprachbildung und Bildungssprache als Aufgabe aller Fächer der Regelschule" mit grundsätzlichen Überlegungen zum Charakter der Bildungssprache an und bestimmen dazu sowohl die fachübergreifenden als auch die fachunterrichtlichen Dimensionen bildungssprachlicher Kompetenzen. Sie umreißen wichtige Prinzipien bildungssprachlichen Lehrens und Lernens und schlagen konkrete Maßnahmen zur Implementierung wie beispielsweise die Ausbildung und den Einsatz von Sprachbildungs-Coaches, wie Weiterbildungsmaßnahmen und Lernmaterialentwicklung in Bezug auf einen sprachsensiblen Fachunterricht vor.

Das Thema „Generisches Lernen im Fachunterricht" rückt *Wolfgang Hallet* anschließend in den Mittelpunkt der Diskussion zur Sprachlichkeit des fachlichen Lernens. Er plädiert – nach einer differenzierten Auseinandersetzung mit dem Genre-Begriff – für die explizite Unterstützung des Genre-Erwerbs durch Lernaufgaben mit generischer Dimension im Rahmen spezifischer Unterrichtssequenzen, die Kontextualisierung, Textanalyse, kooperative und individuelle Produktion sowie auch einen diskursiven Anschluss vorsehen. Auch auf die Bedeutung von Genre-Bewusstheit, Genre-Wissen und Metasprache weist Hallet in diesem Zusammenhang hin.

Florian Hiller schließlich widmet seinen Beitrag dem Thema „Sachtexte erschließen mit Hilfe von Frames und Scripts". Auf der Grundlage einer Interventionsstudie zur Förderung der Lesekompetenz in Klassenstufe 8 in drei verschiedenen Schularten zeigt er auf, dass insbesondere schwächere Leserinnen und Leser von einem schemaorientierten Training profitieren. Die bei über 500 Lernenden durchgeführte Studie mit einem Treatment-/Kontrollgruppendesign erbringt somit belastbare empirische Befunde in Bezug auf allgemeine Fördermöglichkeiten hinsichtlich der Sachtextrezeption.

Den Übergang zum zweiten **Themenbereich Deutsch** gestaltet Beate Lütke mit ihrem Beitrag „Sprachförderung im Deutschunterricht – fachspezifische und fachübergreifende Schwerpunkte", in dem sie ihre Überlegungen zur Orientierungsfunktion des Faches Deutsch für eine fachintegrative und fachübergreifende Sprachförderung im Deutschunterricht vorstellt. Dabei erweisen sich Textbezogenheit, sprachliche Handlungen, Strategie- und Flüssigkeitstrainings sowie Sprachbewusstheit als zentrale Elemente.

Am Beispiel literal-argumentativer Kompetenzen problematisiert und differenziert *Helmuth Feilke* die Begriffe „Bildungs- und Schulsprache" – auch in Abgrenzung zur Schriftsprache – und arbeitet auf diese Weise die Rolle genuin schulischer und didaktischer Spracherwartungen klar heraus. Im Detail zeigt er zwischen erwerbsbezogener und schulsprachlicher Charakteristik schriftlichen Argumentierens charakteristische Differenzen auf, die die Grenzen der herkömmlichen Erörterungsdidaktik für den bildungssprachlichen Erwerb deutlich erkennbar werden lassen.

Volker Frederking, Volker Gerner, Jörn Brüggemann, Christian Albrecht, Sofie Henschel, Thorsten Roick, Christel Meier & Adelheid Rieder zeigen in ihrem Beitrag „Literarästhetische Kommunikation im Literaturunterricht" Besonderheiten der literarästhetischen Kommunikation und Gelingensbedingungen für diese im Deutschunterricht auf. Sie skizzieren das Forschungsdesign eines Quasi-Experiments, bei dem Hypothesen zur Wirksamkeit von Lehr-Lern-Arrangements getestet werden, welche sich verkürzend als schüler- bzw. identitätsorientierte Kommunikation versus fragend-entwickelnder Unterricht charakterisieren lassen.

Die Beiträge zum dritten **Themenbereich Mathematik** setzen sich mit dem Zusammenhang von sprachlichen und mathematischen Lernprozessen in empirischer Perspektive auseinander. *Helmut Linneweber-Lammerskitten* behandelt in seinem Beitrag „Sprachkompetenz als integrierter Bestandteil der *mathematical literacy*?" die Frage nach dem Verhältnis von mathematischer und sprachlicher Kompetenz. Er argumentiert, dass mathematisches Denken im Sinne mathematischen Problemlösens ohne Sprache und Kommunikation nicht denkbar sei. Insbesondere im Mathematikunterricht bedürfe es immer der sprachlich-kommunikativen Auseinandersetzung über Mathematik, sodass Sprachförderung keine zusätzliche, sondern eine integrative Aufgabe des Mathematikunterrichts sei.

Susanne Prediger zeigt in ihrem Beitrag „Darstellungen, Register und mentale Konstruktion von Bedeutung und Beziehung – Mathematikspezifische sprachliche Herausforderungen identifizieren und bearbeiten" anhand eines eigenen Modells am Beispiel von Brüchen, wie unterschiedliche Darstellungsformen und Register beim mathematischen Lehren und Lernen zusammenwirken. Illustriert wird das Modell anhand einer Unterrichtsszene, die den engen Zusammenhang von sprachbezogenen und mathematikbezogenen Lernprozessen verdeutlicht.

Stefan Ufer, Kristina Reiss & Volker Mehringer berichten in ihrem Beitrag „Sprachstand, soziale Herkunft und Bilingualität: Effekte auf Facetten mathematischer Kompetenz" über den Einfluss unterschiedlicher Formen der Bilingualität auf den Stand und den Lernfortschritt zweier Facetten mathematischer Kompetenz in der Grundschule. Sie stellen fest, dass sich Bilingualität bezogen auf die Facette, die inhaltliche Anforderungen umfasst und stärker auf konzeptuelle Wissenskomponenten zurückgreift, negativ auswirkt. Diese Leistungsunterschiede verschwinden jedoch bei Kontrolle der sprachlichen Fähigkeiten.

Sabine Stephany, Markus Linnemann & Michael Becker-Mrotzek untersuchen in ihrem Aufsatz „Schreiben als Mittel des mathematischen Lernens" den Beitrag des Schreibens zum mathematischen Lernen. Dabei geht es vor allem auch um die epistemische Funktion des Schreibens, die sich aus den Bedingungen des kommunikativen Schreibens ergibt. Auf der Grundlage von empirischen Analysen zeigen sie auf, wie gute Schreibaufgaben im Mathematikunterricht beschaffen sein müssen, damit auch schwache Schreiber von ihnen fachlich *und* sprachlich profitieren können.

Der vierte **Themenbereich Naturwissenschaftliche Fächer** besteht aus fünf Beiträgen. Er beginnt mit *Christoph Kulgemeyer & Horst Schecker* zum Thema „Schülerinnen und Schüler erklären Physik – Modellierung, Diagnostik und Förderung von Kommunikationskompetenz im Physikunterricht". Hierin beschreiben die Autoren ihre Konzeption zur Modellierung der physikalischen Kommunikationskompetenz von Schülern; dabei wird auf der Basis ihres Verständnisses von spezifisch physikalischer Kommunikation ein Kompetenzmodell entwickelt, das empirisch überprüft wurde. Zu dem Modell werden weitere Forschungsergebnisse dargestellt, insbesondere zur Beziehung zwischen Kommunikationskompetenz und physikalischem Fachwissen. Dies betrifft auch die Frage, wie viel Fachwissen für gute Erklärungen notwendig ist. Am Ende wird ein Einblick in Möglichkeiten der Förderung physikalischer Kommunikationskompetenz im Unterricht gegeben.

Ilka Parchmann & Sascha Bernholt gehen in ihrem Beitrag „In, mit und über Chemie kommunizieren – Chancen und Herausforderungen von Kommunikationsprozessen im Chemieunterricht" davon aus, dass Kommunizieren im Chemieunterricht viele Facetten aufweist, die auch in anderen Fächern bedeutsam sind. Hinzu kommt die für die Chemie bedeutsame Formel- oder Symbolsprache, die über Medien und Produkte längst auch Einzug in den Alltag vieler Menschen gefunden hat. Der Beitrag stellt daher zunächst die besonderen Anforderungen dieser eigenen Fachsprache dar. Darauf aufbauend werden empirische Befunde zur Fachsprache und Kommunikation im Chemieunterricht erörtert, um abschließend Ansätze für eine explizitere Betonung von Sprach- und Kommunikationsförderung im Unterricht zur Diskussion zu stellen.

„Fachkommunikation im Chemieunterricht" ist auch das Thema von *Elke Sumfleth, Iwen Kobow, Nermin Tunali & Maik Walpulski*. Die Autoren unterscheiden vor dem Hintergrund nationaler Bildungsstandards drei Teildimensionen *Informationen erschließen*, *Informationen weitergeben* und *Argumentieren*, wobei in allen drei Kompetenzteilbereichen die Aspekte Sprache/Fachsprache, Darstellungsformen und Adressatenbezug/ Sachbezug zu finden sind. Sie kommen zu dem Schluss, dass die Lernleistung von Schülern grundsätzlich durch die allgemeine wie fachbezogene Sprachkompetenz beeinflusst und im Chemieunterricht durch das Erlernen der Fachsprache zusätzlich erschwert wird. In einer Pilotstudie zeigen sie auf, wie die fachsprachlichen Fähigkeiten von Lernenden entwickelt und gefördert werden können.

Hannah Busch & Bernd Ralle thematisieren „Diagnostik und Förderung fachsprachlicher Kompetenzen", ebenfalls bezogen auf den Chemieunterricht. Sie stellen Verfahren vor, wie sich sprachliche und fachsprachliche Kompetenzen von Schülern im regulären Unterricht auf einfache Weise überprüfen lassen. Dabei greifen allgemein- und fachsprachliche Kompetenzen ineinander und schaffen gemeinsam die Voraussetzung dafür, dass Fachbegriffe und Konzepte nicht nur schematisch gelernte Worthülsen bleiben, sondern Bedeutungsgehalte angemessen erschlossen und in den fachlichen Diskurs eingebracht werden können. Sodann wird der Blick auf Instrumente zur Bewertung der fachsprachlichen Kompetenz sowie auf mögliche fachsprachliche Fördermaßnahmen gerichtet.

Abschließend untersuchen *Karen Schramm, Ilonca Hardy, Henrik Saalbach & Anne Gadow* „Wissenschaftliches Begründen im Sachunterricht" am Beispiel eines Unterrichtsgesprächs im Sachunterricht der dritten Klasse zum Thema Sinken und Schwimmen. In einer Triangulation diskursanalytischer Verfahren aus der Naturwissenschaftsdidaktik und aus der Unterrichtskommunikationsforschung gehen sie der Frage nach, welche zentralen Charakteristika die erfolgreiche Unterrichtsgesprächsführung aufweist. Gleichzeitig explorieren sie das methodische Potenzial eines solchen interdisziplinären Zugriffs auf Klassengespräche für die Erforschung der Sprachlichkeit fachlichen Lernens.

Die schulischen Fächer mit gesellschaftswissenschaftlicher Orientierung im letzten Themenbereich sind in besonderer Weise auf Sprache sowohl als Werkzeug der Erkenntnisgewinnung als auch als kommunikatives Medium zum Aushandeln von Bedeutungen und Methoden angewiesen. Mit Beiträgen in diesem Sammelband zum Geschichts- und Geographieunterricht sowie zum Religionsunterricht wird Sensibilität für die Funktionen und Konventionen des fachunterrichtlichen Sprachgebrauchs mit dem Ziel hergestellt, dass sich daraus Strategien für bildungssprachförderliches didaktisch-methodisches Handeln ableiten lassen.

Saskia Handro geht in ihrem Beitrag „Sprache und historisches Lernen" von grundlegenden geschichtstheoretisch hergeleiteten didaktischen Prinzipien des kompetenzorientierten Lehrens und Lernens aus. Demnach ist Sprachlernen dem historischen Denken und Lernen inhärent, was sie u.a. mit den fachspezifischen Erkenntnisverfahren und der sprachlichen Verfasstheit der Unterrichtsgegenstände begründet. Im Kontrast dazu steht – nach Handro – die weitgehend unreflektierte Sprachpraxis des Geschichtsunterrichts, der erst dann einen wirksamen Beitrag zur Sprachförderung leisten kann, wenn Sprache als Lerngegenstand, Lernvoraussetzung und Lernstruktur fachunterrichtlich spezifisch profiliert wird.

Das Forschungsprojekt, dessen Ergebnisse *Olaf Hartung* in seinem Beitrag „Sprache und konzeptuelles Schreibhandeln im Fach Geschichte" darstellt, bezieht sich auf die Frage, wie Schülerinnen und Schüler zu und über Geschichte schreiben, wie und was sie dabei lernen und welchen Einfluss die Aufgabenformate und Textsorten auf den Erwerb historischer Kompetenzen haben. Der positive Effekt des Lernens durch konzeptionelles Schreiben wird empirisch belegt. Die Aufgabensteuerung der Zieltextformate und die situative Einbettung des Schreibhandelns wirken sich in spezifischer Weise auf fachunterrichtliche Kognitionen aus und tragen wiederum zum Ausbau bildungssprachlicher Kompetenzen bei.

Für den Geographieunterricht setzt sich *Alexandra Budke* in ihrem Beitrag „Stärkung von Argumentationskompetenzen im Geographieunterricht – sinnlos, unnötig und zwecklos?" mit Vorurteilen von Praktikern und Fachdidaktikern auseinander, die sich gegen eine Fokussierung des Sprachlernens im Fachunterricht wenden, und entkräftet diese am Beispiel der Förderung von Argumentationskompetenzen. Wie Handro und Hartung verweist sie auf die Forschungs- und Entwicklungsdesiderate in unterschiedlichen Handlungsfeldern (z.B. Schulbücher, Unterrichtsmethoden, Lehrerbildung).

Die beiden Beiträge zum Religionsunterricht eröffnen sehr unterschiedliche Perspektiven. *Stefan Altmeyer* richtet den Blick auf „Die (religiöse) Sprache der Lernenden" und zeigt, wie mithilfe sprachempirischer Methoden (Analyse von Schlüsselwörtern und Kollokationen) ein Zugang zum fachunterrichtlichen Sprachgebrauch der Lernenden gewonnen werden kann. Dies wäre Ausgangspunkt und Grundlage für eine zielgerichtete Unterstützung religionsunterrichtlich relevanter Sprachkompetenzen.

Komplementär dazu geht es in dem Beitrag von *Steffi Donnerhack, Annette Berndt, Eike Thürmann & Helmut Johannes Vollmer* mit dem Titel „Bildungssprachliche Kompetenzerwartungen für den Mittleren Schulabschluss" eher um curricularsystemische Aspekte, also um die Frage, welche bildungssprachlichen Kompetenzen vom evangelischen Religionsunterricht angebahnt und unterstützt werden. Die Spezifik der religionsdidaktischen Sprachverwendungsmuster ergibt sich aus den Modifikationen und Erweiterungen eines allgemeinen Referenzrahmens für bildungssprachliche Kompetenzerwartungen.

So weit der Überblick über die Beiträge des vorliegenden Bandes, der ebenso wie die Durchführung der Tagung selbst ohne die großzügige Unterstützung der Friedrich-Stiftung und der Universität zu Köln so nicht zustande gekommen wäre. Dafür möchten wir uns an dieser Stelle noch einmal recht herzlich bedanken. Desgleichen bedanken wir uns bei der Sprachenpolitischen Abteilung des Europarats in Strasbourg für die ideelle Unterstützung.[2] Auch beim Vorstand der Gesellschaft für Fachdidaktik (GFD) möchten wir uns für die vertrauensvolle Zusammenarbeit seitens der Reihenherausgeber und die Aufnahme in die „Fachdidaktischen Forschungen" bedanken ebenso wie bei Herrn Patrick Schmitz vom Waxmann Verlag für die vorzügliche Verlagsbetreuung. Den Autorinnen und Autoren schließlich sei gedankt für die kollegiale und inspirierende Zusammenarbeit, durch die sich die Erstellung dieses Buchs als besonders erfreulich gestaltete. Nicht zuletzt gilt unser besonderer Dank Herrn Michael Seyfarth, der zunächst in Leipzig und sodann in Nowosibirsk mit großer Sorgfalt die Redaktion und Formatierung des vorliegenden Bands durchführte. Für alle verbleibenden Unzulänglichkeiten tragen wir als Herausgeber die Verantwortung.

Im Dezember 2012   Die Herausgeber

---

2   E. Thürmann und H.J. Vollmer arbeiten im Rahmen eines Großprojekts des Europarats unter dem Titel „Languages in Education – Languages for Education" aktiv mit (vgl. die Plattform im Internet mit allen verfügbaren Beiträgen zum Herunterladen: http://www.coe.int/t/dg4/linguistic/langeduc/le_platformintro_EN.asp?). Sie sind insbesondere im Teilprojekt „Languages of Schooling in All Subjects" engagiert, das sich gezielt auf Sprache im Fach bezieht und dessen Zwischenergebnisse auf der Homepage des Europarats unter http://www.coe.int/t/dg4/linguistic/ (Seminar zu „Subject Literacies and the Right to Quality Education") nachzulesen sind.

Michael Becker-Mrotzek, Karen Schramm, Eike Thürmann
& Helmut Johannes Vollmer

Language in Content Classrooms: Introduction[1]

(English version by Helmut Johannes Vollmer)

The present collection of articles entitled "Language in Content Classrooms – Linguistic Perspectives of Subject-Specific Teaching and Learning" addresses an acute problem of subject didactics[2] (with implications for educational as well as academic research policies) which has largely been neglected in the past: i.e. the identification and pedagogical support of the competencies necessary for successful learning in all subject areas. In recent years, it has become evident that language competencies – and not only the subject-specific technical usage of the terminology – are a prerequisite for academic success. This holds true for all subjects in school, for science education and mathematics as well as for subjects that focus on social sciences. What is at stake here for children and adolescents is nothing less than the development of basic discourse competencies to fully comprehend and communicate subject-specific content. Apparently, such competencies do not unfold on their own, they have to be "taught" explicitly and systematically in addition to, yet in close connection with the content. Working towards subject literacy in oral as much as in the written modes of expression should, therefore, be considered a prominent feature of the right to quality education.

Provided that "language arts" (e.g. German in Germany, French in France, English in the US) as a key subject area explicitly accepts this challenge, it could take up responsibility for laying the foundation in terms of general linguistic and communicative abilities – particularly for reading comprehension and for general discourse competence. Within the different "non-language" subjects, on the other hand, the task would then be to take the complex cognitive demands and language requirements into consideration which are genuine to teaching and learning in those subject areas. These language requirements are content-determined and result from domain-specific methodologies, verbal and non-verbal semiotic systems, media, genres and genre conventions as well as particular patterns of language use for the negotiation of meaning. Language subjects as such have only a limited potential to prepare for such subject-specific linguistic challenges. Therefore, learners of all ages and backgrounds need specific language support in the content classroom – in particular those who do not grow up in families with academic thinking

---

[1] This is the English version of the introductory chapter "Sprache im Fach: Einleitung" (cf. in this volume).

[2] The term "Subject Didactics" has been adopted as the English equivalent for "Fachdidaktik" by the German Association for *Fachdidaktik* (GFD), an umbrella organisation for more than 20 professional research associations dealing with the teaching and learning of subject matter in schools as well as in higher education. Accordingly, "Research in Subject Didactics" (RSD) will be the title of a new international journal soon to be launched.

skills and adequate patterns of oral and written discourse. Only with the appropriate academic language competencies will all learners be able to take full advantage of the curriculum, participate actively in subject learning and finish their school careers successfully. In order to conceptualise ways and means of language support each subject has to state and explicitly formulate the specific language demands in relation to its content. In addition, the question has to be addressed how individual subject areas can contribute to the overall development of academic literacy and how communalities across the curriculum can be identified to facilitate transfer of learning. In order to find convincing answers to these questions cognitive and verbal patterns have to be examined, taking account of both the teachers" and the students" perspective.

We are talking here about the features and requirements of what has been called the *language of schooling*[3] which can also be characterised as a form of (pre-)academic language or as "Bildungssprache" (an equivalent term used in German). It is a specific language register, typical of formal learning in school settings and in demanding content teaching. Although it is rarely explicitly stated or clarified in all its implications, mainstream education expects this register to be mastered by all students. Yet this register is not even fully understood nor scientifically described in its structure and characteristic details. For many children and adolescents (with or without a migrant background), therefore, this expectation on the part of the school is like a "hidden curriculum" which causes many learners to fail, either through lack of knowledge or through lack of support in the acquisition of this academic language register. More than 20% of the German school population, for instance, leave school without adequate qualifications and therefore face difficulties when entering the job market – or they must complete additional training. Since 2000, the PISA data are quite alarming in this respect, showing that these students do not even reach the second of the six PISA-levels of proficiency, neither in mathematics nor in reading comprehension. Yet, generally speaking, there is agreement in many countries that all learners are entitled to quality education, to sufficient training and to a high level of content knowledge and language competence that will enable them to participate in democratic decision-making processes. It cannot be the task of "language as subject" alone to meet all of these challenges and to fulfil the high educational expectations; rather, this is the joint task of *all* the subjects in school.

In order to deal with language issues in school subjects, in October 2011 a congress was organised on the national level for the first time in Germany. Representatives from the different fields of subject didactics with a focus on the language dimension in their respective fields of study were invited. Initiated by Helmut Johannes Vollmer, this congress was planned and realised by a group of experts with a research background either in *Language as Subject* (including German as a second language) and/or *Foreign Language Teaching and Learning*. It was part of a series of interdisciplinary workshops on subject didactics. This series had begun with the topic "Evolution and Creation" (organised by biology and religious education; cf. Bayrhuber, Faber & Leinfelder, 2011) and was continued by a didactic research symposium on "Speaking about Art" (organised by

---

3 Cf. Schleppegrell, M. (2004). *The language of schooling*. Mahwah, NJ: Lawrence Erlbaum.

literary, art and music didactics; cf. Kirschenmann, Richter & Spinner, 2011).[4] The third event of this series was on "Language in content classrooms" which took place on October 14–15, 2011 at the University of Cologne.

The edited volume at hand is a selection of contributions presented at that conference. After the conference, the papers were revised and enriched by the authors who took account of the critical discussions following each presentation. The intensity of exchange among the different didactic disciplines was quite remarkable and enjoyable. It covered a broad range of approaches, relating to single research issues, theory building, research designs and methodology as well as to perspectives of educational policy and practical implications and applications of some of the research findings. One can safely say that the conference has raised awareness of issues concerning language and literacy in content teaching on a national level among experts of subject didactics in Germany and has placed the topic high on their professional agendas. Language has been acknowledged as one of the central dimensions of subject-specific learning and teaching and of subject education in general. Thus it is likely to play a more important role in the future. Likewise the development of academic language proficiency in each of the subject areas and across the curriculum has been identified as a general and valid goal for the further development of the German educational system.

The volume "Language in Content Classrooms – Linguistic Perspectives of Subject-specific Teaching and Learning" is divided into five sections. Starting with the discussion of cross-sectional issues which relate to many or all subjects in school, the focus is then shifted to contributions concerning the dominant language of schooling in Germany, i.e. "language arts" or "German as subject". The sections following deal with mathematics, natural sciences and finally with subjects with a social-scientific orientation (e.g. geography, history, religious education). Each paper in this volume will be characterised very briefly within its section:

The first four contributions look at **different aspects of the general topic.** In her introductory paper entitled "Language as a medium of learning in a subject" *Sabine Schmölzer-Eibinger* sets out to present an overview of the relationship between language competencies in school and literacy. Examining classroom interactions (in German as L1) she identifies prototypical areas where language problems arise within subject-specific learning. Based on this analysis she outlines didactic perspectives on how to integrate content and language learning. In this context, noticing and language awareness, active language use and interaction as well as comprehending and writing texts and text competence play a central role.

Helmut Johannes Vollmer & Eike Thürmann report on prominent features of language education and the development of the language of schooling as a joint task of all subjects in school. They present fundamental insights into the nature of academic language use, defining subject-specific as well as general dimensions of academic language competence (within and across subjects). They also describe important principles in teaching

---

4 Bayrhuber, H., Faber, A. & Leinfelder, R. (Hrsg). (2011). *Darwin und kein Ende? Kontroversen zu Evolution und Schöpfung.* Seelze: Klett-Kallmeyer.
Kirschenmann, J., Richter, C. & Spinner, K.H. (Hrsg.). (2011). *Reden über Kunst. Fachdidaktisches Forschungssymposium in Literatur, Kunst und Musik.* München: kopaed.

and learning these linguistic competencies and suggest concrete measures how to implement them, e.g. by training specific "language coaches", by pre- and in-service teacher education, and developing appropriate learning materials enabling a language-sensitive approach in subject teaching.

In his contribution, *Wolfgang Hallet* focuses on "Generic learning within subject-specific contexts". After having analysed the genre-concept in a differentiated way he asserts supporting the acquisition of genre-competence in each subject through specific tasks that contain a generic dimension. This should take place within particular sequences of teaching in which text analysis, contextualisation, individual and cooperative production and discursive follow-ups are anticipated and scaffolded. Hallet also points out the importance of genre consciousness, genre knowledge and the development of a metalinguistic competence.

Florian Hiller deals with the question of how expository texts can be understood or inferred as to their meaning with the help of frames and scripts. Based on an intervention study to support reading competence in grade 8 (age 14) in three different types of school, he is able to show that weaker learners in particular can and do profit from a schema-based training. The database of this empirical study has meanwhile been expanded meanwhile; it provides evidence for creating learning opportunities for the comprehension of factual prose in general.

The **second section of the book on "language arts"** as a subject starts with a paper by *Beate Lütke* on "Language support in German as a subject – with a subject-specific focus and one across subjects". The author presents her view on the function of German as subject for a subject-specific as well as for a subject-integrated support approach in the dominant school language. As central elements she mentions focus on text, speech acts/speech functions, strategy training and fluency as well as language awareness.

Helmuth Feilke distinguishes between the two terms "Bildungssprache und Schulsprache" (language of education versus language of schooling) and differentiates their respective meanings, also against the background of written language – using literal-argumentative competencies as an example. Through this procedure he is able to clarify the features and role of school-based, didactic language expectations. The author demonstrates characteristic differences between acquisition-oriented and other forms of written argumentation as required by school language and its typical conventions. Thus, the limits of the traditional methods of argumentation, as taught in German schools, for the development of an actual academic language proficiency become apparent.

In their paper on "Aesthetic communication in literature classes" *Volker Frederking, Volker Gerner, Jörn Brüggemann, Christian Albrecht, Sofie Henschel, Thorsten Roick, Christel Meier & Adelheid Rieder* illustrate the specifics of literary-aesthetic communication and the conditions for its success in language classes (German as L1). The authors outline the research design for a quasi-experimental study in which hypotheses about the efficiency of certain teaching-learning arrangements will be tested. These can be briefly characterised as a learner- or identity-oriented type of classroom communication as opposed to one where the teacher develops the discourse through posing questions in a systematic way (in German: fragend-enwickelnder Unterricht).

All contributions of the **third section on mathematics** deal with the relationship between linguistic and mathematical learning processes under empirical perspectives. The first one entitled "Language competence as an integral part of *mathematical literacy*?" by *Helmut Linneweber-Lammerskitten* raises the question of how exactly mathematical and linguistic competencies are related one to another. The author argues that mathematical thinking in terms of mathematical problem solving is not feasible without language and communication. Within the *teaching* of mathematics in particular there is always a need to talk *about* mathematics and clarify things meta-linguistically through communicative discourse. Thus, the development and support of language competence is not supplementary, but rather an integral part of the teaching of mathematics.

In her paper „Representations, register and mental construction of meaning and relations – Identifying and dealing with linguistic challenges specific for mathematics", *Susanne Prediger* introduces her own model of representational levels in mathematics applying it in an exemplary way to fractions. She demonstrates how different forms of representation and different registers interact in the teaching and learning of mathematics. The model is illustrated by a teaching scenario which highlights the close relationship between language-related and content-related learning processes.

Stefan Ufer, Kristina Reiss & Volker Mehringer report on the influence of social background and different forms of bilingualism on the process of learning and on learning outcomes with reference to two facets of mathematical competence in primary school. They claim that bilingualism has a negative effect on aspects which require subject-matter content and rely on conceptual knowledge components. These differences in achievement disappear, however, when linguistic abilities are controlled for.

Finally, in their article "Writing as a means of mathematical learning" *Sabine Stephany, Markus Linnemann & Michael Becker-Mrotzek* investigate the contribution of writing for mathematical learning. Above all, they deal with the epistemic function of writing which emanates from situational contexts of the communicative type of writing. Based on empirical data and their analysis, the authors illustrate what good tasks could look like so that even weak writers can profit from them on a subject-specific *and* a linguistic level alike.

The **fourth section on science education** is comprised of five contributions. The first one deals with the topic "Learners explain physics – Modelling, diagnosing and supporting communicative competence in physics as subject" by *Christoph Kulgemeyer & Horst Schecker*. The authors describe their concept of modelling communicative competence in physics, which has already been tested empirically and which is based on their understanding of the specific nature of the communication processes in the physics classroom. In addition, further research results are presented, dealing with the relationship between communication competence and subject-specific knowledge in physics. Also the question is brought up how much subject knowledge is necessary for "good" explanations of physical phenomena. At the end, the authors elaborate on possibilities of supporting (scaffolding) communication competence in the physics classroom.

Ilka Parchmann & Sascha Bernholt contribute a paper entitled "Communicating in, with and about chemistry – Chances and challenges of communicative processes in the chemistry classroom". The authors assume that communicating chemistry content has many language facets which are equally important in other subjects. What comes on top, however, is the special language of formulas and symbols characteristic of chemistry, which has already long entered everyday life of many people via the media and products. The paper, therefore, sets out to clarify the specific demands of this subject-unique technical language code or register. Based on this clarification, empirical findings about this language register and the communication requirements in chemistry are presented and discussed. The authors end with a reflection about possible approaches to more explicitly focus on language and communication and their support in the chemistry classroom.

"Subject-specific communication in the chemistry classroom" is also the topic of the paper by *Elke Sumfleth, Iwen Kobow, Nermin Tunali & Maik Walpulski*. Against the background of national standards for chemistry education, the authors distinguish three subdimensions of subject communication within their field of study, namely "gathering/inferring information", "transferring/communicating information", and "exchanging information/arguing". For them, all three sub-areas of competence include requirements of subject-specific technical language use, different forms of representation and adapting patterns of language use to content requirements as well as to the addressees" levels of understanding. The authors arrive at the conclusion that the achievement of learners is fundamentally influenced by their general as well as their subject-specific language competence and that this is made additionally difficult in chemistry by having to master the technical language of the field. In a pilot study, they show how subject-specific abilities of chemistry learners could be developed and scaffolded language-wise.

Hannah Busch & Bernd Ralle write about "Diagnosis and support of subject-based language competencies", again related to chemistry as a subject. They present procedures for assessing the existing level of linguistic and subject-specific language competencies of learners in mainstream classrooms in a simple way. According to them, general linguistic and subject-specific abilities interact closely, thus jointly creating positive conditions for an appropriate understanding of subject-specific terms and concepts. These conditions help learners to go beyond memorising and storing technical terms, rather to construct meaning with them and use them for subject-based discourse. At the end, the authors turn their attention towards describing instruments for evaluating subject-based language competence and towards identifying possible measures for supporting the development of this very competence.

In the final paper of this section, *Karen Schramm, Ilonca Hardy, Henrik Saalbach & Anne Gadow* investigate "Scientific reasoning in (early) science education". In particular, they look at interdisciplinary triangulation of discourse-analytic procedures, based on an example of classroom discourse on the topic of "Sinking and Swimming" in grade three of primary education (age nine). By applying the method of triangulation from a natural science point of view and from the perspective of classroom communication research, they aim at answering the question of what the central features of successful classroom interaction are. At the same time they explore the methodological potential of such an interdisciplinary approach of analysing classroom conversation for research on the language in subject-specific learning.

The **last section of the book** deals with subjects focussing on social sciences. These are subjects that are particularly dependent on language, either as a tool for constructing meaning and gaining insight or as a medium for exchanging and negotiating content and methods. The papers on history and geography education as well as the two on religious education create sensitivity with regard to the functions and conventions of a subject-embedded discourse. In doing so, the papers reflect on potential strategies for supportive pedagogical activities and the development of the language of schooling in general.

In the first article entitled "Language and historical learning. Dimensions of a key issue in history education", *Saskia Handro* focuses on didactic principles of a competence-based approach to teaching and learning which is derived from a basic understanding of the nature of historical thinking and theory building. According to her, language learning is inherent in historical thinking and learning. This is justified by the procedures of historical knowledge building and the linguistic nature of historical content (topics/sources/objects). Therefore, it seems particularly important to re-discover the learners" perceptions and their verbal processing. Handro criticises the largely non-reflective language practice in mainstream history education. Teaching history can only contribute to general language development in a sustainable and efficient way if language itself becomes a learning object and if it is considered as embedded into the content structure of history education.

The research project described in *Olaf Hartung's* contribution „Language und conceptual writing in history as a subject: Results from an empirical case study" is also related to the learners" perspective on the subject. It investigates how learners write in and about history, what and how they learn, and how certain task formats and text types influence the acquisition of historical competencies. The author is able to empirically prove the positive effects of conceptual writing: The definition of tasks in relation to text formats (genres) as a desired outcome and the situational embedding of the writing process have specific effects on subject-based cognitions and contribute to their development as much as to academic language competence in general.

As to geography education, the article "Reinforcement of argumentative competencies in geography – senseless, unnecessary, useless?" by *Alexandra Budke* deals with arguments of practitioners and of subject didacticians who oppose the integration of language learning into subject teaching. She invalidates these arguments by presenting positive examples of scaffolding argumentative skills and competencies within geography as a subject. Just like *Handro* or *Hartung*, the author points to certain gaps in research and classroom development concerning areas like text books, teaching methods, teacher training etc.

The two contributions on language in religious education open quite different perspectives. The one by *Stefan Altmeyer* entitled "The (religious) language of the learners. Empirical approaches towards a great unknown" looks at that language use of learners in detail. He demonstrates how to access learner language in subject-specific contexts through methods of analysing key words and collocations. Such findings could be the starting point for to gain more knowledge and establish a basis for a goal-oriented support of the relevant language competencies within religious education.

The final contribution by *Steffi Donnerhack, Annette Berndt, Eike Thürmann & Helmut Johannes Vollmer* entitled "Expectations of academic language competence at the end of compulsory education – the example of protestant religious education" is to be seen as complementary to that of *Altmeyer*. The authors examine the topic at hand not from a learner"'s, but from a more curricular, systemic perspective. In other words, they ask what the official academic competencies are which are required, developed and supported by religious education in the protestant tradition. They demonstrate that the specific patterns of language use within religious education can indeed be seen as modifications and elaborations of a general framework of academic language competencies which seem to be valid across the curriculum.[5]

So far the overview over the contributions to this volume. The organisation of the conference and the publication of its results would not have been possible in its existing form without the generous support of the Friedrich-Stiftung and that of the University of Cologne. We would like to thank both of them explicitly at this point. Also, we would like to express our gratitude to the Language Policy Division of the Council of Europe for its virtual support.[6] Likewise, we would like to thank the executive board of the German Association for Fachdidaktik (GFD) for the smooth and confidential cooperation as editors-in-chief of the series of publications in which this volume will appear. Equally so, we would like to thank Mr. Patrick Schmitz from the Waxmann Publishing House for his competent advice and the supervision of the publishing process. We are also grateful to all the authors who contributed to this volume and who cooperated in an inspiring and colleagial way making it extremely pleasant to produce this book. Last, but not least, we extend our special thanks to Michael Seyfarth who was responsible for the editing and the formatting of the volume and who performed his job in a delicate and efficient manner, initially out of Leipzig, later from Novosibirsk. For all remaining errors and deficiencies the editors claim responsibility.

December 2012   The editors

---

[5] Cf. Thürmann, E. & Vollmer, H.J. (2011). A Framework of Language Competences across the Curriculum: Language(s) in and for inclusive education in North Rhine-Westphalia (Germany). Strasbourg: Council of Europe. (http://www.coe.int/t/dg4/linguistic/Source/Checklist_Nord-Rhein-Westphalia_en.pdf).

[6] Two of the editors (H.J. Vollmer/E. Thürmann) cooperate with the Council of Europe in its project "Languages in Education, Languages for Education" (http://www.coe.int/t/dg4/linguistic/langeduc/le_platformintro_EN.asp?). They are particularly engaged in the sub-project "Languages of schooling in all subjects" (cf. the results of the last seminar on "Subject Literacies and the Right to Quality Education", http://www.coe.int/t/dg4/linguistic/).

Fachübergreifende Aspekte

Sabine Schmölzer-Eibinger

Sprache als Medium des Lernens im Fach

1 Einleitung

Sprache ist in der Schule konstitutiv für das Lehren und Lernen in jedem Fach, das gilt für den Physikunterricht ebenso wie für den Geschichts- oder den Biologieunterricht. Inhalte werden primär über Sprache vermittelt und mittels Sprache gelernt. Ohne Sprache ist Wissenserwerb im Fachunterricht nicht möglich – Sprache ist ein zentrales Medium des Lernens in jedem Fach. Was aber sind die spezifischen sprachlichen Anforderungen für SchülerInnen im Fachunterricht und welcher Art ist die Sprache, die das Lehren und Lernen in Fächern wie Physik, Geschichte oder Biologie bestimmt?

2 Die Sprache der Schule

Die Rede ist von „Bildungssprache" (Gogolin, Kaiser, Roth, Deseniss, Hawighorst & Schwarz, 2004; Gogolin, 2007) und auch „Schulsprache" (Olson, 1977; Vollmer, 2006; Feilke, i.V.), zwei Begriffen, die in der aktuellen Bildungsdiskussion zu bestimmenden Schlagwörtern geworden sind.

Der Begriff *Bildungssprache* signalisiert, dass es sich hier um eine Sprache handelt, die nicht nur in der Schule, sondern in jedem Bildungskontext von Bedeutung ist. Bildungssprache ist jene Sprache, die sowohl die sozialen und kulturellen Praktiken der Sprachverwendung als auch die Formen der Vermittlung und des Erwerbs von Wissen in einer Gesellschaft bestimmt.[1] Bildungserfolg ist somit abhängig von der Kenntnis der in einer gesellschaftlichen Domäne vorherrschenden Praktiken und Normen des Sprachgebrauchs. Bildungs- und Schulerfolg sind nur möglich, wenn man Bildungssprache verstehen und angemessen verwenden kann. Der Begriff „Bildungssprache" erhält damit einen normativen Charakter hinsichtlich der mit Bildung in einer Gesellschaft verbundenen Ziele und Chancen; daraus kann der Anspruch an Bildungsinstitutionen abgeleitet werden, für die Vermittlung von Bildungssprache zu sorgen (vgl. Gogolin et al., 2011, S. 16). Für die Schule bedeutet das, dass Bildungssprache in allen Fächern systematisch zu vermitteln ist.

Der Begriff *Schulsprache* suggeriert, dass es hier um eine Sprache geht, die exklusiv in der Schule verwendet wird. Nach Feilke (i.V. und in diesem Band) ist Schulsprache

---

[1] Die Theoriebildung zur Bildungssprache wird derzeit stark dominiert von Arbeiten im Umfeld des FörMig-Projektes (Gogolin et al., 2011), die zurückgehen auf sozialwissenschaftliche und linguistische Arbeiten im Anschluss an Bernstein (1990), Bourdieu (1991) und Halliday (1994) (vgl. Gogolin et al., 2011, S. 15). Die vom FörMig-Team vorgeschlagene Begriffsverwendung von „Bildungssprache" versteht sich als Analogiebildung zu den im Englischen verwendeten Begriffen „academic language" and „academic discourse" (ebd.).

aber nicht nur die in der Schule verwendete, sondern auch die durch Schule hervorgebrachte und für schulische Zwecke eingesetzte Sprache (vgl. Feilke, i.V.). Die Schule als Institution setzt fest, welche Sprache verwendet und akzeptiert wird und bestimmt damit auch, in welcher Sprache Wissen vermittelt und erworben wird. Die Schule wird so zu einem ganz eigenen sprachlichen Handlungsraum, mit spezifischen Erwartungen und Anforderungen an den Sprachgebrauch. Sie übernimmt damit nicht nur eine *Qualifikations-* und *Sozialisationsfunktion* (vgl. Feilke, i.V.), sondern auch eine *Selektionsfunktion*: Über die Festsetzung von sprachlichen Normen und Standards wird der Zugang zu Wissen und damit die Verteilung von Chancen auf Schulerfolg bestimmt.[2]

Sowohl der Begriff der Bildungs- als auch der Schulsprache ist daher mit stark normativen Zuschreibungen verbunden, die nicht nur die Formen des Sprachgebrauchs in der Schule, sondern auch den Schul- und Bildungserfolg wesentlich bestimmen.

Was macht die Sprache der Schule aus Sicht der SchülerInnen aus?
Dazu ein Auszug aus einem Lehrer-SchülerInnen-Dialog in einer Chemiestunde:[3]
L: *WARum ist dieser Text so schwer; (.)*
Dass man so eine hohe Bildung braucht;
Dass man ihn können kann.
Sm: Ja weil es kompliziert ist wahrscheinlich.
L: *Was is dran kompliziert?*
Sw: Es sind viele Fremdwörter.
L: *Es sind viele Fremdwörter drinnen.*
Ja,
Sm: Zu lang geschrieben.
L: *Is ein sehr langer Satz ja.*[4]

Als typische Merkmale von schulischer Sprachverwendung gelten nicht nur viele Fremdwörter, Fachbegriffe und komplexe syntaktische Strukturen, sondern auch zahlreiche Nominalisierungen und Komposita, komplexe Attribute, eine hohe lexikalische Dichte und ein Verzicht auf Redundanzen; dazu kommt ein hoher Anteil an Passivkonstruktionen und unpersönlichen Ausdrücken sowie zahlreiche Abstrakta (vgl. Schmölzer-Eibinger, 2008, S. 32; vgl. Grießhaber, 2010, S. 39; Ahrenholz, 2010, S. 16).[5] Die Sprache der Schule ist somit eine schriftsprachlich geprägte Sprache, die durch *Komplexität, Abstraktheit, Kontextentbundenheit, Explizitheit* und *Kohärenz* gekennzeichnet ist.

---

[2] Schulsprache ist nicht gleichzusetzen mit Bildungssprache, sie kann aber als ein Instrument der Erziehung zur Bildungssprache betrachtet werden (vgl. Feilke in diesem Band).
[3] Diese Unterrichtssequenz wurde im Rahmen des vom österreichischen Bildungsministerium (BMUKK) geförderten Projekts „Didaktisches Coaching für den Unterricht in mehrsprachigen Klassen" (2010–2012) videographiert (Projektleitung: Sabine Schmölzer-Eibinger).
[4] Die Redebeiträge der SchülerInnen sind durch Fettdruck hervorgehoben. Die Transkripte in diesem Beitrag sind am GAT-Transkriptionsverfahren orientiert.
[5] Damit sind wesentliche Merkmale der Schulsprache bloß angedeutet, ohne dass diese damit bereits systematisch erfasst wären.

3 Sprachliche Kompetenzen in der Schule

Cummins (1979, 1991) spricht im Zusammenhang mit sprachlichen Anforderungen in der Schule von *kognitiv-akademischen Sprachfähigkeiten* (CALP), die er von alltagssprachlichen dialogischen Fähigkeiten (BICS) unterscheidet. Kognitiv-akademische Sprachfähigkeiten sind auch im Mündlichen eng mit Funktionen, Strukturen und Mitteln der Schriftsprache verknüpft. Die Cummins'sche Terminologie hat die bildungspolitische Diskussion nachhaltig geprägt, obwohl eine ausführliche Charakterisierung der Begriffe bis heute weitgehend fehlt (Dalton-Puffer, 2007).

Die Unterscheidung zwischen BICS und CALP ist für Cummins eng verbunden mit der Frage nach einem erfolgreichen Zweitspracherwerb und Bildungschancen von SchülerInnen mit Migrationshintergrund. Dies gilt auch für den von Portmann-Tselikas (2002) geprägten Begriff der *Textkompetenz*, verstanden als Fähigkeit, eine textgeprägte Sprache sowohl mündlich als auch schriftlich im Rahmen der jeweiligen literalen Praxis adäquat zu gebrauchen (Schmölzer-Eibinger, 2008, S. 15). Es geht hier nicht nur um die Fähigkeit lesen und schreiben zu können, sondern auch darum, mit verschiedenen Optionen einer Schriftkultur im jeweiligen sozialen und kulturellen Handlungsfeld umgehen und über sie als ein „kulturelles Werkzeug" (Brockmeier, 1998, S. 201) verfügen zu können. Textkompetenz ist daher eine *literale Fähigkeit,* von der letztlich nicht nur der Schul- und Bildungserfolg, sondern auch die Verteilung von Lebenschancen zu einem erheblichen Teil abhängt (vgl. Ehlich, 2010, S. 52).

Die für das Fachlernen grundlegenden sprachlichen Fähigkeiten werden von den SchülerInnen in der Regel selbstverständlich erwartet und im Unterricht nicht eigens geschult. So wird etwa die Fähigkeit, etwas *erklären, beschreiben* oder *begründen* zu können, meist einfach vorausgesetzt, obwohl viele SchülerInnen nicht genau wissen, was darunter zu verstehen ist.[6] Auch in der Sprachverwendung der Lehrkräfte zeigt sich oft nur ein geringes Bewusstsein für die Bedeutung sprachlicher Handlungen im Fachunterricht. Sie werden im Unterricht meist nicht konkret angesprochen und selbst wenn diese in Aufgabenstellungen explizit vorkommen (z.B. *Definiere, Beschreibe* etc.), wird darüber meist nicht gesprochen bzw. reflektiert (vgl. Dalton-Puffer, 2007).

Die im Fachunterricht geforderten sprachlichen Kompetenzen sind für SchülerInnen mit nichtdeutscher Muttersprache oft schwieriger anzueignen als für SchülerInnen mit deutscher Muttersprache. Für SchülerInnen aus bildungsfernen Familien ist deren Erwerb auch unabhängig von der Erstsprache vielfach problematisch (Gogolin et al., 2004; Schmölzer-Eibinger, 2008).

Es stellt sich damit nicht nur die Frage, wie die Sprache der Schule beschaffen ist, sondern auch wie Schule dazu beitragen kann, jene sprachlichen bzw. literalen Fähigkeiten aufzubauen, die den SchülerInnen Wissenserwerb und Lernerfolg im Fachunterricht ermöglichen. Diese Fähigkeiten brauchen die SchülerInnen zunächst für die

---

6 In einer im Rahmen des Europaratsprojekts „Languages of Schooling" durchgeführten Lehrplananalyse konnte festgestellt werden, dass ein gemeinsamer Kern an sprachlich-kommunikativen Anforderungen besteht (benennen, evaluieren, beschreiben, argumentieren, erklären), der über die Fächergrenzen hinweg auszumachen ist. Die Studie wurde in fünf deutschen Bundesländern für die Fächer Biologie, Geschichte und Mathematik durchgeführt (Vollmer & Thürmann, 2010, S. 110f.).

Schule selbst, in weiterer Folge aber auch außerhalb der Schule für die Teilhabe an den verschiedenen Domänen ihres sozialen, gesellschaftlichen und intellektuellen Lebens.

Viele Fachlehrkräfte haben die Notwendigkeit einer Sprachförderung für SchülerInnen mit Deutsch als Zweitsprache längst erkannt.[7] Nur wenige scheinen jedoch über die entsprechenden methodisch-didaktischen Strategien zu verfügen, die es ihnen ermöglichen würden, Sprache als ein Medium des Lernens für die SchülerInnen zugänglich zu machen – dies zeigt sich über die Grenzen der Fächer und Schultypen hinweg.[8]

4 Drei Thesen zu Literalität und fachlichem Kompetenzerwerb

Ein Fachunterricht, in dem Sprache als ein Medium des Lernens dienen soll, erfordert eine bewusste Verwendung einer schriftsprachlich geprägten Sprache sowie eine koordinierte Förderung literaler Kompetenzen im Rahmen eines fächer- und schulstufenübergreifenden, *integrierten Sprachencurriculums* (vgl. Schmölzer-Eibinger, 2008, S. 161; Vollmer & Thürmann, 2010, S. 128). Dabei ist das Zusammenwirken von Literalität und fachlichem Kompetenzerwerb grundlegend. Dieses kann in drei Thesen konzeptuell gefasst werden:

These 1: Fachlicher Kompetenzerwerb erfordert literale Fähigkeiten.

Schule ist auf Schrift und Schriftsprachlichkeit angewiesen. Literale Fähigkeiten sind daher für den Lernerfolg in allen Fächern grundlegend, auch in jenen, die Schriftlichkeit und das Schreiben nicht direkt zum Gegenstand haben (vgl. Ehlich, 2010, S. 58). Schriftsprachliche bzw. literale Fähigkeiten sind daher in allen Fächern gefordert und müssen somit auch in allen Fächern gefördert werden.

These 2: Fachlicher Kompetenzerwerb erfordert einen Ausbau literaler Fähigkeiten.

Die steigende fachliche Komplexität im Laufe der Schulzeit geht mit zunehmenden schriftsprachlichen Anforderungen einher. Die Kluft zwischen SchülerInnen, die ihre literalen Fähigkeiten kontinuierlich weiter entwickeln, und jenen, die auf dem Stand ihrer literalen Entwicklung stehen bleiben, wird folglich im Laufe der Schulzeit größer. Literale Fähigkeiten müssen daher im Fachunterricht ständig weiter ausgebaut und auf allen Schulstufen kontinuierlich weiterentwickelt werden.

---

7 Dies hat sich in einer Umfrage gezeigt, die 2011 im Rahmen des vom BMUKK geförderten Projekts „Didaktisches Coaching für den Unterricht in mehrsprachigen Klassen" unter knapp 300 FachlehrerInnen durchgeführt wurde.

8 Dies ist das Ergebnis einer Analyse von videographierten Unterrichtssequenzen in den Fächern Mathematik, Rechnungswesen, Biologie, Chemie, Physik, Betriebswirtschaftslehre und Geschichte, die im Rahmen des schon erwähnten Projekts „Didaktisches Coaching für den Unterricht in mehrsprachigen Klassen" durchgeführt wurde.

These 3: Fachlicher Kompetenzerwerb evoziert die Entwicklung literaler Fähigkeiten.

Sprache ist im Fachunterricht ein Instrument des Fachlernens *und* des Sprachlernens. Die Entwicklung literaler Fähigkeiten ist im Fachunterricht daher nicht nur gefordert, sondern wird durch das Fachlernen auch evoziert. Dieses Potential entfaltet sich im Fachunterricht jedoch meist nicht einfach von selbst, sondern muss von den Lehrkräften erkannt und didaktisch gezielt genutzt werden.

5 Problemfelder im Fachunterricht

Ich möchte nun einige prototypische Problemfelder skizzieren, die den Fachunterricht aus Perspektive des Sprachlernens generell kennzeichnen, in mehrsprachigen Klassen jedoch oft verstärkt auftreten (nach Schmölzer-Eibinger, 2008, S. 154f.).

Die Welt der Texte ist den SchülerInnen nicht vertraut.

Nicht alle SchülerInnen sind mit der Welt der Schriftsprache und der Texte vertraut. Vor allem SchülerInnen mit Deutsch als Zweitsprache, aber auch SchülerInnen aus bildungsfernen Familien fehlt es oft an den entsprechenden literalen Erfahrungen und Kompetenzen, um mit einer schriftsprachlich geprägten Sprache und mit Texten umgehen zu können. Sie können Sinnzusammenhänge vielfach nicht verstehen und Sachverhalte nicht nachvollziehbar wiedergeben. Noch schwerer fällt ihnen oft das kritische *Befragen, Begründen* oder *Erklären*. Der Schritt vom alltags- und situationsbezogenen Sprechen zum distanzierten, abstrakten Darstellen von Sachverhalten wird für viele von ihnen zu einer Hürde. Sie können am fachlichen Diskurs in der Klasse nur eingeschränkt teilhaben und die sprachlichen Lernchancen nicht erschöpfend nutzen, die sich für sie im Fachunterricht auftun (vgl. Portmann-Tselikas & Schmölzer-Eibinger, 2008, S. 15).

Im Fachunterricht findet zu wenig aktives sprachliches Handeln statt.

Im Fachunterricht spricht vor allem der Lehrer oder die Lehrerin. Das übliche Verhältnis der Redeanteile sieht so aus, dass die Lehrkraft ca. drei Viertel der Zeit beansprucht und den SchülerInnen etwa ein Viertel der Unterrichtsstunde verbleibt (vgl. Helmke, 2006; Dalton-Puffer, 2007). Ihre Äußerungen beschränken sich meist auf das knappe Beantworten von Fragen oder auf kurze Redebeiträge in Dialogen. Diese bestehen oft nur aus einzelnen Wörtern oder Satzfetzen, längere kohärente Äußerungen sind selten.

L: Welche Atommodelle kennt der Sergio? (- -)
*Sm: **Bitte?** (3 sec)*
L: Alex bitte eines?
*Sw: **Das Bohr'sche Atommodell.***
L: Das Bohr'sche Atommodell,
Do sam'ma jetzt grod. Das Bohr'sche Atommodell. (-)
Sag'ma z' 'erst die Namen und dann die Zuordnung;

Samra bitte?
Sm: **Rutherford'sche Modell.**
L: Rutherford'sches Atommodell.
L: Richtig. Und noch das NEUeste,
Des kennt da Mario;
Sm: **Kugelwolken.**
L: Das Kugelwolkenmodell is eine verei:nfachte FORm;
Also einfachere Form; (.) Welchen Modells? (-)
Wie heißen diese Räume,
Diese wahrscheinlichen AufenthaltsrÄUme von Elektronen?
Sm: **A des**
L: Bitte?
Sm: **Die Schalen,**
L: Na, des:
Die Schalen g'hörn wo hin,
Sw: **Zum a Bohr'**

Die Zeit zwischen einem Lehrerimpuls und einer Schülerreaktion liegt in solchen Dialogen meist unter jenem Schwellenwert, der empirisch als ausreichend für die Konstruktion von vollständigen, inhaltlich anspruchsvollen Aussagen gilt (Met, 1994, S. 174).[9] Befragt man die Lehrkräfte dazu, so geben sie an, dass sie ihre SchülerInnen durchaus oft zu sprachlichen Aktivitäten anregen, die SchülerInnen selbst jedoch sagen, dass dies keineswegs der Fall ist.[10]

Wissen wird im Fachunterricht v.a. reproduziert anstatt aktiv konstruiert.

Wissenserwerb findet im Fachunterricht meist als bloße Reproduktion von Wissen statt. Im Mittelpunkt stehen Aufgaben und Fragen, deren Lösungen bzw. Antworten schon vorab feststehen. Ihr kommunikativer Zweck wird damit entfremdet, Unterrichtsdialoge werden zum bloßen „Frage-Antwort-Spiel", nicht selten auch zur verdeckten Prüfungssituation. Dies wird im Unterricht mitunter auch offen thematisiert (Unterrichtsausschnitt aus einer Chemie-Stunde):

L: Hört's zu.
Wenn ich so: unterrichte; (-)
Dass ich ein **Frage Antwort Spiel** *mit euch mache;*
Unter Anführungszeichn;
Es is JEder auf MIch fokUSSIErt
Was ist fokussiert?
Sm: **Konzentriert**
L: Genau.

---

9   Größere Wartezeiten führen nicht nur zu häufigeren, sondern auch zu ausführlicheren Redebeiträgen sowie zu einer höheren Komplexität der Schüleräußerungen, zu mehr Gesprächsinitiative und Schüler-Schüler-Interaktion (vgl. Tobin, 1986).
10 Dieses Ergebnis stammt aus einer Fragebogenerhebung unter Fachlehrkräften, die im Rahmen des bereits erwähnten Projekts „Didaktisches Coaching für den Unterricht in mehrsprachigen Klassen" durchgeführt wurde.

Der FoKUS is der BRENNpunkt. (-)
In der Physik.
Das heißt;
A:lle schau'n zu mir (-)
Tuan net blattln (-)
Sondern schaun wirklich zu mir;
Und hörn zu.
Und sind (.) auf INput eingestellt. (-)
Und wenn ich jemanden frage;
Dann werd der auf OUTput gehen.

Ein durch bloße Reproduktion angeeignetes Fachwissen kann von den SchülerInnen meist nur kurzfristig behalten und nicht eigenständig in anderen Kontexten angewendet werden. Dies würde vielmehr Frage- und Aufgabenstellungen erfordern, in denen sich die SchülerInnen forschend, reflektierend und eigenaktiv mit fachbezogenen Problemstellungen befassen.

Sprachliche Anforderungen des Fachlernens sind oft nicht transparent.

Die mit dem Fachlernen verbundenen sprachlichen Anforderungen sind oft nicht transparent. Dazu ein Beispiel aus dem österreichischen Chemie-Lehrplan zum Thema „Grundmuster chemischer Reaktionen":[11]

Qualitative Erfassung des Zusammenhanges zwischen der stofflichen und energetischen Veränderung, die durch die Zerlegung und Neubildung von Bindungen bedingt wird.

Verstehen der Kopplung von Oxidation und Reduktion anhand einfacher Beispiele aus den Bereichen Verbrennung, Stoffwechsel, Zersetzungen, Elektrolyse, Energiequellen und Korrosion.

Alltagsbezogenes Erkennen der Bedeutung saurer und basischer Lösungen.

Einsicht gewinnen in wichtige Eigenschaften und Reaktionen von Säuren, Basen und Salzen.

Hier wird nicht explizit gesagt, was von den SchülerInnen sprachlich verlangt ist, obwohl mit den geforderten Verstehens- und Erkenntnisleistungen hohe sprachliche Anforderungen verbunden sind. Was bedeutet es etwa, den Zusammenhang zwischen der stofflichen und der energetischen Veränderung qualitativ zu *erfassen*? Wie drückt sich dieses *Erfassen* sprachlich aus?

Das geringe Sprachbewusstsein, das sich in solchen Lernzielformulierungen ausdrückt, zeigt sich nicht nur in den Lehrplänen,[12] sondern auch im Unterricht und in den Schulbüchern der verschiedenen Fächer – auch hier werden die von den SchülerInnen geforderten sprachlichen Leistungen vielfach nicht explizit, eindeutig und präzise benannt (vgl. Egger & Schmölzer-Eibinger, 2012).

---

11 Quelle: http://www.bmukk.gv.at/medienpool/780/ahs6.pdf.
12 Dies ist auch das Ergebnis der bereits erwähnten Lehrplananalyse im Rahmen des Europaratsprojekts „Languages of Schooling" (Vollmer & Thürmann, 2010, S. 110f.).

Im Unterricht findet kaum intensive Textarbeit und epistemisches Schreiben statt.

Texte sind im Fachunterricht zwar ständig präsent, eine intensive Textarbeit findet aber nur selten statt. Textverstehens- und Lesestrategien werden meist nicht explizit vermittelt, obwohl nach Einschätzung der Lehrkräfte viele SchülerInnen, insbesondere jene mit Migrationshintergrund, Schwierigkeiten mit dem Verstehen der im Fachunterricht verwendeten Texte haben.[13]

Das Schreiben dient im Fachunterricht v.a. dem Festhalten von Informationen, viel seltener aber der Reflexion, Verarbeitung und Weiterentwicklung von Wissen. Epistemisches, d.h. Wissen schaffendes Schreiben kommt im Fachunterricht kaum vor. Dort, wo dies dennoch geschieht, gehen die SchülerInnen meist sowohl mit Sprache als auch mit Inhalten genauer, reflektierter und kritischer um – eine intensive Spracharbeit und ein besseres inhaltliches Verstehen sind die Folge.

6 Didaktische Perspektiven

Was hat die Didaktik hier zu leisten? Wie können SchülerInnen, insbesondere jene mit Deutsch als Zweitsprache, dabei unterstützt werden, jene sprachlichen Kompetenzen zu erwerben, die sie für den Wissenserwerb im Fachunterricht brauchen? Welche methodischen Vorgangsweisen sind sinnvoll, um die skizzierten Problemfelder zu bearbeiten? Und: Welche didaktischen Prinzipien sind dazu geeignet, den Erwerb von sprachlichen bzw. literalen Fähigkeiten im Fachunterricht zu fördern?

Im Folgenden werden einige Prinzipien vorgeschlagen, die für einen sogenannten „sprachbewussten" Fachunterricht als relevant erachtet werden.[14] Sie sollten im Sinne einer durchgängigen Förderung schriftsprachlicher Kompetenzen in allen Fächern und auf allen Schulstufen beachtet werden.

6.1 Integriertes Sprach- und Fachlernen

Integriertes Sprach- und Fachlernen bedeutet für den Fachunterricht, dass die Aufmerksamkeit der Lehrkräfte nicht nur den Inhalten, sondern auch der Sprache gilt und didaktische Verfahren eingesetzt werden, die inhaltliche Verstehens- und Lernprozesse durch gezielte Spracharbeit unterstützen.

Für die Umsetzung dieses Prinzips ist das *Schreiben* auf besondere Weise geeignet: Das Schreiben findet nie im inhaltsleeren Raum statt, im Prozess des Schreibens wird vielmehr inhaltliches Verständnis aufgebaut und erweitert; gleichzeitig wird Sprache dabei als ein Mittel des Denkens und Lernens zugänglich.

> Erst, wenn ich über ein Thema schreibe, mache ich es mir wirklich zu eigen, nur dann habe ich auch eigene Gedanken dazu, nur dann kann ich auch meine Gedanken wirklich auf Stichhaltigkeit prüfen, weil ich sie dann, auf einem Blatt Papier, vor mir habe. Zugleich verschaffe ich mir, wenn ich über ein neues Thema schreibe, mit den

---

13 Diese Daten stammen aus der schon erwähnten Fragebogenerhebung, die im Rahmen des Projekts „Didaktisches Coaching für den Unterricht in mehrsprachigen Klassen" durchgeführt wurde.
14 Leisen (2010) spricht in dem Zusammenhang von einem sog. „sprachsensiblen Unterricht".

> Gedanken und mit dem Wissen auch die Sprache, die ich dafür brauche. So kann ich dann, wenn ich mich schreibend damit beschäftigt habe, auch viel besser darüber sprechen. (Hermanns, 1988, S. 71)

Schreiben um Inhalte zu lernen ist in der Naturwissenschaftsdidaktik schon seit den 1970er Jahren ein Thema. In der *writing-to-learn*-Bewegung wird das Schreiben als ein erkenntnisförderndes Instrument betrachtet, das sowohl als Methode zum fachlichen Wissenserwerb als auch zur Förderung von Schreibkompetenz dient (vgl. Nieswandt, 2010, S. 253). Der erkenntnisfördernde Effekt des Schreibens im Fachunterricht wurde in neueren Untersuchungen auch empirisch belegt, etwa durch Priemer & Schön (2003), die für das Verfassen von Texten im Physikunterricht zeigten, dass das Schreiben mit dem Internet als Quelle von Informationen bei jenen SchülerInnen, die ihre Texte eigenständig verfassten, zu einer besseren Durchdringung fachlicher Inhalte führt als bei den sogenannten Kopierern, die Teile ihres Textes direkt aus dem Internet entnehmen. Hand, Gunel & Ulu (2009) konnten ebenfalls für den Physikunterricht nachweisen, dass das Schreiben dazu herausfordert, vorhandenes physikalisches Wissen zu aktualisieren und im Prozess des Schreibens zu transformieren und zu erweitern.[15]

Nieswandt (2010) hat in den USA Schreibaufgaben entwickelt, die die SchülerInnen dazu anregen sollen, neu gelernte naturwissenschaftliche Konzepte zu reorganisieren und mit ihrem Vorwissen zu verknüpfen. Diese werden als *written-extended-response questions* (WERQ) bezeichnet, d.h. als Fragen mit ausführlichen Antwortmöglichkeiten (Nieswandt, 2010, S. 259):

> Weißes Fell bei Tieren (beispielsweise bei Eisbären) entsteht durch das Fehlen eines chemischen Pigments. Biologen glauben, dass die Vorfahren der Eisbären dunkles Fell hatten. Nutze die Theorie der natürlichen Selektion [...], um zu erklären, wie sich die weiße Fellfarbe der Eisbären entwickelt haben könnte.

Eine empirische Auswertung der Antworten zu dieser Frage hat gezeigt, dass viele SchülerInnen Probleme hatten, eine Hypothese zu konstruieren, die die Evolution der Eisbären erklären könnte. Sie haben die Intention der Frage oft nicht erkannt, sich auf unwichtige Details konzentriert und den Gesamtzusammenhang immer wieder aus den Augen verloren. Viele von ihnen waren auch nicht in der Lage, ihre Gedanken angemessen zu Papier zu bringen; dies galt v.a. für die Nicht-Muttersprachigen unter ihnen (vgl. Nieswandt, 2010, S. 262f.).

Zweitsprachenlernende bedürfen daher einer besonderen Unterstützung, um fachliche Inhalte verstehen sowie Gedanken, Ideen und Lernresultate sprachlich angemessen darstellen zu können. Das Schreiben spielt dabei als ein Instrument zur Förderung eines integrierten Sprach- und Fachlernens eine zentrale Rolle.

---

15 Das Schreiben kann darüber hinaus im Naturwissenschaftsunterricht auch dazu eingesetzt werden, eine Verbalisierung und das Verstehen von nichtlinearen Darstellungen (Graphen, Diagramme etc.) zu unterstützen, was gerade SchülerInnen mit DaZ oft schwer fällt (vgl. Langer, 2010, S. 149).

6.2 Sprachaufmerksamkeit und Sprachbewusstheit

Sprachaufmerksamkeit treibt nicht nur den Spracherwerb, sondern auch den Wissenserwerb entscheidend voran (Kern, 2000, S. 320). Sprachaufmerksamkeit sollte im Fachunterricht sowohl durch die Sprachverwendung der Lehrperson als auch durch ein Bewusstmachen und Reflektieren von Sprache und Sprachgebrauch erzeugt werden. Dies bedeutet, dass Aufgaben- und Fragestellungen eingesetzt werden, die einen aufmerksamen Umgang mit Sprache erfordern, Sprache zum Thema machen sowie ein Nachdenken über Sprache anregen.

Das Schreiben spielt auch hier eine besondere Rolle: Das Schreiben ist laut Vygotsky (1986, zitiert nach Dixon-Krauss, 1996) eine bewusstere und gleichzeitig auch eine stärker bewusst machende Aktivität als das Sprechen. Beim Schreiben wird das eigene sprachliche Handeln zum Gegenstand der Reflexion und des Lernens. Dieses besondere Potential des Schreibens entsteht durch die „zerdehnte" Kommunikationssituation (Ehlich, 1983), die eine Verlangsamung und Bewusstmachung des Lernprozesses bewirkt. Damit wird, so Thürmann (2012), v.a. den sprachlich benachteiligten SchülerInnen Zeit für das Produzieren komplexerer sprachlicher Äußerungen gewährt. Gerade sie versucht man jedoch im Fachunterricht oft vor anspruchsvolleren Schreibaufgaben zu verschonen – und dies, obwohl das Schreiben vielfach gerade für leistungsschwächere SchülerInnen besonders effektiv ist (vgl. Schmölzer-Eibinger, 2008; Glaser, 2004; Bachmann, Vital & Ospelt, 2007).

6.3 Aktives Sprachhandeln und Interaktion

In der Fremdsprachenlerntheorie gilt aktives sprachliches Handeln als Motor des sprachlichen Lernens. Aktives Sprachhandeln macht den Lernenden klar, was sie schon wissen und können, aber auch was sie noch lernen müssen. Die Wahrnehmung dieser Kluft ist, so Swain (1998, S. 66ff.) in ihrer Output-Hypothese, eine starke Triebfeder des Spracherwerbs. Wie aber sieht es für das Fachlernen aus? Könnte ein ähnlicher Zusammenhang auch für das Verhältnis von aktivem Sprachhandeln und fachlichem Wissenserwerb angenommen werden?

Nach Bonnet (2004, S. 290) ist diese Frage für den bilingualen Fachunterricht zu bejahen, v.a. dann, wenn sich das sprachliche Handeln im Rahmen von *Interaktion* vollzieht: Finden interaktive Bedeutungsaushandlungen in der Gruppe statt, so führt dies laut Bonnet sowohl zu sprachlichem als auch zu fachlichem Kompetenzerwerb. Eine Voraussetzung dafür ist, dass der von den Lernenden konstruierte Interaktionsraum nicht zu komplex ist und die Lernenden sowohl auf der sachlichen als auch auf der sozialen und metakognitiven Ebene interagieren (vgl. Bonnet, 2004, S. 294).

In mehrsprachigen Klassen kann ein fachlicher Kompetenzerwerb durch Interaktion, so Grießhaber, Özel & Rehbein (1996), nicht a priori erwartet werden. Ihren Erkenntnissen zufolge dient Sprache in der Interaktion zwischen Zweitsprachenlernenden oft lediglich dazu, Objekte im Modus des gestischen Sprechens zu identifizieren und zu benennen. Eine Aneignung von Fachwissen findet dabei nicht unbedingt statt (vgl. Grießhaber, 2010, S. 47).

In einer aktuellen Untersuchung von LehrerInnen- und SchülerInnensprache im Fachunterricht[16] hat sich demgegenüber gezeigt, dass Interaktion auch in mehrsprachigen Klassen effektiv sein kann. Dies lässt sich aus Interaktionen schließen, in denen die SchülerInnen Wissenslücken selbst erkannt, Bedeutungen eigenständig erschlossen, Verstehensprobleme selbstständig gelöst und fachlich adäquate Problemlösungen gefunden haben. Eine Bedingung dafür ist, dass die SchülerInnen mit relevanten Frage- und Problemstellungen konfrontiert werden und darauf in ihren Diskussionen und Aushandlungsaktivitäten fokussieren.

Aktives Sprachhandeln und Interaktion wird durch *kooperative Schreibaufgaben* auf besondere Weise angeregt (vgl. Tynjälä, Mason & Lonka, 2001, S. 12; Schmölzer-Eibinger, 2008). Beim kooperativen Schreiben müssen die Lernenden Formulierungsideen vorschlagen, begründen, überprüfen und kommentieren und das bereits zu Papier Gebrachte immer wieder neu überdenken und reformulieren. Dabei ergeben sich zahlreiche metakognitive und metasprachliche Aktivitäten, die sowohl den sprachlichen als auch den fachlichen Lernprozess intensivieren.

6.4 Fokus auf Schriftsprachlichkeit und Texte

Schriftsprache repräsentiert nicht nur kognitive Strukturen, sondern schafft sie auch neu (vgl. Wolff, 2002, S. 78). Schriftkundigkeit ermöglicht somit neue Qualitäten des Denkens und des Umgangs mit Sprache.

In Texten wird Wissen niedergelegt, tradiert und erweitert – Texträume sind Wissensräume und Wissensräume sind Texträume (vgl. Ehlich, 2010, S. 55). Auch im Fachunterricht wird Wissen primär anhand von Texten vermittelt und erworben. Die Textlastigkeit nimmt im Laufe der Schulzeit zu – je mehr Information vermittelt werden muss, desto höher sind die Anforderungen an sprachliche Explizitheit und Kohärenz und desto größer ist damit der Bedarf an Textualität.

> Ein kurzer Redebeitrag im Rahmen eines Dialogs stellt eher geringe Anforderungen. Kohärenz im Rahmen von Gesprächen wird ad hoc hergestellt und kann implizit bleiben, muss also höchstens teilweise sprachlich markiert werden. Kohärenz im Rahmen von Texten dagegen muss in den Text „eingebaut" werden, also so weit sprachlich explizit gemacht werden, dass die inhaltlichen Bezüge nachvollziehbar sind – unabhängig davon, wann oder wo jemand den Text hört oder liest. (Portmann-Tselikas & Schmölzer-Eibinger, 2008, S. 6)

Ein didaktisches Modell, das einen kleinschrittigen Aufbau von Textkompetenz anleitet, liegt mit dem „3-Phasen-Modell zur Förderung von Textkompetenz" (Schmölzer-Eibinger, 2008) und dem Modell zum Aufbau literaler Handlungskompetenz (Dorner & Schmölzer-Eibinger, 2012) vor. Das 3-Phasen-Modell geht von assoziativen Schreibaufgaben aus, stellt eine intensive Arbeit mit und an Texten ins Zentrum und führt zu einem wissenstransformierenden, epistemischen Schreiben hin. Das Modell zum Aufbau literaler Handlungskompetenz fokussiert auf literale Handlungen (z.B. beschreiben, erklären, argumentieren), geht von impliziten, mündlich geprägten Unterrichtsdialogen

---

16 Es handelt sich dabei um das bereits erwähnte Projekt „Didaktisches Coaching für den Unterricht in mehrsprachigen Klassen".

im Fachunterricht aus und führt zu einer an Schriftsprachlichkeit orientierten mündlichen Sprachverwendung und zum Schreiben hin. In beiden didaktischen Modellen werden die Prinzipien integriertes Sprach- und Fachlernen, Sprachaufmerksamkeit und Sprachreflexion, aktives Sprachhandeln und Interaktion besonders beachtet.

Auch Textsortenkenntnisse sollten im Fachunterricht systematisch geschult werden. Sie unterstützen die SchülerInnen dabei, fachliche Lernaufgaben fokussiert und effektiv zu bearbeiten (vgl. Thürmann, 2012). Aus didaktischer Sicht bietet sich eine mehrstufige Auseinandersetzung mit den jeweils fachspezifischen Textsorten an: Es gilt, das Schema der jeweiligen Textsorte zunächst zu dekonstruieren, deren typische Texthandlungsmuster sowie sprachliche Mittel und Konstruktionen zu identifizieren und darauf aufbauend schließlich selbst einen Text zu einem neuen Thema zu produzieren (vgl. Thürmann, 2012; Langer, 2010)

7   Resümee und Ausblick

Die Potentiale, Sprache als ein Medium des Lernens im Fachunterricht verfügbar zu machen, sind somit bei weitem noch nicht ausgeschöpft. Handlungsbedarf besteht nicht nur mit Blick auf die Lernenden, sondern auch auf die Lehrkräfte: FachlehrerInnen sind stärker als bisher zu unterstützen, einen „sprachbewussten" Fachunterricht zu realisieren. Das bedeutet

- für die *LehrerInnenausbildung,* dass theoretische und didaktische Grundlagen für LehrerInnen aller Fächer in Form von Modulen zur „Sprache im Fach" angeboten werden. An einigen Universitäten existiert dies bereits,[17] eine flächendeckende Implementierung in den Studienplänen aller Fächer steht jedoch noch aus.
- für die *LehrerInnenfortbildung,* dass Fachlehrkräfte im Hinblick auf ihr sprachliches und didaktisches Handeln im Unterricht im Rahmen eines prozess- und situationsorientierten Coachings beraten werden, das von konkreten Unterrichtssituationen ausgeht, Erkenntnisse der Schreib- und Leseerwerbsforschung berücksichtigt und die besondere Sprachlernsituation von DaZ-Lernenden fokussiert.[18]
- für die *Lehrpläne* aller Fächer, dass die mit fachlichen Lernzielen verbundenen sprachlichen Anforderungen explizit benannt und transparent gemacht werden. Die Lehrplananalysen, die im Rahmen des Europaratsprojekts „Language(s) of Schooling" durchgeführt wurden, zeigen den dringenden Bedarf an einer dahingehenden Neukonzeption der Curricula drastisch auf. In Curricula in Deutschland

---

17   Ein Beispiel dafür ist die Humboldt-Universität Berlin, die Module zur Sprachförderung in allen Fächern anbietet (vgl. Lütke, 2010).
18   Erste Schritte dazu sind u.a. das Modell der „SprachFörderCoaches", das im Rahmen der „Qualitätsoffensive Hauptschule" derzeit in Nordrhein-Westfalen umgesetzt wird (vgl. Thürmann, 2012). In Österreich werden im Rahmen des Projekts „Didaktisches Coaching für den Unterricht in mehrsprachigen Klassen" (BMUKK) derzeit Analyse-Instrumentarien entwickelt, die in einer geplanten Ausbildung zu Sprachcoaches für FachlehrerInnen in Zukunft eingesetzt werden sollen.

wurden bereits entsprechende Hinweise aufgenommen, eine flächendeckende Realisierung dieser Forderung ist bislang jedoch nicht erfolgt.[19]

- für die *Schulbücher* aller Fächer, dass Sprache explizit, präzise und kohärent verwendet und auf eine Weise eingesetzt wird, dass SchülerInnen schrittweise an einen schriftsprachlich geprägten Sprachgebrauch herangeführt werden. Empfehlungen zur Sprachverwendung in Schulbüchern sollten allen SchulbuchautorInnen, -gutachterInnen und Verlagen zugänglich gemacht werden (vgl. Egger & Schmölzer-Eibinger, 2012).

- für die *Forschung,* dass die Sprache der Schule, ihre domänenspezifischen Ausprägungen, Funktionen, Handlungsmuster und -routinen sowie ihre Implikationen und Effekte für das Fachlernen noch genauer als bisher erforscht werden müssen. Dabei sind eine Orientierung an der Schreib- und Literalitätsforschung sowie ein Fokus auf den Entwicklungs- und Handlungsaspekt von Kommunikations- und Lernprozessen im Fachunterricht vordringlich. Darauf aufbauend sind didaktische Konzepte und Modelle zu entwickeln, die bestehende Ansätze domänen-, kontext-, funktions- und adressatenspezifisch weiterentwickeln und im Hinblick auf ihre Wirksamkeit im Fachunterricht empirisch untersuchen. Dazu bedarf es einer Forschungsoffensive im Verbund zwischen ExpertInnen des Fachs und ExpertInnen der Sprache. Das wachsende Interesse an Sprache, das sich über die Grenzen der Fächer hinweg derzeit zeigt, ist dafür eine wichtige Basis.

Literatur

Ahrenholz, B. (Hrsg.). (2010). *Fachunterricht und Deutsch als Zweitsprache* (2. Aufl.). Tübingen: Narr.

Bachmann, T., Vital, N. & Ospelt, B. (2007). *Aufgaben mit Profil. Förderung und Diagnose pragmatischer Schreibfähigkeiten auf der Unterstufe.* Unveröffentlichtes Manuskript, PH Zürich.

Bernstein, B. (1990). *The Structuring of Pedagogic Discourse.* Class, Codes and Control, Bd. 4. London: Routledge.

Bonnet, A. (2004). *Chemie im bilingualen Unterricht. Kompetenzerwerb durch Interaktion.* Studien zur Bildungsgangforschung, Bd. 4. Opladen: Leske + Budrich.

Bourdieu, P. (1991). *Language and Symbolic Power.* Cambridge: Polity Press.

Brockmeier, J. (1998). *Literales Bewußtsein. Schriftlichkeit und das Verhältnis von Sprache und Kultur.* München: Fink.

Cummins, J. (1979). Cognitive/Academic Language Proficiency, Linguistic Interdependence, the Optimum Age Question and Some Other Matters. *Working Papers on Bilingualism (Travaux de recherches sur le bilinguisme), 19,* 197–205.

Cummins, J. (1991). Conversational and Academic Language Proficiency in Bilingual Contexts. *AILA Review, 8,* 75–89.

---

[19] Siehe Kapitel „Hinweise zur Sprachkompetenzentwicklung im Lernbereich" in den Kernlehrplänen der Hauptschulen für die Naturwissenschaften und Gesellschaftslehre (http://www.standardsicherung.schulministerium.nrw.de/lehrplaene/upload/lehrplaene_download/hauptschule/GL_HS__KLP_Endfassung.pdf., S. 14).

Dalton-Puffer, C. (2007). Die Fremdsprache Englisch als Medium des Wissenserwerbs: Definieren und Hypothesenbilden. In D. Caspari, W. Hallet, A. Wegner & W. Zydatiß (Hrsg.), *Bilingualer Unterricht macht Schule. Beiträge aus der Praxisforschung*. Kolloquium Fremdsprachenunterricht, Bd. 29 (S. 67–79). Frankfurt/M.: Lang.

Dixon-Krauss, L. (1996). *Vygotsky in the Classroom: Mediated Literacy Instruction and Assessment*. London: Longman.

Dorner, M. & Schmölzer-Eibinger, S. (2012). Bilder beschreiben. Ein Beitrag zur Förderung literaler Handlungskompetenz. *Praxis Deutsch, 233*, 48–53.

Egger, E. & Schmölzer-Eibinger, S. (2012). *Sprache in Schulbüchern. Empfehlungen zur Sprachverwendung in Schulbüchern für SchulbuchautorInnen, GutachterInnen und Schulbuchverlage*. Wien: BMUKK.

Ehlich, K. (1983). Text und sprachliches Handeln. Die Entstehung von Texten aus dem Bedürfnis der Überlieferung. In A. Assmann, J. Assmann & C. Hardmeier (Hrsg.), *Schrift und Gedächtnis. Beiträge zur Archäologie der literarischen Kommunikation*, Archäologie der literarischen Kommunikation, Bd. 1 (S. 24–43). München: Fink.

Ehlich, K. (2010). Textraum als Lernraum. Konzeptionelle Bedingungen und Faktoren des Schreibens und Schreibenlernens. In T. Pohl & T. Steinhoff (Hrsg.), *Textformen als Lernformen*, KöBeS, Bd. 7 (S. 47–62). Duisburg: Gilles & Francke.

Feilke, H. (i.V.). Schulsprache – Wie Schule Sprache macht. In S. Günthner, W. Imo, D. Meer & J.G. Schneider (Hrsg.), *Kommunikation und Öffentlichkeit. Sprachwissenschaftliche Potenziale zwischen Empirie und Norm*, Reihe Germanistische Linguistik, Bd. 296 (S. 149–175). Berlin: de Gruyter.

Glaser, C. (2004). *Förderung der Schreibkompetenz bei Grundschülern: Effekte einer integrierten Vermittlung kognitiver Schreibstrategien und selbstregulatorischer Fertigkeiten*. Verfügbar unter: http://opus.kobv.de/ubp/volltexte/2005/217/pdf/GLASER.PDF [15.03.2012].

Gogolin, I., Kaiser, G., Roth, H.-J., Deseniss, A., Hawighorst, B. & Schwarz, I. (2004). *Mathematiklernen im Kontext sprachlich-kultureller Diversität (DFG Go 614/6). Abschlussbericht*. Verfügbar unter: http://www.erzwiss.uni-hamburg.de/personal/gogolin/mathe/Bericht-Mathe.pdf [05.04.2012].

Gogolin, I. (2007). Herausforderung Bildungssprache – „Textkompetenz" aus der Perspektive Interkultureller Bildungsforschung. Bausteine eines Beitrags zur 27. Frühjahrskonferenz, 15. bis 17. Februar in Schloss Rauischholzhausen. In K.-R. Bausch, E. Burwitz-Melzer, F.G. Königs & H.-J. Krumm (Hrsg.), *Textkompetenzen. Arbeitspapiere der 27. Frühjahrskonferenz zur Erforschung des Fremdsprachenunterrichts*. Gießener Beiträge zur Fremdsprachendidaktik (S. 73–80). Tübingen: Narr.

Gogolin, I., Dirim, İ., Klinger, T., Lange, I., Lengyel, D., Michel, U., Neumann, U., Reich, H.H., Roth, H.-J. & Schwippert, K. (2011). *Förderung von Kindern und Jugendlichen mit Migrationshintergrund FörMig. Bilanz und Perspektiven eines Modellprogramms*. FörMig Edition, Bd. 7. Münster: Waxmann.

Grießhaber, W., Özel, B. & Rehbein, J. (1996). Aspekte von Arbeits- und Denksprache türkischer Schüler. In H. Ulonska, S. Kraschinski & T. Bartmann (Hrsg.), *Lernforschung in der Grundschule* (S. 160–179). Bad Heilbrunn: Klinkhardt.

Grießhaber, W. (2010). (Fach-)Sprache im zweitsprachlichen Fachunterricht. In B. Ahrenholz (Hrsg.), *Fachunterricht und Deutsch als Zweitsprache* (2. Aufl.) (S. 37–53). Tübingen: Narr.

Halliday, M. (1994). *An Introduction to Functional Grammar*. London: Arnold.

Hand, B., Gunel, M. & Ulu, C. (2009). Sequencing Embedded Multimodal Representations in a Writing to Learn Approach to the Teaching of Electricity. *Journal of Research in Science Teaching, 46* (3), 225–247.

Helmke, A. (2006). *Unterrichtsqualität: Erfassen, bewerten, verbessern* (4. Aufl.). Seelze: Kallmeyersche Verlagsbuchhandlung.

Hermanns, F. (1988). Schreiben als Denken. Überlegungen zur heuristischen Funktion des Schreibens. *Der Deutschunterricht, 4* (88), 69–81.

Kern, R. (2000). *Literacy and Language Teaching.* Oxford: Oxford University Press.

Langer, E. (2010). Grafische und mathematische Darstellungen im Naturwissenschaftsunterricht „lesen" und verstehen". In H.-J. Krumm & P.R. Portmann-Tselikas (Hrsg.), *Theorie und Praxis. Österreichische Beiträge zu Deutsch als Fremdsprache 13/2009. Schwerpunkt: Lesen. Prozesse, Kompetenzen, Förderung* (S. 147–162). Innsbruck: Studienverlag.

Leisen, J. (2010). *Sprachförderung im Fach. Sprachsensibler Fachunterricht.* Bonn: Varus.

Lütke, B. (2010). Deutsch-als-Zweitsprache in der universitären Lehrerausbildung. Der fachintegrative Ansatz im Master of Education an der Humboldt-Universität zu Berlin. In B. Ahrenholz (Hrsg.), *Fachunterricht und Deutsch als Zweitsprache* (2. Aufl.) (S. 153–166). Tübingen: Narr.

Met, M. (1994). Teaching Content Through a Second Language. In F. Genesee (Hrsg.), *Educating Second Language Children* (S. 159–182). Cambridge: CUP.

Nieswandt, M. (2010). Verstehen durch Schreiben im naturwissenschaftlichen Unterricht. In G. Fenkart, A. Lembens & E. Erlacher-Zeitlinger (Hrsg.), *Sprache, Mathematik und Naturwissenschaften,* ide-extra, Bd. 16 (S. 250–266). Innsbruck: Studienverlag.

Olson, D. R. (1977). Oral and Written Language and the Cognitive Processes of Children. In A. Lock & E. Fisher (Hrsg.), *Language Development* (S. 222–242). London: Routledge.

Portmann-Tselikas, P. R. (2002). Textkompetenz und unterrichtlicher Spracherwerb. In P. R. Portmann-Tselikas & S. Schmölzer-Eibinger (Hrsg.), *Textkompetenz. Neue Perspektiven für das Lernen und Lehren,* Theorie und Praxis. Österreichische Beiträge zu Deutsch als Fremdsprache Serie B, Bd. 7 (S. 13–44). Innsbruck: Studienverlag.

Portmann-Tselikas, P.R. & Schmölzer-Eibinger, S. (2008). Textkompetenz. *Fremdsprache Deutsch, 39,* 5–16.

Priemer, B. & Schön, L.-H. (2003). *Lernen durch Schreiben im Fach Physik mit dem Internet als Quelle von Informationen.* Verfügbar unter: http://didaktik.physik.hu-berlin.de/forschung/internet/priemer_gdcp_2003.pdf [05.04.2012].

Schmölzer-Eibinger, S. (2008). *Lernen in der Zweitsprache. Grundlagen und Verfahren der Förderung von Textkompetenz in mehrsprachigen Klassen,* Europäische Studien zur Textlinguistik, Bd. 5. Tübingen: Narr.

Swain, M. (1998). Focus on Form Through Conscious Reflection. In C. Doughty & J. Williams (Hrsg.), *Focus on Form in Classroom Second Language Acquisition* (S. 64–81). Cambridge: Cambridge University Press.

Thürmann, Eike (2012). *Lernen durch Schreiben? Thesen zur Unterstützung sprachlicher Risikogruppen im Sachfachunterricht.* Verfügbar unter: http://geb.uni-giessen.de/geb/volltexte/ 2012/8668/pdf/DieS_online_2012_1.pdf [20.04.2012].

Tobin, K. (1986). Effects of Teacher Wait Time on Discourse Characteristics in Mathematics and Language Arts Classes. *American Educational Research Journal, 23* (2), 191–200.

Tynjälä, P., Mason, L. & Lonka, K. (Hrsg.) (2001). *Writing as a Learning Tool. Integrating Theory and Practice,* Studies in Writing, Vol. 7. Dordrecht: Kluwer Academic Publishers.

Vollmer, H.J. (2006). *Towards a Common European Instrument for Language(s) of Education.* Verfügbar unter: http://www.coe.int/t/dg4/linguistic/langeduc/BoxC2-Schooling_en.asp#s7 [15.03.2012].

Vollmer, H.J. & Thürmann, E. (2010). Zur Sprachlichkeit des Fachlernens: Modellierung eines Referenzrahmens für Deutsch als Zweitsprache. In B. Ahrenholz (Hrsg.), *Fachunterricht und Deutsch als Zweitsprache* (2. Aufl.) (S. 107–132). Tübingen: Narr.

Vygotsky, L.S. (1986). *Thought and Language.* Cambridge: MIT Press.

Wolff, D. (2002). *Fremdsprachenlernen als Konstruktion. Grundlagen für eine konstruktivistische Fremdsprachendidaktik.* Frankfurt/M.: Lang.

Helmut Johannes Vollmer & Eike Thürmann

Sprachbildung und Bildungssprache als Aufgabe aller Fächer der Regelschule

Der Begriff „Sprachbildung" bestimmt zunehmend die aktuelle pädagogische und fachdidaktische Diskussion. Dabei geht es um die Frage, mit welchen Mitteln und auf welchen Wegen die nach Fächern organisierte Schule Lücken in den sozial- und/oder migrationsinduzierten Leistungsdifferenzen der SchülerInnen schließen kann. So wurde z.B. ab 2007 in dem BLK-Programm „Förderung von Kindern und Jugendlichen mit Migrationshintergrund" (FörMig) die Bezeichnung „Sprachförderung" durch „Sprachbildung" ersetzt, weil in diesem Projekt nach einem Ausdruck für eine „die Bildungsaufgaben insgesamt durchdringenden Perspektive" gesucht wurde und weil mit Fördermaßnahmen vielfach die Assoziation rein additiver Angebote verbunden sei. Außerdem sollte dadurch angezeigt werden, dass die Aktivitäten der FörMig-Projekte dazu beitragen, „die Forschungslücken zu schließen, die mit dem Begriff der Bildungssprache verbunden sind" (Universität Hamburg, o.J.).

Neu ist die Forderung nicht, alle Fächer und Lernbereiche der Regelschule in die Verantwortung für die Sprachbildung von Kindern und Jugendlichen einzubeziehen. Der Ruf nach einer pädagogischen Gesamtverantwortung für eine Sprachbildung, die *alle* jungen Menschen befähigt, mit Erfolg schulische Lernangebote wahrzunehmen, die auf Weiterbildung und Beruf sowie auf die Teilhabe am öffentlichen Leben vorbereiten, wird offensichtlich insbesondere zu bildungspolitischen Krisenzeiten laut. Fillion leitet seine kritische Auseinandersetzung mit der auf den Bullock-Report „A Language for Life" (1975) folgenden Initiative zum Thema *language across the curriculum* mit der pessimistischen Feststellung ein: „Lip service has been paid for as long as we can remember to the proposition that ‚Every teacher is a teacher of English.' It is the very rare school or university where this is indeed the case." (Fillion, 1979, S. 47).

Rückblickend kann festgestellt werden, dass die mit erheblichen Ressourcen ausgestattete Initiative *language across the curriculum* kaum nachhaltige Wirkungen erbracht hat. Sprachbildung und Schulerfolg sind auch heute noch in den Schulen Großbritanniens dominierende Themen. Ein Grund für den ausbleibenden Erfolg ist die mangelnde Bereitschaft der Fächerschule, die sprachpädagogische Aufmerksamkeit von der Oberflächenebene (Morphosyntax, Lexik, Kollokationen) und den normativen Aspekten der Sprachrichtigkeit auf die diskursfunktionale Ebene zu verlagern. Außerdem gab es innerschulisch keinerlei verantwortliche Instanz für die kontinuierliche, kleinschrittige Umsetzung der bildungspolitisch forcierten Maßnahmen (vgl. Corson, 1990; Vollmer, 2009).

Auch in Deutschland ist die Gesamtverantwortung von Schule für die Sprachbildung aller Lernenden immer wieder von Expert/inn/en und auch von den Schulbehörden thematisiert worden. Exemplarisch sei hier auf die Bemühungen des nordrhein-westfälischen Schulministeriums verwiesen, das eine Handreichung mit dem Titel „Förderung in der deutschen Sprache als Aufgabe des Unterrichts in allen Fächern" (MSWWF, 1999) herausgegeben hat. Diese Handreichung fokussiert zwei Strategien für Schul- und Unterrichtsentwicklung: einerseits die Unterstützung aus der Perspektive der einzelnen Fächer im Sinne von methodischen Anregungen für einen „sprachsensiblen Fachunterricht"[1], andererseits ein fächerübergreifend koordiniertes Vorgehen zur Unterstützung des sprachlichen Lernens. Obwohl die Implementation dieser Handreichung auf unterschiedlichen Ebenen (Lehreraus- und Fortbildung, Schulaufsicht) von zusätzlichen Maßnahmen begleitet wurde, konnte man in Nordrhein-Westfalen bezüglich der Bildungschancen von Schüler/inne/n mit Migrationshintergrund nur marginale Erfolge verzeichnen. Allerdings verlagert sich inzwischen auch in diesem Land der Fokus der Bildungsbehörden, der Unterstützungsagenturen (u.a. Hochschulen, Regionalen Arbeitsstellen zur Förderung von Kindern und Jugendlichen aus Zuwandererfamilien) und der Schulen von der Perspektive zusätzlicher Fördermaßnahmen für besondere Gruppen hin zu bildungssprachlichen Konzepten als Teil des Regelunterrichts in allen Fächern. Diese Tendenzwende vom extracurricularen Reparaturbetrieb für sprachliche Risikogruppen in den Händen von Sprachspezialisten hin zu *Sprachbildung* als einer durchgängigen und fächerübergreifenden Aufgabe des Regelunterrichts vollzieht sich auch in anderen Bundesländern und wird u.a. von Materialien und Netzwerken unterstützt, die aus dem BLK-Programm FörMig hervorgegangen sind. Ihre nachhaltige Wirkung hängt allerdings davon ab, dass alle Beteiligten ein vertieftes Verständnis davon entwickeln, was Bildungssprache und bildungssprachliche Kompetenz ist, wie sie erworben wird und wie sie in allen Fächern unterstützt werden kann.

1 Bildungssprachliche Kompetenz als dynamisches, hochkomplexes, jedoch nicht eindeutiges Konstrukt

Mit „Bildungssprache" wird vielerlei bezeichnet, z.B. diejenige Sprache, die jeweils Medium des Lehrens und Lernens in institutionellen Bildungskontexten ist, also etwa Latein im europäischen Bildungsraum bis ins 16. Jahrhundert, Deutsch während der Habsburger Monarchie in Slowenien usw. Für den außerschulischen Handlungsraum gilt „Bildungssprache" als Verkehrssprache der Öffentlichkeit und als Garant für „einheitsstiftende Alltagsdeutungen" (Habermas, 1981, S. 346). Sie ist stark von Schriftsprachlichkeit und einem differenzierten Wortschatz geprägt, der aus den unterschiedlichsten Wissenschaftsdomänen importiert ist, und steht jenen zum Gebrauch zur Verfügung, die von Hause aus damit ausgestattet sind – vgl. Bourdieus (2001/1966) Konzept des kulturellen Kapitals – und/oder mit Erfolg eine qualifizierte Schulbildung erworben haben. Zugleich fungiert sie als innersprachliche Verkehrssprache zwischen den Wissenschaften und ihren Fachsprachen. In diesem Sinne ist Bildungssprache eine sozial dominante Varietät, die von denen verwendet wird, die in der Gesellschaft Einfluss und Macht haben, und die oft auch als Erkennungszeichen eingesetzt wird, um Menschen in diese Gruppe aufzunehmen oder sie davon auszuschließen. „Träger" der Bildungssprache sind

---

[1] Der Begriff „Sprachsensibler Fachunterricht" wird in der Handreichung selbst nicht verwendet. Er wird erst in jüngster Zeit zu einem Leitbegriff, z.B. bei Leisen (2010).

im Handlungsraum der Öffentlichkeit „diejenigen, die berufsbedingt oder hobbymäßig immer wieder gezwungen sind, längere Texte im Modus der konzeptuellen Schriftlichkeit zu verfassen oder zu lesen und im Modus der konzeptuellen Schriftlichkeit Gedanken zu entwickeln oder zu rezipieren" (Ortner, 2009, S. 2228).

Für den Handlungsraum der institutionellen Bildung weist Feilke (2012, S. 4) darauf hin, dass Schule „eigene Sprachanforderungen schafft und schaffen muss. Diese sind zum Teil fachspezifisch, zu einem sehr großen Teil aber auch fächerübergreifend. Schulische Sprachanforderungen und schulische Formen des Sprachgebrauchs zielen auf Lernprozesse und sind in diesem Sinne bildungssprachlich." Begrifflich grenzt Feilke (in diesem Band) „Bildungssprache" gegen „Schulsprache i.e.S." ab und versteht darunter die zu didaktischen Zwecken gemachten Sprach- und Sprachgebrauchsformen, z.B. die Erörterung, deren eng gefasste Vorgaben sich auf didaktische Zwecke beziehen. Die Erörterung soll das Erörtern *einüben* ... Außerhalb der Schule schreibt niemand Erörterungen. Solche schulsprachlichen Besonderheiten haben eine lange Tradition, und die Schulpraxis prüft diesen Bestand nur zögerlich daraufhin, ob er den aktuellen gesellschaftlichen Anforderungen noch entspricht (vgl. auch Feilke, in diesem Band).

Für Fragen wie „Was konkret ist Bildungssprache bzw. wodurch zeichnet sie sich aus?" gibt es keine einvernehmlichen Antworten, die für Zwecke der Schulpraxis unmittelbar anwendungsfähig wären, und das trotz mancher Bemühungen in den letzten Jahren, zu einer konsensfähigen Auflistung von Merkmalen zu kommen (z.B. Leisen, 2010, für das amerikanische academic English z.B. Scarcella, 2003). Jedoch beziehen sich die meisten dieser Versuche auf sprachliche Oberflächenphänomene ohne empirische Validierung. Will man Bildungssprache bzw. bildungssprachliche Kompetenz dennoch für eine fächerübergreifende Didaktisierung modellieren, sind aus unserer Sicht u.a. folgende Gegebenheiten zu berücksichtigen.

1.1 Bildungssprache ist in doppelter Weise ein dynamisches Konstrukt

Im gesellschaftlichen Handlungsraum verändert sich der Bestand bildungssprachlicher Mittel ständig, und zwar im Zusammenhang mit dem vergesellschafteten Wissen und den jeweils aktuell relevanten Themen und Problemen sowie ihrer diskursiven Durchdringung. Es gibt gerade im lexikalischen Bereich in großer Zahl Zu- bzw. Abwanderungen und Umdeutungen. So bedingt z.B. das momentane gesellschaftliche Interesse an ökologischen Zusammenhängen die Zuwanderung von Wortbeständen aus unterschiedlichen Wissenschaftsdomänen in das bildungssprachliche Repertoire, etwa aus den Natur-, Geo- und Humanwissenschaften. Wörter wie „Ozonloch", „Treibhauseffekt", „Biotop" sind mit eher vagen Bedeutungen längst in der Bildungssprache angekommen, haben jedoch zugleich mit präziseren Bedeutungen die Fachsprachen nicht verlassen. Diese Dynamik beschränkt sich nicht auf den lexikalischen Bereich. Auch die Präsentationsformen von Wissen werden kontinuierlich überprägt und weiterentwickelt und damit der Gebrauch von Zeichensystemen und die Genres, die für bildungssprachliche Performanz und Kompetenz Bedeutung haben.

Auch im schulischen Handlungsraum ist Bildungssprache kein statisches Konstrukt. Die Entwicklungsdynamik bildungssprachlicher Kompetenz ist einerseits an die kognitiv-intellektuellen Themen, Aufgaben und Aktivitäten gebunden, die mit dem Alter und den Jahrgangsstufen aufsteigend in den einzelnen Fächern und Lernbereichen angesiedelt sind. Andererseits steht die Entwicklung bildungssprachlicher Kompetenz – insbesondere bei sprachlichen Risikogruppen – im Zusammenhang mit der fortschreitenden sprachlichen Biographie der Lernenden insgesamt: Wie weit ist der jeweilige Entwicklungsstand eines Lerners in der Alltags- bzw. Umgangssprache? Verfügt er bereits über bildungssprachliche (Teil-)Kompetenzen, ggf. auch in einer anderen Sprache als der Schulsprache? In welchem Maße begegnet der Lerner außerhalb von Schule bildungssprachlichen Gebrauchsmustern als Modellen für den eigenen Sprachgebrauch?

1.2 Bildungssprache ist ein hochkomplexes Konstrukt

Für einen pädagogisch effektiven Zugang zu Bildungssprache ist die systemlinguistische Beschäftigung mit ihren Oberflächenstrukturen notwendig, aber unzureichend. Betrachtet man unterrichtliche Diskursabläufe unter dem Aspekt der Fähigkeit, für eine konkrete Situation und den Aufgaben angemessen sprachliche und textuelle Strategien und Mittel aus verfügbaren Inventaren begründet auszuwählen, dann müssen neben den (system- oder pragma-) linguistischen Aspekten auch weitere in den Blick genommen werden: *Modalität* (z.B. konzeptuell/medial mündlich bzw. schriftlich), *kommunikative Aktivitäten* wie Hören, Sprechen, Lesen, Schreiben, Vermitteln in mehrsprachigen Situationen sowie *kognitive Operationen und Funktionen*.

1.3 Bildungssprache lässt sich in unterschiedlicher Weise modellieren

Es gibt unterschiedliche Optionen, Bildungssprache und damit bildungssprachliche Kompetenzen zu modellieren, die hier auf drei grundsätzliche Herangehensweisen reduziert werden:

a) Betrachtet man Schule insgesamt als Diskursgemeinschaft, lässt sich Bildungssprache sozusagen als sprachliche „Großfamilie" (Gee, 2005) verstehen und zwar mit spezifischen, differenten Gebrauchsmustern der Unterrichtsfächer quasi als Sprachverwandte, wobei Gee diese Ausdifferenzierung innerhalb der Fächer bis auf die Ebene von Subbereichen (Biologie > Mikrobiologie, Mathematik > Algebra) verfolgt. Bildungssprache wäre dann als das Ensemble aller zentralen, generalisierbaren Sprachgebrauchsmuster zu definieren, die in allen Fächern verankert und über alle Fächer hinweg von Bedeutung sind.

b) In Hinblick auf die Funktionalität der unterrichtlichen Sprachverwendung lässt sich Bildungssprache in weitere Varietäten dekonstruieren. Bailey & Heritage (2008) z.B. unterscheiden *School Navigational Language* (SNL), verkürzt gesprochen also die Sprache der Lernorganisation, und die sogenannte *Curriculum Content Language* (CCL); beide Varietäten grenzen sie gegenüber der Alltagssprache ab. Das konzeptuelle Modell von Scarcella (2003) ist dagegen noch weiter ausgelegt: es postuliert eine sprachliche Grundkompetenz (*Foundational Knowledge of English*) und schließt darüber hinaus Bailey & Heritages Lernorganisationssprache (*School Navigational Language, SNL*), die fächerübergreifende Bildungssprache (*Essential Academic Language, EAL*) sowie die Fachsprache der Unterrichtsfächer mit ein. Bildungssprache (genauer: *Essential Academic Language,* EAL) besteht nach Scarcellas Definition aus Elementen „that are used across all content areas including academic words, complex sentence structures, and discourse features that provide cohesion" (Scarcella, 2003, S. 6).

c) Bildungssprache kann fächerübergreifend als einheitliche Varietät definiert werden, die zusammen mit alltagssprachlichen Verwendungsmustern und fachsprachlicher Lexik das Unterrichtsgeschehen weitgehend bestimmt. Anspruchsvolle fachsprachliche Varietäten i.e.S. werden damit für den Handlungsraum Schule nicht angesetzt, der sich somit von wissenschaftlichen und beruflichen Domänen im Sinne erweiterter funktionaler Grundbildung absetzt.

Antworten auf die Fragen, was Bildungssprache ist, wie sie bis zu welchem Grad an Ausprägung erworben wird und wie Unterricht ihre Entwicklung unterstützen kann, hängen also davon ab, welche der oben skizzierten Optionen für eine Modellierung von Bildungssprache zur Geltung kommen.

2 Bildungssprachlicher Referenzrahmen für fachbasierte wie fächerübergreifende Sprachbildung

Damit Schulen Lerngelegenheiten für den Erwerb bildungssprachlicher Kompetenzen fachbasiert wie fächerübergreifend gezielt entwickeln und koordinieren können, bedarf es eines Beschreibungssystems, das mit den didaktischen Prinzipien der einzelnen Fächer kompatibel ist.

2.1 Internationale Ansätze

So hat 2010 eine Gruppe von Experten in den USA (Anstrom et al., 2010) für das *Center for Equity and Excellence in Education* eine Bestandsaufnahme und kritische Analyse der wissenschaftlichen Veröffentlichungen in den USA zum Thema Bildungssprache (*Academic English*) für Risikogruppen (*English Language Learners*) durchgeführt und daraus Empfehlungen für künftige Schulentwicklungen und Forschungsagenden abgeleitet. An der Spitze der Empfehlungen steht die Forderung nach einem Referenzrahmen. Obwohl die Autoren eine allseits akzeptierte Definition von Bildungssprache für unwahrscheinlich halten und obwohl sie konstatieren, dass die Erforschung von Bildungssprache bzw. in ihrem Fall von *Academic English* längst noch keine zufriedenstellenden Ergebnisse erbracht hat, halten sie die Entwicklung eines Referenzrahmens für nötig und auch für möglich. Anstrom et al. schlagen als pragmatischen Einstieg in die Entwicklung von Referenzsystemen die Erstellung von Rastern für den jeweiligen Fachunterricht vor, mit denen die empirisch ermittelten sprachlichen Merkmale (Lexik, Diskurs, Grammatik) im Detail erfasst und auf die kommunikativen Fertigkeiten und Jahrgangsstufen bzw. Bildungsabschnitte verteilt werden. Aus den Gemeinsamkeiten der fachbezogenen und domänenspezifischen Raster ließe sich dann ein fächerübergreifender bildungssprachlicher Sockel definieren.

Ähnliche Einsichten haben 2005 auch den Europarat veranlasst, in einem groß angelegten internationalen Projekt („*Language(s) in – Languages for education*") zu prüfen, ob der Gemeinsame europäische Referenzrahmen für Sprachen für das bildungssprachliche Register international konsensfähig angepasst oder entsprechend erweitert bzw. umgeschrieben werden könne. Bislang werden auf der Website des Europarats Ressourcen und Studien zur Verfügung gestellt, die die Bildungssysteme der Mitgliedstaaten in die Lage versetzen sollen, solche bildungssprachlichen Referenzsysteme in Anpassung an eigenen curricularen Rahmenbedingungen selbst zu entwickeln (s. Council of Europe, o.J.). Ein neuer international akzeptierter europäischer bildungssprachlicher Referenzrahmen ist jedoch nicht in Sicht; er wird auch mehrheitlich nicht für möglich gehalten, wohl jedoch eine Einigung auf mögliche Verfahren und Kategorien, die national oder regional bei der Abfassung eines fächerübergreifenden wie fachbasierten Bezugssystems Berücksichtigung finden könnten (Beacco, Coste, van de Ven & Vollmer, 2010).

Scarcella (2003) lehnt mit ihrem Versuch, einen konzeptuellen Referenzrahmen für bildungssprachliche Kompetenzen vorzulegen, eine Beschränkung auf sprachliche Oberflächenphänomene strikt ab und berücksichtigt in ihrem dreistufigen Raster neben der linguistischen Dimension die kognitive und die soziokulturelle/psychologische Dimension. Sie versteht ihren Vorschlag für ein bildungssprachliches Bezugssystem als Grundlage für den Dialog zwischen Schulpraxis und Forschung, mit dem die vielen noch existierenden Lücken zu schließen sind und der vor allem zur Konkretisierung bildungssprachlicher Anforderungen für den jeweiligen Fachunterricht und die jeweilige Altersstufe führen soll.

2.2 Mehrdimensionaler Referenzrahmen von Vollmer & Thürmann (2010)

Mit dem folgenden Modell eines Referenzrahmens, der auf den Überlegungen von Vollmer & Thürmann (2010) basiert, wird ein ähnlicher Weg beschritten, indem Dimensionen und Komponenten für bildungssprachliche Kompetenzen a priori vorgegeben werden, die dann den Fachdidaktiken zur Verifizierung, Modifizierung und Konkretisierung angeboten werden (vgl. etwa den Beitrag von Donnerhack, Berndt, Thürmann & Vollmer in diesem Band, am Beispiel des Faches Evangelische Religion). In diesem Modell wird die Bestimmung bildungssprachlicher Kompetenzen zunächst durch drei Dimensionen gesteuert: 1. Fachunterrichtliche Inhalte und Methoden, 2. Textsorten bzw. Genres und die mit ihnen verwendeten Zeichensysteme, Modalitäten (z.B. medial schriftlich – konzeptuell schriftsprachlich) und Konventionen, 3. grundlegende kognitiv-sprachliche Funktionen (Diskursfunktionen, vgl. Vollmer, 2011), die vor allem für das epistemisch-heuristische unterrichtliche Sprachhandeln ausgewiesen werden: *Benennen/Definieren – Beschreiben/Darstellen – Berichten/Erzählen – Erklären/Erläutern – Bewerten/Beurteilen – Argumentieren/Stellung nehmen – Simulieren/Modellieren*.

Aus den genannten Bestimmungsgrößen (Dimensionen 1, 2 und 3) können die bildungssprachlichen Anforderungen für das Verstehen von (Fach-)Texten und für die produktive Kodierung von Texten im Sinne von Text- oder Diskurskompetenz (Dimension 4) abgeleitet werden. Diese wiederum ist Grundlage für eine angemessene Bedeutungszuschreibung von eingehenden Informationen bzw. für eine begründete und reflektierte Auswahl einzelsprachlicher Mittel beim Verfassen von mündlichen oder schriftlichen Äußerungen und zusammenhängenden Texten (Dimension 5; vgl. Abbildung 1). Anhand dieser Dimensionen kann eine curriculare Grobplanung bildungssprachlicher

Kompetenzerwartungen sowohl fächerübergreifend als auch für bestimmte Bildungsabschnitte z.B. am Ende von Klasse 4, 6 oder 9/10 durchgeführt werden.

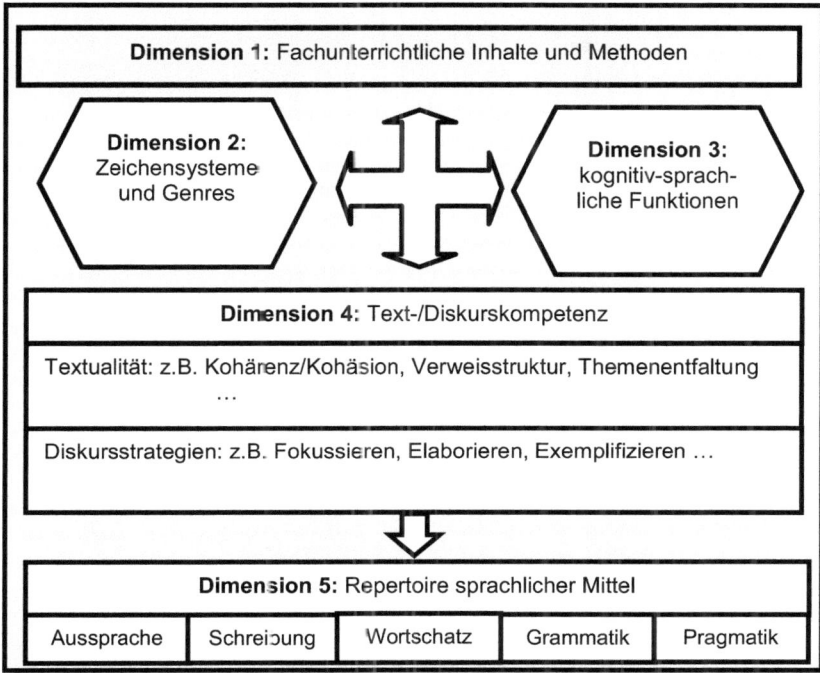

Abb. 1: *Dimensionen zur Beschreibung von allgemeinen bildungssprachlichen Kompetenzen (fachübergreifend)*

Durch explizite und differenzierte Einbeziehung der Inhaltsdimension (Dimension 1) kommt dem allgemeinen Profil bildungssprachlicher Kompetenzen sodann auch fachunterrichtliche Relevanz zu, denn die Fachinhalte nehmen z.B. Einfluss auf den fachunterrichtlichen Wortschatz (Dimension 5), auf die zu verwendenden Genres und Zeichensysteme bzw. auf den Wechsel der Repräsentationsformen zwischen diesen (Dimension 2) und nicht zuletzt auf die konkrete Verwendung spezifischer Diskursfunktionen (Dimension 3), die in der Regel mit den Genres in enger Beziehung stehen. Daraus ergeben sich je spezifische Ausprägungen von fachbasierter Text- und Diskurskompetenz (vgl. exemplarisch Donnerhack et al. in diesem Band).

Das hier präsentierte Modell eröffnet eine zweite Anwendungsperspektive, indem es nämlich auch auf die Prozessebene von Unterricht anwendbar ist (siehe Abbildung 2). Wir gehen davon aus, dass die Einforderung bildungssprachlicher Kompetenzen im konkreten Fachunterricht durch Lernaufgaben gesteuert wird. Sie beziehen sich auf fünf Felder fachunterrichtlichen Sprachhandelns (Dimension 6): also auf das Aushandeln von Fachthemen und Arbeitsweisen; auf Informationsbeschaffung, -erschließung und -verarbeitung; auf (Re-)Strukturierung und Erweiterung von Wissen; auf Präsentation und Kommunikation von Lernergebnissen; auf Reflexion von Lernwegen und Lernergebnissen. Damit werden in diesem Modell nicht nur die kommunikativen Aktivitäten, sondern auch die kognitiven Prozesse des Wissensaufbaus (Konzeptentwicklung, Schemabildung, Reorganisation und Reflexion des Wissens usw.) und deren notwendige Versprachlichung in den Blick genommen.

Ob und in welchem Maße die Schüler/innen entsprechend strukturierte Lernangebote annehmen und umsetzen, hängt in erheblichem Maße auch von personalen Faktoren (Alter, Weltwissen, Sprachenbiographie, Motivation und Investitionsbereitschaft) und dem soziokulturellen Kontext (Zugehörigkeit zu bestimmten soziokulturellen Gruppen, ihren Wertsystemen und Verhaltensmustern) ab, in dem sie aufwachsen. Dieser bestimmt auch, in welchem Maße Lernende vor und außerhalb von Schule Modelle bildungssprachlichen Verhaltens vorfinden und nutzen (können). Deshalb wurde das Modell um eine Dimension (7) erweitert.

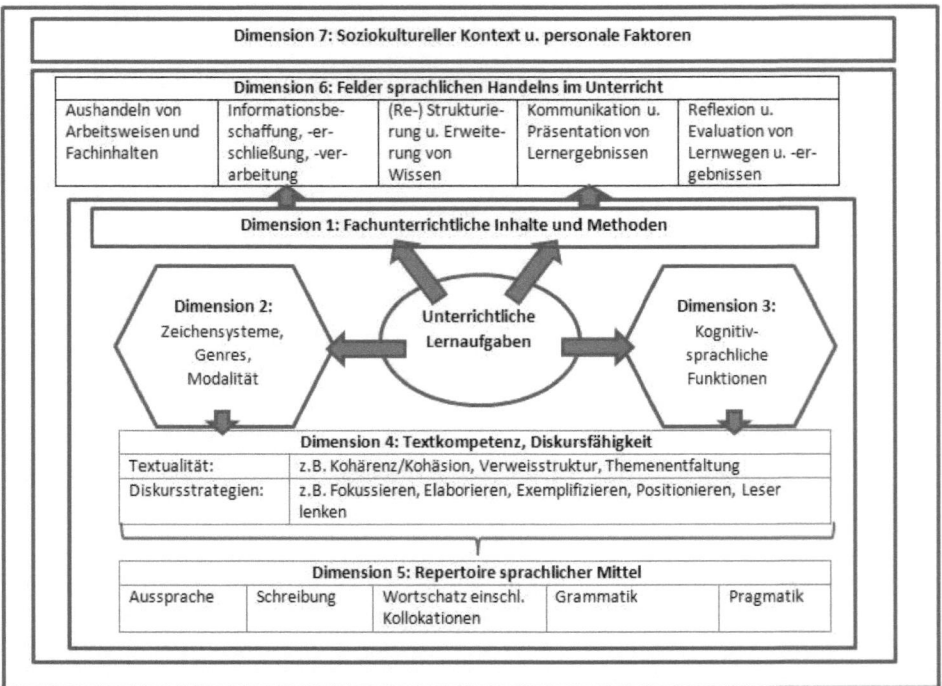

Abb. 2: Dimensionen zur Beschreibung bildungssprachlicher Anforderungen/Kompetenzerwartungen im konkreten Fachunterricht (unterteilt nach fünf Feldern fachunterrichtlichen Handelns)

Mit diesem Modell wird also zweierlei erreicht: In erster Linie ist es ein Raster für die curriculare Detailplanung und die fachunterrichtliche Konkretisierung allgemeiner bildungssprachlicher Dimensionen, das der Identifikation fächerübergreifender Gemeinsamkeiten und Differenzen zum Zweck der arbeitsteiligen didaktisch-methodischen Planung im Rahmen eines bildungssprachlichen Gesamtkonzepts dient. In zweiter Linie ist es ein Raster für konkrete Unterrichtsplanung und -analyse, mit dem sich überprüfen lässt, welche bildungssprachlichen Anforderungen und Abläufe in Verbindung mit einer bestimmten Aufgabe vermutlich eine Rolle spielen bzw. gespielt haben. Insofern taugt das Modell auch als Folie für forschungsmäßige Fragestellungen und didaktische Projektionen.

Insbesondere die pädagogischen Aspekte eines bildungssprachförderlichen Unterrichts werden häufig unterschätzt (s. Dimension 7 in Abbildung 2). Spracherwerb und Sprachverhalten werden nicht nur durch diskursive und systemlinguistische Steuerung von Lerngelegenheiten beeinflusst. Vielmehr hat die Aufnahme- und Lernbereitschaft der SchülerInnen, ihre mentale Präsenz im Fachunterricht, Einfluss darauf, ob und in welchem Maße solche Lerngelegenheiten Wirkung zeigen. Gee (1998, S. 58) weist auf den Sachverhalt hin, dass es zwischen Bildungssprache als Sekundärdiskurs und den Primärdiskursen von Schüler/inne/n, die zu besonderen soziokulturellen Gruppen gehören, zu Konflikten kommen kann, bedingt durch Unterschiede in den Sichtweisen, Verhaltensmustern und Wertesystemen der Diskursgemeinschaften (oft auch religiös geprägt). Kulturelles Kapital und damit auch Sprache hat je nach Situation und Gruppe unterschiedlichen Tauschwert. Normalerweise erwarten Lerner, wenn sie in Bildungssprache investieren, dass sie auf diesem Wege Einfluss und materielle Vorteile gewinnen. Heranwachsende aus sozialen Randgruppen sind aufgrund ihrer Erfahrungen von dieser Rechnung nicht immer überzeugt. Sie haben eher die Befürchtung, auf diesem Wege ihre Identität und die Solidarität in ihrer Gruppe einzubüßen, die sich – zwecks Festigung des Gruppenzusammenhalts – eines Registers bedient, das bewusst in Opposition zur Bildungssprache verwendet wird. Eine rein sprachdidaktische Bearbeitung dieses Problems wird diesen Heranwachsenden also wenig helfen.

3 Funktion der bildungssprachlichen Kompetenzbeschreibungen: Normierung oder Orientierung?

Die Formulierung von Standards im Sinne gestufter Kompetenzerwartungen – so wird vor allem in anglophonen Bildungssystemen argumentiert (vgl. dazu u.a. Short & Fitzsimmons, 2007) – seien die Voraussetzung dafür, dass Lehrerinnen und Lehrer Verantwortung für Sprachbildung übernehmen könnten. Sie sollten in die jeweiligen fachlichen Curricula so integriert werden, dass sie für alle möglichen Zwecke (z.B. Diagnose, Leistungsbewertung, Rechenschaftslegung) herangezogen und überprüft werden können. Eine solche Position wird hier eher kritisch gesehen. Obwohl in diesem Beitrag die Entwicklung und Erprobung eines konsensfähigen fächerübergreifenden Beschreibungssystems angemahnt wird (s.o.), folgt daraus nicht, dass dies Zwecken der Normierung und Standardisierung von bildungssprachlichen Gebrauchsmustern dienen sollte. Das wäre in mehrerlei Hinsicht problematisch.

Die Bildungsstandards der KMK weisen z.B. für Naturwissenschaften (KMK, 2005, S. 7, 10) einen Kompetenzbereich „Kommunikation" aus, der vage umschrieben wird als „Informationen sach- und fachbezogen erschließen und austauschen". Damit wird die didaktische Aufmerksamkeit zwar auf Sprache, jedoch allein auf die sprachliche Handhabung fertiger Erkenntnisse gerichtet. Die epistemische bzw. heuristische Funktion von Bildungssprache, die für alle anderen curricularen Kompetenzbereiche (Fachwissen,

Erkenntnisgewinnung, Bewertung) höchst relevant ist, wird damit ausgeblendet. Außerdem lassen die wenigen und pauschal formulierten Standards für den Kompetenzbereich „Kommunikation" so große Deutungsspielräume zu, dass eine testtheoretisch zuverlässige und valide Überprüfung kaum möglich ist (vgl. dazu Kritik und Alternativen bei Kulgemeyer & Schecker, 2009). Im Übrigen kann es wegen des Konstruktcharakters von Bildungssprache ohnehin keine exhaustive und autoritative Bestandsliste bildungssprachlicher Kompetenzen geben.

Es stellt sich weiterhin die Frage, welchen Stellenwert aktuelle deskriptiv erhobene bildungssprachliche Gebrauchsmuster für eine an der Zukunft ausgerichtete Konzeption von Bildung für die Wissensgesellschaft haben. In einer Didaktik der Medien- und Wissensgesellschaft kommt es eher darauf an, „sich in der 3. Welt der Ideen, Theorien und historischen Erzählungen zu bewegen, also die Strukturen des Wissens und der Wissensproduktion zu verstehen" (Tenorth, 2004, S. 659) als die Konventionen für die Darstellung von Wissen und Wissensprodukten zu beherrschen. Für die Didaktik der Wissensgesellschaft liegt die Priorität im wissensbildenden Diskurs, also in der vertieften Erkundung eines bestimmten Themas durch Dialog und interaktives Fragen und damit in der gemeinsamen Weiterentwicklung von Gedanken und Ideen. Auch unter dem Aspekt der *pedagogy of multiliteracies* (The New London Group, 1996), die Grundbildung und Literalität unter dem Aspekt des beschleunigten Wandels durch Technologien bzw. digitale Medien neu definiert, ist die Zukunftsfähigkeit konventioneller, konzeptuell schriftsprachlicher Gebrauchsmuster einer tradierten Buch- und Wissenschaftskultur verstärkt zu hinterfragen.

Schließlich stellt sich auch die Frage nach dem Verhältnis der rezeptiv-analytischen und der produktiven bildungssprachlichen Kompetenzerwartungen. Eine nicht weiter reflektierte Übernahme von bildungssprachlichen Gebrauchsmustern, die an Texten ermittelt werden, die für die Öffentlichkeit produziert werden (Reden, populärwissenschaftliche Darstellungen, Schul- und Fachbücher etc.), als schulische Norm für die Formulierung mündlicher und schriftlicher Texte, würde sich u.E. kontraproduktiv auf den Bildungsanspruch von Schule auswirken. Erwarten wir denn wirklich Texte von Schüler/inne/n, in denen erweiterte Nominalphrasen, Passivkonstruktionen, mehrgliedrige Komposita, Funktionsverbgefüge und Latinismen dominieren?

Im Kontrast zu diesen sich aus den dynamischen Aspekten ergebenden Relativierungen von bildungssprachlichen Konventionen und Praktiken steht jedoch einerseits die Funktionalität von kognitionsunterstützenden bildungssprachlichen Mitteln für das erfolgreiche Lehren und Lernen und andererseits auch die Beharrlichkeit, mit der Schule und Gesellschaft Bildungs- und Lebenschancen mit der Beherrschung von bildungssprachlichen Gebrauchsmustern und Konventionen verknüpfen. Deshalb haben Referenzsysteme (s.o.) im Allgemeinen und ihre fachunterrichtlichen Konkretisierungen eine wichtige Orientierungsfunktion für diejenigen Schulen, die sich der Herausforderung stellen, bildungssprachliche Entwicklungsstände ihrer Schüler/innen zu überprüfen, Förderbedarfe zu diagnostizieren und entsprechend den Unterricht auf diese Bedarfe einzustellen.

4 Prinzipien des bildungssprachlichen Lehrens und Lernens

Für die fächerübergreifend zu koordinierende schulische Sprachbildung – so das Fazit der vorangehenden Abschnitte – braucht es ein Bezugssystem zur Beschreibung bildungssprachlicher Fähigkeiten und Kenntnisse. Die Frage ist nun, ob es für die didaktisch-methodische Gestaltung von bildungssprachlich ergiebigen Lerngelegenheiten auch Prinzipien gibt, die ein explizites Lehren erlauben und mit den Ansprüchen der einzelnen Fächer und Lernbereiche kompatibel sind.

4.1 Das komplementäre Verhältnis von „Lernen" und „Erwerben"

Im Zusammenhang mit der Frage, wie Kinder und Jugendliche zu bildungssprachlichen Kompetenzen kommen und was Unterricht dazu beitragen kann, bezieht sich u.a. Gee (1998) auf Krashens (1982, 1985) Unterscheidung von „Lernen" und „Erwerb", wobei der Erwerb sprachlicher Handlungsmuster an die modellhafte Sprachverwendung in möglichst authentischen und für die Schüler/innen bedeutsamen Situationen gebunden ist, in denen sprachliche Strategien und Mittel für die Lösung konkreter Aufgaben eingesetzt werden. Ein solcher Prozess der Aneignung kann auch für den Erwerb bildungssprachlicher Textroutinen (s. Feilke & Lehnen, 2012) im nicht-sprachlichen Fachunterricht unterstellt werden, wobei das systematisch-kognitivierende Lehren bzw. das systematische Einüben von linguistischen Einheiten den Erwerbsprozess ebenso befördern wie verlangsamen oder gefährden kann. Andererseits ist die situativ angemessene Verwendung von Bildungssprache in Abgrenzung zur Alltagsvarietät abhängig von bewusstmachenden Lernprozessen. Lernen stützt in diesem Sinne die Konstruktion metasprachlicher Bewusstheit und ist Voraussetzung dafür, dass Schüler/innen reflektiert zwischen den Registern/Varietäten unterscheiden und entsprechende sprachliche Mittel auswählen können. Gee (1998, S. 57) konstatiert: „Powerful literacy almost always involves learning, and not just acquisition."

4.2 Das komplementäre Verhältnis von authentischen Modellen und gezielter Unterstützung durch temporäre „Sprachgerüste"

Erfahrung hat gezeigt, dass die Zurücknahme kognitiv-sprachlicher Anforderungen im Fachunterricht kein probates Mittel ist, um Bildungschancen von RisikoschülerInnen nachhaltig zu erhöhen. Beide Strategien, *dumbing down the curriculum* und systematisches Training sprachlicher Oberflächenstrukturen, gefährden den fachunterrichtlichen Kompetenzerwerb, weil sie aus Sicht der Lernenden die Authentizität des situierten Lernens in Frage stellen. Mit der Technik des Scaffolding lässt sich im Fachunterricht die Kluft überbrücken zwischen dem, was Schüler/innen sagen wollen, und dem, was sie fachangemessen sagen können. Scaffolding hat dienende Funktion für den Erwerb von selbstgesteuerter Problemlösungsfähigkeit. Die Unterstützung durch Scaffolds ist befristet angelegt und wird zurückgenommen, wenn der Lernende ihrer nicht mehr bedarf. Sie wird von herausfordernden Aufgaben gesteuert, bezieht sich auf konkrete Situationen und unterstützt die Ko-Konstruktion von Wissen, indem kognitive Orientierungen angeboten werden und sprachliche Mittel, Strategien und Methoden zur reflektierten Auswahl bereitgestellt werden.

Für den Erwerb bildungssprachlicher Mittel eignen sich insbesondere curricular-systemische Sprachgerüste (*designed-in scaffolds*, Sharpe, 2001, S. 32), die sich auf fachunterrichtlich relevante Genres und die Realisierung kognitiv-sprachlicher Funktionen beziehen. Solche Gerüste können im Prinzip unterschiedliche Gestalt annehmen: z.B. Bereitstellung von fachrelevanten Begriffen, diskursrelevanten Strukturwörtern, Redemitteln zur reflektierten Auswahl durch die Lernenden, Aufbau von Text- und Varietätenwissen, konzeptuelle Visualisierung von Sach- und Begriffszusammenhängen. Eine Fülle von konkreten Anregungen zum Scaffolding im sprachsensiblen Fachunterricht findet sich bei Leisen (2010).

4.3 Die Einbettung von Sprachwissen in den funktionalen Zusammenhang von kognitiven Operationen und fachunterrichtlichen Inhalten und Methoden

Die schulischen Bemühungen um Sprachbildung zeichnen sich nicht selten durch eine verengte Perspektive auf fachunterrichtliches Spezialvokabular und das Antrainieren einer komplexen Syntax aus. Sprache ereignet sich jedoch immer als Text oder Diskurs und nimmt damit unweigerlich eine bestimmte generische Form an, die einerseits in Struktur und sprachlicher Ausführung von ihrem Zweck und den damit verbundenen kognitiven Operationen/Funktionen, andererseits von den Konventionen der jeweiligen Diskursgemeinschaft geprägt ist. Sprachwissen leistet also nur dann einen Beitrag zum Aufbau bildungssprachlicher Kompetenzen, wenn die Bezüge zu den domänenspezifischen Inhalten/Methoden, dem jeweiligen Genre und den zugrunde liegenden Kognitionen hergestellt werden. Aus Sicht der Physikdidaktik schließt Rincke (2010, S. 239) aus, dass die Beschreibung der fachunterrichtlichen Sprache mit den Angaben terminologischer, morphologischer und syntaktischer Spezifika erschöpft sei.

Beim Aufbau von bildungssprachlicher Kompetenz geht es um nicht weniger als die eigenständige Konstruktion von Bedeutung und entsprechend müssen curricular-systemische Sprachgerüste immer auch unter Bezug zu Genres und kognitiv-sprachlichen Funktionen zur Reflexion herausfordern. Wenn es auch nicht Ziel schulischer Bemühungen ist, Schüler/innen mit der gesamten Komplexität der Zusammenhänge zwischen kognitiven Operationen, Genres, Fachinhalten und soziokulturellem Kontext des sprachlichen Handelns vertraut zu machen, so ist doch das Verständnis dieser Zusammenhänge für die Lehrenden (soziolitereale Kompetenz) von entscheidender Bedeutung, wenn sie bildungssprachliche Entwicklungen in ihrem Fach initiieren, fördern und begleiten wollen.

4.4 Alltagssprache und Bildungssprache bzw. die Sprache des Fachunterrichts nehmen je eigene Entwicklungswege

Zu der Frage, wie Kinder und Jugendliche ausgehend von ihrer Alltagssprache zu bildungssprachlichen Kompetenzen kommen und was Unterricht dazu beitragen kann, gibt es unterschiedliche Meinungen und Hypothesen. Insbesondere für die Didaktik des naturwissenschaftlichen Unterrichts ist der Topos des Übergangs von alltagsweltlichen Vorstellungen zu fachunterrichtlichen bzw. fachwissenschaftlichen Konzepten intensiv diskutiert worden (vgl. die vielfältigen Forschungen zu *conceptual change*). Rincke (2010, S. 243) benennt drei Strategien, mit denen Lehrkräfte im Unterricht auf Vorstellungen eingehen können, die Lernende aus ihrer alltagsbezogenen Deutungspraxis einbringen:

- die Anknüpfung an das Gesagte im Sinne eines fachlich anschlussfähigen Anfangs;
- die Umdeutung des Gesagten in einer Weise, dass es an fachlich Korrektes anschlussfähig wird;
- die Konfrontation des Gesagten mit einer andersartigen, widersprüchlichen Aussage oder Erfahrung.

Er kommentiert die zugrunde liegenden Annahmen wie folgt:

> Die beiden nicht-kontrastierenden Strategien des Anknüpfens oder Umdeutens zielen darauf ab, die Schwelle zur Annahme wissenschaftskonformer Perspektiven auf der Seite der Schülerinnen und Schüler zu senken, indem, so die Vermutung, schon vorhandene Vorstellungsmuster eine veränderte Einbettung in das kognitive Beziehungsgefüge erhalten. Die kontrastierende Strategie unterstellt die Möglichkeit eines Neuaufbaus fachwissenschaftlich anschlussfähiger Vorstellungen neben den aus dem Alltag mitgebrachten. (Rincke, 2010, S. 243)

Ausgehend von der Wagenschein (1988)/Muckenfuß (1995)-Kontroverse stellt Rincke die Frage, ob aus der von Muckenfuß begründeten Forderung nach Konfrontation eine Theorie zur Didaktisierung abgeleitet werden könne, solange nicht belastbare empirische Daten zum Sprachgebrauch und zu entsprechenden Lernwegen vorliegen. Er postuliert stattdessen für Alltags- und Fachsprache je eigene Entwicklungswege, wobei die Alltagssprache sich vom Objekt der Anschauung ausgehend entwickelt und die Fachsprache sich auf das Objekt der Anschauung hin entwickelt. Rinckes empirische Befunde stützen jedenfalls nicht die Hypothese, dass sich fachsprachliche Kompetenz durch fortschreitende Ausschärfung und Präzisierung der Alltagssprache entwickeln lässt. Vielmehr sieht er Anzeichen für individuelle Lernwege zu Interimskompetenzen und ein Sprachverhalten, das „einem Taumeln zwischen zwei sprachlichen Welten" (Rincke, 2010, S. 257) gleicht, wobei dies nur scheinbar irreguläre Bewegungen, sondern Anzeichen für die Weiterentwicklung eines individuellen Systems fachsprachlicher Zwischenkompetenzen sind. Daraus zieht er die Konsequenz, dass die Bemühungen um eine fachunterrichtlich angemessene Sprachverwendung auch positive Rückwirkungen auf die alltags- und umgangssprachliche Kompetenz der Lernenden haben:

> Der bewusst lernende Sprachlerner wird nicht nur der Eigenarten der noch unbekannten Zielsprache gewahr, sondern – wahrgenommen auf der Folie des Neuen – auch der Eigenarten seiner Erstsprache. Der Physikunterricht sollte daher nicht nur auf die Beherrschung der noch unbekannten Fachsprache hinarbeiten, sondern – vor der Folie des Neuen – auch auf die besonderen Ausdrucksmöglichkeiten der Alltagssprache hinweisen. Alltagssprache ist nicht ungenau und unzureichend, sondern hochflexibel und nuanciert. (Rincke, 2010, S. 258)

5 Zusammenfassung und Ausblick

Die bisher aufgezeigten Perspektiven einer fächerübergreifenden Sprachbildung und ihrer impliziten Herausforderungen machen deutlich, dass wir es hier mit einem gewaltigen Strukturproblem einer traditionell gewachsenen Fächerschule zu tun haben, deren Abwehrmechanismen und Beharrungstendenzen sprichwörtlich sind. Die Gefahr, dass das Thema *Bildungssprache/Sprachbildung als fächerübergreifende Aufgabe der Regelschule* wie viele andere Themen der Schul- und Unterrichtsentwicklung für eine begrenzte Zeit Konjunktur hat und zyklisch zu einem späteren Zeitpunkt unter anderen Perspektiven wieder aufgegriffen wird, ist nicht zu übersehen. Sie wächst in dem Maße, wie in der Praxis umsetzbare Unterrichtsrezepte zum Training von sprachlichen Gebrauchsmustern schnell produziert und multipliziert werden.

Die Frage danach, wie Kinder und Jugendliche zu einer Sprachkompetenz kommen, die ihnen Bildungschancen eröffnet und den Weg in eine qualifizierende Weiterbildung ebnet, verlangt Nachdenklichkeit der pädagogisch Beteiligten, Eigeninitiative auf der Ebene der einzelnen Schulen, interdisziplinäre Grundlagenforschung und das Einbringen von wissenschaftlichen Erkenntnissen in schulische Unterstützungssysteme.

Auszugehen ist dabei von der Annahme, dass bildungssprachliche Kompetenz auf dem Wege der Emergenz entsteht (s. Kapitel 4.1). Dieser Prozess beginnt weit vor der Schule und setzt sich außerhalb und nach der Schule fort. Schule kann diesen Prozess über zielführende Lerngelegenheiten und Reflexion nur unterstützen. Dabei wird nicht eine Sprache bzw. Varietät (z.B. Umgangssprache, Gruppen-, Alterssprache) durch eine andere (Bildungssprache) ersetzt, sondern Zielsetzung der pädagogischen Begleitung ist die Fähigkeit, Register bewusst wahrzunehmen, ihre Funktion(en) zu durchschauen und situativ bedingt zwischen ihnen zu wählen und zu wechseln.

Der Erwerb von bildungssprachlichen Kompetenzen geht in erster Linie über die Authentizität und Funktionalität für den Wissens- und Könnensaufbau der in den einzelnen Fächern und Lernbereichen. Die SchülerInnen durchlaufen dabei über das Aushandeln von fachunterrichtlich relevanten Bedeutungen, Methoden und Arbeitsweisen mit sprachlich kompetenten Mitschülern und den Lehrkräften eine bildungssprachliche „Lehre". Dabei stehen Erwerb einerseits und das kognitivierende Lehren/Lernen andererseits in einem komplementären Verhältnis. Die Rolle der Lehrenden ist die der bildungssprachlichen Experten, die den Lernenden als Novizen helfen, die Wahrnehmung von sprachlichen Eigenschaften und Gebrauchsmustern im Vergleich und Kontrast zur Umgangssprache zu schärfen, authentische bildungssprachliche Muster und Modelle bereitzustellen und Rückmeldungen zum Sprachverhalten der Lernenden zu geben.

Damit Schulen diese Prinzipien in den Alltag pädagogischen Handelns umsetzen können, brauchen sie Ressourcen und Unterstützung u.a. für folgende Bereiche:

- Ausbildung von Sprachbildungs-Coaches (*literacy coaches,* s. Short & Fitzsimmons, 2007; Institut für Schulentwicklungsforschung, o.J.) mit einem doppelten, also fachunterrichtlichen *und* bildungssprachlichen Kompetenzprofil, die Schulen auf Anfrage bei der Entwicklung und Umsetzung eines Sprachbildungskonzepts begleiten, das über alle Fächer und Lernbereiche sowie mit den Elternvertretern als Teil des Schulprogramms abgestimmt wird;

- Bereitstellung von Zeitkontingenten für Arbeitsgruppen, die die bildungssprachlichen Herausforderungen und Barrieren für die einzelnen Fächern ermitteln und Jahrgangspartituren entwerfen, in denen für einzelne Fächer Schwerpunkte für curricular-systemisches Scaffolding ausgewiesen sind;
- Kriterien für einen bildungssprachsensiblen Fachunterricht und die Bereitstellung von Zeitkontingenten für eine gegenseitige kriteriengeleitete kollegiale Unterrichtsbeobachtung (s. Thürmann & Vollmer, 2012);
- unterrichtspraktische Handreichungen für den Fachunterricht mit Beispielen zum bildungssprachlichen Scaffolding, z.B. Gogolin & Lange, 2010.

Entscheidend für die Nachhaltigkeit des hier entworfenen Entwicklungsszenarios ist allerdings, dass sich die Fachdidaktiken ihrer Verantwortung und der je eigenen Diskurse bewusst werden und diese nicht nur aus den Gegenständen und Methoden ihrer Disziplinen herleiten, sondern auch didaktisch-methodische Konzepte bereitstellen, die sich an den Erfordernissen eines abgestimmten bildungssprachlichen wie pädagogischen Handelns orientieren.

Literatur

Anstrom, K., DiCerbo, P., Butler, F., Katz, A., Millet, J. & Rivera, C. (2010). *A review of the literature on academic English: Implications for K-12 English language learners.* Arlington, VA: The George Washington University Center for Equity and Excellence in Education. Verfügbar unter: http://www.ceee.gwu.edu [15.07.2012].

Bailey, A.L. & Heritage, H.M. (2008). *Formative assessment for literacy, grades K-6: Building reading and academic language skills across the curriculum.* Thousand Oaks, CA: Corwin Press.

Beacco, J.-C., Coste, D., van de Ven, P.-H. & Vollmer, H.J. (2010). *Language and school subjects. Linguistic dimensions of knowledge building in school curricula.* Strasbourg: Council of Europe. Verfügbar unter: http://www.coe.int/t/dg4/linguistic/Source/Source 2010_ForumGeneva/KnowledgeBuilding2010_en.pdf [15.7.2012].

Bourdieu, P. (2001, zuerst 1966). Die konservative Schule. Die soziale Chancenungleichheit gegenüber Schule und Kultur. In P. Bourdieu (Hrsg.), *Wie die Kultur zum Bauern kommt. Über Bildung, Schule und Politik*, Schriften zur Politik und Kultur, Bd. 4 (S. 25–52). Hamburg: VSA. Verfügbar unter: http://www2.ibw.uni-heidelberg.de/~gerstner/Text-Bourdieu.pdf [29.03.2012].

Bullock-Report, Department of Education and Science (1975). *A language for life.* London: HMSO.

Corson, D. (1990). Language across the curriculum (LAC). In D. Corson (Hrsg.), *Language policy across the curriculum* (S. 72–140). Clevedon: Multilingual Matters.

Council of Europe (o.J.). *Languages in education – Languages for education. A platform of resources and references for plurilingual and intercultural education.* Verfügbar unter: http://www.coe.int/t/dg4/linguistic/langeduc/le_platformintro_EN.asp [15.07.2012].

Feilke, H. (2012). Bildungssprachliche Kompetenzen – fördern und entwickeln. *Praxis Deutsch, 233,* 4–13.

Feilke, H. & Lehnen, K. (Hrsg.). (2012). *Schreib- und Textroutinen. Theorie, Erwerb und didaktisch-mediale Modellierung.* Frankfurt a.M. u.a.: Peter Lang.

Fillion, B. (1979). Language across the curriculum. Examining the place of language in our schools. *McGill Journal of Education, 14* (1), 47–60.

Gee, J.P. (1998). What is literacy? In V. Zamel & R. Spack (Hrsg.), *Negotiating academic literacies across languages and cultures* (S. 51–60). Mahwah, NJ: Erlbaum.

Gee, J.P. (2005). Language in the science classroom: Academic social languages as the heart of school-based literacy. In R.K. Yerrick & W. Roth (Hrsg.), *Establishing scientific classroom discourse communities* (S. 19–37). Mahwah, NJ: Erlbaum.

Gogolin, I. & Lange, I. (2010). *Durchgängige Sprachbildung – Eine Handreichung.* Münster: Waxmann.

Habermas, J. (1981). Umgangssprache, Wissenschaftssprache, Bildungssprache. In: Habermas, J., *Kleine politische Schriften.* I–V (S. 340–363), Frankfurt a.M.: Suhrkamp.

Institut für Schulentwicklungsforschung (o.J.). *Förderung in der Schulsprache Deutsch im Rahmen der Qualitätsoffensive Hauptschule – Qualifizierung von Lehrkräften zu SprachFörderCoaches.* Verfügbar unter: http://www.ifs-dortmund.de/1186.html [15.07.2012].

KMK (2005). *Bildungsstandards im Fach Physik für den Mittleren Schulabschluss (Jahrgangsstufe 10).* München/Neuwied: Luchterhand.

Krashen, S. (1982). *Principles and practice in second language acquisition.* Oxford: Pergamon.

Krashen, S. (1985). *The input hypothesis: Issues and implications.* New York: Longman.

Kulgemeyer, C. & Schecker, H. (2009). Entwicklung eines domänenspezifischen Kommunikationsbegriffs. *Zeitschrift für Didaktik der Naturwissenschaften, 15,* 131–153.

Leisen, J. (2010). *Handbuch Sprachförderung im Fach. Sprachsensible Fachunterricht in der Praxis.* Bonn: Varus.

Ministerium für Schule und Weiterbildung, Wissenschaft und Forschung Nordrhein-Westfalen (MSWWF). (1999). *Förderung in der deutschen Sprache als Aufgabe des Unterrichts in allen Fächern.* Frechen: Ritterbach.

Muckenfuß, H. (1995). *Lernen in sinnstiftenden Kontexten.* Berlin: Cornelsen.

Ortner, H. (2009). Rhetorisch-stilistische Eigenschaften der Bildungssprache. In U. Fix, A. Gardt & J. Knape (Hrsg.), *Rhetorik und Stilistik: ein internationales Handbuch historischer und systematischer Forschung, Bd. 2* (S. 2227–2240). Berlin: Mouton de Gruyter.

Rincke, K. (2010). Alltagssprache, Fachsprache und ihre besonderen Bedeutungen für das Lernen. *Zeitschrift für Didaktik der Naturwissenschaften, 16,* 235–260.

Scarcella, R. (2003). *Academic English. A conceptual framework.* Irvine: University of California, Linguistic Minority Research Institute. Verfügbar unter: http://escholarship.org/uc/item/6pd082d4 [15.7.2012].

Sharpe, T. (2001). Scaffolding in action: snapshots from the classroom. In J. Hammond (Hrsg.), *Scaffolding: Teaching and learning in language and literacy education* (S. 31–48). Newtown NSW, Australia: Primary English Teaching Association.

Short, D. & Fitzsimmons, S. (2007). *Double the work. Challenges and solutions to acquiring language and academic literacy for adolescent English language learners. A Report to Carnegie Corporation of New York.* New York: Carnegie Corporation.

Tenorth, H.-E. (2004). Bildungsstandards und Kerncurriculum. Systematischer Kontext, bildungstheoretische Probleme. *Zeitschrift für Pädagogik, 50* (5), 650–661.

The New London Group (1996). A pedagopgy of multiliteracies: Designing social futures. *Harvard Educational Review, 66* (1). Verfügbar unter: http://wwwstatic.kern.org/filer/blog Write44ManilaWebsite/paul/articles/A_Pedagogy_of_Multiliteracies_Designing_Social_Futures.htm [15.7.2012].

Thürmann, E. & Vollmer, H. J. (2012). Schulsprache und Sprachsensibler Fachunterricht. Eine Checkliste mit Erläuterungen. In C. Röhner & B. Hövelbrinks (Hrsg.), *Fachbezogene Sprachförderung in Deutsch als Zweitsprache*. Weinheim: Juventa.

Universität Hamburg (o.J.). *BLK-Programm Förderung von Kindern und Jugendlichen mit Migrationshintergrund (FörMig)*. Verfügbar unter: http://www.blk-foermig.uni-hamburg.de/web/de/handicap/mat/hand/index.html [15.07.2012].

Vollmer, H. J. (2009). Language across the curriculum. In M. Ivšek (Hrsg.), *Languages in education. Proceedings. Sept. 25–26, 2008, Ljubljana, Slovenia* (S. 27–39). Ljubljana: Narodna in univerzitetna knjižnica. Verfügbar unter: http://www.zrss.si/pdf/zbornikJeziki2008.pdf [15.07.2012].

Vollmer, H.J. (2011). *Schulsprachliche Kompetenzen: Zentrale Diskursfunktionen*. Osnabrück: Universität Osnabrück. Verfügbar unter: http://www.home.uos.de/hvollmer/VollmerDF-Kurzdefinitionen.pdf [15.07.2012].

Vollmer, H.J. & Thürmann, E. (2010). Zur Sprachlichkeit des Fachlernens: Modellierung eines Referenzrahmens für Deutsch als Zweitsprach. In B. Ahrenholz (Hrsg.), *Fachunterricht und Deutsch als Zweitsprache* (2. Aufl.) (S. 107–132). Tübingen: Narr.

Wagenschein, M. (1988). *Naturphänomene sehen und verstehen. Genetische Lehrgänge*. Stuttgart: Klett.

Wolfgang Hallet

Generisches Lernen im Fachunterricht

1 Generisches Lernen und schulische Bildung

Die Natürlichkeit der menschlichen Sprache und die fließenden Übergänge zwischen Alltagssprache und Bildungssprache haben lange Zeit – auch in der Didaktik – die Tatsache überdeckt, dass das in der Schule vermittelte und erworbene Wissen, zu einem guten Teil auch die Kompetenzen, Fähigkeiten und Fertigkeiten symbolisch, und hier wieder zu einem sehr großen Teil sprachlich, geformt sind. Dabei geht es nicht nur darum, das in der Schule erworbene Wissen in inhaltlich, terminologisch und sprachlich angemessener Form kommunizieren zu können. Vielmehr muss dieser Kerngedanke jeder Vorstellung von sachfachlicher *literacy* – also einer kompetenzbasierten Bildung – ernst genommen werden im Hinblick auf die epistemologische Grundannahme, dass Welterkenntnis grundsätzlich nur in symbolischer Form möglich ist und dass, umgekehrt, die symbolische Form darüber entscheidet, welcher Aspekt der Welt (oder eines Weltausschnitts) in welcher Weise erkannt wird. Die besondere Bedeutung von Genres liegt darin, dass Sprache generell – und damit jede Art von Diskurs – generisch durchformt ist. Bruner betrachtet sie sogar als universale Gegebenheit:

> No natural language that has been studied is without them: ways of conducting discourse, ways of construing the topics involved in the discourse, speech registers and even idiolects characteristic of the discourse, often a specialized discourse as well. [...] Genres, I would conclude, are culturally specialized ways of both envisaging and communicating about the human condition. (Bruner, 1990, S. 135f.)

Wenngleich Bruners Genre-Begriff stark literarisch-ästhetisch geprägt ist (vgl. Bruner, 1990, S. 136), so lässt sich doch verallgemeinern, dass sie auch in akademischen und schulischen Kontexten der Wissenserzeugung und -vermittlung „specialised forms of discourse which follow certain traditions, conventions and expectations" (Vollmer, 2009, S. 5) darstellen, mittels derer Wissen generiert, repräsentiert und vermittelt wird. Wegen dieser überragenden Bedeutung von Genres für die Erzeugung von Weltwissen, für das Lernen und für jede schulische Bildung weit über das Sprachlernen im engeren Sinne hinaus sollen am Beginn dieses Beitrags zunächst thesenhaft die folgenden Überlegungen stehen:

- Genres sind diejenigen Einheiten mit sprachlich-symbolischen und textuellen Eigenschaften, in denen Wissen im fachlichen Diskurs erzeugt und manifest wird; in der fachlich-disziplinären Diskursgemeinschaft wird es in diesen Genres verhandelt und weiterentwickelt. Genres stellen daher diejenigen diskursiven Einheiten dar, die für das Verstehen und das Verhandeln fachlichen Wissens auch in der Schule unverzichtbar sind.

- ‚Wissen' ist wegen seiner sozialen Konstruktivität grundsätzlich nur in diskursiv verfasster Form existent und verfügbar. Diese Diskursivität impliziert, dass das Wissen Gegenstand und Ergebnis von Aushandlungsprozessen ist. Da Genres die kleinsten Einheiten diskursiver Kommunikation sind (z.B. auch der dialogisch-argumentativen), sind mit der Verfügung über Wissen und über eine fachbezogene, wissensbasierte Diskursfähigkeit stets generische Kenntnisse und Kompetenzen verbunden.

- Elemente eines Diskurses – auch und vor allem eines fachlich-disziplinären – sind in der Regel nie alle rein sprachlicher Natur. Vielmehr werden wissenschaftliche Erkenntnisse und wissenschaftsbasierte Kenntnisse (wie z.B. in den Wetternachrichten im Fernsehen) häufig auch in anderer symbolischer Form repräsentiert und kommuniziert. Auch diese nichtsprachlichen ‚Äußerungseinheiten' lassen sich als (in der Regel stark) konventionalisierte Formen der Wissensrepräsentation und -kommunikation betrachten. Dazu gehören z.B. topographische und andere Arten von Karten in der Geographie oder im Fach Geschichte ebenso wie die Versuchsbeschreibung in den experimentellen Naturwissenschaften oder mikroskopische Schnitte in der Zellbiologie. Solche symbolischen Formen können, wie im Falle der Formelsprache der Mathematik oder der Chemie oder im Fall des Atommodells in der Physik, geradezu den Kern des wissenschaftlichen Wissens selbst darstellen:

  > In addition to verbal language, there are in subject contexts other modes of semiotic communication, sometimes as a major feature. These other semiotic systems of expressing meaning (e.g. graphs, diagrams, statistical tables, sketches or maps) need to be examined, therefore, as to their specific characteristics as well as to their interrelations and connections with speech. Learners discover that language is not the only meaning-making system, although the dominant one, in our knowledge societies. (Vollmer, 2009, S. 8)

- Der Sinn fachspezifischer Symbolsprachen liegt gerade in ihrer besonderen epistemologischen Leistungsfähigkeit und ihrer (aspekthaften) Überlegenheit über die menschliche Sprache. Fachbezogene und wissenschaftsbasierte Diskursfähigkeit schließt also die Verfügbarkeit auch nicht-sprachlicher disziplinärer Darstellungsweisen und ihrer Genres ein.

- Genres unterscheiden sich nicht nur textstrukturell oder -typologisch. Vielmehr sind, wie es die *social semiotics*-Schule nach Halliday stets postuliert hat, entscheidende Merkmale ihre soziale Kontextgebundenheit und ihre Zweckorientierung. Umgekehrt sind daher die jeweils verwendeten sprachlichen und symbolischen Formen durch Funktionalität gekennzeichnet; es werden diejenigen sprachlichen Mittel und Formen (also Genres, generischen Formen) verwendet, die dem jeweils angestrebten, definierten oder ausgehandelten Kommunikations-, Interaktions- oder Erkenntniszweck (jedenfalls vermeintlich) am besten dienen. Genres, und zwar literarische wie nicht-literarische, sprachliche wie nicht-sprachliche gleichermaßen, sind gewissermaßen diskursive Bausteine, die das soziale und kulturelle Leben der Menschen – auch das der wissenschaftlichen und fachlichen *communities* – symbolisch strukturieren und organisieren: „The various genres of discourse, including literary genres, are the specific semiotic functions of text that have social value in the culture." (Halliday,

1978, S. 145). Diese Funktionalität der dazu erforderlichen textuellen, grammatischen und lexikalischen Formen gilt selbstverständlich auch für die symbolischen Formen und Strukturen, in denen das Wissen im schulischen Unterricht Gestalt annimmt und vermittelt wird:

> [S]cientific reports, procedures, service encounters, and government submissions are just as much genres as the more familiar examples of narrative fiction or film. In this extension of the functional language model, the notion of *genre* is ‚tuned into„ the social purpose of a text and captures its distinctive global (or schematic) structure. (Macken-Horarik, 2002, S. 18)[1]

- Zur generischen Kompetenz (*generic competence*; vgl. Paltridge, 2001, S. 7) gehört daher die Fähigkeit, das dem jeweiligen Kontext und Interaktionszweck entsprechende Genre verstehen und selbst verwenden zu können und aufgrund der Kenntnis der Genre-Merkmale entsprechend strukturierte Texte und Äußerungen (in medialen Formen aller Art) selbst produzieren zu können.

Aus diesen Vorüberlegungen schält sich eine wichtige Grundeinsicht heraus, die für die Ursprünge der Genre-Pädagogik der Sydney School von Beginn an entscheidend war. Diese richtete den Fokus zunächst auf den pädagogischen Sinn des generischen Lernens: Alle Arten von *literacy* hängen wegen ihres diskursiven Charakters und wegen des mit dem Ziel der Diskursfähigkeit verbundenen emanzipatorischen Anspruchs der sozialen, kulturellen und politischen Partizipation (so zu finden in den deutschen Bildungsstandards für die Naturwissenschaften) entscheidend davon ab, dass Individuen die Grundeinheiten eines jeden Diskurses, nämlich seine Genres, beherrschen, jedenfalls die wichtigsten und häufigsten. Wie man an Projektbezeichnungen wie „Disadvantaged Schools Program" oder „Language and Social Power Project" (vgl. Callaghan, Knapp & Noble, 1993; Macken-Horarik, 2002, S. 17f.) oder am Titel der wegweisenden Publikation von Cope & Kalantzis (1993) erkennen kann, in dem *powers of literacy* und der *genre approach* verknüpft werden, war die Genre-Pädagogik in ihrem Ursprung mit diesem Gedanken des sozialen und kulturellen *empowerment* verbunden: Die Verfügung über generische Formen der Interaktion ist eine Voraussetzung für soziale und diskursive Partizipation. Generisches Lernen zielt folglich darauf ab, dass Individuen in fachlichen wie lebensweltlichen Kontexten die komplexen (mündlichen, schriftlichen, symbolischen und medialen) Formen und Modi sozialer Interaktion und wissenschaftsbasierter Kommunikation kognitiv, symbolisch und interaktional zur Verfügung stehen und dass diese in der schulischen Bildung vermittelt werden.

Bevor der Genre-Begriff in seinen verschiedenen Schattierungen und didaktisch relevanten Aspekten näher bestimmt wird, ist mit Blick auf mögliche textstrukturalistische Verengungen zu betonen, dass Genres trotz ihrer kulturellen, kommunikativen und interaktionalen Konventionalisierung keine statischen Gebilde oder fixen textuelldiskursiven Muster darstellen, die bloß ‚angewendet' werden. Vielmehr beruhen die Vorstellungen von ihrer Form und Struktur sowohl lebensweltlich als auch wissenschaftlich auf Abstraktionen, die wir auf der Grundlage einer großen Zahl von Realisierungen entlang rekurrenter Merkmale vornehmen. Genau genommen muss man sagen: Genres

---

[1] Diese wie alle folgenden Hervorhebungen in Zitaten finden sich im Original.

werden im Moment ihres Gebrauchs performativ jedes Mal aufs Neue erzeugt. Kognitionspsychologisch gesehen sind die generischen Formen daher Re-Interpretationen kognitiver Schemata (vgl. Lenk, 2004, S. 71ff.); kulturell betrachtet greifen Akteure in diskursiv-interaktionalen Situationen auf vorliegende, präfigurierte Formen zurück, die sie entsprechend den eigenen Bedürfnissen konfigurieren und auf diese Weise refiguriert in das kulturell verfügbare Repertoire von Genres einspeisen.

Diese Vorstellung von der permanenten Neuerzeugung kulturell verfügbarer Formen findet ihre Analogie in der Erzähltheorie Ricœurs (1984), von dem die Begrifflichkeit der *Präfiguration* und *Refiguration* stammt, aber auch in der *multiliteracies*-Didaktik der New London Group. In deren Theorie stellen sich Kommunikation, soziale Interaktion und Mediennutzung als Akte der permanenten Neuerzeugung von *designs* dar und begründen daher kulturellen Wandel und soziokulturelle Dynamiken. Die Nutzung von Genres kommt aus diesem Blickwinkel immer einem generischen *redesign* gleich: In einer bestimmten Form verfügbare Genres (*available designs*) werden entsprechend den jeweils sich verändernden kulturellen oder kontextuellen Bedingungen *designed* und in variierter oder veränderter Form – *redesigned* – selbst wieder Bestandteil des kulturellen Genre-Repertoires. Genre-Nutzung ist demzufolge ein performativer und kulturproduktiver Prozess, an dem alle individuellen Akteure – auch die Lernenden in der Schule – ihren Anteil haben (vgl. genauer Hallet, 2009, 2011b und 2011c).

Tab. 1: Vom Available Design zum Redesign (The New London Group, 2000, S. 23)

Available Designs	Resources for Meaning; Available Designs of Meaning
Designing	The work performed on or with Available Designs in the semiotic process
The Redesigned	The resources that are produced and transformed through Designing

Diese Performativität von Genres erklärt deren kulturelle und historische Weiterentwicklung und Dynamik entsprechend neuen soziokulturellen Herausforderungslagen, aber auch die Entstehung ganz neuer Genres wie z.B. des Blog-Eintrags, der als eine hybridisierte Form angesehen werden kann, in der die Zeitungsglosse, das Tagebuch und der Webauftritt verschmelzen (vgl. Hallet, 2011b). Wegen dieser dynamischen Eigenschaften von generisch durchformten Akten der Interaktion besteht eine zentrale didaktische Herausforderung darin zu erkennen, ob die jeweils gewählte Neu-Inszenierung einer generischen Form funktional adäquat und mit dem Erkenntnis- oder Darstellungsziel im jeweiligen Wissens- und Lernkontext im Einklang steht.

2 Genre-Definitionen: eine Mehrfachbestimmung

Der Genre-Begriff wird in verschiedenen Theorie- und Forschungstraditionen sehr unterschiedlich definiert (vgl. die Überblicksdarstellung von Bawarshi & Reiff, 2010; zur Genre-Didaktik vgl. z.B. Russell, 1997, S. 512ff.; Paltridge, 2001, S. 10f.; Johns, 2002 und 2011). Im Folgenden wird der Genre-Begriff mit Blick auf die didaktischen (und, wie wir oben gesehen haben, pädagogischen) Implikationen auf vierfache Weise bestimmt. Die einzelnen Definitionen sind als komplementär zueinander zu betrachten, was wegen des direkten Zusammenhangs zwischen Kompetenzen im Sinne kognitiver Dispositionen und diskursiv-interaktionaler Performanz nicht verwunderlich ist.

2.1 Genre als diskursiv-interaktionale Struktur

Als Genre bezeichnen wir die Formen und Strukturen, in denen soziale Interaktionen und diskursive Akte verlaufen und in denen Kommunikationsinhalte strukturiert und vermittelt werden. Genre ist also „a resource for structuring the interaction through which [...] content is communicated" (van Leeuwen, 2005, S. 126), also ein

> *type of discourse* (or *discursive form*) [...] taken by communication as practiced in a given social situation and communication community. The types of discourse are specific discursive forms identified by a standard name and certain characteristics (physical location, type of participants, medium, etc.) of the situations where they occur: lecture, news items, anecdote, dispute, myth or prayer, etc. (Beacco, 2009, S. 15)

Genres werden einerseits von den Kommunikationszielen und den verwendeten medialen Formen bestimmt, andererseits determinieren sie die Art der sozialen Interaktion, in die Individuen eintreten. Im Sinne des innerhalb des Fachunterrichts vermittelten Wissens, dessen Aushandlung und Kommunikation in einer fachlichen *community* sowie seiner Vermittlung in andere, vor allem auch lebensweltliche Kontexte schließen ‚Kommunikation' und ‚Interaktion' auch distante Formen ein, wie sie z.B. für gedruckte oder elektronische enzyklopädische Texte typisch sind. Da es, mit Foucault gesprochen, „kein Wissen ohne definierte diskursive Praxis" gibt „und jede diskursive Praxis durch das Wissen bestimmt werden [kann], das sie formiert" (Foucault, 1973, S. 260), sind Genres essentielle Bestandteile aller wissensbezogenen Diskurse und Interaktionen. Eine wissens- und fachbasierte Diskurs- und Interaktionsfähigkeit (*literacy*) kann sich aber nur herausbilden im Verein mit den entsprechenden generischen Kompetenzen (vgl. Beacco, 2009, S. 15f.). Die Fähigkeit der Nutzung fach- und domänenspezifischer Genes, von „more or less conventionalised forms of presenting meaning shared by a specific community of practitioners, and realised in *forms of discourse* within a specific setting (e.g. scientific articles, research texts, manuals and textbooks, lectures, encyclopedia" (Vollmer, 2009, S. 5), konstituiert daher einen der Kerne der wissens- und fachbasierten Diskursfähigkeit, die als Sachfach-*literacy* das Ziel des bildenden Fachunterrichts ist.

2.2 Genre als textuelle Struktur und Diskursfunktion

Mit dem Begriff des Genres ist eine Vorstellung von textueller oder diskursiver *Gattung* verbunden, wie man sie z.B. in der Literaturwissenschaft oder der Textlinguistik findet. Die Beschreibung mehr oder weniger stark konventionalisierter text- oder diskursstruktureller Merkmale zielt auch auf die Etablierung eines metagenerischen Wissens, das für die Entwicklung von *genre awareness* und für die angeleitete und bewusste Produktion generischer Formen erforderlich ist. Da Genres im hier verstandenen Sinne auch nicht-sprachliche symbolische Darstellungsformen umfassen, werden sie hier ganz allgemein als die Art und Weise bezeichnet, wie sprachliche oder andere Zeichen arrangiert werden, um die zu kommunizierenden Inhalte zu strukturieren und ihnen eine textuell kohärente Form zu verleihen. Diese umfassende semiotische Definition ist auch und besonders mit Blick auf den medialen Wandel und den elektronischen Hypertext erforderlich, der die Kombination und gleichzeitige Verwendung verschiedener semiotischer Modi und symbolischer Darstellungsformen ermöglicht (vgl. The New London Group, 2000; Hallet, 2008, 2009). Genres sind also, ganz allgemein gesagt, „a resource for structuring content" (van Leeuwen, 2005, S. 126). Wegen dieser funktionalen Verwendung von sprachlichen und anderen Zeichen im Diskurs kann man Genres auch als komplexe Diskursfunktionen auf der Makroebene betrachten: Bestimmte sprachliche Mittel, Zeichen und textuelle Arrangements dienen einem bestimmten Signifikations- oder Kommunikationszweck und der Herstellung oder Aushandlung von Bedeutung.

2.3 Genre als epistemologische Form

Genres sind diskursive und symbolische Formen der Wahrnehmungsstrukturierung, der Konstruktion von Wirklichkeit(en) und der Erkenntnis. Wenngleich Jerome K. Bruner lediglich „two modes of thought" unterscheidet, den (logisch-argumentativen) „paradigmatic or logico-scientific" und den „narrative mode", so lässt sich doch für weitere generische und für alle symbolischen Formen seine Feststellung verallgemeinern, dass diese *modes* „distinctive ways of ordering experience, of constructing reality" bereitstellen (Bruner, 1986, S. 11; vgl. auch Coffin, 1997, S. 197ff.). Noch genauer lässt sich mit Cassirer postulieren, dass die Wirklichkeit nur in symbolisierter Form zugänglich ist und dass so viele Wirklichkeiten existieren, wie es Wege der symbolischen Formgebung gibt. Für Cassirer sind gerade die Mathematik und die Naturwissenschaften mit ihren hochentwickelten Symbolsprachen (und deren Genres) einschlägige Beispiele; wissenschaftliche Erkenntnis ist grundsätzlich nur in zeichenhaft-symbolischer Form möglich:

> Denn das Zeichen ist keine bloß zufällige Hülle des Gedankens, sondern sein notwendiges und wesentliches Organ. Es dient nicht nur dem Zweck der Mitteilung eines fertiggegebenen Gedankeninhalts, sondern ist ein Instrument, kraft dessen dieser Inhalt selbst sich herausbildet. (Cassirer, 1964, S. 18)

So ist denn auch die historiographische Erzählung, die bestimmte (und stets ausgewählte) historische Einzelereignisse chronologisch sequenziert, kausal verknüpft und durch *emplotment* narrativiert, eine Form der historischen Erkenntnis, wenngleich eine neben anderen („*history as story*"; vgl. Coffin, 1997, S. 199); und die kartographische Darstellung ist eine spezifisch geographische Erkenntnis- und Wissensform, eine der ‚Wirklichkeiten der Geographie'. Nelson Goodman hat diese Einsicht auf eine für die Verschiedenartigkeit und Aspekthaftigkeit der Wissensformen der Schulfächer bedeutsame Weise erweitert und (hier mit Bezug auf die konkurrierenden ptolemäischen und kopernikanischen Weltbilder) als Weisen der Wirklichkeitserzeugung aufgefasst (‚*ways of worldmaking*'):

> The physical and perceptual world-versions mentioned are but two of the vast variety in the several sciences, in the arts, in perception, and in daily discourse. Worlds are made by making such versions with words, numerals, pictures, sounds,

or other symbols of any kind in any medium; and the comparative study of these versions and visions and of their making is what I call a critique of worldmaking. (Goodman, 1978, S. 93f.)

Dies gilt auch für die sprachlichen und symbolischen Formen fachlichen Lernens. Sie stellen nicht bloß die sprachliche Hülse des Wissens dar, sondern sie *sind* selbst dieses Wissen:

> The language of school science may thus be considered as actively constructing a particular realm of scientific reality [...]. The kind of language encountered and used by students in school science makes possible some ways of thinking about the world and simultaneously prevents, or at least marginalizes, other ways of thinking. From this point of view, literacy in school science is not just a matter of acquiring certain mechanical skills, but an apprenticeship into a whole world view. (Veel, 1997, S. 161f.)

So gesehen stellt die Vermittlung disziplinärer semiotischer und generischer Modi zugleich eine Initiation in die Erkenntnis- und Wissensweisen eines Faches und die dahinter liegenden Epistemologien der korrespondierenden wissenschaftlichen Disziplinen dar. Die diskursiven und semiotischen Sprechweisen eines Faches stellen zugleich die Weisen seiner Erkenntnis dar.

2.4   Genre als kognitives Schema

In unmittelbaren Zusammenhang mit ihrer disziplinär-epistemologischen Funktion steht die Tatsache, dass Genres als kognitive Schemata zugleich auch eine individuelle kognitive Struktur, folglich auch die Lernvoraussetzung und den Lernertrag darstellen (vgl. auch Hallet, 2007). Mittels generischer Schemata werden sowohl soziale, interaktionale und diskursive Handlungen als auch das jeweilige fachlich-disziplinäre Wissen kognitiv repräsentiert und mental modelliert:

> Students learn how to produce the kinds of thoughts appropriate to the assigned genres, and they learn how to locate their findings, analysis, and thought within the communal project of academic learnings. (Bazerman, 2010, S. 291)

Generische kognitive Schemata erlauben es, komplexe Wahrnehmungen und Wirklichkeiten sowie diskursive Interaktionen auf wiedererkennbare Weise zu verstehen, zu strukturieren, zu antizipieren und aktiv zu gestalten. Aufgrund ihrer Konventionalisierung und Verankerung in den Diskursen einer fachlich-disziplinär orientierten (oder gebildeten), spezialisierten *community* haben sie sich zudem als domänen- oder disziplinspezifische Weisen des Denkens und der Problemlösung etabliert, wie z.B. das Genre der *falsifiable hypothesis* in der Mathematik („one of its favored weapons"; Bruner, 1990, S. 122), der Stammbaum in der Biologie oder das Kartographieren in verschiedenen Disziplinen. Die Nutzung fachlich etablierter sprachlich-diskursiver Genres und nonverbaler symbolischer Formen ist daher eine wichtige Form des fachlichen Denkens und der Problemlösung, wie sie alle Fächer kennen: „Taking up the challenge of a genre casts you in a problem space and the typified structures and practices of the genre provide the means of solution." (Bazerman, 2010, S. 291).

2.5 Genre und andere Ebenen der Sprachlichkeit des Lernens

Am Beispiel der fachlich-disziplinär etablierten und konventionalisierten Genres zeigt sich, dass die Rede vom ‚engen Zusammenhang' zwischen Sprechen und Denken oder zwischen Lernen und Sprache zu kurz greift; vielmehr stellt sich heraus, dass die sprachliche oder symbolische (generische) Form des Wissens der eigentliche Kern disziplinärer Epistemologien und Diskurse ist und dass Genres daher auch den Kern des fachlichen Lernens darstellen. Natürlich betrifft diese Einheit von Sprache oder symbolischer Form und fachlichem Inhalt auch andere Ebenen, die hier nur kurz Erwähnung finden können und die im Folgenden als Mikro-, Meso- und Makroebene systematisiert werden.

Die Mikroebene der wissenschaftlichen Begriffe

Die wissenschaftlichen Begriffe eines Faches stellen die zentralen Kategorien für dessen Kategorisierungen, seine Wirklichkeitsdeutungen und die Theoretisierung dar (*core concepts*). Diese Begriffe sind sprachliche, fachliche und kognitive Schemata zugleich. Fachliches Lernen und Verstehen fallen auch hier zusammen mit dem sprachlich-begrifflichen Lernen (vgl. Hallet, 2002 und 2012b).

Die Meso-Ebene der Diskursfunktionen

Diskursfunktionen stellen die kleinsten sprachlich-diskursiven Einheiten fachlicher Systematisierungen, Relationierungen und Strukturierungen dar, wie z.B. logische Operationen, narrativ-chronologische Sequenzierungen, Ursache-Wirkungs-Relationen, Hypothesenbildung, Definitionen usw. Sie stellen Möglichkeiten bereit, Erkenntnisse und Wissensformen der Mikro-Ebene (z.B. die Begriffe bzw. *concepts*) auf fachlich konventionalisierte oder produktive Weise in einen logischen, systematischen oder operablen Zusammenhang zu bringen. Auf dieser Ebene wird die Notwendigkeit des Erwerbs einzelner sprachlicher Mittel für die Realisierung der o.a. Operationen besonders deutlich (vgl. z.B. mit Bezug auf den bilingualen Sachfachunterricht Zydatiß, 2005a, 2005b und 2007, S. 447ff.; Vollmer, Thürmann, Arnold & Ohm, 2008; Dalton-Puffer, 2007; Hallet, 2011a). Es handelt sich bei den Diskursfunktionen daher um ‚Mini-Genres', die entweder dominant sein und zu Makro-Genres ausentwickelt werden oder aber ein subdominantes Element anderer Genres sein können (s.u. zur Makro-Ebene). Vieles spricht dafür, außer *naming, describing, explaining, arguing, evaluating* und *negotiating* (vgl. Vollmer et al., 2008, S. 13ff.) unbedingt auch *narrating* als Diskursfunktion zu betrachten. Narration ist gerade nicht auf fiktionales Erzählen begrenzt, sondern auch ein basales lebensweltliches Diskursgenre in zahlreichen Ausprägungen (zu denen z.B. alle Alltagserzählungen und -berichte gehören) und in institutionellen Lernkontexten fächerübergreifend überall da präsent, wo Abläufe, Sequenzen und Ereignisketten dargestellt werden, z.B. historische Abläufe in Geschichte, Genealogien in der Biologie (Evolutionsgeschichte, Vererbungslehre), Versuchsabläufe und Kausalketten in den experimentellen Naturwissenschaften und nicht zuletzt musikalisches oder visuelles Erzählen in den Fächern Musik und Bildende Kunst.

Mit Blick auf die epistemologische Funktion von Symbolisierungen ist es auch von großer Bedeutung, dass Diskursfunktionen zugleich fachliche Denkfiguren darstellen, die erlernt und bei Bedarf in Problemlösungssituationen aufgerufen werden müssen, wie es z.B. bei der Formulierung von Hypothesen oder Definitionen geschieht (‚thinking skills'; vgl. Thürmann, Vollmer & Pieper, 2010, S. 23ff. sowie unten Teil 3). Zum Erwerb generischer Kompetenzen gehören daher auch die Verfügbarkeit der Diskursfunktionen und die Fähigkeit zu erkennen, welche dieser Erkenntnisformen in einer fachlichen Problemlösungssituation aufgerufen und angewendet werden können oder müssen.

Die Makroebene der Genres

Sie stellen konventionalisierte, komplexe sprachliche und/oder symbolische Einheiten mit textuellen Eigenschaften dar (vor allem hinsichtlich ihrer Zeichenarrangements, ihrer Struktur und Kohärenz), mittels derer Individuen Erfahrungen, Erkenntnisse und Wissen strukturieren und dieses sozusagen diskursfähig machen. Genres stellen also die sprachliche oder symbolische Form des Anschlusses an und der Integration von Wissen in einen wissensbasierten oder fachlich-disziplinären Diskurs dar. Während sie einerseits in der Regel einem dominanten Diskursmodus (oder einer ‚Diskursfunktion') zugeordnet werden können, z.B. dem der Narration wie bei einem Bericht oder einer historiographischen Erzählung, der Beschreibung (wie bei einem Versuchsaufbau) oder einer Argumentation (bis hin zur mathematischen ‚Kurvendiskussion'), können sie andererseits mehrere Diskursfunktionen im Sinne der oben definierten Meso-Ebene in sich vereinigen. So kann ein Bericht über ein wissenschaftliches Experiment deskriptive (z.B. Beschaffenheit des Materials), narrative (z.B. Abfolge von Versuchsereignissen), explanatorische (theoriebezogene Erklärung) und argumentative (z.B. Diskussion von Hypothesen) Elemente (Diskursfunktionen) enthalten.

In der didaktischen Literatur zeigt sich die Notwendigkeit der genaueren Klärung des Verhältnisses von Diskursfunktionen und Genres[2] sowie der Entwicklung einer allgemeineren didaktischen Genre-Typologie, die in der Lage ist, Genres und verschiedene Diskursarten aneinander zu koppeln. So diskutiert Pepin (2007, S. 63f.) zwar die Bedeutung von Genres für das mathematische Lernen; als Beispiel für ein Genre führt sie aber dann das „mathematics textbook" an, um kulturelle Unterschiede zwischen dem französischen und dem deutschen Mathematikunterricht zu erklären. Es ist aber klar, dass

---

2 Die Schwierigkeit der Identifizierung ‚reiner' Diskursfunktionen (vgl. Vollmer et al., 2008, S. 13ff.) und einer stimmigen Systematik hängt vermutlich mit dem Fehlen der hier vorgeschlagenen Unterscheidung der Meso-Ebene der Diskursfunktionen und der Makro-Ebene der Genres zusammen. In einem anderen Systematisierungsvorschlag (Thürmann et al., 2010, S. 23ff.) sind Diskursfunktionen sowohl auf der Makro-Ebene (also über den Genres; vgl. dazu auch Hallet 2008) als auch auf der Mikroebene unterhalb der Genres angesiedelt (vgl. auch die ‚Operatoren' bei Feilke, 2012, S. 12f.). Im Hinblick auf die sprachlich-textuelle Erfahrbarkeit, die konkrete sprachliche Manifestation, die Erlernbarkeit und die teachabilty erscheint es aber didaktisch auf jeden Fall sinnvoll, Diskursfunktionen als die kleineren sprachlichen Einheiten (‚Mini-Genres') zu betrachten, die entweder zu größeren diskursiven Einheiten (Genres) ausentwickelt werden oder als Teilelemente in größere generische Formen Eingang finden (vgl. Thürmann et al., 2010, S. 26).

sich *textbook* als Genre auf einer anderen Ebene bewegt als die oben besprochenen sprachlichen und symbolischen Formen fachlich-disziplinärer Diskurse.

Daraus folgt, dass prinzipiell fachlich-disziplinäre Genres ebenso wie ihre didaktisch reduzierten Modellierungen für den Schulunterricht unterschieden werden sollten von didaktischen und pädagogischen Genres, die der Ebene der Lehrer-Schüler- und der Schüler-Schüler-Interaktion, allgemein gesagt also dem Unterrichtsdiskurs (*classroom discourse*) zuzurechnen sind (vgl. Feilke, 2012). Im Unterschied dazu gilt für fachlich-disziplinäre Genres: Sie müssen – auch in reduzierten propädeutischen Formen und auf frühen Lernstufen – prinzipiell anschließbar sein an fachliche und wissenschaftsbasierte Diskurse. Die Notwendigkeit dieser Anschlussfähigkeit erkennt man besonders dann, wenn man allgemeinbildende Bildungsgänge bis zu ihrem Ende, nämlich der Berufs- und Studierfähigkeit am Ende der Sekundarstufen denkt. Denn am Ende der Sekundarstufe I und beim Abitur müssen die Lernenden über eine mindestens basale fachlich-wissenschaftliche Diskursfähigkeit verfügen, die ihnen eine erfolgreiche weitere berufliche oder akademische Ausbildung im Sinne einer vertieften Vertrautheit mit fachlich-disziplinären Diskursen erlaubt.

Vermutlich ist es daher sinnvoll, in einem systematisierenden Zugriff lernrelevante Genre-Typen nach den vier Diskursebenen zu klassifizieren, die Vollmer et al. (2008, S. 25f.) für die Kommunikation in institutionellen Bildungskontexten vorschlagen: die informelle Alltagssprache, die fächerübergreifende Schul- und Bildungssprache, die fachunterrichtliche Schulsprache und die Fach- und Wissenschaftssprache. Wenn diese Systematik zugrunde gelegt wird, dann fällt es leichter, typische Genres des *classroom discourse* und der Schul- und Bildungssprache wie das Unterrichtsgespräch, die *peer*-Diskussion in der Kleingruppe oder die Präsentation vor dem Plenum sowie die Sprache der Aufgaben und deren Formate zu unterscheiden von fach- und wissenschaftsbasierten Genres wie einer kartographischen Darstellung in Geographie oder einer theoretischen Explanation in einem naturwissenschaftlichen Kontext. In der Kleingruppenarbeit, in der nach der Beobachtung eines wissenschaftlichen Experiments eine Hypothese ausgehandelt wird, sind also sowohl das diskursiv-interaktionale (didaktische) Genre der argumentativen Aushandlung als auch das fachliche Genre (oder die Diskursfunktion) der Hypothese gleichzeitig wirksam.

Eine genrebezogene Unterscheidungssystematik sollte es auch möglich machen, sinnvolle didaktische Formate des Fachunterrichts von etablierten, aber nur scheinbar authentischen „didaktischen Genres" zu unterscheiden, jenen Genres also, die „auf das Lehren bezogene und für den Unterricht zu *didaktischen Zwecken gemachte* Sprach- und Sprachgebrauchsformen" darstellen (Feilke, 2012, S. 5). Auch lassen sich generische Mischformen zwischen Alltags- und Fachdiskurs nach ihrer Nähe zu einer dieser Ebenen beurteilen, also danach, ob sie geeignet sind, die Schülerinnen und Schüler näher an den wissenschaftsbasierten, akademischen Diskurs und seine Denk-, Operations- und Darstellungsweisen heranzuführen und ob sie beitragen

> to the extension and restructuring of learners' repertoires to include discourse genres which are ‚academic' in the sense that they presuppose forms of literacy which go beyond the mere capacity of reading and writing. (Vollmer, 2009, S. 8).

3 Der Erwerb generischer Kompetenzen

Aus der bisherigen Argumentation geht hervor, dass das generische Lernen gerade nicht nur das Sprachlernen betrifft, sondern dass es das gesamte Lernen und vor allem auch das fachliche Verstehen, Darstellen und Kommunizieren durchziehen muss (vgl. Zydatiß, 2007, S. 447ff.). Wegen der oben dargelegten Bedeutung der Genres könnte man sagen, dass der Aufbau fachlicher und wissensbezogener Kompetenzen zugleich immer ein Aufbau generischer Kompetenzen ist. Aus dieser Einsicht resultieren Konsequenzen für die Lernprozesse im Fachunterricht und deren Initiierung durch die Lehrperson in einem recht umfassenden Sinne, also für die Unterrichts- und Materialarrangements ebenso wie für die Aufgabenstellung und die Outcome-Definition. In einem groben Umriss lassen sich im Hinblick auf den Erwerb generischer Kompetenzen die folgenden Felder des generischen Lernens unterscheiden:

3.1 Die diskursiven und symbolischen Formen der fachlichen Wissensrepräsentation und -kommunikation

Der Fachunterricht muss verstanden werden als aufbauender Erwerb einer fachlichen, wissensbasierten Diskursfähigkeit, die einerseits anschlussfähig ist an fachdisziplinäre Diskurse und andererseits übersetzbar an Alltagsdiskurse. Genres sind in allen Fällen die basalen Diskurseinheiten. Daher kommt dem aufbauenden Erwerb eines fachlichen Genre-Repertoires von Beginn des Fachunterrichts an und der Einübung in deren Übersetzung in Alltagsdiskurse (alles zusammengefasst im Begriff der fachlichen *literacies*) eine zentrale Bedeutung zu. Dies gilt auch in einem bildungstheoretischen Sinne, da nur auf diesem Wege die als Ziel aller schulischen Bildung angestrebte lebensweltliche Diskurs- und Partizipationsfähigkeit von Individuen erreicht werden kann. Didaktisch ist also auf der Seite der Curricula ebenso wie in der Unterrichtsplanung zu reflektieren und zu entscheiden, welche fachlichen Inhalte in welcher generischen Form vorliegen und bis zu welchem Grad die Lernenden rezeptiv oder produktiv über diese Formen verfügen müssen. Dies bedeutet auch, dass der Fachunterricht zu einem guten Teil sehr bewusst als ‚Sprachunterricht' als Einübung in die und Erwerb der vielfältigen diskursiven Formen des fachlichen Wissens und seiner Darstellung oder Vermittlung aufgefasst werden muss. Ein generisches Training kann man daher auch als Aufbau und beständige Konsolidierung eines diskursiven Fach-Repertoires betrachten, das im Sinne aufbauenden Lernens und einer curricularen Progression von einfachen zu komplexen diskursiv-textuellen oder symbolischen Formen erweitert wird.

Fachlehrer/innen müssen sich daher auch im Hinblick auf den Erwerb eines Genre-Repertoires als ‚Sprachlehrer/innen' begreifen. ‚Einübung' bedeutet vor allem, dass der Erwerb generischer Formen sich nicht beiläufig ereignet, sondern dass der Unterricht so angelegt ist, dass die Lernprozesse gezielt darauf ausgerichtet sind. Daher kommt generisch orientierten Aufgaben eine wichtige Bedeutung für die Initiierung des fachlichen Lernens zu.

3.2 Die generische Dimension von Kompetenzaufgaben

Aus allen vorangehenden Überlegungen ergibt sich, dass Aufgaben im Fachunterricht grundsätzlich eine generische Dimension aufweisen müssen. Das Arbeitsergebnis muss sich in einer bestimmten sprachlich-diskursiven oder symbolischen und/oder interaktionalen Form materialisieren; und um fachliche Aufgabenstellungen erfolgreich bearbeiten zu können, müssen die Schülerinnen und Schüler eine Vorstellung von der ‚guten generischen Form' ihrer Arbeitsergebnisse haben.

Bei Macken-Horarik (2002, S. 27ff.) findet sich ein empirisches Beispiel für eine generisch orientierte Aufgabenstellung aus einer Unterrichtsreihe in Biologie zu „human reproduction and its technologies" (Macken-Horarik, 2002, S. 27), die folgendermaßen aussieht:

- Use the explanation genre effectively.
- Explain the process of sexual reproduction in humans, in vitro fertilization, genetic engineering, and inheritance (both dominant and recessive).
- List and describe the technologies for intervening in or altering the outcomes of human reproduction.
- Discuss the ethical and medical issues arising out of new reproduction technologies.
- Read and discuss various issues treated in a number of articles (newspapers, scientific journals, textbooks), and different media (print and television, for example, „A Current Affair").

Wie man erkennt, hebt die Aufgabe schwerpunktmäßig auf das Genre *explanation* ab, dessen Struktur die Schüler/innen kennen und festigen sollen. Darunter wird eine Erkenntnis- und Darstellungsform verstanden, die so definiert ist: „Accounts for how and why things are as they are. An explanation sets out the logical steps in a process." (Macken-Horarik, 2002, S. 21). Als diskursive Form wird sie von den Schüler/inn/en erlernt, indem diese ihre Grundstruktur einüben. Diese besteht aus einem „General Statement [which] provides information about the phenomena to be explained" und einer „Implication Sequence [which] sets out steps in a process and/or the factors influencing a phenomenon in a logical sequence" (Macken-Horarik, 2002, S. 21). Entscheidend für das generische Lernen ist, dass für das Arbeitsergebnis (*outcome*) die generische Form angegeben wird, in der diese verfasst sein soll. Auf diese Weise gewinnt nicht nur das Ziel der Arbeit eine konkrete, kognitiv modellierbare Struktur, sondern auch der Arbeits- und Aushandlungsprozess selbst: Die Schüler/innen müssen entscheiden, welche Informationen zur Problematik in den ersten allgemeinen Teil der *explanation* aufgenommen werden sollen und in welchen Schritten sie den theoretischen und technologischen Hintergrund der einzelnen Reproduktionstechniken erklären.

Weitere generische Formen oder Diskursfunktionen wie ‚Beschreibung' und ‚Argumentation' sind expliziter Teil der Arbeitsanweisung. Kritisch ist jedoch zu vermerken, dass für die *discussion*-Aufgaben keine konkretere generische Form angegeben wird; denn es macht für die Erarbeitung und die Präsentation des Arbeitsergebnisses einen entscheidenden Unterschied, ob eine Diskussion z.B. in Form einer schriftlichen argumentativen Erörterung oder z.B. als Podiumsdiskussion oder Diskussion in der Kleingruppe gestaltet werden soll. Auch an diesem (Negativ-)Beispiel ist erkennbar, wie wichtig für die Lernenden im Hinblick auf die Gestaltung des Arbeitsprozesses wie des Arbeitsergebnisses die generischen Vorgaben sind.

3.3 Generische Modelle

An der oben zitierten Aufgabe ist nicht zuletzt erkennbar, dass großer Wert gelegt wird auf den Input von Modelltexten und auf Beispiele für generische Formen, an denen sich das generische Lernen der Schüler/innen vollziehen kann. Denn die kritische Diskussion der ethischen Problematik von Reproduktionstechnologien erfolgt nicht im luftleeren Raum und, was die sprachlich-diskursive Form angeht, nicht intuitiv. Vielmehr sind verschiedene, ausdrücklich genannte Genres wie Zeitungsartikel, wissenschaftliche Aufsätze oder auch Fernsehbeiträge die generischen Vorbilder, an denen sich die Lernenden bei der Gestaltung ihrer eigenen Argumentation orientieren können. In der Genre-Didaktik kommt dieser Art des Modell-Lernens eine zentrale Bedeutung zu, wie man an der Schrittfolge des generischen *teaching-learning cycle* (vgl. Feez, 1998) erkennen kann: Grundlage des generischen Lernens sind (1) die Identifizierung des Kontexts und Kommunikationszwecks, (2) die Analyse und das strukturelle Verstehen von Modelltexten, (3) die kooperative und (4) individuelle Gestaltung eines Textes und schließlich (5) dessen Verbindung mit anderen Texten des Genres oder des Kontexts im Sinne eines intertextuellen und diskursiven Anschlusses (vgl. im Einzelnen Hallet, 2011a).

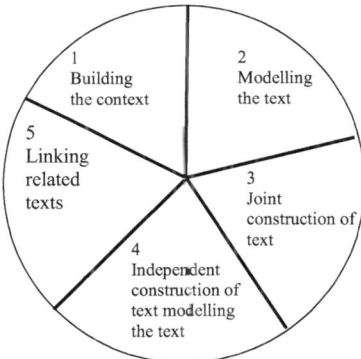

Abb. 1: Generisches Lernen mit dem teaching-learning cycle (nach Feez, 1998, S. 28)

3.4 Genre awareness, Genre-Wissen und Metasprache

Zum Erwerb generischer Kompetenzen gehört auch der Aufbau eines deklarativen Wissens über verschiedene generische Formen, ihre sprachlich-diskursiven Strukturen und die in ihnen zu verwendenden sprachlichen Mittel sowie der in ihnen möglichen anderen Diskursfunktionen. Der Erwerb von Genre-Wissen ist aber kein Selbstzweck im Sinne eines textlinguistisch-strukturalistischen Wissens. Ziel ist vielmehr die Überführung des deklarativen in prozedurales Wissen, also dessen Internalisierung und Automatisierung, sodass Genres schließlich Teil der fachlichen kognitiven Disposition der Lernenden sind, die man als Kompetenz und fachbezogene Diskursfähigkeit (*literacy*) bezeichnet. Noch einmal wird an dieser Stelle deutlich, dass beide – fachliches Wissen und dessen generische Form – sozusagen zusammenfallen. Mit dem generischen Wissen muss auch eine zunehmende Bewusstheit der Lernenden vom epistemologischen und kommunikativen Potenzial wichtiger fachlicher Genres verbunden sein, sodass diese im Diskurs identifiziert und je nach Bedarf, Eignung und Kontext oder Problemlösungssituation zur produktiven Verwendung aufgerufen werden können. Wie man an der oben vorgestellten Aufgabe erkennen kann, muss mit dem Erwerb von Genre-Wissen auch der Aufbau einer entsprechenden Terminologie verbunden sein, sodass man sich im Unterrichtsdiskurs oder in der Aufgabenstellung konsensuell auf Genres, ihre Verwendungskontexte sowie auf ihre Merkmale und diskursiven Strukturen beziehen kann.

3.5 Generische und semiotische Übersetzung

Mit Blick auf das Neben- und Miteinander der oben beschriebenen verschiedenen Diskursebenen von der Alltagskommunikation bis zum fachwissenschaftlichen Diskurs und verschiedener semiotischer Darstellungsformen ist noch auf die unbedingte Notwendigkeit der Ausbildung einer Fähigkeit hinzuweisen, die man als den Kern des Bildungsauftrags der Schule und des *literacy*-Gedankens verstehen kann und muss: Fachliches Wissen wird genau dann bildungsaktiv, wenn Individuen in der Lage sind, dieses aus dem fachlichen und institutionellen Erwerbskontext in lebensweltliche und in ihre eigenen alltagssprachlichen Kontexte zu ‚übersetzen' wenn sie also in der Lage sind, fachlich-generische Darstellungs- und Sprechweisen in die Alltagssprache zu übertragen, und wenn sie, umgekehrt, eigene alltagsweltliche Erfahrungen und Beobachtungen in die Verbal- oder Symbolsprache eines Faches übersetzen können. Auch innerhalb des fachunterrichtlichen Diskurses gibt es diese Notwendigkeit der generischen und semiotischen Übersetzung: Ein Säulendiagramm oder eine kartographische Darstellung sprechen nicht für sich selbst, sondern sie müssen sprachlich expliziert oder evaluiert und – im Sinne einer Problemlösung oder Explanation – in einen fachlichen Kontext oder Diskurs eingebettet werden: „There is a need for constant translation from one symbolic system into the other as much as from everyday language into the language of schooling and vice versa." (Vollmer, 2009, S. 8). Diese generische und semiotische Übersetzung ist gewissermaßen die Probe aufs fachliche Verstehen und auf die wissenschaftsbasierte Diskursfähigkeit im Alltag (vgl. Leisen, 2005; Hallet, 2006, S. 145f., und Hallet 2012a, sowie Prediger in diesem Band).

3.6 Scaffolding

Generischen Formen kommt eine wichtige Stützungsfunktion für das Erlernen fachlicher Erkenntnis-, Diskurs- und Kommunikationsformen zu. Die Schülerinnen und Schüler verfügen durch den Aufbau einer generischen Kompetenz über einen strukturierenden Rahmen, auf den sie sich beim fachlichen Verstehen und Kommunizieren beziehen und stützen können. Gerade für schwächere Schüler/innen sind generische *scaffolds* in einem sehr wörtlichen Sinne wichtige fachliche und diskursive Grundgerüste oder Muster, mittels derer sie ihr Denken strukturieren können und die sie zur Einübung in das fachliche Denken und den Fachdiskurs benutzen können.

Am Schluss der hier vorgeschlagenen generischen Orientierung des fachlichen Lernens und Lehrens ist noch der Hinweis geboten, dass damit nicht unbedingt eine Neuausrichtung des fachlichen Lehrens und Lernens verbunden ist. Selbstverständlich ist der konventionelle Fachunterricht auch jetzt bereits an die fachlichen Genres und symbolischen Formen gebunden, und in diesem Sinne findet im Fachunterricht auch immer generisches Lernen statt. Allerdings bleibt es in einem Unterricht, der nicht genrebewusst gestaltet wird, weitgehend intuitiv und verzichtet damit auf viele der Lernwege und -weisen, die ein genre-orientierter Unterricht eröffnen würde. Denn dieser zielt auf eine kognitive Routinisierung generisch durchformter fachlicher Erkenntnis- und Problemlösungsverfahren und deren Verhandlung im fachlichen Diskurs ebenso wie in alltagsweltlichen Kontexten. Es kommt also vor allem darauf an, dass die Lehrkräfte selbst eine fach-generische Kompetenz und eine Bewusstheit vom epistemologischen und diskursiven Potenzial der fachlichen Genres erwerben. Materialarrangements und textueller oder graphischer Input sowie Aufgabenstellungen müssen dann so beschaffen sein, dass die Lernenden einerseits ihre generische Kompetenz beständig erweitern und diese andererseits effizient, bewusst und zielorientiert für die Problembearbeitung und in der Aushandlung oder Darstellung ihrer Arbeitsergebnisse anwenden können.

Zusammenfassend kann man sagen, dass die überragende epistemologische, interaktionale und kommunikativ-diskursive Bedeutung von Genres in allen Prozessen des schulischen Wissenserwerbs und im lebensweltlichen Alltag die Implementierung einer generischen Dimension schulischer Bildung erfordert. In didaktischen Theorien, in Curricula, in didaktischen Arrangements und Aufgabenkonzepten ebenso wie in methodischen Ansätzen muss sie einen Kern allen fachlichen und sprachlichen Lehrens und Lernens darstellen.

Literatur

Bawarshi, A.S. & Reiff, M.J. (2010). *Genre. An Introduction to History, Theory, Research, and Pedagogy.* West Lafayette: Parlor Press.

Bazerman, C. (2010). Genre and the Cognitive Development. Beyond Witing to Learn. In C. Bazerman, A. Bonini & D. Figueiredo (Hrsg.), *Genre in a Changing World* (S. 279–294). Fort Collins, CO: WAC Clearinghouse & West Lafayette: Parlor Press.

Beacco, J.-C. (2009). *Items for a Description of Linguistic Competence in the Language of Schooling Necessary for Teaching/Learning History End of Obligatory Eduaction). An Approach with Reference Points.* Strasbourg: Council of Europe, Language Policy Division.

Bruner, J. S. (1986). *Actual Minds, Possible Worlds.* Cambridge: Harvard UP.

Bruner, J. S. (1990). *The Culture of Education.* Cambridge, MA & London: Harvard UP.

Cassirer, E. (1964). *Philosophie der symbolischen Formen. Erster Teil: Die Sprache.* Darmstadt: Wissenschaftliche Buchgesellschaft.

Callaghan, M., Knapp, P. & Noble, G. (1993). Genre in Practice. In B. Cope & M. Kalantzis (Hrsg.), *The Powers of Literacy. A Genre Approach to Teaching Writing* (S. 179–202). London & Washington, DC: The Falmer Press.

Coffin, C. (1997). Constructing and Giving Value to the Past: An Investigation into Secondary School History. In F. Christie & J. R. Martin (Hrsg.), *Genre and Institutions. Social Processes in the Workplace and School* (S. 196–230). London & New York: Continuum.

Cope, B. & Kalantzis, M. (1993). Introduction. How a Genre Approach to Literacy Can Transform the Way Writing Is Taught. In B. Cope & M. Kalantzis (Hrsg.) *The Powers of Literacy. A Genre Approach to Teaching Writing* (S. 1–21). London & Washington, DC: The Falmer Press.

Cope, B. & Kalantzis, M. (Hrsg.) (2000). *Multiliteracies: Literacy Learning and the Design of Social Futures*. London & New York: Routledge.

Dalton-Puffer, C. (2007). *Discourse in Content and Language Integrated Learning (CLIL) Classrooms*. Amsterdam & Philadelphia: Benjamins.

Feez, S. (1998). *Text-Based Syllabus Design*. Sydney: McQuarie University/AMES.

Foucault, M. (1973). *Archäologie des Wissens*. Frankfurt/M.: Surkamp.

Feilke, H. (2012). Bildungssprachliche Kompetenzen – fördern und entwickeln. *Praxis Deutsch, 223*, 4–14.

Goodman, N. (1978). *Ways of Worldmaking*. Indianapolis: Hackett.

Hallet, W. (2002). Auf dem Weg zu einer bilingualen Sachfachdidaktik: Bilinguales Lernen als fremdsprachige Konstruktion wissenschaftlicher Begriffe. *Praxis des neusprachlichen Unterrichts, 49* (2), 115–126.

Hallet, W. (2006). *Didaktische Kompetenzen: Lehr- und Lernprozesse erfolgreich gestalten*. Stuttgart: Klett.

Hallet, W. (2007). Gattungen als kognitive Schemata. Die multigenerische Interpretation literarischer Texte. In M. Gymnich, B. Neumann & A. Nünning (Hrsg.), *Gattungstheorie und Gattungsgeschichte* (S. 53–69). Trier: WVT.

Hallet, W. (2008). Schreiben lernen mit dem Hypertext? Hypertextualität und generische Kohärenz in der Schreiberziehung. *Zeitschrift für Interkulturellen Fremdsprachenunterricht, 13* (1), 10 Seiten. Verfügbar unter: http://zif.spz.tu-darmstadt.de [21.07.2012].

Hallet, W. (2009). *Available Design. Kulturelles Handeln, Diskursfähigkeit und generisches Lernen im Englischunterricht*. In D. Abendroth-Timmer, C. Lütge, D. Elsner & B. Viebrock (Hrsg.), *Handlungsorientierung im Fokus: Impulse und Perspektiven für den Fremdsprachenunterricht im 21. Jahrhundert* (S. 117–142). Frankfurt/M.: Lang.

Hallet, W. (2011a). Generisches Lernen. Muster und Strukturen der sprachlichen Interaktion erkennen und anwenden. *Unterricht Englisch, 45*, 2–7.

Hallet, W. (2011b). Medialisierung von Genres am Beispiel des Blogs und des multimodalen Romans: Von der Schrift-Kunst zum multimodalen Design. In A. Nünning & J. Rupp (Hrsg.), *Medialisierung des Erzählens im englischsprachigen Roman der Gegenwart. Theoretischer Bezugsrahmen, Genres und Modellinterpretationen* (S. 85–116). Trier: WVT.

Hallet, W. (2011c). How to do things with media. Die Performativität medialer Nutzungsakte. In B. Schmenk & N. Würffel (Hrsg.), *Drei Schritte vor und manchmal auch sechs zurück. Internationale Perspektiven auf Entwicklungslinien im Bereich Deutsch als Fremdsprache* (S. 231–243). Tübingen: Narr.

Hallet, W. (2012a). Semiotic Translation and Literacy Learning in CLIL. In D. Marsh & O. Meyer (Hrsg.), *Quality Interfaces: Examining Evidence & Exploring Solutions in CLIL* (191–201). Eichstaett: Eichstaett Academic Press.

Hallet, W. (2012b). Conceptual Transfer. A Cognitive Approach to the Construction, Reinterpretation and Re-contextualization of Academic Concepts. In B. Neumann & A. Nünning (Hrsg.), *Travelling Concepts in the Study of Culture*. Berlin & New York: de Gruyter, 2012.

Halliday, M.A.K. (1978). *Language as social semiotic. The social interpretation of language and meaning*. London: Edward Arnold.

Johns, A.M. (Hrsg.) (2002). *Genre in the Classroom: Multiple Perspectives*. Mahwah, NJ: Erlbaum.

Johns, A.M. (2011). The Future of Genre in L2 Writing: Fundamental, but Contested, Instructional Decisions. *Journal of Second Language Writing, 20*, 56–68.

Leisen, J. (2005). Wechsel der Darstellungsformen. *Unterricht Englisch 78*, 9–11.

Lenk, H. (2004). *Bewusstsein als Schemainterpretation. Ein methodologischer Integrationsansatz*. Paderborn: Mentis.

Macken-Horarik, M. (2002). „Something to Shoot for": A Systemic Functional Approach to Teaching Genre in Secondary School Science. In A. Johns (Hrsg.), *Genre in the Classroom. Multiple Perspectives* (S. 17–42). Mahwah, NJ & London: Erlbaum.

Paltridge, B. (2001). *Genre and the Language Learning Classroom*. Ann Arbor, MI: The University of Michigan Press.

Pepin, B. (2007). Culture, Language and Mathematics Education: Aspects of Languages in English, French and German Mathematics Education. In S. Ongstad (Hrsg.), *Language in Mathematics? A Comparative Study of Four National Curricula* (S. 58–69). Strasbourg: Council of Europe, Language Policy Division.

Ricœur, P. (1984). *Time and Narrative* (Bd. 1). Chicago & London: The University of Chicago Press.

Russell, D.R. (1997). Rethinking Genre in School and Society: An Activity Theory Analysis. *Written Communication, 14*, 504–554.

The New London Group (2000): A Pedagogy of Multiliteracies Designing Social Futures. In B. Cope & M. Kalantzis (Hrsg.), *Multiliteracies. Literacy Learning and the Design of Social Futures* (S. 9–37). London & New York: Routlegde.

Thürmann, E., Vollmer, H. & Pieper, I. (2010). *Language(s) of Schooling: Focusing on Vulnerbale Learners*. Strasbourg: Council of Europe, Language Policy Division.

Van Leeuwen, T. (2005). *Introducing Social Semiotics*. London & New York: Routlegde.

Veel, R. (1997). Learning how to Mean – Scientifically Speaking: Apprenticeship into Scientific Discourse in the Secondary School. In F. Christie & J. R. Martin (Hrsg.), *Genre and Institutions. Social Processes in the Workplace and School* (S. 161–195). London & New York: Continuum.

Vollmer, H. (2009). *Language in Other Subjects*. Strasbourg: Council of Europe. Language Policy Division.

Vollmer, H., Thürmann, E., Arnold, C. & Ohm, U. (2008). *Elements of a Framework for Describing the Language of Schooling in Subject-Specific Contexts: A German Perspective.* [Draft Version]. Strasbourg: Council of Europe, Language Policy Division.

Zydatiß, W. (2005a). Chronological Sequencing. Eine Methode zum integrierten Sach-Sprachlernen Sekundarstufe I/II. *Unterricht Englisch*, 78, 50–53.

Zydatiß, W. (2005b). Diskursfunktionen in einem analytischen curricularen Zugriff auf Textvarietäten und Aufgaben des bilingualen Sachfachunterrichts. *Fremdsprachen Lernen und Lehren, 34*, 156–173.

Zydatiß, W. (2007). *Deutsch-Englische Züge in Berlin (DEZIBEL). Eine Evaluation des bilingualen Sachfachunterrichts an Gymnasien*. Frankfurt/M.: Lang.

Florian Hiller

Sachtexte erschließen mit Hilfe von *Frames* und *Scripts*
Eine Interventionsstudie zur Förderung der Lesekompetenz in Klassenstufe 8

1   Einleitung

Die Auswahl an Möglichkeiten, die Lesekompetenz der Schüler[1] mit Hilfe von vorgefertigten Materialien zu fördern, ist heute sicher größer als vor der ersten PISA-Studie, denn die Schulbuchverlage und die Anbieter von Unterrichtsmaterialien reagierten auf die Ergebnisse mit einem großen und vielfältigen Angebot an Texten, Aufgaben und Lesemethoden, die sie auf den Markt brachten. Die PISA-Studie von 2009 hat Fortschritte in einigen Bereichen der Lesekompetenz im Vergleich zur Studie von 2000 gezeigt (vgl. Klieme et al., 2010, S. 59–64), was auf vermehrte Anstrengungen im Bereich der Leseförderung zurückgeführt werden kann. Vielen Lehrern fällt es jedoch nach wie vor schwer, eine Orientierung in der Fülle der zur Verfügung stehenden Texte und Lesetechniken zu finden, um eine passende Auswahl zu treffen und den Einsatz des Materials angemessen zu begründen – dies wurde bei Lehrerbefragungen, die im Rahmen der vorliegenden Studie durchgeführt wurden, deutlich.

Um Lesetechniken gezielt im Unterricht zu implementieren, sind Kenntnisse über den Lernstand der Schüler, die mit den Techniken verbundenen Leseoperationen und die Struktur bzw. die Schwierigkeit der eingesetzten Texte erforderlich. Bislang gibt es wenige empirische Untersuchungen, die den Einsatz eines bestimmten Instrumentariums zur Förderung der Lesekompetenz auf seine Wirksamkeit erforschen.

Möchte man die Zusammenhänge zwischen den Texten, den Operationen zum Verstehen derselben sowie den Voraussetzungen der Leser näher durchleuchten, lassen sich aus den PISA-Ergebnissen zunächst einige übergeordnete Folgerungen ableiten, bevor die Leseoperationen selbst in den Blick genommen werden:

1. Das Lesestrategiewissen der Schüler ist neben anderen Einflussfaktoren auf die Lesekompetenz die am meisten förderwürdige Determinante, da sie einerseits einen hohen Einfluss auf die Lesefähigkeiten der Schüler hat und andererseits im schulischen Kontext auch gut gefördert werden kann. Andere Determinanten, die Dekodierfähigkeit und die kognitive Grundfähigkeit, haben sogar einen größeren Einfluss, können jedoch bei Schülern der Sekundarstufe nur sehr eingeschränkt gefördert werden (vgl. Deutsches PISA-Konsortium, 2001, S. 128–129). Eine weitere wichtige

---

1   Anmerkung: Personenbezogene Bezeichnungen, wie zum Beispiel „Schüler" oder „Lehrer", beziehen sich im folgenden Text auf das männliche wie das weibliche Geschlecht gleichermaßen und werden lediglich zugunsten des Leseflusses auf die männliche Form reduziert.

Fördermöglichkeit für die Lesekompetenz ist das Leseinteresse der Schüler. Es steht nach dem Strategiewissen an vierter Stelle der Determinanten (vgl. ebd.).

2. Ein Schwerpunkt der PISA-Studie 2000 lag bei der Erschließung von Sachtexten. Bei dieser Textsorte zeigten die Schüler unerwartet geringe Leistungen. Offenbar erfordert das Verstehen von Sachtexten bestimmte Fähigkeiten von den Schülern, die separat geübt werden müssen. Narrative Texte liegen dagegen in vielen Fällen näher am Alltagswissen der Schüler und sind deshalb leichter zu verstehen (vgl. Deutsches PISA-Konsortium, 2001, S. 72–73; BMBF, 2007, S. 24–25) – zumindest dann, wenn man die Textmenge mit der Komplexität der dafür erforderlichen Verstehensoperationen in Beziehung setzt.

Ausgehend von diesen Grundlagen soll im Folgenden eine Interventionsstudie beschrieben werden, die das Ziel hat, das Strategiewissen von Schülern bezogen auf das Lesen von Sachtexten zu fördern und Aufschluss über die Effektivität des eingesetzten Instrumentariums zur Erschließung der Texte zu geben. Hierfür wurde ein Unterrichtsarrangement zur Förderung der Lesekompetenz zunächst entwickelt und dann in achten Klassen der Hauptschule, der Realschule und des Gymnasiums erprobt. Um den jeweiligen Lernstand der Schüler zu dokumentieren und Rückschlüsse über die Eignung der Lesemethoden zu gewinnen, wurden fachspezifische Leistungstests entwickelt und eingesetzt.

2 Förderung von Lesekompetenz durch Strategien

Dass Strategien wichtige Mittel zur Förderung von Lesekompetenz sind, wurde oben dargestellt; aber wann können wir bezogen auf Lesetätigkeiten von Strategien sprechen? Grundsätzlich dient jedes Lesen der Förderung von Lesekompetenz, selbst wenn die verschiedenen Operationen des Lesens nicht separat thematisiert oder eingeübt werden. Im Deutschunterricht haben sich jedoch Verfahren etabliert, mit denen bestimmte Lesetätigkeiten zunächst exemplarisch an Texten erarbeitet oder erworben werden, sodass sie dann in weiteren Lesesituationen flexibel und mit einer gewissen Selbstverständlichkeit *strategisch* eingesetzt werden können. Insofern macht es Sinn, Lesemethoden oder -techniken[2] von Lesestrategien zu unterscheiden, um die Anwendung eines situativ eingesetzten Verfahrens von dessen Einbettung in einen umfassenderen, längerfristig angelegten gedanklichen Kontext zu unterscheiden. In Anlehnung an Streblow (2004, S. 285) können Lesestrategien die folgenden Eigenschaften zugeschrieben werden:

1. Es handelt sich um eine Abfolge einzelner Lesetechniken. Beispiel: die Fünf-Schritt-Lesemethode – vom ersten überfliegenden Lesen bis zum Zusammenfassen des Gelesenen am Schluss.

---

2   Eine begriffliche Unterscheidung bezüglich des Gebrauchs der Wörter „Methode" und „Technik" konnte vom Autor nach der eingehenden Sichtung von Fachliteratur sowie von Unterrichtsmaterialien zur Förderung von Lesekompetenz, die von verschiedenen Anbietern stammten, nicht festgestellt werden. Die Begriffe werden quasi synonym verwendet, während der Begriff „Strategie" entsprechend der oben folgenden Ausführungen davon abweicht (vgl. Hiller, 2010, S. 59–61).

2. Die Techniken werden zielführend und flexibel eingesetzt: Ein Schritt des Verfahrens kann beispielsweise ausgelassen werden, wenn die Lesesituation diesen Schritt nicht erfordert; eine zusätzliche Tätigkeit, z.B. das Nachschlagen eines unbekannten Wortes, muss eventuell ergänzt werden.
3. Der Einsatz der Lesetechniken erfolgt automatisiert, ist aber bewusstseinsfähig.

Tatsächlich zeigt sich im Unterricht häufig, dass Schüler Aufgaben oder ein vorgegebenes Verfahren zur Erschließung des Texts Schritt für Schritt abarbeiten, ohne beispielsweise über den Sinn des Vorgehens zu reflektieren. Der eigentliche Text wird ergänzt durch die spezifischen Leseaufgaben oder -techniken, und häufig werden die eingesetzten Verfahren nach der Bearbeitung ebenso beiseite gelegt wie der Text selbst. Eine weitere gedankliche Verarbeitung der oben unter Punkt zwei und drei angeführten Aspekte ist jedoch nur möglich, wenn die Schüler die Verfahren längerfristig und auf weitere Texte anwenden und wenn die Leseoperationen thematisiert werden. Insofern sollte der Begriff „Strategie", der – auch in Folge der PISA-Studie – recht populär verwendet wurde, eher zurückhaltend eingesetzt werden, denn mit der bloßen Etikettierung von vorgegebenen Leseverfahren als „Strategien" sind die oben genannten Merkmale noch nicht erfüllt. Beispielsweise wird die Fünf-Schritt Lesemethode in einigen Quellen auch als Strategie betitelt, wenngleich sie in der Darstellung eher eine Abfolge von Techniken ist.[3] Ein Untersuchungsaspekt der vorliegenden Studie ist auch der längerfristige Einsatz der Verfahren und die Reflexion darüber, sodass Rückschlüsse auf die Frage nach der Strategiebildung möglich sind. Zunächst aber soll der Leseprozess an sich beschrieben werden, woraus dann Folgerungen für geeignete Methoden zur Erschließung von Sachtexten abgeleitet werden.

3 Texte lesen und verstehen

Die Leseverstehensforschung als Teildisziplin der Kognitionspsychologie gibt Aufschluss über die verschiedenen gedanklichen Operationen, die beim Lesen ablaufen. Zur Beschreibung von Leseprozessen haben sich Modelle etabliert, welche die Vorgänge des Verstehens – unabhängig von Textsorten – auf mehreren Ebenen beschreiben (vgl. z.B. Deutsches PISA-Konsortium, 2001, S. 71; Schnotz & Dutke, 2004, S. 73–74). Demzufolge wird unterschieden nach dem technischen Aspekt des Dekodierens auf der untersten Ebene, der Bildung lokaler Kohärenzen auf der Ebene der Mikrostruktur (um z.B. mehrdeutige Begriffe zu disambiguieren), sowie dem In-Beziehung-Setzen umfassender Textteile auf der Ebene der Makrostruktur, die auch als Überblick oder Zusammenfassung des Gelesenen betrachtet wird. Makrostrukturen wird besonders für das Lesen längerer und komplexer Texte besondere Bedeutung zugeschrieben, denn schon aufgrund der mangelnden Speicherkapazität des Gedächtnisses ist man darauf angewiesen, die Menge der Information zu reduzieren und zu abstrahieren. Die höchste Verstehensebene ist schließlich die Bildung eines mentalen Modells (auch „Situationsmodell" genannt): Hierbei wird das Textwissen umfassend mit dem Vorwissen des Lesers verknüpft. Im

---
[3] Vgl. z.B. http://www.kooperatives-lernen-ms.de/pdf/Fischer%20Summer%20School%20Vortrag.pdf [04.03.2012].

Rahmen der Testung von Lesekompetenz wird das Verstehen auf dieser Ebene häufig im Zusammenhang mit anspruchsvollen Transferfragen überprüft.

Die Verstehensebenen werden in der Regel nicht schrittweise vom Dekodieren bis zum mentalen Modell durchlaufen, sondern man kann beim Lesen quasi ständig von einer Ebene zu einer anderen wechseln, sofern dies der individuelle Leseprozess erfordert. Wenn man vom Gegenstand des Lesens – dem „Text" – ausgeht (lat. „textus", das Gewebe von Begriffen oder Informationen und deren Verknüpfungen), dann bilden die Ebenen bis einschließlich der Makrostruktur die gedankliche Repräsentation des Textgewebes selbst ab. Demgegenüber beschreibt das mentale Modell vor allem die Einbettung der Textinformationen in das Vorwissen des Lesers, welches ebenso ein Gewebe darstellt.

4 Erschließung von Sachtexten

Man geht davon aus, dass Verbindungen zwischen dem Vorwissen des Lesers und den Informationen aus dem Text durch so genannte Schemata unterstützt werden (vgl. Linke, Nussbaumer & Portmann, 2004, S. 409; Kintsch, 1998, S. 82). Dabei handelt es sich um Scripts und Frames. Scripts sind prototypische, immer wiederkehrende Handlungsabläufe, die in vielen Alltagssituationen, aber auch bei spezifischen Themenbereichen zum Tragen kommen. Ein Beispiel für ein alltägliches Script ist ein Restaurantbesuch vom Betreten des Lokals über das Auswählen der Speisen bis zum Verlassen der Gaststätte (vgl. Schank & Abelson, 1977, S. 41–42); eher fachspezifische Scripts zu diesem Themenbereich wären das Zubereiten eines Gerichts oder das Verdauen der Mahlzeit als körperinnerer Vorgang. Das wesentliche Merkmal von Scripts ist die Dynamik, das heißt die Handlung folgt einer chronologischen Sequenzierung einzelner Ereignisse. Demgegenüber zeichnen sich Frames durch statische Relationen aus: Die Beziehung der einzelnen Elemente ist hier nicht durch Dynamik, sondern durch Hierarchien von Informationen bzw. Begriffen gekennzeichnet (vgl. Minsky, 1975, S. 212): Beispielsweise lassen sich Themen wie „Burgen des Mittelalters" durch Kategorien wie „Burgtypen", „Bauweise", „Geschichte", „Funktion" usw. untergliedern, die wiederum durch weitere Informationen spezifiziert werden. Die Hierarchie der Begriffe ist hier nicht beliebig, sondern die Relationen zeichnen sich häufig durch eine Dreigliederung „Rahmenstichwort" – „Kategorien" – „Beschreibungsinventar" aus (vgl. Duden Grammatik, 1998, S. 592–593), welche aber je nach Thema beliebig erweitert werden kann. Insofern sind Schemata Modelle zum strukturierten Erfassen von Sachverhalten oder Sachbereichen.

Dem Autor sind bislang keine Themen bekannt, die sich nicht durch die Schemata Frame und Script strukturieren ließen; jedoch bedarf es einer gewissen Übung, die Strukturen analog zu den oben genannten Beispielen in Texten zu erkennen, Begriffe zuzuordnen usw. Genau darin besteht die wesentliche Hypothese des hier beschriebenen Forschungsprojekts: Die Lesefähigkeiten von Schülern können durch das strukturierte Erfassen von Informationen gesteigert werden, da der Einsatz von Schemata das Zuordnen von Begriffen und das Erkennen ihrer Relationen fördert. Somit sind Frames und Scripts der „Makrostruktur" zuzuordnen, da durch das Erkennen von Begriffsrelationen ein gegliederter Überblick über Textinhalte erreicht wird.

In der bisherigen Forschungsliteratur werden zwei Aspekte herausgestellt, die Schemata kennzeichnen:

1. Sie beziehen sich auf die themenspezifischen Wissensbestände des Lesers (vgl. Deutsches PISA-Konsortium, 2001, S. 72–73). Beispielsweise kann sich ein Leser mit entsprechendem Vorwissen auch dann eine Vorstellung von den (vorausgehenden) Teilhandlungen des oben angedeuteten Restaurantbesuchs bilden, wenn im Text nur vom Bezahlen der Rechnung und vom Verlassen des Restaurants die Rede ist.
2. Schemata sind semantische „Analysekonzepte" (Duden Grammatik, 1998, S. 594), die eine Organisation der Informationen ermöglichen und somit auf viele verschiedene Themen angewendet werden können (vgl. Kintsch, 1998, S. 37; vgl. ebd. S. 82ff.; S. 94). So kann man sich ein Schema auch vorstellen wie eine gedanklich angelegte „Blankostruktur", in die beim Lesen dann themenspezifische Informationen aus dem Text und aus dem Vorwissen eingetragen werden.

In dieser Studie geht es darum, den zweit genannten Aspekt, die allgemeine Strukturierungsfähigkeit, zu fördern. Es soll das Leseverstehen und nicht das themenspezifische Vorwissen der Schüler in den Blick genommen werden (wie es z.B. bei Wissenstests in den Sachfächern der Fall ist). Zur Überprüfung der Schülerleistungen wurden spezifische Leistungstests entwickelt.

5 Entwicklung der Testaufgaben zur Überprüfung von Textstrukturierungsfähigkeiten

Damit ein Test zur Überprüfung des Leseverstehens tatsächlich die Lesefähigkeiten untersucht, muss er Wissenselemente enthalten, die über das Vorwissen der Probanden hinausgehen. Der Test darf aber auch nicht nur aus für die Testpersonen völlig neuem Wissen bestehen, sonst kann bei der Bearbeitung keine angemessene Repräsentation von den Inhalten aufgebaut werden, weil man als Leser überfordert ist. Dementsprechend müssen Texte und Aufgaben der Tests so konstruiert werden, dass sie angemessen an das Vorwissen der Testpersonen anknüpfen.

Auf welche vorhandenen Konstrukte kann man beim Entwickeln eines Lesetests aufbauen? Die so genannte *item-response theory* hat das Ziel, Aufgabenschwierigkeiten sowie relevante Dimensionen des Textverstehens genauer zu ermitteln und zu Erkenntnissen über die Lesefähigkeiten einer Probandengruppe zu gelangen (vgl. Kirsch, Jungeblut & Mosenthal, 1998, S. 105). Seit den 1980er Jahren wurde die Leseverstehensforschung in den OECD-Staaten forciert; die *item-response theory* wurde dabei im Rahmen mehrerer Studien entwickelt und spezifiziert. Im Vordergrund der Theorie steht die Untersuchung der Beziehung zwischen Texten und den dazu gestellten Aufgaben. Zu Aussagen über Schwierigkeiten von Textverstehensaufgaben kann man aber nur gelangen, wenn man die Zielgruppe derer betrachtet, die die Aufgaben bearbeitet. Dass die ersten groß angelegten OECD-Untersuchungen zur Lesekompetenz andere Aufgabenstellungen enthalten und auch andere Kategorien zur Erfassung des Leseverstehens nennen als die darauf aufbauende PISA-Studie (2000), kann darauf zurückgeführt werden, dass die früheren Studien mit Erwachsenen durchgeführt wurden und nicht mit

Schülern: Einerseits wurde bei der Wahl der Texte ein Repertoire an Lesesituationen aufgegriffen, das sich an den für Erwachsene relevanten Texten orientiert, andererseits wurden auch kognitive Operationen berücksichtigt, die Erwachsene beim Lesen typischerweise beherrschen sollten. Trotz dieser Unterschiede zwischen den früheren OECD-Studien zur Lesekompetenz bei Erwachsenen und der PISA-Studie für Schüler lassen sich auch viele Gemeinsamkeiten erkennen: Die Lesekompetenzmodelle der Studien sind strukturell sehr ähnlich aufgebaut (vgl. Kirsch et al., 1998, S. 133; Deutsches PISA-Konsortium, 2001, S. 82–89) und das Analyseschema zur Beschreibung der Aufgabenschwierigkeiten, welches vor der Durchführung der Studie eingesetzt wurde, orientiert sich in beiden Fällen an semantischen Kriterien (vgl. Kirsch et al., 1998, S. 113 und S. 111). Nach der Durchführung der Studien und der statistischen Auswertung der Daten wurden die vorab ermittelten Aufgabenschwierigkeiten dann mit den Ergebnissen in Beziehung gesetzt, und es wurde beispielsweise geprüft, ob Aufgaben, die vorab als schwierig eingestuft wurden, tatsächlich nur von wenigen Probanden richtig bearbeitet wurden. Im Laufe von mehreren Studien konnte das semantische Analyseschema schrittweise erweitert und modifiziert werden. Das ausführliche Analyseschema wurde jedoch nie veröffentlicht, ebenso wurde nur ein kleiner Teil der PISA-Aufgaben publiziert.

Dennoch kann die heute etablierte Struktur zur Beschreibung von Aufgabenanforderungen in Form von Kompetenzstufen und Subskalen (vgl. Deutsches PISA-Konsortium, 2001, S. 88ff.; Klieme et al., 2010, S. 26ff.) als ein Ergebnis der *item-response theory* betrachtet werden, welches eine Hilfe darstellt bei der Konstruktion von Testaufgaben zum Leseverstehen. So erwies sich ein Teil der Begriffe des Strukturmodells im Zuge der Aufgabenentwicklung für die vorliegende Studie als brauchbar, um die Aufgabenanforderungen und -schwierigkeiten elaboriert zu analysieren und zu beschreiben (vgl. Hiller 2010, S. 163–209). Diese Begrifflichkeiten beziehen sich jedoch in erster Linie auf die geläufigen, „klassischen" Aufgabenstellungen der Mehrfachwahlaufgaben (*multiple choice*) und der offenen Fragen, die die wesentlichen Aufgabenformate der OECD-Studien bilden.[4] Andere Aufgabentypen, die speziell die Textstrukturierungsfähigkeit in den Blick nehmen, kommen in den veröffentlichten PISA-Aufgaben so gut wie nicht vor. Frames und Scripts bieten aber einen erforschungswürdigen Ansatz, da z.B. Verstehensforscher schon lange den Einsatz von Schemata zur Diagnose und zur Förderung von Lesekompetenz empfehlen (vgl. Kintsch 1998, S. 327). Darüber hinaus ließe sich aus dem Einsatz eines semantischen Analyseschemas zur Beschreibung der Aufgaben auch die Forderung nach der Implementation von Aufgaben ableiten, die sich an semantischen Kriterien orientieren: Dies soll in der vorliegenden Studie geschehen. In anderen Bereichen des Deutschunterrichts ist es schon lange üblich, dass Kriterien, die zur Überprüfung von Leistungen angelegt werden, vorab auch mit den Schülern thematisiert werden; beispielsweise werden beim Schreiben die Merkmale eines gelungenen Aufsatzes in Schreibkonferenzen diskutiert. Warum sollten im Unterricht zur

---

4   In der vorliegenden Studie kamen vier Aufgabenformate zum Einsatz: *multiple-choice*-Fragen (Aufgabe 1), script- und frame-orientierte Aufgaben (Aufgabe 2 und 3) sowie offene Fragen (Aufgabe 4).

Leseförderung nicht auch Kriterien thematisiert werden, die für das Textverstehen angelegt werden?

Es geht hier zwar nicht darum, dass die Schüler Kriterien für Aufgabenschwierigkeiten erarbeiten, aber sie sollen mit Hilfe semantischer Mittel, Frames und Scripts, das „Gewebe" von Sachtexten erkennen und auf diese Weise Texte strukturiert erfassen. Für die Untersuchung schemaspezifischer Kenntnisse der Schüler wurden Aufgaben entwickelt, die nicht nur das fachliche Vorwissen zu den Themen der Texte berücksichtigen, sondern auch das Vorwissen im Hinblick auf die Strukturierungsfähigkeit einbeziehen. Die Aufgaben greifen graphische Textrepräsentationen auf (siehe folgender Abschnitt), die darauf abzielen, geeignete Informationen in der Hierarchie passend zuzuordnen (Frames) oder chronologisch zueinander in Beziehung zu setzen (Scripts).

Da für diese Formate auf keine empirischen bzw. *large-scale* Untersuchungen zurückgegriffen werden konnte, wurden die Aufgaben in einer Pilotstudie eingesetzt, überprüft und mehrfach modifiziert. In der Hauptstudie wurden die Tests zu vier Zeitpunkten eingesetzt: Mit dem Vortest unmittelbar vor der Unterrichtseinheit wurden die Voraussetzungen der Schüler erfasst, der Zwischentest untersuchte die weitere Lernentwicklung während des Treatments, der Endtest wurde als Klassenarbeit am Ende der Einheit durchgeführt (vier Wochen nach dem Vortest) und mit dem Posttest wurden die Behaltensleistungen der Schüler überprüft (nach weiteren vier Wochen). Alle Tests waren gleich aufgebaut und enthielten die gleichen Aufgabenformate. Da sich Behaltenseffekte bemerkbar gemacht hätten, wenn alle Tests zu identischen Themen bzw. Texten gestellt worden wären, wurden verschiedene Themen eingesetzt: Stress, Infektionskrankheiten und Ecstasy. Lediglich der Behaltenstest entsprach dem Vortest. Dies fiel bezüglich der Ergebnisse aber nicht ins Gewicht, weil der Vortest nur zur Ermittlung der Ausgangsbedingungen in den Klassen durchgeführt wurde, nicht an die Schüler zurückgegeben bzw. besprochen wurde und weil der Behaltenstest in großem zeitlichen Abstand vom Vortest durchgeführt wurde (mindestens acht Wochen). Erwartungsgemäß sind die Ergebnisse im Endtest am höchsten, da er unmittelbar am Ende der Unterrichtseinheit durchgeführt wurde und da er im Hinblick auf die Deutschnote für die Schüler relevant ist. Die Auswertung der Behaltenstests zeigte tatsächlich einen Leistungsrückgang gegenüber dem Endtest, jedoch lagen die Werte bei diesem letzten *follow-up* Test im Durchschnitt immer noch deutlich über den Ergebnissen des Zwischentests, sodass der Einfluss der Notenrelevanz nicht überbewertet werden sollte.

6 Steckbriefe und Drehbücher: methodisch-didaktische Umsetzung des Schemamodells für den Unterricht

Wie können die Schemata, bezogen auf das Lesen von Sachtexten, in den Unterricht integriert werden? Das Ziel der vorliegenden Studie ist, dass die Schüler im Rahmen einer 16 Stunden umfassenden Unterrichtseinheit die Inhalte von Sachtexten angemessen erschließen, indem sie die Informationen in strukturierte Darstellungen übertragen und die erforderlichen begrifflichen Operationen ausführen. Hierfür wurden graphische Repräsentationen entwickelt, die die Struktur von Frames und Scripts widerspiegeln (siehe Abbildung 1): Die Framestruktur kann gut durch Steckbriefe verdeutlicht werden, wobei das Rahmenstichwort die Funktion der Überschrift erfüllt, die Kategorien durch Kästchen repräsentiert werden und das zugehörige Beschreibungsinventar auf den jeweils beigefügten Linien notiert wird. Für Scripts bieten sich Pfeil- und Kästchendarstellungen an, welche den jeweiligen chronologischen Ablauf analog zu einem Drehbuch veranschaulichen. Um die Modelle, die sich hinter den Schemata verbergen, schülernah anzuwenden, wurden die Begriffe „Frame" und „Script" für die Schüler durch „Steckbrief" und „Drehbuch" ersetzt.

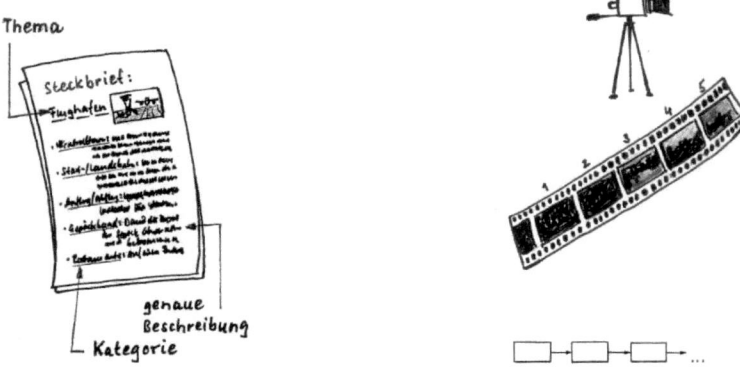

Abb. 1: *Grafiken aus dem Schülerarbeitsheft zur Erklärung der Strukturierungen „Steckbrief" und „Drehbuch"*

In der Planungsphase des Projekts wurde auch die Verwendung von Mindmaps als graphische Textrepräsentationen erwogen. Diese Darstellungsform lässt die hierarchische Struktur zur Erläuterung von Begriffsrelationen ebenso erkennen, jedoch ist die graphische Aufteilung anders und darüber hinaus können Verbindungslinien von Kategorien oder Elementen des Beschreibungsinventars ergänzt und beschriftet werden. Ein Vorteil von Mindmaps ist somit, dass Textinhalte wesentlich differenzierter dargestellt werden können als mit Steckbriefen, die eher auf die oben erwähnte Dreigliederung beschränkt sind: Mindmaps lassen vielfältige Verästelungen zu, welche die Begriffsrelationen umfangreicher und komplexer Themen veranschaulichen. Steckbriefe bieten jedoch vermutlich für den Großteil der Schüler der anvisierten Klassenstufe sowie für das Entwickeln einer Lesestrategie mehr Orientierung. Das Erstellen von Mindmaps als Textinhaltsrepräsentationen, so zeigte die Pilotstudie, kann Schülern der achten Klassenstufe bei komplexen Texten so viel Aufmerksamkeit abverlangen und letztlich zu Irritationen führen, dass die eigentliche Verarbeitung der Textinhalte vernachlässigt wird. Demgegenüber besteht bei den Steckbriefen für die Schüler die Möglichkeit, dass sie das Schema unmittelbar auf einen Text anwenden. Darüber hinaus können gegebenenfalls auch bei den Steckbriefen Unterkategorien gebildet werden, sofern die Begriffshierarchien des jeweiligen Texts dies erfordern. Für die Wahl der Texte muss auf alle Fälle berücksichtigt werden, dass die Inhalte nicht derart umfassend sind, dass die Steckbriefstruktur für die Darstellung nicht ausreicht: Die im Rahmen der Konstruktion der

Unterrichtseinheit durchgeführte Analyse von Texten aus den naturwissenschaftlichen Fächern (vor allem Biologie, zum Teil auch Geographie) der achten Klasse zeigte, dass die Texte diesem Anspruch gut gerecht werden. Analog hierzu weist auch der Bildungsplan, exemplarisch für den Fächerverbund „Naturwissenschaftliches Arbeiten" der Realschule in Baden-Württemberg konsultiert, auf „konsequente didaktische Reduktion und ein einheitliches, strukturiertes Begriffssystem hin" (Bildungsplan für die Realschule Baden-Württemberg, 2004, S. 96), wodurch der Aufbau der Fachkenntnisse gefördert werden soll. Naturwissenschaftliche Sachverhalte werden hier modellhaft expliziert, das heißt sie werden vereinfacht und generalisiert dargestellt und nicht bis ins letzte Detail ausdifferenziert.[5]

Die Unterrichtseinheit, in der die Schüler Steckbriefe und Drehbücher zur Erschließung von Sachtexten anwenden sollen, gliedert sich in eine Erarbeitungsphase und eine Übungsphase. Um die graphischen Repräsentationen und die damit verbundenen geistigen Verfahrensweisen schrittweise zu erarbeiten, erhielten die Schüler in den ersten Unterrichtsstunden zunächst einen Text, in dem sie wichtige Begriffe markierten; in einem weiteren Schritt notierten sie eine Auswahl der Begriffe auf Kärtchen, die sie nach dem Schema „Was gehört wozu?" ordneten: Durch ein entsprechendes Zurechtlegen der Begriffskärtchen entstand ein erster Steckbrief (siehe Abbildung 2). Diese Vorgehensweise verdeutlicht die gedanklichen Operationen beim Erstellen einer Textrepräsentation durch die konkreten materiellen Operationen des Ordnens. Im weiteren Verlauf der Erarbeitungsphase erhielten die Schüler mehrere Texte, zusammengefasst in einem Schülerarbeitsheft, denen vorstrukturierte Steckbriefe bzw. Drehbücher beigefügt waren. Dabei waren einige der Informationen bereits in die Inhaltsdarstellungen eingetragen; beispielsweise waren zum Teil Kategoriebegriffe in den Kästchen vermerkt und die Schüler sollten die dazu gehörigen Informationen aus dem Text ergänzen. Hierfür wurden in der Anfangsphase der Unterrichtseinheit Texte verwendet, in denen passende Abschnitte gesetzt und die Begriffe der Kategorien und des Beschreibungsinventars relativ abschnittskonform verortet waren. Dies erleichterte das Finden der Begriffe und die Darstellungen konnten sich durch die Vorstrukturierungen einprägen. Darüber hinaus wurden Symbole verwendet, die den Schülern Hinweise gaben, ob ein Steckbrief oder ein Drehbuch für die Darstellung des Textinhalts geeignet ist.

---

5   Dies heißt aber auch, dass Fragen aufkommen können, die (vorerst) unbeantwortet bleiben müssen. So wird in einem der Tests des Projekts das Thema „Stress" expliziert (siehe auch Abschnitt 8 dieses Beitrags), mit einer Beschreibung des Stressverlaufs über den Reiz, die Aktivierung des Nebennierenmarks und die Ausschüttung von Adrenalin bis hin zur schnellen Reaktion des Körpers. Wie aber die Informationen über die Reizwahrnehmung und die Weiterleitung der Informationen im Körper genau geschieht (Nervenbahnen sind involviert), bleibt im Text offen. Wenn Schüler solche Fragen stellen, dann könnten sie – zumindest außerhalb der Testsituation – durchaus zusätzlich in der Textrepräsentation ergänzt und im Rahmen weiterer Recherche untersucht werden.

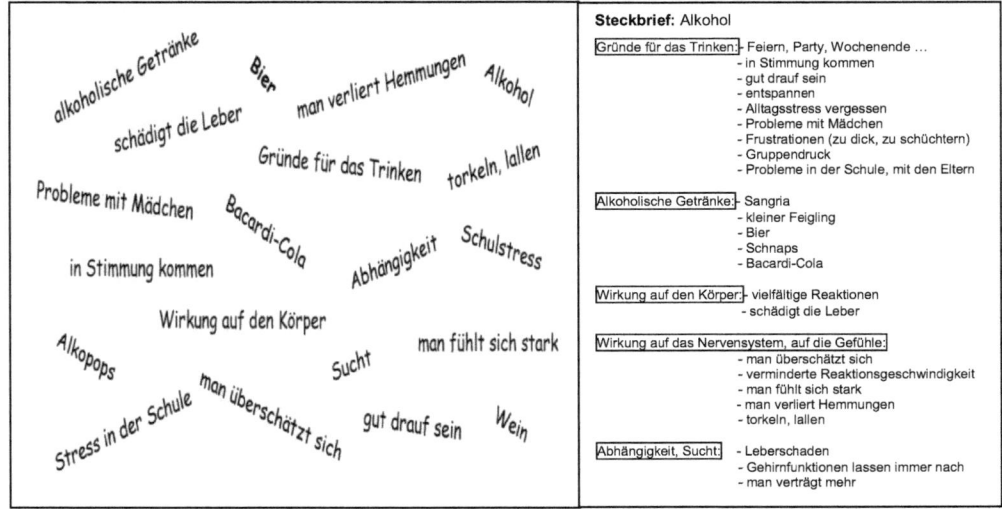

Abb. 2: *Ungeordnete Begriffssammlung und geordnete Darstellung nach dem Steckbriefschema (vgl. Hiller, 2007b, o. S.)*

In der Übungsphase, ungefähr nach der Hälfte der Unterrichtseinheit, kamen keine neuen Erschließungsmethoden mehr hinzu, jedoch mussten die Schüler die Textinhalte zunehmend selbständig und ohne die oben beschriebenen Vorstrukturierungen erarbeiten. Außerdem waren die Texte etwas anspruchsvoller, das heißt, dass die Anzahl der Fachbegriffe zunahm und die Begriffe für die Erstellung eines Steckbriefs oder eines Drehbuchs nicht mehr so abschnittskonform auf den Text verteilt waren.

Als Quellen der Texte dienten Biologie- und Erdkundebücher, Broschüren der Bundeszentrale für gesundheitliche Aufklärung, aber auch Auszüge aus Jugendmagazinen, Illustrierten oder Tageszeitungen sowie aus dem Internet kamen zum Einsatz. Somit konnte ein bestimmtes Spektrum von Sachtext-Subgruppen abgedeckt werden, die im Rahmen der schulischen Bildung und im Alltag für die Schüler relevant sind (vgl. Deutsches PISA-Konsortium, 2001, S. 80). In der Erarbeitungsphase bildete „Alkohol" das Schwerpunktthema, in der Übungsphase standen neben „Ernährung" verschiedene weitere Themen zur Wahl. In gewissem Umfang kamen auch narrative Texte zum Einsatz, die die fachlichen Inhalte ebenso vermitteln können. Für die Explikation der Themen bestand so auch die Möglichkeit, dass emotionale Aspekte ergänzt werden und dass sich die Schüler mit beschriebenen bzw. betroffenen Personen identifizieren. Alle Texte und Aufgaben waren in einem Arbeitsheft zusammengefasst, welches den Schülern anhand eines Überblicks über die Themen und die Texterschließungsmethoden Orientierung bot. Durch die spezifischen Themen sowie durch die Wahlmöglichkeiten soll das Leseinteresse der Schüler gefördert werden, womit dieser eingangs genannten Determinante der Lesekompetenz Rechnung getragen wird.

Damit die Texterschließungsmethoden zu Strategien werden, wendeten die Schüler die Verfahren längerfristig an und reflektierten darüber. Hier bot sich eine Verbindung der fachlichen Komponente der Lesetätigkeiten mit bestimmten kooperativen Lernformen an (siehe Abbildung 3). Die Inhalte der Texte lassen sich in Teilthemen untergliedern, beispielsweise „Ursachen" oder „körperliche Folgen von Alkoholmissbrauch", „soziale Folgen von Alkoholkonsum" und „Sucht". Die Schüler konnten solche Themen zunächst nach Interesse wählen; nach der Erarbeitung erfolgte im Rahmen der Präsentation ein Wissenstransfer von Gruppe zu Gruppe. Dabei wurden nicht nur die Inhalte der Texte selbst thematisiert, sondern es fand auch eine Reflexion über die Operationen der Texterschließung statt: War von vornherein klar, ob ein Steckbrief oder ein Drehbuch erstellt werden soll? Wie wurden die Kategoriebegriffe gefunden? Waren die Informationen zu einer Kategorie auf mehrere Abschnitte verteilt?[6] Durch solche Fragen wird zum einen die Arbeit in den Gruppen honoriert, zum anderen gelangen die Operationen der Texterschließung selbst ins Bewusstsein, sodass die Möglichkeit eröffnet wird, dass die Schüler in weiteren Lesesituationen darauf zurückgreifen können.

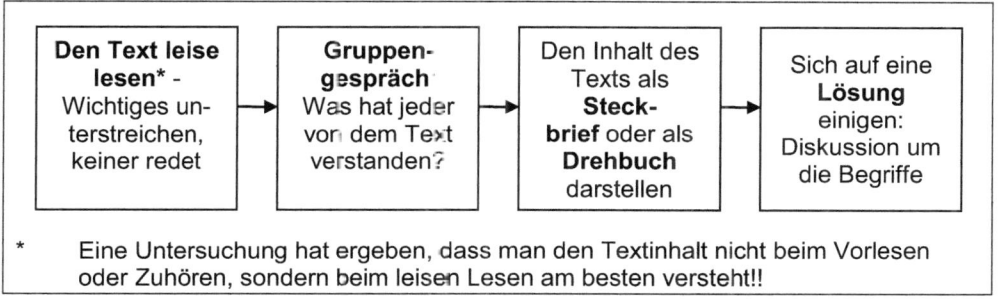

Abb. 3: Auszug aus den „Tipps für die Gruppenarbeit" im Arbeitsheft (vgl. Hiller, 2007c, S. 2)

7 Forschungsdesign, Forschungsfragen

Um einen Vergleich zur Wirksamkeit der eingesetzten Texterschließungsmittel gegenüber „herkömmlichen" Methoden zu erhalten, wurde die Studie in Form eines Treatment-Kontroll-Vergleichs angelegt. In jeweils vier achten Klassen der Hauptschule, der Realschule und des Gymnasiums wurden die oben beschriebenen Methoden im Rahmen einer Unterrichtseinheit eingesetzt (Treatmentgruppe[7]). Parallel dazu erhielten je vier Lehrer der achten Klasse in allen drei Schularten die Tests und die Ziele sowie Materialien zur Orientierung, um in demselben zeitlichen Rahmen eine Unterrichtseinheit zur Förderung der Lesekompetenz bei Sachthemen durchzuführen (Kontrollgruppe). Die Methoden zur Erschließung der Texte konnten die Lehrer frei wählen.

---

6 Im Ergebnisteil dieses Beitrags sind Beispiele dazu zu finden, welche begrifflichen Operationen mit dem Erstellen der Textinhaltsdarstellungen verbunden sind.
7 Aus Gründen der Vergleichbarkeit wurde hinsichtlich der Aufgabenschwierigkeiten zwischen den Schularten nicht differenziert: Alle Lehrer der Treatmentklassen bekamen dieselben Materialien und führten die Stunden nach demselben Muster und mit derselben Progression durch.

Mit der Anlage der Studie sind die wesentlichen Forschungsfragen verknüpft:
- Wird das Textverständnis der Schüler beim Lesen von Sachtexten durch die textstrukturierenden Mittel der Schemata positiv beeinflusst?
- Welche Unterschiede sind zwischen einer Treatment- und einer Kontrollgruppe festzustellen?
- Wie verändern sich die Leistungen im Rahmen der Intervention?
- Welche schulartenspezifischen Unterschiede sind festzustellen?

Um mehr Klarheit über die tatsächliche Unterrichtsgestaltung in den Kontrollklassen zu bekommen, füllten die Lehrer dieser Klassen nach jeder Stunde der Einheit jeweils einen Rückmeldebogen aus, in dem sie beispielsweise Angaben zu den Texterschließungsmethoden und zu den eingesetzten Texten machten. Außerdem gaben eingesammelte Unterrichtsmaterialien sowie Interviews, die mit den Lehrern der Kontrollgruppen durchgeführt wurden, Aufschluss über die Unterrichtsstruktur in diesen Klassen. Die Ergebnisse der Studie konnten auf diese Weise gut mit den Bedingungen, unter denen diese Ergebnisse zustande kamen, in Beziehung gesetzt werden.

8 Ergebnisse und Interpretation

Exemplarisch werden im Folgenden die Ergebnisse von Aufgabe 3, der frameorientierten Aufgabe, dargestellt, weil sie insgesamt einen repräsentativen Einblick in die Vorgehensweisen der Schüler beim Bearbeiten von schemaorientierten Testaufgaben zu Sachtexten geben. Die Resultate der anderen Testaufgaben werden jedoch teilweise mit einbezogen, um Vergleiche ziehen zu können und so zu einer fundierten Einschätzung der hier beschriebenen Ergebnisse zu kommen.

Die Schüler sollten im Test nicht alle möglichen Kategoriebegriffe nennen bzw. den Frame des gesamten Texts darstellen, sondern sie sollten drei übergeordnete Begriffe wählen und dazu jeweils zwei geeignete Informationen in das Schema eintragen (siehe Abbildung 4). Auf diese Weise kann ein guter Einblick in die Verstehensoperationen der Schüler gewonnen werden, während es den Umfang dieses Tests deutlich überstiegen hätte, wenn man die gesamte Makrostruktur erfragt hätte; auch wäre die Auswertbarkeit kaum gewährleistet gewesen. In der Pilotstudie wurden mehrere Aufgabenvarianten erprobt, bei denen die Kategoriebegriffe bereits in ungeordneter Form vorgegeben waren oder bei denen die Kategoriebegriffe bereits in das Schema eingetragen waren. Diese Varianten wurden jedoch nicht für die Hauptstudie herangezogen, da sich – zumindest im Gymnasium – aufgrund der geringeren Aufgabenschwierigkeit Deckeneffekte ergeben hätten und weil diese Formate auch weniger Untersuchungspotential bezüglich der Auswahl der Begriffe und der Begriffsbildungen geboten hätten.

Für jeden passenden Kategoriebegriff wurde ein Punkt vergeben, für jede dazu passende Information ein halber Punkt. Die Begriffe mussten in der Hierarchie der Textmakrostruktur angemessen verankert sein, sie mussten passend formuliert und das Beschreibungsinventar entsprechend zugeordnet werden. Kategoriebegriffe, die diese Kriterien nur teilweise erfüllten, wurden ggf. mit einem halben Punkt bewertet.

Sachtexte erschließen mit Hilfe von Frames und Scripts 89

> **3. Nenne drei wichtige Begriffe zum Thema Stress. Schreibe zu jedem Begriff zwei Informationen auf. Die Informationen können aus Text 1 und / oder Text 2 sein.**
> *Achtung: Verwende dabei nicht die Informationen, die du schon bei Aufgabe 2 genannt hast!*
>
> **Stress**
>
> [_____:] _____
>
> _____
>
> _____
>
> [_____:] _____
>
> _____
>
> _____
>
> [_____:] _____
>
> _____
>
> _____
>
> **6P**

Abb. 4: Aufgabe 3 als Teil eines Frames zum Thema „Stress" (Hiller, 2007a, o. S.)

Qualitative Analyse

Welche begrifflichen Operationen bei der Verarbeitung der Sachinformationen zum Tragen kommen, soll am Beispiel einer Schülerbearbeitung aufgezeigt werden. Der Schüler besucht die Hauptschule und bearbeitete im Vortest und im Behaltenstest das Thema „Stress". Geeignete Begriffe, die aus dem Text erschlossen und in die Kästchen eingetragen werden können, sind z.B. „Eustress", „Distress", „Stressoren" oder „Stressvermeidung". Diese Kategorien explizieren das Thema und werden mit weiteren Informationen erläutert.

Die Schülerbearbeitung im Vortest stellt sich folgendermaßen dar:

> **Stress**
> Wut: ist ein Stressauslöser
> Mobbing: _____
> Panik: wenn man Stress hat

Abb. 5: Unvollständige und fehlerhafte Aufgabenbearbeitung

Das Schema wurde im Vortest unvollständig ausgefüllt, denn es werden zwar drei Kategoriebegriffe angeführt, die aber nur mit je einer Beschreibung, in einem Fall mit keiner Beschreibung expliziert werden. Die genannten Kategoriebegriffe sind größtenteils ungeeignet: „Wut" wird im Text zwar als Stressauslöser genannt (auch als „Stressor" bezeichnet), jedoch müsste der Begriffshierarchie folgend „Stressauslöser" oder „Stressoren" als Kategoriebegriff in ein Kästchen eingetragen werden. „Wut" wäre dann eines der Beschreibungsinventare (neben „Angst", „Schmerz", „Leistungsdruck" etc., die darüber hinaus im Text erwähnt werden). „Mobbing" kommt im Text nicht vor, auch nicht in impliziter Form; hier hat der Schüler auch keine weitere Beschreibung ergänzt. Auch der Begriff „Panik" wird im Text in keiner Weise expliziert; jedoch wird hier die Erklärung „wenn man Stress hat" beigefügt. Demnach könnte man Panik – sehr wohlwollend betrachtet – als einen Stressauslöser erkennen. Oder ist Panik die Folge von Stress? Für den erstgenannten Kategoriebegriff bekam der Schüler einen halben Punkt, für die dazu angeführte Information ebenso einen halben; für die weiteren Kategorien konnten keine Punkte vergeben werden.

Die Schüler wurden vor der Durchführung des Tests darauf hingewiesen, dass sie sich bei der Bearbeitung der Aufgaben auf die Informationen aus dem Text beziehen sollen. Dass dennoch in der oben beschriebenen Form auf das Vorwissen zurückgegriffen wurde, liegt vermutlich daran, dass einige Schüler den Text gar nicht vollständig gelesen haben („Lesevermeidungsstrategie"), während sie den Test bearbeiteten.

Im Behaltenstest füllte derselbe Schüler das Schema folgendermaßen aus:

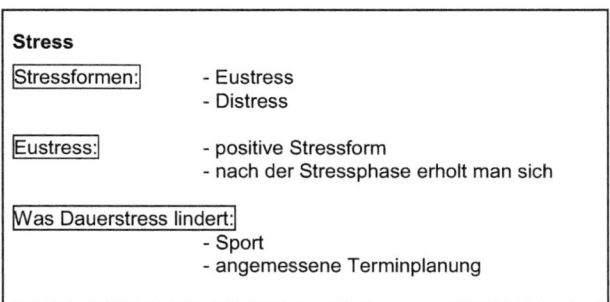

Abb. 6: Vollständig richtige Aufgabenbearbeitung

Alle hier genannten Begriffe sind im Text verortet, sie sind passend ausgewählt bzw. formuliert und in der Hierarchie richtig zugeordnet. Der Schüler erhielt hierfür die volle Punktzahl. Erstaunlich ist die Formulierung „Stressformen": Der größte Teil des Texts beschreibt zwar die positive und die negative Stressform, jedoch wird dort kein zusammenfassender Makrobegriff wie „Arten" oder „Formen" von Stress angeführt. Da der Begriff aber eindeutig einen Sachverhalt aus dem Text repräsentiert und auch eine gute Abstraktionsleistung darstellt, sind solche Begriffsfindungen als durchaus positiv zu bewerten und sie werden entsprechend mit der vollen Punktzahl honoriert.[8] Der Schüler

---

8 Solche Abstraktionen, als ein Beispiel für die typischen Operationen der Schüler beim Bearbeiten der Aufgaben, kamen im Gymnasium häufiger vor als in der Haupt- und der Realschule. Im

wählt dann eine der beiden Stressformen, „Eustress", um sie genauer mit Merkmalen aus dem Text zu erklären. Die dritte Kategorie, „Was Dauerstress lindert", bezieht sich auf einen Textabschnitt, in dem anhand von Beispielen wie den vom Schüler genannten beschrieben wird, wie man „[…] Stress erfolgreich abbauen kann […]". Die aus dem Text ableitbare Formulierung „Stressabbau" wird vom Schüler zwar begrifflich anders gefasst („abbauen" wird durch „lindern" ersetzt und in Form eines Kurzsatzes dargestellt), jedoch ist auch diese Schülerformulierung angemessen und lässt erkennen, dass der Schüler den Sachverhalt verstanden hat.

Quantitative Analyse

Tab. 1: Die Leistungsentwicklung der Schüler bei Aufgabe 3 in den drei Schularten und im Treatment-/Kontrollvergleich vom Vor- bis zum Endtest

Ergebnisse Aufgabe 3			Prozentuale Veränderungen (100% entspricht der Maximalpunktzahl)	
			Vortest – Endtest	Leistungszuwachs
Hauptschule	Treatmentgruppe	N= 75	28,67 – 72,50	43,83 *
	Kontrollgruppe	N= 65	45,33 – 67,00	21,66
Realschule	Treatmentgruppe	N= 109	60,17 – 86,83	26,67 *
	Kontrollgruppe	N= 106	63,17 – 82,17	18,99
Gymnasium	Treatmentgruppe	N= 97	71,00 – 91,33	20,33
	Kontrollgruppe	N= 91	72,00 – 89,17	17,17

In Tabelle 1 gibt „N" gibt die Anzahl der Probanden an. Bei den Berechnungen wurden nur die Schüler berücksichtigt, die bei allen Tests teilgenommen haben. Mit „*" gekennzeichnete Werte weisen auf signifikante Treatmenteffekte hin. Sämtliche Daten wurden mit Hilfe des Statistikprogramms SPSS berechnet.

In der Haupt- und in der Realschule sind signifikante Interventionseffekte zu erkennen. Demgegenüber unterscheiden sich die Ergebnisse zwischen der Treatment- und der Kontrollgruppe im Gymnasium nur geringfügig. In der Hauptschule ist der Leistungszuwachs vom Vor- zum Endtest mit nahezu 44 Prozent im Vergleich der Schularten der höchste, auch im Vergleich zu allen anderen Aufgaben des Tests. In der Realschule sind die Unterschiede zwischen der Treatment- und der Kontrollgruppe zwar etwas geringer, jedoch ist der Leistungszuwachs über die Zeit insgesamt immer noch beachtlich. Welche Schlüsse können daraus gezogen werden?

Übrigen wurden viele Begriffe auch unverändert, aber passend aus dem Text in die Darstellung übertragen.

Offenbar profitieren vor allem die schwachen Leser, die in der Gruppe der Hauptschüler vermutlich am stärksten vertreten sind, von den textstrukturierenden Methoden. Das Thematisieren von Begriffsbeziehungen ist offenbar mit geistigen Operationen verbunden, die besonders für diese Schüler gewinnbringend sind. Die Werte der Realschule liegen wie erwartet zwischen denen der Hauptschule und des Gymnasiums, wobei bezüglich der absoluten Leistungswerte – wie auch bei den anderen Aufgaben – eher eine Annäherung an die Entwicklung des Gymnasiums als an die der Hauptschule festzustellen ist. Aber auch hier weist der signifikante Treatmenteffekt auf eine Eignung der eingesetzten Methode – Steckbriefe als Mittel der Darstellung von Sachthemen – hin.

Betrachtet man die Ergebnisse im Gymnasium, so fällt auf, dass hier insgesamt die geringsten Steigerungen und die geringsten Treatment-/Kontrolleffekte festzustellen sind. Die Ausgangwerte liegen dagegen über 70%. Das strukturierte Erfassen hierarchisch organisierter Informationen ist offenbar eine Fähigkeit, die bei den Schülern des Gymnasiums bereits gut ausgeprägt ist. Dies korrespondiert auch mit bisherigen Untersuchungen, wonach die Makrostrukturbildung ein Prozess ist, der bei geübten Lesern automatisch abläuft (vgl. Kintsch, 1998, S. 174). Vermutlich konnten die Schüler aufgrund ihres größeren Allgemeinwissens auf bessere Strukturierungsfähigkeiten zurückgreifen, da sich übergeordnete Begriffsrelationen ja von Thema zu Thema wiederholen, bei diesen Schülern deshalb schon vor der Durchführung des Treatments gut ausgeprägt waren und für die Erschließung der Texte zur Verfügung standen. Analog hierzu stellen sich die Ergebnisse von Aufgabe 2 dar: Auch hier sind die Treatmenteffekte im Gymnasium am geringsten und der Leistungszuwachs vom Vor- zum Endtest liegt unter dem der anderen Schularten, was auf hohe Ausgangswerte zurückzuführen ist. Dennoch ist auch im Gymnasium noch eine erstaunliche Steigerung von nahezu 20% in der Treatment- sowie in der Kontrollgruppe bis zum Endtest festzustellen, so dass auch hier ein Üben der mit den Schemata verbundenen Operationen in gewissem Umfang angeraten ist.

Bemerkenswert bei den Ergebnissen zu dieser frame-orientierten Aufgabe ist, dass die Ausgangswerte, gemessen durch den Vortest, im Durchschnitt der Schularten die höchsten sind im Vergleich zu den anderen Aufgaben. Man kann also insgesamt von einem soliden Basiswissen der Schüler hinsichtlich der hier erforderlichen Operationen ausgehen. Allerdings zeigt sich, wie oben dargestellt, im Detail ein differenziertes Bild innerhalb der Gruppen, welches sowohl Hinweise auf den Förderbedarf als auch auf die Eignung der eingesetzten Methoden gibt.

In einer weiteren Detailanalyse wurden die Punkteergebnisse der Schülerbearbeitungen im Vergleich von Kategorien und Beschreibungsinventar analysiert. Bei den Kategorien konnten die Schüler maximal drei Punkte für drei passend gewählte Begriffe erhalten; beim Beschreibungsinventar galt ebenso eine Maximalzahl von drei Punkten, die sich hier aus je einem halben Punkt pro genanntem Begriff, also aus sechs richtig auf die Kategorien zugeordneten Begriffen zusammensetzen (siehe Abbildung 4). Die Analyse zeigt, dass der Vorsprung der Treatmentklassen bei Aufgabe 3 im Endtest in erster Linie auf signifikant höhere Werte beim Beschreibungsinventar zurückzuführen ist. Wenn man die Kategorien zur Makrostruktur eines Texts und das Beschreibungsinventar zur Mikrostruktur zählt, dann kann man von einem besseren Textverständnis der Schüler hinsichtlich der Detailinformationen ausgehen. Demgegenüber waren die Ergebniswerte bei den Kategorien zwischen den Gruppen nahezu identisch.

Die Auswertung der Lehrer-Feedbackbögen zum Unterricht der Kontrollgruppe zeigt, dass auch hier Makrooperationen wie Texte in Abschnitte gliedern, Abschnittsüberschriften finden oder zuordnen geübt wurden. Diese Operationen entsprechen offenbar weitgehend denen der Kategoriebildung beim Erstellen der Steckbriefe. Dagegen wurde aus den Lehrerinterviews und den gesichteten Materialien der Kontrollgruppe deutlich, dass die Zuordnung der Detailinformationen auf die Makrowörter hier nicht oder nur wenig geübt wurde. Daraus lässt sich folgern, dass es auch bei einem solch komplexen Vorgang wie dem Lesen nicht beliebig ist, welche Teiloperationen geübt werden. Darüber hinaus kann man davon ausgehen, dass – zumindest auf der Grundlage der in den Tests eingesetzten Texte – passende Makrowörter für einen groben Textüberblick auch gefunden werden können, wenn die Detailinformationen nicht eingehend verarbeitet wurden. Ein Vorteil der Steckbriefmethode liegt aber sicher darin, dass ein vertieftes Textverstehen hergestellt werden kann, da die Detailinformationen besser berücksichtigt werden.

9   Fazit und methodisch-didaktische Folgerungen

Zusammenfassend werden die folgenden Ergebnisse festgehalten:
1. Durch das Einüben der schemaorientierten Textinhaltsdarstellungen bekommen die Schüler einen besseren Überblick über den Text; sie erfassen die Textinhalte in strukturierter Form und setzen Begriffe zunehmend passend zueinander in Beziehung.
2. Besonders die schwachen Leser profitieren von den Methoden, die mit den Schemata verbunden sind, denn hier sind in der Treatmentgruppe die größten Leistungszuwächse festzustellen.
3. Hinsichtlich der Kategorienbildung sind die in der Kontrollgruppe angewendeten Verfahren, etwa das Suchen oder Formulieren von Abschnittsüberschriften, offenbar ebenso effektiv wie das Bilden von Kategorien bei den Steckbriefen.
4. Die Zuordnung von Detailinformationen auf Kategoriebegriffe gelingt in der Treatmentgruppe signifikant besser, weil dies im Rahmen des Erstellens von Steckbriefen speziell geübt wurde.
5. Darüber hinaus sind die Lernfortschritte durch die graphischen Repräsentationen für die Schüler gut einsehbar. Im Verlauf vom Vortest bis zum Behaltenstest erreichten die Schüler bei den schemaorientierten Aufgaben auch größere Leistungszuwächse als bei den klassischen Verständnisaufgaben der Tests (multiple choice und offene Fragen).

Sowohl bei der script-orientierten Aufgabe 2 als auch bei der frame-orientierten Aufgabe 3 des Tests war, vor allem in der Hauptschule und beim Vortest, die oben beschriebene Tendenz zu erkennen, dass Schüler bei der Aufgabenbearbeitung auf fachliches Vorwissen zurückgreifen, anstatt die Informationen aus dem Text zu verarbeiten. Sieht man davon ab, dass dies in vielen Fällen vermutlich das Ergebnis der oben angesprochenen

Lesevermeidung ist, dann kann man auch ein Bedürfnis der Schüler erkennen, zu Themen, die man unvermittelt anhand von Texten erschließen soll, zunächst einmal zu überlegen: Was weiß ich selbst bereits dazu? Wo bin ich mir sicher, wo bin ich mir noch unsicher? Was möchte ich noch vom Text wissen, welche Fragen habe ich zum Thema?

Da sich die schemaorientierte Methode in dieser Studie als brauchbar zur Erschließung von fachlichen Themen erwiesen hat, könnte sie durch die Vorwissensaktivierung ergänzt werden. Dieser Zugang zu Textinhalten ist nun sicher nichts Neues, aber die Kombination mit den Schemata lässt vielfältige methodische Möglichkeiten zu. Beispielsweise kann das Schülerwissen zu einem Thema vor der Textlektüre in Form eines Steckbriefs erfasst werden, der dann nach dem Lesen durch die neuen Informationen ergänzt wird, oder einige Begriffe aus dem Text werden den Schülern vorab auf Kärtchen gegeben, die sie ordnen und anhand derer sie den Textinhalt teilweise antizipieren. Auf diese Weise kann das Strukturwissen – besonders das der leseschwachen Schüler – schrittweise aufgebaut werden.

Insgesamt lassen die Ergebnisse der Studie den Schluss zu, dass die Geläufigkeit der Begriffsoperationen, die mit den Schemata verbunden sind, noch wichtiger ist für den Leseerfolg bei Sachtexten als die in dieser Studie gewählten grafischen Darstellungen, die ja in erster Linie äußere Textrepräsentationen darstellen. Durch die Geläufigkeit der gedanklichen Operationen lassen sich beispielsweise die hohen Ausgangswerte im Gymnasium erklären. Somit kann die in Abschnitt 4 dieses Beitrags genannte Definition ergänzt werden: Zunächst sind Schemata abstrakte Strukturmodelle, aber zur Anwendung können sie nur durch konkrete Inhalte (Fachthemen) kommen, wobei dies mit allgemeinen, von Thema zu Thema übergreifenden Begriffsoperationen verbunden ist.

Bei einem Großteil der Schüler des Gymnasiums sind die Operationen, die zum Erstellen der schemaorientierten Textinhaltsdarstellungen erforderlich sind, offenbar bereits strategisch ausgebildet. Inwieweit die Schüler der Realschule und auch der Hauptschule die angewendeten Methoden im Rahmen der Intervention als *Strategien* verinnerlicht haben, kann aufgrund der Anlage dieser Studie vermutet, aber aufgrund der Ergebnisse nur eingeschränkt belegt werden – auch deshalb, weil der Interventionszeitraum von vier Wochen bezogen auf eine ganze Lesebiografie eines einzelnen Schülers einen sehr kleinen Zeitraum darstellt. Die Behaltenseffekte der Treatmentschüler im Hinblick auf die erlernten Leseverfahren, gemessen durch den Behaltenstest, lassen jedoch Tendenzen erkennen, die auf eine nachhaltige Verinnerlichung der Methoden hinweisen.

Literatur

Bildungsplan für die Realschule (2004). *Amtsblatt des Ministeriums für Kultus, Jugend und Sport Baden Württemberg. Lehrplanheft 3/2004.* Stuttgart: Neckar-Verlag.

Bundesministerium für Bildung und Forschung (BMBF). (2007). *Expertise. Förderung von Lesekompetenz.* Bildungsforschung, Bd. 17. Bonn, Berlin: o.V.

Deutsches PISA-Konsortium (2001). *PISA 2000. Basiskompetenzen von Schülerinnen und Schülern im internationalen Vergleich.* Opladen: Leske + Budrich.

Duden (1998). *Grammatik der deutschen Gegenwartssprache.* 6. Auflage. Mannheim.

Hiller, F. (2007a). *Lehrerheft zur Unterrichtseinheit Sachtexte (Kommentierungen und Zusatzmaterialien zu den 16 Stunden der Unterrichtseinheit „Sachtexte erschließen")*. Ludwigsburg: mimeo.

Hiller, F. (2007b). *Lösungsheft (Lösungen für das „Werkstattheft Sachtexte" zur Selbstkontrolle für die Schüler)*. Ludwigsburg: mimeo.

Hiller, F. (2007c). *Werkstattheft Sachtexte (Schülerarbeitsheft mit Texten, Aufgaben und Hinweisen zu Lesetechniken)*. Ludwigsburg: mimeo.

Hiller, F. (2010). *Sachtexte erschließen. Eine empirische Studie zur Förderung der Lesekompetenz in Klassenstufe 8*. Freiburg im Breisgau: Fillibach Verlag.

Kintsch, W. (1998). *Comprehension*. Cambridge: Cambridge University Press.

Kirsch, I. S., Jungeblut, A. & Mosenthal, P. B. (1998). The measurement of adult literacy. In T.S. Murray, I.S. Kirsch & L. Jenkins (Hrsg.), *Adult literacy in OECD countries: Technical report on the first international adult literacy survey*. Washington, DC: U.S. Department of Education, National Center for Education Statistics.

Klieme, E., Artelt, C., Hartig, J., Jude, N., Köller, O., Prenzel, M., Schneider, W. & Stanat, P. (2010). *PISA 2009. Bilanz nach einem Jahrzehnt*. Münster u.a.: Waxmann.

Linke, A., Nussbaumer, M. & Portmann, P. R. (2004). *Studienbuch Linguistik*. Tübingen: Niemeyer Verlag.

Minsky, M. (1975). A framework for representing knowledge. In P.H. Winston (Hrsg.), *The psychology of computer vision* (S. 211–277). New York: McGraw-Hill.

Schank, R. & Abelson, R. (1977). *Scripts, plans, goals and understanding. An inquiry into human knowledge structures*. Hillsdale, NJ: Lawrence Erlbaum Associates.

Schnotz, W. & Dutke, S. (2004). Kognitionspsychologische Grundlagen der Lesekompetenz: Mehrebenenverarbeitung anhand multipler Informationsquellen. In U. Schiefele, C. Artelt, W. Schneider & P. Stanat (Hrsg.), *Struktur, Entwicklung und Förderung von Lesekompetenz. Vertiefende Analysen im Rahmen von PISA 2000* (S. 61–99). Wiesbaden: VS Verlag für Sozialwissenschaften.

Streblow, L. (2004). Zur Förderung der Lesekompetenz. In U. Schiefele, C. Artelt, W. Schneider & P. Stanat (Hrsg.), *Struktur, Entwicklung und Förderung von Lesekompetenz. Vertiefende Analysen im Rahmen von PISA 2000* (S. 275–306). Wiesbaden: VS Verlag für Sozialwissenschaften.

Fokus: Deutsch

Beate Lütke

Sprachförderung im Deutschunterricht – fachspezifische und fächerübergreifende Schwerpunkte

1 Einführung

Im Rahmen der Ausführungen zu den Bildungsstandards im Fach Deutsch für die Primarstufe und für den Mittleren Schulabschluss werden Schüler/innen mit einer nichtdeutschen Familiensprache (vgl. KMK, 2004, S. 6) bzw. mit „divergenten Spracherfahrungen" (KMK, 2003, S. 7) als spezifische Gruppen benannt, die im Deutschunterricht sowohl hinsichtlich ihres möglicherweise bestehenden Sprachförderbedarfs als auch hinsichtlich der Nutzung des Mehrsprachigkeitspotenzials Berücksichtigung finden sollten. In den Ausführungen für die Primarstufe wird explizit auf die Tatsache verwiesen, dass Deutsch „für viele Kinder […] nicht die erste und nicht die Familiensprache" sei, wodurch diese Kinder teils „über andere sprachliche Erfahrungen und Kompetenzen als einsprachige Kinder" verfügten (KMK, 2004, S. 6). Neben der Aufforderung, dass der Deutschunterricht diese Tatsache für die interkulturelle Erziehung aller Kinder nutzen solle, wird auch ausgeführt, dass Kinder mit nichtdeutscher Herkunftssprache teilweise Fördermaßnahmen zur Bildung von Grundlagen benötigten, damit das schulische Lernen in der Unterrichtssprache Deutsch überhaupt „erst gesichert" werden könne (ebd.). Daran anknüpfend wird deutlich gemacht, dass die Beherrschung der deutschen Sprache für „alle Kinder eine wichtige Grundlage für ihren Schulerfolg" ausmache, da Sprache „in allen Fächern Medium des Lernens" sei (ebd.).

Dieser wichtige Aspekt, der Sprachkompetenz als Voraussetzung für Bildungserfolg benennt und die fächerübergreifende Relevanz angemessener schulsprachlicher Kompetenz hervorhebt, wird in der Einleitung zu den Bildungsstandards für den Mittleren Schulabschluss aufgegriffen. Die Bildungsstandards für den Mittleren Schulabschluss weisen dem Deutschunterricht darüber hinaus eine fächerübergreifende Orientierungsfunktion für das sprachliche Lernen zu, „weil in ihm Sprachfragen aus anderen Fächern aufgegriffen und Kenntnisse und Erfahrungen für die Arbeit in anderen Fächern genutzt werden" könnten (KMK, 2003, S. 7). Dabei könnten Schüler/innen mit „divergenten Spracherfahrungen" bei der „Arbeit an Sprachfragen" „wichtige, eigenständige Beiträge" einbringen. Es wird in diesem Zusammenhang davon ausgegangen, dass Mehrsprachigkeit zu „vertiefter Sprachkompetenz und Sprachbewusstheit" führe (ebd.), eine Annahme, die sich empirisch z.B. durch die Ergebnisse der DESI-Studie, besonders in Bezug auf das erfolgreiche Lernen von Fremdsprachen, stützen lässt (vgl. Hesse, Göbel & Hartig, 2008).

Wenn in den Vorgaben zum Mittleren Schulabschluss davon die Rede ist, dass die „Ausbildung sprachlicher Fähigkeiten […] auch in anderen Fächern bewusst gestärkt und weiterentwickelt werden" müsse und „Schülerinnen und Schüler mit Migrationshintergrund, aber auch die mit Lernschwierigkeiten [...] durch ein möglichst breit angelegtes sprachliches Lernen nachhaltig unterstützt" werden müssten (KMK, 2003, S. 7), wird deutlich, dass eine systematisch angelegte fachbezogene Sprachförderung auch außerhalb des Deutschunterrichts umgesetzt werden muss, die in der Voraussetzung auf eine Zusammenarbeit der verschiedenen Fachdidaktiken angewiesen ist und, über eine reine Betrachtung der jeweiligen Fachsprache hinausgehend, mit einem expliziten Sprachförderauftrag die Lernbedürfnisse leistungsschwacher Schüler/innen berücksichtigen muss.

Ein erster Schritt in Richtung einer fächerübergreifenden Perspektive zeigt sich in Programmen zur Förderung von Lesekompetenz, z.B. in den Projekten Lesen macht stark (Ramm, Köller, Möller & Heinze, 2010) und ProLesen – auf dem Weg zur Leseschule (Bayerisches Staatsinstitut für Schulqualität und Bildungsforschung 2011) oder, im Sinne einer Suche nach allgemeinen didaktischen Sprachförderprinzipien, in den „Qualitätsmerkmalen" für eine durchgängige Sprachbildung des FörMig-Programms (vgl. Gogolin et al., 2010).

Welche Besonderheiten z.B. bei der Förderung fachspezifischen Lesens im naturwissenschaftlichen oder gesellschaftswissenschaftlichen Unterricht zu beachten sind und ob spezifische Lesestrategien, z.B. zur Wort- und Satzentschlüsselung, von Schüler/innen mit nichtdeutscher Erstsprache möglicherweise verstärkt benötigt werden, muss in der weiteren Forschung geklärt werden.

Wie die in den KMK-Vorgaben angedachte „Orientierungsfunktion" des Deutschunterrichts aussehen und welchen Stellenwert das Fach Deutsch in einem gesamtschulischen Sprachcurriculum haben könnte, will der vorliegende Beitrag präzisieren. Exemplifizierend wird der Berliner Rahmenlehrplan des Faches Deutsch herangezogen, um davon ausgehend konkrete Handlungsfelder zu benennen. Dabei steht die Frage im Zentrum, in welchen Bereichen der Deutschunterricht eine Orientierung für ein „möglichst breit angelegtes sprachliches Lernen" (KMK, 2003, S. 6) auch in allen Fächern bieten kann.

2 Das Fach Deutsch in seiner Orientierungsfunktion für eine fachintegrative und fächerübergreifender Sprachförderung

Der Rahmenlehrplan des Faches Deutsch für die Sekundarstufe I weist eine grundsätzliche Sprachbezogenheit in den vier Kompetenzbereichen ‚Lesen – Umgang mit Texten und Medien', ‚Schreiben – Texte verfassen und überarbeiten', ‚Sprechen und Zuhören' und ‚Sprachwissen und Sprachbewusstsein' auf (vgl. Senatsverwaltung für Bildung, Jugend und Sport 2006b). Als Ziel des Deutschunterrichts der Sekundarstufe I benennt er die „sprachliche Qualifizierung" der Schüler/innen „sowohl für Ausbildungssituationen wie auch für die weiterführende Schulbildung" (vgl. Senatsverwaltung für Bildung, Jugend und Sport, 2006b, S. 9b). Der Rahmenlehrplan bezieht sich auf den Deutschunterricht aller Berliner Sekundarschulen und Gymnasien und gibt keine Anhaltspunkte, inwieweit neben seiner allgemeinen Zielsetzung (der sprachlichen Qualifizierung aller Schüler/innen) die fachintegrative Sprachförderung von Zweitsprachenlernenden mit Sprachförderbedarf bzw. die Sprachförderung von leistungsschwachen

Schüler/inne/n aus ungünstigen sozio-ökonomischen Verhältnissen umgesetzt werden kann. Dementsprechend geht aus ihm nicht hervor, an welchen Inhalten und Kompetenzen eine fachintegrative Sprachförderung konkret ansetzen müsste.

2.1 Sprachliche Anforderungsniveaus über die Jahrgangsstufen

Neben der Diagnose der individuellen Spracherwerbsstände benötigt eine systematisch konzipierte schulische Sprachförderung eine Vorstellung davon, wie sich schulsprachliche Kompetenzen über die Jahrgangsstufen entwickeln und inwieweit das Anforderungsniveau in schulischen Texten mit dem Spracherwerb kompatibel ist.

Eine Orientierung, welche sprachlichen Anforderungsniveaus innerhalb der Schule für die einzelnen Jahrgangsstufen angenommen werden, geben lediglich die Standards des Faches Deutsch. Diese fachbezogenen Standards, die bisher erst hinsichtlich einzelner Teilkompetenzen (z.B. zum Lesen von Sachtexten) empirisch überprüft worden sind, bieten eine nur vage und empirisch nicht untermauerte Orientierung für die sprachlichen Anforderungen und Niveauentwicklungen in den natur- und gesellschaftswissenschaftlichen Fächern. Benötigt werden also ergänzende, möglichst empirisch bestätigte Angaben, die die sprachlichen Anforderungen auf den verschiedenen Jahrgangsstufen bereichs- bzw. fachdidaktisch auch außerhalb des Faches Deutsch präzisieren und damit sprachbezogene Niveaubeschreibungen für die Fächer angeben.

Die ‚Niveaubeschreibungen Deutsch als Zweitsprache in der Sekundarstufe I‚ (vgl. Döll et al., 2009)[1] bieten eine erste Orientierung, welche Kompetenzstufen Zweitsprachlernende in den verschiedenen sprachlichen (pragmatischen, grammatischen, semantischen) Bereichen durchlaufen können, und sollen für die Einschätzung der Lernersprachen innerhalb der Schule einsetzbar sein. Die Niveaubeschreibungen beschreiben die Bereiche Lesen, Schreiben, Gespräche führen, Wortschatz und Grammatik und beziehen auch lernstrategische und motivationale Aspekte ein. Sie legen 4 Niveaustufen zu Grunde, z.B. im Bereich D „Techniken und Strategien der Texterschließung": I. „Der Schüler liest Wort für Wort und Satz für Satz (...)", II. „zieht zur Erschließung (...) visuelle Signale" heran, III. „benutzt (...) die Schlüsselwortmethode", „ markiert wichtige Textstellen", IV. „kennt verschiedene Lesestrategien und wendet diese (...) angemessen an" (vgl. Döll et al., 2009, S. 12), Eine Verknüpfung mit den Bildungsstandards des Faches Deutsch erfolgt auf der Kompetenzstufe IV, die die Zielvorgaben der KMK beschreibt, Die Stufen I–III geben Hinweise auf dahin führende mögliche Entwicklungsstufen, wobei Stufe I die „Minimalqualifikation" darstellt. Eine Orientierung für das fachbezogene sprachliche Lernen kann auf dieser Grundlage nur implizit abgeleitet werden. Zudem sind auch die Niveaubeschreibungen nur teilweise empirisch untermauert; ein empirisches Fundament haben z.B. die Angaben zur Verbstellung im Bereich *F Grammatik – mündlich und schriftlich* (vgl. Döll et al., 2009, S. 16).

Als Vergleich für einen in diesem Aspekt bereits weitergehenden Vorschlag sollen die sprach- und fachbezogenen Standards (*English Language Proficiency Standards*) des WIDA-Programms herangezogen werden. In den USA werden im Rahmen des WIDA-Programms (*World-Class Instructional Design and Assessment*) sprachliche An-

---

[1] Für die Grundschule vgl. Döll et al., 2010.

forderungsniveaus zu den einzelnen fachspezifischen Domänen (z.B. für die *social studies, mathematics* oder *sciences*) auf empirischer Basis beschrieben und als Hilfestellung für die Unterrichtsplanung für die verschiedenen Jahrgangsstufen zur Verfügung gestellt. Das Ziel des Programms besteht darin, auf empirisch fundierter Grundlage Schüler/innen mit einem sprachheterogenen Hintergrund in ihrer schulsprachlichen Entwicklung zu unterstützen und neue Erkenntnisse zum Spracherwerb sukzessive zu integrieren:

„WIDA supports academic language development and academic achievement for linguistically diverse students through high quality standards, assessments, research, and professional development for educators." (The Board of Regents of the University of Wisconsin System, 2011).

In diesem Zusammenhang werden Niveaustufen für den Kindergarten und die Jahrgangsstufen 1–2, 3–5, 6–8 und 9–12 zur Verfügung gestellt. Auf diese Weise soll Lehrkräften die Möglichkeit gegeben werden, die fachbezogene Unterrichtsplanung durch eine sprachbezogene zu ergänzen. Ein von den WIDA-Internetseiten entnommenes Beispiel (Tabelle 1) soll zur Veranschaulichung dienen:[2]

Tab. 1: ELP-Standards zu einem Geschichtsthema

Grade Level Cluster	Grade 6-8
Framework	Formative
English Language Proficiency (ELP) Standard	5 – Language of Social Studies
Language Domain	Writing
Example Topic	Ancient/Medieval civilizations
Level 1 – Entering	Identify features of historical periods from illustrations and word/phrase banks and share with a partner in L1 or L2
Level 2 – Beginning	Describe features of historical periods from illustrations and word/phrase banks and share with a partner in L1 or L2
Level 3 – Developing	Compare historical periods using sentences from graphic organizers and share with a partner
Level 4 – Expanding	Produce contrastive summaries of historical periods using information from graphic organizers and share with a partner
Level 5 – Bridging	Create historical essays descriptive of past civilizations

(The Board of Regents of the University of Wisconsin System, 2011)

---

2 Die Web-Seite bietet eine Suchmaschine an, mit deren Hilfe die sprachbezogenen Standards für eine ausgewählte Jahrgangsgruppe, einen Fachbereich (Mathematik, Naturwissenschaften, Gesellschaftswissenschaften oder Geisteswissenschaften) sowie den Bereich *Soziale Interaktion und Instruktionen* und eine sprachliche Fertigkeit (Lesen, Schreiben, Sprechen, Zuhören) ausgewählt werden können. Die Inhalte der Tabelle 1 wurden auf diesem Weg generiert. Verfügbar unter: http://www.wida.us/standards/ELP_StandardLookup.aspx [28.08.2012].

Tabelle 1 bildet ein sprachliches Progressionsmodell zu einer spezifischen Fertigkeit ab, in diesem Fall für die Fertigkeit des *Schreibens*. Die Progression geht von der kooperativ angelegten mündlichen Thematisierung des inhaltlichen Gegenstands auf einer niedrigeren Niveaustufe aus. Auf höchstem Niveau sind die Kinder bzw. Jugendlichen in der Lage, einen Text ohne kooperative Anteile selbständig zu verfassen. Interessant dabei ist, dass ein inhaltlicher Austausch in der Herkunftssprache auf den niedrigeren Stufen 1 und 2 als wesentliche Komponente angesehen wird. Zudem spielen kooperative Phasen eine grundlegende Rolle. Anhand der Fähigkeit, einen Text zunehmend ohne Wort- und Satzhilfen und ohne inhaltsstrukturierende Hilfen zu bewältigen, bildet sich die Progression über die jeweiligen Niveaustufen ab.

Es ist zu hoffen, dass für den deutschsprachigen Raum mit dem Voranschreiten der empirischen Unterrichtsforschung eine zunehmend empirisch untermauerte und fachbezogene Sprachkompetenzmodellierung gewonnen wird. Zudem ist auch darüber nachzudenken, inwieweit die Einbindung der Herkunftssprache zur Aktivierung inhaltlichen Vorwissens sinnvoll sein kann.

Zum jetzigen Zeitpunkt bieten lediglich die sprachbezogenen Standards des Rahmenlehrplans Deutsch eine erste und eingeschränkte Orientierung für eine sprachsensible Unterrichtsplanung in den anderen Fächern. Welcher Art diese Orientierung sein kann, wird in Abschnitt 2.3.2 am Beispiel der sprachlichen Handlung des Beschreibens konkretisiert und problematisiert.

2.2 Modelle zur Beschreibung schulsprachlicher Teilkompetenzen

Wie und an welchen sprachlichen Lerngegenständen eine sprachbezogene fächerübergreifende Arbeit erfolgen kann, bleibt in den institutionellen Vorgaben offen und erfordert eine Präzisierung. Die Fachliteratur bietet verschiedene Ordnungsmodelle dazu, welche differenzierten sprachbezogenen Teilkompetenzen im Kontext ‚Schule‘, bedeutsam sind:

So können z.B. die Kategorien der Sprachlehr- und -lernforschung mit den Fertigkeiten Lesen, Schreiben, Sprechen und Hören sowie den Bereichen Wortschatz und Grammatik (vgl. Krumm, 2003, S. 117ff.), die sich auch in den Kompetenzbereichen des Faches Deutsch widerspiegeln, herangezogen werden. Vermehrt findet auch der Begriff der „Basisqualifikationen" in der Fachliteratur (vgl. z.B. Rösch, 2011, S. 43ff.) Verwendung.

Die Basisqualifikationen sind ebenso wie die oben genannten Fertigkeitsbereiche auf alle schulsprachlichen Varietäten anwendbar und lassen sich fachbezogen ausdifferenzieren. Im Verlauf der Sprachaneignung werden verschiedene Basisqualifikationen erworben, die in ihrer Interaktion die Voraussetzung für kommunikatives Handeln bilden (vgl. Ehlich, Valtin & Lütke, 2012, S. 22). Das Konzept versucht, der Komplexität von Sprache gerecht zu werden, indem der Sprachaneignungsprozess von der frühen Kindheit bis in das Erwachsenenalter in seinen sprachlichen Teilkomponenten und Phasen abgebildet wird. Dabei werden verschiedene Perspektiven auf Sprache zusammengeführt: Grammatik (phonische, morphologisch-syntaktische BQ), Lexikon (semantische BQ), sprachhandlungsbezogene Qualifikationen (pragmatische BQ I und II, diskursive BQ) und schriftsprachbezogene (literale BQ I und II) (vgl. Ehlich, Valtin &

Lütke, 2012, S. 21). Eine empirisch fundierte Operationalisierung zur Ableitung konkreter Kompetenz-modelle steht zu den meisten sprachlichen Teilkompetenzen noch aus.

Ausgehend vom Gemeinsamen europäischen Referenzrahmen für Sprachen stellen Vollmer & Thürmann (2010) vier Dimensionen eines schulsprachlichen Referenzrahmens vor, wobei die schulsprachbezogenen Dimensionen auch fächerübergreifende Aspekte explizit benennen (vgl. Vollmer & Thürmann, 2010, S. 131). Unter „Schulsprache" wird in diesem Zusammenhang einerseits der Lerngegenstand des Faches Deutsch verstanden; weiterhin tritt Schulsprache in den für den Fachunterricht typischen Sprachvarietäten zum Vorschein (vgl. Vollmer & Thürmann 2010, S. 108 sowie Feilke in diesem Band).

In diesem „Modell zur Beschreibung von Schulsprache im Fachunterricht" (Vollmer & Thürmann, 2010, S. 113) werden folgende Dimensionen unterschieden: 1) Felder sprachlichen Handelns im Fachunterricht, 2) Kognitiv-sprachliche Aktivitäten/Diskursfunktionen, 3) Fachunterrichtliche Materialien, Textsorten, Genres und 4) die Dimension ‚Textkompetenz – Diskursfähigkeit'„. Ein zentrales verbindendes Element bilden die Diskursfunktionen, die laut Vollmer & Thürmann (2010) im Rahmen unterrichtsspezifischer Sprachhandlungsfelder in den Fächern oder auch bereichsdidaktisch gehäuft umgesetzt würden. Diskursfunktionen bezeichnen hier den Zusammenhang von Denkoperationen und damit verknüpften sprachlichen Handlungen (vgl. Vollmer & Thürmann, 2010, S. 116). Unter dem Begriff der Diskursfunktion werden sowohl einzelne Sprechhandlungen, wie z.B. das Benennen oder Begründen, komplexere sprachliche Handlungen, wie das Beschreiben, Erklären oder Argumentieren, und Denkoperationen wie das Erfassen gebündelt.

2.3 Schnittstellen einer fächerübergreifenden Sprachförderung[3]

Im Berliner Rahmenlehrplan Deutsch für die Sekundarstufe I wird eine fächerübergreifende Perspektive bereits angewiesen (vgl. Senatsverwaltung für Bildung, Jugend und Sport, 2006b, S. 61). Kooperationen mit den Sachfächern werden an dieser Stelle z.B. bei der Vermittlung von Textsorten wie dem Protokoll, der Beschreibung, dem Bericht und der Argumentation empfohlen. Dabei werden Kompetenzen benannt, die fächerübergreifend bedeutsam sind; explizit angesprochen wird u.a. die Verwendung von Lese- und Schreibstrategien.

Diese Zusammenstellung zeigt auf, dass sich fächerverbindende Schnittstellen im Bereich der Auseinandersetzung mit spezifischen Textsorten (Beschreibung, Bericht, Protokoll, Sachtext), im Hinblick auf relevante Textmuster[4] (u.a. beschreibende, berichtende und argumentierende Textmuster), im Rahmen der verschiedenen Fertigkeiten bzw. Kompetenzbereiche und hinsichtlich methodischer Aspekte (z.B. beim Sprachvergleich und der Sprachbetrachtung) sehen lassen.

---

3 Weitere Ausführungen hierzu finden sich in Ehlich, Valtin & Lütke, 2012, S. 120ff.
4 Zum Textmusterbegriff vgl. Fix, 2008, S. 92f.

Tab. 2: Angaben des Rahmenlehrplans Deutsch zum fächerverbindenden Unterricht

E: Sprachliche Fähigkeiten fachübergreifend und fächerverbindend verwenden			
Lesen	Schreiben	Sprechen und Zuhören	Sprachwissen und Sprachbewusstsein
- Lesestrategien	- Schreibstrategien - protokollieren	- präsentieren - diskutieren	- Anglizismen untersuchen - Sprachen vergleichen
Mögliche Inhalte: Doppeljahrgangsstufe 7/8: Doppeljahrgangsstufe 9/10:	Beschreibung; Bericht Texte aus anderen Ländern/über andere Kulturen Argumentation; Texte und Bilder zur Zeitgeschichte		

(Senatsverwaltung für Bildung, Jugend und Sport, 2006b, S. 61)

Im weiteren Verlauf sollen diese Vorschläge geordnet und ergänzt werden. Dabei stehen folgende fächerübergreifende Schnittstellen im Fokus:

- Flüssigkeits- und Strategietrainings in den Kompetenzbereichen Lesen und Schreiben;
- die Entwicklung einer grundsätzlichen Textbezogenheit mit dem Fokus auf Textsorten und -muster;
- in diesem Zusammenhang die Fokussierung der Sprechhandlungen und komplexeren sprachlichen Handlungen wie Beschreiben, Erklären, Argumentieren etc.; und
- das Ziel der Sprachbewusstheitsförderung.

2.3.1 Ausbildung einer „grundsätzlichen Textbezogenheit"

Heinemann (2006) fordert aus einer textlinguistischen Perspektive eine „grundsätzliche Textbezogenheit" innerhalb des Deutschunterrichts (vgl. Heinemann, 2006, S. 23), die im Sinne des in der Schule umgesetzten „erweiterten" Textbegriffs (vgl. Senatsverwaltung für Bildung, Jugend und Sport Berlin 2006c, S. 9) lineare und nicht-lineare schriftliche und mündliche Texte einbezieht. Er formuliert hierzu folgende „Basisthesen" für den Deutschunterricht, die analog für die anderen Fächer konkretisiert und aufgegriffen werden können (vgl. Heinemann, 2006, S. 23):

- eine „grundsätzliche Textbezogenheit" der didaktischen Prozesse;
- eine Interaktionsgebundenheit bei der Arbeit mit Texten, wobei Situationsangemessenheit und Partnerbezogenheit bei der Unterrichtsplanung und nachträglichen Analyse reflektiert werden;
- die Überprüfung von Textsortenadäquatheit (Aufbereitung von gebräuchlichen Textmustern, Prüfung der altersbezogenen und situationalen Angemessenheit und Funktionalität von Textsorten);
- die gezielte Vernetztheit sprachlicher und inhaltlicher Lernprozesse;
- und die Bewusstmachung von Textfunktionen.

Fachspezifische Textsorten oder auch fachübergreifende Textmuster können im Deutschunterricht rezeptiv und produktiv erarbeitet werden, um sie dann im Fachunterricht, z.B. unter Orientierung an methodischen Hinweisen der prozessorientierten

Schreibdidaktik, in einem funktionalen Kontext handlungsbezogen anwenden zu lassen. Textinhärent kommen die bereits erwähnten Sprech- und Schreibhandlungen bzw. sprachlichen Handlungen zum Tragen. Wichtig ist, auch im Fachunterricht im angemessenen Rahmen strategische und formale Aspekte der Textproduktion aufzugreifen und zu wiederholen. So können Textaufbau- und -überarbeitungsstrategien, z.B. die ABSATZ- oder PLASMA-Strategie[5] (vgl. Philipp 2012, S. 100f., 106f.), im Deutschunterricht bewusst gemacht werden und als Schrittfolge beim Schreiben von Texten im Fachunterricht wiederholt und zur Verfügung gestellt werden. In diesem Zusammenhang können Redemittel, die im Deutschunterricht erarbeitet werden (z.B. für das Verfassen einer Stellungnahme oder Erklärung), systematisch angeboten und wiederholt werden.

2.3.2 Sprechhandlungen und sprachliche Handlungen

Die sprachlichen Grundlagen, die der Rahmenlehrplan Deutsch konkretisiert, werden in den Rahmenlehrplänen der anderen Fächer, z.B. im Lehrplan des Faches Physik, implizit vorausgesetzt. Tajmel (2011) betont ausgehend von einer Analyse der Kompetenzbereiche naturwissenschaftlicher Fächer, dass sprachliches Handeln nicht nur im Rahmen der Ausbildung von Kommunikationskompetenz diskutiert werden dürfe, weil auch die anderen Kompetenzbereiche „in hohem Maße Sprachhandlungskompetenz" implizierten, sodass ihre Vermittlung eine wesentliche Komponente fachdidaktischen Handelns darstelle (vgl. Tajmel, 2011, S. 1). In diesem Zusammenhang zeigt sie anhand einer Analyse der Anforderungsbereiche für den Mittleren Schulabschluss im Fach Physik, dass der kompetente Einsatz und das Verstehen von Sprechhandlungen und komplexeren sprachlichen Handlungen eine wesentliche Voraussetzung für das inhaltliche Lernen bilden.

Tajmel (2011) veranschaulicht dies, indem sie z.B. die sprachliche Handlung des Beschreibens im Rahmenlehrplan Physik den Ausführungen im Rahmenlehrplan Deutsch gegenüberstellt.

Aus der Gegenüberstellung geht hervor, dass es in den Anwendungsbereichen zwar Schnittstellen wie die Vorgangsbeschreibung gibt, an denen die sprachliche Handlung des Beschreibens textmusterbezogen auf den Fachkontext Physik übertragbar erscheint; es ist aber anzunehmen, dass dieser Transfer – nicht nur in abstrakteren Kontexten wie bei der Beschreibung physikalischer Größen – durch die fachbezogene und facheigene Lexik des Physikunterrichts erschwert wird und zudem raum- und gegenstandsbezogene, also facheigene perspektivische Orientierungen umgesetzt werden müssen. Konkretisierende Hilfen bietet der Rahmenlehrplan Physik lediglich auf methodischer Ebene (in dem Vorschlag, bei der Darstellung Diagramme anzuwenden), aber nicht auf sprachlicher. Hilfreich für die sprachliche Bewältigung wäre zunächst sicherlich eine Präzisierung hinsichtlich der sprachlichen Mittel, die bei der Realisierung solcher Beschreibungen eine Rolle spielen.

---

5 Die ABSATZ-Strategie gibt eine Schrittfolge für das Schreiben eines Abschnittes vor: 1. **A**uswählen von Thema, Leser und Art des Absatzes, 2. **B**rainstorming der Ideen, 3. **S**ammlung der Ideen bewerten, 4. **A**bsatz beginnen, 5. **T**hema mit unterstützenden Sätzen entwickeln, 6. **Z**usammenfassenden Schlusssatz schreiben und Absatz prüfen. Die PLASMA-Strategie leitet ebenfalls Textplanung und -überarbeitung an, wobei sie die Textstruktur bewusst macht und z.B. den typischen Aufbau einer Beschreibung oder Erklärung vorgibt (vgl. Philipp, 2012, S. 106f.).

Tab. 3: *Beschreiben in den Berliner Rahmenlehrplänen Physik und Deutsch (Sek. I)*

Sprachliche Handlung: Beschreiben	Anwendungsbereiche	Konkretisierung
Physik	Geräte, Vorgänge, Phänomene, Prozesse, Prinzipien, physikalische Größen	mit einem Diagramm
Deutsch	Figuren, Vorgänge, Personen, Bilder, Orte, Machart und Wirkung von Texten, Funktionen von syntaktischen und semantischen Stilmitteln, Sprechhandlungen	unter Anwendung von Passiv/Aktiv, unter Berücksichtigung von Vor-, Gleich- und Nachzeitigkeit, unter Verwendung von Satzgliedern und Gliedsätzen

(vgl. Senatsverwaltung für Bildung, Jugend und Sport 2006a, b, zusammengestellt von Tajmel, 2011)

Der Rahmenlehrplan Deutsch benennt hierfür zumindest grammatikalische Mittel wie die Verwendung des Aktiv und Passiv oder die Einbindung von Gliedsätzen, die eine sprachorientierte Unterrichtsplanung unterstützen können. Ergänzend wäre eine fachdidaktische Reflexion der benötigten syntaktischen und lexikalischen Mittel sinnvoll, sowohl bezüglich des Inhaltswortschatzes als auch in Bezug auf Funktionswörter wie Präpositionen, Adverbien usw.

Inwieweit sich bei der handlungsbezogenen Anwendung der Beschreibung abstrakter Entitäten im Fach Physik facheigene Probleme ergeben, müsste empirisch im Fachkontext untersucht werden. Eine fächerübergreifende Sprachförderung könnte aber darin bestehen, die sprachliche Handlung des Beschreibens diskursbezogen, strukturell und lexikalisch im Deutschunterricht bewusst zu machen und im Kontext des naturwissenschaftlichen oder gesellschaftswissenschaftlichen Faches unter Wiederholung der jeweils angemessenen Textstruktur und der damit verbundenen sprachlichen Mittel handlungsbezogen anwenden zu lassen. Wichtig ist dabei die gezielte Bewusstmachung eines übergeordneten Musters (z.B. im Rahmen der mündlichen oder schriftlichen Beschreibung die Notwendigkeit von Fokusetablierung und -weiterführung) und die Einplanung sprachlicher Hilfen bei der Anwendung von z.B. attribuierenden Sätzen und Teilstrukturen.

Da beschreibende Teiltexte maßgeblich in Textsorten wie dem Protokoll oder dem Bericht auftreten, empfiehlt sich die Bewusstmachung des Textmusters und diskursspezifischer Strukturen in einem solchermaßen funktionalen Kontext. Zu der Frage, wie Sprechhandlungen im Deutschunterricht effektiv vermittelt werden können und wie dies weitergeführt im Fachunterricht aussehen kann, besteht weiterhin empirischer Handlungsbedarf (vgl. auch Grießhaber, 2010).

2.3.3 Strategietrainings und Flüssigkeitstraining

Übungen zur Steigerung der Leseflüssigkeit (vgl. Rosebrock, Nix, Rieckmann & Gold, 2011) können im Deutschunterricht oder im Deutsch-Förderunterricht systematisch zur Steigerung von Lesekompetenz beitragen (vgl. Rosebrock & Nix, 2010). Ebenso kann im Rahmen des Förderunterrichts flüssiges Schreiben durch den Einsatz von Methoden des freien, kreativen und produktiven Schreibens (vgl. Fix, 2008, S. 148, 150ff.) gefördert werden.

Schmölzer-Eibinger (2008, S. 195) schlägt den Einsatz „assoziativer Schreibaufgaben" auch innerhalb des Fachunterrichts vor. Neben der Aktivierung von individuellem themenbezogenen Vorwissen (in Schmölzer-Eibingers Beispiel zum Thema „Städte im Mittelalter") wird auf diesem Weg auch sprachliches Vorwissen schreibend aktiviert, wodurch gleichzeitig die Fertigkeit des Schreibens losgelöst von textnormativen Vorgaben geübt wird. Becker-Mrotzek & Böttcher (2006) heben unter Verweis auf Spinner (2000) in Bezug auf kreatives Schreiben hervor, dass es die „Flüssigkeit des Formulierens" fördere und „den Schreiber geradewegs in einen Schreibfluss" hineinlocke (Becker-Mrotzek & Böttcher, 2006, S. 144). Bei leistungsschwachen Schüler/inne/n, die ihre Schreibleistung steigern müssen, erscheint der Einsatz solcher Verfahren auch im Fachunterricht sinnvoll. Einsatzmöglichkeiten bieten sich im Rahmen der Vorwissensaktivierung oder bei der Wiedergabe von erarbeiteten Inhalten, z.B. – in Anknüpfung an Schmölzer-Eibingers Vorschlag – im Rahmen einer produktiven Schreibaufgabe, in der sich die Schüler/innen in eine Person der mittelalterlichen Stadt hineinversetzen und aus deren Sicht ein historisches Ereignis beschreiben.

Der Bereich der Strategietrainings (mit den Schwerpunkten Lesestrategien, Schreibstrategien, aber auch Strategien zur Wortschatzerweiterung, zum Sprachlernen und zur Selbstregulation) bildet eine weitere Schnittstelle für eine fächerübergreifende Sprachförderung. Hinsichtlich Lesestrategietrainings gibt es bereits Programme und fächerübergreifende Erprobungen. Hier könnten, nachdem zur Grundlagenbildung Strategietrainings im Fach Deutsch durchgeführt worden sind, Strategietrainings an Fachtexten erprobt werden, wobei die Strategien perspektivisch systematisch im Fachunterricht Anwendung finden.

Im Bereich des Schreibens weist Philipp (2012) nach einer Sichtung zweier Metaanalysen zu Interventionen im Schreibunterricht (Graham & Perin, 2007; Graham & Herbert, 2010) auf die hohe Wirksamkeit des PROGRESS-Konzepts (*Self-Regulated Strategy Development*, vgl. Graham, Mason & Friedlander, 2008) hin, welches besonders deutliche Effekte hinsichtlich der Schreibleistung hervorgebracht habe (vgl. Philipp, 2012, S. 62ff.). Philipp (2012) macht überzeugende Vorschläge (z.B. die in 2.3.1 erwähnten ABSATZ- und PLASMA-Strategien), die für den Fachunterricht gut nutzbar erscheinen und die Förderung von Strategien im Kontext vielfältiger Lese- und Schreibanlässe einbetten, wobei er die Relevanz einer systematischen Ausweitung solcher Verfahren über den Deutschunterricht hinaus aus einer Rezeption der englischsprachigen empirischen Forschung begründet (vgl. Philipp, 2012, S. 89). Ausgehend von den von Philipp (2012) aus verschiedenen Metaanalysen abgeleiteten Prinzipien einer metaanalytisch abgesicherten Lesedidaktik lassen sich folgende Prinzipien hinsichtlich der Gestaltung von Leseaufgaben ableiten, die als methodische Hinweise in den naturwissenschaftlichen und gesellschaftswissenschaftlichen Fächern Anwendung finden können. Dazu gehören u.a. (vgl. Philipp, 2012, S. 57f.):

- Maßnahmen zur Förderung von Lesestrategien (z.B. Techniken zur Entschlüsselung unverstandener Textstellen oder zur Vorwissensaktivierung) und der Fähigkeit zur Selbstregulation (selbständige Planung des Lese- und Schreibprozesses);
- die Förderung von Lese- und Schreibmotivation durch Benennung der jeweiligen Ziele, die Auswahl schülerorientierter Text und die Ermöglichung von Autonomie;
- „Lernen dialogisch inszenieren": Schaffung einer hohen Interaktionsdichte zwischen Lehrenden und Lernenden und den Lernenden untereinander (kooperatives Lesen), um Verständnisschwierigkeiten sichtbar zu machen und Möglichkeiten zu Lob, Nachfrage und Ergänzung zu geben;
- Lautes Denken durch Fachlehrer bei der Umsetzung von Lesestrategien (Wie gehe ich selbst beim Lesen vor?) und der Demonstration von Leseflüssigkeit.

Für das fachspezifische Lesen in den gesellschafts- und naturwissenschaftlichen Fächern müssten diese Prinzipien angemessen adaptiert werden.

2.3.4 Sprachbewusstheit in allen Fächern fördern

Die Ausbildung von Sprachbewusstheit bildet einen Schwerpunkt, der in der Sprachlehr- und -lernforschung, in der Deutschdidaktik und in der Fremdsprachendidaktik unter dem Stichwort *language awareness* (vgl. Luchtenberg, 2008) diskutiert wird. Die Ausrichtung der Berliner Rahmenlehrpläne ist in dem Hinweis, jeder Unterricht sei Sprachunterricht (Senatsverwaltung für Schule, Jugend und Sport, 2008), im weiteren Sinne von dem britischen *language awareness*-Konzept beeinflusst. Über die Entwicklung von *language awareness* bzw. Sprach(en)bewusstheit soll „ein höheres Interesse an und eine größere Sensibilisierung für Sprache, Sprachen, sprachliche Phänomene und den Umgang mit Sprache und Sprachen" geweckt werden; außerdem sollen „die vorhandenen meta-linguistischen Fähigkeiten und Interessen" vertieft werden (Luchtenberg, 2008, S. 107).

Im Kontext der Fremdsprachendidaktik spielt Sprach(en)bewusstheit in der Frage um die Rolle expliziten Sprachwissens, bei der Differenzierung zwischen explizitem und implizitem Sprachwissen, im Hinblick auf den Aufbau kommunikativen Wissens und im Bereich interkultureller Kommunikation und Landeskunde eine Rolle (vgl. Luchtenberg, 2008, S. 109). Im Feld der Deutschdidaktik wird das Konzept im Kompetenzbereich *Reflexion über Sprache* und unter dem Stichwort *Sprachbetrachtung* rezipiert (vgl. Eichler, 2007), wobei neben einer sprachverwendungsbezogenen auch eine sprachsystematische Perspektive betont wird.

Luchtenberg (2008) betont das Potenzial, das die Integration des Sprach(en)-bewusstheit-Konzepts gerade für den Unterricht mit Zweitsprachlernenden habe (vgl. Luchtenberg, 2008, S. 110). Ins Zentrum stellt sie Kommunikations-situationen, in denen über die Beschäftigung mit gelingenden oder problematischen sprachlichen Handlungen eine Integration von eher grammatisch ausgerichteter Sprachbetrachtung und Kommunikation möglich sei. Grammatik als Teil eines im Sinne des Sprach(en)bewusstheit-Konzeptes angelegten Unterrichts könne die Aufmerksamkeit von Lernenden wecken, wenn sie befreit sei „von der Ausschließlichkeit ihrer Behandlung als grammatische Regel" (Luchtenberg, 2008, S. 112). Luchtenberg nimmt an, dass die Bewusstmachung sprachlicher Phänomene und ihrer Grammatik eine Hilfe gerade für solche Lerner/innen sein könnte, die die Zweitsprache hauptsächlich ungesteuert erwürben.[6]

Will man diesen Ansatz auf alle Fächer ausweiten, können fachsprachliche Strukturen unter lexikalischem und grammatischem Fokus einen Bereich bilden, der ca. ab dem 3./4. Jahrgang langfristig im Fokus der Betrachtung stehen könnte. Im Deutschunterricht und im Förderunterricht kann das Grundlagenwissen zu spezifischen fachsprachlichen Strukturen vermittelt werden und es können darauf abgestimmte methodische Verfahren geübt werden (z.B. Wissen über Wortbildung und Verfahren zur Entschlüsselung komplexer Wörter oder Strukturen); im Fachunterricht könnten diese Verfahren bei der Arbeit mit der Fachsprache kontextualisiert werden und funktional Anwendung finden.

In diesem Punkt ist die Ergänzung des Fachunterrichts durch einen fachbezogenen Deutsch-Förderunterricht besonders wichtig, in dem inhaltlich weniger komplexe Fachthemen den Rahmen für die erste Bewusstmachung der Struktur bilden. Welche fachsprachlichen Strukturen für diese fächerübergreifende Betrachtung besonders relevant sind, müsste durch eine Analyse der verschiedenen Lehrwerke und der Unterrichtskommunikation ermittelt werden. Dabei soll es nicht darum gehen, im natur- oder gesellschaftswissenschaftlichen Fachunterricht Grammatikthemen zu erarbeiten, sondern durch eine innerschulische und empirische Zusammenarbeit zwischen den Fachdidaktiken Klarheit über die sprachlichen Anforderungen in einzelnen Fächern zu gewinnen und darauf aufbauend angemessene Unterstützungshandlungen zu entwickeln.

Literatur

Bayerisches Staatsinstitut für Schulqualität und Bildungsfoschung (2011). *ProLesen. Auf dem Weg zur Leseschule – Modulbezogene Literatur, Links und Projekte*. Verfügbar unter: http://www.leseforum.bayern.de/download.asp?DownloadFileID=09bad6f46404467fb4bdff10 2b3b39bd [27.08.2012].

Becker-Mrotzek, M. & Böttcher, I. (2006). *Schreibkompetenz entwickeln und beurteilen*. Berlin: Cornelsen Scriptor.

Döll, M., Reich, H., Mäkert, C., Rutten, S., Saalmann, W., Schulte-Bunert, E. & Weber, G. (2009). *Niveaubeschreibungen Deutsch als Zweitsprache für die Sekundarstufe – zur Beobachtung von Kompetenz und Kompetenzzuwachs im Deutschen als Zweitsprache. Erprobungsfassung 2009*. Kiel: Institut für Qualitätsentwicklung an Schulen Schleswig-Holsteins.

Döll, M., Reich, H., Mäkert, C., Rutten, S., Saalmann, W., Schulte-Bunert, E. & Weber, G. (2010). *Niveaubeschreibungen Deutsch als Zweitsprache für die Primarstufe – zur Beobachtung von Kompetenz und Kompetenzzuwachs im Deutschen als Zweitsprache. Erprobungsfassung 2010*. Kiel: Institut für Qualitätsentwicklung an Schulen Schleswig-Holsteins.

---

6 Für weiterführende Ausführungen zur Entwicklung von Sprachbewusstheit und zum *language awareness*-Konzept vgl. Lütke, 2011.

Ehlich, K., Valtin, R. & Lütke, B. (2012). *Expertise "Erfolgreiche Sprachförderung unter Berücksichtigung der besonderen Situation Berlins"*. Berlin: Senatsverwaltung für Bildung, Wissenschaft und Forschung (unveröffentlicht).

Eichler, W. (2007). Sprachbewusstheit. In B. Beck & E. Klieme (Hrsg.), *Sprachliche Kompetenzen. Konzepte und Messung* (S. 63–82). Weinheim, Basel: Beltz.

Fix, M. (2008). *Texte schreiben. Schreibprozesse im Deutschunterricht*. Paderborn: Ferdinand Schöningh.

Gogolin, I., Lange, I., Hawighorst, B., Bainski, C., Heintze, A., Rutten, S. & Saalmann, W. (2010). *Durchgängige Sprachbildung: Qualitätsmerkmale für den Unterricht*. Verfügbar unter: http://www.blk-foermig.uni-hamburg.de/cosmea/core/corebase/mediabase/foermig/Modellschulen/QM_1_10.pdf [22.03.2012].

Graham, S. & Hebert, M. (2010). *Writing to read: Evidence for how writing can improve reading. A Carnegie Corporation Time to Act Report*. Washington: Alliance for Excellent Education.

Graham, S. & Perin, D. (2007). A meta-analysis of writing instruction for adolescent students. *Journal of Educational Psychology, 99* (3), S. 445–476.

Grießhaber, W. (2010). (Fach-)Sprache im zweitsprachlichen Fachunterricht. In B. Ahrenholz (Hrsg.), *Fachunterricht und Deutsch als Zweitsprache* (S. 37–54). Tübingen: Narr.

Harris, K.R., Graham, S., Mason, L.H. & Friedlander, B. (2008). *Powerful writing strategies for all students*. Baltimore: Paul H. Brookes.

Heinemann, W. (2006). Textdidaktik als angewandte Textlinguistik. In C. Spiegel & R. Vogt (Hrsg.), *Vom Nutzen der Textlinguistik für den Unterricht* (S. 19–32). Baltmannsweiler: Schneider Hohengehren.

Hesse, H.G., Göbel, K. & Hartig, J. (2008). Sprachliche Kompetenzen von mehrsprachigen Jugendlichen und Jugendlichen nicht-deutscher Erstsprache. In DESI-Konsortium (Hrsg.), *Unterricht und Kompetenzerwerb in Deutsch und Englisch. Ergebnisse der DESI-Studie* (S. 208–230). Weinheim, Basel: Beltz.

Krumm, H.-J. (2003). Lehr- und Lernziele. In K.-R. Bausch, H. Christ & H.-J. Krumm (Hrsg.), *Handbuch Fremdsprachenunterricht* (S. 116–120). Tübingen, Basel: A. Francke.

Kultusministerkonferenz (KMK). (2003). *Bildungsstandards für das Fach Deutsch für den Mittleren Schulabschluss. Beschluss vom 04.12.2003*. Verfügbar unter: www.kmk.org/fileadmin/ veroeffentlichungen_beschluesse/2003/2003_12_04-BS-Deutsch-MS.pdf [29.08.2012].

Kultusministerkonferenz (KMK). (2004). *Bildungsstandards für das Fach Deutsch für den Primarbereich. Beschluss vom 15.10.2004*. Verfügbar unter: www.kmk.org/fileadmin/veroeffentlichungen_beschluesse/2004/2004_10_15-Bildungsstandards-Deutsch-Primar.pdf [29.08.2012].

Luchtenberg, S. (2008). Language Awareness. In B. Ahrenholz & I. Oomen-Welke (Hrsg.), *Deutsch als Zweitsprache* (S. 107–117). Baltmannsweiler: Schneider Hohengehren.

Lütke, B. (2011). *Deutsch als Zweitsprache in der Grundschule. Eine Untersuchung zum Erlernen lokaler Präpositionen*. Berlin: de Gruyter.

Philipp, M. (2012). *Besser lesen und schreiben. Wie Schüler effektiver mit Sachtexten umgehen lernen*. Stuttgart: Kohlhammer.

Ramm, G., Köller, O., Möller, J. & Heinze, A. (2010). *Lesen macht stark. Mathe macht stark*. Verfügbar unter: http://nzl.lernnetz.de/docs/NZL_LMS_MMS_2010_Bericht_web.pdf [22.03.2012].

Rösch, Heidi (2011). *Deutsch als Zweit- und Fremdsprache. Studienbuch*. Berlin: Akademie.

Rosebrock, C. & Nix, D. (2010). *Grundlagen der Lesedidaktik und der systematischen schulischen Leseförderung.* Baltmannsweiler: Schneider Hohengehren.

Rosebrock, C., Nix, D., Rieckmann, C. & Gold, A. (2011). *Leseflüssigkeit fördern. Lautleseverfahren für die Primar- und Sekundarstufe.* Stuttgart: Klett.

Schmölzer-Eibinger, S. (2008). *Lernen in der Zweitsprache. Grundlagen und Verfahren der Förderung von Textkompetenz in mehrsprachigen Klassen.* Tübingen: Narr.

Senatsverwaltung für Bildung, Jugend und Sport (2006a). *Rahmenlehrplan für die Sekundarstufe I (Physik).* Verfügbar unter: http://www.berlin.de/imperia/md/content/sen-bildung/schulorganisation/lehrplaene/sek1_physik.pdf?start&ts=1150101938&file=sek1_physik.pdf [24.03.2012].

Senatsverwaltung für Bildung, Jugend und Sport (2006b). *Rahmenlehrplan für die Sekundarstufe I (Deutsch).* Verfügbar unter: http://www.berlin.de/imperia/md/content/sen-bildung/schulorganisation/lehrplaene/sek1_deutsch.pdf?start&ts=1150100794&file=sek1_deutsch.pdf [24.03.2012].

Senatsverwaltung für Bildung, Jugend und Sport Berlin (2006c). Rahmenlehrplan für die gymnasiale Oberstufe (Deutsch). Verfügbar unter: www.berlin.de/imperia/md/content/sen-bildung/unterricht/lehrplaene/sek2_deutsch.pdf [28.08.2012].

Senatsverwaltung für Bildung, Jugend und Sport (2008). *Schulische Sprachförderung/Deutsch als Zweitsprache (DaZ).* Verfügbar unter: www.berlin.de/sen/bildung/foerderung/sprachfoerderung/ [24.03.2012].

Spinner, K.H. (2000). Kreatives Schreiben – Perspektiven für Forschung und Praxis. In R. Nußbaum (Hrsg.), *Wege des Lernens im Deutschunterricht. Phantasie entfalten – Erkenntnisse gewinnen – Sprache vervollkommnen* (S. 105–113). Braunschweig: Westermann.

Tajmel, T. (2011). *Sprachliche Lernziele im naturwissenschaftlichen Fachunterricht.* Verfügbar unter: www.uni-due.de/imperia/md/content/prodaz/sprachliche_lernziele_tajmel.pdf [12.09.2012].

The Board of Regents of the University of Wisconsin System (2011). *WIDA World-Class Instructional Design and Assessment.* Verfügbar unter: http://www.wida.us/aboutUs/AcademicLanguage/ [28.08.2012].

Vollmer, H.J. & Thürmann, E. (2010). Zur Sprachlichkeit des Fachlernens: Modellierung eines Referenzrahmens für Deutsch als Zweitsprache. In Ahrenholz, B. (Hrsg.): *Fachunterricht und Deutsch als Zweitsprache* (S. 107–132). Tübingen: Narr.

Helmuth Feilke

Bildungssprache und Schulsprache am Beispiel literal-argumentativer Kompetenzen

1   Sprache in der Schule – an einem Beispiel

Sprache im Fach, das ist *Fachsprache*, weil jedes Fach z.B. eine eigene Begrifflichkeit schafft. Das ist kein neues Thema. Sprache im Fach ist *Bildungssprache*, weil bei der Behandlung von Fachinhalten über das rein Fachliche hinaus allgemein bildungsrelevante Sprachfunktionen und Formen eine grundlegende Rolle spielen; z.B. Zusammenfassen, Definieren, Erörtern. Das ist der neue Gesichtspunkt und der Fokus der aktuellen Diskussion zum Thema (Schleppegrell, 2004/2010; Eckardt, 2008; Vollmer & Thürmann, 2010; Gogolin & Lange, 2011; Feilke, 2012a). Und Sprache im Fach ist *Schulsprache*, weil und soweit die gebrauchte Sprache und Spracherwartungen selbst primär schulisch und didaktisch hergestellt und gemacht sind (Feilke, 2012b). Der letztgenannte Aspekt verdient in der aktuellen Diskussion zur Bildungssprache m.E. mehr Beachtung als ihm bisher zuteil wird. Die aktuelle Forschungsdiskussion entdeckt die Sprachlichkeit des Lernens in allen Fächern neu; aber die Schule hat schon lange ihr eigenes ABC.

Das Verhältnis dieser beiden Seiten zueinander ist näher zu bestimmen und zu klären. Das ist das Thema dieses Beitrags, das am Beispiel der Entwicklung argumentativ-schriftlicher Textkompetenzen behandelt wird. Es geht zunächst – ausgehend von einer forschungsbiographischen Notiz – um die Frage, wie bildungssprachlicher und schulsprachlicher Aspekt beim schriftlichen Argumentieren voneinander abgegrenzt werden können. Gefragt wird, wie diese Fähigkeit unter dem bildungssprachlichen Aspekt, das heißt hinsichtlich ihrer Lernfunktionen und der sprachlichen Mittel, die diese stützen, näher bestimmt werden kann. Dann geht es zweitens um die Frage, was zum Erwerb dieser Mittel bekannt ist, gerade auch soweit er eben noch nicht schulisch präformiert ist. Drittens schließlich ist zu fragen, wie sich die schulsprachliche Durchgestaltung und Formung des Erwerbs mit Hilfe spezifisch schulischer Sprachnormen und Spracherwartungen zum Kompetenzerwerb verhält. Der Beitrag plädiert dafür, die Rolle schulsprachlicher Muster und ihrer Wirkung auf den Erwerb in der aktuellen bildungssprachlichen Diskussion stärker zu berücksichtigen. Vor diesem Hintergrund sind neue Möglichkeiten der unterrichtlichen Förderung argumentativer Kompetenzen zu diskutieren.

Ich möchte einleitend eine für mich eindrückliche kurze Geschichte berichten. Mitte der 1980er Jahre war ich studentische Hilfskraft in einem Projekt an der Universität Siegen, in dem die Entwicklung von Argumentationsfähigkeiten bei Schülern untersucht werden sollte. Für einen ersten empirischen Zugang im Rahmen einer Piloterhebung in den fünften Klassen einer örtlichen Realschule hatten wir die folgende bekannte Bildergeschichte von O.E. Plauen als Material mitgebracht und dazu drei Arbeitsaufgaben für die Schüler formuliert:

1. Schreibe zu der Bildergeschichte eine ausführliche Erzählung.
2. Erfinde eine passende Überschrift
3. **Worin besteht der Witz der Geschichte?**

Abb. 1: Auszug aus einer Pilotierung, 5. Klasse Realschule (eigenes Material), Bildergeschichte „Vorgetäuschte Kraft", Plauen (2004, S. 50)

Für das Projekt war vor allem die dritte Aufgabe wichtig. In der Arbeitsgruppe war die Aufgabe gründlich diskutiert worden, und wir waren zuversichtlich, damit gute Beispiele argumentativer Texte gewinnen zu können. Das war dann aber zu unserer Überraschung nur zum Teil so. Es gab eine Tendenz in den Schülertexten, die in einer der Schülerantworten besonders prägnant zum Ausdruck kommt. Der Schüler schrieb lediglich: „Der Witz besteht in Bild Nr. 5."

Was hat diese Geschichte mit Bildungssprache, was hat sie mit Schulsprache zu tun? Ich analysiere das Beispiel im Folgenden kurz zunächst unter bildungssprachlichem, dann unter schulsprachlichem Aspekt.

1.1 Der bildungssprachliche Aspekt

Welche Erwartungen richtet die Aufgabe 3 bildungssprachlich an die Schüler? Zunächst einmal muss die Aufgabe selbst *verstanden* werden. Schon das ist nicht selbstverständlich, denn die Aufgabenstellung formuliert nicht explizit, was zu tun ist. Es heißt nicht: „*Erläutere* den Witz der Geschichte!" oder „*Erkläre*, warum man über die Geschichte lacht!" Was verlangt ist, müssen die Schüler aus dem Verb *bestehen* erkennen. Genauer betrachtet geht es dabei nicht nur um das Verb. Vorausgesetzt wird die Kenntnis der bildungssprachlichen Konstruktion „X besteht in Y^{dat}". In deren Zentrum steht einerseits zwar das Verb, damit dieses aber richtig verstanden werden kann, müssen sowohl die Nominativergänzung X als auch die mit der Präposition obligatorisch verlangte Dativergänzung Y entsprechend einem bildungssprachlichen Handlungsschema besetzt sein (vgl. Feilke, 2012a). Die Konstruktion gehört zum bildungssprachlichen Wortschatz und schon das Verstehen verlangt ein semantisches Wissen, das nur in speziellen Handlungskontexten aufzubauen ist. Das zeigen Kombinations- und Ersatzproben: Man kann beispielsweise nicht sagen: *Eine Suppe *besteht in* Wasser, Salz und Gemüse oder *Der Text *besteht in* Sätzen. Auch wenn man *besteht in* durch *besteht aus* ersetzt, zeigt sich das spezifische Handlungsschema: Während das Verb „besteht aus Y^{dat}" – z.B. in „der Vortrag *besteht aus* drei Teilen" oder „Wasser *besteht aus* Wasserstoff und Sauerstoff" – lediglich eine Angabe von Komponenten verlangt, fordert „bestehen in Y^{dat}" stets eine Analyse von abstrakten Qualitäten, z.B. „die Schwierigkeit besteht in Y" etc. Das heißt: An der X-Position stehen im typischen Fall Nomina, die abstrakte Qualitäten bezeichnen, z.B. „Schwierigkeit", „Herausforderung", „Aufgabe", „Leistung", „Witz", „Sinn" etc. An der Y-Position steht wiederum ein Nomen bzw. eine Nominalphrase, die semantisch die in X angegebene Qualität analysiert und damit implizit begründet, z.B. „Der Witz besteht im *Erschrecken des Nachbarn*", wobei sich weitere Erklärungen und Begründungen anschließen können. „X besteht in Y^{dat}" artikuliert also ein recht komplexes Handlungsschema, das verstanden sein muss, wenn man die Komponenten verstehen möchte. Die Konstruktion ist bildungssprachlich dem Analysieren und Erklären als kognitiven Operationen zuzuordnen.

Die Aufgabe 3 im Beispiel verlangt mit dem Bezug auf den Witz der Geschichte von den Schülern die metasprachliche Kompetenz zur Analyse des *Textsinns*, also einer abstrakten pragmatischen Qualität. Ähnlich wie etwa auch bei der Analyse von Ironie sind solche Fähigkeiten sozialkognitiv, aber auch von den vorausgesetzten sprachlichen Kompetenzen her späte Ergebnisse der Entwicklung (vgl. Ninio & Snow, 1996; Kotthoff, 2003, 2007; Groeben & Christmann, 2003). Die zitierte Schülerantwort zeigt, dass sprachrezeptiv das abstrakte Verständnis fehlt. Die Präposition „in" wird ganz konkret auf eines der Bilder bezogen, nicht auf die Geschichte und ihre Struktur.

Nicht nur für das Verstehen der Aufgabe, auch für die Produktion der Antwort sind spezifische bildungssprachliche Fähigkeiten verlangt. Kommunikativ geht es für die Schüler zunächst um eine Distanzierung von der vertrauten Rezeptionssituation. Sie sollen sich nicht dem Lachen überlassen, sondern es *erklären*. Dafür braucht man dann auch *sprachproduktiv* die entsprechenden Mittel. Das gilt etwa für die Aufgabe einer Anführung von Gründen für die Überraschung bzw. das Erschrecken des Nachbarn in Bild 5. Es geht nicht darum, wiederzugeben, was auf dem Bild zu sehen ist; vielmehr muss das, was zu sehen ist, *sprachlich* als Indiz für bestimmte Deutungen ausgewiesen werden: z.B. „der Vater *scheint* den Baum herauszureißen", „er verfügt *scheinbar* über enorme Kraft" oder „dem Nachbarn *kommt es vor, als ob* …". Über solche, epistemisch den *Anschein* ausdrückenden Formulierungen, müssen die Schüler sprachproduktiv verfügen, um die Aufgabe lösen zu können. Analysieren und Erklären sind also nicht nur kognitive Operationen, sondern vor allem *sprachliche Texthandlungen,* die entsprechend rezeptiv wie produktiv bildungssprachliche Fähigkeiten voraussetzen.

Diagnostisch wäre dann festzuhalten: Dem Schüler scheint das entsprechende Sprachverständnis zu fehlen, und auch sprachproduktiv verfügt er noch nicht über die Mittel, die Analyse einer Textqualität wie Witz sprachlich zu formulieren, wobei dies freilich alleine aus der angegebenen Beobachtung noch nicht zu schließen ist. Das wäre der bildungssprachliche Aspekt. Der folgende Abschnitt stellt nun eine schulsprachliche Perspektive auf das gleiche Beispiel vor – und kommt damit zu einer stark veränderten Sicht.

1.2 Der schulsprachliche Aspekt

Hier geht es um die Rolle genuin schulischer und didaktischer Spracherwartungen. Wie wirken diese Zusammenhänge auf das Schülerverhalten zurück? Inwieweit fördern, inwieweit verhindern schulsprachliche Kontexte u.U. den Erwerb bildungssprachlicher Fähigkeiten?

Warum taugt die zitierte Geschichte aus dem Leben einer studentischen Hilfskraft überhaupt zur Anekdote? Ich denke, es liegt daran, dass der Antworttext des Schülers aus dem 5. Schuljahr einerseits schulsprachliche Erwartungen verletzt, andererseits aber überraschenderweise in der Sache völlig richtig und überdies auch kommunikativ angemessen ist.

Der Schüler hat offenbar gar kein *kognitives* Problem damit, die Grundstruktur der Geschichte zu analysieren. Er identifiziert sicher die für den Witz relevante Sequenz der Bildergeschichte. Auch kommunikativ ist sein Verhalten angemessen. Er setzt mit Recht voraus, dass der Lehrer bzw. die studentischen Hilfskräfte die Geschichte kennen und verstanden haben. Er hat das Material ja von ihnen bekommen. In einer solchen Situation wäre es pragmatisch unangemessen, etwas zu explizieren, das der Adressat ohne Aufwand selbst erschließen kann. „Mache deinen Beitrag so informativ wie nötig und mache deinen Beitrag nicht informativer als nötig", so lauten die Maximen der Quantität des Kommunikationsforschers Herbert P. Grice (1975/1996, S. 168). Sie gelten selbstverständlich auch für schriftliche Kommunikation, und sie gelten selbst für wissenschaftliche Kommunikation. Die Grice„sche Maxime wird also weder durch das Medium noch durch den Handlungskontext per se eingeschränkt, auch wenn unter den Bedingungen schriftlicher Kommunikation und in Praxisbereichen, die explizite Begründungen verlangen, sich die Definition dessen, was informationell nötig für eine vernünftige Kooperation ist, ändern *kann*. Das heißt aber nichts anderes, als dass der jeweilige Kontext dafür zu berücksichtigen ist. Der Schüler hat im vorliegenden Fall jedoch ohne Zweifel angemessen auf den *kommunikativen* Kontext reagiert. Er bezieht den Kontext und das als gesichert unterstellbare Vorwissen der Adressaten ein. Wo also liegt das Problem?

Das Problem – jedenfalls ein Teil davon – liegt m.E. in der Eigenlogik schulsprachlicher Kommunikationsverhältnisse. Der Schüler reagiert zwar *kommunikativ* angemessen, aber er reagiert pragmatisch nicht *institutionell* angemessen. Er lässt in seiner Antwort spezifische Spracherwartungen der Schule außer Betracht – vielleicht auch, weil er sie in der besonderen nichtunterrichtlichen Erhebungssituation der Pilotstudie außer Kraft gesetzt wähnt. Schulsprachlich wird offenbar erwartet, dass der Schüler sich zu einer *fiktiven* Anforderung verhalten kann und entsprechend verhält: Er soll antworten, als sei der Lehrer bzw. der Adressat seines Antworttextes gar nicht anwesend und als habe der die Geschichte nicht schon verstanden. Wir hatten die Aufgabe in der Erwartung formuliert, die Schüler zu einer ausführlichen Erläuterung und Begründung des Textsinns bewegen zu können. Diese Explizitheitserwartung ist schultypisch (vgl. Feilke, 2012b). Erwartet wird, dass die Schüler in ihren Begründungen alle sprachlichen Ressourcen der Explizierung des Textsinns mobilisieren – auch auf die Gefahr hin, dass das *kommunikativ* gerade nicht angemessen ist. Das Problem des Schülers, wenn es eines gibt, ist damit offenkundig zunächst ein schulsprachliches Erwerbsproblem.

Die Schule arbeitet in vielen Zusammenhängen mit didaktischen Fiktionen und an solchen Fiktionen orientierten Erwartungen. Die Erwartung, Zusammenhänge auch dann textlich explizit zu machen, wenn dies nicht zum pragmatischen Kontext passt, ist eines der dafür einschlägigen Beispiele. Das Schreiben zu Bildergeschichten ist ein gutes Beispiel dafür (vgl. Bredel, 2001). Hierher gehört auch die schulisch verbreitete Erwartung, Zusammenhänge in ganzen Sätzen zu formulieren. Der Sinn dieser auf den ersten Blick weltfremden und irritierenden schulischen Praxis liegt in einer didaktischen Zielsetzung: Der Schüler soll sich *willkürlich* immer verhalten können, *als ob* er sich in einer *solchen* schriftlichen Kommunikationssituation befinde, die es notwendig macht, alle für das Verständnis des Textes relevanten Informationen sprachlich zu explizieren. Diese Fiktion führt dazu, dass entsprechend alle für die Verständigung notwendigen Wissensbestände analysiert und sprachlich explizit gemacht werden müssen. Der Schüler soll sich sein Denken sprachlich vergegenwärtigen, es externalisieren und damit potentiell diskussionsfähig machen. Das ist die bildungssprachliche Funktion der Explizitheitserwartung. Das Problem ist, dass die implizite schulsprachliche Erwartung didaktisch durchaus rational, kommunikativ aber rundheraus irrational ist – es sei denn, Lehrer und Schüler wissen gleichermaßen um die Regeln des schulischen Sprachspiels, agieren also innerhalb der Fiktion gleichsinnig. Im vorliegenden Fall erkennt der Schüler nicht, was die Aufgabe schulsprachlich von ihm fordert. Erfolgreiche Schüler verstehen genau dies aber sehr schnell und verhalten sich schulisch angemessen. Sie nutzen die Regeln des schulischen Sprachspiels für ihr schulisches und für ihr sprachliches Fortkommen.

Zur Schulsprache gehören auch speziell geschaffene *sprachliche Lerngegenstände*. Ein Beispiel sind die *didaktischen Gattungen*, die es in allen Fächern gibt, z.B. die Erzählung zu einer Bildergeschichte, die Inhaltsangabe oder die Erörterung im Deutschunterricht, die Quelleninterpretation im Geschichtsunterricht oder das Versuchsprotokoll im naturwissenschaftlichen Unterricht. Die Hochschuldidaktik bedient sich etwa der Seminararbeit als didaktischer Gattung. Auch die Seminararbeit beruht auf einer doppelten Fiktion: Der Student muss schreiben, als kenne der Adressat Thema und Fragestellung nicht, obwohl genau dies der Fall ist. Und er muss in der Rolle des Experten handeln, obwohl klar ist, dass er Novize ist (vgl. Pohl, 2009). Die Formen sind didaktisch konzipiert und begründet: Sie sollen bestimmte Fähigkeiten stützen und ihre Entwicklung fördern. Oft aber sind sie auch nur didaktisches Brauchtum und ein Lernhemmnis.

Die Schulsprache ist also nicht die Bildungssprache. Sie ist ein Instrument der Erziehung zur Bildungssprache. Genauer formuliert: zu kompetentem Sprachgebrauch nach den Vorstellungen der Schule und der Schulfächer. Sie umfasst *Praktiken* (z.B. des Umgangs mit Texten im Unterricht), *Maximen* (etwa: Sei möglichst explizit und vollständig!), *Normen* (etwa: Berichte im Präteritum!) und *Lerngegenstände & Formen* (z.B. didaktische Gattungen, Schulschriften, Schulgrammatiken). Sicher ist die Schulsprache – formativ betrachtet – keine linguistische Varietät i.e.S.; sie ist das Gefüge der institutional geschaffenen und auf die institutionalen Zwecke gerichteten Sprachgebrauchsformen.

2 Der Varietäten- und Erwerbskontext schulischer Sprache

2.1 Bildungssprache und Schulsprache im Varietätenkontext

Wie verhalten sich Bildungssprache und Schulsprache zueinander und wie sind sie im weiteren sprachlichen Kontext sowohl sprachübergreifend als auch bezogen auf die jeweilige Einzelsprache einzuordnen? Diese Fragen sind keinesfalls nebensächlich. Es ist wichtig zu klären,

- was von den verlangten sprachlichen Kompetenzen jeweils schulspezifisch und fachspezifisch ist – und damit ursächlich dem Unterricht und der Lehre zuzurechnen,
- was auf der Ebene der einzelsprachlichen Kompetenz auch für andere Handlungsfelder des Sprachgebrauchs Bedeutung hat, und damit Gegenstand des Spracherwerbs ist und
- was als übereinzelsprachliche Fähigkeit, die dann beim Erwerb weiterer Sprachen hilfreich ist, gelernt und geschult werden kann.

Die folgende Grafik macht dazu einen Vorschlag:

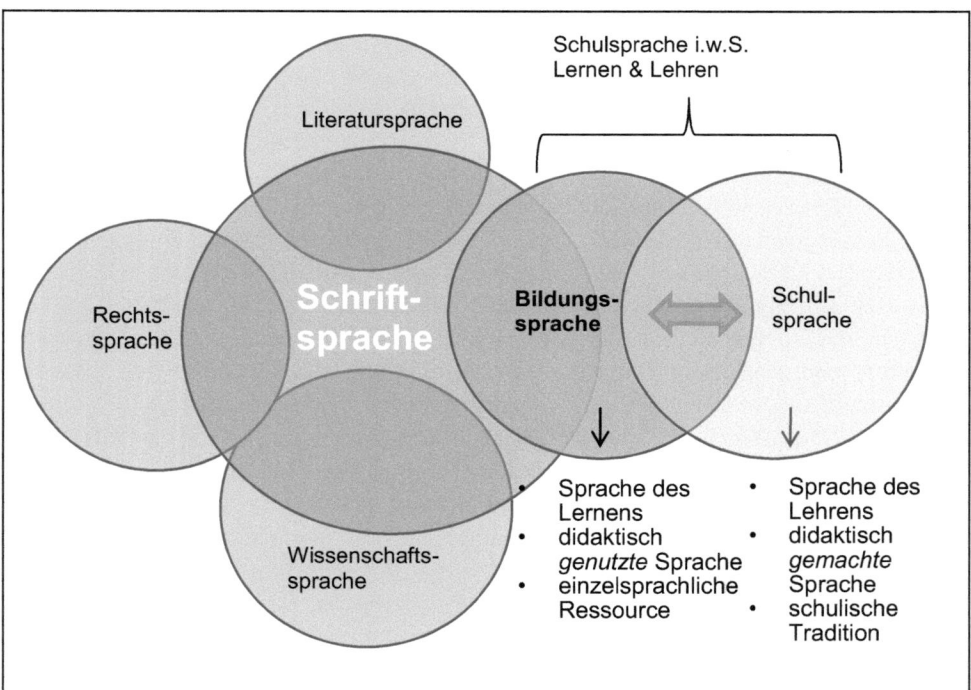

Abb. 2: Schriftsprache – Bildungssprache – Schulsprache (vgl. Feilke, 2012a)

Die *Bildungssprache* ist ein wichtiges Register in schriftkulturellen Gesellschaften. Zu ihr gehört ein differenzierter Bildungswortschatz, bestimmte syntaktische Formen, aber auch Gesprächs- und Textgattungen. Sie ermöglicht die Darstellung komplexer Sachverhalte und stützt damit auch das Lernen. Sie kann in diesem Sinn auch *didaktisch genutzt* werden. Ihr Funktionsspektrum aber weist weit über schulische Bildungsprozesse hinaus: Hierzu zählt dann etwa auch eine Konstruktion wie die oben diskutierte „X besteht in Y^{dat}" oder etwa die sogenannten korrelativen Konnektoren in argumentativen Texten, wie sie sich in der deutschen Schriftsprache seit ca. 400 Jahren ausbilden, z.B. „*sowohl ... als auch*", „*einerseits ... andererseits*", „*zwar ... aber*", „*wenn auch ... so doch*" etc. (vgl. z.B. Leuschner & van den Nest, 2012). Die Bildungssprache gehört der *Schriftsprache* an, so wie Literatursprache, Rechtssprache, Wissenschafts- und Fachsprachen und ggf. auch weitere Varietäten. Die Schriftsprache – und das gilt dann auch für die Bildungssprache – ist jeweils *einzelsprachlich* ausgeprägt und ist das Produkt eines nicht geplanten historischen Sprachwandels.

Als einzelsprachliche Ressource ist sie Gegenstand des natürlichen Spracherwerbs, das heißt der Bildungsspracherwerb kommt bei entsprechender Spracherfahrung ohne direkte Instruktion aus. Bildungssprache begegnet Schülern keineswegs nur in der Schule. Das Register wird zwar schulisch einerseits als Ressource vorausgesetzt, muss aber andererseits von vielen Schülern auch schulisch unterstützt erworben werden.

Hier macht sich bemerkbar, dass dieses Register nicht allen gleichermaßen zur Verfügung steht. Bildungssprache ist als ein *kulturelles Kapital* im Sinne der Soziologie Pierre Bourdieus sozial ungleich verteilt (vgl. Bourdieu, 1974, S. 192ff.). Die Kapitalmetapher ist in zwei Hinsichten relevant: Kapital ist ein Potential. Wer darüber verfügt, kann damit – ganz abgesehen vom sozialen Distinktionsgewinn, der noch hinzukommt – bestimmte Dinge tun, die andere nicht tun können. Bildungssprache ist in diesem Sinn ein Werkzeug, das als Potential für bestimmte Handlungstypen zur Verfügung steht. Die zweite Analogie: Bildungssprachliche Kompetenzen werden – wie auch das Kapital begüterter Familien – über den primären Spracherwerb *sozial vererbt* und eben gerade nicht primär schulisch erworben. Deshalb hat sich die Schule in der Vergangenheit auch kaum darum gekümmert. Die Bildungssprache trägt hier alle Merkmale eines sozial differenzierenden Habitus. Die Schule kann einerseits durchaus Variation zulassen und in der Unterrichtskommunikation sind auch informelle Register im Gebrauch, aber „when it comes to high-stake assessment and prognostic evaluation of students" subject-specific performance, compliance with the conventions of academic discourse is of enormous importance, affecting all semiotic/linguistic repertoires and individual uses in such situations: body language, pronunciation and prosody, spelling, lexis, idiomatic and pragmatic patterns, morpho-syntax, textual strategies and structures." (Thürmann, Vollmer & Pieper, 2010, S. 19).

Bei der *Schulsprache* geht es darum, dass Schule und Unterricht für didaktische Zwecke eigenständige sprachliche Lerngegenstände schaffen. Schulsprache in diesem Sinn umfasst die Gesamtheit der sprachlichen Instrumente des Lehrens und die damit verbundenen sprachbezogenen Verhaltenserwartungen. In diesem Sinn sind im ersten Abschnitt die Explizitheitserwartung, z.B. die Orientierung an textlich expliziten Begründungen, die Orientierung an der grammatischen Norm des sogenannten vollständigen oder ganzen Satzes etc., als typisch *schulsprachliche* Erwartungen besprochen worden. Die Aneignung entsprechender Normen ist Ergebnis *institutioneller Instruktion*. Anders als die Bildungssprache, die historisches Ergebnis der Entwicklung und Veränderung von Einzelsprachen ist, wird die Schulsprache *didaktisch hergestellt*. Sie steht in *didaktischen*

Traditionen und wird abhängig von didaktischen Innovationen verändert: So können z.B. eine neue Ausgangsschrift oder das Portfolio als didaktische Gattung im Prinzip von heute auf morgen neu eingeführt werden. Schulsprachliche Verhaltenserwartungen haben primär Geltung für den intendierten Lernprozess. Sie sollen ihn stützen. Wenn dieses Ziel erreicht ist – oder die Schulzeit vorüber ist – verlieren sie ihre Bedeutung. Das gilt auch für das Beispiel der Schultextsorten oder genauer, der didaktischen Gattungen: Erzählungen zu Bildergeschichten, Nacherzählungen und Erörterungen produziert man außerhalb der Schule nicht. Sie sind primär didaktische Instrumente der Förderung allgemeinerer bildungssprachlicher Potentiale.

Von dem einzelsprachlichen und dem institutionellen Aspekt hebt sich der sprachenübergreifende Aspekt noch einmal ab. Für Jim Cummins (vgl. 1979 und 1991) Idee der *cognitive academic language proficiency* (CALP) ist ein wichtiger Gedanke, dass sie eine *common underlying proficiency* (CUP) sei, die zwar im einzelsprachlichen Erwerb des schriftlichen Sprachgebrauchs angeeignet wird, dabei aber Kompetenzen und Handlungsschemata aufbaut, die *sprachübergreifend* wirksam sind. So ist das ERÖRTERN – anders als die schulsprachliche didaktische Gattung Erörterung eine Diskursfunktion (Vollmer & Thürmann, 2010), die, einmal aufgebaut, für den Gebrauch in verschiedenen Sprachen zur Verfügung steht. Die entsprechenden Fähigkeiten sind im Prinzip „einzelsprachenunabhängige Organisationszentren des sprachlichen Handelns" (Gantefort & Roth, 2010, S. 578), wobei freilich für den jeweiligen Gebrauch dann immer noch zu klären ist, welche sprachlichen Mittel in der jeweiligen Einzelsprache dafür ausgebaut worden sind. In analoger Weise können Diskursfunktionen – auf Fächer bezogen – in enger Bindung an Fächer entstanden sein und zugleich überfachliche Verwendungsmöglichkeiten entwickeln.

Im Blick auf die hier zu behandelnden Zusammenhänge argumentativen Schreibens können die erläuterten Aspekte schulischer Sprache wie folgt beispielhaft abgegrenzt werden:

- „zwar ... aber", „wenn auch ... so doch" etc. (einzelsprachlich konventionalisierte Handlungsschemata des Erörterns in der Bildungssprache);
- Erörterung als didaktische Gattung in der Schulsprache (institutionell);
- ERÖRTERN als Sprachhandlung (sprachübergreifend).

2.2 Bildungssprache und Schulsprache im Erwerbskontext

Im Erwerbskontext treffen bildungssprachliche und schulsprachliche Determinanten und Ressourcen aufeinander. Dabei kann die Schulsprache den Erwerb bildungssprachlicher Kompetenzen fördern.

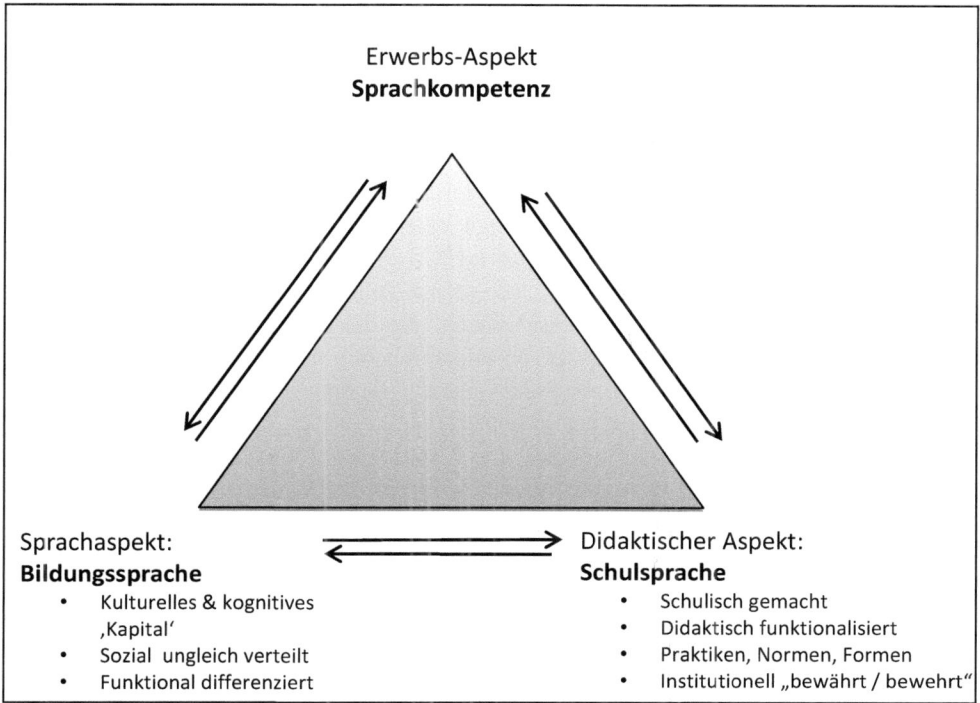

Abb. 3: *Bildungssprache, Schulsprache und Spracherwerb*

Im Blick auf ihren Beitrag zur Förderung bildungssprachlicher Kompetenzen sind die schulsprachlichen Praktiken, Maximen, Normen, Lerngegenstände und Formen deshalb kritisch im Blick zu behalten. Der Maßstab dafür sind die im Erwerb selbst zu beobachtenden Ordnungsprozesse der Lerner. Mit einem Ausdruck Dannenbauers (1992, S. 165ff.) sollten unterrichtliche und didaktische Interventionen in Fragen des Spracherwerbs stets *entwicklungsproximativ* – d.h. im Sinne einer Stützung der Konstruktionsprozesse der Lerner – konzipiert werden. Hierfür gehe ich im folgenden Kapitel auf die Empirie des Erwerbs schriftlicher Argumentationsfähigkeiten ein.

3 Schriftliches Argumentieren – bildungssprachlicher Erwerb

Für die folgenden Ausführungen beziehe ich mich auf empirische Untersuchungen zum weitgehend instruktionsunabhängigen Erwerb argumentativer Textkompetenzen. Wir beschäftigen uns in Gießen seit einigen Jahren mit der Frage, wie der Aufbau von Textkompetenzen im Schreiben von den Lernern selbst durch Routinenbildung – wir sprechen von literalen Prozeduren und Textroutinen – gestützt werden kann (vgl. Feilke & Lehnen, 2012; Feilke, 2012c). In der Erforschung der Routinenbildung sehen wir Chancen für ein lernersensitives Scaffolding des Erwerbs komplexer Textkompetenzen.

3.1 Zwei theoretische Prämissen zum Argumentieren

Um die Ausgangspunkte der folgenden Darstellung vorweg zu klären, möchte ich einleitend eine argumentationstheoretische und eine texttheoretische Prämisse unserer Untersuchungen erläutern.

Der Texthandlungstyp *Argumentieren* ist ausgehend von philosophischen Debatten zum Thema selbst hochkontrovers. Ich lege einen pragmatischen, keinen logischen Begriff des Argumentierens zugrunde. Das heißt, beim Argumentieren geht es um das Überzeugen des Anderen. Unabhängig von der Frage, wer wirklich Recht hat, sind deshalb für den Erfolg Strategien entscheidend, die die fremde und die eigene Sicht vermitteln können. Das ist noch einmal besonders wichtig beim schriftlichen Argumentieren, weil hier der Kontrahent abwesend und der argumentative Dialog oder Disput virtuell zu inszenieren ist.

Die zweite Prämisse bezieht sich auf die Textstruktur: Eine Texthandlung wie Beschreiben, Erklären oder eben Argumentieren ist ihrerseits pragmatisch komplex, d.h. sie setzt sich textlich stets aus unterschiedlichen Teilhandlungen zusammen, z.B.

- das Markieren der eigenen Position, wir nennen das *Positionieren*;
- das Variieren der Geltungsansprüche für eigene Behauptungen und Urteile kann als *Modalisieren* gefasst werden; und schließlich wird
- die Integration möglicher Argumente des Anderen in die eigene Argumentation üblicherweise als *Konzedieren* bezeichnet.

Ich konzentriere die folgende Darstellung auf diese Aspekte, weil der Bezugspunkt für Routinebildungen lokale Texthandlungen und nicht ganze Texte sind. Es ist daher sinnvoll, solche lokal verankerten textpragmatischen Prozeduren in der Entwicklung zu untersuchen. Sie sind zugleich im bildungssprachlichen Sinn wichtige epistemische Prozeduren: Es geht darum „sein eigenes Denken aus der Perspektive des anderen zu betrachten" (Tomasello, 2002, S. 201).

3.2 Zur Entwicklung argumentativer Textkompetenzen

Zunächst untersuche ich exemplarisch einige Grundschultexte, die ich dem Korpus von Augst, Disselhoff, Henrich, Pohl & Völzing (2007) entnommen habe. Die Arbeit von Augst stellt eine der wenigen echten Longtitudinaluntersuchungen zum Erwerb von Textkompetenzen dar. Die drei folgenden Beispieltexte desselben Schülers, Christopher, aus dem 2. bis 4. Schuljahr erlauben es, den jeweiligen Ausbau und das Zusammenwirken der verschiedenen angesprochenen Prozeduren im Entwicklungsverlauf zu beobachten. Damit wird zugleich deutlich, dass und wie bereits in diesem frühen Alter bildungssprachlich entscheidende Entwicklungen einsetzen. Zunächst sei das Beispielmaterial präsentiert. Die Schüler haben im zweiten, im dritten und im vierten Schuljahr jeweils die folgende Aufgabe bearbeitet:

Aufgabenstellung: Prof. Augst von der Universität Siegen ist auf eine Idee gekommen. Er meint, dass man Autos abschaffen soll. Was hältst du von diesem Vorschlag? Schreibe ihm einen Brief.
Drei Texte desselben Schülers zum Thema aus dem 2., 3. und 4. Schuljahr sind im Folgenden gezeigt:

2. Schuljahr
1 Lieber Herr Professor Augst,
Ich bin strack dagegen dass die / Autos bleiben. Weil sie sowieso / nur die Umwelt verschmutzen. / Der Lebensraum von den Tieren wird / von Tag zu Tag kleiner. Die Tiere / müssen ja schließlich auch / irgendwo leben. Die Autos /
5 verschmutzen nur die Umwelt. / Die Umwelt wird von den / Abgasen der Autos. // Viele Grüße dein Christopher

3. Schuljahr
Lieber Herr Professor Augst,
10 *ich bin / der Meinung dass* Autos / abgeschafft werden sollen. Weil / die Autos die Umwelt verschmutzen. / <u>Man kann ja</u> zu Fuß zur / Schule gehen oder man nimmt / das Fahrrad. Aber wenn man / nach Frankfurt will <u>kann / man ja</u> nicht mit dem Fahrrad / fahren.
Deshalb ist das Auto / schon sehr nützlich. Aber / <u>man kann ja</u> auch mit / der
15 Deutschen Bahn fahren. / Vielleicht muss sich jeder ein / Auto kaufen was mit / Wasserstoff betrieben wird. / Damit sie die Umwelt nicht mehr / verschmutzen. // Viele Grüße dein / Christopher

4. Schuljahr
20 Lieber Herr Professor Augst,
ich finde Autos / sind nützliche Fahrzeuge. ABER ANDERERSEITS verschmutzen / sie die Umwelt. Naja <u>man könnte vielleicht</u> Autos / bauen die mit Solar fahren. Oder vielleicht mit / Wasserstoff. Oder <u>vielleicht könnte man</u> Filter in / den Auspuff einbauen. Aber man kann auch / einfach die Autos weglassen.
25 Und <u>man kann</u> mit / dem Fahrrad zur Arbeit fahren. Und was ist / wenn man 500 km von der Arbeit weg ist. <u>Vielleicht / kann man</u> an das Fahrrad einen kleinen Batterie / betriebenen Motor anbauen. Also *ich bin auch der / Meinung das* Autos abgeschafft werden müssen. / Viele Grüße von / Christopher

Auszeichnungen: kursiv = Positionieren; unterstrichen = Modalisieren; Kapitälchen = protokonzessive Elemente

Ich möchte auf einige wenige Punkte in den Texten aufmerksam machen.
- *Positionsmarkierungen*: Die explizite Markierung der eigenen Position wird zunehmend schwächer. Sie leitet den Text jeweils ein; im vierten Schuljahr schließt sie den Text ebenfalls ab. Hierzu passt die auffällig schwache explizite Markierung von Begründungen. Lediglich im zweiten und dritten Schuljahr findet sich je einmal ein „weil-Satz" zur Stützung der Positionierung (Z. 2 und Z. 10). Hier zeigt sich bei Christopher schon früh eine Entwicklung, die sich auch auf breiter empirischer Basis bestätigt und die als Pragmatisierung des Argumentierens bezeichnet werden kann

(vgl. Feilke, 1996). Die explizite Markierung der argumentativen Struktur geht zurück. Der Leser muss die Gründe erschließen und wird so stärker involviert.

- *Modalisieren*: Die Modalisierung wird zunehmend ausgebaut. Es gibt eine Entwicklung vom Gebrauch des Modalverbs („man kann ja", Z. 11, Z. 12, Z. 14) im dritten Schuljahr bis zur routiniert höflichen Kombination im Cluster Modalpartikel + Modalverb + formelhafter Konjunktiv („vielleicht könnte man", Z. 22, Z. 23, Z. 26) für den Vorschlag im vierten Schuljahr.
- *Konzedieren*: Auffällig im Text des vierten Schuljahrs ist, dass Christopher mit einer Positionsmarkierung beginnt, die, wie sich herausstellt, nicht seiner Meinung entspricht. Es handelt sich um einen konzessiven Einstieg in die Argumentation. Dieser erklärt auch den Gebrauch des adversativen, in der Funktion *protokonzessiven*, „aber andererseits", das eine Umkehrung der Argumentationsperspektive einleitet (Z. 21). Ein weiterer Aspekt ist pragmatisch interessant: Christopher argumentiert mit einem *virtuellen* Adressaten. Der in der Aufgabenstellung vorgegebene Adressat teilt seine eigene Auffassung. Er kann also nicht der Adressat des einleitenden konzessiven Arguments sein. Damit bezieht Christopher den gesamten Textaufbau bereits auf einen verallgemeinerten virtuellen Opponenten als Adressat. Konsequenterweise steht deshalb die authentische Positionierung erst am Schluss.

Auf dieser Grundlage möchte ich noch Beobachtungen aus zwei Gießener Untersuchungen anschließen. Gätje, Rezat & Steinhoff (2012) haben speziell die Ausbildung von Textroutinen im Bereich der *Positionierung* untersucht. Ihrer Analyse liegen 270 Texte aus lernersprachlichen Korpora vom 1. Schuljahr bis zu Studierenden zugrunde.

Die Aufstellung in Abbildung 4 listet in der oberen Zeile das Spektrum der Positionierungsformulierungen auf und hält bezogen auf das Schreibalter deren erstmaliges Auftreten im Korpus fest. Formal fällt auch bei der quantitativen Auswertung auf, dass die Formulierungen mit zunehmendem Alter weniger verbal und zunehmend nominal ausgedrückt werden. Syntaktisch heißt das, sie rücken aus der zentralen Stelle des Verbs bzw. Prädikats („ich finde, dass") in die Rolle von eher marginalen adverbialen Markierungen („meiner Meinung nach"). Darin spiegelt sich pragmatisch die bereits in den Grundschultexten sich andeutende und in der Sekundarstufe weiter verstärkende Tendenz zu stärker impliziten bzw. oberflächlich schwächer werdenden Positionsmarkierung bei einer Stärkung der inhaltsbezogenen Äußerungskomponenten wider. Dies kann pragmatisch als Ausdruck einer zunehmenden Orientierung an stärker fachlichen Argumentationsstandards in Verbindung mit einer zunehmenden Orientierung an Höflichkeitskonventionen (Indirektheit) gewertet werden.

Wie spannungsreich die Entwicklung ist, die der bildungssprachliche Erwerb zeigt, wird besonders deutlich an Rezats (2011) Untersuchung zum Erwerb konzessiver Textroutinen. Konzessive Prozeduren fordern textlinguistisch die abgestimmte sprachliche Integration eines konzessiven Arguments mit einem darauf antwortenden und dieses entkräftenden eigenen Argument, z.B: „Ich sehe zwar ein, dass X, aber Y." Hierfür haben sich historisch in der Bildungssprache eigenständige Textroutinen ausgebildet, etwa die Kombination von „zwar... aber", „wenn auch ... so doch" usw. Die Untersuchung Rezats bestätigt einen in der Forschung gut gestützten Befund. Die konzessive

Prozedur ist die schwierigste Prozedur beim Argumentieren (Leitao, 2003). Rezats Untersuchung zeigt, dass die kritische Größe dabei nicht das kognitive Verfügen über mögliche Gegenargumente ist. Diese sind in den Texten der Schüler zwar durchaus präsent. Entscheidend ist aber, dass sie direkt auf die jeweils eigene Argumentation bezogen und insofern als Konzessionen *integriert* sind. Genau dies ist kaum der Fall.

Kl.	ich finde + NP + Adj	ich finde, dass	ich finde + HS	ich bin für/gegen + NP	ich bin dafür/dagegen, dass	Ich bin der/Ihrer Meinung	ich bin der/Ihrer Meinung, dass	ich meine, dass	ich halte + NP + für + Adj	meiner Meinung (Auffassung, Ansicht) nach	meines Erachtens	m. E.
1	X											
2		X	X	X	X							
3						X						
4							X	X				
6									X	X		
7												
10											X	
12												X
S¹												

Abb. 4: Entwicklung von Positionierungsroutinen (Gätje, Rezat & Steinhoff, 2012, S. 138)

Bezogen auf ihr Textkorpus frei geschriebener argumentativer Briefe aus der Grundschule (3./4. Schuljahr) und der Sekundarstufe 1 (8./9. Schuljahr) sind in Abbildung 5 die nicht integrierten und die konzessiv eingebundenen Gegenargumente gegenübergestellt.

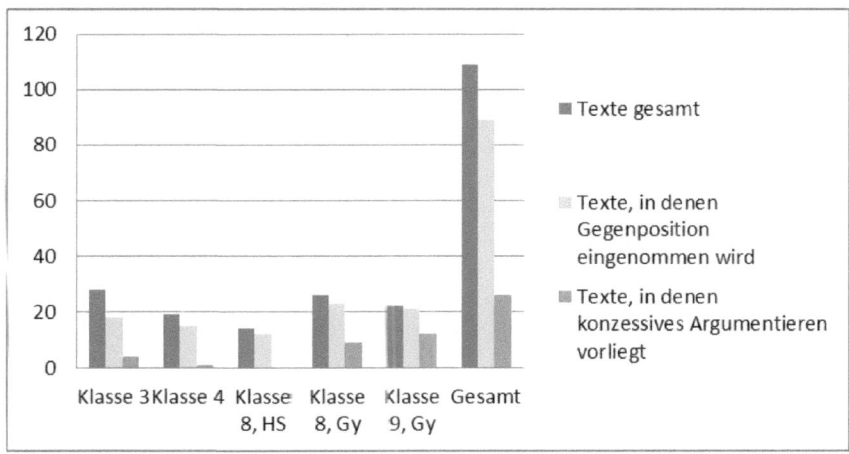

Abb. 5: Nichtintegrierte und konzessiv integrierte Gegenargumente (Rezat, 2011, S. 56)

---

1 „S" steht für „Studenten".

Nur ein knappes Drittel der Gegenargumente in Texten ist konzessiv integriert. Rezats Analyse der grammatischen Kontexte konzessiver Argumentationen gibt klare Hinweise darauf, dass konzessive integrierte Argumente sich auf der Grundlage adversativer Konjunktionen, vor allem des Wortes „aber", ausbilden. Die Schüler arbeiten also an der Integration, aber es fehlen ihnen nicht zuletzt noch die sprachlichen Mittel dafür. Ein schönes Beispiel dafür liefert der vorhin besprochene Text Christophers aus dem vierten Schuljahr aus dem Korpus von Augst et al. (2007). Hier wird zweimal das Wort „aber" zur Markierung der eigenen Position eingeführt (vgl. ebd. Z. 21 und Z. 24). Die konzessiven Argumente sind noch nicht eigens markiert. Das heißt, im bildungssprachlichen Erwerb sind adversative Konstruktionen mit „aber" eine Vorläufer- und Stützstruktur für den Aufbau konzessiven Argumentierens. Routinen des schriftlichen Argumentierens sind als Problemlösungen lokal emergent. Auch hier ist zu fragen, wie an einen solchen Befund didaktisch produktiv angeschlossen werden kann.

4 Zur Schulsprache des Argumentierens – Resümee und Forschungsperspektiven

Nicht nur der Erwerb, auch die unterrichtliche Praxis schriftlichen Argumentierens ist gut untersucht (vgl. z.B. Piolat, Roussey & Gombert, 1999; Winkler, 2003). Ein eindrückliches Dokument, das ein Schlaglicht auf diese Praxis wirft, ist der folgende Auszug aus dem Internet-Schülerforum *Deutschboard* vom 25.10.2005. Es geht um den Austausch zwischen einigen Schülern, die am nächsten Tag eine Erörterung zu schreiben haben (nicht korrigierte Fassungen).

```
1    Verfasst am: XXX Titel: Eigene Meinung oder nicht?
     Schönen guten Tag,
     also wir schreiben morgen eine Erörterung als Arbeit und da hab ich jetzt noch eine Frage
     zu. Unser Lehrer meinte immer das wir in dem Schlusssatz unsere eigene Meinung rein-
5    bringen sollen. Aber in allen Foren lese ich, dass man dies auf gar keinem Fall machen
     soll?? Was nun?? Danke schon mal!

     Verfasst am: XXX Titel: Eigene Meinung oder nicht?
     Es kommt ganz stark darauf an, in welcher Stufe Du bist und welchen Zweck Deine
10   Erörterung haben muss – und wie tolerant Dein Lehrer ist...
     Aber eigene Meinung (wenigstens ein bisschen) ist auf jeden Fall immer gut!
     Manche Lehrer würden vielleicht sogar Abzüge machen, wenn Du das nicht machst.
     Du könntest halt mal Deinen Lehrer fragen – und wenn er eigentlich sagt, dass ihr das
     machen
     musst, dann hör nicht auf andere... grüße, abraxas

     Verfasst am: 20. Okt 2005 20:56 Titel: Hallo
     Es ist wirklich besser das du deine Meinung zu sagen. Du kannst es so machen:
     Beispiel:
     Thema: Sollte der Staat festlegen , dass keine Familie mehr als zwei Kinder bekommen
15   darf?
     Schlusssatz: Geburtskontrolle ist notwendig , aber ohne Diktatur.
     Du weisst nicht wie dein Lehrer denkt, deshalb ist es besser das du deine Erörterung so
     endest.
```

Ich möchte ausgehend von diesem Beispiel resümieren, wie Erwerb und schulsprachlicher Kontext zueinander stehen. Einen Überblick gibt die Aufstellung in Abbildung 6:

Erwerbsbezogene Charakteristik schriftlichen Argumentierens	Schulsprachliche Charakteristik schriftlichen Argumentierens
• setzt im Grundschulalter ein	• Beginn erst 2. Hälfte Sek. 1
• Erwerb in kommunikativen Kontexten (Beispiel Briefe)	• von der nicht primär kommunikativen didaktischen Gattung ‚Erörterung,, bestimmt
• Erwerb durch Ausbau & Integration lokaler Prozeduren bestimmt	• Global durch ein Textmuster (Erörterung) bestimmt
• Konzessive Integration fremder und eigener Argumente • Meinungsbildung	• Kontrastive Trennung von Pro- und Contra-Argumenten • Abspaltung der Meinungsbildung

Abb. 6: Schriftliches Argumentieren – erwerbsbezogen und schulsprachlich

Die Gegenüberstellung zeigt eine Reihe von Differenzen auf:

Kontinuierlicher Bildungsprozess vs. didaktisch isolierende Bildungsstufen: Zu den Grundlagen der schulsprachlichen Vorstellungen über das Schreiben gehört ein nach „Bildungsstufen" (Helmers, 1967, S. 135ff.) gestaffeltes Curriculum, das für das schriftliche Argumentieren erst in der zweiten Hälfte der Sekundarstufe 1 beginnt. Die Diskussion im Schülerforum findet zwischen Schülern des neunten Schuljahrs statt. Der Blick auf den Erwerb der entsprechenden bildungssprachlichen Kompetenzen zeigt, dass die Schüler bereits von Beginn der Grundschulzeit an am Aufbau entsprechender Fähigkeiten arbeiten. Hier bietet ihnen der Unterricht kaum Unterstützung. Die Didaktik auch des schriftlichen Argumentierens sollte unter dem Aspekt der Förderung bildungssprachlicher Kompetenzen in der Grundschule beginnen.

Kommunikation vs. Kognition: Die Didaktik des schriftlichen Argumentierens ist konzentriert auf die didaktische Gattung Erörterung. Diese entstammt historisch den lateinischen Progymnasmata, Vorübungen der Rhetorikausbildung. Hier war sie als „thésis" dezidiert nicht kommunikativ angelegt, sondern diente als Teil der Redevorbereitung primär der kognitiven Problemlösung (vgl. Ludwig, 1994). Das schlägt sich in der Neuzeit in einer Abspaltung der *tractatio*, die sich aus einer Aufstellung der Proargumente (*confirmatio*) und der Gegenargumente (*refutatio*) zusammensetzt, von den übrigen Redeteilen nieder. In der Neuzeit dient die Erörterung – als Abhandlung – nur noch „dem Unterrichte des Verstandes" (Eschenburg, zit. nach Ludwig, 1994, S. 1416). Der Kommunikationszusammenhang des Argumentierens (antizipierte Adressatenauffassung, Konzessivität, Adressierung der Argumente) tritt völlig in den Hintergrund. Auch die Auszüge aus dem Schülerforum belegen deutlich, dass den Schülern die Frage der Adressierung ihrer Argumente nicht als Ordnungskriterium für den Aufbau ihrer Texte zur Verfügung steht. Die oben referierte Forschung zum Positionieren, Modalisieren und Konzedieren gibt aber deutliche Hinweise darauf, dass didaktisch die kommunikative

Situierung des Argumentierens – durchaus auch in fiktiven Kommunikationssituationen – wichtige Impulse für die Ausbildung argumentativer Textroutinen beisteuert.

Lokale vs. globale Orientierung: Die empirische Forschung zeigt ebenfalls deutlich, dass der Erwerb bildungssprachlicher Kompetenzen bei den Schülern über den sprachlichen Transmissionsriemen *lokal* textbildender Prozeduren und Routinen verläuft. Auch hier kann im Blick auf die Realität der Schulsprache schon festgehalten werden, dass die Erörterungsdidaktik, wie im übrigen die traditionelle schulische Aufsatzdidaktik insgesamt, in diesem Punkt genau umgekehrt verfährt. Im Unterschied zur Logik des *lokal* orientierten Aufbaus bildungssprachlicher Kompetenzen legt sie festgefügte *globale* Muster didaktischer Gattungen zugrunde (Nacherzählung, Inhaltsangabe, Erörterung usw.), von denen erwartet wird, dass die Schüler sie in toto *nachahmen*. Die *lokal* emergente Ordnungsbildung – etwa der über adversative Konnektoren (wie „aber") verlaufende Aufbau von konzessiven Textstrukturen – kann durch eine Didaktik, die von einem *globalen* normativ verfestigten Textmuster ausgeht (siehe die Beispiele im Schülerforum), nicht hinreichend unterstützt werden. Hier wäre eine Didaktik der Förderung von Textroutinen gefordert. Die empirische Untersuchung des bildungssprachlichen Erwerbs schriftlich argumentativer Fähigkeiten gibt deutliche Hinweise auf Routinebildungen, die schulsprachlich für ein didaktisches Scaffolding genutzt werden könnten. Dabei geht es nicht um ein Memorieren von Ausdrucksmustern. Entscheidend ist, dass die Textroutinen den Schülern Hinweise auf komplexe Handlungsschemata liefern können, die die Lerner aus der rezeptiven Spracherfahrung schon kennen, aber produktiv noch nicht einsetzen können.

Konzessive Integration vs. Trennung von Pro- und Contra: Das aus Sicht der Forschung vordringliche Ziel müsste von Anfang an in der Stützung eines Aufbaus konzessiver Textroutinen liegen. Die Konzession *integriert* didaktisch exemplarisch alle Aspekte einer pragmatisch validen Argumentation: Wie würde ich mich in der Streitfrage entscheiden? Welche Argumente habe ich dafür? Was könnte mein Adressat entgegnen? Wie könnte ich sein Argumente wiederum aufgreifen und entkräften? Wie wirkt dies auf meine Meinungsbildung zurück? Das didaktische Potential argumentativen Schreibens als ein diskursiv meinungs*bildendes* Schreiben (vgl. Karg, 2007; Feilke, 2008) bleibt in der klassischen Erörterungsdidaktik, die zu einer weitgehend verselbstständigten Handhabung formaler Schemata führt (vgl. Winkler, 2003), ungenutzt. Während das konzessive Argumentieren gerade die Integration der fremden und der eigenen Perspektive im gleichen Aussagezusammenhang fordert und fördert, zielt das klassische Erörterungsmuster auf die kontrastive Trennung und damit auch auf die Abspaltung der meinungsbildenden Potentiale, die zu dem nahezu absurden Resultat führt, dass die Schüler einen Zusammenhang mit der eigenen Meinungsbildung überhaupt nicht mehr sehen, wie es die Äußerungen im Schülerforum zeigen. An didaktische Gattungen ist die Forderung zu stellen, dass sie diskursive und kognitive Funktionen integrieren und in diesem Sinn die sozialkonstruktive Aneignung von Genres als bildungssprachlichen Instrumenten stützen (vgl. z.B. Hyland, 2007).

Freilich lernen die Schüler auch in der herkömmlichen Erörterungsdidaktik etwas. Die Frage ist, was sie dabei lernen und ob das schulsprachlich initiierte Lernen im Sinn des Aufbaus literal-argumentativer Kompetenzen ist. Die empirische Forschung zum bildungssprachlichen Erwerb des Argumentierens gibt klare Hinweise auf Perspektiven zur Veränderung der traditionellen schulsprachlichen Charakteristik, die geeignet sind, den bildungssprachlichen Erwerb besser zu unterstützen.

Literatur

Augst, G., Disselhoff, K., Henrich, A., Pohl, T. & Völzing, P.L. (2007). *Text – Sorten – Kompetenz. Eine echte Longitudinalstudie zur Entwicklung der Textkompetenz im Grundschulalter.* Frankfurt/M.: Lang.

Bourdieu, P. (1974). *Zur Soziologie der symbolischen Formen.* Frankfurt/M.: Suhrkamp.

Bredel, U. (2001). Ohne Worte – Zum Verhältnis von Grammatik und Textproduktion am Beispiel des Erzählens von Bildergeschichten. *Didaktik Deutsch, 11*, 4–21.

Cummins, J. (1979). Linguistic interdependence and the educational development of bilingual children. *Review of Educational Research, 49*, 222–251.

Cummins, J. (1991). Conversational and Academic Language Proficiency. In J. Hulstijn & J.F. Matter (Hrsg.), *Reading in two languages.* AILA-Review, 8 (S. 75–89). Amsterdam: John Benjamins.

Dannenbauer, F.-M. (1992). Grammatik. In S. Baumgartner & I. Füssenich (Hrsg.), *Sprachtherapie mit Kindern.* München & Basel: Reinhardt.

Eckhardt, A.G. (2008). *Sprache als Barriere für den schulischen Erfolg. Potentielle Schwierigkeiten beim Erwerb schulbezogener Sprache für Kinder mit Migrationshintergrund.* Münster: Waxmann.

Feilke, H. (1996). From syntactical to textual strategies of argumentation. Syntactical development in written argumentative texts by students aged 10 to 22. *Argumentation, 10* (2), 197–212.

Feilke, H. (2008). Meinungen bilden – Basisartikel. *Praxis Deutsch, 212*, 6–1.

Feilke, H. (2012a). Bildungssprachliche Kompetenzen fördern und entwickeln. *Praxis Deutsch, 233*, 4–13.

Feilke, H. (2012b). Schulsprache – Wie Schule Sprache macht. In S. Günthner, I. Wolfgang, D. Meer & J.G. Schneider (Hrsg.), *Kommunikation und Öffentlichkeit: Sprachwissenschaftliche Potenziale zwischen Empirie und Norm* (S. 149–175). Berlin: de Gruyter.

Feilke, H. (2012c). Was sind Textroutinen? Zur Theorie und Methodik des Forschungsfeldes. In H. Feilke & K. Lehnen (Hrsg.), *Schreib- und Textroutinen. Theorie, Erwerb und didaktisch-mediale Modellierung.* Forum Angewandte Linguistik, 52 (S. 1–31). Frankfurt/M. u.a.: Lang.

Feilke, H. & Lehnen, K. (Hrsg.). (2012). *Schreib- und Textroutinen. Theorie, Erwerb und didaktisch-mediale Modellierung.* Frankfurt/M. u.a.: Lang.

Gantefort, C. & Roth, H.-J. (2010). Sprachdiagnostische Grundlagen für die Förderung bildungssprachlicher Fähigkeiten. *Zeitschrift für Erziehungswissenschaften, 13*, 573–591.

Gätje, O., Rezat, S. & Steinhoff, T. (2012). Positionierung. Zur Entwicklung des Gebrauchs modalisierender Prozeduren in argumentativen Texten von Schülern und Studenten. In H. Feilke, Helmuth & K. Lehnen (Hrsg.), *Schreib- und Textroutinen* (S. 125–154). Frankfurt/M.: Lang.

Gogolin, I. & Lange, I. (2011). Bildungssprache und durchgängige Sprachbildung. In S. Fürstenau & M. Gomolla (Hrsg.), *Migration und schulischer Wandel: Mehrsprachigkeit* (S. 107–129). Wiesbaden: VS.

Grice, H.P. (1975/1996). Logik und Konversation. In L. Hoffmann (Hrsg.), *Sprachwissenschaft. Ein Reader* (S. 163–182). Berlin & New York: de Gruyter.

Groeben, N. & Christmann, U. (2003). Verstehen von Sprecherintentionen: Witz, Metapher, Ironie. In G. Rickheit, T. Herrmann & W. Deutsch (Hrsg.), *Handbuch Psycholinguistik. Ein internationales Handbuch* (S. 651–664). Berlin: de Gruyter.

Helmers, H. (1967). *Didaktik der deutschen Sprache. Einführung in die Theorie der muttersprachlichen und literarischen Bildung*. 2. Auflg. Stuttgart: Ernst Klett

Hyland, K. (2007). Genre pedagogy: Language, literacy and L2 writing instruction. *Journal of Second Language Writing, 16,* 148–164.

Karg, I. (2007). *Diskursfähigkeit als Paradigma schulischen Schreibens. Ein Weg aus dem Dilemma zwischen* Aufsatz *und* Schreiben. Frankfurt/M.: Lang

Kotthoff, H. (2003). Witz komm raus! Komik und Humor bei Kindern. Ein Überblick. *TelevIZIon, 16* (1), 4–11.

Kotthoff, H. (2007). Ironieentwicklung unter interaktionslinguistischer Perspektive. *InLiSt, 45.* Verfügbar unter: http://kops.ub.uni-konstanz.de/bitstream/handle/urn:nbn:de:bsz:352-opus-42987/InLiSt45.pdf?sequence=1 [23.1.2011]

Leitao, S. (2003). Evaluating and Selecting Counterarguments. Studies of Children'ʼs Rhetorical Awareness. *Written Communication, 20* (3), 269–306.

Leuschner, T. & van den Nest, D. (2012). Die zwar … aber-Relation im Gegenwartsdeutschen: Funktionsweise – Variation – Grammatikalisierung. *Deutsche Sprache, 1* (41), 2–31.

Ludwig, O. (1994). Erörterung. In G. Ueding (Hrsg.), *Historisches Wörterbuch der Rhetorik.* (S. 1414–1417). Tübingen: Niemeyer.

Ninio, A. & Snow, C. (1996). *Developmental Pragmatics.* Boulder, CO: Westview.

Piolat, A., Roussey, J.-Y. & Gombert, A. (1999). The Development of Argumentative Schema in Writing. In. P. Coirier & J. Andriessen (Hrsg.), Foundations of Argumentative Text Processing (S. 117–135). Amsterdam: UP.

Plauen, E.O. (2004). Die schönsten Geschichten von Vater und Sohn. Ravensburg: Ravensburger Buchverlag Otto Maier.

Pohl, T. (2009). D*ie studentische Hausarbeit. Rekonstruktion ihrer ideen- und institutionsgeschichtlichen Entstehung.* Heidelberg: Synchron

Rezat, S. (2011). Schriftliches Argumentieren. *Didaktik Deutsch, 31,* 50–67.

Schleppegrell, M.J. (2004/2010). *The Language of Schooling. A functional linguistics perspective.* New York: Routledge (Zuerst: New Jersey: Lawrence Erlbaum).

Thürmann, E., Vollmer, H.J. & Pieper, I. (2010). Language(s) of schooling: Focusing on vulnerable learners. *The Linguistic and educational integration of children and adolescents from migrant backgrounds. Studies and resources. N° 2.* Verfügbar unter: http://www.coe.int/t/dg4/linguistic/Source/Source2010_ForumGeneva/2-VulnerLLearnersThurm_EN.pdf [2.8.2012].

Tomasello, M. (2002). *Die kulturelle Entwicklung des menschlichen Denkens.* Frankfurt/M.: Suhrkamp.

Vollmer, H.J. & Thürmann, E. (2010). Zur Sprachlichkeit des Fachlernens: Modellierung eines Referenzrahmens für Deutsch als Zweitsprache. In B. Ahrenholz (Hrsg.), *Fachunterricht und Deutsch als Zweitsprache* (S. 107–132). Tübingen: Narr.

Winkler, I. (2003). *Argumentierendes Schreiben im Deutschunterricht. Theorie und Praxis.* Frankfurt/M.: Lang.

*Volker Frederking, Volker Gerner, Jörn Brüggemann, Christian Albrecht,
Sofie Henschel, Thorsten Roick, Christel Meier & Adelheid Rieder*

Literarästhetische Kommunikation im Deutschunterricht

Poetische Sprache kann als spezifische Ausprägung von Fachsprache verstanden werden. Sie begegnet zumeist in schriftlicher Form als literarischer Text (handschriftlich, gedruckt oder digital), aber auch mündlich als Autorenlesung, Poetry Slam-Session, Hörtext, gefilmte Lesung, Literaturverfilmung etc. Im Literaturunterricht können all diese Ausdrucksformen poetischer Sprache Gegenstand mündlicher wie schriftlicher Anschlusshandlungen werden. Die mündlichen Formen, d.h. Gespräche über literarische, auditive und audiovisuelle Texte, sollen im Rahmen des interdisziplinär angelegten und von der Friedrich-Stiftung geförderten Forschungsprojektes ‚Ästhetische Kommunikation im Literaturunterricht' (ÄSKIL) empirisch untersucht werden. Zwei Teilstudien sind geplant. Die theoretischen Grundlagen und das Erhebungsdesign der Ende 2011 begonnenen ersten Teilstudie, die das literarische Gespräch bzw. literarästhetische Kommunikation zum Gegenstand hat, soll nachfolgend in Grundzügen zur Darstellung gelangen.

1 (Literar)Ästhetische Kommunikation – Bestimmungsversuche

Ästhetische Bildung ist ein zentrales Element klassischer wie moderner Bildungsvorstellungen – und dies über alle Disziplingrenzen hinweg. So nehmen Fragen ästhetischer Bildung in Friedrich Schillers Thesen zur ästhetischen Erziehung des Menschen (1795) eine exponierte Stellung ein, aber auch in der Bildungstheorie Wilhelm von Humboldts (1800), in John Deweys Überlegungen zur Kunst als Erfahrung (1931), in Klaus Mollenhauers ästhetischen Studien (1996) oder in Jürgen Baumerts Modell der Allgemeinbildung (2002). Für das Fach Deutsch ist vor allem literarästhetische Bildung von Bedeutung, d.h. der Umgang mit Literatur bzw. mit literarischen Texten (vgl. Spinner, 1998; Zabka, 2003, 2010; Abraham, 2000; Frederking, 2010a). Allerdings spielen auch theatrale und andere mediale Formen in ihren ästhetischen und synästhetischen Potentialen eine Rolle (vgl. Denk & Möbius, 2010; Wermke, 1997; Frederking, 2010b). Gemeinsam ist den meisten Theorien über ästhetische Bildung, dass diese den „Erwerb ästhetisch genannter Fähigkeiten, Kenntnisse und Einstellungen" und „die Enkulturation in ästhetisch genannte Objektbereiche des Alltagslebens, der Massenmedien und der Künste" (Zabka, 2010, S. 452) zum Ziel haben. In diesem Sinne ist ästhetische Bildung transdisziplinär verortet. Sie umreißt den Zielhorizont kultureller Praxis in den künstlerischen Disziplinen, z.B. im Theater, in der Literatur, in der Musik, in der bildenden Kunst etc. – und in den darauf bezogenen schulischen Fächern. Aber auch Disziplinen wie Sport, Tanz, Design etc. haben Formen ästhetischer Bildung in praktischer Perspektive im Blick (Liebau & Zirfas, 2008). Darüber hinaus ist ästhetische Bildung auf wissenschaftlicher

Ebene Gegenstand von Theorie, Reflexion und Forschung. Dies gilt für Literatur-, Kunst-, Musik- oder Theaterwissenschaft ebenso wie für Philosophie oder Pädagogik.

Ästhetische Kommunikation ist ein zentraler Bestandteil ästhetischer Bildung. Im Fokus ästhetischer Kommunikation stehen ästhetische Erfahrungen und ästhetische Gegenstände aus den Bereichen Literatur, Kunst, Musik, Theater, Film etc. Dies kann sowohl im Rahmen von ästhetischer Theorie als auch von kulturell-ästhetischer Praxis geschehen. Auf der (Meta-)Ebene wissenschaftlicher Theorie kann eine ästhetisch ausgerichtete Kommunikation in mündlich wie schriftlich geführten Diskursen über ästhetische Fragen stattfinden, sei es auf Tagungen, Symposien etc., sei es in Publikationen (vgl. u.a. Liebau & Zirfas, 2008). Auf der Ebene kultureller Praxis ereignet sich ästhetische Kommunikation im Rahmen von mündlichen Gesprächen im Anschluss an Ausstellungen, Lesungen, Konzerte, Theateraufführungen etc. In schriftlicher Form sind literarische Texte Teil kultureller Praxis, ebenso wie alle ästhetischen Äußerungsformen in anderen semiotischen Systemen auf piktoraler, auditiver, audiovisueller oder multimedialer Ebene.

Inwieweit diese theoretischen und praktischen Ausdrucksformen ästhetischer Kommunikation auch im Kontext von Schule umgesetzt werden können und sollen, ist eine Frage, die Gegenstand vieler pädagogischer und fachdidaktischer Diskurse war und ist. Im Hinblick auf mündliche Formen ästhetischer Kommunikation im schulischen Unterricht hat es in den letzten Jahren einige interdisziplinäre Forschungsansätze der Fächer Kunst, Musik und Literatur gegeben (vgl. u.a. Kirschenmann, Richter & Spinner, 2011). Doch auch innerhalb der einzelnen Disziplinen sind Gespräche über Kunst zunehmend in den Fokus der fachdidaktischen Diskussion gerückt. In der Deutschdidaktik sind dabei zwei unterschiedliche Positionen festzustellen. In der Linguistik bzw. Sprachdidaktik werden Gespräche in der Regel nicht hinsichtlich ihres textsortenspezifischen Gegenstandes unterschieden. Hier werden lediglich je eigene thematische Prägungen durch Texte – faktuale wie fiktionale – angenommen (vgl. u.a. Becker-Mrotzek & Vogt, 2009, S. 172–175). In der Literaturdidaktik hingegen ist die Ansicht verbreitet, dass der Gegenstand ‚Literatur‚ das Gespräch stark beeinflussen kann und an dieses spezifische Anforderungen stellt. In diesem Sinne findet – teils explizit, teils implizit in Abgrenzung zum ‚normalen‚ Unterrichtsgespräch – der Ausdruck ‚literarisches Gespräch' Anwendung. Verbunden ist diese Bezeichnung zumeist mit der Prämisse, dass es sich ob der Spezifik des Gegenstandes und der besonderen Konventionen literarischer Kommunikation um einen Sondertypus des Gespräches handelt (vgl. u.a. Härle & Steinbrenner, 2003; 2004a; 2004b; Härle, 2011; Steinbrenner, Mayer & Rank, 2011). Allerdings ist hier Präzisierungsbedarf angezeigt. Denn was ein ‚literarisches' Gespräch von einem ‚nichtliterarischen' Gespräch im Unterricht unterscheidet, wird zumeist nicht präzise benannt, respektive hinreichend diskutiert. Ob tatsächlich jedes Gespräch über Literatur im Deutschunterricht bereits ein literarisches Gespräch ist, d.h. eine mündliche Kommunikation, die als ästhetisch oder literarästhetisch bezeichnet werden kann, weil sie der Spezifik des literarischen Gegenstandes bzw. der mit ihm verbundenen kulturellen Praxis angemessen ist und sich von diesen mitprägen lässt, kann bezweifelt werden. Auch wenn empirische Belege fehlen, ist doch davon auszugehen, dass es im Literaturunterricht oftmals nur zu Gesprächen über Literatur kommt, ohne dass das spezifisch Ästhetische des literarischen Textes in der Kommunikation einen Widerhall findet bzw. zur Erfahrung gebracht wird.

Vor diesem Hintergrund ist im Rahmen von ÄSKIL die Forschungshypothese leitend, dass es im Zusammenhang mit literarischen Texten zwei theoretisch beschreibbare und empirisch nachweisbare Grundtypen von Gesprächen über Literatur im Literaturunterricht gibt: literarische Gespräche (Typus A) und Gespräche über Literatur (Typus B). Gespräche des Typus A werden durch den literarischen Gegenstand, domänenspezifische Konventionen und die mit diesen verbundenen ästhetischen Erfahrungsmöglichkeiten inhaltlich und strukturell geprägt. In ihnen findet mithin eine Form der Kommunikation statt, die als (literar)ästhetisch bezeichnet wird. Typus B ist demgegenüber durch Kommunikationsprozesse gekennzeichnet, bei der die ästhetische Qualität literarischer Texte nur partiell erfahrbar gemacht wird und der Gesprächsverlauf durch den literarischen Text nicht spezifisch beeinflusst wird.

Was aber macht die Spezifik eines literarischen Textes aus, der nach der oben formulierten Definition ästhetische bzw. literarästhetische Kommunikation konstituiert? Thomas Zabka hat zurecht zu bedenken gegeben: „Welche Texteigenschaften Gegenstand eines spezifisch ästhetischen Verstehens sind und welche Modi ästhetischen Verstehens bei der Lektüre eines bestimmten Textes aktiviert werden, diktiert weder automatisch der Text noch eine bestimmte Verstehenskonvention" (Zabka, 2012, S. 146). Was Literatur bewirken könnte und weshalb sie zum Gegenstand eines Gespräches im Unterricht gemacht werden sollte, lässt sich noch vergleichsweise einfach aus der Enkulturationsfunktion oder Möglichkeiten kulturell verankerter Identitätsbildung im Horizont ästhetischer Bildung ableiten (vgl. Frühwald, 1991, S. 110). Die Frage aber, was Literatur *ist*, mit der sich ein Gespräch über Literatur beschäftigt, führt angesichts der Vielfalt künstlerischer Produktions- und Rezeptionsmöglichkeiten mit jeder Antwort zu neuen Problemen. Wer beispielsweise annimmt, Fiktionalität sei ein hinreichendes Bestimmungsmerkmal, mag sich auf Aristoteles berufen, der in seiner Poetik den Unterschied zwischen Geschichts- und Geschichtenschreiber, Historiker und Poet, in der Weise bestimmte, dass „der eine das wirklich Geschehene mitteilt, der andere, was geschehen könnte" (Aristoteles, 335 v. Chr., S. 29). Allerdings verschwimmen die Grenzen zwischen fiktionalen und faktualen Texten zuweilen, wie Peter Handkes (1969, S. 59) Gedicht „Die Aufstellung des 1. FC Nürnberg vom 27. 1. 1968" zeigt (vgl. dazu auch Krommer, 2003). Und mit Wolfgang Iser lässt sich berechtigt fragen, ob „fiktionale Texte wirklich so fiktiv" und „jene, die man so nicht bezeichnen kann, wirklich ohne Fiktionen" sind (Iser, 1991, S. 18). So bedarf es weiterer Bestimmungen und Kriterien. Zu denken ist hier etwa an linguistische bzw. semiotische Zugangsweisen. Wenn Roman Jakobson sechs Funktionen von Sprache unterscheidet – die referentielle, die konative, die phatische, die emotive, die metalinguale und die poetische – und dabei die poetische Funktion als selbstreferentiell ausweist, insofern diese zur „Zentrierung auf die Sprache um ihrer selbst willen" (Jakobson, 1971, S. 151) führt, steht damit ein wichtiges Bestimmungsmerkmal des Literarischen zur Verfügung. In der semiotischen Ästhetik Umberto Ecos ist dieser Gedanke weiterentwickelt, insofern hier die „ästhetische Funktion" als Kern poetischer Sprache ausgewiesen wird. Eine ästhetische Funktion ist dann gegeben, wenn der sprachliche Code zwei- oder mehrdeutig strukturiert ist und autoreflexiv erscheint, d.h. die Aufmerksamkeit auf die eigene Form zu lenken vermag (vgl. Eco, 1972, S. 145–156) und den Leser dazu bringt, darüber nachzudenken, mit welcher „Textstrategie" (Eco, 1990, S. 169) ein literarischer Text unterschiedliche semantische Interpretationen evoziert.

Lässt sich unter Bezug auf diese und andere literaturtheoretische Bestimmungen der Gegenstand eines literarischen Gespräches zumindest im Grundansatz bestimmen, so ist damit doch noch nichts über literaturspezifische Verstehens- und Interaktionsprozesse ausgesagt. Der literarische Text eröffnet Verstehensmöglichkeiten und erfordert besondere Verstehenskompetenzen, wie noch zu zeigen sein wird. Spezifische Ansprüche entstehen aber auch aus dem Sachverhalt, dass an einem literarischen Gespräch mehrere Rezipient(inn)en beteiligt sind. So setzt die Interaktion mit Text und Mit-Rezipient(inn)en im literarischen Gespräch ein erweitertes Spektrum an kommunikativen Teilkompetenzen voraus. Überdies unterliegen literarische Gespräche in der Schule besonderen Bedingungsfaktoren. Sie sind didaktisch initiiert und begleitet. Lehrer(innen) haben Lehrstrategien und entwickeln Lernarrangements, setzen Impulse; Schüler(innen) haben Lernstrategien (vgl. ausführlich Becker-Mrotzek & Vogt, 2009, S. 64–68). Bei einem literarischen Gespräch äußern sie dabei allerdings nicht alles, was sie denken und empfinden. In ästhetische Kommunikation im Literaturunterricht fließt mithin keinesfalls die Gesamtheit ästhetischer Imaginationen und Assoziationen ein (vgl. Spinner, 1998, S. 51).

2 Zum Forschungsstand: Literarische Gespräche bzw. (literar-)ästhetische Kommunikation im Unterricht

Die vorangegangenen Ausführungen haben im Grundansatz verdeutlicht, wie komplex der Untersuchungsgegenstand ‚literarisches Gespräch' bzw. ‚literarästhetische Kommunikation' im Deutschunterricht ist. Dieser Sachverhalt spiegelt sich im aktuellen Forschungsstand wider. So gibt es zwar eine Reihe didaktischer Ansätze zu literarischen Gesprächen. Allerdings fußen diese fast alle auf theoretischen Annahmen und Erfahrungsurteilen aus der Praxis mit begrenzter Reichweite. Umfassendere empirische Forschungen fehlen. Zwar hat sich die Sprachdidaktik erfolgreich um die theoretische Modellierung und empirische Erforschung von Gesprächen im Deutschunterricht bemüht (vgl. Becker-Mrotzek, 2008; 2012; Becker-Mrotzek & Vogt, 2009). Systematische empirische Untersuchungen zu literarischen Gesprächen aber haben bislang weder Sprach- noch Literaturdidaktik in Angriff genommen. Tatsächlich handelt es sich um „ein Forschungsfeld, welches immer noch eher sporadisch und vor allem recht unsystematisch bearbeitet wird" (Wieser, 2010, S. 329). Das gilt für quantitative und qualitative Untersuchungen gleichermaßen.

So ist es zwar verdienstvoll, dass Grzesik, Fleischhauer & Meder (1982) Unterrichtsstunden auf der Basis von Kategorien wie Interaktion, Inhalt der Äußerungen und verstehensrelevante Operationen quantitativ untersucht haben. Als problematisch haben sich bei der Studie allerdings die Interreliabilität, die Konfundierung von Verstehens-, Gesprächs- und Schreibleistungen sowie die mangelhafte Kontrolle von Störvariablen erwiesen.

Andere Probleme kennzeichnen die bisherigen qualitativen Untersuchungen zu literarischen Unterrichtsgesprächen. So kann der Versuch von Eggert, Berg & Rutschky (1975), auf der Basis teilnehmender Beobachtung repräsentative Unterrichtserfahrungen einer zehnten Gymnasialklasse zu untersuchen, nicht überzeugen, weil die Explikation des methodischen Vorgehens nur in Ansätzen erfolgte und die Stichprobengröße unzureichend war. Da die transkribierten Tonbanddokumente nicht veröffentlicht wurden, sind überdies gewisse Gütekriterien qualitativer Forschung nicht erfüllt. Ähnliche Leerstellen weisen die Forschungen Heiner Willenbergs (1987) zu Unterrichtsstunden über Peter Hacks' „Der Bär auf dem Försterball" auf. So klug der Ansatz ist, Gesprächstranskripte entwicklungspsychologisch zu analysieren, so bedauerlich ist es, dass methodologische Entscheidungen kaum reflektiert, Transkripte nur unvollständig veröffentlicht und Störvariablen kaum kontrolliert wurden. Die Forschergruppe um Valentin Merkelbach ist der wichtigen Frage nachgegangen, wie Unterrichtsgespräche den subjektiven Leseerfahrungen der Schüler(innen) Rechnung tragen können (vgl. Christ et al., 1995). Allerdings wurde die Angemessenheit der literarästhetischen Verstehensleistungen ebenso wenig systematisch reflektiert wie der Einfluss von Lehrkräften und Instruktion (vgl. Wieler, 1998). Außerdem erwecken die initiierten Unterrichtsgespräche den Eindruck, als werde „die Selbsttätigkeit der Lernenden einseitig idealisiert und die Aufgabe der Lehrenden einseitig disqualifiziert" (Härle & Steinbrenner, 2003, S. 152). Erfolgreicher hat sich dagegen Johannes Werner um die Entwicklung eines theoretisch konsistenten Modells literarästhetischer Kommunikation im Deutschunterricht bemüht (Werner, 1996). Sein Versuch, Gespräche über Literatur im gymnasialen Oberstufenunterricht empirisch zu erforschen, gründet auf der Unterscheidung von subjektiven ästhetischen Bewertungsdiskursen und textinternen alltagssprachlichen Diskursen mit höherem Anspruch auf intersubjektive Verbindlichkeit. Allerdings ist eine recht „deutliche Kluft zwischen den sehr differenziert dargestellten diskurstheoretischen Überlegungen und der Anwendung des Modells auf die unterrichtliche Praxis" (Wieser, 2010, S. 349) feststellbar. Auch die unzureichende empirische Überprüfung der Annahmen muss als problematisch angesehen werden.

Ob der Versuch von Härle & Steinbrenner (2003), im Rahmen des Konzepts der ‚Themenzentrierten Interaktion'(TZI) die „Entfaltung von Textsinn im Gesprächsprozess" zu initiieren, besser geeignet ist, um die Kluft zwischen literarästhetischem Verstehen und intersubjektiver Verständigung im Unterrichtsgespräch zu überwinden, ist bislang leider noch nicht empirisch untersucht und belegt worden – trotz erster Ansätze im Bereich der Förderschule (vgl. Wiprächtiger-Geppert, 2009). Überdies wirft das von Härle und seiner Forschergruppe entwickelte Modell auch in theoretischer Hinsicht Fragen auf. Problematisch ist schon dessen unzureichende linguistische bzw. gesprächsanalytische Fundierung. Aber auch das weitestgehende Ausblenden realer schulischer Bedingungsfaktoren (vgl. Wieler, 2010, S. 293), der selektiv-emphatische Literaturbegriff und die Fixierung auf Aporien des Verstehens sind Schwachstellen des Ansatzes. Denn mit dem literarischen Unterrichtsgespräch Härle'scher Prägung, das – wissenschaftlich wenig präzise – als „wahres Gespräch" definiert wird (2011, S. 60), ist der Versuch verbunden „jene Charakteristika von Literatur besonders zur Geltung zu bringen, die sich kategorisch der abschließenden, fixierenden oder normierenden ‚Aneignung' entziehen". Dabei ist die Maxime leitend, den „Prozess des Verstehens nur als einen stets sein Ziel verfehlenden Prozess" (Härle, 2011, S. 42) erfahrbar zu machen. Damit aber stellt sich die Frage, ob ein solches Modell des literarischen Gesprächs nicht den literarästhetischen Gegenstand und die mit ihm verbundenen Verstehensanforderungen ebenso verfehlt wie die Rahmenbedingungen und Ziele des schulischen Bildungsauftrages. Ansatzpunkte für eine didaktische Modellierung aufklärerischer, emanzipatorischer, philosophischer oder politischer Potentiale, die einem literarischen Text inhärent sein können, lassen sich auf dieser Basis jedenfalls ebenso wenig gewinnen wie Grundlagen für eine empirische Erforschung literarischer Gespräche.

3 Ansatzpunkte und theoretische Grundlagen von ÄSKIL

3.1 Forschungsfragen

Vor dem Hintergrund der aktuellen Forschungslage ergibt sich folgender Zwischenbefund: Ein konzise ausformuliertes, theoretisch konsistentes und empirisch erhärtetes Modell gelingender literarästhetischer Kommunikation im Deutschunterricht gibt es bislang nicht. Auf der Basis des bisherigen Forschungsstandes sind vergleichende oder allgemeingültige Aussagen über literarische Gespräche im Unterricht kaum möglich. Dieses Forschungsdesiderat zumindest in ersten Ansätzen beseitigen zu helfen soll im Rahmen des Projekts ‚Ästhetische Kommunikation im Literaturunterricht' (ÄSKIL) versucht werden. Primäres Ziel ist die Entwicklung, theoretische Begründung und empirische Überprüfung eines Modells gelingender literarästhetischer Kommunikation im Literaturunterricht (Typus A), das als operationalisierbarer Kern eines literarischen Gespräches im Deutschunterricht verstanden wird. Abgegrenzt werden soll dieses Modell von einem mit Kontrollgruppen erprobten Gegenmodell, in dem ein ‚prototypisches', fragend-entwickelndes Gespräch über Literatur im Unterricht zum Einsatz kommt (Typus B).

Damit sind spezifische Herausforderungen auf theoretischer und auf empirischer Ebene verbunden. Drei Grundfragen sind zu klären:

1. Worin besteht das Spezifische literarästhetischer Kommunikation im Rahmen eines Unterrichtsgespräches?
2. Was ist der Maßstab für das Gelingen bzw. Misslingen literarästhetischer Kommunikation im Unterricht?
3. Wie können literarästhetische Kommunikationsprozesse im Unterricht operationalisiert, erfasst und verglichen werden?

3.2 Das Spezifische literarästhetischer Kommunikation

Ausgangspunkt der empirischen Untersuchung von literarischen Gesprächen im Unterricht muss die theoretische Modellierung des Untersuchungsgegenstandes sein. Zu klären ist mithin die Frage: Worin besteht das Spezifische literarästhetischer Kommunikation im Literaturunterricht? Dies setzt die Beantwortung einer noch grundsätzlicheren Frage voraus: Gibt es überhaupt einen Unterschied zwischen einem literarischen Gespräch und einem Gespräch über einen nicht-literarischen Text oder eine Problemstellung – und wenn ja, worin besteht dieser Unterschied? Vor dem Hintergrund literaturwissenschaftlicher und literaturdidaktischer Grundannahmen ist diese Frage zu bejahen und in folgender Weise zu präzisieren: Das Spezifische literarästhetischer Kommunikation in Unterrichtsgesprächen ergibt sich aus der Besonderheit des ästhetischen Gegenstandes und der mit ihm einhergehenden Verstehensanforderungen, die durch Eigenschaften des Textes bzw. textseitige Signale, durch Verstehenskonventionen etc. mitgeprägt werden.

Allerdings steht diese Bestimmung im Widerspruch zu Grundannahmen der Lesekompetenzforschung. In dieser ist die Prämisse leitend, dass Textsortenspezifik kein Einflussfaktor ist. So wird im Rahmen von PISA Lesekompetenz als textunabhängige Fähigkeit definiert „geschriebene Texte zu verstehen, zu nutzen und über sie zu reflektieren und sich mit ihnen auseinanderzusetzen, um eigene Ziele zu erreichen, das eigene Wissen und Potential weiterzuentwickeln und aktiv am gesellschaftlichen Leben teilzunehmen" (OECD, 2010, S. 40). Entsprechend enthielten die PISA-Tests 2000 nur 12% genuin literarische Texte, bei den Erhebungen 2009 waren es 15% (vgl. OECD, 2009, S. 18). Erstaunlicherweise teilt aber auch die deutschdidaktische Lesekompetenzforschung die PISA-Prämissen. So hat Norbert Groeben festgestellt, es sei „nicht sinnvoll […], zwischen dem Lesen literarischer und nicht-literarischer Texte zu unterscheiden" (Groeben, 2002, S. 12; vgl. ebenfalls Rosebrock, 2007, S. 64). Das widerspricht den Grundannahmen der Literaturdidaktik fundamental. Lange Zeit fehlten allerdings empirische Belege für einen (relativ) eigenständigen Teilbereich ‚literarische Kompetenz', wie ihn die Literaturdidaktik annimmt. Interessanterweise kamen die ersten Anstöße hierfür aus der empirischen Bildungsforschung. Cordula Artelt und Matthias Schlagmüller (Artelt & Schlagmüller, 2004, S. 189) gelangten auf der Grundlage von Re-Analysen von PISA-Daten zu dem Ergebnis, „dass der kompetente Umgang mit literarischen Texten als ein separater Teilaspekt der Lesekompetenz verstanden werden sollte". Allerdings ist in ihrem Urteil „weitere Forschung notwendig, um zu einem differenzierteren Verständnis dieser Teilkompetenz zu gelangen" (Artelt & Schlagmüller, 2004, S. 189).

Das war der Ansatzpunkt für systematische Forschungen zur ‚Literarästhetischen Urteilskompetenz' (LUK) im Rahmen des DFG-Schwerpunktprogramms 1293 „Kompetenzmodelle zur Erfassung individueller Lernergebnisse und zur Bilanzierung von Bildungsprozessen". Dabei war die Forschungshypothese leitend, dass sich literarästhetische Textverstehenskompetenz theoretisch wie empirisch von allgemeiner Lesekompetenz unterscheiden lässt (vgl. Frederking, Meier, Stanat & Dickhäuser, 2008). Tatsächlich ist dieser Nachweis im Rahmen von LUK auf Basis systematischer Erhebungen und eines mehrstufigen Erhebungsverfahrens gelungen (vgl. Frederking, Roick & Steinhauer, 2011). So korrelieren literarästhetische Urteilsbzw. Textverstehenskompetenz und allgemeine Lesekompetenz auf latenter Ebene zu r=.78. Auch die geringe Höhe der geteilten Varianz auf manifester Ebene (32%) spricht dafür, dass Lesekompetenz und literarästhetische Verstehenskompetenz empirisch deutlich trennbar sind und unterscheidbare Konstrukte repräsentieren. In Abgrenzung zur *reading literacy* sprechen wir folgerichtig von *literary literacy* (Frederking, Henschel, Meier, Roick, Stanat & Dickhäuser, 2012).

Vor dem Hintergrund dieser Befunde lässt sich die erste Grundsatzfrage von ÄSKIL zumindest heuristisch beantworten: Wenn literarische Verstehenskompetenz etwas anderes ist als allgemeine Lesekompetenz, ist es plausibel, anzunehmen, dass auch für

Kommunikationsprozesse entsprechende Unterschiede bestehen. Literarästhetische Kommunikation im Literaturunterricht wird in diesem Sinne als spezielle Form der Kommunikation verstanden, die durch den literarischen Gegenstand und die mit ihm verbundenen Verstehensanforderungen, Praxen und kulturellen Konventionen geprägt ist. Entsprechend lässt sie sich von anderen unterrichtlichen Kommunikationen im Fach Deutsch unterscheiden. Zwar ist auch literarästhetische Kommunikation unter Anwendung linguistischer Kategorien als „aktuale Verständigung zwischen mindestens zwei Aktanten" zu definieren, „die sich in einem gemeinsamen Sprechzeitraum befinden, sodass die Kommunikation auf der Grundlage akustischer und visueller Wahrnehmungen verbal und nonverbal (körperlich) erfolgen kann" (Becker-Mrotzek, 2012, S. 69). Auch die allgemeine linguistische Definition eines Gespräches hat natürlich Gültigkeit. Literarische Gespräche sind folglich als „abgrenzbare kommunikative Einheiten zur Realisierung komplexer Zwecke" (Becker-Mrotzek, 2012, S. 69) zu verstehen. Ihr Gelingen setzt das Vorhandensein allgemeiner Gesprächs- bzw. Kommunikationskompetenz voraus, d.h. die Fähigkeit zum „Prozessieren des thematischen Wissens, der Identität, der Handlungsmuster und der Unterstützungsverfahren" (Becker-Mrotzek, 2012, S. 74). Allerdings kommen bei literarischen Gesprächen gegenstandsspezifische Kompetenzen hinzu. Diese lassen sich unter der Bezeichnung literarische Rezeptions, Interpretations-, Urteils- bzw. Verstehenskompetenz subsumieren (Kämper-van den Boogaart, 2005; Zabka, 2003; Kammler, 2006; Frederking, 2010a). Damit gehen verschiedene Teilfähigkeiten einher. Teilnehmer(innen) an einem literarischen Gespräch sollten in der Lage sein, in Bezug auf den literarischen Text und seinen Inhalt Fremdverstehen und Imagination zu entwickeln (Spinner, 2006), literaturspezifisches Vorwissen anzuwenden (Pieper & Wieser, 2012), Fiktionalität wahrzunehmen (Nickel-Bacon, Groeben & Schreier, 2000), Mehrdeutigkeit zu verstehen, aber auch zu genießen (Eco, 1962), literarische Symbolsprache und Metaphern zu deuten (Pieper & Wieser, 2011), Leerstellen zu füllen (Iser, 1976), den ästhetischen Idiolekt des Textes zu erkennen (Eco, 1972; Frederking, Meier, Brüggemann, Gerner & Friedrich, 2011), literarisch thematisierte und intendierte Emotionen zu erkennen (Frederking & Brüggemann, 2012), Ambiguitätstoleranz und Empathie auszubilden und subjektiv involviert zu sein (Steinhauer, 2010).

3.3 Das Gelingen literarästhetischer Kommunikation im Deutschunterricht

Ein zweites Grundsatzproblem, das im Rahmen von ÄSKIL zumindest in Ansätzen zu klären ist, um die empirische Erforschung literarästhetischer Kommunikation im Deutschunterricht theoretisch fundieren und modellieren zu können, ist die Frage nach dem Maßstab für das Gelingen bzw. Misslingen. Zu beantworten sind folgende Schlüsselfragen: Hat ein literarisches Gespräch im Unterricht ein Ziel? Was unterscheidet eine gelingende literarästhetische Kommunikation im Deutschunterricht von einer misslingenden? Gibt es diese Unterscheidung überhaupt? Und wenn ja: Was sind die Kriterien?

Um einen Maßstab zu gewinnen, ist ein Rekurs auf die ästhetische Tradition hilfreich. Ästhetische Bildung ist in den meisten theoriegeschichtlich relevanten Konstrukten durch einen Doppelcharakter gekennzeichnet. Sie enthält eine emotional-sinnliche und eine analytisch-kognitive Seite. Dieser Doppelcharakter findet sich in antiken Vorstellungen von ‚delectare' und ‚prodesse' ebenso wieder wie in Kants Unterscheidung von ‚ästhetischem Genuss' und ‚ästhetischer Distanz' (Kant, 1790), in Goethes Verbindung von genießendem Urteilen und urteilendem Genießen (Goethe, 1819, S. 337), in John Deweys Unterscheidung von Wahrnehmung und Verstehen (Dewey, 1931, S. 140–142) oder in der von Hans Robert Jauß betonten Einheit „von verstehendem Genießen und genießendem Verstehen" (Jauß, 1982, S. 85). Deutschdidaktisch kehren die emotionalen und kognitiven Facetten ästhetischer Bildung in Forschungen zur ästhetischer Wahrnehmungs- (Abraham, 2000) und Imaginationsfähigkeit (Spinner, 1998) bzw. zur ästhetischen Interpretations- (Zabka, 2003) und Verstehenskompetenz (Frederking, Meier, Brüggemann, Gerner & Friedrich, 2011) wieder.

Beide Seiten ästhetischer Bildung dienen im Rahmen von ÄSKIL als theoretische Orientierungspunkte. Ein Gespräch über Literatur wird zu einem literarischen Gespräch, wenn es Erleben und Verstehen, Genießen und Urteilen, Wahrnehmen und Interpretieren, Imaginieren und Deuten gleichermaßen ermöglicht bzw. fördert. Nur dann kann es als ‚gelungen' bezeichnet werden und die ästhetischen Potentiale des literarischen Textes zur Entfaltung bringen. Gelingende literarästhetische Kommunikation im Unterricht lässt sich in diesem Sinne an der Realisierung von zwei Zielen festmachen: 1. eine themenspezifische kognitive Aktivierung, die sich u.a. in einem tieferen Verstehen des literarischen Textes und seiner Ästhetik infolge des Gespräches zeigt; 2. eine Intensivierung der emotionalen Verarbeitung der durch den Text ausgelösten Rezeptionseindrücke, die sich z.B. an verbalisierten Stimmungen und Einstellungen nach dem Gespräch ablesen lässt.

Diese Zielsetzungen gelten auch und gerade für schulische Realisierungen. Die ausschließliche Beschränkung von Unterrichtsgesprächen auf das kognitive Verstehen eines Kunstwerkes verfehlt folglich den Maßstab gelingender ästhetischer Kommunikation im Literaturunterricht ebenso wie das Verharren im Modus affektiven Genusses.[1] Damit sind hohe Maßstäbe benannt. Schulisches Sprechen über Literatur, das die gemachten ästhetischen Erfahrungen nicht verschüttet, sondern vertieft bzw. erweitert, ist didaktisch wie methodisch äußerst anspruchsvoll. Von den Lehrkräften fordert es die Fähigkeit zur Initiierung und Strukturierung von Unterrichtsgesprächen über literarische Texte, in denen die Erschließung und Vertiefung ästhetischer Erfahrung nicht durch restriktive Frage-Antwort-Muster unterlaufen wird. Die Interaktionspartner(innen) mündlicher ästhetischer Kommunikation müssen die Möglichkeit erhalten, sich mit ihren ästhetischen Erfahrungen einzubringen – und zwar in emotionaler wie rationaler Form: Kein Zerreden der ästhetischen Erfahrung, kein wortloses Schwelgen in ihr. Allerdings: So notwendig die sprachliche „Veräußerlichung" (Spinner, 1998, S. 51) im Unterrichtsgespräch ist, so wichtig ist das Bewusstsein, dass „alles, was im Unterricht geäußert wird, immer nur verstanden werden kann als ausschnitthafte Veräußerlichung von dem, was an ästhetischer Imagination im Innern der Schüler(innen) reicher und differenzierter geschehen soll" (Spinner, 1998, S. 51).

---

1 Unterrichtsgespräche über Literatur sind natürlich nicht immer im Sinne der hier beschriebenen ästhetischen Kommunikation angelegt – und dies wäre im Rahmen von Schule auch nicht sinnvoll. So ist es gleichfalls legitim und notwendig im Unterricht auch über Wissensbestände zu sprechen, über den ‚Erfolg' eines Werkes, über die literarische Sprache oder über zu lernende Gattungs- oder Epochenaspekte.

3.4 Die Vergleichbarkeit literarästhetischer Kommunikationsprozesse

Eine dritte, im Rahmen des ÄSKIL-Projekts zu klärende Grundsatzfrage betrifft die Vergleichbarkeit literarästhetischer Kommunikation im Deutschunterricht. Lässt sich bei Gesprächen über Kunst eine gemeinsame Struktur erzeugen? Woraus lassen sich dafür Kriterien ableiten? Wie kann in den Treatments zur literarästhetischen Kommunikation ein vergleichbarer Ablauf unter Wahrung kommunikativer Offenheit sichergestellt werden?

Auch für diesen Komplex an Grundsatzfragen kann auf das LUK-Projekt zurückgegriffen werden, genauer auf das in diesem Rahmen entwickelte dreidimensionale Modell literarästhetischer Verstehenskompetenz. Unterschieden werden in diesem Sinne folgende Teildimensionen (vgl. dazu ausführlicher Frederking, Meier, Brüggemann, Gerner & Friedrich, 2011):

1. Semantische literarästhetische Verstehenskompetenz (die Fähigkeit zum Erschließen zentraler Inhalte, Sinnstrukturen und Deutungsspielräume eines literarischen Textes).

2. Idiolektale literarästhetische Verstehenskompetenz (die Fähigkeit zum Erfassen der formalen Spezifika eines literarischen Textes und ihrer ästhetischen Funktion mit Blick auf kognitive wie emotionale Wirkungsaspekte).

3. Kontextuelle literarästhetische Verstehenskompetenz (die Fähigkeit zum Erfassen außertextlicher Bezüge (Werk, Autor, Gattung, Epoche, Historie, Kultur, Philosophie, Motiv- bzw. Mentalitätsgeschichte etc.).

Für das ÄSKIL-Projekt werden diese drei theoretisch modellierten und empirisch überprüften Teildimensionen herangezogen, um die geplanten Gespräche inhaltlich zu strukturieren und eine Vergleichbarkeit zu ermöglichen. Entsprechend sollen alle Gespräche über die eingesetzten literarischen Texte in ihrer Abfolge durch die Kategorien Semantik, Idiolekt und Kontext strukturiert werden.

4 Erhebungsdesign – methodisches Vorgehen – Ergebnishypothesen

4.1 Das Erhebungsdesign

Auf der Grundlage der im vorangegangenen Kapitel skizzierten Überlegungen werden im Rahmen von ÄSKIL zwei Grundtypen sprachlicher Interaktion über Literatur vergleichend untersucht – Typus A und Typus B. Typus A wird als Modellbaustein gelingender literarästhetischer Kommunikation im Literaturunterricht verstanden, theoretisch modelliert und empirisch erforscht. Den Schüler(inne)n werden hier sowohl kognitive als auch emotional-affektive Verarbeitungsmöglichkeiten des literarischen Textes und seiner spezifischen Ästhetik eröffnet. Nicht Lehrerfragen, sondern Schülerinteressen, die sich aus der Begegnung mit dem literarischen Text und seinen ästhetischen Wirkpotentialen ergeben, sollen die Kommunikationsprozesse primär leiten. Typus A entspricht damit den Prinzipien schülerorientierter Kommunikation (vgl. Becker-Mrotzek & Vogt, 2009, S. 184–186). Diese erhält durch den literarischen Gegenstand ihre spezifische Prägung. Entfalten kann der Text seine besonderen ästhetischen Potentiale auf der Basis eines

Lehr-Lern-Arrangements, das aus der Didaktik und Methodik des so genannten identitätsorientierten Literaturunterrichts übernommen wird (Kreft, 1977; Frederking, 2010b): Schüler- und Gegenstandsorientierung werden auf der Basis eines 3-Phasen-Modells unterrichtlicher Lehr-Lern-Prozesse miteinander verknüpft (vgl. Frederking, 2010b, S. 441–445). Als Ausgangs- und Bezugspunkte der literarischen Gespräche fungieren in diesem Sinne Fragen, Eindrücke, Beobachtungen, Hypothesen, Deutungsansätze etc. der Schüler(innen) zu dem literarischen Text, die durch spezielle schriftbasierte Einstiegsarrangements (Schreibgespräch, persönlich ausgewählte Schlüsselzitate, Cluster, Meta-Cluster etc.) initiiert werden. Auf dieser Basis können subjektive emotionale und kognitive Rezeptionseindrücke bewusst gemacht und in das anschließende Gespräch eingebracht werden. Phase 1 des Typus A ist mithin die Grundlage, damit aus einem Gespräch über Literatur ein literarisches Gespräch werden kann.

Typus B fungiert als Vergleichsmodell. In ihm dominieren Formen des fragend entwickelnden Unterrichtsgesprächs, wie es in der linguistischen Kommunikationsforschung beschrieben wurde (vgl. Becker-Mrotzek & Vogt, 2009, S. 84–85 und 180–182). Bei diesem Typus werden in Phase 1 nicht Schüler-, sondern Lehrer- und Gegenstandsorientierung verbunden. Entsprechend sollen schriftliche Antworten der Schüler(innen) auf vorformulierte Fragen bzw. Einstiegsaufgaben des Testleiters bzw. der Testleiterin die Gesprächssequenzen einleiten. Emotionen, persönliche Assoziationen und ästhetische Erfahrungsmomente werden durch den Lehrer nicht durch Worte oder spezielle Unterrichtsarrangements angeregt und auch nicht vertieft. Es bleibt bei einem Gespräch über Literatur, ohne dass das spezifisch Literarästhetische des Textes die Kommunikation prägt und ein genuin literarisches Gespräch entstehen lässt. Die Schriftbasiertheit der Einstiegsarrangements ist – neben der Identität der literarischen Texte – Grundlage für die Vergleichbarkeit von Typus A und B in der Gesprächseröffnungsphase.

In Phase 2 der Gespräche wird die Vergleichbarkeit durch die inhaltliche und strukturelle Orientierung an dem Drei-Dimensionen-Modell aus dem LUK-Projekt (vgl. Kap. 3) hergestellt. Entsprechend sollen alle Gespräche des Typus A und B semantische, idiolektale und kontextuelle Aspekte enthalten und sukzessive behandeln. Dabei variieren die kommunikativen Ordnungen (vgl. Becker-Mrotzek & Vogt, 2009, S. 179). Typus B ist fragend-entwickelnd und lehrerzentriert strukturiert. Im Typus A können semantische, idiolektale und kontextuelle Aspekte zwar ebenfalls vom Testleiter bzw. von der Testleiterin eingebracht werden, sofern sie nicht von den Schüler(inne)n selbst genannt werden. Allerdings beziehen diese Fragen und Impulse die Perspektive der Schüler(innen) mit ein, indem sie bewusst auf deren in der Eröffnungsphase genannten Fragen, Deutungshypothesen etc. rekurrieren. Überdies werden die Schüler(innen) im Rahmen des Gesprächs immer wieder zur Formulierung neuer Fragen und Deutungshypothesen ermuntert.

In Phase 3 der Gespräche werden sowohl in Typus A als auch in Typus B Fragen zur Reflexion und Bewertung des literarischen Textes in inhaltlicher, formaler und aktueller Hinsicht diskutiert. In Typus A geschieht dies unter Einbeziehung von Gefühlen und persönlichen Einschätzungen.

4.2 Untersuchungsmethoden

Um die Gesprächstypen A und B empirisch untersuchen zu können, sollen in 16 bayerischen Gymnasialklassen der 10. Jahrgangsstufe, d.h. mit einer Stichprobengröße von ca. 400 Schüler(inne)n, Unterrichtsgespräche zu ausgewählten literarischen Texten geführt werden. Zuvor werden in einer Pilotierungsphase das Erhebungsdesign und die Erhebungsinstrumente überprüft und gegebenenfalls optimiert.

Die Studie wird im Rahmen eines quasi-experimentellen Designs durchgeführt. In einem ersten Schritt soll die kognitive Ausgangsleistung (Prätest) der Schüler(innen) im literarischen Textverstehen auf Basis eines LUK-Tests erfasst werden. Die emotionale Wirkung der literarischen Gespräche wird über Fragebögen erhoben.

Im Anschluss an die Prätestphase werden die Schüler(innen) innerhalb einer Klasse anhand ihrer mittleren Leistung parallelisiert und in gleich großen Gruppen zufällig auf die Treatmentgruppen (Typus A, Typus B) verteilt. Dabei wird der eingesetzte literarische Text im Unterrichtsgespräch variiert. Während eine Hälfte der Schüler(innen) aus Typus A und B einen lyrischen Text bearbeitet, wird ein epischer oder dramatischer Text in der jeweils zweiten Gruppe von Typus A bzw. B eingesetzt.

Anschließend wird die Leistung im literarischen Textverstehen erneut zeitnah erhoben (Posttest). Grundlage sind LUK-Items, die zu dem literarischen Text entwickelt wurden, der Gegenstand des Gespräches gewesen ist. Auf dieser Basis soll die kognitive Wirkung der Unterrichtsgespräche erfasst werden. Auch der Posttest beinhaltet zusätzliches Fragebogenmaterial zu kognitiven, emotionalen und motivationalen Aspekten. Zusätzlich sollen mit den Mitteln qualitativer Inhaltsanalyse (Frequenz-, Valenz-, Intensitäts- und Kontingenzanalysen) die per Videoaufzeichnung dokumentierten und später in Teilen transkribierten Kommunikationsprozesse ausgewertet werden (vgl. Mayring, 2010).

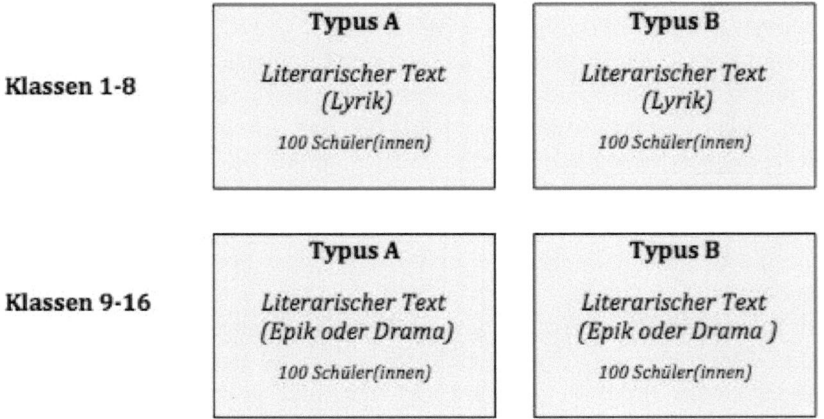

Abb. 1: Darstellung des quasi-experimentellen Designs der Studie

4.3 Erwartete Ergebnisse

Erwartet wird, dass Gespräche des Typus A im Hinblick auf die emotionale Wirkung und die Bewertung durch die Schüler(innen) deutlich bessere Ergebnisse zeigen als solche des Typus B. Schließlich erhalten Schüler(innen) der Treatment-Gruppe A während aller Gesprächs- bzw. Interaktionsphasen in sehr viel stärkerem Maße Gelegenheit zur Artikulation persönlicher Gefühle, Sichtweisen etc.. Dies schließt Irritationen, Abwehrreaktionen etc. bewusst mit ein. Sollte sich diese Annahme bestätigen, wäre ein solcher Befund für deutschdidaktische Theorieansätze bedeutsam, in denen der Aufbau eines nachhaltigen Interesses an literarischen Texten und literarischem Lesen zentral ist.

Erwartet wird darüber hinaus eine Steigerung des kognitiven Leistungsvermögens im Hinblick auf das literarische Textverstehen bei Schüler(inne)n, die Gespräche nach dem Typus A und des Typus B geführt haben. Ein solcher Leistungszuwachs in den Treatmentgruppen des Typus A ist insbesondere im Zusammenhang mit Aufgaben wahrscheinlich, die auf die Erfassung textseitig intendierter Emotionen und Empathieleistungen abzielen (vgl. Frederking & Brüggemann, 2012). Da diese Schüler(innen) in stärkerem Maße eigene Emotionen, Imaginationen und empathische Reaktionen in Bezug auf den literarischen Text artikulieren und kommunikativ verarbeiten können, sollten sie auch bessere Ergebnisse beim Lösen von Items zeigen, die sich auf textseitig verarbeitete bzw. intendierte Emotionen beziehen oder zu Empathleistungen herausfordern. Theoretisch plausibel ist aber auch eine Leistungssteigerung der Treatment A-Schüler(innen) bei Aufgaben, die sich auf andere semantische, idiolektale und kontextuelle Aspekte beziehen. Denn weil ihre Fragen und Deutungshypothesen über den literarischen Text ernst genommen und in das Gespräch eingebunden werden, könnte das Interesse der Schüler(innen) und der Grad ihrer inneren Beteiligung an den Diskussionen gegenüber der Kontrollgruppe (Typus B) größer sein und sich in besseren Testleistungen niederschlagen. Werden diese Annahmen durch die ermittelten Ergebnisse erhärtet, ergäben sich weitere wichtige Anhaltspunkte für die Möglichkeit zur Optimierung von Gesprächsarrangements im Literaturunterricht auf empirisch abgesicherter Basis.

Doch selbst wenn sich diese Forschungshypothesen nicht oder nur teilweise bestätigen sollten, stellen die Befunde Bausteine für eine Deutschdidaktik dar, die sich von der verbreiteten Glaubens- zu einer noch zu etablierenden Evidenzorientierung weiterentwickelt.

Literatur

Abraham, U. (2000). Das a/Andere W/wahrnehmen. Über den Beitrag von Literaturgebrauch und literarischem Lernen zur ästhetischen Bildung im Deutschunterricht. *Mitteilungen des Deutschen Germanistenverbandes, 47* (1), 10–22.

Aristoteles (335 v. Chr.) (1982). *Poetik*. Übersetzt und herausgegeben von Manfred Fuhrmann. Stuttgart: Reclam.

Artelt, C. & Schlagmüller, M. (2004). Der Umgang mit literarischen Texten als Teilkompetenz im Lesen? Dimensionsanalysen und Ländervergleiche. In U. Schiefele, C. Artelt, W. Schneider & P. Stanat (Hrsg.), *Struktur, Entwicklung und Förderung von Lesekompetenz. Vertiefende Analysen im Rahmen von PISA 2000* (S. 169–196). Wiesbaden: Verlag für Sozialwissenschaften.

Baumert, J. (2002). Deutschland im internationalen Bildungsvergleich. In N. Killius, J. Kluge & L. Reisch (Hrsg.), *Die Zukunft der Bildung* (S. 100–150). Frankfurt/M.: Suhrkamp.

Becker-Mrotzek, M. (2008). Gesprächskompetenz vermitteln und ermitteln. In A. Bremerich-Vos, D. Granzer & O. Köller (Hrsg.), *Lernstandsbestimmungen im Fach Deutsch. Gute Aufgaben für den Unterricht*. Weinheim & Basel: Beltz.

Becker-Mrotzek, M. (2012). *Mündliche Kommunikationskompetenz*. In M. Becker-Mrotzek (Hrsg.), *Mündliche Kommunikation und Gesprächsdidaktik* (2. korrigierte Aufl.) (S. 66–83). Baltmannsweiler: Schneider Verlag Hohengehren.

Becker-Mrotzek, M. & Vogt, R. (2009). *Unterrichtskommunikation. Linguistische Analysemethoden und Forschungsergebnisse* (2., bearbeitete und aktualisierte Aufl.). Tübingen: Niemeyer.

Christ, H., Fischer, E., Fuchs, C., Merkelbach, V. & Reuschling, G. (1995). *„Ja aber es kann doch sein ..." In der Schule literarische Gespräche führen*. Frankfurt/M.: Peter Lang.

Denk, R. & Möbius, T. (2010). *Dramen- und Theaterdidaktik: Eine Einführung*. Berlin: Schmidt.

Dewey, J. (1931). *Kunst als Erfahrung*. Frankfurt/M.: Suhrkamp.

Eco, U. (1962). *Das offene Kunstwerk*. Frankfurt/M.: Suhrkamp.

Eco, U. (1972). *Einführung in die Semiotik*. München: Fink.

Eco, U. (1990). *Die Grenzen der Interpretation*. München: Deutscher Taschenbuch Verlag.

Eggert, H., Berg, H.C. & Rutschky, M. (1975). *Schüler im Literaturunterricht. Ein Erfahrungsbericht*. Köln: Kiepenheuer & Witsch.

Frederking, V. (2010a). Modellierung literarischer Rezeptionskompetenz. In M. Kämper-van den Boogaart & K.H. Spinner (Hrsg.), *Lese- und Literaturunterricht (Teil 1). Geschichte und Entwicklung. Konzeptionelle und empirische Grundlagen. Deutschunterricht in Theorie und Praxis* (S. 324–380). Baltmannsweiler: Schneider Verlag Hohengehren.

Frederking, V. (2010b). Identitätsorientierter Literaturunterricht. In V. Frederking, H.-W. Huneke, A. Krommer & C. Meier (Hrsg.), *Taschenbuch des Deutschunterrichts*. Band. 2: Literatur- und Mediendidaktik (S. 414–451). Baltmannsweiler: Schneider.

Frederking, V. & Brüggemann, J. (2012). Literarisch kodierte, intendierte bzw. evozierte Emotionen und literarästhetische Verstehenskompetenz. Theoretische Grundlagen einer empirischen Erforschung. In Frickel, D.A., Kammler, C. & Rupp, G. (Hrsg.), *Literaturdidaktik im Zeichen von Kompetenzorientierung und Empirie: Perspektiven und Probleme* (S. 15–40). Freiburg i. Br.: Fillibach.

Frederking, V., Roick, T. & Steinhauer, L. (2011). Literarästhetische Urteilskompetenz – Forschungsansatz und Zwischenergebnisse. In H. Bayrhuber, U. Harms, B. Muszynski, B. Ralle, M- Rothgangel, L.-H. Schön, H.J. Vollmer & G. Weigand (Hrsg.), *Empirische Fundierung in den Fachdidaktiken. Fachdidaktische Forschung*. Bd. 1 (S. 75–94). Münster: Waxmann.

Frederking, V., Meier, C., Stanat, P. & Dickhäuser, O. (2008). Ein Modell literarästhetischer Urteilskompetenz. *Didaktik Deutsch, 25*, 11–31.

Frederking, V., Meier, C., Brüggemann, J., Gerner, V. & Friedrich, M. (2011). Literarästhetische Verstehenskompetenz – theoretische Modellierung und empirische Erforschung. *Zeitschrift für Germanistik, 1*, 8–21.

Frederking, V., Henschel, S., Meier, Ch., Roick, T., Stanat, P. & Dickhäuser, O. (2012). Beyond Functional Aspects of Reading Literacy: Theoretical Structure and Empirical Validity of Literary Literacy. *L1-Educational Studies in Language and Literature, 12*, 35–56.

Frühwald, W. (1991). Humanistische und naturwissenschaftlich-technische Bildung: die Erfahrung des 19. Jahrhunderts. In W. Frühwald, H. R. Jauß, R. Koselleck, J. Mittelstraß & B. Steinwachs (Hrsg.), *Geisteswissenschaften heute. Eine Denkschrift* (S. 73–111). Frankfurt/M.: Suhrkamp.

Goethe, J. W. v. (1819). Brief an J.F. Rochlitz am 13.6.1819. In J. W. v. Goethe, *Gedenkausgabe der Werke, Briefe und Gespräche.* Hrsg. von Ernst Beutler. Band 21. Zürich: Artemis-Verlag.

Groeben, N. (2002). Zur konzeptionellen Struktur des Konstrukts ‚Lesekompetenz". In N. Groeben & B. Hurrelmann (Hrsg.), *Lesekompetenz. Bedingungen, Dimensionen, Funktionen* (S. 11–21). Weinheim und München: Juventa.

Grzesik, J., Fleischhauer, P. & Meder, N. (1982). *Interaktions- und Leistungstypen im Literaturunterricht. Eine handlungstheoretische Feldstudie unterrichtlicher Komplexität.* Opladen: Westdeutscher Verlag.

Handke P. (1969): Die Aufstellung des 1. FC Nürnberg vom 27.1.1968. In P. Handke (Hrsg.), *Die Innenwelt der Außenwelt der Innenwelt* (S. 59). Frankfurt/M.: Suhrkamp.

Härle, G. (2011). „und am Schluss weiß ich trotzdem nicht, was der Text sagt". Grundlagen, Zielperspektiven und Methoden des Literarischen Unterrichtsgesprächs. In M. Steinbrenner, J. Mayer, & B. Rank (Hrsg.), *„Seit ein Gespräch wir sind und hören voneinander". Das Heidelberger Modell des Literarischen Unterrichtsgesprächs in Theorie und Praxis.* Baltmannsweiler: Schneider Verlag Hohengehren.

Härle, G. & Steinbrenner, M. (2003). Der „Parcours des Textsinns" und das „wahre Gespräch". Zur verstehensorientierten Didaktik des literarischen Unterrichtsgesprächs. *Literatur in Wissenschaft und Unterricht, 3,* 247–278.

Härle, G. & Steinbrenner, M. (2004a). Das literarische Gespräch im Unterricht und in der Ausbildung von Deutschlehrerinnen und -lehrern. Eine Einführung. In G. Härle & M. Steinbrenner (Hrsg.), *Kein endgültiges Wort. Die Wiederentdeckung des Gesprächs im Literaturunterricht* (S. 1–24). Baltmannsweiler: Schneider Verlag Hohengehren.

Härle, G. & Steinbrenner, M. (Hrsg.). (2004b). *Kein endgültiges Wort. Die Wiederentdeckung des Gesprächs im Literaturunterricht.* Baltmannsweiler: Schneider Verlag Hohengehren.

Humboldt, W. v. (1800). *Bildung und Sprache.* Hrsg. v. Claus Menze. Paderborn: Schöningh.

Iser, W. (1976). *Der Akt des Lesens. Theorie ästhetischer Wirkung.* München: Fink

Iser, W. (1991). *Das Fiktive und das Imaginäre. Perspektiven literarischer Anthropologie.* Frankfurt/M.: Suhrkamp.

Jakobson, R. (1971). Linguistik und Poetik. In J. Ihwe (Hrsg.), *Literaturwissenschaft und Linguistik. Ergebnisse und Perspektiven* (S. 142–178). Frankfurt/M.: Athenaium Verlag.

Jauß, H. R. (1982). *Ästhetische Erfahrung und literarische Hermeneutik.* Frankfurt/M.: Suhrkamp.

Kammler, C. (Hrsg.). (2006), *Literarische Kompetenzen – Standards im Literaturunterricht. Modelle für die Primar- und Sekundarstufe.* Seelze: Kallmeyer/Klett.

Kämper-van den Boogaart, M. (2005). *Lässt sich normieren, was als literarische Bildung gelten soll? Eine Problemskizze am Beispiel von Brechts Erzählung „Der hilflose Knabe".* In H. Rösch (Hrsg.), *Kompetenzen im Deutschunterricht. Beiträge zur Literatur-, Sprach- und Mediendidaktik* (S. 27–50). Frankfurt/M.: Peter Lang,

Kant, I. (1790). Kritik der ästhetischen Urteilskraft. In I. Kant: *Kritik der Urteilskraft. Werkausgabe Band X* (S.115–301). Hrsg. von Wilhelm Weischedel. Frankfurt/M.: Suhrkamp.

Kirschenmann, J., Richter, C. & Spinner, K.H. (Hrsg.). (2011). *Reden über Kunst: Fachdidaktisches Forschungssymposion in Literatur, Kunst und Musik.* München: Kopäd.

Kreft, J. (1977). *Grundprobleme der Literaturdidaktik. Eine Fachdidaktik im Konzept sozialer und individueller Entwicklung und Geschichte.* Heidelberg: Quelle & Meyer.

Krommer, A. (2003). Das Verstehen literarischen Verstehens als interdisziplinäres Projekt. Anmerkungen zur Kognitionspsychologie Walter Kintschs aus deutschdidaktischer Sicht. In U. Abraham, A. Bremerich-Vos, V. Frederking & P. Wieler (Hrsg.), *Deutschdidaktik und Deutschunterricht nach PISA* (S. 165–187). Freiburg i. Br.: Fillibach.

Liebau, E. & Zirfas, J. (Hrsg.). (2008). *Die Sinne und die Künste. Perspektiven ästhetischer Bildung.* Bielefeld: transcript.

Mayring, P. (2010). *Qualitative Inhaltsanalyse. Grundlagen und Techniken* (11. aktualisierte und überarbeitete Aufl.) Weinheim & Basel: Beltz Verlag.

Mollenhauer, K. (1996). *Grundfragen ästhetischer Bildung. Theoretische und empirische Befunde zur ästhetischen Erfahrung von Kindern.* Weinheim: Juventa.

Nickel-Bacon, I., Groeben, N. & Schreier, M. (2000). Fiktionssignale pragmatisch. Ein medienübergreifendes Modell zur Unterscheidung von Fiktion(en) und Realität(en). *Poetica*, 2000 (3-4), S. 267–299.

OECD (2009). *Pisa 2009 Technical Report.* Verfügbar unter: http://www.oecd.org/dataoecd/13/31/48578479.pdf [20.04.2012]

OECD (2010). *PISA 2009. Ergebnisse: Was Schülerinnen und Schüler wissen und können. Schülerleistungen in Lesekompetenz, Mathematik und Naturwissenschaften* (Bd. I). Bertelsmann: Gütersloh.

Pieper, I. & Wieser, D. (2011). Forschungsüberblick: Empirische Studien zum Verstehen von Metaphern in literarischen Texten. *Didaktik Deutsch, 17* (30), 74–95.

Pieper, I. & Wieser, D. (Hrsg.) (2012). *Fachliches Wissen und literarisches Verstehen. Studien zu einer brisanten Relation.* Frankfurt/M.: Peter Lang.

Rosebrock, C. (2007). Anforderungen von Sach- und Informationstexten; Anforderungen literarischer Texte. In A. Bertschi-Kaufmann (Hrsg.), *Lesekompetenz – Leseleistung – Leseförderung. Grundlagen, Modelle und Materialien* (S. 50–66). Seelze-Velber: Kallmeyer/Klett.

Schiller, F. (1795). Über die ästhetische Erziehung des Menschen in einer Reihe von Briefen. In F. Schiller, *Werke*. Nationalausgabe, Bd. 20. (S. 309–412). Weimar: Böhlau.

Spinner, K.H. (1998). Thesen zur ästhetischen Bildung im Deutschunterricht heute. *Der Deutschunterricht, 50* (6), 46–54.

Spinner, K.H. (2006). Literarisches Lernen. *Praxis Deutsch, 200*, 6–16.

Steinbrenner, M. (2004). *Aspekte des Verstehens bei Schleiermacher und ihre Bedeutung für die Literaturdidaktik und das literarische Gespräch.* In G. Härle & M. Steinbrenner (Hrsg.), *Kein endgültiges Wort. Die Wiederentdeckung des Gesprächs im Literaturunterricht* (S. 1–24). Baltmannsweiler: Schneider Verlag Hohengehren.

Steinbrenner, M., Mayer, J. & Rank, B. (Hrsg.). (2011). *„Seit ein Gespräch wir sind und hören voneinander". Das Heidelberger Modell des Literarischen Unterrichtsgesprächs in Theorie und Praxis.* Baltmannsweiler: Schneider Verlag Hohengehren.

Steinhauer, L. (2010). *Involviertes Lesen. Eine empirische Studie zum Begriff und seiner Wechselwirkung mit literarästhetischer Urteilskompetenz.* Freiburg: Fillibach Verlag.

Wermke, J. (1997). *Integrierte Medienerziehung im Fachunterricht. Schwerpunkt: Deutsch.* München: kopaed.

Werner, J. (1996). *Literatur im Unterrichtsgespräch – Die Struktur des literaturrezipierenden Diskurses.* München: Vögel.

Wieler, P. (1989). *Sprachliches Handeln im Literaturunterricht als didaktisches Problem.* Frankfurt/M.: Peter Lang.

Wieler, P. (1998). Gespräche über Literatur im Unterricht. Aktuelle Studien und ihre Perspektiven für eine verständnisorientierte Unterrichtspraxis. *Der Deutschunterricht, 50* (1), 26–37.

Wieler, P. (2010). *Vorlesen, Erzählen – Gespräche im Literaturunterricht.* In V. Frederking, A. Krommer & C. Meier (Hrsg.), *Taschenbuch des Deutschunterrichts. Band 2. Literatur- und Mediendidaktik* (S.283–298). Baltmannsweiler: Schneider Verlag Hohengehren.

Wieser, D. (2010). Gegenwärtiger Stand der empirischen Unterrichtsforschung zum Literaturunterricht. In M. Kämper-van den Boogaart & K.H. Spinner (Hrsg.), *Lese- und Literaturunterricht. Teil 2: Kompetenzen und Unterrichtsziele. Methoden und Unterrichtsmaterialien. Gegenwärtiger Stand der empirischen Unterrichtsforschung* (S. 329–360). Baltmannsweiler: Schneider Verlag Hohengehren.

Willenberg, H. (Hrsg.). (1987). *Zur Psychologie des Literaturunterrichts. Schülerfähigkeiten – Unterrichtsmethoden – Beispiele.* Frankfurt/M.: Diesterweg.

Wiprächtiger-Geppert, W. (2009). *Literarisches Lernen in der Förderschule: Eine qualitativ-empirische Studie zur literarischen Rezeptionskompetenz von Förderschülerinnen und -schülern in Literarischen Unterrichtsgesprächen.* Baltmannsweiler: Schneider Verlag Hohengehren.

Zabka, T. (2003). Interpretationskompetenz als Ziel der ästhetischen Bildung. *Didaktik Deutsch, 15,* 18–32.

Zabka, T. (2010). Ästhetische Bildung. In V. Frederking, A. Krommer & C. Meier (Hrsg.), *Literatur- und Mediendidaktik. Handbuch des Deutschunterrichts* (Bd. 2) (S. 452–468). Baltmannsweiler: Schneider Verlag Hohengehren.

Zabka, T. (2012). *Didaktische Analyse literarischer Texte. Theoretische Überlegungen zu einer Lehrerkompetenz.* In D. A. Frickel, / C. Kammler & G. Rupp (Hrsg.), *Literaturdidaktik im Zeichen von Kompetenzorientierung und Empirie. Perspektiven und Probleme* (S. 139–162). Freiburg i. Br.: Fillibach Verlag.

Fokus: Mathematik

Helmut Linneweber-Lammerskitten

Sprachkompetenz als integrierter Bestandteil der *mathematical literacy*?

1   Einleitung

Nicht selten ist im deutschsprachigen Raum in letzter Zeit von Eltern und Schülern, aber auch von Bildungspolitikern und Lehrern kritisiert worden, dass der Mathematikunterricht zu sprachlastig sei, dass die Lernumgebungen in den modernen Mathematikbüchern im Gegensatz zu den traditionellen Aufgabensammlungen zu große Anforderungen an die Sprachkompetenz der Schülerinnen und Schüler stellten und für die weniger Sprachbegabten eine Barriere bildeten, die ihnen den Zugang zur Mathematik versperrt. Diese Kritik ist ernst zu nehmen und sie wird von der Mathematikdidaktik ernst genommen, indem methodische Konzepte vorgestellt werden, die aufzeigen, wie unnötige Sprachbarrieren beseitigt und die sprachlichen Anteile im Mathematikunterricht reduziert werden können: nicht zuletzt durch verschiedene Formen des selbst-entdeckenden und selbst-gesteuerten Lernens, welches ohnehin auch aus anderen Gründen gegenüber Formen der Wissensvermittlung wie etwa des *direkten Unterrichts* bevorzugt wird. Mit dieser Kritik werden jedoch auch Vorstellungen vom Stellenwert der Sprache im mathematischen Denken, im Mathematikunterricht und im Konzept mathematischer Kompetenz transportiert, die schief, wenn nicht gar falsch sind, insbesondere die, dass Sprache dem mathematischen Denken äußerlich sei, d.h. dass Sprachkompetenz zwar zur Vermittlung des mathematischen Wissens und Könnens eine Rolle spiele, aber nicht „eigentlich" zum mathematischen Denken, zum Mathematikunterricht oder zur mathematischen Kompetenz gehöre. Im folgenden Beitrag werde ich auf die beiden letzten Punkte eingehen und zu zeigen versuchen, dass Sprachkompetenz als ein integrierter Bestandteil mathematischer Kompetenz im Sinne der *mathematical literacy* anzusehen ist und dass ein kompetenzorientierter Mathematikunterricht das Potential besitzt, zur Förderung kognitiv-linguistischer und sozial-kommunikativer Kompetenzen etwas Nennenswertes beizutragen.

Dazu werde ich zunächst die generelle Zielbestimmung und die Konzeption der *mathematical literacy* aus den PISA-Studien 2003 (OECD, 2003), welche beide auf einem hohen Abstraktionsniveau formuliert sind, auf die in ihnen angelegten sprachbezogenen Kompetenzerwartungen untersuchen und den Begründungskontext, in dem sie stehen, rekonstruieren. Unter dem gleichen Aspekt werden in einem zweiten Abschnitt Kompetenzbeschreibungen für Mathematik analysiert, die auf einem mittleren Abstraktionsniveau formuliert sind, wie es für die Festlegung nationaler Bildungsstandards von Experten vorgeschlagen wird (Klieme, Avenarius, Blum, Döbrich, Gruber, Prenzel, Reiss, Riquarts, Rost, Tenorth & Vollmer, 2003). Die Bildungsstandards Mathematik der Schweiz und das ihnen zugrunde liegende Kompetenzmodell aus dem HarmoS-

Mathematik-Projekt sind dazu besonders gut geeignet, weil sie explizite *Cando*-Formulierungen enthalten, aus denen kognitiv-linguistische Aktivitäten leicht abgeleitet werden können. Da das Modell trotz struktureller Unterschiede viele inhaltliche Gemeinsamkeiten mit anderen Kompetenzmodellen (OECD, 2003; NCTM, 2000; KMK, 2004) aufweist, lassen sich die gefundenen Resultate leicht auf diese übertragen. PISA-Testaufgaben beziehen sich zumeist auf mehr oder minder authentische Situationen der Realität, in denen es darum geht, ein Problem mit Hilfe von Mathematik zu lösen. Während es sich in der Realität jedoch in der Regel um soziale Situationen handelt, in denen die Problemstellung gemeinsam präzisiert, Lösungsansätze diskutiert und Vorschläge evaluiert werden, werden diese Situationen in einem *paper & pencil test* lediglich als Hintergrundszenarios beschrieben und die Probleme von den Testteilnehmern in Einzelarbeit gelöst: Kommunikative Kompetenz wird auf diese Weise nicht erfasst. Im Mathematikunterricht bietet sich hingegen die Möglichkeit, dem eigentlich intendierten Realszenario näherzukommen: Problemstellungen können in der Klasse präzisiert, Lösungsansätze in kleinen Gruppen diskutiert und gemeinsam oder in Einzelarbeit ausprobiert und weiterentwickelt werden. In einem dritten Abschnitt soll an zwei Beispielen eine mögliche Einbindung solcher Problemlösungsaufgaben im Mathematikunterricht beschrieben werden, bei der der sprachlich-kommunikative Aspekt angemessen berücksichtigt wird.

2 Sprach- und kommunikationsbezogene Aspekte der *mathematical literacy*

Die generelle Zielbestimmung und die Konzeption der *mathematical literacy* der PISA Studien hatten und haben einen großen Einfluss auf die Entwicklung von Bildungsstandards und Kompetenzmodellen im Fach Mathematik. Es ist deshalb sinnvoll, diese etwas genauer zu untersuchen und das Augenmerk darauf zu richten, in welche Beziehung kognitiv-linguistische und sozial-kommunikative Kompetenzen auf dieser hohen Abstraktionsebene zu mathematischen Kompetenzen im engeren Sinn gesetzt werden und welche Begründungs- respektive Legitimationsstruktur für diese Konzeption erkennbar ist. Unter „kognitiv-linguistischen Aktivitäten" sollen im folgenden kognitive Aktivitäten verstanden werden, die mit sprachlichen Aktivitäten entweder untrennbar verbunden sind, wie etwa „argumentieren", „benennen", „beurteilen", oder die sich in der Form eines „lauten Denkens" durch sprachliche Aktivitäten begleiten lassen. Mit „kognitiv-linguistischen Kompetenzen" sind diejenigen Kompetenzen gemeint, die sich auf solche Aktivitäten beziehen. Der zugrunde gelegte Kompetenzbegriff ist der in der Klieme-Expertise verwendete Begriff, der auf Weinert zurückgeht und sich dadurch auszeichnet, dass er neben kognitiven auch motivationale, volitionale und soziale Komponenten beinhaltet.

> Nach Weinert (2001, S. 27f.) versteht man Kompetenzen als ‚die bei Individuen verfügbaren oder durch sie erlernbaren kognitiven Fähigkeiten und Fertigkeiten, um bestimmte Probleme zu lösen, sowie die damit verbundenen motivationalen, volitionalen und sozialen Bereitschaften und Fähigkeiten, um die Problemlösungen

in variablen Situationen erfolgreich und verantwortungsvoll nutzen zu können'
(Klieme et al., 2003, S. 21).

Kompetent ist jemand in diesem Sinne erst dann, wenn er neben dem Wissen und Können auch motiviert ist, den Willen hat und bereit und fähig ist, allein und in Gemeinschaft mit anderen in unterschiedlichen Situationen angemessene Problemlösungen zu finden. Unter „sozial-kommunikativen Kompetenzen" sollen solche verstanden werden, die auf diskursive Tätigkeiten, auf das Aushandeln von Bedeutungen, den Austausch von Ansichten usw. ausgerichtet sind und somit auf die Fähigkeit und Bereitschaft, sich auf die Werthaltungen, Denkwege und Denkstrategien anderer einzulassen. Die Herausarbeitung der Begründungsstruktur ist wichtig, da sie indirekt Begründungen dafür oder dagegen liefert, die Konzeption der *mathematical literacy* anderen Konzeptionen mathematischer Kompetenz vorzuziehen.

Sehen wir uns zu diesem Zweck zunächst die Zielbestimmung der PISA-Studien in Mathematik an, wie sie im *Assessment Framework* zur PISA-Studie 2003 – der letzten Studie, in der die Mathematik im Mittelpunkt stand – formuliert wurden:

> The aim of the OECD/PISA study is to develop indicators that show how effectively countries have prepared their 15-years-olds to become active, reflective and intelligent citizens from the perspective of their uses of mathematics. To achieve this, OECD/PISA has developed assessments that focus on determining the extent to which students can use what they have learned. (OECD, 2003, S. 55)

Mit den PISA-Tests soll somit zweierlei erfasst werden: die Effektivität des Bildungssystems der beteiligten Länder einerseits und die mathematische Leistungsfähigkeit der Jugendlichen andererseits. Die entwickelten Assessments sollen zeigen, in welchem Maß die Jugendlichen in der Lage sind, das im Mathematikunterricht (und außerhalb desselben) Gelernte auch tatsächlich anzuwenden. Die u.a. auf diesen Assessments aufbauenden Indikatoren sollen zeigen, wie gut es den beteiligten Ländern mit Bezug auf die Mathematik gelungen ist, ihre Jugendlichen auf ihre Rolle in der Welt von morgen vorzubereiten. Die normative Grundlage dieser zweifachen Zielbestimmung ist leicht zu erkennen: ein Recht (aber auch eine Pflicht) des Individuums auf Emanzipation, Selbstverwirklichung und gesellschaftliche Partizipation, eine Pflicht (aber auch ein Recht) der Gesellschaft, das Individuum bei dem Erwerb der dazu nötigen Kompetenzen zu unterstützen. Leitidee dieser normativen Grundlage ist das aus den Ideen der Aufklärung entstammende Ideal eines mündigen Staatsbürgers (*active, reflective and intelligent citizen*), welches, wenn man es weit genug fasst, Emanzipations-, Selbstverwirklichungs- und Partizipationsrechte des Individuums umfasst. Gleichzeitig entspringt daraus aber auch die Pflicht, sein Leben selbst zu gestalten, am gesellschaftlichen Leben teilzuhaben und Verantwortung für die Entwicklung der Gesellschaft zu übernehmen. Diesen Rechten und Pflichten des Individuums entsprechen Pflichten und Rechte der Gesellschaft, darunter die Pflicht, aber auch das Recht, die Jugendlichen auf ihre Rolle in der Welt von morgen vorzubereiten. Die Erziehung der Jugendlichen zu *active, reflective and intelligent citizens* wird als zentraler Bildungsauftrag der Schule und als übergeordnetes Ziel von Bildung und Erziehung angesehen. Der Mathematikunterricht und die mathematische Bildung erhalten von diesem Ziel ihre Legitimation: Mathematische Bildung ist gemäß dieser Konzeption wichtig, weil und insofern sie eine wichtige Voraussetzung für die Emanzipation, Selbstverwirklichung und gesellschaftliche Partizipation des einzelnen als *active, reflective and intelligent citizen* darstellt. Inhaltlich wird dies auf einem sehr abstrakten und allgemeinen Level begrifflich durch das Konzept der *mathematical literacy* wie folgt gefasst:

> Mathematical literacy is an individual's capacity to identify and understand the role that mathematics plays in the world, to make well-founded judgements and to use and engage with mathematics in ways that meet the needs of that individual's life as a constructive, concerned and reflective citizen. (OECD, 2003, S. 24)

Diese Bestimmung der *mathematical literacy* wird im *assessment framework* (OECD, 2003, S. 24ff.) näher erläutert und ergänzt. Nimmt man diese Erläuterungen und Ergänzungen mit hinzu, so umfasst *mathematical literacy* u.a. die folgenden Kompetenzen:

- mathematisches Wissen und Können in einer Vielzahl von unterschiedlichen Situationen auf verschiedene, überlegte und auf Einsicht beruhende Weisen zur Anwendung zu bringen;[1]
- die Rolle zu erkennen und zu verstehen, die die Mathematik in der Natur und im sozialen und kulturellen Umfeld spielt, in dem das Individuum lebt;[2]
- mit Hilfe der Mathematik wohlbegründete Urteile abgeben;
- Mathematik in einer Weise nutzen, die den Bedürfnissen eines Individuums mit Bezug auf sein Privatleben, Berufsleben, Zusammenleben mit Gleichaltrigen und Verwandten sowie sein Leben als Bürger in einer Gemeinschaft mit anderen entspricht;[3]
- sich mit Mathematik beschäftigen: durch Austausch, Bezugnahme und Prüfung, aber auch aus Wertschätzung von und Freude an Mathematik.[4]

Offensichtlich gehören zu den hier auf hohem Abstraktionsniveau formulierten Kompetenzen auch kognitiv-linguistische und sozial-kommunikative Komponenten. Ein Verstehen der Rolle, die die Mathematik in der Welt spielt, ist sowohl auf Sprache als auch auf eine diskursive Auseinandersetzung mit der Weltsicht anderer angewiesen. Dabei ist das, was unter „Welt" zu verstehen ist, sehr weit gefasst, dazu gehört nicht nur die Welt der Naturwissenschaften und der Technik, sondern das ganze natürliche, gesellschaftliche und kulturelle Umfeld, in dem das Individuum lebt. Neben das epistemisch ausgerichtete Identifizieren und Verstehen mathematischer Strukturen in der Welt soll die handlungsorientierte Fähigkeit treten, von der Mathematik in verschiedenen Lebensbereichen (*private, occupational, social, political*) Gebrauch zu machen. Die genannten Bereiche – zu ergänzen wären gegebenenfalls noch weitere wie etwa *educational, scientific, cultural*

---

1 „The term ‚mathematical literacy' has been chosen to emphasise mathematical knowledge put to functional use in a multitude of different situations in varied, reflective and insight-based ways" (OECD, 2003, S. 25).

2 „The term ‚the world' means the natural, social and cultural setting in which the individual lives" (OECD, 2003, S. 25).

3 „The phrase ‚that individual's life' includes his or her private life, occupational life, and social life with peers and relatives, as well as life as a citizen of a community" (OECD, 2003, S. 25).

4 „The term ‚to use and engage with' […] also implies a broader personal involvement through communicating, relating to, assessing and even appreciating and enjoying mathematics." (OECD, 2003, S. 25; Hervorhebung im Original).

etc. – erinnern an die Einteilung von Domänen im *Common European Framework of Reference for Languages (CEFR)* (COE, 2001, S. 10) und vor allem daran, dass diese Bereiche jeweils durch spezifische Sprach- und Kommunikationsformen geprägt sind. Ausdrücke wie „identify and understand" und „well-founded judgements" verweisen auf Aktivitäten, die sowohl kognitiver als auch sprachlicher Natur sind. Identifizieren, verstehen und beurteilen kann man etwas nur, indem man es gedanklich und sprachlich zu Anderem in Beziehung setzt. „*Knowledge*" bezieht sich auf Aktivitäten, die zwar nonverbal denkbar sind, sich in der Regel aber durch „lautes Denken" versprachlichen lassen.

Fazit: Die Verpflichtung der Gesellschaft, ihre Jugendlichen auf das Leben in der Welt von morgen und auf ihre Rolle als *active, reflective and intelligent citizen* vorzubereiten, wird in den PISA-Studien als Konsens der an der Untersuchung beteiligten Länder unterstellt. Teilt man die Auffassung – unabhängig davon, wie man im Einzelnen zu den PISA-Tests, den psychometrischen Methoden, den Interpretationen und Resultatdarstellungen steht –, dass diese Verpflichtung besteht und als Legitimationsgrund einer allgemeinen Schulpflicht anzusehen ist, so wird man nicht umhin können, auch die in dem Ideal der Emanzipation, Selbstverwirklichung und Partizipation angelegten sozialen, sprachlichen und kommunikativen Komponenten anzuerkennen. Mit Bezug auf den Mathematikunterricht bedeutet dies, bei der Planung von Curricula ebenso wie bei der Vorbereitung des Mathematikunterrichts mitzubedenken, in welchen Realsituationen/ -kontexten mathematische Kompetenzen, Fähigkeiten, Fertigkeiten und Haltungen gebraucht werden und in welcher Weise diese mit sozialen, sprachlichen und kommunikativen Komponenten verbunden sind. Dies betrifft natürlich nicht nur das Fach Mathematik, sondern alle Schulfächer (vgl. MSW NRW, 1999). Unter dem Label *language(s) in other subjects* sind dazu auf der Plattform des Europarats[5] für einige Fächer bereits Arbeiten erschienen (Beacco, 2010 für Geschichte; Vollmer, 2010 für Naturwissenschaften; Pieper, 2011 für Literatur; Linneweber-Lammerskitten 2012c für Mathematik; Beacco, Coste, van de Ven & Vollmer, 2010 geben eine generelle Einführung).

3 Sprach- und kommunikationsbezogene Aspekte der HarmoS-Bildungsstandards Mathematik

Das Verhältnis von allgemeinen Bildungszielen und Bildungsstandards ist nicht das einer logischen Deduktion, sondern ein Verhältnis der Legitimation: Bildungsstandards lassen sich nicht aus allgemeinen Bildungszielen ableiten, aber durch sie legitimieren (Klieme et al., 2003, S. 5, S. 50ff.). Sie konkretisieren die allgemeinen Bildungsziele in Form von Kompetenzanforderungen: „Sie legen fest, über welche Kompetenzen ein Schüler, eine Schülerin verfügen muss, wenn wichtige Ziele der Schule als erreicht gelten sollen. Systematisch geordnet werden diese Anforderungen in Kompetenzmodellen, die Aspekte, Abstufungen und Entwicklungsverläufe von Kompetenzen darstellen." (Klieme et al., 2003, S. 21). Bildungsstandards und die mit ihnen verbundenen Kompetenzmodelle können in dem Maß als berechtigt angesehen werden, in dem sie als gesellschaftlich

---

5   http://www.coe.int/t/dg4/linguistic/langeduc/BoxD2-OtherSub_en.asp

akzeptierbare Konkretisierungen allgemeiner Bildungsziele verstanden werden können (inhaltliche Legitimation) und durch die dafür zuständigen Institutionen rechtlich in Kraft gesetzt werden (formale Legitimation). Im Gegensatz zur *literacy*-Konzeption von PISA, bei der die Kompetenzen sehr abstrakt beschrieben und das Ideal des *active reflective and intelligent citizen* rechtlich unverbindlich bleibt, sind nationale Bildungsstandards und ihre Kompetenzmodelle rechtlich verbindlich und legitimieren sich inhaltlich als Konkretisierungen allgemeiner Bildungsziele.

Im Unterschied zu den Regelstandards in Deutschland (vgl. KMK, 2004) sind die Bildungsstandards in der Schweiz als „Grundkompetenzen" konzipiert, d.h. sie legen – im Sinne von Mindeststandards (Klieme et al., 2003, S. 22) – fest, über welche Kompetenzen *(fast) alle* Schülerinnen und Schüler am Ende der obligatorischen Schulzeit verfügen sollten. Sie sind – klarer als Regelstandards – in zweifacher Weise normativ auf Rechte und Pflichten bezogen. Sie formulieren zum einen Ansprüche und Erwartungen an die Schülerinnen und Schüler und konkretisieren damit die inhaltliche Seite der Schulpflicht als ethisch-rechtlichen Anspruch der Gesellschaft an den einzelnen. Sie formulieren zum anderen (und sogar primär) den Anspruch und die Erwartung an die Gesellschaft, ausreichende mathematische Grundkompetenzen *für alle* zu realisieren, und konkretisieren damit den ethisch-rechtlichen Anspruch des einzelnen auf (mathematische) Bildung.

Das HarmoS-Kompetenzmodell Mathematik (Linneweber-Lammerskitten & Wälti, 2005, 2006, 2008) wurde als Referenzmodell für die Festlegung von mathematischen Bildungsstandards in der Schweiz von einem Expertenkonsortium aus den drei großen Sprach- und Kulturregionen der Schweiz entwickelt (EDK, 2011; CDIP, 2011; CDPE, 2011). Es handelt sich um ein mehrdimensionales Modell, in dem verschiedene, für die Beschreibung von mathematischen Kompetenzen wichtige Aspekte und Faktoren in eine systematische Ordnung gebracht werden. Wichtig für das Folgende sind vor allem die Inhaltsdimension („Kompetenzbereiche") und die Prozess-/Handlungsdimension („Kompetenzaspekte"); weitere Dimensionen betreffen das Kompetenzniveau, die Kompetenzentwicklung sowie motivationale und soziale Momente mathematischer Kompetenz.

Die folgende Aufstellung, die sich auf die Mindeststandards für die Jahrgangsstufe 11 (der etwa 15-Jährigen am Ende der obligatorischen Schulzeit) bezieht (EDK, 2011, S. 18–27), abstrahiert von spezifischen inhaltlichen Komponenten der fünf Kompetenzbereiche (Zahl und Variable, Form und Raum, funktionale Zusammenhänge, Größen und Maße, Daten und Zufall) und fasst ähnliche Aktivitätsbeschreibungen der acht Kompetenzaspekte zusammen:

1. *Wissen, Erkennen und Beschreiben*
   Fachausdrücke verstehen, verwenden und erklären; Fachausdrücke den entsprechenden Objekten und Eigenschaften zuordnen und umgekehrt; Formen und Muster erkennen, unterscheiden und beschreiben; Gesetze und Regeln kennen und mit eigenen Worten wiedergeben; Sachverhalte erfassen und beschreiben

2. *Operieren und Berechnen*
   Berechnungen, Umformungen und Konstruktionen durchführen (schriftlich, halb schriftlich oder mündlich, mit und ohne Hilfsmittel)

3. *Instrumente und Werkzeuge verwenden*
   elektronische Hilfsmittel (Taschenrechner, Computer), Nachschlagewerke (z.B. Formelsammlungen), Konstruktionswerkzeuge (Zirkel, Geodreieck) benutzen

4. *Darstellen und Kommunizieren*
   die Berechnungen, Umformungen, Konstruktionen, Begründungen anderer verstehen und eigene Überlegungen so formulieren und darstellen, dass sie für andere nachvollziehbar und dem Gegenstand angemessen sind

5. *Mathematisieren und Modellieren*
   (Problem-)Situationen (des Alltags) mit mathematischen Mitteln interpretieren, beschreiben und modulieren, um eine Lösung unter Zuhilfenahme von mathematischen Mitteln zu ermöglichen

6. *Argumentieren und Begründen*
   Behauptungen aufstellen und begründen, Überlegungen und Rechenwege transparent machen und rechtfertigen; für mathematische Phänomene und Gesetzmässigkeiten eine anschauliche Begründung geben; einfache Argumentationen, Beweise und Gegenbeispiele verstehen und reproduzieren

7. *Interpretieren und Reflektieren der Resultate*
   eigene und fremde Resultate auf ihre Richtigkeit überprüfen, die Resultate mit Blick auf die ursprüngliche Problemstellung interpretieren und ihre Verwendbarkeit für zukünftige Problemlösungen überdenken

8. *Erforschen und Explorieren*
   mathematische Zusammenhänge und Gesetzmässigkeiten erkunden und erforschen, Vermutungen aufstellen und durch systematisches Ausprobieren bestätigen oder widerlegen

Einige der benutzten Infinitivkonstruktionen nehmen explizit Bezug auf Sprach- bzw. Kommunikationskompetenzen. Insbesondere in der ersten Gruppe von Tätigkeiten geht es ja im Kern um die Relationen zwischen den drei Ebenen des semantischen Dreiecks: Mathematische Objekte, Sachverhalte, Sätze, Operationen sollen begrifflich erfasst, aber auch terminologisch bezeichnet werden, mathematische Begriffe sollen an Beispielen exemplifiziert und (mit eigenen Worten) beschrieben werden, die Bedeutung von Fachtermini soll erklärt und durch Beispiele veranschaulicht werden. In der vierten Gruppe stehen das Verstehen der anderen und das verständliche Formulieren und Darstellen im Fokus.

Bei anderen Infinitivkonstruktionen sind implizit Sprachkompetenzen mitgedacht: ein echtes Verstehen, Behaupten, Interpretieren, Beschreiben, Begründen, Argumentieren, Rechtfertigen, Überprüfen, Überdenken, Vermutungen Aufstellen kommt vielleicht in einfachen Fällen mit rudimentären sprachlichen Mitteln aus, in der Regel sind hier aber anspruchsvollere Sprachkompetenzen gefordert, die weit über die Beherrschung einzelner Fachtermini hinausgehen.

Bei einer dritten Gruppe von Infinitivkonstruktionen ist zwar ein Erwerb durch reines Imitationslernen denkbar, z.B. beim Berechnen, Umformen, Konstruieren, dem Gebrauch von manuellen Hilfsmitteln etc. Doch ist aus mathematikdidaktischer Sicht auch hier immer ein sinnvolles Lernen anzustreben, sodass der Mechanisierung ein sprachbegleitetes Lernen vorhergehen und die Anwendung des Gelernten durch „lautes Denken" ergänzt werden können sollte.

Zu beachten ist, dass eine Reihe von Ausdrücken, die auf kognitiv-linguistische Aktivitäten hinweisen, auch außerhalb des Mathematikunterrichts gebraucht werden, im mathematischen Kontext aber eine spezielle Bedeutung bekommen. Eine „geometrische Behauptung begründen" bedeutet nicht einfach die Aktivität des Begründens, die die Schülerinnen und Schüler z.B. aus dem Sachunterricht oder Deutschunterricht kennen, auf einen geometrischen Sachverhalt anzuwenden. Die Bezugnahme auf den mathematischen Kontext verändert vielmehr die Bedeutung des Wortes „begründen". Auch die sprachlichen Mittel, die zu einer solchen Begründung notwendig sind, lassen sich nicht immer einfach übertragen, ebenso wenig strategische Überlegungen oder die Kombination von normaler und formaler Sprache und Zeichnungen. Dies ist einer der Gründe dafür, dass der für den Mathematikunterricht notwendige Sprachaufbau nicht ohne weiteres in andere Fächer verlegt werden kann.

Fazit: Insofern mathematische Bildungsstandards und Kompetenzmodelle allgemeine Bildungsziele konkretisieren und operationalisieren, enthalten sie implizit oder explizit auch die Kompetenzerwartungen an sprachlich-kommunikative Kompetenzen, die in den allgemeinen Zielen, wie hier der *mathematical literacy*, angelegt sind. Am Beispiel der mathematischen Bildungsstandards der Schweiz lassen sich kognitiv-linguistische und sozial-kommunikative Kompetenzerwartungen aufgrund der explizit formulierten *Can-do*-Beschreibungen leicht verdeutlichen, die in anderen Kompetenzmodellen z.T. nur implizit vorhanden sind.

4 Authentische Problemlösungsaufgaben im Mathematikunterricht und ihre sprach- und kommunikationsbezogenen Implikationen[6]

Typische PISA-Aufgaben beschreiben – gegebenenfalls unterstützt durch Bildmaterial, Skizzen, Graphen und Tabellen – eine Situation, in der es darum geht, mit mathematischen Mitteln ein Problem zu lösen bzw. durch den Einsatz von Mathematik etwas zur Lösungsfindung beizutragen. Die Situationen bzw. Kontexte sind vielfältig, sie können im unmittelbaren Erlebnisbereich der Jugendlichen liegen und ihnen stärker vertraut sein oder weiter weg liegen und ihnen eher fremd sein. Die Fähigkeit, mathematisches Wissen und Können nicht nur in einem spezifischen engen Kontext, sondern in verschiedenen Situationen und Kontexten flexibel anzuwenden, ist einer der zentralen Aspekte mathematischer Kompetenz im Sinne der PISA-Definition der *mathematical literacy*.

Unabhängig von der Art der Situation, des Kontextes, der beteiligten übergreifenden Ideen, der charakteristischen Kompetenzen und der kognitiven Aktivitäten folgt eine idealtypische mathematische Problemlösung im Sinne von PISA dem in Abbildung 1 dargestellten Schema (OECD, 2003, S. 38). Es handelt sich um ein einfaches Grundmodell; in der deutschsprachigen Mathematikdidaktik werden daneben eine Reihe differen-

---

6 Zu einer ausführlicheren Darstellung und einem weiteren Beispiel siehe Linneweber-Lammerskitten (2012a, 2012b).

zierterer Modelle benutzt. Das Modell umfasst zwei Bereiche, die metaphorisch als unterschiedliche „Welten" bezeichnet werden: die reale Welt zur Linken und die mathematische Welt zur Rechten. Ein Problem, welches in der realen Welt auftaucht, soll schlussendlich auch einer Lösung in der realen Welt zugeführt werden. Dazu ist jedoch häufig ein Umweg über die mathematische Welt nötig, möglicherweise muss der Zirkel der Mathematisierung[7] auch mehrfach durchlaufen werden. In den Schritten 1–3 geht es darum, das realweltliche Problem in ein mathematisches Problem zu transformieren, indem die für eine mathematische Lösung wichtigen Merkmale stärker akzentuiert und irrelevante Details weggelassen werden. In Schritt 4 wird das transformierte Problem mit mathematischen Mitteln gelöst. In Schritt 5 wird die gefundene mathematische Lösung auf die reale Welt transformiert und geprüft, ob die so gefundene Lösung das Realproblem auch tatsächlich trifft und löst.

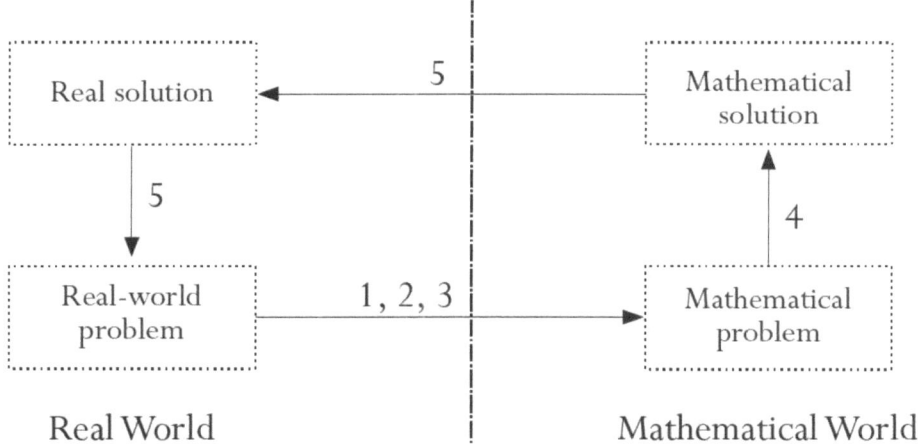

Abb. 1: *Idealtypische mathematische Problemlösung („Mathematisierung") nach PISA (OECD, 2003, S. 38)*

Das Modell verdeutlicht sehr gut, dass der Konzeption der *mathematical literacy* – wie auch anderen modernen Konzeptionen mathematischer Kompetenz – eine weit gefasste Vorstellung mathematischen Wissens und Könnens zugrunde liegt, die auch die Übergänge von der realen zur mathematischen Welt und umgekehrt als Bestandteil handlungs- und problemlösungsorientierten Mathematiktreibens erkennt und anerkennt und sich nicht auf den vierten Schritt beschränkt.

---

[7] Der Wortgebrauch ist nicht einheitlich: Man findet neben „mathematisation" (OECD, 2003, S. 38) häufig „Modellieren", aber auch „(mathematisches) Problemlösen", wobei mitunter nur Teile des Kreislaufs gemeint sind oder besonders akzentuiert werden sollen. Für das Folgende ist die Eingebundenheit in eine Situation das Entscheidende, was in den KMK-Bildungsstandards der Kompetenz K3 „Mathematisch modellieren" entspricht (Leiß & Blum, 2006, S. 40f.).

Sehen wir uns dazu als typisches Beispiel die PISA-Aufgabe „The Pizza" an:

> A pizzeria serves two round pizzas of the same thickness in different sizes. The smaller one has a diameter of 30 cm and costs 30 zeds. The larger one has a diameter of 40 cm and costs 40 zeds. Which pizza is better value for money? Show your reasoning. (OECD, 2003, S. 45)

In einem ersten Schritt ist eine Vorstellung der Realsituation zu entwickeln (Pizzeria, Angebot von Pizzen in zwei verschiedenen Grössen, Preisangaben) und die Aufgabenstellung/der Auftrag zu verstehen: herauszufinden, bei welchem der beiden Angebote man einen besseren Gegenwert für sein Geld bekommt, und die Überlegungen dazu zu dokumentieren. Die Antwort sollte also den Gedankengang, die Rechnung und die Auszeichnung einer der beiden Pizzen als „*better value for money*" umfassen.

In einem zweiten Schritt geht es darum, die für die Antwort relevanten Angaben zu identifizieren: dass es sich um kreisförmige Pizzen handelt, dass die Dicke keine Rolle spielt, welche Größe die beiden Pizzen haben und was sie kosten. „*Better value for money*" soll darauf hinweisen, dass nicht gefragt wird, welche Pizza billiger ist, sondern welche „mehr Pizza für ihr Geld" bietet, d.h. bei welcher das Verhältnis von „Größe" zu Preis „besser" ist. Zu einer richtigen Lösung muss dabei erkannt werden, dass zwar der Durchmesser die „Größe" der Pizza bestimmt, dass es aber nicht um das Verhältnis Durchmesser zu Preis, sondern um das Verhältnis Flächeninhalt zu Preis geht. Das Verhältnis Durchmesser zu Preis ist bei beiden Pizzaangeboten gleich. Ist erkannt, dass es um den Flächeninhalt geht, so ist die Formel zur Berechnung des Flächeninhalts eines Kreises bei gegebenem Durchmesser als zu ergänzende Information zu identifizieren. Diese mit der Aufgabe nicht mitgelieferte Information ist entweder im Gedächtnis verfügbar oder muss erfragt oder in einer Formelsammlung oder im Internet nachgeschlagen werden (was beides in der Prüfungssituation nicht möglich ist) – tatsächlich ist es nicht einmal nötig, eine exakte Formel zu besitzen, um die Aufgabe zu lösen – ich komme darauf zurück. Eine zweite Hürde stellt die Relation dar, in die die beiden Angebote zu setzen sind: „more value for money" kann als „mehr Pizza für dasselbe Geld" oder als „weniger Geld für dieselbe Menge Pizza" operationalisiert werden. Beide Ansätze können zwar zum richtigen Ergebnis führen, im ersten Fall geht es jedoch um den Vergleich von zwei Quotienten der Form (Flächeninhalt/Preis) und die Frage, welcher von beiden größer ist; im zweiten Fall geht es um den Vergleich von zwei Quotienten der Form (Preis/Flächeninhalt) und um die Frage, welcher von beiden kleiner ist. In einem dritten Schritt sind die Teile zu einer Problemstellung in der mathematischen Welt zusammenzuführen: Das Problem besteht nur noch darin, zwei Quotienten zu bestimmen und miteinander zu vergleichen. Zur Lösung in der mathematischen Welt sind im vierten Schritt Rechnungen und Vergleichsoperationen durchzuführen, wobei man von Rechenvorteilen Gebrauch machen kann. Im fünften Schritt ist die in der mathematischen Welt gefundene Lösung zu überprüfen, in die reale Welt zu transformieren und auf ihre Tauglichkeit hin zu überdenken. Schließlich sind der Gedankengang und die Rechnung in einer Weise darzustellen, dass sie für andere nachvollziehbar sind.

In welcher Weise kann man aus dieser Testaufgabe eine Lernaufgabe zur Förderung sprachlich-kommunikativer Aspekte mathematischer Kompetenz gewinnen? Die Situation, in der diese Aufgabe eingebettet ist, erinnert an typische Redesituationen im Fremdsprachenunterricht, was auch auf andere PISA-Aufgaben zutrifft. Dies ist nicht ganz zufällig so, da die Vorstellung der Situationseingebundenheit der PISA-Aufgaben stark vom *Gemeinsamen europäischen Referenzrahmen für Sprachen* geprägt ist. Um diesen Mathematisierungszirkel zu durchlaufen, sind zudem eine Reihe von kognitiven Aktivitäten nötig (OECD, 2003, S. 39), die einen kognitiv-linguistischen Charakter haben. Dies wird deutlich, wenn man diese Aktivitäten mit Hilfe von Redemitteln kennzeichnet, die bei der Verbalisierung der kognitiven Aktivitäten benutzt werden können:

- „Mathematisch relevant an diesem Problem ist nicht ..., sondern .... Vielleicht ist auch noch wichtig, dass ...";
- „Vielleicht kommen wir weiter, wenn wir das Problem anders formulieren. Wir können die Sache ja auch so verstehen ..., d.h. wir könnten versuchen ...";
- „... kann man etwas formaler so ... ausdrücken, bzw. mit einer Formel so ... wiedergeben";
- „das Problem hat eine ähnliche Struktur wie das xy-Problem, welches wir schon gelöst haben".

Anstatt das Problem des *better value for money* auf einer eher unpersönlichen Ebene wie in der Testaufgabe zu formulieren, könnte man im Unterricht den Auftrag geben, eine entsprechende Gesprächssituation in einer Pizzeria mit verteilten Rollen als Rollenspiel aufzuführen und dabei von diesen Redemitteln Gebrauch zu machen.

Wie würde sich eine entsprechende Situation für einen *active, reflective and intelligent citizen* in der Realität darstellen?

- handlungsbezogen, statt erkenntnisbezogen: „Welche Pizza soll ich bestellen?"
- diskursiv – eingebettet in eine kommunikative Situation: „Was wählst du?"
- Begründungen auf verschiedenen Ebenen:
  - „Ich nehme die größere, weil sie billiger ist."
  - „Ich nehme die kleinere, weil ich weniger Hunger habe."
  - „Ich nehme die kleinere, weil mir eine Pizza für 40zeds zu teuer ist."

Äußerungen dieser Art können dazu anregen – gegebenenfalls provoziert durch einen Impuls der Lehrperson – die beiden Vergleichsrelationen „mehr Pizza für dasselbe Geld" und „weniger Geld für dieselbe Menge Pizza" zu überdenken: Denn tatsächlich kann man weder das eine noch das andere bestellen, sondern hat die Wahl zwischen einer größeren Pizza, die mehr kostet als die kleine, und der kleinen, die weniger kostet als die große. Eingebettet in einen Diskurs mit anderen Schülerinnen und Schülern wird vielleicht deutlich, dass die Frage nach dem *better value for money* in einer nach marktwirtschaftlichen Gesetzen funktionierenden Gesellschaft zwar ein wichtiges, aber nicht das einzige Kriterium rationaler Entscheidungen ist.

Wie würde sich eine Gruppe von *active, reflective and intelligent citzens* in einer Pizzeria verhalten, wenn sich niemand der Beteiligten an die Formel zur Kreisflächenberechnung erinnern kann? Wer glaubt, das könne nicht geschehen, mache den Test – ein *active, reflective and intelligent citzen* zeichnet sich ja auch nicht dadurch aus, dass er alles weiß, sondern dass er lernfähig ist und sich zu helfen weiß. Eine typische Strategie in einem solchen Fall besteht darin, die Vorgabe zu vereinfachen: Wie wäre die Antwort, wenn beide Pizzen eine quadratische Form hätten und sich die Zentimeterangaben auf die Länge der Grundseiten bezögen? Bei der kleineren Pizza wäre die Fläche von 30 mal 30 cm^2 durch 30 zeds zu teilen, bei der größeren die Fläche von 40 mal 40 cm^2 durch 40 zeds zu teilen, wobei man durch Kürzen ohne Rechnen sofort „sieht", dass die größere Pizza das bessere *value for money* darstellt. In einem interessanten mathematischen Diskurs könnte man dann – bis die Pizzen serviert werden – gemeinsam überlegen, ob bzw. wieso sich die vereinfachte Situation mit quadratischen Pizzen auf die ursprüngliche Situation mit kreisförmigen Pizzen übertragen lässt.

Sehen wir uns als zweites Beispiel die Aufgabe „Das beste Auto" an, die als Beispielaufgabe zum PISA-Mathematiktest 2003 veröffentlicht wurde (OECD, o.J., S. 25–26). Die Aufgabe nimmt Bezug auf eine fiktive Berichterstattung in einem Auto-Magazin, bei welcher auf der Grundlage eines Punktbewertungssystems das „Auto des Jahres" gewählt werden soll (Abbildung 2) und knüpft daran zwei Fragen:

DAS BESTE AUTO

Ein Auto-Magazin verwendet ein Bewertungssystem, um neue Autos zu beurteilen und vergibt den Preis für das „Auto des Jahres" an das Auto mit der höchsten Gesamtpunktezahl. Fünf neue Autos werden bewertet und ihre Bewertungen werden in der Tabelle aufgelistet.

Auto	Sicherheits-merkmale (S)	Verbrauchs-freundlichkeit (V)	Äussere Erscheinung (Ä)	Innenaus-stattung (I)
Ca	3	1	2	3
M2	2	2	2	2
Sp	3	1	3	2
N1	1	3	3	3
KK	3	2	3	2

Die Bewertungen werden folgendermassen interpretiert:

3 Punkte = Ausgezeichnet
2 Punkte = Gut
1 Punkt = Mittelmässig

Abb. 2: „Das beste Auto" (OECD, o.J., S. 25)

„Um die Gesamtpunktzahl für ein Auto zu berechnen, verwendet das Auto-Magazin folgende Formel, die eine gewichtete Summe der einzelnen Bewertungspunkte ist:

Gesamtpunktzahl = $(3 \bullet S) + B + Ä + I$

Berechne die Gesamtpunktzahl für das Auto ‚Ca'." (OECD, o.J., S. 25)

„Der Hersteller von Auto ‚Ca' fand, dass die Formel für die Gesamtpunktzahl nicht fair sei. Schreib eine Formel zur Berechnung der Gesamtpunktzahl auf, so dass das Auto ‚Ca' der Gewinner sein wird. Deine Formel sollte jede der vier Variablen enthalten und du solltest deine Formel durch Einsetzen von positiven Zahlen in die vier Zwischenräume bei der folgenden Gleichung aufschreiben.

Gesamtpunktzahl = ……..• S + ……..• B + ……..• Ä + ……..• I " (OECD, o.J., S. 26)

In einem ersten Schritt ist wiederum eine Vorstellung der Realsituation zu entwickeln: Eine Autozeitschrift bewertet für die Preisvergabe zum „Auto des Jahres" fünf verschiedene Autos und benutzt dabei vier verschiedene Kriterien und ein Punktesystem von 1 für „mittelmäßig" bis 3 für „ausgezeichnet". Die vier Kriterien werden für die Gesamtbewertung nicht gleichgewichtig berücksichtigt, sondern gemäß einer angegebenen Formel. Die Antwort für die erste Frage besteht in der Angabe der Gesamtpunktzahl für das Auto Ca; die Antwort für die zweite Frage in der Angabe einer Formel, für die als Hilfe ein zu vervollständigendes Schema vorgegeben ist. Die Vorstellung von der Art der Antwort ist bei beiden Fragen von Bedeutung, da man bei der ersten Frage aufgrund des Titels erwarten würde, dass das „Auto des Jahres" respektive eine Rangliste aller Autos zu bestimmen ist. Bei der zweiten Frage würde man erwarten, dass eine Modifikation der Bewertungsformel vorgegeben wird, die die Kriterien anders gewichtet als beim ersten Mal und damit zu einer anderen Rangfolge führt. Ich komme darauf gleich zurück. Zur Beantwortung der ersten Frage sind in einem zweiten Schritt die notwendigen Informationen zu identifizieren: Die Gesamtpunktzahl für den Autotyp Ca ist mit Hilfe einer vorgegebenen Formel zu berechnen, die dazu nötigen Werte sind aus der Tabelle zu entnehmen und in einem dritten Schritt für die „Variablen"[8] S, B, Ä und I in der Formel einzusetzen. Der vierte Schritt besteht in einer einfachen Rechnung und der fünfte Schritt darin, die gefundene Zahl als Gesamtpunktzahl für die Bewertung des Automobiltyps Ca in die „reale Welt" zu übertragen. Zur Beantwortung der zweiten Frage ist zunächst das Realmodell in einem zweiten Schritt durch die Vorstellung einer „Was wäre wenn …"-Situation zu erweitern: Wenn die Gewichtung der vier Kriterien anders wäre, als sie tatsächlich ist, könnte gegebenenfalls der Autotyp Ca als Sieger im Test hervorgehen – wie könnte eine solche Gewichtung aussehen? Eine Möglichkeit, im dritten Schritt den Übergang in die mathematische Welt zu vollziehen, besteht sicher darin, ein lineares Gleichungssystem mit einer Nebenbedingung aufzustellen und dieses in einem weiteren Schritt aufzulösen. Für die Fragestellung ist dieser Aufwand jedoch nicht nötig: Es reicht, einen hohen Faktor z.B. 10 als Gewichtung für diejenigen Kriterien zu wählen, in denen der Autotyp Ca eine hohe Punktzahl erreicht und den niedrigst möglichen Faktor 1 für die anderen Kategorien zu belassen. Im vierten Schritt ist dann durch Ausprobieren und Ausrechnen eine Lösung zu bestimmen und im fünften Schritt – so wie die Aufgabe gestellt ist – ohne weitere Reflexion in die reale Welt zu übertragen. Bereits hier sei angemerkt, dass damit – am Realproblem gemessen – recht absurde Lösungen möglich sind. So reicht es, der Innenausstattung das höchste Gewicht (z.B. Faktor 10) zu geben und alle anderen Gewichtungen auf 1 zu setzen, um dem Autotyp Ca den Titel „Auto des Jahres" zu garantieren.

Obwohl leicht erkennbar ist, dass es sich um einen fiktiven Zeitschriftartikel handelt, kann man den Problemkontext als authentisch ansehen: Tatsächlich verleihen nationale und internationale Zeitschriften diesen und ähnliche Titel und stützen sich dabei auf

---

8 Hier sind aus mathematikdidaktischer Sicht Bedenken anzumelden, insofern in der Wahl der Symbole „S", „B", „Ä", „I" eine Vermischung zwischen Abkürzungen für die Kriterien und Variablen für Zahlenwerte stattfindet.

einen (wenn auch in der Regel reichhaltigeren) Katalog von Kriterien, die für die Gesamtwertung ein unterschiedliches Gewicht erhalten. Insofern besitzt die Aufgabe ein hohes Lernpotential, welches aber durch die Einbettung in einen *paper & pencil test* nicht zur Entfaltung kommt und – schlimmer noch – absurde Lösungen wie die bereits genannte unreflektiert oder zumindest unkommentiert als korrekt passieren lässt. Anstatt die Rolle der Mathematik bei kriteriengestützten Ranglisten als Mittel einer rationalen Entscheidungsfindung einerseits, aber auch ihren möglichen Missbrauch zur Manipulation andererseits transparent zu machen, wird hier nur der Eindruck der Beliebigkeit vermittelt: Durch Wahl geeigneter Gewichtungsfaktoren scheint fast jede beliebige Rangfolge möglich und durch Mathematik legitimierbar zu sein.

In welcher Weise kann man aus dieser Testaufgabe eine Lernaufgabe gewinnen, die dem Ziel der *mathematical literacy* und den damit verbundenen Erwartungen an einen *active, reflective and intelligent citzen* eher gerecht wird? Was ist unter dieser Perspektive das entscheidende Lernziel und wie könnte es erreicht werden? M.E. ist es die Erkenntnis, dass sich die Rangfolge von Gütern aus der Rangfolge und Gewichtung der zugrunde gelegten Kriterien berechnen lässt, dass aber für die Auswahl, Rangfolge und Gewichtung der Kriterien und die Einschätzung der Punktevergabe weitere Entscheidungen zu treffen sind, für die in der Regel neben eigenen Überlegungen auch ein diskursiver Austausch mit anderen förderlich ist. Auch hier bietet es sich deshalb an, die Aufgabe in modifizierter Form von den Schülerinnen und Schülern in Gruppenarbeit diskursiv bearbeiten zu lassen. Die erste Teilaufgabe könnte auf die Rangfolge gemäß der vorgegebenen Formel abzielen. Die zweite könnte umgekehrt eine alternative Rangfolge von einer anderen fiktiven Zeitschrift explizit vorgeben und nach der zugrundeliegenden Formel und der in dieser zum Ausdruck kommenden Gewichtung fragen. Eine dritte Teilaufgabe könnte darin bestehen, in Einzelarbeit eine persönliche Präferenzordnung der Kriterien zu überlegen („Was wäre für mich bei einem Auto das Wichtigste, das Zweitwichtigste, ...?"), zu erläutern, zu gewichten und eine Rangfolge der Autotypen zu erstellen. In der nachfolgenden Gruppenarbeit wären die jeweils subjektiven Rangfolgen zu erläutern und durch die Präferenzordnung der Kriterien zu begründen: „Für mich ist der Autotyp XY das beste Auto des Jahres, weil für mich das Kriterium K viel wichtiger ist als die Kriterien A, B und C ...". Eine vierte Teilaufgabe könnte darin bestehen, in Partnerarbeit einen fiktiven Testbericht mit selbstgewählten Kriterien zu verfassen und dazu Fragen zu stellen.

Fazit: Typische Mathematikaufgaben aus den PISA-Tests beziehen sich auf Problemlösesituationen, die in der Realität kognitiv-linguistische und sozial-kommunikative Komponenten enthalten und entsprechende Kompetenzen erfordern. Es ist deshalb nicht verwunderlich, dass sie einen großen sprachlichen Anteil besitzen, der sich nicht auf die Beschreibung der Problemlösungssituation beschränkt, sondern integraler Bestandteil der Problemlösung ist, sofern man die Problemlage nicht – wie es unter den Bedingungen der *paper & pencil tests* leider geschieht – verkürzt und damit die Zielvorgabe der *mathematical literacy* unterläuft. Wie oben an zwei Beispielen veranschaulicht, hat der Mathematikunterricht das Potential, etwas Nennenswertes zu dieser Zielvorgabe beizutragen, und zeigt damit gleichzeitig, dass Mathematik nicht nur eine faszinierende Welt sui generis darstellt, sondern einen vielfältigen Bezug zu weiteren Facetten des Lebens und den Bedürfnissen eines *active, reflective and intelligent citzen* aufweist.

Literatur

Beacco, J.-C. (2010). *Items for a description of linguistic competence in the language of schooling necessary for teaching/learning history (end of obligatory education)*. Verfügbar unter: http://www.coe.int/t/dg4/linguistic/Source/Source2010_ForumGeneva/1_LIS-History 2010_en.pdf [20.06.2011].

Beacco, J.-C., Coste, D., van de Ven, P.-H. & Vollmer, H. (2010). *Language and school subjects – Linguistic dimensions of knowledge building in school curricula*. Verfügbar unter: http://www.coe.int/t/dg4/linguistic/Source/Source2010_ForumGeneva/KnowledgeBuilding20 10_en.doc [16.03.2012].

Cavalli, M., Coste, D., Crişan, A. & van de Ven, P.-H. (2009). *Plurilingual and intercultural education as a project. Strasbourg: Council of Europe/Language Policy Division.* Verfügbar unter: http://www.coe.int/t/dg4/linguistic/Source/LE_texts_Source/EducPlurInter-Projet_en .pdf [16.03.2012].

CDIP (Conférence suisse des directeurs cantonaux de l'instruction publique) (2011). *Compétences fondamentales pour les mathématiques. Standards nationaux de formation. Adoptés par l'Assemblée plénière de la CDIP le 16 juin 2011.* Verfügbar unter: http://edudoc.ch/record/96783/files/grundkomp_math_f.pdf [20.06.2011].

CDPE (Conferenza svizzera dei direttori cantonali della pubblica educazione) (2011). *Competenze fondamentali per la matematica. Standard di formazione nazionali. Approvati dall'Assemblea plenaria della CDPE il 16 giugno 2011.* Verfügbar unter: http://www.edk. ch/dyn/11613.php [16.03.2012].

COE (Council of Europe) (2001). *Common European Framework of Reference for Languages: Learning, Teaching, Assessment (CEFR).* Verfügbar unter: http://www.coe.int/t/dg4/ linguistic/Source/Framework_EN.pdf [16.03.2012].

Coste, D., Cavalli, M., Crişan, A. & van de Ven, P.-H. (2009). *Plurilingual and intercultural education as a right. Strasbourg: Council of Europe/Language Policy Division.* Verfügbar unter: http://www.coe.int/t/dg4/linguistic/Source/LE_texts_Source/EducPlurInter-Droit_en .pdf [16.03.2012].

EDK (Schweizerische Konferenz der Erziehungsdirektoren) (2011). *Grundkompetenzen für die Mathematik. Nationale Bildungsstandards.* Verfügbar unter: http://edudoc.ch/record/96784/ files/grundkomp_math_d.pdf [03.03.2012].

Klieme, E., Avenarius, H., Blum, W., Döbrich, P., Gruber, H., Prenzel, M., Reiss, K., Riquarts, K., Rost, J., Tenorth, H.-E. & Vollmer, H.J. (2003). *Zur Entwicklung nationaler Bildungsstandards. Eine Expertise. Bonn: Bundesministerium für Bildung und Forschung.* Verfügbar unter: http://www.bmbf.de/pub/zur_entwicklung_nationaler_bildungsstandards.pdf [03.03. 2012]

KMK (2004). *Bildungsstandards im Fach Mathematik für den Hauptschulabschluss nach Klasse 9.* Verfügbar unter: http://www.kmk.org/schul/Bildungsstandards/Hauptschule_Mathematik_ BS_307KMK.pdf [25.02.2011].

Leiß, D. & Blum, W. (2006). Beschreibung zentraler mathematischer Kompetenzen. In W. Blum, C. Drüke-Noe, R. Hartung & O. Köller (Hrsg.), *Bildungsstandards Mathematik: konkret. Sekundarstufe I: Aufgabenbeispiele, Unterrichtsanregungen, Fortbildungsideen.* (S. 33–80). Berlin: Cornelsen Scriptor.

Linneweber-Lammerskitten, H. (2012a). Bildungsstandards und Aufgaben. In S. Keller & U. Bender (Hrsg.), *Aufgabenkulturen* (S. 22–33). Seelze: Kallmeyer in Verbindung mit Klett.

Linneweber-Lammerskitten, H. (2012b). Aufgabenkulturen in der Fachdidaktik Mathematik. In S. Keller & U. Bender (Hrsg.), *Aufgabenkulturen* (S. 214–225). Seelze: Kallmeyer in Verbindung mit Klett.

Linneweber-Lammerskitten, H. (2012c). *Items for a description of linguistic competence in the language of schooling necessary for teaching/learning mathematics (in secondary education). An approach with reference points.* Strasbourg: Council of Europe. Verfügbar unter: http://www.coe.int/t/dg4/linguistic/Source/Source2010_ForumGeneva/4_LIS-Mathematics 2012_EN.pdf [20.08.2012]

Linneweber-Lammerskitten, H. & Wälti, B. (2005). Is the definition of mathematics as used in the PISA Assessment Framework applicable to the HarmoS Project? *ZDM, 37*, 402–407.

Linneweber-Lammerskitten, H. & Wälti, B. (2006). Was macht das Schwierige schwierig? Überlegungen zu einem Kompetenzmodell im Fach Mathematik. In P. Hirt, P. Gautschi & L. Criblez (Hrsg.), *Lehrpläne und Bildungsstandards. Was Schülerinnen und Schüler lernen sollen.* Festschrift zum 65. Geburtstag von Prof. Dr. Rudolf Künzli (S. 197–227). Bern: hep.

Linneweber-Lammerskitten, H. & Wälti, B. (2008). HarmoS Mathematik: Kompetenzmodell und Vorschläge für Bildungsstandards. *BZL, 26* (3), 326–337.

Maier, H. & Schweiger, F. (1999). *Mathematik und Sprache. Zum Verstehen und Verwenden von Fachsprache im Unterricht.* Wien: oebv und hpt Verlagsgesellschaft.

MSW NRW (Ministerium für Schule und Weiterbildung, Wissenschaft und Forschung des Landes NRW) (Hrsg.). (1999). *Förderung in der deutschen Sprache als Aufgabe des Unterrichts in allen Fächern. Empfehlungen.* Frechen: Ritterbach Verlag. Verfügbar unter: www.studienseminare-ge-gym.nrw.de/d/ausbildung/tobe/00foerderempfehlung.pdf [01.04.2012]

NCTM (National Council of Teachers of Mathematics) (2000). *Principles and standards for school mathematics.* Reston, VA: NCTM.

OECD (2003). *PISA 2003 Assessment Framework: Mathematics, Reading, Science and Problem Solving Knowledge and Skills – Publications 2003.* Verfügbar unter: http://www.oecd.org/dataoecd/46/14/33694881.pdf [16.06.2011].

OECD (o.J.). *PISA Mathematik. Beispielaufgaben aus PISA 2000 und PISA 2003.* Verfügbar unter: www.pisa.admin.ch/bfs/pisa/de/index/02/03.Document.90709.pdf [01.04.2012].

Pieper, I. (2011). *Items for a description of linguistic competence in the language of schooling necessary for teaching/learning literature (at the end of compulsory education). An approach with reference points.* Strasbourg: Council of Europe. Verfügbar unter: http://www.coe.int/t/dg4/linguistic/Source/Source2010_ForumGeneva/1_LIS-Literature2011_EN.pdf [16.09.2011].

Vollmer, H.J. (2010). *Items for a description of linguistic competence in the language of schooling necessary for learning/teaching science (at the end of compulsory education). An approach with reference points.* Strasbourg: Council of Europe. Verfügbar unter: http://www.coe.int/t/dg4/linguistic/Source/Source2010_ForumGeneva/1-LIS-sciences 2010_EN.pdf [16.06.2011].

Weinert, F.E. (2001). Vergleichende Leistungsmessung in Schulen – eine umstrittene Selbstverständlichkeit. In F.E. Weinert (Hrsg.), *Leistungsmessungen in Schulen* (2.Aufl.) (S. 17–32). Weinheim & Basel: Beltz.

Susanne Prediger

Darstellungen, Register und mentale Konstruktion von Bedeutungen und Beziehungen – mathematikspezifische sprachliche Herausforderungen identifizieren und bearbeiten

1 Zur Einordnung

1.1 Drei Rollen der Sprache als Lerngegenstand, Lernmedium und Lernvoraussetzung in der mathematikdidaktischen Forschung und Entwicklung

Entgegen der Einschätzung von Vollmer & Thürmann (2010, S. 129), dass den Fachdidaktiken und der Schulpraxis „noch überwiegend Sensibilität für die Sprachlichkeit von Fachlernen und für die Strukturen und Elemente der Schulsprache fehlen", beschäftigt sich die Mathematikdidaktik seit ihrer Entstehung mit sprachlichen und kommunikativen Aspekten des Mathematiklernens als Lerngegenstand, Lernmedium und Lernvoraussetzung (Überblicke in Pimm, 1987; Ellerton & Clarkson, 1996; Maier & Schweiger, 1999). Dabei erweiterte sich der Fokus im Laufe der Jahre:

(Fach-)Sprache als Lerngegenstand

Als zentrale *Lerngegenstände* waren zunächst vorrangig die Fachbegriffe im Blick mathematikdidaktischer Forschung und Entwicklung (Wittenberg, 1957; Freudenthal, 1983 u.v.m.), und nach der Wortebene zunehmend auch die Satzebene und die Text- bzw. Diskursebene (z.B. Maier & Schweiger, 1999; Pimm, 1987).

In epistemologischen, stoffdidaktischen und empirischen Analysen wurden zunächst *deskriptiv* für Wort-, Satz und Textebene fachspezifische Charakteristika, typische Hürden und mögliche Erwerbswege herausgearbeitet. Am intensivsten wurden dabei Begriffsbildungsprozesse untersucht, insbesondere auch in ihren spezifischen Ausformungen für einzelne mathematische Begriffe (Freudenthal, 1983; Steinbring, 2005). *Konstruktiv* entstanden im Zuge dieser Auseinandersetzung zahlreiche unterrichtliche Konzeptionen und Designs von Lehr-Lernarrangements für erfolgreiches Begriffsbilden (z.B. Winter, 1983) sowie Ansätze für (Fach-)Sprachenlernen auf Satz- und Textebene (z.B. Maier & Schweiger, 1999).

Spätestens seit der Verankerung prozessbezogener Kompetenzen in den Bildungsstandards (KMK, 2003) wurden auch die (von Winter 1975 als allgemeine Lernziele thematisierten) Diskursfunktionen Argumentieren, Erklären und Darstellen als verbindliche Lerngegenstände begriffen und durch darauf fokussierte Lehr-Lernarrangements gefördert. Zunehmend wird diese *konstruktive* Entwicklungsarbeit durch *empirische* Untersuchungen der Herausforderungen und Fördermöglichkeiten für Diskursfunktionen abgestützt (z.B. Link, 2012).

(Unterrichts- und Alltags-)Sprache als Lernmedium

Auch als Lernmedium wurde Sprache in der Mathematikdidaktik breit beforscht. Dafür wurden Schulbücher und Aufgabentexte ebenso analysiert (Maier & Schweiger, 1999) wie unterrichtliche Kommunikation in Klassengesprächen (Voigt, 1984, Bauersfeld, 1983) und Gruppenarbeiten (Götze, 2007; Krummheuer, 1985) sowie Schreibprozesse von Lernenden (z.B. Fetzer, 2007).

Diese *deskriptiven* Analysen beeinflussten das Design von Lehr-Lernarrangements zur Anregung mündlicher informeller Sprachproduktion (z.B. Barzel, Büchter & Leuders, 2007; Fröhlich & Prediger, 2008), zur gezielten mündlichen und schriftlichen Fachsprachennutzung und -reflexion (Maier & Schweiger, 1999; Prediger & Vernay, 2005) und zur Anregung informellen und fachsprachlichen Schreibens (Gallin & Ruf, 1990; Morgan, 2001; Kuntze & Prediger, 2005; u.v.m). Die Erprobung bzw. systematische Beforschung solcher Lehr-Lernarrangements (z.B. van den Heuvel-Panhuizen, 2003; Prediger, 2010) zeigte insbesondere, wie die Nutzung der Alltagssprache einen Schlüssel zum Verstehen mathematischer Konzepte liefern kann, gemäß Wagenscheins Idee von der „Sprache des Verstehens" (1968, S. 122).

Obwohl es also theoretisch fundierte und praktisch erprobte Ansätze zur forcierten Nutzung von Sprache als Lernmedium gibt, zeigen Videostudien gleichwohl den begrenzten *Umsetzungsgrad* in der alltäglichen Unterrichtspraxis (Begehr, 2004; Hiebert et al., 2003).

(Bildungs- und Fach-)Sprache als Lernvoraussetzung und potentielles Lernhindernis

Gerade durch die wichtige Rolle der Sprache als Lernmedium ist die Beherrschung der Unterrichtssprache immer auch schon *Lernvoraussetzung*, um sich angemessen beteiligen zu können. In der deutschsprachigen Mathematikdidaktik entsteht erst langsam ein Problembewusstsein dafür, dass Sprache auch zum *Lernhindernis* werden kann, wenn Lernende (mit Deutsch als Zweit- oder auch Erstsprache) diese vorausgesetzten Anforderungen an Sprachproduktion und -rezeption in der Unterrichtssprache nur partiell erfüllen und dadurch nur eingeschränkten Zugang zur Mathematik finden (zusammenfassend dokumentiert in Barwell, 2009 und Prediger & Özdil, 2011).

Aus dieser dritten Rolle der Sprache als zu schaffende Lernvoraussetzung gewinnt die Forderung nach durchgängiger Sprachförderung in allen Fächern (MSWWF, 1999; Ahrenholz, 2010) aktuell ihren Nachdruck. Dabei gilt es gerade bezüglich bildungssprachlicher Lernvoraussetzungen, auch spezifische herkunftsbedingte Benachteiligungen auszugleichen (Cummins, 1986; Gogolin, 2006).

Der kompensatorische Fokus auf zu schaffende Lernvoraussetzungen ist wichtig, aber nicht erschöpfend, denn ein sprachsensibler Unterricht kann neben seiner Kompensationsfunktion auch unabhängig vom Sprachstand substantiell zum fachlichen Lernen beitragen (Maier & Schweiger, 1999; Leisen, 2010). Dies gilt insbesondere, wenn nicht nur die Rolle der Sprache als Lernhindernis aufgriffen, sondern sie gleichzeitig auch adressiert wird als Lerngegenstand und gezielt eingesetztes und immer wieder reflektiertes Lernmedium (einen Überblick über praktische Ansätze geben Meyer & Prediger, 2012). Für die Umsetzung solcher Konzeptionen sind allerdings intensive weitere fachspezifische Forschungen und Entwicklungen notwendig. Einen kleinen Beitrag dazu leistet seit 2009 das Dortmunder MuM-Projekt (Mathematiklernen unter Bedingungen der Mehrsprachigkeit), aus dem die hier dokumentierten Beispiele, Überlegungen und empirischen Episoden stammen.

1.2 Eigene Positionsbestimmung: Fach- und sprachintegrierter Fokus auf Wissenskonstruktionsprozesse

Sprachliches Handlungsfeld „Aufbau konzeptuellen Verständnisses"

Vollmer & Thürmann (2010, S. 113ff.) unterscheiden in ihrem Modell zur Beschreibung sprachlicher Anforderungen fünf Felder sprachlichen Handelns (vgl. Abbildung 1). Diese Unterscheidung ist hilfreich zur Charakterisierung unterschiedlicher *Wirkungsweisen* sprachlicher Hindernisse auf den Zugang zur Mathematik: So können zum Beispiel manche Lernende die in Test-Aufgaben enthaltenen mathematischen Anforderungen aus sprachlichen Gründen nicht verstehen und daher ihre mathematischen Fähigkeiten nicht zeigen (Performanzproblem in einem Teilaspekt des Handlungsfelds 4: Arbeitsergebnisse präsentieren, vgl. Abbildung 1). Während diese Hürde in *Test*situationen durch eine sprachsensible Formulierung von Testaufgaben verringert werden kann, sind Hürden in *Lern*situationen schwerer behebbar, da sie nicht nur die Sprachrezeption, sondern auch die Sprachproduktion betreffen und längerfristige Auswirkungen haben:

Wer sich an der unterrichtlichen Kommunikation nicht angemessen beteiligen kann (Handlungsfeld 1), erhält nur eingeschränkten Zugang zum Unterrichtsgeschehen und damit zur Mathematik, ebenso wer Erklärungen der Lehrkraft oder Schulbucherläuterungen nicht versteht (Handlungsfeld 2). In beiden Fällen erzeugen sprachlich eingeschränkte Lernvoraussetzungen Hürden beim Aufbau mathematischer Kompetenzen und Vorstellungen.

Diese Wirkungsweise verstärkt sich in den Handlungsfeldern 3 und 5, weil Sprache neben der *kommunikativen Funktion* auch eine *kognitive Funktion* einnimmt (vgl. Maier & Schweiger, 1999, S. 11 zur Unterscheidung): Um „Ergebnisse und Vorgehensweisen kritisch [zu] reflektieren" (Handlungsfeld 5), ist Sprache ebenso ein Werkzeug zur Erkenntnis- und Verstehensentwicklung wie um „[e]igenes Wissen [zu] strukturieren, an[zu]passen und [zu] erweitern" (Handlungsfeld 3). Herausforderungen ergeben sich dabei insbesondere für Schülerinnen und Schüler, deren Erstsprache von der Unterrichtssprache abweicht und die deshalb keinen angemessenen Platz als „Sprache des Verstehens" (nach Wagenschein, 1968, S. 122) im Lehr-Lernprozess hat – diese Herausforderungen gerade für zweisprachliche Lernende hatte Wagenschein noch nicht im Blick.

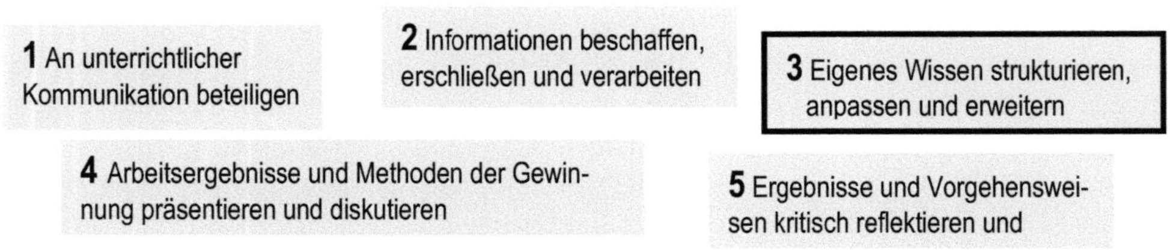

| 1 An unterrichtlicher Kommunikation beteiligen | 2 Informationen beschaffen, erschließen und verarbeiten | 3 Eigenes Wissen strukturieren, anpassen und erweitern |

| 4 Arbeitsergebnisse und Methoden der Gewinnung präsentieren und diskutieren | 5 Ergebnisse und Vorgehensweisen kritisch reflektieren und |

Abb. 1: *Felder sprachlichen Handelns als Dimension 1 im Modell sprachlicher Anforderungen im Fachunterricht (nach Vollmer & Thürmann, 2010, S. 113)*

Die Studie, aus der im Folgenden Beispiele gezeigt werden, fokussiert das Handlungsfeld 3, mit Einschränkung auf *konzeptuelles Verständnis* (statt z.B. auf Fertigkeitsentwicklung), d.h. auf die Konstruktion von Bedeutungen und Beziehungen mathematischer Objekte und Operationen. Die Einschränkung ist begründet in zahlreichen Untersuchungen, die das konzeptuelle Verständnis als Nadelöhr für die Entwicklung mathematischer Kompetenz herausstellen (z.B. Moser Opitz, 2007; Prediger, 2010). Differentielle Analysen von Leistungsstudien zeigen (vgl. Ufer et al. in diesem Band), dass Lernende mit eingeschränkten sprachlichen Voraussetzungen gerade bei den Aufgaben besondere Schwierigkeiten haben, die konzeptuelles Verständnis erfordern. Dies gilt sogar für spracharme konzeptuelle Aufgaben wie Zahlen eintragen auf dem Zahlenstrahl. In der Studie sollen für diesen statistisch feststellbaren Effekt durch Tiefenanalysen auch Wirkungsmechanismen aufgezeigt werden.

Fach- und sprachintegrierte Perspektive

Oft wird gefragt, ob Schwierigkeiten von Lernenden mit eingeschränkten Sprachvoraussetzungen „eher sprachlichen *oder* eher fachlichen Ursprungs" sind. Zwar ist diese Frage für die kommunikative Funktion von Sprache im Handlungsfeld 1, 2 und 4 relevant, doch für das Handlungsfeld 3 (und in Bezug auf die kognitive Funktion von Sprache) liegt der relevante Forschungsfokus gerade nicht in der *Unterscheidung*, sondern in der *Verflechtung* sprachlicher und fachlicher Aspekte. Um die Herausforderungen dieses Handlungsfelds adäquat zu fassen, muss demnach gefragt werden: *Wie greifen fachliche und sprachliche Herausforderungen in Phasen ineinander, in denen Lernende ihr Wissen strukturieren, anpassen und erweitern sollen?*

Diese Frage wird in diesem Beitrag exemplarisch für zwei Aspekte im Handlungsfeld 3 bearbeitet: Zum einen die Vernetzung von Darstellungen als ganzheitliches Modell zur Sprachförderung (Abschnitt 2), zum anderen der fokussierte Aufbau konzeptuellen Verständnisses zu Begriffen (Abschnitt 3). Beide Felder werden konkretisiert im mathematischen Gegenstandsbereich des Vergleichs von Brüchen.

2 Vernetzung von Darstellungen und Registern

2.1 Darstellungsvielfalt am Beispiel des Vergleichs von Brüchen

Lern- und Testaufgaben zum Vergleich von Brüchen treten den Lernenden in ganz unterschiedlichen Darstellungen entgegen, wie die zwei (im MuM-Projekt entwickelten) Beispielaufgaben in sechs Darstellungsvarianten in Abbildung 2 zeigen: Die Aufgabe 1b zum Vergleich von Brüchen in symbolischer Darstellung kann übersetzt werden in eine graphische Darstellung wie in Aufgabe 1c oder in eine alltagssprachlich-verbale Darstellung wie in Aufgabe 1a. Für den Aufbau konzeptuellen Verständnisses über Brüche sind diese drei Darstellungen zentral.

Oft sind Anforderungen (z.B. zum Vergleich von Brüchen) in Textaufgaben mit komplexeren Texten eingekleidet als in 1a, so dass Leseschwierigkeiten und Herausforderungen durch unterschiedliche sprachliche Formulierungen der Fachbegriffe hinzukommen, wie bei der komplexeren Torschützenaufgabe 2a. Ihre verbal-fachsprachliche Verdichtung in Aufgabe 2b (noch ohne symbolische Darstellung) zeigt den Kern der fachsprachlichen Decodierungsanforderungen: dass alle vier fachsprachlichen Wendungen durch *Brüche* zu mathematisieren sind, ist für Lernende keineswegs evident, einige nehmen sie zunächst als ganz unterschiedliche Angaben wahr. Die bildungssprachlich formulierte Aufgabe 2c hat denselben mathematischen und fachsprachlichen Kern wie die Aufgabe 2a, unterscheidet sich jedoch in der Zugänglichkeit durch Abstraktheit des Kontexts, in der Entpersonalisierung und in der Komplexität der sprachlichen Strukturen (vgl. Koch & Oesterreicher, 1985, zu allgemeinen Merkmalen).

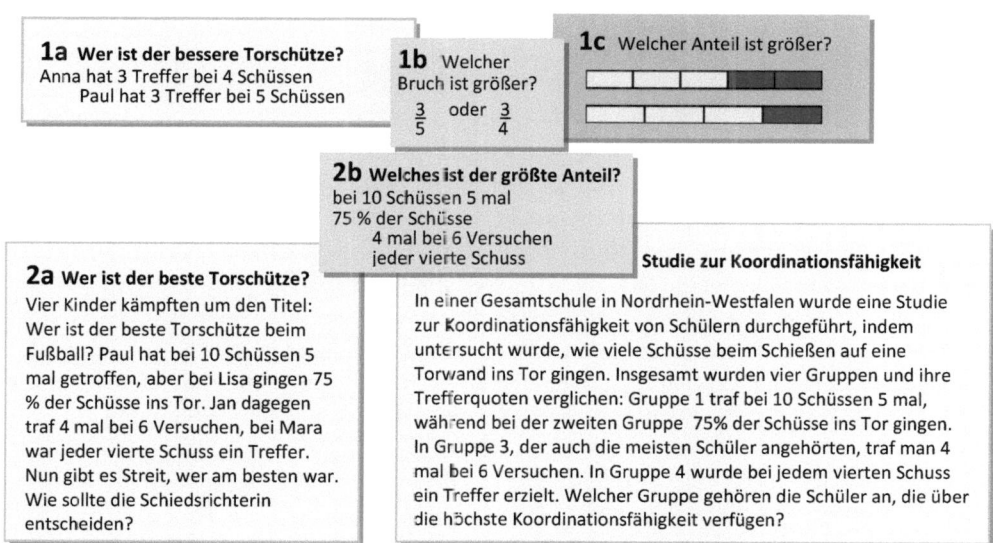

Abb. 2: Zwei Aufgaben zum Vergleich von Brüchen in unterschiedlichen Darstellungen

2.2 Vernetzung von unterschiedlichen Darstellungsebenen

Die Bedeutung unterschiedlicher Darstellungen (verbal, graphisch, symbolisch-algebraisch, symbolisch-numerisch) für den Aufbau konzeptuellen Verständnisses ist in der Mathematikdidaktik immer wieder herausgearbeitet und in den Bildungsstandards für den mittleren Schulabschluss (KMK, 2003) durch die Einführung des prozessbezogenen Kompetenzbereichs „(K4) Mathematische Darstellungen verwenden" fixiert worden. Darin heißt es unter anderem, Schulabgänger der Klasse 10 sollen „verschiedene Formen der Darstellung von mathematischen Objekten und Situationen anwenden, interpretieren und unterscheiden; Beziehungen zwischen Darstellungsformen erkennen; unterschiedliche Darstellungsformen je nach Situation und Zweck auswählen und zwischen ihnen wechseln" (KMK, 2003, S. 10).

Das Herstellen von Beziehungen zwischen den Darstellungen (kurz: Darstellungsvernetzung) ist nicht nur prozessbezogenes *Lernziel*, sondern auch eine wichtige *Tätigkeit im Lernprozess* für den Aufbau inhaltsbezogener Kompetenzen. So haben psychologische und mathematikdidaktische Studien gezeigt, dass unterschiedliche Darstellungsformen mathematischer Zusammenhänge und die bewusste Übersetzung zwischen ihnen die Prozesse des Verstehens fachlicher Begriffe und Zusammenhänge unterstützen können (Lesh, 1979; Duval, 2006). Dabei kommt der Verbalisierung symbolischer Ausdrücke in Situationsbeschreibungen eine besondere Bedeutung für den Aufbau inhaltlichen Verständnisses zu (Bruner, 1967, S. 42; Wagenschein, 1968; Prediger, 2010).

Dies ist allerdings kein Selbstläufer, sondern erfordert gezielte Unterstützung, denn die Kompetenzen der Lernenden zum Wechsel zwischen Darstellungen streuen stark – sowohl inter-individuell (Goldin & Shteingold, 2001) als auch intra-individuell zwischen den jeweiligen Darstellungen. Untersuchungen zeigen, dass gerade Rechenschwächen oft mit fehlenden Fähigkeiten einhergehen, unterschiedliche Darstellungen miteinander zu vernetzen (Radatz, 1991; Moser Opitz, 2007).

Auch aus sprachdidaktischer Sicht wird der Tätigkeit der Darstellungsvernetzung für das fachliche Lernen eine große Bedeutung zugesprochen. So arbeitet etwa von Kügelgen in seiner linguistischen Untersuchung mathematischer Problemlöseprozesse ihre Isoliertheit als zentrale mentale Hürde heraus und bilanziert: „Die Problemlösung entsteht durch den mentalen Prozess der Vernetzung (in etwa: Übergänge und Rückbezüge) der Begriffsebenen und führt zum Zustand ihres dialektischen Aufgehobenseins ineinander" (von Kügelgen, 1994, S. 34; ähnlich bei Hallet, 2012).

Folgerichtig schlägt Leisen (2005, 2010) den Wechsel und die Vernetzung von Darstellungen als didaktischen Ansatz vor, um fach- und sprachintegriertes Lernen zu initiieren. Sowohl Leisen (2005) als auch von Kügelgen (1994) ordnen die Darstellungen nach zunehmender Abstraktheit und begreifen sie daher als Ebenen (wie in Abbildung 3).

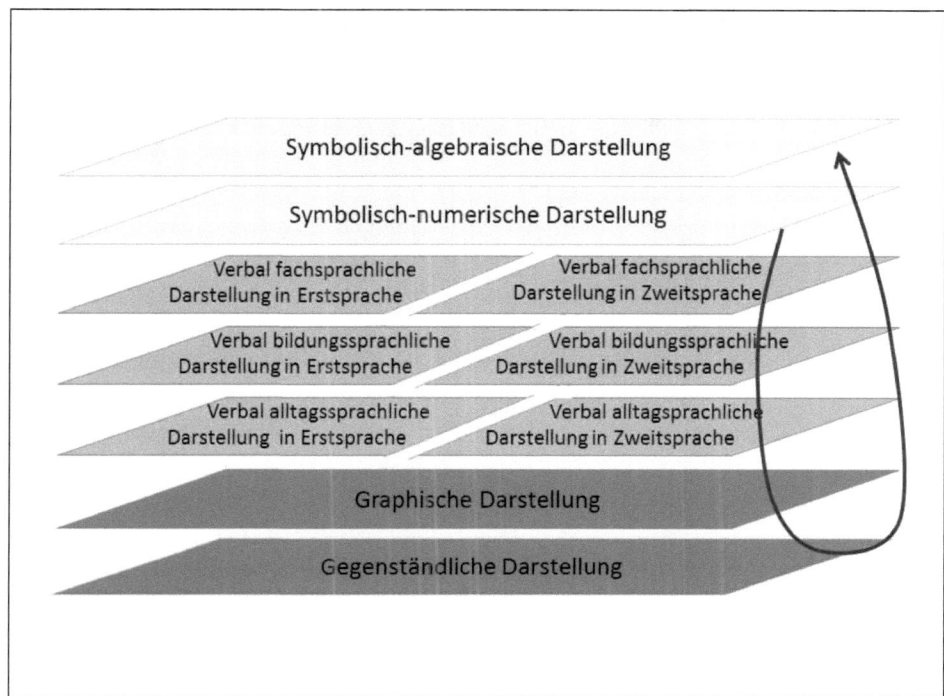

Abb. 3: Vielfältige Darstellungen im Mathematikunterricht (Prediger & Wessel, 2011)

Während in der mathematikdidaktischen Diskussion lediglich verbale, graphische, symbolisch-algebraische und symbolisch-numerische Darstellungen unterschieden werden, sind die sprachlichen Anforderungen erst adäquat fassbar, wenn die verbale Darstellungsebene ausdifferenziert wird in alltagssprachliche, in bildungssprachliche bzw. unterrichtssprachliche sowie in fachsprachliche Darstellungsebenen (von Kügelgen, 1994; Pimm, 1987). Zwischen ihnen zu wechseln, ist für die Schülerinnen und Schüler eine Herausforderung.

Für Lernende mit nichtdeutscher Erstsprache ergibt sich die zusätzliche Herausforderung, dass verbalsprachliche Produktions- und Rezeptionsanforderungen meist in der (zweitsprachlichen) Bildungs- oder Fachsprache gestellt werden, während die individuelle Sprache des Verstehens eigentlich die (erstsprachliche) Alltagssprache ist (Clarkson, 2009). Im Modell der Darstellungsebenen aus Prediger & Wessel (2011), das in Abbildung 3 abgedruckt ist, sind daher die verbalsprachlichen Darstellungsebenen jeweils in Erst- und Zweitsprache aufgetrennt. Mit dem Pfeil wird die Notwendigkeit der oben beschriebenen Vernetzung verdeutlicht.

2.3 Theoretische Vertiefung: Register und Darstellungen

Obwohl sich das in Abbildung 3 abgedruckte Modell der unterschiedlichen Darstellungsebenen in seiner schlichten Hierarchie als heuristisches Mittel für die Initiierung produktiver Lernprozesse praktisch bewährt hat (Leisen, 2005, 2010; Prediger & Wessel, 2011), soll es theoretisch weiter ausdifferenziert und eingebettet werden, um unterschiedliche Facetten genauer zu beleuchten.

Erstens ist die angedeutete Hierarchie der Darstellungsebenen durch Stufen zunehmender Abstraktheit keineswegs eindeutig, sondern muss für jedes Beispiel neu angeordnet werden (z.B. liegt die graphische Ebene in ihrer Abstraktheit oft zwischen alltags- und fachsprachlicher Ebene und dient zwischen ihnen als Mittler). Zweitens ist die genaue Konzeptualisierung des Konstrukts ‚Darstellungen' überdenkenswert. Dazu gibt es unterschiedliche Ansätze, die verschiedene Aspekte pointieren:

- Eine Konzeptualisierung allein als unterschiedliche Modi der Repräsentationen (wie bei Bruner, 1967) ist insofern zu schmal, als im Konstrukt ‚Repräsentationen', die verschiedenen Bedeutungsbezüge, Funktionen des Sprachgebrauchs und soziale Einbettungen zu wenig angelegt sind. Daher könnte das Konstrukt ‚Repräsentationen' suggerieren, dass zwischen allen Darstellungen eindeutige Übersetzungen ohne Bedeutungs- und Funktionsverschiebungen möglich sind.
- Der Sprachwissenschaftler von Kügelgen (1994, S. 34) spricht von ‚Begriffsebenen', was ein ähnliches Hierarchisierungsproblem wie ‚Darstellungsebenen' mit sich bringt und durch den engen Fokus auf die Wortebene die Breite der Ausdrucksmittel nicht erfassen kann.
- Der Fremdsprachendidaktiker Hallet (2011) fokussiert insbesondere die „symbolic languages" und ihre je spezifische semiotische Funktion, eigene Zugänge zur Erklärung und Beschreibung von Welt zu ermöglichen.
- Auch der Mathematikdidaktiker Duval spricht von ‚semiotic registers' (Duval, 2006, S. 111). Er betont, dass sich die Bedeutung (bei ihm ‚content') eines mathematischen Objekts durch den Darstellungswechsel verändern kann:

> The content of a representation depends more on the register of the representation than on the object represented. That is the reason why passing from one register to another changes not only the means of treatment, but also the properties that can be made explicit. (Duval, 2006, S. 111)

Damit weist Duval auf einen Aspekt hin, der auch für das (anders konzeptualisierte) soziolinguistische Konstrukt des *Registers* im Sinne Hallidays (1978) zentral erscheint. Halliday grenzte Register von Dialekten ab, indem er Dialekte als Wege beschrieb, dasselbe unterschiedlich auszudrücken (ähnliches gilt oft für Darstellungen), aber Register als „ways of saying different things" (Halliday, 1978, S. 35). Der Wechsel des Registers verändert also auch den Inhalt des Gesagten. Dabei ist die soziale Eingebundenheit der Register in spezifische Kommunikationssituation entscheidend für die Charakterisierung von Registern:

> A register can be defined as the configuration of semantic ressources that a member of a culture typically associates with the situation type. It is the meaning potential that is accessible in a given social context. (Halliday, 1978, zit. nach Dittmar, 2005, S. 218).

Dementsprechend sind Register charakterisierbar durch die jeweiligen Typen von Kommunikationssituationen, in denen sie angewandt werden, sowie durch ihr Sprachgebrauchsfeld, die zugehörigen Diskursstile und Diskursmodi.

Als Register im Sinne Hallidays lassen sich Alltags-, Bildungs- und Fachsprache konzeptualisieren, die in unterschiedlichen Kommunikationssituationen genutzt werden. Fachsprache wird im Anschluss daran hier spezifiziert als die für Fach*unterricht* spezifische Sprache, nicht als die Wissenschaftssprache. Alltags-, Bildungs- und Fachsprache sind dabei nicht als disjunkte Kategorien zu verstehen, sondern als graduelle Unterscheidungen in einem Kontinuum. Die drei Register umfassen nicht nur die verbale, sondern auch jeweils unterschiedliche weitere Darstellungsebenen.

Das alltagssprachliche Register ist charakterisierbar durch konzeptionelle Mündlichkeit und oft fehlende Explizitheit, die typisch ist für den Einsatz in face-to-face-Kommunikation. Es umfasst neben der verbalen auch die gegenständliche Darstellungsebene, selten jedoch graphisch-abstrakte und symbolische Darstellungen.

Das bildungssprachliche Register ist gekennzeichnet durch konzeptionelle Schriftlichkeit im medial mündlichen und schriftlichen Modus, durch größere Explizitheit, höhere Komplexität der grammatischen Strukturen und Entpersonalisierung. Im Mathematikunterricht wird es oft genutzt im Zusammenhang mit außermathematischen Kontexten, die über die unmittelbare Lebenswelt der Lernenden hinausgehen (wie im Beispiel oben die Studie zur Koordinationsfähigkeit), aber auch zur Regulierung der Unterrichtsaktivitäten (Arbeitsaufträge etc.). Das bildungssprachliche Register bedient sich in der verbalen Darstellung zuweilen auch fachsprachlicher Termini, daneben der graphischen und symbolisch-numerischen Darstellungsebenen (vgl. Meyer & Prediger 2012 für ein Beispiel zu den unterschiedlichen Darstellungen in und zwischen den Registern). Während etwa in Zeitungen mathematisch-graphische Darstellungen oft ebenso aktiviert werden wie einzelne Zahlen oder Tabellen, umfasst das bildungssprachliche Register i.d.R. keine symbolisch-algebraischen Darstellungen durch Variable, Terme und Formeln.

Das fachsprachliche Register ist durch Anwendung in ähnlichen Kommunikationssituationen und Diskursmodi charakterisierbar wie das bildungssprachliche, ist aber noch weiter optimiert in Richtung Ökonomie und Eindeutigkeit der Kommunikation über eng abgegrenzte, nämlich im Fall der Mathematik über strukturelle und quantifizierbare Zusammenhänge. Im Mathematikunterricht wird das fachsprachliche Register meist in rein innermathematischen Zusammenhängen ohne außermathematische Bezüge oder in Situationen genutzt, in denen mathematische Strukturen in lebensweltliche Kontexte hineingedeutet werden.

Neben der verbalen Darstellungsebene umfasst das fachsprachliche Register auch die graphische, die symbolisch-numerische und die symbolisch-algebraische Darstellungsebene. Gerade die Formelsprache wird von vielen Lernenden als typisch mathematisch erlebt, während graphische Darstellungen oft nicht bewusst als fachsprachlich wahrgenommen werden, aber als spezifisches Ausdrucksmittel für spezialisierte Zwecke zur Fachsprache gehören (vgl. Maier & Schweiger, 1999).

Insbesondere die symbolisch-algebraische Darstellung, im Allgemeinen Formelsprache genannt, ermöglicht eine (kalkülhafte) Weiterverarbeitung der dargestellten Zusammenhänge, die weit über die Möglichkeiten der anderen Darstellungen hinaus geht. Die symbolisch-algebraische Darstellung hat daher ganz spezifische Charakteristika mit einem sehr spezifischem Sprachgebrauch, eigenem Diskursstil und Modus (Maier & Schweiger, 1999), die eine Charakterisierung als eigenes formelsprachliches Register als ebenfalls möglich erscheinen lässt, wenn in dem untersuchten mathematischen Feld auf diese Charakteristika zurückgegriffen wird. Da in der hier vorliegenden Studie nur Brüche verglichen werden ohne Rückgriff auf kalkülhaft symbolisches Rechnen, nimmt die symbolische Darstellungsebene in dieser Studie nicht die Rolle eines eigenen Registers ein.

Verbunden mit dem Registerkonzept Hallidays ist also vor allem auch ihre Anwendung in unterschiedlichen Gebrauchssituationen, demnach ist ein adäquater Umgang mit der Vielfalt der Darstellungen verknüpft mit einem situationsangemessenen Gebrauch der jeweiligen Register und ihrer Darstellungen. Er kann durch gezielte und reflektierte Vernetzung der Register und Darstellungen erworben werden (Meyer & Prediger, 2012; Prediger & Wessel, 2011).

Während die Darstellungs- und Registervernetzung eher zu den ganzheitlichen Sprachfördermaßnahmen gehören, zeigt das folgende Beispiel eine fokussierte Förderung, die gezielt am Aufbau konzeptuellen Verständnisses zu einzelnen Begriffen arbeitet (zur Unterteilung ganzheitlich/fokussiert vgl. Meyer & Prediger, 2012).

3 Aufbau konzeptuellen Verständnisses von Begriffen – Mentale Konstruktion von Bedeutungen und Beziehungen

3.1 Fokus auf Begriffe

Welche Rolle spielen nun Darstellungsvernetzungen für den Aufbau des konzeptuellen Verständnisses von Begriffen? Der Abschnitt thematisiert den Aufbau konzeptuellen Verständnisses mit dem Fokus auf Begriffe, da dieser Bereich einerseits mathematikdidaktisch in seiner epistemologischen Funktion und seinen Erwerbsmechanismen bereits am besten verstanden ist (Freudenthal, 1983; Steinbring, 2005). Andererseits ist er in seinen sprachlichen Anforderungen während der mentalen Bedeutungskonstruktion hinreichend komplex, um zentrale Phänomene der Verwobenheit fachlich-konzeptuellen und sprachlichen Lernens aufzeigen zu können.

Forschungsmethodisch ist es nicht leicht zu erfassen, wann Lernende einen mathematischen Begriff verstanden haben. Bei Begriffen zu physischen Objekten diagnostiziert man: Ein Kind weiß, was ein Begriff bedeutet, wenn es auf zugehörige physische Objekte aus dem Begriffsumfang zeigen kann. Doch worauf sollte man für den Begriff Bruch zeigen, wenn man in der physischen Welt Anteile nicht unmittelbar „sehen" kann?

Bei abstrakten Begriffen müssen die zugehörigen Objekte des Begriffsumfangs zunächst mental konstruiert werden. Freudenthal (1983) hat daher *Begriffsbildung als Konstruktion mentaler Denkobjekte* beschrieben. Für die Diagnose der erfolgreichen Konstruktion eines neuen mentalen Denkobjekts werden in der mathematikdidaktischen Literatur vor allem zwei Möglichkeiten beschrieben: Ein Individuum hat einen Begriff normgerecht gebildet,

- wenn es ihn in Sachsituationen zur Beschreibung von Phänomenen oder zur Lösung von Problemen adäquat anwenden kann (Freudenthal, 1983).

- wenn es zwischen seinen verschiedenen Darstellungen hin- und herwechseln kann: verbal ↔ symbolisch ↔ graphisch ↔ numerisch (Lesh, 1979; Duval, 2006).

Wie sprachliche und fachliche Anforderungen bei der Konstruktion mentaler Denkobjekte ineinander greifen, soll an einer empirischen Episode aus dem MuM-Projekt gezeigt werden.

3.2 Episode: Ismet, Cavit und das Vergleichen von Bruchstreifen

Cavit und Ismet, zwei Hauptschüler der Klasse 7, nahmen an einer Förderung zu Brüchen teil. Um zu diagnostizieren, ob die beiden über eine tragfähige Anteilsvorstellung verfügen, bittet der Förderlehrer die Jungen, zu zwei Bruchstreifen die passenden Brüche anzugeben. Beide Jungen nennen die Brüche ohne Zögern: 3/4 und 3/5. Während der Darstellungswechsel an sich sehr gut gelingt, ist eine Verständigung darüber, wie das Bild zu deuten sei, für beide Beteiligte schwierig:

9	Lehrer	... <u>was</u> von dieser Darstellung *(zeigt auf Bruchstreifen-Karte)* stellt jetzt den Bruch dar'
10	Cavit	Äh ... äh die ... erstmal muss man alle Kästchen zählen das sind fünf und dann die drei angemalten, *(leise)* drei Fünftel
11	Lehrer	Genau ... was *(zeigt auf Bruchstreifen-Karte)* von den beiden stellt jetzt die drei Fünftel dar'
12	Cavit	Äh ... die .... erstmal *(zeigt auf Bruchstreifen-Karte)* muss man die alle Kästchen zählen, und das sind *(tippt auf jedes Feld des ersten oberen Bruchstreifens)* eins zwei drei vier fünf' *(schaut zum Lehrer auf)*

Hier zeigt sich bei Lehrer und Schüler eine interessante Form der Sprachlosigkeit: Beide drücken sich flüssig und fehlerfrei aus; gleichwohl stockt das Gespräch, weil Cavit zwar die Anleitung für eine korrekte Zeichnung des Bruchstreifens versprachlichen kann, aber innerhalb der Zeichnung den Bruch nicht genauer verortet. Dies begrenzt die Kommunikation über die genaue Bedeutung des Bildes und der inhärenten Strukturen. Als der Lehrer seine Frage schlicht wiederholt, ohne Signal, wie sie anders zu deuten ist, wiederholt Cavit noch einmal dasselbe und expliziert lediglich durch Zählen, wie man zur Zahl Fünf kommt.

Als Cavit und Ismet kurze Zeit später das Bild nutzen sollen, um ihren zuvor angestellten falschen symbolischen Vergleich „3/5 > 3/4" zu widerlegen, wird deutlich, dass in der Szene (Z. 9-12) kein rein sprachliches Problem vorliegt, sondern ihre Vorstellung vom Anteil noch nicht tragfähig ist:

17	Lehrer	... wie kann man das an dem Bild erkennen, dass dieser Bruch *(zeigt auf 3/5)* wenn ihr sagt der ist größer als der *(zeigt auf 3/4)* wie kann man das an diesem Bild *(zeigt auf Bruchstreifen auf der Karte)* erkennen' Und ist das überhaupt so ... das ist ja auch die Frage. ... [...]
...		
24	Ismet	[...] weil hier ist ja *(zeigt auf 3/5-Streifen)* fünf und hier sind vier *(zeigt auf 3/4-Streifen)* dann erkennt man ja dass dat *(zeigt auf 3/5-Streifen)* größer ist und das *(zeigt auf 3/4-Streifen)* klein [...]

Zwar können Cavit und Ismet den symbolisch dargestellten Brüchen die richtigen bildlichen Darstellungen zuordnen, doch wird erst beim Vergleichen der Anteile deutlich, dass ihre *Deutung* der Bruchstreifen nicht der fachlich intendierten Deutung entspricht: Ismet begründet (in Z. 24) seine Einschätzung, dass 3/5 größer als 3/4 ist, indem er darauf verweist, dass der 3/5-Streifen in mehr Felder unterteilt ist. Cavit stimmt dieser abweichenden Deutung zu (in nicht abgedruckten Zeilen). Fachlich intendiert ist die Deutung des Bruchs 3/5 als Anteil der 3 an der 5 bzw. als „3 von 5". Cavit und Ismet dagegen sprechen von „das sind fünf und dann die drei angemalten" (Z. 10) und deuten das „und" mit vorrangigem Fokus auf die Zahl der Felder, die durch den Nenner des Bruchs gegeben ist.

3.3 Konstruktion mentaler Beziehungen als sprachliche Herausforderung

Hier zeigt sich eine besondere Herausforderung mathematischer Begriffe in ihrer ontologischen Natur: Sie sind nicht nur *abstrakte, sondern auch relationale Begriffe* (Cassirer 1910). Das neu zu konstruierende Denkobjekt „Anteil" erfasst eine spezifische Beziehung zwischen der 3 und der 5, die durch den Bruchstreifen allein nicht vollständig ausgedrückt ist. Dieses Charakteristikum mathematischer Begriffe hebt Steinbring als Charakteristikum der Mathematik hervor:

> Der für eine wissenschaftliche Mathematikdidaktik wesentliche Aspekt in der Natur des mathematischen Wissens besteht darin, dass mathematische Begriffe sich nicht direkt auf Dinge der Welt beziehen, sondern auf *Beziehungen zwischen Dingen*. (Steinbring, 1998, S. 162; Hervorhebung im Original).

Die von Steinbring beschriebene spezifische ontologische Natur mathematischer Begriffe als *bezogen auf Beziehungen statt Objekte* birgt sowohl epistemologische als auch sprachliche Herausforderungen: Die mentale Bedeutungskonstruktion für relationale Begriffe erfordert eine mentale Konstruktion von *Beziehungen*. Eine solche Konstruktion von Beziehungen erfolgt nicht allein durch Darstellungswechsel, sondern muss im Diskurs durch eine verbale Explizierung unterstützt werden. Dazu müssen jedoch geeignete (bildungssprachliche) Sprachmittel zur Verfügung stehen. Die sachgerechte Nutzung der Sprachmittel setzt allerdings wiederum die Verfügbarkeit der Bedeutungen voraus; das gegenseitige Abhängigkeitsverhältnis der konzeptuellen und sprachlichen Herausforderungen ist somit zirkulär:

Die spezifische Bedeutung des Bruchs 3/5 liegt gerade in der Anteils-Beziehung zwischen 3 und 5. Wer diese Beziehung mental noch nicht konstruiert hat, kann die sprachliche Umschreibung „3 von 5" oder „der Anteil der 3 an der 5" nicht mit Bedeutung füllen. Somit bedingen sich die Entwicklung mathematischer Begriffe und der zugehörigen Sprachmittel zu ihrer Erklärung gegenseitig. Gerade für Lernende mit Deutsch als Zweitsprache, deren Repertoire an Sprachmitteln zum Ausdrücken von Beziehungen begrenzt ist (wie bei Cavit, der immer nur „und" benutzt) zeigt sich die Beschränktheit des sprachlichen Repertoires als Hürde für die kognitive Weiterentwicklung der wesentlichen mathematischen Beziehungen. Dies ist das zentrale Argument, warum der konzeptuelle und sprachliche Lernprozess miteinander verschränkt werden müssen.

3.4 Externe Ressourcen für die mentale Konstruktion von Beziehungen

Dass sich also Sprachmittel und ihre Bedeutungen möglichst miteinander entwickeln sollen, ist auch ein wesentlicher Grund, warum die Aktivierung anderer Darstellungen für den Aufbau konzeptuellen Verständnisses so zentral ist: Die anderen Darstellungen (in Bildern, lebensweltlichen Situationen etc.) ermöglichen eine Bedeutungskonstruktion vor der bildungssprachlichen Erklärung (Prediger, 2010). So kann etwa ein Anteilskonzept entwickelt werden in verschiedenen Kontexten (Prediger, Barzel, Hußmann & Leuders, 2013):

- Kontext von Trefferquoten: Werden 3 von 5 gedeutet als 3 Treffer bei 5 Schüssen, so ist klar, dass dies ein weniger gutes Ergebnis ist als bei 3 Treffern von 4 Schüssen.
- Kontext des (aktiv vollzogenen!) Mischens von Kirsch-Bananensaft: Werden 3 von 5 gedeutet als 3 Teile Kirschsaft in insgesamt 5 Teilen Kirschbananensaft, so schmeckt dieser weniger nach Banane als bei 3 von 4.

Solche Kontexteinbindungen ermöglichen die Konstruktion von mentalen Bedeutungen und Beziehungen, die dann mit neuen sprachlichen Mitteln wie „3 von 5" belegt werden können. Gerade für Schülerinnen und Schüler mit bildungssprachlichen Einschränkungen sind daher Kontexteinbettungen eine wichtige Stütze zum nachhaltigen Aufbau konzeptuellen Verständnisses ausgehend von mitgebrachten Ressourcen vorunterrichtlicher Vorstellungen (Prediger, 2010; van den Heuvel-Panhuizen, 2003).

Aufbauend auf solchen Aktivierungen vorunterrichtlicher Ressourcen kann das Repertoire der Sprachmittel sukzessive ausgebaut werden (Gibbons, 2010), und zwar parallel zum Aufbau konzeptuellen Verständnisses.

4 Fazit

Sprache gilt in der Mathematikdidaktik und zunehmend in der Praxis sprachsensiblen Mathematikunterrichts als relevanter Lerngegenstand, Lernmedium und zu schaffende Lernvoraussetzung, und zwar nicht nur für Lernende mit Deutsch als Zweitsprache. Die Entwicklung und Explizierung von Denksprache im Prozess der Erarbeitung eines Konzepts erweist sich dabei als ein Kern allen Fachlernens. Gerade die Vernetzung von Darstellungen und Registern bewährt sich als Förderansatz, auch zum Aufbau konzeptuellen Verständnisses.

Bzgl. aller drei formulierten Rollen als Lerngegenstand, -medium und -voraussetzung gibt es sowohl relevante fachübergreifende als auch fachspezifische Aspekte. In der didaktischen Forschung und Entwicklung den Fokus auf die *fachübergreifenden* Aspekte zu setzen, hat den Vorteil, dass man die Ergebnisse in Förderprogramme integrieren kann, die durchgängig in allen Fächern eingesetzt werden und so durch Kohärenz über die Fächer hinweg ihre Wirkung entfalten können (z.B. das Darstellungsvernetzen oder das Leseförderprogramm des Studienseminars Koblenz, 2009). Auch fachübergreifend einsetzbare kommunikationsfördernde Unterrichtsmethoden gehören in diesen Kontext.

Aus fachdidaktischer Sicht ist es jedoch von mindestens ebenso großer Bedeutung, komplementär auch die *fachspezifischen* Aspekte herauszuarbeiten, um die Grenzen durchgängiger fachübergreifender Programme zu identifizieren und das genuin fachliche

Lernen nicht aus dem Blick zu verlieren. Denn jedes Fach hat spezifische epistemologische und ontologische Charakteristika, die es zu berücksichtigen gilt; ein Beispiel bietet die hier aufgezeigte ontologische Natur mathematischer Begriffe als relationale Begriffe, deren Bedeutungserschließung die mentale Konstruktion von Beziehungen erfordert.

Das kurze konkrete Beispiel zum Vergleich von Brüchen lässt erahnen, dass auf der Detailstufe der konkreten Diagnose und Förderung das Verhältnis sprachlicher und fachlicher Aspekte tatsächlich für jeden mathematischen Gegenstand einzeln analysiert und konkret ausgearbeitet werden muss. Hier ergibt sich ein immenser Forschungs- und Entwicklungsbedarf, der idealerweise in enger Kooperation zwischen Sprachdidaktik, Sprachwissenschaft und Fachdidaktik durchgeführt wird.

Literatur

Ahrenholz, B. (Hrsg.). (2010). *Fachunterricht und Deutsch als Zweitsprache.* Tübingen: Narr.

Barwell, R. (Hrsg.). (2009). *Multilingualism in Mathematics Classrooms – Global Perspectives.* Bristol: Multilingual Matters.

Barzel, B., Büchter, A. & Leuders, T. (2007): *Mathematik – Methodik – Handbuch für die Sekundarstufe I und II.* Berlin: Cornelsen Scriptor.

Bauersfeld, H. (1983). Kommunikationsverläufe im Mathematikunterricht. Diskutiert am Beispiel des „Trichtermusters". In K. Ehlich & J. Rehbein (Hrsg.), *Kommunikation in der Schule und Hochschule. Linguistische und ethnomethodologische Analysen (Kommunikation und Institution 2)* (S. 21–28). Tübingen: Narr.

Begehr, A. (2004). *Teilnahme und Teilhabe am Mathematikunterricht – Eine Analyse von Schülerpartizipation.* Berlin: Dissertation, FU Berlin.

Bruner, J.S. (1967). *Toward a Theory of Instruction.* Cambridge, MA: Harvard University Press.

Cassirer, E. (1910). *Substanzbegriff und Funktionsbegriff. Untersuchungen über die Grundfragen der Erkenntniskritik.* Berlin: Verlag von Bruno Cassirer. (Wiedergedruckt 1922; Darmstadt: Wissenschaftliche Buchgesellschaft).

Clarkson, P.C. (2009). Mathematics Teaching in Australian Multilingual Classrooms: Developing an Approach to the Use of Classroom Languages. In R. Barwell (Hrsg.), *Multilingualism in Mathematics Classrooms – Global Perspectives* (S. 145–160). Bristol u.a.: Multilingual Matters.

Cummins, J. (1986). Language proficiency and academic achievement. In J. Cummins & M. Swain (Hrsg.), *Bilingualism in education: aspects of theory, research and practice* (S. 138–161). London: Longman.

Dittmar, N. (2005). Register. In U. Ammon, N. Dittmar, K.J. Mattheier & P. Trudgil (Hrsg.), *Sociolinguistics: An International Handbook of the Science of Language and Society. Soziolinguistik: Ein internationales Handbuch der Wissenschaft von Sprache und Gesellschaft*, Bd. 1 (S. 216–225). Berlin & New York: de Gruyter.

Duval, R. (2006). A cognitive analysis of problems of comprehension in a learning of mathematics. *Educational Studies in Mathematics, 61*, 103–131.

Ellerton, N. & Clarkson, P. (1996). Language Factors in Mathematics Teaching and Learning. In Bishop, A.J. et al. (Hrsg.), *International Handbook of Mathematics Education.* Dordrecht: Kluwer, 987–1033.

Fetzer, M. (2007). *Eine Interaktionstheorie fachlichen Lernens, entwickelt am Beispiel von Schreibanlässen im Mathematikunterricht der Grundschule.* Bad Heilbrunn: Klinkhardt.

Freudenthal, H. (1983). *Didactical Phenomenology of mathematical structures.* Dordrecht: Kluwer.

Fröhlich, I. & Prediger, S. (2008). Sprichst du Mathe? Kommunizieren im Mathematikunterricht. *Praxis der Mathematik in der Schule, 50* (24), 1–8.

Gallin, P. & Ruf, U. (1990). *Sprache und Mathematik in der Schule. Auf eigenen Wegen zur Fachkompetenz.* Seelze: Kallmeyersche Verlagsbuchhandlung.

Gibbons, P. (2010). Learning Academic Registers in Context. In C. Benholz, G. Kniffka & E. Winters-Ohle (Hrsg.), *Fachliche und sprachliche Förderung von Schülern mit Migrationsgeschichte* (S. 25–37). Münster: Waxmann.

Gogolin, I. (2006). Bilingualität und die Bildungssprache der Schule. In P. Mecheril & T. Quehl (Hrsg.), *Die Macht der Sprachen. Englische Perspektiven auf die mehrsprachige Schule* (S. 79–85). Münster: Waxmann.

Goldin, G. & Shteingold, N. (2001). Systems of Representations and the Development of Mathematical Concepts. In A.A. Cuoco & F.R. Curcio (Hrsg.), *The Roles of Representation in School Mathematics* (S. 1–23). Reston: National Council of Teachers of Mathematics 2001 Yearbook.

Götze, D. (2007). *Mathematische Gespräche unter Kindern.* Hildesheim: Franzbecker.

Hallet, W. (2012). Semiotic Translation and Literacy Learning in CLIL. In D. Marsh & O. Meyer (Hrsg.), *Quality Interfaces: Examining Evidence & Exploring Solutions in CLIL.* Eichstaett: Eichstaett Academic Press.

Halliday, M.A.K. (1978). *Language as social semiotic: The social interpretation of language and meaning.* Maryland: University Park Press.

Hiebert, J., Gallimore, R., Garnier, H., Bogard Givvin, K. & Hollingsworth, H. (2003). *Teaching Mathematics in Seven Countries. Results From the TIMSS 1999 Video Study.* Washington: NCES.

KMK (2003). *Bildungsstandards im Fach Mathematik für den Mittleren Schulabschluss, Beschluss der KMK vom 4.12.2003.* München: Luchterhand.

Koch, P. & Oesterreicher W. (1985). Sprache der Nähe – Sprache der Distanz. Mündlichkeit und Schriftlichkeit im Spannungsfeld von Sprachtheorie und Sprachgebrauch. *Romanistisches Jahrbuch, 36* (85), 15–43.

Krummheuer, G. (1985). Analyse von mathematischen Lernprozessen in „Kleingruppen intensiv kommunizierender Schüler". In W. Dörfler & R. Fischer (Hrsg.), *Empirische Untersuchungen zum Lehren und Lernen von Mathematik* (S. 153–158). Stuttgart: Teubner.

Kügelgen, R. von (1994). *Diskurs Mathematik. Kommunikationsanalysen zum reflektierenden Lernen.* Frankfurt/M. u.a.: Lang.

Kuntze, S. & Prediger, S. (2005). Ich schreibe, also denk" ich. Über Mathematik schreiben. *Praxis der Mathematik in der Schule, 47* (5), 1–6.

Leisen, J. (2005). Wechsel der Darstellungsformen. Ein Unterrichtsprinzip für alle Fächer. *Der Fremdsprachliche Unterricht Englisch, 78,* 9–11.

Leisen, J. (2010). *Handbuch Sprachförderung im Fach: Sprachsensibler Fachunterricht.* Bonn: Varus.

Lesh, R. (1979). Mathematical learning disabilities. In R. Lesh, D. Mierkiewicz & M.G. Kantowski (Hrsg.), *Applied mathematical problem solving* (S. 111–180). Columbus: OH.

Link, M. (2012). *Grundschulkinder beschreiben operative Zahlenmuster – Entwurf, Erprobung und Überarbeitung von Unterrichtsaktivitäten als ein Beispiel für Entwicklungsforschung.* Heidelberg u.a.: Springer Spektrum.

Maier, H. & Schweiger, F. (1999). *Mathematik und Sprache. Zum Verstehen und Verwenden von Fachsprache im Unterricht.* Wien: oebv und hpt Verlagsgesellschaft.

Meyer, M. & Prediger, S. (2012). Sprachenvielfalt im Mathematikunterricht – Herausforderungen, Chancen und Förderansätze. *Praxis der Mathematik in der Schule, 54* (45), 1–8.

MSWWF – Ministerium für Schule und Weiterbildung, Wissenschaft und Forschung des Landes NRW (Hrsg.). (1999). *Förderung in der deutschen Sprache als Aufgabe des Unterrichts in allen Fächern. Empfehlungen.* Frechen: Ritterbach.

Morgan, C. (2001). The place of pupil writing in learning, teaching and assessing mathematics. In P. Gates (Hrsg.), *Issues in Mathematics Teaching* (S. 232–244). London: Routledge Falmer.

Moser Opitz, E. (2007). *Rechenschwäche/Dyskalkulie. Theoretische Klärungen und empirische Studien an betroffenen Schülerinnen und Schülern.* Bern: Haupt.

Pimm, D. (1987). *Speaking Mathematically. Communication in Mathematics Classroom.* London & New York: Routledge/Keagan Paul.

Prediger, S. (2010). „Aber wie sag ich es mathematisch?" – Empirische Befunde und Konsequenzen zum Lernen von Mathematik als Mittel zur Beschreibung von Welt. In D. Höttecke (Hrsg.). *Entwicklung naturwissenschaftlichen Denkens zwischen Phänomen und Systematik. Jahrestagung der GDCP* (S. 6–20). Berlin: LIT.

Prediger, S., Barzel, B., Hußmann, S. & Leuders, T. (2013). (Hrsg.). *Mathewerkstatt 6.* Berlin: Cornelsen.

Prediger, S. & Özdil, E. (2011). (Hrsg.). *Mathematiklernen unter Bedingungen der Mehrsprachigkeit – Stand und Perspektiven der Forschung und Entwicklung.* Mehrsprachigkeit, Bd. 32. Münster u.a.: Waxmann.

Prediger, S. & Vernay, R. (2005). Kreisbilder erklären im Gruppenpuzzle – eine kommunikative Herausforderung. *Praxis der Mathematik in der Schule, 47* (6), 17–22.

Prediger, S. & Wessel, L. (2011). Darstellen – Deuten – Darstellungen vernetzen: Ein fach- und sprachintegrierter Förderansatz für mehrsprachige Lernende im Mathematikunterricht. In S. Prediger & E. Özdil (Hrsg.), *Mathematiklernen unter Bedingungen der Mehrsprachigkeit – Stand und Perspektiven der Forschung und Entwicklung* (S. 163–184). Münster: Waxmann.

Radatz, H. (1991). Einige Beobachtungen bei rechenschwachen Grundschülern. In J.H. Lorenz (Hrsg.), *Störungen beim Mathematiklernen* (S. 74–89). Köln: Aulis.

Steinbring, H. (1998). Mathematikdidaktik: Die Erforschung theoretischen Wissens in sozialen Kontexten des Lernens und Lehrens. *Zentralblatt für Didaktik der Mathematik, 30* (5), 161–167.

Steinbring, H. (2005). *The Construction of New Mathematical Knowledge in Classroom Interaction – An Epistemological Perspective.* Mathematics Education Library, Bd. 38. Berlin & New York: Springer.

Studienseminar Koblenz (2009). (Hrsg). *Sachtexte lesen im Fachunterricht der Sekundarstufe.* Seelze: Kallmeyer.

Van den Heuvel-Panhuizen, M. (2003). The didactical use of models in Realistic Mathematics Education: An example from a longitudinal trajectory on percentage. *Educational Studies in Mathematics, 54* (1), 9–35.

Voigt, J. (1984). *Interaktionsmuster und Routinen im Mathematikunterricht: theoretische Grundlagen und mikroethnographische Falluntersuchungen.* Weinheim: Beltz.

Vollmer, H.J. & Thürmann, E. (2010). Zur Sprachlichkeit des Fachlernens: Modellierung eines Referenzrahmens für Deutsch als Zweitsprache. In B. Ahrenholz (Hrsg.), *Fachunterricht und Deutsch als Zweitsprache* (S. 107–132). Tübingen: Narr.

Wagenschein, M. (1968). *Verstehen lehren. Genetisch – Sokratisch – Exemplarisch.* Weinheim: Beltz.

Winter, H. (1975). Allgemeine Lernziele für den Mathematikunterricht? *Zentralblatt für Didaktik der Mathematik, 7* (3), 106–116.

Winter, H. (1983). Über die Entfaltung begrifflichen Denkens im Mathematikunterricht. *Journal für Mathematik-Didaktik, 4* (3), 175–204.

Wittenberg, A.I. (1957). *Vom Denken in Begriffen.* Basel & Stuttgart: Birkhäuser.

Stefan Ufer, Kristina Reiss & Volker Mehringer

Sprachstand, soziale Herkunft und Bilingualität: Effekte auf Facetten mathematischer Kompetenz

1 Einleitung: Sprache, Migration, soziale Herkunft und Facetten mathematischer Kompetenz

Die Rolle sprachlicher Fähigkeiten für den mathematischen Kompetenzerwerb wird insbesondere im Zusammenhang mit Lernenden mit Migrationshintergrund diskutiert. Dabei geht es vor allem um Fähigkeiten im Deutschen als der Sprache des Unterrichts. Nationale und internationale Schulleistungsstudien zeigten wiederholt, dass Lernende aus Familien mit Migrationshintergrund niedrigere Schulleistungen aufwiesen als Lernende aus Familien ohne Migrationshintergrund. Im Rahmen von PISA konnten entsprechende Leistungsunterschiede am Ende der Sekundarstufe I belegt werden. In anderen Studien wurde deutlich, dass Unterschiede bereits am Ende der Grundschulzeit und teilweise sogar schon im Kindergartenalter zu finden sind (Stanat, Rauch & Segeritz, 2010; Bonsen, Kummer & Bos, 2008; Nicklas, Segerer, Schmiedeler & Schneider, 2012). Schülerinnen und Schüler mit Migrationshintergrund wiederholen zudem häufiger Jahrgangsstufen (Avenarius, Ditton, Döbert, Klemm, Klieme, Rürup, Tenorth, Weishaupt & Weiß, 2003; Krohne, Meier & Tillmann, 2004; Konsortium Bildungsberichterstattung, 2006) und sind in Hauptschulen über-, in Gymnasien hingegen unterrepräsentiert (Baumert & Schümer, 2001).

Selbstverständlich führt ein Migrationshintergrund nicht zwingend zu schulischen Problemen und unterschiedliche Gruppen von Migrantenfamilien zeigen deutlich unterschiedliche Profile (Stanat, Rauch & Segeritz, 2010). Entsprechend gestaltet sich die Suche nach Ursachen für diese Unterschiede komplex und es werden diverse werden Erklärungsansätze diskutiert. Eine Trennung der Wirkprozesse erscheint insbesondere oft schwierig, da die in der Diskussion betrachteten Variablen in der Regel miteinander konfundiert sind. So werden einerseits mangelnde sprachliche Kompetenzen als ein bestimmender Faktor für Disparitäten im Bildungssystem angesehen und andererseits bildungssoziologische Erklärungen angeboten, die auf der Verfügbarkeit verschiedener Ressourcen in den Familien der Schülerinnen und Schüler basieren (Gogolin, 2009; Heinze, Herwartz-Emden & Reiss, 2007; Müller & Stanat, 2006).

Arbeiten aus der bildungssoziologischen Perspektive beziehen sich meist auf humankapitaltheoretische Modelle. Es wird davon ausgegangen, dass spezifische Förder- und Unterstützungsmaßnahmen im familiären Umfeld für schulische Lernprozesse bedeutsam sind. Diese familiären „Investitionen" setzen entsprechendes Kapital in Form von Zeit, Aufmerksamkeit und materiellen Mitteln auf Seiten der Familie voraus (Diefenbach, 2005). Ergebnisse von PISA 2003 (Ehmke, Hohensee, Heidemeier & Prenzel, 2004) und TIMSS 2007 (Bonsen, Frey & Bos, 2008) weisen darauf hin, dass der Zusammenhang zwischen mathematischer Kompetenz und ökonomischem und kulturellem Kapital in der Familie für Deutschland im internationalen Vergleich stark ausgeprägt ist. In Bezug auf die Erklärung von Ungleichheiten zwischen Kindern mit und ohne Migrationshintergrund relativieren Nauck, Diefenbach & Petri (1998, S. 713) zwar die Bedeutung humankapitaltheoretischer Modelle, wenn sie feststellen, „dass der Bildungserfolg von Jugendlichen aus Migrantenfamilien – anders als bei deutschen Jugendlichen – in einem zwar signifikant positiven, aber außerordentlich geringen Zusammenhang mit dem ökonomischen und kulturellen Kapital der Herkunftsfamilie steht". Dennoch kann nicht ausgeschlossen werden, dass Leistungsdifferenzen zwischen Kindern mit und ohne Migrationshintergrund zu einem gewissen Anteil auf Unterschiede in der sozioökonomischen Situation der Herkunftsfamilie und deren Korrelate wie die häusliche schulbezogene Unterstützung zurückzuführen sind (Ehmke, Hohensee, Siegle & Prenzel, 2006).

Im Hinblick auf Nachteile von Schülerinnen und Schülern mit Migrationshintergrund werden auch sprachliche Kenntnisse in Deutsch als der Sprache des Unterrichts untersucht. Dabei kann als gesichert angesehen werden, dass Kompetenzen in der Bildungssprache für den niedrigeren Schulerfolg von Kindern mit Migrationshintergrund eine zentrale Rolle spielen (Gogolin, 2009). Dies gilt nicht nur für das Fach Deutsch, sondern auch für andere Disziplinen wie die Mathematik (Baumert & Schümer, 2001; Ramm, Prenzel, Heidemeier & Walter, 2004). Vor dem Hintergrund, dass Schülerinnen und Schüler mit Migrationshintergrund im Mittel über deutlich niedrigere Kompetenzen in Bezug auf die deutsche Sprache als andere Lernende verfügen (Schwippert, Hornberg & Goy, 2008, Stanat et al., 2010), wird häufig davon ausgegangen, dass diese sprachlichen Defizite mit für das Entstehen der Unterschiede in anderen Domänen verantwortlich sind. Die Bedeutung von Bilingualität als potentieller *Ressource* für den schulischen Kompetenzerwerb (Bialystok, 1988; Bialystok, Craik, Green & Gollan, 2009) wurde hingegen bislang in der mathematikdidaktischen Forschung nicht oder nur in Form vereinzelter qualitativer Analysen untersucht (z.B. Moschkovich, 2005).

Was die Definition und Operationalisierung mathematischer Kompetenz im Kontext einschlägiger Studien über Schülerinnen und Schüler mit Migrationshintergrund anbelangt, so wird diese meist als eindimensionales Konstrukt behandelt. Eine differenzierte Betrachtung von verschiedenen Facetten mathematischer Kompetenz sowie deren Zusammenhängen zu sprachlichen Kompetenzen und anderen Hintergrundvariablen ist bislang eher die Ausnahme als die Regel. In ihrer Analyse der Leistungen von Lernenden mit und ohne Migrationshintergrund bei Aufgaben unterschiedlicher Textlastigkeit fanden Ramm et al. (2004) keine klaren Indikationen für besondere Effekte textlastiger Aufgaben und keine besonderen Leistungsprofile von Lernenden mit und ohne Migrationshintergrund. Heinze et al. (2007) stellen dagegen Unterschiede zwischen den beiden Gruppen für bestimmte Teilskalen des DEMAT 1+ fest, die in besonderer Weise inhaltliches Verständnis mathematischer Konzepte erfordern.

Ziel dieses Beitrags ist es, die Ergebnisse von Heinze et al. (2007) erneut unter dem Fokus der Bilingualität zu betrachten, mit dem sozioökonomischen Status eine weitere Erklärungsvariable in die Untersuchung einzubeziehen und schließlich die querschnittlichen Ergebnisse von Heinze et al. (2007) durch eine längsschnittliche Analyse zum Lernzuwachs innerhalb eines Schuljahres zu ergänzen. Dazu wird zunächst auf den

Zusammenhang zwischen sprachlichen Fähigkeiten und Kompetenzentwicklung eingegangen, bevor die Bedeutung von Bilingualität für den Kompetenzerwerb genauer betrachtet wird.

2 Sprachliche Fähigkeiten und Kompetenzentwicklung in der Mathematik

Unterricht – und das gilt auch für Mathematikunterricht – lebt vom Diskurs und der Interaktion zwischen Lernenden sowie mit der Lehrkraft. Die Teilnahme an diesem Diskurs setzt sprachliche Fähigkeiten in einem Bereich voraus, den Gogolin (2009, S. 263) mit dem Begriff *Bildungssprache* umschreibt. Cummins (2008) unterscheidet hier zwischen *basic interpersonal communication skills (BICS)* und *cognitive academic language proficiency (CALP)*. Während BICS sprachliche Kompetenzen beschreibt, die eine Verständigung in typischen Situationen des alltäglichen Lebens ermöglichen, bezieht sich CALP auf eine kontextreduzierte, kognitiv anspruchsvollere Sprache, die der fachlichen Kommunikation dient und im Unterricht zur korrekten Kommunikation über fachliche Konzepte auch im Bereich der Grundschule notwendig ist. Entsprechend liegt die Hypothese nahe, dass sich „sprachliche Defizite kumulativ negativ auf die Lernzuwächse in den Sachfächern" auswirken (Herwartz-Emden, 2003, S. 692). Gogolin (2005) verweist darauf, dass für den Erwerb dieser für den schulischen Unterricht relevanten Sprachkompetenzen ein langfristiger Lernprozess notwendig ist. Entsprechend sollte die Untersuchung von sprachbezogenen Disparitäten in der mathematischen Kompetenzentwicklung besonders zu Beginn der Schulkarriere im Vordergrund stehen.

Viele Untersuchungen sehen über die gesamte Schullaufbahn hinweg einen engen Zusammenhang zwischen sprachlichen Kompetenzen in der deutschen Sprache und der mathematischen Kompetenz (Deutsches PISA-Konsortium, 2001; Schwippert, Bos & Lankes, 2003). Auch wenn die mathematische Kompetenz weniger stark an sprachliche Fähigkeiten gebunden zu sein scheint als z.B. die Lesekompetenz (Bos, Hornberg, Arnold, Faust, Fried, Lankes, Schwippert & Valtin, 2007), weisen Studien doch auf eine substantielle Bedeutung sprachlicher Fähigkeiten auch für den mathematischen Kompetenzerwerb hin. Mücke (2007) fand beispielsweise anhand der Daten der Studie *BeLesen*, dass das zum Schulbeginn erhobene Sprachniveau von Lernenden einen konstanten bis zunehmenden Einfluss auf Testleistungen sowohl im Fach Deutsch als auch im Fach Mathematik hat, der Einfluss kognitiver Grundfertigkeiten jedoch tendenziell eher sinkt.[1]

Dieser enge Zusammenhang bietet mehrere Möglichkeiten der Interpretation, die zu jeweils eigenen Forschungstraditionen geführt haben. Mathematikaufgaben sind häufig als Texte formuliert, deren Bedeutung zunächst erkannt und zu einem Situationsmodell angereichert werden muss, bevor ein mathematisches Modell zur Bearbeitung des Problems identifiziert und genutzt werden kann (Reusser, 1998). Besonders durch Komparative angedeutete Relationsbeziehungen wie „mehr als" oder „weniger als" stellen Ler-

---

1 In den Jahrgangsstufen 1 bis 3 wurden hier mit der DEMAT-Reihe Schulleistungstests verwendet, in Jahrgangsstufe 4 jedoch ein anders konzipierter Kompetenztest, für den die Varianzaufklärung deutlich höher war als in den Jahrgangsstufen 1 bis 3.

nende – nicht nur, aber besonders auch solche mit sprachlichen Defiziten – vor Probleme bei der Bildung eines mathematischen Modells (Stern & Lehrndorfer, 1992; s.a. Duarte, Gogolin & Kaiser, 2011). Derartige Probleme wirken sich demnach vor allem nachteilig auf das Verständnis von Testaufgaben aus. Abedi & Lord (2001) berichten diesbezüglich, dass sprachliche Vereinfachungen von Testaufgaben zu einer Leistungsverbesserung bei denjenigen Lernenden führten, die Englisch als Zweitsprache sprachen, nicht jedoch bei Lernenden mit Englisch als Muttersprache.

Über die Testsituation hinaus kann zudem davon ausgegangen werden, dass Fähigkeiten in der Unterrichtssprache auch die Teilhabe am inhaltlichen Diskurs im Unterricht mit der Lehrkraft (Civil, 2008) und mit anderen Lernenden (Moschkovich, 2005) beeinflussen. Darüber hinaus wurde wiederholt aufgezeigt, dass sich Alltags- bzw. Umgangssprache und die im Unterricht gepflegte Fachsprache der Mathematik deutlich unterscheiden. So wurde festgestellt, dass Begriffe im mathematischen Kontext teils andere Bedeutungen haben als im Alltagskontext und für die Kommunikation mathematischer Sachverhalte eine eigene, spezifische Semantik notwendig ist (Maier & Schweiger, 1999; Gorgorió & Planas, 2001). Es kann also angenommen werden, dass ein bestimmtes Sprachniveau notwendig ist, um dem inhaltlichen Diskurs im Unterricht folgen zu können. Knapp (1999) weist auf die Gefahr hin, dass Lernende besondere Fähigkeiten darin entwickeln, sich mit eingeschränktem Wortschatz mündlich zu bewähren (sog. verdeckte Sprachschwierigkeit). Besonders in der Grundschule werden mathematische Konzepte durch situative Einbettungen anhand von Sachsituationen oder mathematischen Darstellungsmitteln wie dem Zahlenstrahl oder Zwanzigerfeldern und Stellenwerttafeln thematisiert (Lorenz, 1992). Auch wenn das Potenzial dieser Einbettungen in den damit möglichen enaktiven Erfahrungen liegt (Bruner, 1966), wird ihre Bedeutung doch von den Lernenden und der Lehrkraft sprachlich kommuniziert. Gerade um das Verständnis dieser Einbettungen und auch den Erwerb vielfältiger Grundvorstellungen (vom Hofe, 1995) zu mathematischen Konzepten zu ermöglichen, erscheint es nicht tragfähig, beispielsweise relationale Begrifflichkeiten oder komplexere Sprachkonstruktionen im Unterricht auszusparen. Stern & Lehrndorfer (1992) legen beispielsweise nahe, dass gerade diese Begrifflichkeiten verstärkt genutzt werden müssten, um den Erwerb entsprechender Grundvorstellungen zu unterstützen.

Die beschriebenen Einflussfaktoren sprachlicher Fähigkeiten auf den mathematischen Kompetenzerwerb betreffen offensichtlich die Kommunikation konzeptueller Zusammenhänge (s.a. Heinze et al., 2007). Auch wenn dieses inhaltliche Verständnis als eine zentrale Voraussetzung für die Entwicklung mathematischer Kompetenzen gesehen wird, gibt es auch Problemstellungen in der schulischen Mathematik, die durch stark strukturierte Schemata bzw. Algorithmen lösbar sind. Ob solche schematisierbaren Facetten mathematischer Kompetenz in gleichem Maße von sprachlichen Einflüssen betroffen sind, ist zunächst offen. Einerseits deutet die Forschung zur Interaktion von prozeduralem und konzeptuellem Wissen darauf hin, dass konzeptuelles Wissen eine zentrale Rolle beim Aufbau prozeduralen Wissens, z.B. über Lösungsschemata, spielt (z.B. Schneider & Stern, 2005). Andererseits ist es denkbar, dass Lösungsprozeduren für schematisier-bare Aufgabentypen im Unterricht weniger mit Rückgriff auf sprachliche Ausdrucksmittel, sondern unter stärkerer Stützung auf symbolische Darstellungen thematisiert werden, sodass ein Erwerb dieser Ablaufschemata auch ohne vertieftes konzeptuelles Verständnis erfolgen kann. Inwieweit dies aus fachdidaktischer Sicht sinnvoll ist, soll hier nicht diskutiert werden. Es stellt sich jedoch die Frage, ob schematisierbare mathematische Anforderungen (wie z.B. symbolische Additions- und Subtraktionsaufgaben) in ähnlicher Weise von sprachlichen Fähigkeiten beeinflusst werden wie explizit auf konzeptuelle Wissenskomponenten verweisende Anforderungen (wie z.B. Problemlöse- oder Sachaufgaben).

3   Bilingualität und Kompetenzerwerb

In der Forschung zu bilingualen Lernenden stehen traditionell Risikofaktoren im Vordergrund, die mit mangelnden Sprachkenntnissen einhergehen. Modernere Auffassungen gehen allerdings von sehr spezifischen Auswirkungen der Bilingualität auf die kognitiven Leistungen bilingualer Personen aus. Entsprechende Studien zeigen Vorteile bilingualer Personen beispielsweise in Bezug auf Fähigkeiten zur Aufmerksamkeitskontrolle (s. z.B. Bialystok et al., 2009), jedoch Nachteile bei eher verbalen Anforderungen. In dieser Tradition untersuchen Kempert, Saalbach & Hardy (2011) die Leistung von monolingualen und bilingualen Lernenden bei einfachen Textaufgaben mit bzw. ohne überflüssige Informationen. Während sich bei Aufgaben ohne überflüssige Informationen ein deutlicher Vorsprung der monolingualen Lernenden zeigte, konnten für die Aufgaben mit überflüssigen Informationen keine signifikanten Unterschiede gefunden werden. Es liegt also nahe, dass bilinguale Lernende besser als ihre monolingualen Mitschülerinnen und Mitschüler in der Lage waren, die überflüssigen Informationen auszublenden, was die Autoren durch eine bessere Aufmerksamkeitskontrolle erklären. Inwiefern sich diese zusätzlichen Ressourcen zur gezielten Förderung mathematischer Kompetenzen bei bilingualen Lernenden nutzen lassen, bleibt allerdings zunächst unklar.

Auch aus fachdidaktischer Sicht wurden in der Vergangenheit Ressourcen von bilingualen Lernenden betrachtet, die beim Erwerb mathematischer Kompetenz förderlich sein können. Als augenfälligste Ressource kommen hier Kenntnisse in der Familiensprache in den Blick. Moschkovich (2005) regt beispielsweise an, bilingualen Lernenden die Wahl der Sprache im Unterricht in gewissem Umfang freizustellen, um positive Effekte durch sogenanntes *Code Switching* zu ermöglichen. Civil (2008) führt jedoch an, dass sich eine von der im Unterricht dominierenden Sprache abweichende Familiensprache nicht nur auf die individuellen Lernprozesse Schülerinnen und Schüler auswirken kann, sondern dass Eltern mit geringen Kenntnissen der Unterrichtssprache auch von Problemen bei der häuslichen Unterstützung der Lernprozesse ihrer Kinder berichten.

Sieht man die Familiensprache als Ressource, so ist zu beachten, dass die Gruppe der bilingualen Lernenden nicht homogen in ihren Sprachkenntnissen ist. Es ist zunächst zwischen Lernenden mit hohen bzw. niedrigen Kompetenzen in Bezug auf jede einzelne Sprache zu unterscheiden (z.B. Dollmann & Kristen, 2010). Während der Einfluss von Kenntnissen der Unterrichtssprache auf den Kompetenzerwerb gut gesichert ist, finden beispielsweise Kempert et al. (2011) bei Drittklässlern keinen Zusammenhang zwischen der Fähigkeit zur Lösung (deutschsprachiger) Sachaufgaben und sprachlichen Fähigkeiten in der Familiensprache Türkisch. Dollmann & Kristen (2010) berichten einen positiven Effekt nur für Lernende mit mittleren, nicht jedoch für solche mit hohen sprachlichen Fähigkeiten im Deutschen. Insgesamt kann davon ausgegangen werden, dass sich positive Effekte familiensprachlicher Kompetenzen nur ergeben, wenn ihre Nutzung – sei es im unterrichtlichen Diskurs oder in individuellen Lernprozessen – explizit angeregt bzw. thematisiert wird (s.a. Rauch, Jurecka & Hesse, 2010). Ob und in welchem Umfang dies im Mathematikunterricht in Deutschland geschieht, kann hier nicht geklärt werden. Im Hinblick auf mehrere Schulleistungsindikatoren folgern Dollmann & Kristen (2010), dass für den Schulerfolg im Allgemeinen primär Kenntnisse in der Unterrichtssprache Deutsch und weniger Kenntnisse in der Familiensprache relevant sind. Die Ergebnisse von Rauch, Jureck und Hesse (2010) weisen außerdem darauf hin, dass Kenntnisse in der Familiensprache nicht für alle Fächer gleichermaßen relevant sind. In ihrer Untersuchung ließ sich für Schülerinnen und Schüler der 9. Jahrgangsstufe ein signifikanter Zusammenhang zwischen Lesekompetenz im Türkischen und Lesekompetenz im Englischen feststellen, nicht jedoch zwischen der Lesekompetenz im Türkischen und der im Deutschen.

Im Fach Mathematik erscheint der Zusammenhang zwischen Kenntnissen in der Familiensprache und der Mathematikleistung eher schwach ausgeprägt zu sein. Aus diesem Grund werden in diesem Beitrag bilinguale Lernende lediglich nach sprachlichen Kompetenzen in der Unterrichtssprache Deutsch in *dominant bilinguale* (hohe Kenntnisse im Deutschen) und *schwach bilinguale* (niedrige Kenntnisse im Deutschen)[2] unterschieden.

4   Die Längsschnittstudie SOKKE

Die meisten vorliegenden Studien zur Rolle von Sprache und Migration beim Erwerb mathematischer Fähigkeiten sind quantitative oder qualitative Querschnittstudien. Insbesondere für Deutschland gibt es bisher kaum längsschnittliche Analysen, die die Entwicklung von bilingualen Lernenden bzw. Lernenden mit Migrationshintergrund genauer untersuchen. Die hier vorgestellten Analysen stützen sich auf Daten der längsschnittlich angelegten Grundschulstudie „Sozialisation und Akkulturation in Erfahrungsräumen von Kindern mit Migrationshintergrund" (SOKKE). Die Studie untersucht Akkulturationsprozesse von Kindern mit Migrationshintergrund über die vier Grundschuljahre (vgl. Heinze et al., 2007; Herwartz-Emden & Küffner, 2006; Herwartz-Emden, Reiss & Mehringer 2008; Mehringer, in Druck) und kann auch zur Untersuchung der schulischen Entwicklung von Schülerinnen und Schülern in dieser Zeit herangezogen werden. Für die Studie wurde gezielt eine Klassenstichprobe gezogen, die Klassen mit geringem (<33%), mittlerem (33%–66%) und hohem (>66%) Anteil an Kindern mit Migrationshintergrund enthält (s.a. Heinze et al., 2007), sodass die Stichprobe auch einen hohen Anteil an bilingual aufwachsenden Schülerinnen und Schülern enthält.

---

2   Die Bezeichnungen dominant bilingual und schwach bilingual wurden in Anlehnung an Kempert et al. (2011) gewählt. Sie weichen von der in Dollman & Kristen (2010) gewählten Begriffsverwendung ab.

Im Rahmen des Projekts wurden unter anderem die folgenden Konstrukte anhand standardisierter Tests erhoben, die für die Analysen in diesem Beitrag verwendet werden:
- Mathematikleistung durch den *DEMAT 1+*, *DEMAT 2+* (Krajewski, Küspert & Schneider, 2002; Krajewski, Liehm & Schneider 2002);
- Sprachstand im Deutschen durch die *Sprachstandsüberprüfung und Förderdiagnostik für Ausländer- und Aussiedlerkinder* (SFD: Hobusch, Lutz & Wiest, 2002);
- kognitive Grundfähigkeiten in Klasse 1 durch den *CFT 1 Grundintelligenztest* (Cattell, Weiß & Osterland, 1997);
- Leseleistung in Klasse 1 durch die *Würzburger Leise Leseprobe* (WLLP: vgl. Küspert & Schneider, 1998);
- sozioökonomischer Status, operationalisiert durch den *International Socio-Economic Index of Occupational Status* (ISEI: Ganzeboom, De Graaf & Treiman, 1992). Der ISEI beider Elternteile wurde aus den Angaben eines Eltern- und eines Schülerfragebogens kodiert. Herangezogen wurde jeweils der größere der beiden Werte (HISEI).

Die Datenerhebung wurde in allen Klassen durch geschulte Testleiterinnen und Testleiter durchgeführt. Aufgrund der Angaben im Elternfragebogen der Studie SOKKE zu der in der Familie primär gesprochenen Sprache wurden die teilnehmenden Schülerinnen und Schüler als monolingual (deutschsprachig) oder bilingual (bzw. auch multilingual) aufwachsend kategorisiert. Innerhalb der Gruppe bilingual aufwachsender Schülerinnen und Schüler wurde die Stichprobe am Median der Sprachstandswerte im Deutschen in *dominant bilinguale* und *schwach bilinguale* Lernende eingeteilt. Die Verteilung auf die drei Gruppen kann Tabelle 1 entnommen werden. Die Verteilung weiblicher und männlicher Lernender auf die Untersuchungsgruppen kann als gleichmäßig angesehen werden ($\chi^2(2,N=417)=.064$, p=.97).

Tab. 1: Anzahl der Lernenden in den Untersuchungsgruppen

	weiblich	männlich	gesamt
monolingual	98	112	210
dominant bilingual	50	54	104
schwach bilingual	48	55	103
gesamt	196	221	417

5 Fragestellungen

Bisherige Studien liefern vor allem querschnittlich beschreibende Ergebnisse zum Zusammenhang zwischen mathematischer Kompetenz, Bilingualität sowie sprachlichen Kompetenzen. Längsschnittliche Analysen sind vor allem im Hinblick auf eine Untersuchung der Entwicklung mathematischer Fähigkeiten in der Grundschule rar, aber auch querschnittliche Analysen für den Beginn der Grundschulzeit liegen nur vereinzelt vor. Im vorliegenden Beitrag werden diese Zusammenhänge anhand der Längsschnittstudie SOKKE zunächst querschnittlich am Ende der Jahrgangsstufe 1 untersucht. Anschließend wird der Lernzuwachs im Laufe der zweiten Jahrgangsstufe in den Blick genommen. Konkret werden die folgenden Fragestellungen betrachtet.

1. Welche Unterschiede zwischen monolingualen, dominant bilingualen und schwach bilingualen Lernenden lassen sich für schematisierbare und konzeptuell-inhaltliche mathematische Fähigkeiten am Ende der Jahrgangsstufe 1 beobachten?
2. Welche Unterschiede zwischen monolingualen, dominant bilingualen und schwach bilingualen Lernenden lassen sich für den Zuwachs schematisierbarer und konzeptuell-inhaltlicher mathematischer Fähigkeiten im Laufe der Jahrgangsstufe 2 beobachten?
3. Zu welchem Teil sind diese Unterschiede jeweils auf kognitive Grundfertigkeiten, den sozioökonomischen Status und den individuellen Sprachstand zurückzuführen?

6 Ergebnisse

6.1 Stichprobe

In die Analysen wurden N=417 Schülerinnen (N=196) und Schüler (N=221) aus 21 Klassen aus dem Datensatz der Studie SOKKE einbezogen, die am ersten oder zweiten Messzeitpunkt teilgenommen hatten. Wie bei Längsschnittstudien kaum vermeidbar, lagen nicht für alle Lernenden vollständige Daten vor.[3] Für die deskriptiven Auswertungen wurden nur die vorhandenen Daten analysiert. Für die Analysen zur Beantwortung der zentralen Fragestellungen wurden die fehlenden Daten mit Hilfe von *Full Information Maximum Likelihood*-Methoden (s.a. Lüdtke, Robitzsch, Trautwein & Köller, 2007) geschätzt. Dazu wurden neben den in diesem Beitrag betrachteten Variablen die Rohwerte zur *Würzburger Leise Leseprobe* in das Hintergrundmodell aufgenommen.

Tabelle 2 zeigt die deskriptiven Ergebnisse zu den Hintergrundvariablen „kognitive Grundfertigkeiten", „sozioökonomischer Status" und „Sprachstand im Deutschen" in den drei Untersuchungsgruppen. Varianzanalysen zeigten signifikante Gruppenunterschiede für alle drei Skalen. Weitere Analysen ergaben, dass die kognitiven Grundfertigkeiten in der schwach bilingualen Gruppe im Mittel niedriger waren als in den anderen beiden Gruppen, zwischen denen allerdings keine signifikanten Unterschiede festgestellt werden konnten. Im sozioökonomischen Status unterschieden sich die beiden bilingualen Teilstichproben nicht signifikant voneinander. In der monolingualen Gruppe zeigte sich jedoch im Mittel ein signifikant höherer HISEI als in den bilingualen Gruppen. Für die schwach bilinguale Gruppe ergab sich erwartungsgemäß ein signifikant niedrigerer Sprachstand als für die dominant bilinguale Gruppe, für beide Gruppen war der Sprachstand darüber hinaus niedriger als in der monolingualen Gruppe.

---

[3] Littles MCAR Test ergab, dass die Hypothese MCAR (missing completely at random) abgelehnt werden muss ($\chi^2(37)=57.4$; $p<.05$).

Tab. 2: Mittelwerte (und Standardfehler) sowie Stichprobenzahlen für die Hintergrunddaten

	kognitive Grundfertigkeiten (CFT)	sozioökonomischer Status (HISEI)	Sprachstand (SFD)
monolingual	109.4 (1.03) N=208	52.0 (1.37) N=146	52.9 (0.35) N=208
dominant bilingual	106.8 (1.32) N=103	42.7 (1.84) N=70	48.5 (0.44) N=104
schwach bilingual	97.7 (1.47) N=103	36.8 (1.74) N=55	33.2 (0.62) N=103
gesamt	105.8 (0.75)	46.5 (1.02)	46.9 (0.47)

6.2 Facetten mathematischer Leistung

Aufgrund von explorativen und konfirmatorischen Faktorenanalysen wurden die Subskalen des DEMAT 1+ bzw. des DEMAT 2+ zu jeweils zwei Facetten zusammengefasst. Die Facette A bildet dabei jeweils eher schematisierbare Anforderungen ab; die Facette B umfasst eher konzeptuell-inhaltliche Anforderungen, die mathematisches Modellieren oder Problemlösen sowie stärker konzeptuelles Wissen erfordern (Tabelle 3). Die beiden Kompetenzfacetten korrelierten jeweils signifikant miteinander (r = .58 für den DEMAT 1+; r = .68 für den DEMAT 2+).

Tab. 3: Zuordnung der DEMAT-Skalen zu den beiden Facetten mathematischer Leistung

	Facette A	Facette B
DEMAT 1+	– Addition – Subtraktion – Zahlzerlegung – Kettenaufgaben – Ungleichungen	– Menge-Zahlen – Zahlenraum – Teil-Ganzes – Sachaufgaben
DEMAT 2+	– Addition – Subtraktion – Verdoppeln – Division – Halbieren – Rechnen mit Geld	– Zahleigenschaften – Längenvergleich – Sachaufgaben – Geometrie

Um den Lernzuwachs während des zweiten Schuljahrs zu modellieren, wurden die z-standardisierten Residuen der Leistungswerte in Jahrgangsstufe 2 unter Kontrolle beider Leistungsfacetten aus Jahrgangsstufe 1 berechnet. Mittelwerte und Standardfehler für die drei Gruppen unter Verwendung der im Datensatz vorhandenen Daten können Tabelle 4 entnommen werden.

Tab. 4: *Mittlere Lösungsraten (und Standardfehler) sowie Stichprobenzahlen für DEMAT 1+ und DEMAT 2+ und den modellierten Lernzuwachs.*

	Ende Jgst. 1		Ende Jgst. 2		Lernzuwachs	
	Facette A	Facette B	Facette A	Facette B	Facette A	Facette B
Cronbachs α	.79	.62	.86	.60	---	---
Monolingual	.70 (.016) N=198	.71 (.014) N=198	.45 (.018) N=196	.55 (.018) N=196	-.036 (.073) N=184	.095 (.074) N=184
dominant bilingual	.73 (.021) N=99	.65 (.021) N=99	.46 (.026) N=97	.51 (.025) N=97	.142 (.110) N=92	-.033 (.107) N=92
schwach bilingual	.61 (.024) N=97	.50 (.021) N=97	.32 (.025) N=85	.37 (.026) N=85	-.081 (.106) N=79	-.183 (.106) N=79
gesamt	.68 (.011)	.64 (.011)	.43 (.013)	.50 (.013)	---	---

6.3 Erklärung der beobachteten Unterschiede

Um Leistungsunterschiede am Ende von Jahrgangsstufe 1 genauer zu untersuchen, wurden Regressionsanalysen mit den Testwerten für die beiden Facetten des DEMAT 1+ als abhängige Variablen durchgeführt. Für alle Regressionsanalysen wurde der in der Software MPLUS (Muthén & Muthén, 2010) implementierte *Full Information Maximum Likelihood*-Schätzer verwendet. Die Ergebnisse sind in Tabelle 5 dargestellt. In einem ersten Modell wurden Dummy-Variablen für die beiden bilingualen Gruppen (Referenzgruppe: monolinguale Schülerinnen und Schüler) aufgenommen. In weiteren Schritten wurden kognitive Grundfertigkeiten, Sprachstand und sozioökonomischer Status zunächst einzeln, am Ende dann gemeinsam mit zum Modell hinzugefügt. Wie zu erwarten war, leisteten kognitive Grundfertigkeiten den größten Beitrag zur Varianzaufklärung.

Unterschiede zwischen den drei Untersuchungsgruppen in der mathematischen Leistung am Ende der Jahrgangsstufe 1 zeigten sich nur für die konzeptuell-inhaltliche Facette B, wobei vor allem schwach bilinguale Lernende und in geringerem Maße auch dominant bilinguale Lernende schlechtere Leistungen zeigten als monolinguale Lernende (Modell 1). Unter Kontrolle kognitiver Grundfertigkeiten reduzierten sich diese Unterschiede, blieben jedoch signifikant (Modell 2). Unter Kontrolle des sozioökonomischen Status blieb lediglich der Nachteil schwach bilingualer Lernender signifikant (Modell 3) und unter Kontrolle des Sprachstandes verschwanden alle Unterschiede zwischen den drei Untersuchungsgruppen (Modell 4). Für die schematisierbare Facette A zeigt sich bereits ohne Kontrolle von Hintergrundvariablen ein leichter Vorteil der bilingualen gegenüber den monolingualen Lernenden, der jedoch erst unter Kontrolle aller drei Hintergrundvariablen signifikant wird (Modell 5).

Das vollständige Modell 5 macht deutlich, dass der Sprachstand der Lernenden unter Kontrolle der kognitiven Grundfertigkeiten und des sozioökonomischen Status keinen signifikanten Zusammenhang zur schematisch geprägten Facette A der mathematischen Leistung zeigte, sehr wohl jedoch zur konzeptuell-inhaltlichen geprägten Facette B. Bei letzterer ist der Zusammenhang ähnlich stark ausgeprägt wie der zu kognitiven Grundfertigkeiten.

Zur Untersuchung des Lernzuwachses im Laufe des zweiten Schuljahrs wurden die Testwerte der beiden Facetten des DEMAT 2+ als abhängige Variablen verwendet, wobei neben den Dummy-Variablen für die Untersuchungsgruppen die Testwerte der beiden Facetten des DEMAT 1+ als unabhängige Variablen in das Basismodell aufgenommen wurden, um den Lernzuwachs zu modellieren (Tabelle 6). Die weiteren Prädiktorvariablen wurden analog zur querschnittlichen Analyse zunächst getrennt und dann gemeinsam zu diesem Modell hinzugefügt. Es zeigt sich, dass beide Facetten mathematischer Leistung am Ende der Jahrgangsstufe 1 signifikanten Einfluss auf die Facetten mathematischer Leistung am Ende der Jahrgangsstufe 2 haben. Unter Kontrolle dieser Werte ergab sich kein Unterschied zwischen den Untersuchungsgruppen im Lernzuwachs für die schematisierbare Facette A. In Bezug auf die Facette B fiel der Lernzuwachs der schwachen bilingualen Lernenden geringer aus als in der monolingualen Gruppe. Für die Gruppe der dominant bilingualen Lernenden war dieser Effekt deutlich kleiner und nur in der Tendenz signifikant (Modell 1).

Werden kognitive Grundfertigkeiten kontrolliert, ändert sich dieses Bild nur marginal (Modell 2). Der sozioökonomische Status zeigt keinen signifikanten Zusammenhang mit dem Lernzuwachs in beiden Facetten, sodass auch dessen Kontrolle die Effekte kaum verändert (Modell 3). Erst unter Kontrolle des Sprachstandes verschwinden die Unterschiede zwischen den Untersuchungsgruppen (Modell 4).

Vergleicht man die Effekte der Hintergrundvariablen auf den Lernzuwachs (Modell 5), so zeigt sich ein signifikanter Einfluss kognitiver Grundfertigkeiten auf den Lernzuwachs bei beiden Facetten. Der Einfluss des Sprachstandes auf den Lernzuwachs bei der schematisierbaren Facette A ist nicht signifikant, bei der konzeptuell-inhaltlichen Facette B jedoch signifikant und deutlich stärker ausgeprägt als der Einfluss kognitiver Grundfertigkeiten.

Tab. 5: *Regressionsanalysen für Facetten der Mathematikleistung am Ende von Jahrgangsstufe 1. Angegeben sind standardisierte Regressionskoeffizienten und deren Standardfehler (in Klammern).*
[a]: *Dummykodierung, 0: monolinguale Lernende, 1: dominant bzw. schwach bilinguale Lernende*
+: $p<.10$; *: $p<.05$; **: $p<.01$; ***: $p<.001$

Abhängige Variable: Mathematikleistung, Jgst. 1	Modell 1		Modell 2		Modell 3		Modell 4		Modell 5	
	Facette A	Facette B	Facette A	Facette B	Facette A	Facette B	Facette A	Facette B	Facette A	Facette B
Dominant bilingual[a]	.05 (.05)	-.13 (.05)**	.07 (.05)	-.10 (.04)*	.09 (.05)	-.08 (.05)	.08 (.06)	-.04 (.05)	.11 (.05)*	-.01 (.05)
Schwach bilingual[a]	-.17 (.05)	-.42 (.05)***	-.05 (.05)	-.29 (.05)***	-.10 (.06)+	-.33 (.05)***	.00 (.10)	-.02 (.09)	.03 (.09)	.02 (.08)
Kognitive Grundfertigkeiten			.35 (.05)***	.40 (.04)***					.33 (.05)***	.34 (.05)***
Sozioökonomischer Status					.18 (.07)**	.22 (.06)***			.13 (.06)*	.15 (.06)**
Sprachstand							.19 (.09)*	.45 (.08)***	.05 (.09)	.30 (.08)***
R²	.04 (.02)	.16 (.03)	.15 (.03)	.30 (.04)	.06 (.03)	.20 (.04)	.05 (.03)	.22 (.04)	.16 (.04)	.35 (.04)

Tab. 6: *Regressionsanalysen für Facetten der Mathematikleistung am Ende von Jahrgangsstufe 2 unter Kontrolle der Leistung in Jahrgangsstufe 1 (Lernzuwachs). Angegeben sind standardisierte Regressionskoeffizienten und deren Standardfehler (in Klammern).*
[a]: *Dummykodierung, 0: monolinguale Lernende, 1: dominant bzw. schwach bilinguale Lernende*
+: $p<.10$; *: $p<.05$; **: $p<.01$; ***: $p<.001$

Abhängige Variable: Mathematikleistung, Jgst. 2	Modell 1		Modell 2		Modell 3		Modell 4		Modell 5	
	Facette A	Facette B	Facette A	Facette B	Facette A	Facette B	Facette A	Facette B	Facette A	Facette B
Facette A, Jahrgangsstufe 1	.42 (.04)***	.34 (.05)***	.41 (.04)***	.32 (.05)***	.42 (.04)***	.34 (.05)***	.43 (.04)***	.35 (.05)***	.41 (.05)***	.33 (.05)***
Facette B, Jahrgangsstufe 1	.36 (.05)***	.31 (.05)***	.32 (.05)***	.27 (.05)***	.36 (.05)***	.31 (.05)***	.34 (.05)***	.27 (.05)***	.31 (.05)***	.23 (.06)***
Dominant bilingual[a]	.04 (.04)	-.08 (.04)*	.04 (.04)	-.07 (.04)+	.04 (.04)	-.08 (.04)*	.06 (.04)	-.03 (.04)	.06 (.04)	-.04 (.04)
Schwach bilingual[a]	-.02 (.04)	-.21 (.05)***	-.01 (.04)	-.18 (.05)***	-.02 (.05)	-.20 (.05)***	.08 (.07)	.00 (.07)	.08 (.07)	.00 (.07)
Kognitive Grundfertigkeiten			.10 (.04)*	.15 (.05)**					.10 (.04)*	.13 (.05)**
Sozioökonomischer Status					-.01 (.05)	.01 (.05)			-.01 (.05)	-.01 (.05)
Sprachstand							.13 (.04)**	.26 (.08)***	.11 (.07)	.23 (.07)**
R²	.50 (.04)	.44 (.04)	.51 (.04)	.46 (.04)	.50 (.04)	.44 (.04)	.51 (.04)	.46 (.04)	.51 (.04)	.47 (.04)

7 Diskussion

Ziel des Beitrags war es, den Einfluss unterschiedlicher Formen der Bilingualität auf den Stand und den Lernfortschritt zweier verschiedener Facetten mathematischer Kompetenz zu untersuchen. Die Ergebnisse zeigen keine signifikanten Unterschiede zwischen monolingualen, dominant bilingualen und schwach bilingualen Lernenden bei Anforderungen mathematischer Aufgaben, die durch schematisierbare, gut strukturierte Lösungsprozeduren bewältigt werden können. Unter Kontrolle aller Hintergrundvariablen zeigt sich hier querschnittlich sogar ein leichter Vorteil dominant bilingualer Lernender gegenüber monolingualen Lernenden. Dieser schwache Effekt deutet leichte kognitive Vorteile der Bilingualität an, wie sie auch Kempert et al. (2011) berichten. Betrachtet man die Facette, die inhaltliche Anforderungen umfasst und stärker auf konzeptuelle Wissenskomponenten zurückgreift, so zeigt sich ein anderes Bild. Sowohl querschnittlich als auch in Bezug auf den Lernzuwachs sind hier deutliche Nachteile dominant bilingualer, vor allem aber schwach bilingualer Lernender festzustellen. Diese Unterschiede lassen sich zu Beginn der Untersuchung zum Teil und in Bezug auf den Lernzuwachs allenfalls marginal auf Unterschiede in den kognitiven Grundfertigkeiten und dem sozioökonomischen Status zurückführen. Erst unter Kontrolle der sprachlichen Fähigkeiten der Lernenden verschwinden die Leistungsunterschiede in dieser nicht-schematisierbaren Leistungsfacette fast vollständig.

Dies spricht zunächst dafür, dass Unterschiede in der mathematischen Leistung zwischen monolingualen und bilingualen Lernenden vor allem auf Aufgabenstellungen zurückzuführen sind, für deren Lösung auf konzeptuelle Wissenskomponenten zurückgegriffen werden muss. Querschnittlich fasst dies die Ergebnisse von Heinze et al. (2007) an derselben Stichprobe zusammen. Für den Lernzuwachs erweist sich neben kognitiven Grundfertigkeiten nur der Sprachstand als signifikanter Prädiktor, wobei vor allem für die konzeptuell-inhaltliche Facette ein signifikanter, spezifischer Varianzanteil identifiziert wurde. Geht man davon aus, dass der Einfluss sprachlicher Fähigkeiten im Rahmen der Testbearbeitung bereits in den kontrollierten Vorkenntnissen berücksichtigt ist, beschreibt dieser Varianzanteil primär den Einfluss sprachlicher Kompetenzen auf den Fähigkeits*erwerb* innerhalb eines Schuljahres. Erwartungsgemäß zeigt sich dieser Zusammenhang in stärkerem Maße für Anforderungen, die auf konzeptuelle Wissenskomponenten zurückgreifen und die im Unterricht stärker sprachbasiert bearbeitet werden, als für strukturierte Lösungsschemata. Für letztere gibt es weder zu Beginn der Untersuchung noch im Lernzuwachs signifikante Unterschiede. In Analogie zu „versteckten Sprachschwierigkeiten" (Knapp, 1999) kann damit die Gefahr verbunden sein, dass Schwierigkeiten schwach bilingualer Lernender beim Erwerb konzeptuellen Wissens verdeckt bleiben, weil ihre Leistungen bei stärker schematisierbaren Anforderungen zu einer Kompetenzillusion auf Seiten der Lehrkraft führen.

Interessant ist der fehlende Zusammenhang zwischen Lernzuwachs und sozioökonomischem Status. Dieses für die Sekundarstufe I von Ehmke et al. (2006) berichtete Muster zeigt sich in der vorliegenden Studie somit auch für den Bereich der Grundschule. Auch wenn für den Zusammenhang von Merkmalen des sozialen Umfelds und individuellem Kompetenzerwerb noch wenig Ergebnisse vorliegen, so deuten die Ergebnisse doch darauf hin, dass sozial bedingte Disparitäten bereits sehr früh in der Bildungslaufbahn entstehen (s.a. Mehringer in Druck; Nicklas et al., 2012), wohingegen sich sprachbedingte Disparitäten im Laufe der Grundschulzeit akkumulieren.

Zusammenfassend bestärkt die berichtete Studie die Bedeutung sprachlicher Fähigkeiten für die bereits am Anfang der Grundschule gezeigte mathematische Kompetenz. Darüber hinaus liefert sie ein differenzierteres Bild als bisherige Studien durch die Aufspaltung mathematischer Leistung in eine schematisierbare und eine konzeptuell-inhaltliche Facette. Der Zusammenhang zu sprachlichen Fähigkeiten erscheint für die konzeptuell-inhaltliche Facette deutlicher ausgeprägt, was sowohl am Anfang der Untersuchung als auch in Bezug auf den Lernzuwachs gilt. Besonders Diskursprozesse im Unterricht, die der Konstruktion konzeptuellen Wissens dienen, scheinen also für den Einfluss sprachlicher Fähigkeiten und damit zusammenhängende Disparitäten relevant zu sein. Es bleibt allerdings zu konstatieren, dass der DEMAT letztendlich nicht explizit für eine Trennung der beiden Facetten vorgesehen ist. Er kann entsprechend nicht als optimales Untersuchungsinstrument angesehen werden, sodass an dieser Stelle weiterer Klärungs- und Forschungsbedarf besteht.

Literatur

Abedi, J. & Lord, C. (2001). The Language Factor in Mathematics Tests. *Applied Measurement in Education, 14* (3), 219–234.

Avenarius, H., Ditton, H., Döbert, H., Klemm, K., Klieme, E., Rürup, M., Tenorth, H. E., Weishaupt, H. & Weiß, M. (2003). *Bildungsbericht für Deutschland – Erste Befunde*. Opladen: Leske + Budrich.

Baumert, J. & Schümer, G. (2001). Familiäre Lebensverhältnisse, Bildungsbeteiligung und Kompetenzerwerb. In Deutsches PISA-Konsortium (Hrsg.), *PISA 2000. Basiskompetenzen von Schülerinnen und Schülern im internationalen Vergleich* (S. 323–407). Opladen: Leske + Budrich.

Bialystok, E. (1988). Levels of bilingualism and levels of linguistic awareness. *Developmental Psychology, 24*, 560–567.

Bialystok, E., Craik, F.I.M., Green, D.W. & Gollan, T.H. (2009). Bilingual Minds. *Psychological Science in the Public Interest, 10* (3), 89–129.

Bonsen, M., Frey, K.A. & Bos, W. (2008). Soziale Herkunft. In W. Bos, M. Bonsen, J. Baumert, M. Prenzel, C. Selter & G. Walther (Hrsg.), *TIMSS 2007. Mathematische und naturwissenschaftliche Kompetenzen von Grundschulkindern in Deutschland im internationalen Vergleich* (S. 141– 156). Münster: Waxmann.

Bonson, M., Kummer, N. & Bos, W. (2008). Schülerinnen und Schüler mit Migrationshintergrund. In W. Bos, M. Bonsen, J. Baumert, M. Prenzel, C. Selter & G. Walther (Hrsg.), *TIMSS 2007. Mathematische und naturwissenschaftliche Kompetenzen von Grundschulkindern in Deutschland im internationalen Vergleich* (S. 157–175). Münster: Waxmann.

Bos, W., Hornberg, S., Arnold, K., Faust, G., Fried, L., Lankes, E.-M., Schwippert, K. & Valtin, R. (Hrsg.). (2007). *IGLU 2006. Lesekompetenzen von Grundschulkindern im internationalen Vergleich*. Münster: Waxmann.

Bruner, J.S. (1966). *Studies in Cognitive Growth*. New York: Wiley.

Cattell, R.B., Weiß, R. & Osterland, J. (1997). *Grundintelligenztest CFT-1 – Skala 1*. (5. Aufl.). Göttingen: Hogrefe.

Civil, M. (2008). Language and mathematics: Immigrant parents" participation in school. In O. Figueras & A. Sepúlveda (Hrsg.), *Proceedings of the Joint Meeting of the 32nd Conference of the International Group for the Psychology of Mathematics Education, and the XX North American Chapter*, 2. Bd. (S. 329–336). Morelia: PME.

Cummins, J. (2008). BICS and CALP: Empirical and Theoretical Status of the Distinction. In H. N. Hornberger (Hrsg.), *Encyclopedia of Language and Education, Bd. 2* (5. Aufl.) (S. 487–499). New York: Springer.

Deutsches PISA-Konsortium (2001). *PISA 2000: Basiskompetenzen von Schülerinnen und Schülern im internationalen Vergleich.* Opladen: Leske + Budrich.

Diefenbach, H. (2005). Schulerfolg von ausländischen Kindern und Kindern mit Migrationshintergrund als Ergebnis individueller und institutioneller Faktoren. In BMBF (Hrsg.), *Migrationshintergrund von Kindern und Jugendlichen: Wege zur Weiterentwicklung der amtlichen Statistik* (S. 43–54). Berlin: Arbeitsstelle Interkulturelle Konflikte und gesellschaftliche Integration (AKI) WZB.

Dollmann, J. & Kristen, C. (2010). Herkunftssprache als Ressource für den Bildungserfolg? Das Beispiel türkischer Grundschulkinder. In C. Allemann-Ghionda, P. Stanat, K. Göbel & C. Röhner (Hrsg.), *Migration, Identität, Sprache und Bildungserfolg* (S. 123–146). 55. Beiheft der Zeitschrift für Pädagogik. Weinheim und Basel: Beltz.

Duarte, J., Gogolin, I. & Kaiser, G. (2011). Sprachlich bedingte Schwierigkeiten von mehrsprachigen Schülerinnen und Schülern bei Textaufgaben. In S. Prediger & E. Özdil (Hrsg.), *Mathematiklernen unter Bedingungen der Mehrsprachigkeit* (S. 35–54). Münster: Waxmann.

Ehmke, T., Hohensee, F., Heidemeier, H. & Prenzel, M. (2004). Familiäre Lebensverhältnisse, Bildungsbeteiligung und Kompetenzerwerb. In PISA-Konsortium Deutschland (Hrsg.), *PISA 2003 – Der Bildungsstand der Jugendlichen in Deutschland – Ergebnisse des zweiten internationalen Vergleichs* (S. 225–253). Münster: Waxmann.

Ehmke, T., Hohensee, F., Siegle, T. & Prenzel, M. (2006). Soziale Herkunft, elterliche Unterstützungsprozesse und Kompetenzentwicklung. In PISA-Konsortium Deutschland (Hrsg.), *PISA 2003 – Untersuchungen zur Kompetenzentwicklung im Verlauf eines Schuljahres* (S. 225–248). Münster: Waxmann.

Ganzeboom, H.B.G., De Graaf, P.M. & Treiman, D.J. (1992). A Standard International Socio-Economic Index of Occupational Status. *Social Science Research, 21* (1), 1–56.

Gogolin, I. (2005). Erziehungsziel Mehrsprachigkeit. In C. Röhner (Hrsg.), *Die verkaufte Bildung. Kritik und Kontroversen zur Kommerzialisierung von Schule, Weiterbildung, Erziehung und Wissenschaft* (S. 153–168). Opladen: Leske + Budrich.

Gogolin, I. (2009). Zweisprachigkeit und die Entwicklung bildungssprachlicher Fähigkeiten. In I. Gogolin & U. Neumann (Hrsg.), *Streitfall Zweisprachigkeit – The Bilingualism Controversy* (S. 263–280). Verlag für Sozialwissenschaften: Wiesbaden.

Gorgorió, N. & Planas, N. (2001). Teaching mathematics in multilingual classrooms. *Educational Studies in Mathematics, 47*, 7–33.

Heinze, A., Herwartz-Emden, L. & Reiss, K. (2007). Mathematikkenntnisse und sprachliche Kompetenz bei Kindern mit Migrationshintergrund zu Beginn der Grundschulzeit. *Zeitschrift für Pädagogik, 53*, 562–581.

Herwartz-Emden, L. (2003). Einwandererkinder im deutschen Bildungswesen. In K.S. Cortina, J. Baumert, A. Leschinsky, K.U. Mayer & L. Trommer (Hrsg.), *Das Bildungswesen in der Bundesrepublik Deutschland. Strukturen und Entwicklungen im Überblick* (S. 661–709). Reinbek bei Hamburg: Rowohlt.

Herwartz-Emden, L. & Küffner, D. (2006). Schulerfolg und Akkulturationsleistungen von Grundschulkindern mit Migrationshintergrund. *Zeitschrift für Erziehungswissenschaft, 9* (2), 240–254.

Herwartz-Emden, L., Reiss, K. & Mehringer, V. (2008). Das Projekt SOKKE – Ausgewählte Ergebnisse zur Kompetenzentwicklung von Grundschulkindern mit Migrationshintergrund. *Erziehung und Unterricht (9+10)*, 789–798.

Hobusch, A., Lutz, N. & Wiest, U. (2002). *Sprachstandsüberprüfung und Förderdiagnostik für Ausländer- und Aussiedlerkinder (SFD)*. Persen: Horneburg.

Kempert, S., Saalbach, H. & Hardy, I. (2011). Cognitive benefits and costs of bilingualism in elementary school students: The case of mathematical word problems. *Journal of Educational Psychology, 103* (3), 547–561.

Knapp, W. (1999). Verdeckte Sprachschwierigkeiten. *Die Grundschule, 5*, 30–33.

Konsortium Bildungsberichterstattung (2006). *Bildung in Deutschland – ein indikatorgestützter Bericht mit einer Analyse zu Bildung und Migration*. Bielefeld: WBV Verlag.

Krajewski, K., Küspert, P. & Schneider, W. (2002). *Deutscher Mathematiktest für erste Klassen (DEMAT 1+)*. Göttingen: Hogrefe.

Krajewski, K., Liehm, S. & Schneider, W. (2002). *Deutscher Mathematiktest für zweite Klassen (DEMAT 2+)*. Göttingen: Hogrefe.

Krohne, J., Meier, U. & Tillmann, K. J. (2004). Sitzenbleiben, Geschlecht und Migration. *Zeitschrift für Pädagogik 50* (3), 373–391.

Küspert, P. & Schneider, W. (1998). Würzburger Leise Leseprobe (WLLP). Ein Gruppentest für die Grundschule. Göttingen: Hogrefe.

Lorenz, J.H. (1992). *Anschauung und Veranschaulichungsmittel im Mathematikunterricht. Mentales visuelles Operieren und Rechenleistung*. (2. Aufl.). Göttingen: Hogrefe.

Lüdtke, O., Robitzsch, A., Trautwein, U. & Köller, O. (2007). Umgang mit fehlenden Werten in der psychologischen Forschung. *Psychologische Rundschau, 58* (2), 103–117.

Maier, H. & Schweiger, F. (1999). *Mathematik und Sprache: Zum Verstehen und Verwenden von Fachsprache im Mathematikunterricht.* Wien: oebv und hpt Verlagsgesellschaft.

Mehringer, V. (im Druck). *Sozial-Integration in die Grundschule bei Kindern mit Migrationshintergrund.* Münster: Waxmann.

Moschkovich, J. (2005). Using two languages when learning mathematics. *Educational Studies in Mathematics, 64*, 121–144.

Mücke, S. (2007). Einfluss personeller Eingangsvoraussetzungen auf die Schülerleistungen im Verlauf der Grundschulzeit. In K. Möller, P. Hanke, C. Beinbrech, A.K. Hein, T. Kleickmann & R. Schages (Hrsg.), *Qualität von Grundschulunterricht entwickeln, erfassen und bewerten, Jahrbuch Grundschulforschung* (S. 277–280). Wiesbaden: VS-Verlag.

Müller, A.G. & Stanat, P. (2006). Schulischer Erfolg von Schülerinnen und Schülern mit Migrationshintergrund: Analysen zur Situation von Zuwanderern aus der ehemaligen Sowjetunion und aus der Türkei. In J. Baumert, P. Stanat & R. Watermann (Hrsg.), *Herkunftsbedingte Disparitäten im Bildungswesen. Differenzielle Bildungsprozesse und Probleme der Verteilungsgerechtigkeit. Vertiefende Analysen im Rahmen von PISA 2000* (S. 223–235). Wiesbaden: S. V.

Muthén, B.O. & Muthén, L.K. (2010). *Mplus (Version 6)*. Los Angeles, CA: Muthén & Muthén.

Nauk, B., Diefenbach, H. & Petri, K. (1998). Intergenerationale Transmission von kulturellem Kapital unter Migrationsbedingungen. Zum Bildungserfolg von Kindern und Jugendlichen aus Migrantenfamilien in Deutschland. *Zeitschrift für Pädagogik, 44* (5), 701–722.

Nicklas, F., Segerer, R., Schmiedeler, S. & Schneider, W. (2012). Findet sich ein „Matthäus-Effekt" in der Kompetenzentwicklung von jungen Kindern mit oder ohne Migrationshintergrund? *Frühe Bildung, 1* (1), 26–33.

Ramm, G., Prenzel, M., Heidemeier H. & Walter, O. (2004). Soziale Herkunft und mathematische Kompetenz. In PISA-Konsortium Deutschland (Hrsg.), *PISA 2003 – Der Bildungsstand der Jugendlichen in Deutschland – Ergebnisse des zweiten internationalen Vergleichs* (S. 273–282). Münster: Waxmann.

Rauch, D.P., Jurecka, A. & Hesse, H.-G. (2010). Für den Drittspracherwerb zählt auch die Lesekompetenz in der Herkunftssprache: Untersuchung der Türkisch-, Deutsch- und Englisch-Lesekompetenz bei Deutsch-Türkisch bilingualen Schülern. In C. Allemann-Ghionda, P. Stanat, K. Göbel & C. Röhner (Hrsg.), *Migration, Identität, Sprache und Bildungserfolg. 55. Beiheft der Zeitschrift für Pädagogik* (S. 123–146). Weinheim und Basel: Beltz.

Reusser, K. (1998). Erwerb mathematischer Kompetenzen: Literaturüberblick. In F. Weinert & A. Helmke (Hrsg.), *Entwicklung im Grundschulalter*. Weinheim: Beltz/Psychologie Verlagsunion.

Schneider, M. & Stern, E. (2005). Conceptual and procedural knowledge of a mathematics problem: Their measurement and their causal interrelations. In B.G. Bara, L. Barsalou & M. Bucciarelli (Hrsg.), *Proceedings of the 27th Annual Meeting of the Cognitive Science Society*. Verfügbar unter: http://www.cogsci.rpi.edu/CSJarchive/ [13.04.2012].

Schwippert, K., Bos, W. & Lankes, E.-M. (2003). Heterogenität und Chancengleichheit am Ende der vierten Jahrgangsstufe im internationalen Vergleich. In W. Bos, E.-M. Lankes, M. Prenzel, K. Schwippert, G. Walther & R. Valtin (Hrsg.), *Erste Ergebnisse aus IGLU: Schuülerleistungen am Ende der vierten Jahrgangsstufe im internationalen Vergleich* (S. 265–302). Münster: Waxmann.

Schwippert, K., Hornberg, S. & Goy, M. (2008). Lesekompetenzen von Kindern mit Migrationshintergrund im nationalen Vergleich. In W. Bos, E.-M. Lankes & K. Schwippert (Hrsg.), *IGLU-E 2006: Die Länder der Bundesrepublik Deutschland im nationalen und internationalen Vergleich* (S. 111–125). Münster: Waxmann.

Stanat, P., Rauch, D. & Segeritz, M. (2010). Schülerinnen und Schüler mit Migrationshintergrund. In E. Klieme, C. Artelt, J. Hartig, N. Jude, O. Köller, M. Prenzel, W. Schneider & P. Stanat (Hrsg.), *PISA 2009: Bilanz nach einem Jahrzehnt* (S. 200–230). Münster: Waxmann.

Stern, E. & Lehrndorfer, A. (1992). The role of situational context in solving word problems. *Cognitive Development, 7*, 259–268.

vom Hofe, R. (1995). *Grundvorstellungen mathematischer Inhalte*. Heidelberg: Spektrum Akademischer Verlag.

Sabine Stephany, Markus Linnemann & Michael Becker-Mrotzek

Schreiben als Mittel des mathematischen Lernens

1 Schreiben als Schlüsselqualifikation im Fachunterricht

Schreibkompetenz gehört neben der Lesekompetenz in einer hochliteralisierten Gesellschaft zu den Schlüsselkompetenzen und zu den zentralen Aufgaben jeder schulischen Bildung, insbesondere des Deutschunterrichts. Im Deutschunterricht werden die Grundlagen für eine flexible Schreibkompetenz (vgl. Spinner, 2001) gelegt; für eine umfassende Vermittlung der Schreibkompetenzen ist der Deutschunterricht jedoch auf die Unterstützung durch den Fachunterricht angewiesen. Denn Schreiben im Fachunterricht erfüllt teilweise andere Funktionen und wird, im Unterschied zum Deutschunterricht, von Lehrern[1] angeregt, deren Expertise gerade nicht auf dem Gebiet des Spracherwerbs und der Sprachvermittlung liegt.

Es stellt sich die Frage: Warum schreiben wir überhaupt im Fachunterricht? Eines der Ziele des Schreiben hat sicherlich mit dem fachlichen Lernen an sich zu tun: Durch Schreiben lässt sich besser über fachliche Inhalte nachdenken, da geschriebene Sprache im Unterschied zur gesprochenen Sprache nicht mehr flüchtig, sondern „dinghaft und mithin erfahrbar, reflektier- und analysierbar" (Pohl & Steinhoff, 2010, S. 10) ist. Das Schreiben gibt Zeit, Wissen zu ordnen, zu vertiefen, zu verknüpfen sowie Fehlvorstellungen zu entdecken und zu korrigieren. Ein weiteres Ziel des Schreibens im Fachunterricht ist die Vermittlung der Fähigkeit, am fachlichen Diskurs sprachlich-handelnd teilzuhaben. Dazu gehört zum einen, als Schüler dem Unterricht zu folgen, aber auch als Teilhaber an unserer Gesellschaft, gelernte fachliche Inhalte kommunikativ nutzen zu können, zu erkennen, welche Fragestellungen im jeweiligen Fach relevant sind und welchen Beitrag das jeweilige Fach zum gesellschaftlichen Fortschritt leistet.

Schreiben im Fachunterricht ist jedoch kein Selbstläufer, weil bestimmte fachliche und sprachliche Kompetenzen vorhanden sein müssen, um die genannten Ziele des Schreibens zu erreichen. Gerade schwache Schreiber müssen unterstützt werden, damit das Schreiben gelingen kann. Entscheidend ist also nicht, *ob* im Fachunterricht geschrieben wird, sondern *wie* das Schreiben eingesetzt wird (Thürmann, 2012).

In diesem Beitrag wollen wir für den Mathematikunterricht zeigen, wie Schreibaufgaben beschaffen sein müssen, damit sie sinnvoll in den Unterricht integriert werden können und auch schwache Schreiber von ihnen fachlich *und* sprachlich profitieren können.

---

1 Aus Platzgründen ist in diesem Artikel ausschließlich die männliche Form der Ansprache gewählt, die weibliche Form ist dabei immer mitgedacht.

2 Curriculare Anforderungen an den Mathematikunterricht und ihre Umsetzung

2.1 Schreiben in den Bildungsstandards und Lehrplänen

In den Bildungsstandards für den mittleren Schulabschluss wird das Schreiben ausdrücklich gefordert: Schüler „lesen und schreiben mathematische Texte" (Kultusministerkonferenz, 2004a, S. 6). Außerdem sollen sie mathematische Sachverhalte mündlich und schriftlich ausdrücken und präsentieren (Kultusministerkonferenz, 2004a).

Die Lehrpläne des Landes NRW für das Gymnasium und für die Hauptschule enthalten jedoch für beide Schulformen kaum Hinweise auf Schreibaufgaben. Lediglich die schriftliche Dokumentation der eigenen Arbeitsschritte wird verlangt (Ministerium für Schule und Weiterbildung des Landes NRW, 2007, 2011). Im Rahmen der Leistungsüberprüfung ist es am Gymnasium möglich, größere schriftliche Hausarbeiten oder Portfolios zu mathematikbezogenen Fragestellungen einzusetzen (Ministerium für Schule und Weiterbildung des Landes NRW, 2007).

In den Bildungsstandards für die Primarstufe werden Schreibaufgaben nicht ausdrücklich gefordert. Allerdings wird in einer Beispielaufgabe explizit ein Verschriften verlangt: „Schreibe auf, was Kristina falsch gemacht hat" (Kultusministerkonferenz, 2004b, S. 18). Andere Beispielaufgaben sollen wohl in Textform bearbeitet werden – Linien deuten darauf hin –, die Produktion eines schriftlichen Textes wird in der Aufgabenstellung aber nicht explizit gefordert. Bis auf eine Ausnahme fallen diese Aufgaben in den Anforderungsbereich III (Verallgemeinern und Reflektieren) der Bildungsstandards. So entsteht der Eindruck, als sei das schriftliche Bearbeiten von Aufgaben bzw. das schriftliche Produzieren von Texten ausschließlich auf der höchsten Niveaustufe angesiedelt. Schüler, die Aufgaben dieses Anforderungsbereichs (noch) nicht bearbeiten können, erhalten keine Gelegenheit zum Schreiben. Der Lerneffekt, der durch das Schreiben angeregt werden kann, bleibt so ungenutzt. Gerade für Schüler mit geringer Fachkompetenz wäre aber das schriftliche Erarbeiten von mathematischen Sachverhalten wichtig.

Im aktuellen Lehrplan für die Grundschule des Landes NRW wird an mehreren Stellen auf das Schreiben Bezug genommen: Schüler sollen in mündlicher oder schriftlicher Form eigene Denkprozesse oder Vorgehensweisen darstellen und sich darüber austauschen; Rechenwege für andere nachvollziehbar darstellen, Rechengeschichten und Sachaufgaben formulieren und ihre Arbeitsergebnisse oder Lernerfahrungen schriftlich dokumentieren (Ministerium für Schule und Weiterbildung des Landes NRW, 2008).

Generell lässt sich sagen, dass das Schreiben im Mathematikunterricht zwar selten, aber durchaus explizit gefordert wird. In Lehrplänen und Bildungsstandards werden zudem vor allem in den prozessbezogenen Kompetenzbereichen „Argumentieren" und „Darstellen/Kommunizieren" eine Fülle von Operatoren verwendet, die sprachliche Handlungen verlangen, wie z.B. beschreiben, erläutern, Vermutungen aufstellen, erklären und präsentieren. Auch die beispielhafte Durchsicht von Lehrwerken und Lehrerhandreichungen zeigt eine Vielzahl (schrift-)sprachlicher Operatoren, auch wenn nur vereinzelt ausdrücklich eine Bearbeitung in Textform verlangt wird. Unklar bleibt dabei oft, was diese Operatoren genau von den Schülern fordern – eine schriftliche oder mündliche Bearbeitung, welche Textsorte und welches sprachliche Register. Hinweise, wie das Bewältigen der sprachlichen Anforderungen unterstützt werden kann, fehlen i.d.R. völlig (vgl. dazu auch Vollmer & Thürmann, 2010; Thürmann, 2012).

2.2 Was geschieht im Unterricht?

Curricula, Bildungsstandards und Lehrwerke zeigen also, dass Texte im Mathematikunterricht geschrieben werden können. Empirisch belastbare Erkenntnisse zum Einsatz von Schreibaufgaben im Mathematikunterricht liegen bislang nicht vor. Es lässt sich vermuten, dass es sich beim Schreiben im Mathematikunterricht vorrangig um Tafel- und Folienabschriften, um Notizen und um Schreibprodukte, die der Organisation des Lehr- und Lerngeschehens dienen, handelt. Angefertigt werden also keine kohärenten Texte im linguistischen Sinn; die Schreibprodukte bleiben überwiegend stichpunktartig. Vor diesem Hintergrund ist es nicht verwunderlich, dass eine „Thematisierung und Bewusstmachung von Textsortenspezifika sowie von Diskursfunktionen und ihren charakteristischen sprachlichen Merkmalen" (Thürmann, 2012, S. 11) im Fachunterricht nicht zu finden ist.

Die in den Sachfächern für die Überprüfung von Verstehensleistungen eingesetzten Schreibaufgaben (z.B. in Form von Klassenarbeiten) sind im Mathematikunterricht möglicherweise sogar zu Gunsten von spracharmen Aufgaben verschoben. Dabei kann (und muss) das Schreiben im Fachunterricht und im Speziellen im Mathematikunterricht mehr leisten als nur Abschreiben von der Tafel. Im Folgenden wollen wir zwei Funktionen des Schreibens im Mathematikunterricht aufzeigen.

3 Schreiben im Mathematikunterricht: Schreibfunktionen und Schreibaufgaben

Für den Mathematikunterricht sind zwei Funktionen der schriftlichen Textproduktion wichtig: die epistemische und die kommunikative Funktion des Schreibens.

3.1 Die epistemische Funktion des Schreibens

Schreiben bietet die Möglichkeit, sich vertieft mit Sachverhalten auseinanderzusetzen, Wissen zu vernetzen und neues Wissen zu generieren. Diese Funktion des Schreibens nennt man *epistemisch*. Der epistemische Effekt entsteht dadurch, dass während des Schreibens inhaltliches Wissen so bearbeitet werden muss, dass es zum rhetorischen und pragmatischen Ziel passt (*knowledge transforming*, vgl. Bereiter & Scardamalia, 1987) oder inhaltliches Wissen durch den Schreibprozess neu synthetisiert wird (*knowledge constituting*, vgl. Galbraith, 1992, 1999).

Im Mathematikunterricht lässt sich dieser epistemische Effekt vielfältig nutzen, z.B. beim Sachrechnen: „Man lernt Textaufgaben sachgerecht lesen und lösen, indem man lernt, Textaufgaben zu erfinden und zu verfassen" (Gallin & Ruf, 1995, S. 17f.). Auch das Beschreiben von Lösungswegen, das Erklären von Verfahren und das Berichten eigener Lösungsprozesse dient der Bewusstmachung mathematischer Inhalte – sie werden darstellbar und diskutierbar (vgl. Knapp, Pfaff & Werner, 2010). Ebenso hilft das Schreiben von Lerntagebüchern (Hußmann, 2003), Wissensspeichern, Rechengeschichten, Beobachtungsprotokollen oder Themenstudienarbeiten den Schülern dabei, ihr Wissen nicht nur im Gedächtnis festzuhalten, sondern es zu strukturieren oder gar neues Wissen aufzubauen.

3.2 Die kommunikative Funktion des Schreibens

Kommunikatives Schreiben, also Schreiben mit dem Ziel der Verständigung von Diskursteilnehmern über Raum und Zeit hinweg, kann Schülern helfen, sprachliche Strukturen aufzubauen, die über ihre Alltagssprache weit hinausgehen. Dies ist wichtig, weil es nicht nur gilt, Fachwissen anzuwenden, sondern auch am mathematikbezogenen gesellschaftlichen Diskurs sprachlich-handelnd teilzuhaben und die Mathematik als Werkzeug für außermathematische Probleme zu begreifen im Sinne einer *mathematical literacy*. Kommunikatives Schreiben ist deshalb förderlich, weil die für die schriftliche Textproduktion notwendigerweise zu erbringenden Teilleistungen durch die Spezifika der „zerdehnten Sprechsituation" bestimmt sind (vgl. Ehlich, 1983, 1989). Diese sind u.a. die fehlende Kopräsenz von Schreiber und Leser und damit einhergehend der fehlende gemeinsame Wahrnehmungsraum, die Bindung an die Schrift sowie die Herstellung des Kommunikats zum Zweck der Überlieferung mit einer klar erkennbaren kommunikativen Funktion. Eine wesentliche zu erbringende Leistung besteht darin, sich beim Schreiben in den Leser hineinzuversetzen und so dessen Vorwissen und Bedürfnisse zu berücksichtigen (Adressatenorientierung). Dafür stellt die Psychologie das Konzept der sozialen Kognition bereit, dessen Teilgebiete Empathie, Perspektivenübernahme und *theory of mind* hier von besonderer Relevanz sind (vgl. Schmitt, 2011). Die Erkenntnislage zu Schreibarrangements, die explizit die Kommunikationskompetenz im Fach Mathematik fördern, ist dürftig. Außerhalb des Mathematikunterrichts liegen erste Konzepte vor (vgl. Bachmann, Ospelt-Geiger, Ospelt & Vital, 2007; Bachmann & Becker-Mrotzek, 2010; Bräuer & Schindler, 2011).

3.3 Kommunikativ-epistemische Schreibsettings

Als „kommunikativ-epistemisch" wollen wir an dieser Stelle solche Schreibaufgaben oder Schreibsettings bezeichnen, die kommunikativ angelegt sind und die zugleich den Zweck verfolgen, Wissen zu kreieren. Eine kommunikativ-epistemische Schreibaufgabe ist also so angelegt, dass sie sprachliche und fachliche Kompetenzen zugleich fördert. In der Literatur findet sich das Beispiel, einen mathematischen Untersuchungsbericht so zu schreiben, dass andere Schüler die Ergebnisse verstehen, was zu einer tieferen Beschäftigung mit der Situation führte (vgl. Maier, 2000). Für die Biologie konnten z.B. Gunel, Hand & McDermott (2009) in einer Studie zeigen, dass der Lerneffekt bei Settings größer ist, in denen an jüngere Schüler geschrieben wurde. In beiden Studien wurde jedoch keine sprachliche Analyse der Schülertexte durchgeführt. Wie lassen sich also die kommunikative und die epistemische Funktion des Schreibens im Fachunterricht vereinen, damit beides gelingen kann: Lernen zu *schreiben* (am fachlichen Diskurs *sprachlich* handelnd teilzuhaben) und Lernen *durch* Schreiben (also fachliches Lernen)?

Bevor wir uns dieser Frage widmen, wollen wir zunächst darauf eingehen, welche Teilkomponenten beim Schreiben eine Rolle spielen und welche Probleme daraus erwachsen können.

4 Schreiben und Schreibkompetenz

Wenn in diesem Beitrag von „Schreiben" die Rede ist, ist die schriftliche Produktion von Texten gemeint. Die Textproduktion ist ein aktiver, problemlösender und konstruktiver Prozess, in den die Schreibenden ihre sozialen, motivationalen, kognitiven und sprachlichen Vorerfahrungen und Kompetenzen einbringen (vgl. Becker-Mrotzek & Schindler, 2007; McCutchen, Teske & Bankston, 2008). Schreiben ist mithin eine komplexe Aufgabe, Schreibkompetenz ein Bündel verschiedener Teilaspekte, die in einer bestimmten Weise aufeinander bezogen sind. Schreibkompetenz begreifen wir zweigeteilt: (1) als Integration von Teilfähigkeiten, die textsortenübergreifend und fachübergreifend sind. Hierunter lassen sich z.B. kognitive Faktoren als basale Fähigkeiten, senso-/grafomotorische Fähigkeiten, Graphem-Phonem-Korrespondenzen und Orthografie, basale grammatikalische Fähigkeiten, Lesefertigkeit, der Umgang mit Kohäsions- und Kohärenzmitteln, die Fähigkeit zur Perspektivenübernahme und Reflexion und das Herstellen einer eindeutigen Illokution subsumieren. Zudem verstehen wir Schreibkompetenz (2) als Integration von Teilfähigkeiten und Wissensaspekten, die vergleichsweise wenig fachübergreifend sind. Hierunter fallen z.B. die Nutzung eines fachspezifischen und angemessenen Wortschatzes, fachspezifische syntaktische und morphosyntaktische Strukturen sowie fachspezifische Textsorten und -muster.

Bei geübten Schreibern laufen bestimmte Prozesse (z.B. orthografische Prozesse) so automatisiert ab, dass sie nur noch wenige kognitive Kapazitäten des Arbeitsgedächtnisses beanspruchen. Damit werden Kapazitäten für jeweils höhere Prozesse wie Perspektivenübernahme frei. Hiermit wird auch deutlich, dass die Schreibentwicklung nicht mit der zweiten Schulklasse beendet sein kann. Im Gegenteil: Nachdem in diesen Jahren die Grundlagen geschaffen wurden – die Grafomotorik, Orthografie, aber auch die Einsicht, Schrift als Mittel der Kommunikation zu nutzen –, entwickelt sich die Schreibkompetenz bis zum akademischen Schreiben im Berufsleben und darüber hinaus weiter fort. Beim Schreiben im Mathematikunterricht aller Schulstufen kann also zu keinem Zeitpunkt von einer „fertigen" Schreibkompetenz ausgegangen werden, die ohne Weiteres genutzt werden könnte, um Sachverhalte und fachliche Inhalte zu fördern. Vielmehr müssen aufbauend auf die im Deutschunterricht vermittelten, zunehmend tiefer integrierten Teilfähigkeiten Orthografie, Syntax/Grammatik und fachübergreifende Textsorten, dem Fach inhärente Strukturen auf Wort-, Satz- und Textebene vermittelt werden. Auf Wortebene handelt es sich hier z.B. um Fachbegriffe, Komposita, Kollokationen, Phraseologismen und Synonyme, auf Satzebene um spezifische syntaktische Konstruktionen, wie z.B. komplexe Nominalphrasen, und auf Textebene sind dies fachspezifische Textsorten, wie z.B. Versuchsprotokolle im naturwissenschaftlichen Unterricht. Dies zu vermitteln ist Aufgabe des Fachunterrichts.

Im Folgenden wollen wir anhand einiger authentischer Schülerbeispiele aus dem Mathematikunterricht aufzeigen, welche Schwierigkeiten gerade bei wenig erfahrenen

Schreibern bzw. Schreibern, die Deutsch als Zweitsprache lernen, beim Verfassen von Texten auftreten können.

5 Schwierigkeiten von wenig erfahrenen Schreibern im Mathematikunterricht

Schreiben im Mathematikunterricht kann nicht ohne schreibdidaktisches Konzept stattfinden. Dies zeigen die im Folgenden beschriebenen Schwierigkeiten von Dritt-, Fünft- und Sechstklässlern beim Schreiben von Sachaufgaben und beim schriftlichen Erklären von Rechenverfahren. Solche Schwierigkeiten können vielfältige Ursachen haben, sie können im mathematischen und im sprachlichen Bereich liegen, aber auch kognitiv oder motivational begründet sein. Auch wenn alle diese Faktoren im Einzelfall immer mitgedacht werden müssen, wollen wir hier vor allem die sprachliche Seite in den Fokus nehmen.

5.1 Orthografie und Schreibmotorik

Textproduktion kann nur gelingen, wenn die Wortschreibung einen gewissen Fortschritt gemacht hat, denn zunächst erfordern Orthografie und Schreibmotorik so viel Aufmerksamkeit, dass für andere Aktivitäten keine Kapazitäten mehr bleiben.

> Eines Tages war Leo im Schwibard und tauhte 5 meter tihf und kam kasbar und tauhde das 10fahe.
> F: Wie wiet ist kasber getauht?
> R: 5+10=15
> A: Kasber tauhte 15 Meter.

Abb. 1: Sachaufgabe von Jan (3. Klasse)

Die Rechtschreibfehler in Jans Aufgabe (Abbildung 1) lassen vermuten, dass hierarchieniedrige Schreibprozesse hier noch nicht automatisiert ablaufen. Unklar ist, ob die Konzentration auf den mathematischen Inhalt zu Fehlern im Bereich der Orthografie führte oder die geringe Schreibkompetenz dazu führte, dass Jan keine Kapazitäten für die mathematischen Belange der Aufgabe frei hatte und es somit zu Fehlern im mathematischen Bereich kommt. Über die Orthografiefehler hinaus werden hier die Adverbien „weit" und „tief" verwechselt. Im Schwimmbad würden beide Jungen bei den gegebenen Maßangaben eine Strecke *weit* tauchen.

5.2 Wortschatz, Kohäsion und Kohärenz

Die Bedeutung eines differenzierten Wortschatzes als Voraussetzung für das Verfassen inhaltlich angemessener und verständlicher Texte wurde in den letzten Jahren vermehrt in den Vordergrund gerückt (vgl. Willenberg, 2008). Der Wortschatz ist nach Steinhoff (2009) eine „Schaltstelle des schulischen Spracherwerbs" mit strukturellen und funktionellen Implikationen: Er ist keine autonome Größe, sondern korrespondiert mit anderen sprachstrukturellen Ebenen, wie der Textsorte: Für jede Textsorte etwa gibt es jeweils typische Wortschatzelemente. Dies trifft auch auf verschiedene Fachgebiete zu, so auch auf die Mathematik. Der Wortschatz umfasst „neben Einzelwörtern auch Kollokationen, Phraseologismen oder syntaktische Konstruktionen" (Steinhoff, 2009). Studien bei Schülern mit Deutsch als Zweitsprache zeigen, dass gerade der Wortschatz Probleme bereitet (vgl. z.B. Antos, 1985; Grießhaber, 1999; Penner, 1998; Studer, 2000).

Für das Schreiben von Texten sind nicht nur Inhaltswörter, also bedeutungstragende Wörter in referentieller Funktion (Substantive, Verben, Adjektive, Adverbien) relevant. Oftmals sind es gerade Funktionswörter wie Konjunktionen, Pronomen und Präpositionen, die entscheidend für die Kohärenz und Kohäsion sind. Denn sie haben keine eigene lexikalische Bedeutung, sondern eine relationierende Funktion, nämlich Zusammenhänge und Beziehungen zwischen Satzgliedern herzustellen, im Kontext der Mathematik beispielsweise Zahlbeziehungen auszudrücken. Diegos Sachaufgabe (Abbildung 2) zeigt, dass gerade diese Wörter problematisch sein können.

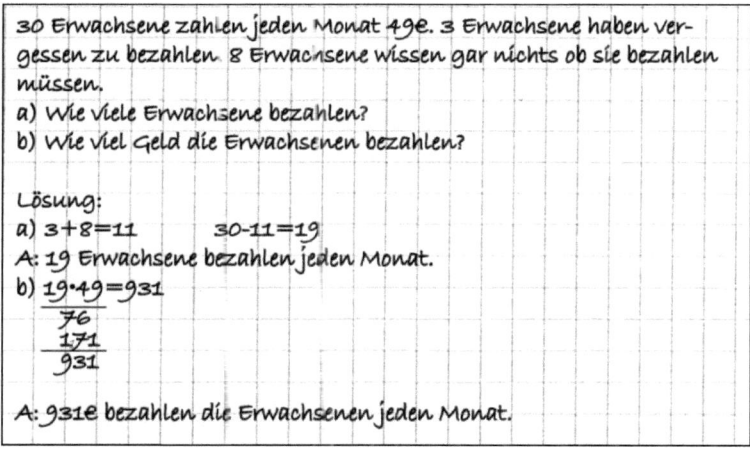

Abb. 2: Sachaufgabe von Diego (5. Klasse)

Betrachtet man Diegos Aufgabe ohne seine Lösung, kommt man zu dem Schluss, dass seine Aufgabe nicht eindeutig lösbar ist. Erst seine Rechnung zeigt, dass die 3 und 8 Erwachsenen Teilmengen der vorher erwähnten 30 Erwachsenen sein sollen. Dies wird sprachlich nicht ausgedrückt, ist aber Voraussetzung für die eindeutige Lösbarkeit der Aufgabe. Die erkennbaren Schwierigkeiten liegen hier auf der sprachlichen Ebene. Der Einsatz des Modalverbs „müssen" im ersten Satz und das (richtige) Nutzen relevanter Funktionswörter würde aus seiner unlösbaren eine lösbare Aufgabe machen: Die Problematik der nicht eindeutigen Mengenzuordnung der 8 Erwachsenen beispielsweise entsteht durch die von Diego verwendete Subjunktion „ob", die nach Ausdrücken der Unsicherheit und des Zweifels steht und somit keinen eindeutigen Schluss zulässt, ob die 8 Erwachsenen eine Teilmenge der 30 Erwachsenen sind oder nicht. An Diegos Rechnung kann man erkennen, *dass* sie bezahlen müssen, dass sie also eine Teilmenge der 30

Erwachsenen sind. Das Beispiel zeigt, wie wichtig es für das Schreiben von mathematischen Texten ist, sprachlich präzise Angaben zu machen.

5.3 Grammatik

Grammatische Strukturen, die sich in konzeptionell-schriftlicher Sprache wiederfinden, müssen von den Schülern erlernt und in die Textproduktion integriert werden. Gerade jene Strukturen, mit denen sie in der alltäglichen, mündlichen Kommunikation häufig nicht in Kontakt kommen und die für die Sprache des Unterrichts wesentlich sind, bereiten den Lernern Schwierigkeiten. Dies sind z.B. komplexe Nominalphrasen, komplexe Syntax, wie Sätze mit Subordinationen (vgl. z.B. Diehl, 2000; Wegener, 1998) und Passivkonstruktionen (Dollnick, 2000; Wegener, 1998).

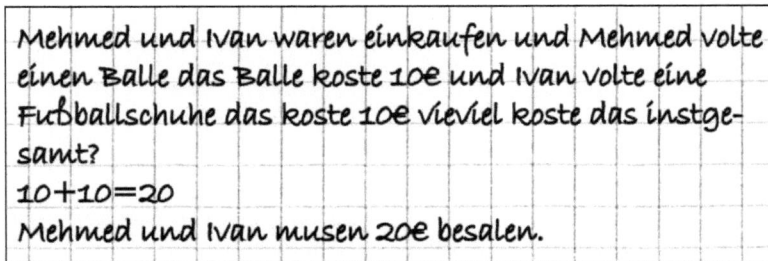

Abb. 3:   Sachaufgabe von Mehmed (6. Klasse)

Mehmeds Aufgabe (Abbildung 3) beispielsweise ist mathematisch vollständig, d.h. insbesondere, dass alle zum Rechnen erforderlichen Angaben gegeben sind. Sie ist jedoch für die 6. Klasse sehr einfach. Auf sprachlicher Ebene fällt auf, dass er nur einfache Hauptsätze (Subjekt – Verb – Objekt) verwendet, die z.T. durch die Konjunktion „und" verbunden werden. Eine Nebensatzkonstruktion („Mehmed wollte einen Ball kaufen, *der 10 € kostet*") wäre hier angemessener. Möglicherweise bildet Mehmed, der erst seit wenigen Monaten eine deutsche Schule besucht, keine anspruchsvollere Aufgabe, weil ihm für das Ausdrücken komplexerer mathematischer Sachverhalte noch die notwendigen sprachlichen Mittel fehlen.

5.4 Textsorten/Textmuster

Textmuster und Textmusterwissen erfüllen eine wichtige Funktion für die Textproduktion, weil sie erfolgreiche Lösungen für wiederkehrende Kommunikationsaufgaben bereitstellen. Die Einsicht in den Zusammenhang von (sprachlich-textueller) Form und (kommunikativem) Zweck ist für die Sprachentwicklung von grundlegender Bedeutung (vgl. Schneuwly, 1995). Textsorten können dabei fachunabhängig (z.B. Bericht) oder stark fachbezogen (z.B. mathematische Text- und Sachaufgaben, Versuchsprotokolle in der Chemie) sein. Zwei Beispiele sollen Schwierigkeiten in diesem Bereich illustrieren.

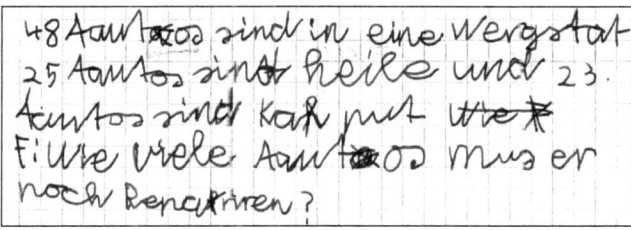

Abb. 4: Sachaufgabe von Anna (3. Klasse)

Anna (Abbildung 4) beantwortet ihre Frage bereits in ihrem Aufgabentext. Eine Rechnung ist somit nicht nötig. Sie selbst hat nicht den Versuch unternommen, ihre eigene Aufgabe zu rechnen; möglicherweise wäre ihr diese Unstimmigkeit sonst aufgefallen. Wenn man Sachaufgaben als Texte besonderer Art auffasst, könnte man hier mangelndes Textsortenwissen unterstellen, denn zur Textsorte „mathematische Sachaufgabe" gehört, dass die Antwort nicht bereits paraphrasiert im Text steht.

Die Aufgabenbearbeitung von Elvine (Abbildung 5) soll den problematischen Umgang mit Textsorten und Operatoren illustrieren. Die dargestellte Aufgabe verlangt mit dem Operator „erklären", dass zusätzlich zur Beschreibung des Sachverhaltes die Ursachen des Funktionierens der Neperschen Rechenstäbe dargelegt werden müssen. Statt eine Erklärung zu schreiben, wechselt die Schülerin zwischen Instruktion und Beschreibung. Eine Erklärung, warum die Rechenstäbe funktionieren, bleibt sie schuldig. Gerade dies hätte jedoch epistemische Wirkung haben können. Ob der Schülerin die sprachlichen oder mathematischen Mittel fehlen, kann hier nicht beurteilt werden. Vielleicht kollidiert auch der kommunikative Teil der Aufgabe („du musst deinen Eltern") mit der epistemischen Absicht der Lehrkraft („erklären"), denn möglicherweise reicht es in den Augen der Schülerin, wenn die Eltern mit den Rechenstäben umgehen können, ohne tiefere Einsicht in die Mathematik zu bekommen.

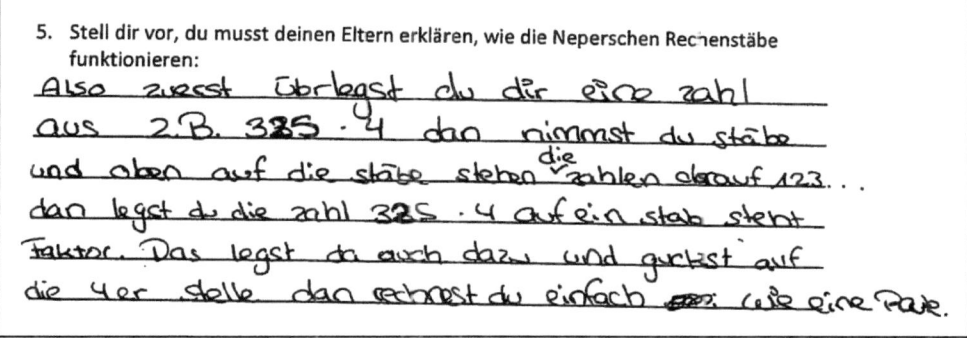

Abb. 5: Aufgabenbearbeitung von Elvine (6. Klasse)

Die Beispiele zeigen, wie groß die mathematischen und sprachlichen Herausforderungen beim Verschriften mathematischer Sachverhalte sind. Über die hier geforderten sprachlichen Kompetenzen verfügen noch nicht alle Lernenden in gleichem Maße. Im Unterricht können die notwendigen sprachlichen Kompetenzen daher nicht einfach vorausgesetzt werden, sie müssen – ebenso wie die mathematischen – erarbeitet und durch sinnvoll eingesetzte Schreibarrangements gefördert werden. Nur so kann das epistemische *und* kommunikative Potential des Schreibens genutzt werden. Wie solche Schreibarrangements aussehen können, erläutern wir im Folgenden.

6 Schreibunterstützung im Mathematikunterricht

Unser hier vorgestellter Ansatz berücksichtigt sowohl die kommunikative als auch die epistemische Funktion des Schreibens und bezieht beide aufeinander: Die kommunikative Funktion löst gewissermaßen den epistemischen Effekt aus, denn durch das Lösen eines kommunikativen Problems, das Berücksichtigen von Schreibziel und Adressat wird eine vertiefte Auseinandersetzung mit einem Sachverhalt möglich. Zusätzlich werden funktional-pragmatische Kompetenzen im Sinne von *mathematical literacy* erworben.

Zur Förderung des Schreibens bedarf es also schreibdidaktischer Settings, die den Lernenden die Möglichkeit bieten, schreibend zu handeln, zu kommunizieren. Dazu müssen Schreibanlässe geboten werden, in denen die Schüler die Wirkungsweise ihrer Texte erproben und erfahren können (vgl. Gunel, Hand & McDermott, 2009; Couzijn & Rijlaarsdam, 2005; Rijlaarsdam & Braaksma, 2008). „Situierte Schreibaufgaben" entsprechen dieser Forderung. Sie zielen im Kern auf die Förderung der Fähigkeit, adressatenorientiert zu schreiben und Perspektivenwechsel vorzunehmen und zeichnen sich nach Bachmann & Becker-Mrotzek (2010) durch folgende Merkmale aus:

> Der zu schreibende Text muss für die Schüler/innen eine identifizierbare Funktion erfüllen; sie müssen erkennen können, welches kommunikative Problem damit bearbeitet werden soll. Denn nur wenn sie das Ziel und die Adressaten ihres Textes kennen, können sie sinnvolle Entscheidungen über den Aufbau, den propositionalen Gehalt und die Auswahl der sprachlichen Muster und Mittel treffen.
>
> Die Schüler/innen müssen Gelegenheit haben, sich das erforderliche Weltwissen, aber auch von Fall zu Fall einschlägiges sprachliches Wissen, anzueignen, damit sie wissen, worüber sie schreiben können und sollen.
>
> Die Schüler/innen müssen die Gelegenheit bekommen, ihren Text in einem Kontext sozialer Interaktion zu verfassen. Eingebettet in eine soziale Situation können vor allem junge Lerner die Zerdehnung der Sprechsituation leichter überwinden.
>
> Und schließlich müssen sie Gelegenheit haben, die Wirkung ihres Textes auf die Leser zu überprüfen, so wie sie es aus der mündlichen Kommunikation gewöhnt sind […]. (Bachmann & Becker-Mrotzek, 2010, S.195)

Wie die Schreibprodukte in Kapitel 5 zeigen, können die für das Bewältigen von Schreibaufgaben im Mathematikunterricht notwendigen sprachlichen Kompetenzen bei vielen Schülern nicht vorausgesetzt werden. Es lassen sich daher folgende Fragen formulieren:

- Lassen sich situierte Schreibaufgaben bzw. Schreibarrangements für das Lernen im Mathematikunterricht auch bei wenig kompetenten Schreibern einsetzen?

- Welche konkreten Unterstützungsmöglichkeiten im Sinne von „Lerngerüsten" (*Scaffolds*[2]) kann und muss diesen Schreibern bei der Bewältigung situierter Aufgaben gegeben werden, damit adressatenorientiertes Schreiben gefördert wird?

Situierte Schreibaufgaben lassen sich bei Schreibern mit geringen Fähigkeiten einsetzen, wenn vor allem das oben genannte zweite Merkmal ein größeres Gewicht bekommt als es zum einen bei Schülern nötig ist, die kompetent mit ihrer (Mutter-) Sprache umgehen können, und als es zum anderen im Deutschunterricht (im Unterschied zum Fachunterricht) notwendig ist. Wenig kompetente Schreiber und Deutsch als Zweitsprache-Lerner müssen explizit darin unterstützt werden, sich das nötige Welt-, insbesondere aber das Fachwissen sowie die erforderlichen sprachlich-textuellen Mittel zur Herstellung des geforderten Textes anzueignen. Wir erweitern daher das Modell der situierten Aufgaben um folgende Merkmale, die z.T. einzelne Aspekte aus Konzepten zur Sprachförderung im Fachunterricht aus dem englischsprachigen Raum (*Scaffolding*, vgl. Gibbons, 2002; SIOP-Modell, vgl. Echevarria, Vogt & Short, 2008) aufgreifen, und beziehen es auf den Fachunterricht:

- Building Background;
- Wortschatzarbeit;
- sprachliche Muster und Mittel entdecken und reflektieren.

Building Background (vgl. Echevarria, Vogt & Short, 2008) meint neben der Aktivierung von Vorwissen vor allem auch den Aufbau von neuem, für die Aufgabe relevantem fachlichen und sprachlichen Wissen. Im Mathematikunterricht reicht es nicht aus, sich Weltwissen anzueignen und zu nutzen, es muss explizit grundlegendes mathematisches Wissen aufgebaut werden, damit mathematische Schreibaufgaben bewältigt werden können.

Wie in Kapitel 5 gezeigt, muss die Wortschatzarbeit ein wichtiger Bestandteil der Unterstützung beim Schreiben sein. Dies bedeutet, dass Einzelwörter, Kollokationen, Phraseologismen und syntaktische Konstruktionen im Kontext und systematisch im Unterricht eingebettet dargeboten werden müssen. Als *Scaffolds* eignen sich z.B. selbst angelegte Wörterspeicher und Lernplakate mit wichtigen Wörtern und Wendungen. Ergänzt werden muss für Lerner mit geringer Schreibkompetenz zudem die Vermittlung sprachlicher Muster und Mittel sowie Wissen über Textsorten und ihre Funktion, insbesondere der fachbezogenen Textsorten. Denn diese kommen in der Alltagswelt in dieser Form selten vor. Zu Sachaufgaben als spezieller mathematischer Textsorte gibt es z.B. kein mündliches Pendant, das in der Vorschulzeit oral in das Repertoire von Textsorten aufgenommen werden kann, wie dies z.B. bei Erzählungen der Fall ist. *Scaffolds* können hier z.B. Satzgerüste, Textstrukturierungshilfen, Checklisten und das gemeinsame Verfassen von Texten sein.

Für das Sprachenlernen ist es nötig, Sprache regelmäßig anzuwenden. Ein durchgängiges Prinzip unseres Unterrichtskonzepts ist daher der Einsatz von Sozialformen, die

---

[2] Scaffolds sind zeitlich begrenzte Hilfsmittel, die den Schüler dabei unterstützen sollen, Aufgaben zu bewältigen, die er ohne Hilfe noch nicht bewältigen kann. Wie bei einem Baugerüst ist es das Ziel, diese Hilfestellungen nach und nach abzubauen, bis der Schüler in der Lage ist, vergleichbare Aufgaben alleine zu bewältigen.

den kommunikativen Austausch fördern. Mündliche Kommunikation dient aber zugleich der Hinführung zum Schreiben: vom alltagssprachlich-mündlichen, kontextgebundenen hin zum kontextreduzierten, schriftlichen Sprachgebrauch. Im Folgenden wollen wir anhand einiger Beispiele die Umsetzung unseres hier genannten Ansatzes erläutern.

7 Praktische Umsetzung und Ergebnisse

Die im vorherigen Abschnitt vorgestellten Möglichkeiten zur Unterstützung und Förderung der Schreibkompetenz im Mathematikunterricht werden nun anhand von Unterrichtsbeispielen illustriert, die in sprachsensiblen Mathematikkursen mit Fünft- und Sechstklässlern unterschiedlicher Schulformen entstanden sind. Die sprachsensiblen Mathematikkurse (De:Math-Kurse: Deutsch und Mathematik gleichzeitig lernen) wurden im Rahmen der *Sommerschule zur Sprachförderung* für Schüler von Kölner Schulen durchgeführt. Die Sommerschule wurde vom Institut für Deutsche Sprache und Literatur II der Universität zu Köln veranstaltet. Unterrichtet wurden die Schüler von jeweils zwei Lehramtsstudierenden der Fächer Deutsch und Mathematik. Die De:Math-Kurse hatten das Ziel, sowohl die fachliche als auch die (fach-) sprachliche Kompetenz der Lernenden zu fördern, sodass sie am Regelunterricht besser partizipieren können. Diesen Ansatz haben wir erprobt und evaluiert. Der Untersuchung lag ein exploratives Design mit einem quantitativen und einem qualitativen Teil zu Grunde. Der quantitative Anteil diente dazu, grundlegende Lernfortschritte (vor allem der mathematischen Kompetenz) zu erheben. Eine qualitative Analyse ermöglichte es, detaillierter auf die Bewältigung von Schreibaufgaben im Mathematikunterricht zu schauen. In den De:Math-Kursen wurde vielfältig sprachsensibel gearbeitet, im Folgenden fokussieren wir aber nur auf schreibdidaktische Unterrichtsbeispiele.

7.1 Schreiben von Sachaufgaben

Sachaufgaben sind eine typische didaktische Textsorte des Mathematikunterrichts, die spezielle Charakteristika aufweist. Der Umgang mit dieser Textsorte muss explizit im Mathematikunterricht gelernt werden. Im Rahmen der hier vorgestellten Unterrichtseinheit sollten Sachaufgaben für ein Mathematik-Quiz für das Abschlussfest der Sommerschule verfasst werden (authentischer und kommunikativer Schreibanlass).

Gemäß dem durchgängigen Prinzip, kommunikative Anlässe zu schaffen, recherchierten die Schüler in Partnerarbeit zu Themen, die sie interessierten; sie erstellten bzw. nutzten Steckbriefe oder Zeitungsartikel. Diese Aktivitäten dienten dem Aufbau von Wissen als Grundlage für das Schreiben einer eigenen Sachaufgabe (*building background*). Mit diesem Wissen wurde ein erster Entwurf einer Sachaufgabe verfasst und an zwei Mitschüler weitergegeben, die nun versuchten, die Aufgabe zu lösen und eine Rückmeldung dazu abgaben, ob sie die Aufgabe lösen konnten und ob sie sie interessant fanden. Dies gab den Schülern die Gelegenheit, die Wirkung ihres Textes auf die Leser unmittelbar zu überprüfen. Darauf aufbauend wurde im Plenum besprochen, welche Elemente eine Sachaufgabe enthalten muss, damit sie lösbar und interessant ist.

Es folgten Übungen zur vertieften Auseinandersetzung mit Sachaufgaben, wie z.B. das Zuordnen von Darstellungsteil, Frage und Gleichung oder das Formulieren von passenden Fragen oder Antworten. Im Zuge dessen wurde eine Checkliste für das Schreiben von guten Sachaufgaben entwickelt. Durchgängig wurde relevanter (Fach-) Wortschatz, mit dem Rechenoperationen versprachlicht werden können bzw. Zahlbeziehungen ausgedrückt werden können, gesammelt.

Der Schreibprozess spielt in der aktuellen Schreibdidaktik eine wesentliche Rolle, d.h. der Prozess der Textproduktion und nicht bloß der fertige Text wird zum Unterrichtsgegenstand. Eine Technik, den Schreibprozess zu modellieren und gleichzeitig auch das Schreibprodukt zu illustrieren (vgl. Gibbons, 2009), besteht im gemeinsamen Schreiben an der Tafel. Daher wurde als nächster Schritt eine Sachaufgabe gemeinsam verfasst, wobei sowohl relevantes Fachvokabular als auch Merkmale und Funktion der Textsorte einbezogen wurden. Die Lehrerin modellierte dabei durch lautes Denken die Strategien eines geübten Schreibers. Am Ende des gemeinsamen Schreibprozesses stand an der Tafel eine orthografisch, grammatikalisch und mathematisch korrekte Sachaufgabe, der man den Schreibprozess ansieht. Anschließend überarbeiteten die Schüler ihre eigene Sachaufgabe. Diese wurde dann in Mathe-Konferenzen mit Hilfe der zuvor erarbeiteten Checkliste besprochen. Die Aufgaben wurden dann noch einmal von den jeweiligen Autoren überarbeitet. Die fertigen Sachaufgaben wurden nun im Rahmen des Mathematik-Quiz veröffentlicht.

7.2 Rechnen mit dem Abakus

Eine Unterrichtseinheit in der Sommerschule hatte das „Rechnen mit dem Abakus" zum Thema. Die Schüler sollten im Rahmen dieser Unterrichtseinheit einem Freund aus ihrer Klasse, der nicht an der Sommerschule teilnimmt, in einem Brief erklären, wie man mit dem Abakus addiert (adressatenorientierter Schreibanlass). Die Schüler näherten sich dem Thema schrittweise über konkrete Anschauung (Bau eines Abakus) und alltagssprachliche, kontextgebundene Sprache an. Im Laufe der Unterrichtseinheit wurden die Aufgaben und die dazu benötigte Sprache abstrakter (Zahldarstellung und Addition in Partnerarbeit ausprobieren, mündlich erklären und präsentieren), bis mit der Schreibaufgabe der höchste Abstraktionsgrad erreicht wurde. Die Unterrichtseinheit begann somit nicht mit einer Schreibaufgabe, sondern baute zunächst das zur Bewältigung der Aufgabe notwendige fachliche und sprachliche Wissen auf. Die dafür erforderlichen sprachlich-textuellen Mittel wurden z.B. in Form von Satzgerüsten und Lernplakaten zum Wortschatz dargeboten (Abbildung 6).

Der Abakus

1. Verbinde die Wörter und Zahlen mit den Elementen auf der Zeichnung.

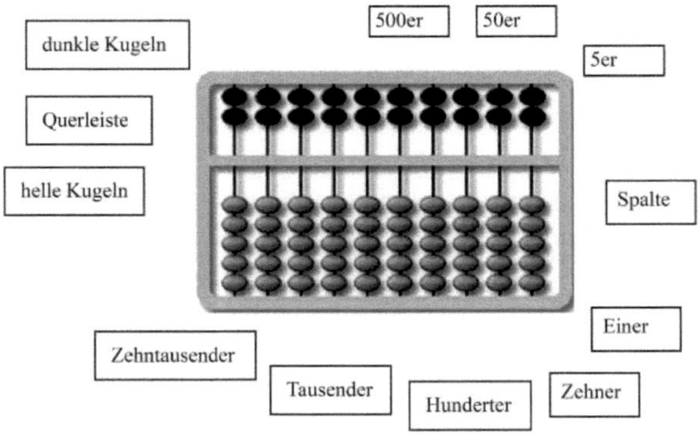

   500er   50er

   dunkle Kugeln

   5er

   Querleiste

   helle Kugeln

   Spalte

   Einer

   Zehntausender

   Tausender   Hunderter   Zehner

2. Fülle aus.

   Eine dunkle Kugel hat den _____ fachen Wert der hellen Kugel.

3. Zahlen darstellen mit dem Abakus.

   7

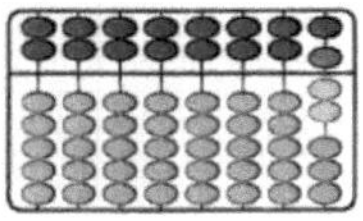

   So legt man 7: Man schiebt _____ helle Kugeln in der _____

   nach oben an die Querleiste und _____ dunkle Kugel in der

   _____ nach unten an die Querleiste.

4. Zahlen darstellen mit dem Abakus.

   12

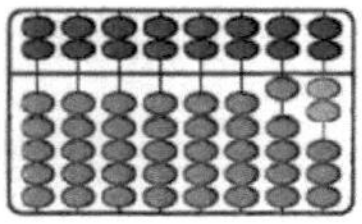

   So legt man 12: Man schiebt _____ helle Kugeln in der _____

   _____ an die Querleiste und _____ helle Kugel in der

   _____ an die Querleiste.

Abb. 6: Von studentischen Lehrkräften erstellte Materialien zum Rechnen mit dem Abakus

7.3 Weitere Schreibanlässe

Neben diesen beiden hier vorgestellten Unterrichtseinheiten wurden vielfältige Schreibanlässe geschaffen, beispielsweise das Erklären von Rechenverfahren und Begründen von Lösungswegen. Auch hier wurden die Aufgaben so sequenziert, dass vom Mündlichen zum Schriftlichen fortgeschritten wurde, d.h. von einem eher kontextgebundenen, konkreten Sprachgebrauch hin zu mehr Abstraktheit. Solch ein Ablauf kann folgendermaßen aussehen: (1) Erarbeitungsphase in Partner- oder Gruppenarbeit; (2) evtl. lehrergestützte mündliche Präsentation von Arbeitsergebnissen; (3) Bearbeiten einer Schreibaufgabe (Abbildung 7). Dabei werden, wenn nötig, kontextuelle Hilfen gegeben.

Aufgaben:		H	Z	E
4. Trage in die Stellentafel ein und rechne dann: 916-339		9	1	6
5. Wie hast du nun gerechnet? Sprich mit deinem Partner darüber, was im Vergleich zur ersten Aufgabe anders ist.	−	3	3	9
		1	1	
6. Schreibt zusammen auf, wie ihr gerechnet habt.		5	7	7

Abb. 7:   Von studentischen Lehrkräften erstellte Aufgaben

7.4   Ergebnisse

Die De:Math-Kurse wurden hinsichtlich des Lernerfolgs der Schüler und der studentischen Lehrkräfte, die diese Kurse unterrichtet haben, evaluiert. An dieser Stelle sollen ausschließlich die für das Thema dieses Beitrags relevanten Ergebnisse zum Lernfortschritt der Schüler berichtet werden.

Globale Ergebnisse

Ein von uns für die Sommerschule entwickelter Mathematiktest, bestehend aus Aufgaben zu den Grundrechenarten, zum Beschreiben eines Fehlers und zu Sachaufgaben, wurde zum einen aus diagnostischen Gründen durchgeführt, er diente aber zudem in einem Prä- und Posttest-Design der Kontrolle des Lernerfolgs. Eine Kontrollgruppe lag nicht vor, da es uns zunächst darum ging, die Anwendbarkeit des Konzeptes und seine Durchführung durch Studierende auszuloten. Insgesamt wurden 42 Schüler im Vor- und Nachtest getestet. Für jede Aufgabe, bis auf Aufgabe 5 (Fehlerbeschreibung), gab es für die richtige Lösung einen Punkt. Bei Aufgabe 5 gab es einen Punkt für eine teilweise und zwei Punkte für die korrekte Lösung. Die sprachliche Gestaltung der Lösung wurde zunächst nicht berücksichtigt (s.u.).

Es zeigten sich signifikante Unterschiede zwischen Prä- und Posttest ($t(41)=4{,}33$; $p<.001$; $d=.46$) für den Gesamttest (Abbildung 8a). Die Schüler konnten also die Aufgaben am Ende der Sommerschule besser lösen als zuvor ($M_{t1}=15{,}0$, $SD_{t1}=5{,}4$; $M_{t2}=17{,}3$, $SD_{t2}=4{,}8$). Ob dies auf das Setting zurückgeht, lässt sich ohne Kontrollgruppe zwar nicht sagen, die Steigerung zeigt aber, dass die Schüler im sprachsensiblen Unterricht einen Lernzuwachs erreichten.

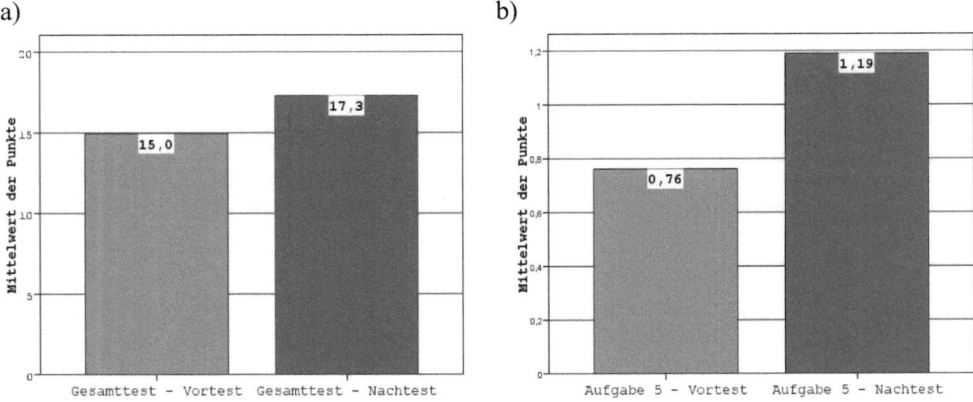

Abb. 8: Lernzuwachs der Schüler im Mathematiktest, a) Gesamttest, b) Aufgabe 5

Ausgewählte Ergebnisse

Der erstellte Mathematiktest beinhaltete eine Aufgabe zum schriftlichen Beschreiben eines mathematischen Fehlers in einer schriftlichen Addition („Aufgabe 5", s. Abbildung 9). Während des Unterrichts wurde diese Aufgabenform nicht explizit thematisiert, sodass sich die Ergebnisse als Transferergebnisse deuten lassen. Die Aufgabe wurde auf zwei verschiedene Arten ausgewertet: quantitativ hinsichtlich der mathematischen Richtigkeit und qualitativ in Bezug auf sprachliche Richtigkeit und Elaboriertheit.

Die quantitative Auswertung dieser Aufgabe zeigte signifikante Unterschiede zwischen Prä- und Posttest ($t(41)=2{,}61$; $p<.05$; $d=.51$). Die Schüler konnten die Aufgabe am Ende der Sommerschule besser lösen ($M_{t1}=0{,}76$, $SD_{t1}=0{,}82$; $M_{t2}=1{,}19$, $SD_{t2}=0{,}86$; s. Abbildung 8b). Ihre mathematische Kompetenz konnten die Schüler also steigern.

Uns interessierte zudem, ob sich die Schüler sprachlich verbessert haben. Zu diesem Zweck wurden die Schülerlösungen im Hinblick auf fachsprachliche Merkmale ausgewertet. Die qualitative Auswertung ist noch nicht abgeschlossen, erste Ergebnisse zeigen aber, dass auch auf sprachlicher Ebene Fortschritte zu verzeichnen sind. Dies soll an einigen Beispielen illustriert werden (Abbildung 9).

Das schriftliche Beschreiben bereitete einigen Schülern im Vortest Schwierigkeiten. Elifs Strategie zum Lösen der Aufgabe liegt darin, die gegebene Rechnung selbst schriftlich durchzuführen. Jefferson verdeutlicht nonverbal mit Pfeilen, wo der Rechenfehler liegt. Die Aufgabenstellung war hier somit vermutlich teilweise klar („Finde seinen Fehler"), beide verschriftlichen ihre Erkenntnisse aber nicht. Hakan und Olga dagegen versuchen, den gefundenen Fehler auch schriftlich zu beschreiben. Beide bleiben dabei aber auf einer alltagssprachlichen Ebene und verwenden noch keine fachsprachlichen Elemente, was vor allem bei Hakan dazu führt, dass die Beschreibung des Fehlers ungenau bleibt und nicht zugeordnet werden kann.

Der Nachtest zeigt bei allen vier Schülern deutliche Verbesserungen im sprachlichen Bereich, was sich auch auf die mathematische Richtigkeit auswirkt. Elif und Jefferson versuchen im Nachtest, den Fehler schriftlich zu beschreiben. Elif benutzt dabei das Fachwort Zehnerübertrag, sodass dem Leser nun sofort klar ist, wo der Fehler in der gegebenen Rechnung passiert ist. Jefferson nutzt auch im Nachtest noch Teilrechnungen, zusätzlich drückt er den Fehler aber auch in Worten aus. Seine Beschreibung bleibt noch auf einer sehr alltagssprachlichen, konkreten Ebene („Er hat [„muss", Anm. der Autoren] die Eines nach 8+4 ..."), der noch benutzt er schon ein erstes Fachwort („addieren") und es wird anhand seiner Beschreibung deutlich, wo der Fehler liegt. Diese Steigerung mag gering erscheinen, allerdings lernt Jefferson erst seit 6 Monaten Deutsch. Olga und Hakans Beschreibungen sind im Nachtest konzeptionell schriftlicher, sie enthalten fachsprachliche Elemente („Übertrag", „Einerspalte", „addierte", „Einer"), und vor allem Olgas Text ist deutlich abstrakter und formaler als im Vortest, was dazu führt, dass sich der Fehler in beiden Fällen anhand der Beschreibung sofort lokalisieren lässt.

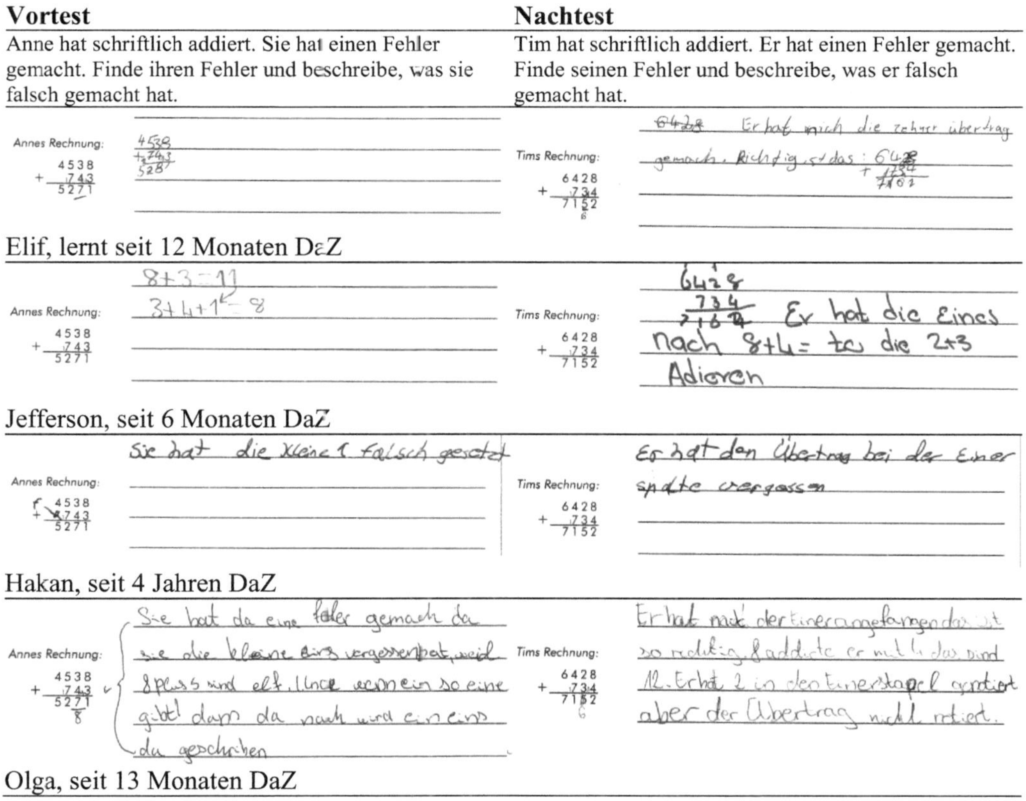

Vortest	Nachtest
Anne hat schriftlich addiert. Sie hat einen Fehler gemacht. Finde ihren Fehler und beschreibe, was sie falsch gemacht hat.	Tim hat schriftlich addiert. Er hat einen Fehler gemacht. Finde seinen Fehler und beschreibe, was er falsch gemacht hat.

Elif, lernt seit 12 Monaten DaZ

Jefferson, seit 6 Monaten DaZ

Hakan, seit 4 Jahren DaZ

Olga, seit 13 Monaten DaZ

Abb. 9: Aufgabe 5 in Prä- und Posttest mit Schülerlösungen

Die hier vorgestellten Beispiele zeigen, dass vor allem auf der Wortebene ein deutlicher Fortschritt zu verzeichnen ist. Fachsprachliche Elemente werden im Vortest gar nicht benutzt, im Nachtest kommen sie bei allen vier Schülern vor. Das Nutzen von Fachsprache ist dabei auch bei dieser Aufgabe kein Selbstzweck, sondern funktional zu sehen. Bei fast allen Schülern lässt sich erkennen, dass der Einsatz fachsprachlicher Elemente zu einer präziseren und mathematisch korrekteren Beschreibung des Fehlers in der gegebenen Rechnung führt.

8 Diskussion und Fazit

Schreiben im Mathematikunterricht wird zwar von Bildungsstandards und Lehrplänen gefordert, Lehrbücher und Kommentierungen geben jedoch kaum Hinweise, wann das Schreiben eingesetzt werden soll, wie es konkret aussehen soll und wie das Schreiben gerade bei schwachen Schülern unterstützt werden kann. Möglicherweise ist dies ein Grund dafür, dass Schreibaufgaben von Mathematiklehrern nicht oder kaum genutzt werden, obwohl das Schreiben vielfältige Lernchancen bietet. Am Beispiel von Unterrichtseinheiten, die im Rahmen einer Sommerschule durchgeführt wurden, konnten wir in einer explorativen Studie zeigen, dass Schreibarrangements auch im Mathematikunterricht so eingesetzt werden können, dass über die epistemische und kommunikative Funktion des Schreibens fachliches und sprachliches Lernen gleichermaßen initiiert wird. Dazu wurde das Konzept der situierten Schreibaufgaben herangezogen und durch *Scaffolding*-Methoden so ergänzt, dass gerade schwache Schreiber Unterstützung bei der Textproduktion erhalten. Schreibaufgaben zu situieren heißt im Wesentlichen, in einer Schreibaufgabe Ziel und Adressat des Textes explizit zu machen. Hier bleiben jedoch zwei Fragen offen: (1) Wie muss der Adressat sinnvollerweise beschaffen sein, damit Lernprozesse in Gang gebracht werden? Die Studie von Gunel, Hand & McDermott (2009) z.B. zeigt, dass sich die Art des Adressaten auf den Lerneffekt auswirkt: Der Lehrer als Adressat (obwohl authentisch) hat einen geringen Effekt als das Schreiben an jüngere Schüler. (2) Welche Textsorte führt zu epistemischen Effekten und welche steigert die fachlich-diskursiven Fähigkeiten? Ist dies für alle Fächer gleich? Möglicherweise führt erst das Erklären und Argumentieren im Mathematikunterricht zu den besten Lernergebnissen. Gleichzeitig sind dies jedoch die für Schüler am schwierigsten zu bewältigenden Textsorten, die daher besonders viel Unterstützung erfordern. Ob auch das Beschreiben und Berichten im Mathematikunterricht eine epistemische Funktion hat, bleibt offen.

Literatur

Antos, G. (1985). Mit „weil" Begründen lernen. Zur Ontogenese argumentativer Strukturen im natürlichen L2-Erwerb. In S. Kutsch & I. Desgranges (Hrsg.), *Zweitsprache Deutsch – ungesteuerter Erwerb. Interaktionsorientierte Analysen des Projekts Gastarbeiterkommunikation* (S. 273–320). Tübingen: Max Niemeyer Verlag.

Bachmann, T. & Becker-Mrotzek, M. (2010), Schreibaufgaben situieren und profilieren. In T. Pohl & T. Steinhoff (Hrsg.), *Textformen als Lernformen* (S. 191–210). Duisburg: Gilles & Francke.

Bachmann, T., Ospelt-Geiger, B., Ospelt K. & Vital, N. (2007). *Aufgaben mit Profil. Frühe Förderung funktional-pragmatischer Schreibfähigkeiten.* Unveröffentlichtes Manuskript.

Becker-Mrotzek, M. & Schindler, K. (Hrsg.). (2007). *Texte schreiben.* Duisburg: Gilles & Francke.

Bereiter, C., & Scardamalia, M. (1987). *The psychology of written composition*. Hillsdale, NJ: Lawrence Erlbaum Associates.

Bräuer, G. & Schindler, K. (2011). Schreibarrangements entwickeln. Authentische Schreibaufgaben – ein Konzept. In G. Bräuer & K. Schindler (Hrsg.), *Schreibarrangements für Schule, Hochschule und Beruf arrangieren* (S. 11–63). Freiburg: Fillbach.

Couzijn, M. & Rijlaarsdam, G. (2005). Learning to write instructive texts by reader observation and written feedback. In G. Rijlaarsdam, H. van den Bergh & M. Couzijn, (Hrsg.), *Effective learning and teaching of writing* (2. Aufl.) (S. 209–240). Amsterdam: Kluwer Academic Publishers.

Diehl, E. (2000). „Wenn sprechen sie, alles geht besser" – Erwerb der Satzmodelle. In E. Diehl, H. Christen, S. Leuenberger, I. Pelvat & T. Studer (Hrsg.), *Grammatikunterricht. Alles für der Katz? Untersuchungen zum Zweitspracherwerb Deutsch* (S. 55–115). Tübingen: Niemeyer.

Dollnick, M. (2000). Fachsprache und Deutsch. *Grundschule Konkret, 16*, 36–41.

Echevarria, J., Vogt, M.E. & Short, D. (2008). *Making Content Comprehensible for English Learners: The SIOP Model* (3. Aufl.). Boston: Pearson.

Ehlich, K. (1983). Text und sprachliches Handeln. Die Entstehung von Texten aus dem Bedürfnis nach Überlieferung. In A. Assmann, J. Assmann & Ch. Hartmeier (Hrsg.), *Schrift und Gedächtnis* (S. 24–43). München: Fink.

Ehlich, K. (1989). Zur Genese von Textformen. Prolegomena zu einer pragmatischen Texttypologie. In G. Antos & H. Krings (Hrsg.), *Textproduktion. Ein inderdisziplinärer Forschungsüberblick* (S. 84–99). Tübingen: Niemeyer.

Galbraith, D. (1992). Conditions for discovery through writing. *Instructional Science, 21*, 45–72.

Galbraith, D. (1999). Writing as a knowledge-constituting process. In M. Torrance, & D. Galbraith (Hrsg.), *Knowing what to write. Conceptual processes in text production* (S. 139–159). Amsterdam: Amsterdam UP.

Gallin, P. & Ruf, U. (1995). Schüler schreiben Textaufgaben. *Mathematik lehren, 68*, 16–22.

Gibbons, P. (2002). *Scaffolding Language, Scaffolding Learning. Teaching Second Language Learners in the Mainstream Classroom*. Portsmouth, NH: Heinemann.

Gibbons, P. (2009). *English learners academic literacy and thinking. Learning in the challenge zone*. Portsmouth, NH: Heinemann.

Grießhaber, W. (1999). *Die relationierende Prozedur. Zur Grammatik und Pragmatik lokaler Präpositionen und ihre Verwendung durch türkische Deutschlerner*. Münster: Waxmann.

Gunel, M., Hand, B. & McDermott, M.A. (2009). Writing for different audiences: Effects on high school students" conceptual understanding of biology. *Learning and Instruction, 19*, 354–367.

Hußmann, S. (2003). *Lerntagebücher – Mathematik in der Sprache des Verstehens*. In T. Leuders (Hrsg.), *Mathematikdidaktik. Praxishandbuch für die Sekundarstufe I und II* (S. 75–92). Berlin: Cornelsen Scriptor.

Knapp, W., Pfaff, H. & Werner, S. (2010). Verstehen durch Schreiben. Anlage einer empirischen Studie zum produktiven Umgang mit mathematischen Textaufgaben. In B. Ahrenholz (Hrsg.), *Fachunterricht und Deutsch als Zweitsprache* (S. 239–255). Tübingen: Gunter Narr Verlag.

Kultusministerkonferenz (Hrsg.) (2004a). *Bildungsstandards für das Fach Mathematik für den Mittleren Schulabschluss*. Neuwied: Luchterhand.

Kultusministerkonferenz (Hrsg.) (2004b). *Bildungsstandards für das Fach Mathematik für den Primarbereich*. Neuwied: Luchterhand.

Maier, H. (2000). Schreiben im Mathematikunterricht. *Mathematik lehren, 99*, 10–13.

McCutchen, D., Teske, P. & Bankston, C. (2008). Implications of the cognitive architecture for learning to write and writing to learn. In C. Bazerman (Hrsg.), *Handbook of research on writing. History, society, school, individual, text* (S. 451–470). London: Lawrence Erlbaum Associates.

Ministerium für Schule und Weiterbildung des Landes NRW (Hrsg.). (2007). *Kernlehrplan für das Gymnasium – Sekundarstufe I (G 8) in Nordrhein-Westfalen. Mathematik*. Frechen: Ritterbach.

Ministerium für Schule und Weiterbildung des Landes NRW (Hrsg.). (2008). *Richtlinien und Lehrpläne für die Grundschule in Nordrhein-Westfalen. Mathematik* (S. 53–67). Frechen: Ritterbach.

Ministerium für Schule und Weiterbildung des Landes NRW (Hrsg.). (2011). *Kernlehrplan und Richtlinien für die Hauptschule in Nordrhein-Westfalen. Mathematik.* Frechen: Ritterbach.

Penner, Z. (1998). Sprachentwicklung und Sprachverstehen bei Ausländerkindern. Eine Pilotstudie bei Schulkindern in der deutschen Schweiz. In H. Wegener (Hrsg.), *Eine zweite Sprache lernen. Empirische Untersuchungen zum Zweitspracherwerb* (S. 241–261). Tübingen: Gunter Narr Verlag.

Pohl, T. & Steinhoff T. (2010). Textformen als Lernformen. In T. Pohl & T. Steinhoff (Hrsg.), *Textformen als Lernformen* (S. 5–26). Duisburg: Gilles & Francke.

Rijlaarsdam, G. & Braaksma, M. (2008). Die Sache mit den Schlemmy-Riegeln. Beobachtendes Lernen: Ein Beispiel aus der Unterrichtspraxis. *Fremdsprache Deutsch, 39*, S. 23-27.

Schneuwly, B. (1995). Textarten – Lerngegenstände des Deutschunterrichts. *Osnabrücker Beiträge zur Sprachtheorie, 51*, 116–132.

Schmitt, M. (2011). *Perspektivisches Denken als Voraussetzung für adressatenorientiertes Schreiben.* Verfügbar unter: http://nbn-resolving.de/urn:nbn:de:bsz:he76-opus-75266 [01.07.2012].

Spinner, K. (2001). *Kreativer Deutschunterricht. Identität – Imagination – Kognition.* Seelze: Kallmeyer.

Steinhoff, T. (2009). Der Wortschatz als Schaltstelle des schulischen Spracherwerbs. *Didaktik Deutsch, 27,* 33–52.

Studer, T. (2000). „Wir lernen heraus in die Umwelt, under dem Sonne". Der Erwerb von Präpositionalphrasen. In E. Diehl, H. Christen, S. Leuenberger, I. Pelvat & T. Studer (Hrsg.), *Grammatikunterricht. Alles für der Katz? Untersuchungen zum Zweitspracherwerb Deutsch* (S. 264–331). Tübingen: Niemeyer.

Thürmann, E. (2012). Lernen durch Schreiben? Thesen zur Unterstützung sprachlicher Risikogruppen im Sachfachunterricht. *dieS-online, 1,* 1–28. Verfügbar unter: http://geb.uni-giessen.de/geb/volltexte/2012/8668/ [06.06.2012].

Vollmer, J. & Thürmann, E. (2010). Zur Sprachlichkeit des Fachlernens: Modellierung eines Referenzrahmens für Deutsch als Zweitsprache. In B. Ahrenholz (Hrsg.), *Fachunterricht und Deutsch als Zweitsprache* (S. 107–132). Tübingen: Narr.

Wegener, H. (1998). Das Passiv im DaZ-Erwerb von Grundschulkindern. In H. Wegener (Hrsg.), *Eine zweite Sprache lernen. Empirische Untersuchungen zum Zweitspracherwerb* (S. 143–172). Tübingen: Gunter Narr Verlag.

Willenberg, H. (2008). Wortschatz Deutsch. In E. Klieme, W. Eichler, A. Helmke, R.H. Lehmann, G. Nold, H.-G. Rolff, K. Schröder, G. Thomé & H. Willenberg (Hrsg.), *Unterricht und Kompetenzerwerb in Deutsch und Englisch. Ergebnisse der DESI-Studie* (S. 72–80). Weinheim/Basel: Beltz.

Fokus: Naturwissenschaftliche Fächer

Christoph Kulgemeyer & Horst Schecker

Schülerinnen und Schüler erklären Physik – Modellierung, Diagnostik und Förderung von Kommunikationskompetenz im Physikunterricht

1 Einführung

Seit Verabschiedung der Bildungsstandards für den Physikunterricht (KMK, 2005) im Jahre 2004 nimmt die Physikdidaktik ein breiteres Spektrum von Kompetenzen in den Blick. Die Bildungsstandards aller drei naturwissenschaftlichen Fächer beschreiben vier Kompetenzbereiche: Fachwissen, Erkenntnisgewinnung, Bewertung und Kommunikation. Der Umgang mit Fachwissen sowie der Gebrauch von Fachmethoden – dies meint der Kompetenzbereich Erkenntnisgewinnung – sind klassische Inhalte des Physikunterrichts. Die beiden Kompetenzbereiche Bewertung und Kommunikation spielten in fachdidaktischer Forschung und Unterrichtspraxis gleichermaßen eine untergeordnete Rolle – und sind immer noch stark unterrepräsentiert. *Bewertung* beinhaltet die Entwicklung von Standpunkten zu persönlich oder gesellschaftlich relevanten Fragen unter Heranziehung naturwissenschaftlichen Wissens (Schecker & Höttecke, 2007). Bei *Kommunikation* geht es um die Erläuterung *physikalischer* Sachverhalte unter Nutzung physikbezogener Kommunikationsmittel. Kommunikation ist ebenso wie die anderen drei Kompetenzbereiche domänenbezogen formuliert. Physikalische Kommunikationskompetenz ist diesem Ansatz zufolge kein lediglich auf physikalische Inhalte angewandter Teil einer allgemeinen Kommunikationskompetenz. Vielmehr werden für die Physik spezifische kommunikative Fähigkeiten und Fertigkeiten gefordert. Dies lässt sich vor allem beim Umgang mit physikalischer Fachsprache (Rincke, 2007) sowie physikalischen Darstellungsformen (Leisen, 2005), insbesondere Diagrammen (Lachmayer, Nerdel & Prechtl, 2007), nachvollziehen. Hier ist ein spezifisch naturwissenschaftliches bzw. sogar physikalisches Repertoire an Kommunikationsmitteln feststellbar, das sich von dem anderer Domänen deutlich unterscheidet (Kulgemeyer & Schecker, 2009b) In der Physikdidaktik gibt es zwar eine lange Tradition der Forschung über das Erlernen bzw. das Vermitteln von Fachsprache, doch über fachspezifische Kommunikation ist bisher wenig gearbeitet worden.

In diesem Beitrag soll eine Konzeption zur Modellierung der physikalischen Kommunikationskompetenz von Schülerinnen und Schülern beschrieben werden. Dabei wird zunächst der Begriff der physikalischen Kommunikation näher gefasst und daraus ein Kompetenzmodell entwickelt, das empirisch überprüft wurde. Zu dem Modell werden Forschungsergebnisse dargestellt, insbesondere zur Beziehung zwischen Kommunikationskompetenz und physikalischem Fachwissen. Das betrifft vor allem die Frage, wie viel Fachwissen für gute Erklärungen notwendig ist. Wir geben zudem einen kurzen

Einblick in Möglichkeiten zur Förderung physikalischer Kommunikationskompetenz im Unterricht.

2 Physikalische Kommunikationskompetenz

Um physikalische Kommunikationsfähigkeit unterrichtbar und überprüfbar zu machen, wird ein geeignetes Kompetenzmodell benötigt. Um dieses Modell aber zu begründen, soll hier zunächst der Prozess physikalischer Kommunikation dargestellt werden, der den Begriff der physikalischen Kommunikation theoretisch untermauert. Das anschließend vorgestellte Kompetenzmodell baut darauf auf. Es handelt sich also um ein domänenbezogenes *Kompetenzmodell*, das von einem übergeordneten *Kommunikationsmodell* abgeleitet wird. Das Kommunikationsmodell beschreibt die Bedingungen, unter denen physikalische Kommunikation ablaufen kann und konzentriert sich dabei auf die fachspezifischen Anforderungen an den Kommunikationsprozess. Das *Kompetenzmodell* beschreibt die Struktur der Fähigkeiten und Fertigkeiten, über die ein Individuum verfügen muss, um diesen Kommunikationsprozess erfolgreich zu gestalten.

2.1 Physikalische Kommunikation im Prozess

Kulgemeyer & Schecker (2009a, S. 137) definieren physikalische Kommunikationskompetenz als die „Fähigkeiten und Fertigkeiten, die notwendig sind, um physikalische Sachverhalte zu *erklären*. Dabei setzt ‚erklären' immer auch den Willen voraus, einem Kommunikationspartner Information näher bringen zu wollen." In diesem Verständnis bildet das adressatengemäße Erklären physikalischer Inhalte den Kern fachbezogener Kommunikationskompetenz. Sowohl die sachgerechte Aufbereitung von Informationen als auch deren adressatengemäße Vermittlung werden als Teil der Kompetenz betrachtet. In der Definition kommt dies durch die Verwendung des Verbs „erklären" zum Ausdruck, das ein adressatengemäßes Kommunizieren impliziert.

Wir berufen uns dabei auf einen konstruktivistischen Kommunikationsbegriff in Anlehnung an Rusch (1999) und entwickeln davon ausgehend einen Ansatz, um den in vielen wissenschaftlichen Disziplinen angewandten Begriff der Kommunikation (vgl. dazu z.B. Merten, 1977) für die Physik einzugrenzen. Das Resultat ist ein Modell domänenspezifisch-physikalischer Kommunikation (Abbildung 1).

Das in Abbildung 1 gezeigte Schema beschreibt die Kommunikation über physikalische Sachverhalte von jemandem, der darüber kommunizieren möchte (*Kommunikator*) mit jemandem, an den sich die Kommunikationsbemühungen richten (*Adressat*). Anhand eines Beispiels lässt sich dieser Prozess verdeutlichen: Ein Schüler (Kommunikator) möchte einem physikalischen Laien (Adressat) das Phänomen der Dispersion[1] (Sachinhalt) erklären.

---

1   In der Optik bezeichnet Dispersion die Tatsache, dass Lichtstbündel unterschiedlicher Wellenlängen, d.h. unterschiedlicher Farbe, sich in Medien (z.B. Glas oder Wasser) unterschiedlich schnell ausbreiten. Dadurch wird ein Bündel „weißen" Lichts, in dem noch Lichtstrahlen aller Wellenlängen zusammen liegen, beim Durchlaufen eines Wassertropfens in seine Spektralfarben aufgefächert. Wirkungen der Dispersion sieht man z.B. bei einem Regenbogen.

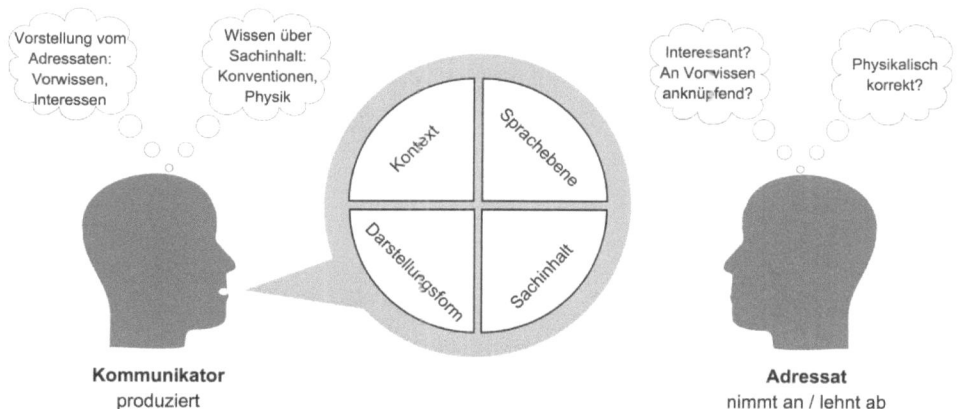

Abb. 1: *Physikalische Kommunikationskompetenz im Prozess (aus Kulgemeyer, 2010b)*

Er hat dabei eine Vorstellung davon, welche Voraussetzungen der Adressat mitbringt und wie der Sachverhalt beschaffen ist. Er muss bei der Kommunikation also eine vermittelnde Position einnehmen zwischen der fachlich angemessenen Beschreibung des Sachverhalts und dem Adressaten, auf den die Darstellung zu beziehen ist. Besonders deutlich wird dies bei der Wahl der Sprachebene: Fachsprache wird als besonders sachgerecht angenommen, während Alltagssprache bei der Kommunikation mit einem Laien besonders adressatengemäß ist. Wenn der Kommunikator die Bedürfnisse des Adressaten ignoriert, wird dieser die Kommunikation ablehnen bzw. die angebotene Erklärung nicht verstehen. Eine Ablehnung kann aktiv erfolgen, z.B. indem der Adressat sich abwendet, oder passiv, indem er das Angebot zur Kommunikation ignoriert.

Der Kommunikator hat also zwei Perspektiven zu berücksichtigen (Kulgemeyer, 2010b):

- *Adressatengemäße Perspektive:* Welche Bedürfnisse hat der Adressat in der Kommunikation? Wie ist sein Vorwissen, was sind seine Interessen?
- *Sachgerechte Perspektive:* In welchen Weisen kann man den Sachverhalt physikalisch korrekt darstellen? Welche physikalischen Konventionen über die Darstellung des Sachverhalts sind unbedingt zu berücksichtigen?

Um die adressatengemäße und die sachgerechte Darstellung geeignet verändern zu können, stehen dem Kommunikator vier entsprechende Aspekte der Kommunikation zur Verfügung:

- *Sachinhalt:* die zu vermittelnde Fachinformation (im Beispiel Dispersion);
- *Grafische Darstellungsform:* die grafischen Hilfsmittel, die der Kommunikator zur Illustration verwendet (z.B. eine Abbildung zum Strahlengang);
- *Kontext:* der beschriebene Anwendungszusammenhang bzw. das Beispiel (z.B. Regenbogen);
- *Sprachebene:* Fach- oder Alltagssprache, aber auch z.B. Schul- oder Bildungssprache.

Erfolgreich ist eine Kommunikation dann, wenn der Adressat zunächst das Angebot zur Kommunikation aufgreift und dann die Information für sich verarbeiten kann. Es ist offensichtlich, dass die grafische Darstellungsform und die Sprachebene für einen physikalischen Laien anders als für einen physikalischen Experten ausgewählt werden müssen. Für Experten sind oftmals konventionalisierte Kommunikationsmittel zu wählen, die zur Fachkultur zählen und spezifische Vorteile mit sich bringen (z.B. definierte Termini und komprimierte Informationsübermittlung). Der Laie kann diese Kommunikationsmittel jedoch nicht nachvollziehen. Diese Konventionen bis zu einem gewissen Grad zu vermitteln, ist allerdings auch Aufgabe des Physikunterrichts, denn nur so kann physikalische Fachinformation dekodiert und zuverlässig in einen demokratischen Entscheidungsfindungsprozess eingebracht werden. Hier liegt einer der wesentlichen Gründe, warum Kommunikation in dem beschriebenen Sinne nicht nur in den deutschen Bildungsstandards, sondern auch in Lehrplänen, Standards und Curricula anderer Länder wie den USA, dem Vereinigten Königreich, der Schweiz oder Australien auftaucht. So bestehen die australischen *„sciencitfic literacy progress maps"* (MCEETYA, 2005) aus drei Kompetenzbereichen, genannt *„domains"*. In den Domänen A und B heißt es z.B., dass Schülerinnen und Schüler in der Lage sein sollen, Erkenntnisse zu kommunizieren („communicate findings") und Phänomene zu erklären („explaining natural phenomena").

2.2 Ein Modell physikalischer Kommunikationskompetenz

Das im Folgenden vorgestellte Modell physikalischer Kommunikationskompetenz ist anschlussfähig an die Bildungsstandards für den mittleren Schulabschluss. Ziel dieses Kompetenzmodells ist es, den komplexen Bereich der physikalischen Kommunikation für Diagnostik und Unterricht aufzuschlüsseln. Bezugspunkt ist der Weinertsche Kompetenzbegriff (Weinert, 2001). Theoretische Grundlage des Modells sind die oben ausgeführten Überlegungen zum Prozess physikalischer Kommunikation. Die Struktur des ursprünglich theoretisch formulierten Ausgangsmodells ist umfassend empirisch untersucht worden (Kulgemeyer, 2010a). Daraus ergab sich als Strukturmodifikation eine Zusammenführung der bei dem Kommunikationsprozess noch getrennt betrachteten Aspekte „Sprachebene" und „Darstellungsform" (weitere Erläuterungen s.u., vgl. Abbildung 2). Dieser Prozess der Formulierung eines theoretisch fundierten Ausgangsmodells, dessen empirischer Überprüfung und einer darauf aufbauenden Weiterentwicklung des Modells wird in der Literatur für die Erstellung valider Kompetenzmodelle empfohlen (Schecker & Parchmann, 2006).[2]

---

2   Das den nationalen Bildungsstandards für die Naturwissenschaften zugrundeliegende Kompetenzmodell wurde allerdings veröffentlicht, ohne den zurzeit laufenden Prozess der empirischen Überprüfung abzuwarten (vgl. Kauertz, Fischer, Mayer, Sumfleth & Walpuski, 2010).

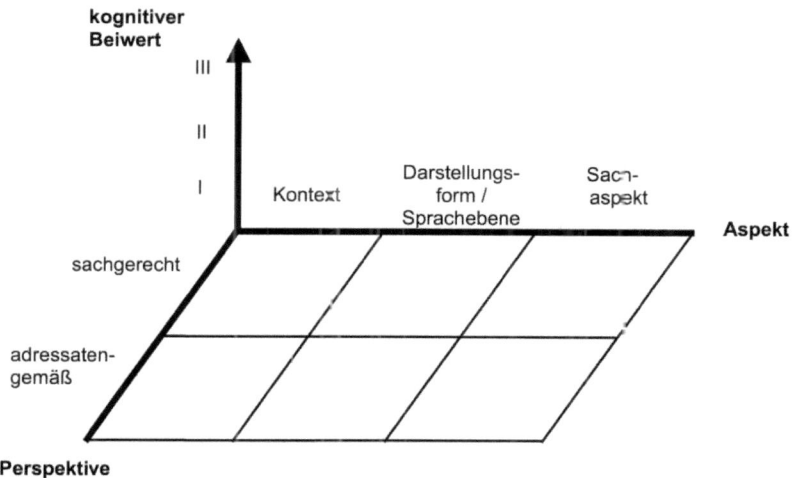

Abb. 2: Strukturmodell physikalischer Kommunikationskompetenz (Das Modell enthält bereits die Zusammenfassung von Darstellungsform und Sprachebene zu einem gemeinsamen Aspekt, Erläuterungen im Text)

Das validierte Modell umfasst drei Dimensionen: *Perspektive, Aspekt* und *kognitiver Beiwert* (vgl. die drei Achsen der Darstellung des Modell in Abbildung 2). Die ersten beiden Dimensionen resultieren direkt aus den Überlegungen zum Kommunikationsprozess: physikalische Sachverhalte werden kommunizierbar durch die Abwägung von Adressatengemäßheit und Sachgerechtheit (Dimension *Perspektive*) sowie die Variation von Kontext, Darstellungsform/Sprachebene und des zur Kommunikation ausgewählten Sachaspekts (Dimension *Aspekt*). Die drei Aspekte können jeweils anhand der Perspektive verändert werden. Das Kompetenzmodell fasst also Fähigkeiten und Fertigkeiten, die den Umgang mit den drei Aspekten ausmachen, zu einer gemeinsamen Dimension zusammen. Fähigkeiten und Fertigkeiten, die zur Variation der Perspektive notwendig sind, bilden eine davon getrennte Dimension. Die dritte Dimension, der kognitive Beiwert, beschreibt drei Stufen der Ausprägung von Kommunikationsfähigkeit anhand der Anzahl von Überlegungsschritten, die für die Lösung einer Kommunikationsaufgabe notwendig sind – z.B. ob die Produktion eines Satzes notwendig ist oder nicht (siehe Tabelle 1).

Die Darstellung des Kompetenzmodells in Matrixform (s. Abbildung 2) veranschaulicht, dass zur Modellvalidierung Testaufgaben entwickelt werden müssen, die alle Zellen der Matrix abdecken – z.B. also Aufgaben zur *adressatengemäßen* Variation des *Kontexts* auf *Stufe II* des kognitiven Beiwerts. Ein solcher Test wurde entwickelt und validiert (Kulgemeyer, 2010a). Die durch diesen Test vorgenommene empirische Überprüfung der Struktur des Kompetenzmodells mithilfe mehrdimensionaler Rasch-Modelle ergab, dass die Aspekte *Sprachebene* und *Darstellungsform* sich in der Fähigkeitsstruktur der Schülerinnen und Schüler empirisch nicht trennen lassen. Die beiden Aspekte wurden daher im Unterschied zum Schema des Kommunikationsprozesses und zum theoretisch formulierten Ausgangsmodell (Abbildung 2) zusammengefasst. Alle anderen in Abbildung 2 aufgeführten Komponenten der beiden Dimensionen *Aspekt* und *Perspektive* erwiesen sich auch empirisch als voneinander trennbar. Die Methodik der Analyse quantitativer Daten mit dem Ziel der Validierung des Kompetenzmodells kann in Kulgemeyer & Schecker (2012) nachvollzogen werden.

Nach Klieme et al. (2003) soll jedes Kompetenzmodell eine Dimension enthalten, die unterschiedliche Ausprägungen der Kompetenz beschreibt. Jedes Modell muss demnach Kompetenzstufen abbilden können. Zu diesem Zweck wurde die Dimension *kognitiver Beiwert* in das Modell eingefügt. Der Dimension liegt die Annahme zugrunde, dass die Anzahl der kognitiven Prozesse, die zum Lösen einer Testaufgabe vertieft durchlaufen werden müssen, ein Maß für die Schwierigkeit eines Testitems darstellt: Je mehr Prozesse vertieft behandelt werden, desto schwieriger ist das Item. Kulgemeyer & Schecker (2009a) haben eine Anzahl von Indikatorfragen formuliert, um jeder Testaufgabe zur physikalischen Kommunikationskompetenz einen kognitiven Beiwert zuweisen zu können (Beispiele in Tabelle 1). Die Fragen orientieren sich an den Prozessen, die zur Sprachproduktion notwendigerweise vorgenommen werden müssen. Dafür nehmen wir Bezug auf Dietrich (2007). Zur Berechnung des kognitiven Beiwerts wird jedoch nur auf diejenigen Prozesse zurückgegriffen, die eine Verarbeitung *physikalischer* Information betreffen. Das sind z.B. Prozesse, die auf das Lexikon zugreifen. Allgemeine Prozesse wie zur lautlichen Äußerung sollten hingegen nicht zwischen verschiedenen Domänen unterscheidbar sein. Es ergeben sich so elf Indikatorfragen, die jeweils positiv oder negativ beantwortet werden können. Bei jeder positiven Antwort steigt der kognitive Beiwert um einen Punkt, sodass er maximal elf betragen kann. Zu manchen Prozessen gehören zwei Indikatorfragen, da sich diese für die Produktion von grafischen Darstellungsformen und linearen Texten unterscheiden.

Tab. 1: Beispiele für Indikatorfragen zur Bestimmung des kognitiven Beiwerts

Prozess	Indikatorfrage
Wahrnehmung des Kommunikationsrahmens	Wird ein Adressat in der Aufgabe benannt oder muss eine Kommunikationssituation betrachtet werden?
Linearisierung	Wird die Produktion mindestens eines Satzes verlangt?
	Wird die Produktion einer grafischen Darstellungsform verlangt?

In der empirischen Überprüfung der Dimension „Kognitiver Beiwert" konnten Kulgemeyer & Schecker (2012) zeigen, dass sich mithilfe dieser Dimension Kompetenzstufen abbilden lassen. Dazu wurden drei Gruppen des kognitiven Beiwerts gebildet: kognitive Beiwerte von 1 bis 3 gingen in Gruppe I ein, Werte von 4 bis 5 in Gruppe II und solche von 6 bis 7 in Gruppe III. Die Gruppierung erfolgte unter pragmatischen Überlegungen im Hinblick auf die eingeschränkte Datenlage; ein Standardsettingverfahren wurde nicht durchgeführt. Wird die resultierende Skala des kognitiven Beiwerts als ordinal angenommen, so lässt sich eine Korrelation von $\rho=0{,}631^{**}$ (Spearmans Rangkorrelationskoeffizient, signifikant auf 1%-Niveau) zwischen der Skala und der

Schwierigkeit der Items nachweisen. Die Schwierigkeit eines Items wird in diesem Fall durch den Itemparameter eines dichotomen Rasch-Modells repräsentiert. Neben anderen Hinweisen (s. dazu Kulgemeyer & Schecker, 2012) kann dies als Indikator dafür gewertet werden, dass die Schwierigkeit der Items zu einem gewichtigen Anteil durch deren kognitiven Beiwert erklärt wird. Dies ist das für eine kompetenzgraduierende Dimension des Modells zu erwartende Resultat und entspricht der oben formulierten theoretischen Vorannahme.

Das validierte Modell bietet die Möglichkeit, physikalische Kommunikationskompetenz im Detail zu beschreiben und zu überprüfen. Um physikalische Kommunikationskompetenz in Querschnittsuntersuchungen und individuell geeignet zu diagnostizieren, werden valide, objektive und reliable Testinstrumente benötigt. Deren Entwicklung erläutern wir im folgenden Abschnitt.

3 Diagnostik physikalischer Kommunikationskompetenz

Für die empirische Überprüfung des Modells physikalischer Kommunikationskompetenz sind zwei Methoden entwickelt worden: ein schriftliches Testverfahren, das quantitative Aussagen über den Kompetenzbereich ermöglicht (Kulgemeyer & Schecker, 2012), und ein qualitatives diagnostisches Verfahren, das auf Videoanalysen beruht (Kulgemeyer, 2010a). Beide Instrumente sollen hier im Überblick beschrieben werden. Der Fokus liegt wegen ihres Innovationsgrades auf der qualitativen Methode.

3.1 Quantitative Diagnostik: Ein schriftlicher Test für physikalische Kommunikationskompetenz

Für den schriftlichen Test (*PhyKo-Test*) sind geschlossene Zuordnungsaufgaben entwickelt worden. Sie sprechen in rezeptiver Form jeweils einzelne Teile des Modells spezifisch an, z.B. indem sie gezielt eine adressatengemäße Auswahl des Codes fordern (Beispielaufgabe in Abbildung 3). Es konnte nachgewiesen werden, dass mithilfe des Tests das Konstrukt „physikalische Kommunikationskompetenz" valide, objektiv und ausreichend reliabel erhoben werden kann (Kulgemeyer, 2010a).

Der schriftliche Test kann in 30 Minuten von Schülerinnen und Schülern der 10. Klasse bearbeitet werden. Er wurde einer umfangreichen Validitätsprüfung unterzogen. Schülerinnen und Schüler wurden beispielsweise zu ihrer Interpretation der Aufgabenstellungen interviewt; auch wurde eine Teilgruppe von Schülerinnen und Schülern beim „lauten Denken" gefilmt, während sie die Aufgaben lösten. Bei Unklarheiten in der Interpretation der Aufgaben oder Aufgaben, die sichtlich eher physikalisches Fachwissen testen, wurden die entsprechenden Items überarbeitet. Zur Konstruktvalidierung wurde eine *Multitrait-Multimethod*-Matrix eingesetzt. Darin wurde unter anderem gezeigt, dass die Messung von Kommunikationskompetenz mit unterschiedlichen Methoden (d.h. *Multimethod*, hier schriftlicher Test und qualitative Methode) höher miteinander korreliert als unterschiedliche Konstrukte (d.h. *Multitrait*, hier z.B. Fachwissen und Kommunikationskompetenz), die mit derselben Methode gemessen wurden (Kulgemeyer, 2010a).

In der Tabelle findest Du drei Aussagen, die ein Physiker getroffen hat. Wenn er mit seinen Fachkollegen spricht, dann formuliert er allerdings anders als wenn er mit seiner Familie redet. Mit seinen Fachkollegen spricht er Fachsprache, mit seiner Familie Alltagssprache. **Entscheide, welche dieser Aussagen in Alltagssprache und welche in Fachsprache formuliert sind!**

	Alltags-sprache	Fach-sprache
Um den Energieverbrauch zu verringern, muss jeder für sich Anstrengungen unternehmen.	⊗	○
Körper gleicher Masse können mehr Energie speichern, wenn sie eine höhere spezifische Wärmekapazität haben.	○	⊗
Energie bleibt erhalten, sie kann nur von einer Energieform in die andere umgewandelt werden.	○	⊗

Abb. 3: Beispielaufgabe (inkl. Lösung) für die Komponente „Code/Darstellungsform" der Dimension „Aspekt" und die Komponente „sachgerecht" der Dimension „Perspektive" (aus Kulgemeyer 2010, S. 354)

Der Test wurde in einer dreistufigen Studie (Präpilotierung, Pilotstudie und Hauptstudie; insgesamt N=399 Schülerinnen und Schüler in zehnten Klassen) entwickelt und in der endgültigen Version Rasch-skaliert. Dabei konnten Item- und Personenhomogenität nachgewiesen werden. Das Verfahren der Testentwicklung ist umfangreich dargestellt in Kulgemeyer & Schecker (2012).

3.2 Qualitative Diagnostik: Das Lehr-Lern-Rollenspiel

Als qualitativer Zugang zu physikbezogenen Kommunikationsfähigkeiten wurde eine Interaktionssituation entwickelt, die wir als „Lehr-Lern-Rollenspiel" bezeichnen. Die Grundidee des Rollenspiels ist ein Szenario, in dem eine Schülerin bzw. ein Schüler (Rolle 1: *Kommunikator*) in einem Dialog einen physikalischen Sachverhalt einer anderen Person (Rolle 2: *Adressat*) erklärt. Bei Kulgemeyer (2010a) war der Adressat eine deutliche jüngere Schülerin oder ein jüngerer Schüler; dadurch wird eine Differenz im Fachwissen nach außen hin demonstriert. Es ist für die Situation wichtig, dass der Adressat glaubhaft einen Wissensbedarf in einem bestimmten Bereich darstellen kann. Die Adressaten wurden für ein standardisiertes Verhalten in der Testsituation speziell trainiert: Sie sollen durch gezielte Fragen und Impulse dafür sorgen, dass der Erklärungsansatz vom Kommunikator variiert wird. Insbesondere sollen die Erklärungen immer weiter vereinfacht werden. Dies wird signalisiert, indem die Adressaten unspezifische Impulse geben (z.B. „Das habe ich noch nicht verstanden") oder konkrete Fragen stellen (z.B. „Kannst Du mir das mit den Teilchen noch einmal erklären?"). In der Fähigkeit, auf diese Impulse und Fragen einzugehen – also die Erklärungsansätze adressatengemäß zu variieren – drückt sich in dieser Situation physikalische Kommunikationskompetenz aus. Den Kommunikatoren wurde vorher nicht mitgeteilt, dass die Adressaten ein spezielles Training erhalten hatten.

Kulgemeyer (2010a) hat zur Erhebung der Kommunikationskompetenz 46 Rollenspiele mit Schülerinnen und Schülern aus zehnten Klassen an Gymnasien durchführen lassen. Diese Kommunikatoren sollten 11- bis 13-jährigen Schülerinnen und Schülern (Adressaten) physikalische Sachverhalte erklären. Den Kommunikatoren waren die fachlichen Hintergründe der zu erklärenden Sachverhalte aus dem Unterricht bekannt. Außerdem erhielten sie in der Vorbereitung fachliche Hilfestellungen. Der Ablauf war insgesamt standardisiert: Nach einer vorbereitenden Phase von zehn Minuten, in der die Kommunikatoren die Erklärung vorbereiten konnten, fand ein zehnminütiges Rollenspiel statt. In der Vorbereitungsphase konnten die Kommunikatoren aus drei Sachverhalten einen zur Erklärung auswählen. Materialien mit Fachinformationen und grafischen Darstellungen wurden zur Verfügung gestellt. Die Kommunikation im Rollenspiel sollte nicht durch mangelndes Fachwissen der Kommunikatoren konfundiert sein. Die Inhalte entstammten daher dem Curriculum bis zur Klasse 10. Sie waren zudem so abgegrenzt, dass die wesentlichen Punkte auf einer fachlichen Informationskarte reaktiviert werden konnten. Damit jedoch mit der fachlichen Informationskarte nicht gleich eine „optimale" Erklärung mitgeliefert wird, wurden die fachlichen Inhalte auf drei verschieden abstrakten, aber redundanten Anspruchsniveaus beschrieben, die in einem Fließtext miteinander verknüpft waren.

Ein Sachverhalt betraf die Funktionsweise eines Flüssigkeitsthermometers. Sie wurde zunächst rein deskriptiv auf das Phänomen bezogen dargestellt, dann mithilfe eines Teilchenmodells interpretiert und schließlich fachlich-abstrakt-mathematisch beschrieben:

- Ebene – *Phänomenbeschreibung*: „Bei flüssigen und festen Körpern kann man beobachten, dass sie bei einer Änderung der Temperatur ihre Ausdehnung ändern. So ist es auch bei der Flüssigkeit im Thermometer.(...)"
- Ebene – *Teilchenkonzept*: „(...) Wenn man die Flüssigkeit erhitzt, steigt dadurch die Bewegungsenergie der Teilchen. Die Teilchen bewegen sich schneller und vergrößern ihren Bewegungsraum. (...)"
- Ebene – *fachlich-abstrakt*: „Die Längenausdehnung ist direkt proportional zur Temperatur-erhöhung. (...) Das Verhältnis von Temperaturerhöhung und Längenausdehnung nennt man Längenausdehnungskoeffizient. (...) "

Zudem wurden die Texte nach Textverständlichkeitskriterien optimiert, um den Einfluss der Lesekompetenz gering zu halten. Passend zu den drei Ebenen lagen den Kommunikatoren grafische Unterstützungen (sog. Erklärungshilfekarten) vor, die sie ebenso wie alle Notizen und Hilfen nach der Vorbereitungsphase in das Rollenspiel mitnehmen konnten.

Die Rollenspiele wurden videographiert und kategorienbasiert mithilfe qualitativer Inhaltsanalyse (Mayring, 2000) ausgewertet. Im Fokus stand die Frage, wie die Kommunikatoren auf die Signale der Adressaten, dass die Erklärung variiert bzw. vereinfacht werden muss, reagiert haben. Die Reaktionen sind in ein Set von Kategorien überführt worden, das mögliche Reaktionen beschreibt (Beispiele für solche Kategorien finden sich in Tabelle 2). Mithilfe dieses Kategoriensystems konnte eine Kompetenzdiagnostik durchgeführt werden; Reliabilität, Validität und Objektivität wurden geprüft. Auf Basis der Kategorien wurde ein Maß für die *Güte* der Erklärungen entwickelt. Grundlage für die Bestimmung des Gütemaßes war eine Befragung von Experten, welche Kategorien als förderlich für eine Erklärung anzusehen sind (z.B. das Nennen von Beispielen, s. Tabelle 2). Quantifiziert wird die Erklärungsgüte durch die Häufigkeit, mit der diese Kategorien in einer Erklärung auftreten: Je mehr erklärungsförderliche Kategorien im Video gefunden werden, desto besser ist die Kommunikationskompetenz der Schülerinnen und Schüler, die die Erklärung vorgenommen haben. Von der Anzahl der Verwendungen wurde die Anzahl an verpassten Gelegenheiten, solche erklärungsförderlichen Reaktionen zu zeigen, abgezogen. Zu den verpassten Gelegenheiten zählen insbesondere die Fälle, in denen der Kommunikator entsprechende Prompts des Adressaten missachtet hat. Durch das Gütemaß können die Ergebnisse im Rollenspiel mit den Leistungen im schriftlichen Test verglichen werden.

Kulgemeyer (2010a) konnte zeigen, dass mit der Methode des Rollenspiels die kognitive Facette von Kommunikationskompetenz in ähnlicher Weise wie mit dem schriftlichen Test erhoben werden kann (Beispiele für kognitive Kategorien in Tabelle 2, linke Spalte). Die Ergebnisse in beiden Methoden korrelierten hoch miteinander. Zudem konnte gezeigt werden, dass mit dieser Methode auch eine *motivationale bzw. volitionale* Facette der Kompetenz erhoben wird. Dafür werden Kategorien zu der Frage herangezogen, ob der Erklärende überhaupt ein Interesse daran hat, dass seine Erklärung verstanden wird oder ob er lediglich einen hohen fachlich-physikalischen Wissensstand zur Schau stellen möchte (Beispiele für motivational/volitionale Kategorien in Tabelle 2, rechte Spalte).

Tab. 2: *Beispiele für erklärungsförderliche Kategorien bei der Auswertung der Lehr-Lern-Rollenspiele*

Kategorien zur Kognition	Kategorien zu Motivation/Volition
• Wechsel der Sprachebene	• Vorhandensein einer Einleitung
• Einsatz fachlicher Darstellungsformen	• direktes Ansprechen des Adressaten
• Variation des fachlichen Modells	• Rückfragen nach Verständnis
• Verwendung von angemessenen Beispielen	• Abfragen von Erklärungsbedürfnissen

4 Das Verhältnis von Kommunikationskompetenz und Fachwissen in der Physik

Bei der Modellierung fachbezogener Kommunikationskompetenz stellt sich natürlich die Frage des Zusammenhangs mit dem Fachwissen. Kulgemeyer (2010a) hat in einer Begleiterhebung daher auch das angrenzende physikalische Fachwissen der Kommunikatoren erhoben. Zur Analyse des Zusammenhangs zwischen dem Fachwissen und der Kompetenz, dieses Fachwissen zu kommunizieren, wurden Latente-Klassen-Analysen und mehrdimensionale Rasch-Modelle berechnet. Zudem wurden die qualitativen Daten aus dem Rollenspiel für den Vergleich zwischen Fachwissensstand und Kommunikationsfähigkeit herangezogen. In der Gesamtsicht der Ergebnisse zeigt sich, dass Fachwissen nur bis zu einem gewissen Grad einen förderlichen Einfluss auf Kommunikationskompetenz hat. Die Ergebnisse legen nahe, dass Fachwissen hilfreich ist, um eine bestimmte Schwelle an Kommunikationskompetenz zu erreichen. Sehr hohes Fachwissen könnte jedoch sogar hinderlich sein, um sehr hohe Fähigkeitsausprägungen im adressatengemäßen Kommunizieren zu erlangen (Kulgemeyer, 2010a, S. 310). Tendenziell hatten in der Untersuchung die Schülerinnen und Schüler, die über ein sehr hohes Fachwissen verfügten, Schwierigkeiten, dieses Fachwissen adressatengemäß aufzubereiten.

Wir veranschaulichen diese Ergebnisse anhand einer Latenten-Klassen-Analyse. Latente-Klassen-Analysen sind ein Instrument der probabilistischen Testtheorie, um Personen aufgrund ihres Antwortverhaltens zu gruppieren. Dabei gilt, dass die Personen einer Klasse in ihrem Antwortverhalten maximal homogen und gleichzeitig die Klassen maximal unterschiedlich voneinander sind bzw. sein sollen (Rost, 2004, S. 154). So können verdeckte Antwortmuster aufgedeckt und analysiert werden.

Kulgemeyer (2010a) hat mit diesem Verfahren das Antwortverhalten von 241 Schülerinnen und Schülern aus zehnten Klassen in einem schriftlichen Test zur physikalischen Kommunikationskompetenz und einem Fachwissenstest analysiert. Dabei ergaben sich vier Klassen (siehe Abbildung 4), die nahezu gleich häufig vertreten waren. In Klasse 1 befinden sich Personen, die in allen Bereichen überdurchschnittliche Fähigkeiten zeigen, und in Klasse 2 solche, die überall unterdurchschnittliche Ergebnisse erreicht haben. Klasse 3 enthält Personen, die im adressatengemäßen Kommunizieren überdurchschnittliche Testergebnisse erreichen, im Fachwissen und im sachgerechten Kommunizieren jedoch unterdurchschnittliche. In Klasse 4 konnten Personen identifiziert werden, die im Fachwissen und sachgerechten Kommunizieren überdurchschnittlich sind, im adressatengemäßen Kommunizieren jedoch nur unterdurchschnittlich. Personen aus allen vier Klassen konnten bei einer qualitativen Analyse auch in den Lehr-Lern-Rollenspielen gefunden werden.

Es zeigt sich auch hier, dass manche Schülerinnen und Schüler mit sehr hohem Fachwissen nur mittlere bis leicht unterdurchschnittliche Fähigkeiten in der adressatengemäßen Kommunikation haben. Damit stellt sich also die Frage, ob mit geeigneten Maßnahmen im Physikunterricht die Kommunikationskompetenz so gefördert werden kann, dass gerade Schülerinnen und Schüler mit hohem Fachwissen dieses nicht nur für sich und isoliert vorliegen haben, sondern auch in der Lage sind, dieses Wissen weiterzugeben. Der folgende Abschnitt zeigt eine solche Möglichkeit auf.

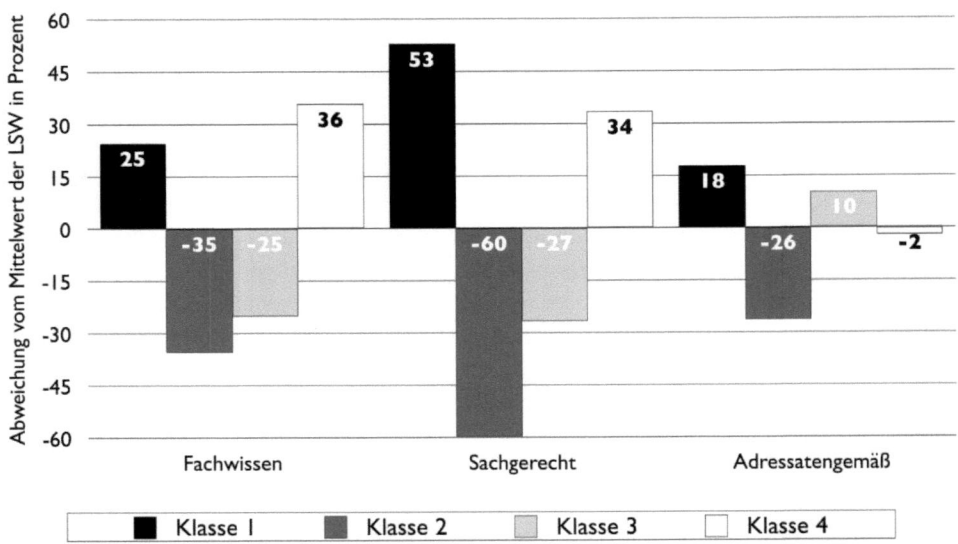

Abb. 4: Ergebnisse einer Latenten-Klassen-Analyse (aus Kulgemeyer, 2010a). Dargestellt sind die vier resultierenden Klassen sowie deren Abschneiden in bestimmten Itemclustern als Abweichung vom Mittelwert der Lösungswahrscheinlichkeit für alle Schülerinnen und Schüler in Prozent. Ein Mitglied von Klasse 1 hat so eine 25 % höhere Wahrscheinlichkeit, ein Item zum Fachwissen korrekt zu lösen, als eine durchschnittliche Testperson.

5 Möglichkeiten der Förderung von Kommunikationskompetenz im Physikunterricht

Bisher gibt es kaum *Best-Practice*-Beispiele dafür, wie Lehrerinnen und Lehrer im naturwissenschaftlichen Unterricht explizit fachbezogene kommunikative Fähigkeiten fördern können. Oftmals wird implizit davon ausgegangen, dass Kommunikationskompetenz beim Erwerb von Fachwissen quasi automatisch mit erlernt werde. Die Schülerinnen und Schüler stellten ja von Zeit zu Zeit ihre Arbeitsergebnisse im Unterricht vor – dies bewirke dann den Ausbau von Kommunikationsfähigkeit. Kommunikationskompetenz ist jedoch weit mehr als Präsentationsfähigkeit. Bisher gar nicht erprobt wurden theoretisch fundierte Konzepte für eine dezidierte Förderung fachbezogener Kommunikationskompetenz. Kulgemeyer (2011) hat daher das für diagnostische Zwecke entwickelte Lehr-Lern-Rollenspiel (s.o.) als Methode zur Förderung von Kommunikationskompetenz in den Physikunterricht übertragen. Im Unterschied zur oben beschriebenen Testsituation interagieren hier in einer Klasse oder einem Kurs gleichaltrige Schülerinnen und Schüler als Kommunikatoren und Adressaten mit vergleichbarem Wissensstand.

Das unterrichtliche Rollenspiel wurde in zwei Varianten erprobt. In Variante 1 fand das Rollenspiel nach einer fachlichen Unterrichtssequenz über Energieentwertung über Elemente des bereits erlernten Fachwissens statt. Dabei bereitete sich der Erklärende zunächst innerhalb von zehn Minuten in einem Nebenraum auf seine Erklärung vor und führte diese dann in zehn Minuten durch. Das Unterrichtsarrangement entsprach einer *Fishbowl* (Abbildung 5): Kommunikator und Adressat befanden sich also im Zentrum eines Stuhlkreises. Die übrigen Schülerinnen und Schüler des Kurses beobachteten und beurteilten die Erklärung mithilfe von Reflexionsbögen, die Elemente guter adressatengemäßer Erklärungen in der Physik auflisteten (Kulgemeyer, 2011; z.B. „Verwendung von angemessenen Beispielen"; vgl. Tabelle 2). Die Elemente resultierten aus den oben dargestellten Studien.

An die Erklärung schloss sich eine gemeinsame Reflexionsphase an, in der über die Güte der Erklärung Feedback gegeben wurde. Insgesamt nahm diese Variante 20 Minuten Unterrichtszeit in Anspruch.

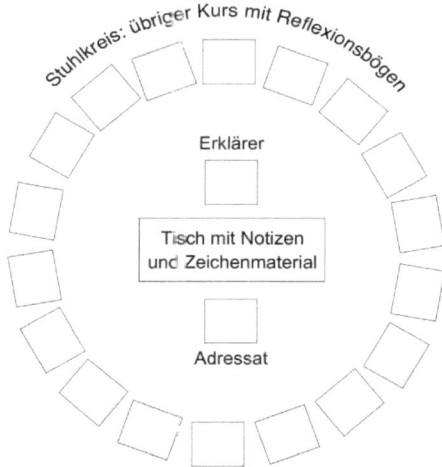

Abb. 5: Unterrichtsarrangement als Fishbowl bei Variante 1 der Förderung der Kommunikationskompetenz

In Variante 2 wurde das Rollenspiel in Partnerarbeit zeitgleich im gesamten Kurs durchgeführt. Dabei saßen sich die Schülerinnen und Schüler gegenüber und erklärten sich einen physikalischen Sachverhalt, nämlich was Energieformen sind. Auch diese Variante wurde direkt nach der fachlichen Behandlung des Sachverhalts im Unterricht eingesetzt. An die Erklärung schloss eine Reflexionsphase ebenfalls in Partnerarbeit an. Im Plenum wurden dann typische Probleme beim Erklären des Sachverhalts besprochen. Diese Variante nahm ebenfalls 20 Minuten Unterrichtszeit in Anspruch.

Zur Überprüfung des Potentials der beiden Ansätze wurde eine explorative Interventionsstudie in einer zehnten Klasse (26 Schülerinnen und Schüler) eines Gymnasiums durchgeführt. Vor und nach einer Unterrichtseinheit zum Thema Energieformen (8 Unterrichtsstunden) wurden Tests zum physikalischen Fachwissen (Schmidt, 2008) und zur physikalischen Kommunikationskompetenz (der oben beschriebene PhyKo-Test) eingesetzt. Es zeigten sich zwei wesentliche Effekte: In der Klasse nahmen sowohl die physikalische Kommunikationskompetenz als auch das physikalische Fachwissen signifikant zu. Zudem veränderte sich die Interdependenz von Fachwissen und Kommunikationskompetenz. Vor der Intervention hatten die besten Schülerinnen und Schüler im Fachwissen lediglich eine durchschnittliche Ausprägung der Kommunikationskompetenz. Dies entspricht den Ergebnissen zum Zusammenhang von Fachwissen und Kommunikationskompetenz, wie sie oben dargestellt wurden. Nach der Intervention waren diese Schülerinnen und Schüler jedoch verstärkt auch in der Kommunikationskompetenz in der Spitzengruppe zu finden. Dies ist aufgrund der kleinen Stichprobe zwar noch kein Nachweis der Wirkung einer expliziten Förderung von Kommunikationskompetenz, aber zumindest ein Indikator. In Anschlussstudien soll dies vertiefend untersucht werden, um Lehrerinnen und Lehrern Methodenwerkzeuge an die Hand zu geben, mit denen sie auch diesen Kompetenzbereich im Unterricht systematisch berücksichtigen können.

Auch über den Unterricht in Physik hinaus ist gegenseitiges Erklären bei vielen kooperativen Lernformen (z.B. Gruppenpuzzles) ein wichtiges Element (s. *Peer Tutoring* in Wellenreuther, 2005). Doch weder in der fachdidaktischen noch in der pädagogischen Forschung ist bislang angemessen berücksichtigt worden, dass Schülerinnen und Schüler gute Erklärungen nicht von Natur aus beherrschen, sondern gutes Erklären erlernen müssen (s. dazu auch Schramm, Hardy, Saalbach & Gadow in diesem Band). Die hier beschriebene Methode könnte somit auch in anderen Domänen und Fächern sinnvoller Teil des Unterrichts werden, doch müssten dort zumindest zum Teil wohl andere Kriterien für gute Erklärungen angelegt werden.

6 Zusammenfassung und Ausblick

In diesem Beitrag wurde ein Modell physikalischer Kommunikationskompetenz vorgestellt, das auf einem konstruktivistischen Kommunikationsbegriff aufbaut. Das Erklären von Physik wird darin als der Kern dieser fachbezogenen Kommunikationskompetenz aufgefasst. Zur Diagnostik von Kommunikationskompetenz wurden zwei empirisch abgesicherte Instrumente vorgestellt: ein Rasch-skalierter schriftlicher Zuordnungstest und ein qualitatives Instrument, das Lehr-Lern-Rollenspiel.

Schülerinnen und Schüler mittleren Fachwissens erreichten im Test zum fachbezogen-physikalischen Kommunizieren die besten Ergebnisse, während Schülerinnen und Schüler mit sehr hohem Fachwissen hier nur durchschnittliche Leistungen zeigten. Es gibt jedoch Hinweise darauf, dass Kommunikationskompetenz durch geeignete unterrichtliche Interventionen gezielt gefördert werden kann. Auch fachlich leistungsstarke Schülerinnen und Schüler erreichten in einer explorativen Interventionsstudie nach Durchlauf einer Fördereinheit sehr hohe Ausprägungen der Kommunikationskompetenz. Insgesamt gibt es deutliche Hinweise darauf, dass das Erlernen physikalischer Fachinhalte nicht *en passant* dazu befähigt, dieses Wissen auch angemessen zu kommunizieren. Es müssen daher parallel gezielte Fördermaßnahmen im Unterricht etabliert werden müssen.

Dem Zusammenhang von Fachwissen und physikalischer Kommunikationskompetenz gehen wir in Folgestudien weiter nach. 2011 wurde dazu eine Studie mit Physikstudierenden gestartet (Kulgemeyer et al., 2012, im Druck). Untersucht wird, wie Fachwissen und fachdidaktisches Wissen bei Lehramtsstudierenden der Physik sich auf deren Fähigkeit auswirken, Physik zu erklären. Dazu sollen die Studierenden ein ähnliches Rollenspiel wie das oben beschriebene durchlaufen. Die Erhebungen werden zu unterschiedlichen Zeitpunkten im Studienverlauf durchgeführt, um viel Varianz in den Fähigkeiten zu erzeugen. Aus den Ergebnissen erhoffen wir uns weiteren Aufschluss zu der Frage, welche Merkmale *gute* (physikalische) *Erklärungen* auszeichnen.

Literatur

Dietrich, R. (2007). *Psycholinguistik* (2. Aufl.). Stuttgart & Weimar: Metzler.

Kauertz, A., Fischer, H.E., Mayer, J., Sumfleth, E. & Walpuski, M. (2010). Standardbezogene Kompetenzmodellierung in den Naturwissenschaften der Sekundarstufe I. *Zeitschrift für Didaktik der Naturwissenschaften, 16*, 135–153.

Klieme, E., Avenarius, H., Blum, W., Döbrich, P., Gruber, H., Prenzel, M., Reiss, K., Riquarts, K., Rost, J., Tenorth, H.-E. & Vollmer, H. (2003). *Zur Entwicklung nationaler Bildungsstandards – Expertise*. Berlin: Bundesministerium für Bildung und Forschung (BMBF).

KMK (Hrsg.). (2005). *Bildungsstandards im Fach Physik für den Mittleren Schulabschluss*. München: Luchterhand.

Kulgemeyer, C. (2010a). *Physikalische Kommunikationskompetenz. Modellierung und Diagnostik*. Berlin: Logos.

Kulgemeyer, C. (2010b). Physikalische Kommunikationskompetenz überprüfen. Orientierung und Beispielaufgaben zur Beurteilung von Kommunikationskompetenz auf der Basis eines Modells physikalischer Kommunikation. *Naturwissenschaften im Unterricht Physik, 21* (116), 9–13.

Kulgemeyer, C. (2011). Physik erklären als Rollenspiel. Adressatengemäßes Kommunizieren fördern und diagnostizieren. *Naturwissenschaften im Unterricht Physik, 22* (123/124), 70–74.

Kulgemeyer, C. & Schecker, H. (2009a). Kommunikationskompetenz in der Physik: Zur Entwicklung eines domänenspezifischen Kompetenzbegriffs. *Zeitschrift für Didaktik der Naturwissenschaften, 15*, 131–153.

Kulgemeyer, C. & Schecker, H. (2009b). Physikalische Darstellungsformen. Ein Beitrag zur Klärung von Kommunikationskompetenz. *Der mathematische und naturwissenschaftliche Unterricht, 62* (6), 331–336.

Kulgemeyer, C. & Schecker, H. (2012). Physikalische Kommunikationskompetenz – Empirische Validierung eines normativen Modells. *Zeitschrift für Didaktik der Naturwissenschaften, 18*, 29–54.

Kulgemeyer, C., Schecker, H., Reinhold, P., Riese, J., Fischer, H., Borowski, A., Tomczyczyn, E., Gramzow, Y. & Walzer, M. (2012, im Druck). ProfiLe-P – Professionswissen in der Lehramtsausbildung Physik. *PhyDid B – Didaktik der Physik – Beiträge zur DPG-Frühjahrstagung 2012*.

Lachmayer, S., Nerdel, C. & Prechtl, H. (2007). Modellierung kognitiver Fähigkeiten beim Umgang mit Diagrammen im naturwissenschaftlichen Unterricht. *Zeitschrift für Didaktik der Naturwissenschaften, 13*, 145–160.

Leisen, J. (2005). Wechsel der Darstellungsformen. Eine wichtige Strategie im kommunikativen Physikunterricht. *Naturwissenschaften im Unterricht Physik, 16* (87), 10–11.

Mayring, P. (2000). Qualitative Inhaltsanalyse. *Forum qualitative Sozialforschung/Qualitative Social Research (Online Journal), 1* (2), 10 Seiten.

MCEETYA (Ministerial Council on Education, Employment, Training and Youth Affairs) (2005). *National assessment: Program, science, year 6, 2003: Technical report*. Carlton: MCEETYA.

Merten, K. (1977). *Kommunikation: Eine Begriffs- und Prozessanalyse*. Opladen: Westdeutscher Verlag.

Rincke, K. (2007). *Sprachentwicklung und Fachlernen im Mechanikunterricht. Sprache und Kommunikation bei der Einführung in den Kraftbegriff.* Berlin: Logos.

Rost, J. (2004). *Testtheorie – Testkonstruktion*. Bern: Hans Huber.

Rusch, G. (1999). Eine Kommunikationstheorie für kognitive Systeme. In G. Rusch & S. Schmidt (Hrsg.), *Konstruktivismus in der Medien- und Kommunikationswissenschaft* (S. 150–184). Frankfurt/M.: Suhrkamp.

Schecker, H. & Höttecke, D. (2007). Aufgaben zum Kompetenzbereich Bewerten. *Naturwissenschaften im Unterricht – Physik, 18* (97), 29–36.

Schecker, H. & Parchmann, I. (2006). Modellierung naturwissenschaftlicher Kompetenz. *Zeitschrift für Didaktik der Naturwissenschaften, 12*, 45–66.

Schmidt, M. (2008). *Kompetenzmodellierung und -diagnostik im Themengebiet Energie der Sekundarstufe I. Entwicklung und Erprobung eines Testinventars*. Berlin: Logos.

Weinert, F. (2001). Vergleichende Leistungsmessung in Schulen – eine umstrittene Selbstverständlichkeit. In F. Weinert (Hrsg.), *Leistungsmessung in Schulen* (S. 17–31). Weinheim: Beltz.

Wellenreuther, M. (2005). *Lehren und Lernen – aber wie? Empirisch-experimentelle Forschung zum Lehren und Lernen im Unterricht*. Baltmannsweiler: Schneider Verlag Hohengehren.

Ilka Parchmann & Sascha Bernholt

In, mit und über Chemie kommunizieren – Chancen und Herausforderungen von Kommunikationsprozessen im Chemieunterricht

Kommunizieren in der Chemie weist viele Facetten auf, die auch in anderen Fächern bedeutsam sind. Hinzu kommt die für die Chemie bedeutsame Formel- oder Symbolsprache, die über Medien und Produkte längst auch Einzug in den Alltag vieler Menschen gehalten hat. Der Beitrag stellt daher zunächst die besonderen Anforderungen dieser eigenen Fachsprache dar. Darauf aufbauend werden empirische Befunde zur Fachsprache und Kommunikation im Chemieunterricht erörtert, um abschließend Ansätze für eine explizite Betonung von Sprach- und Kommunikationsförderung im Unterricht zur Diskussion zu stellen.

1 Einleitung

Chemie als Naturwissenschaft beschäftigt sich mit Stoffen, deren Eigenschaften sowie den damit verbundenen chemischen Reaktionen. Zur Darstellung ihrer Erkenntnisse bedient sie sich einer eigenen Fachsprache, die sich aus ganz unterschiedlichen Repräsentationsformen zusammensetzt. So ist eine wohl typische Erinnerung an den Chemieunterricht die an das Lernen chemischer Formeln. Auch Fachbegriffe werden zahlreich eingeführt und benutzt, im Fachunterricht ebenso wie in der Wissenschaft. Kommunikationsprozesse im Chemieunterricht sind zudem von fachsprachlichen Konventionen geprägt, etwa beim Formulieren von Versuchsprotokollen. Kann Chemieunterricht folglich auch als *Fach-Sprach-Unterricht* mit spezifischer Ausrichtung betrachtet werden?

Hohe Korrelationen zwischen den fachbezogenen Ergebnissen der Naturwissenschaftstestung der PISA-Studie 2006 und den Leistungen sowohl in Mathematik als auch im Lesen deuten darauf hin (OECD, 2007). Der Bedeutung von Fachsprache und Kommunikation für den naturwissenschaftlichen Unterricht tragen auch die 2004 bundesweit verabschiedeten Bildungsstandards Rechnung (KMK, 2004), die neben Fachwissen, Erkenntnisgewinnung und Bewertung einen eigenen Kompetenzbereich Kommunikation ausweisen. Welche Merkmale und Aspekte prägen diese Fachsprache und diesen eigenen Kompetenzbereich?

2 „Ich spreche Chemie!" – Merkmale und Anforderungen der chemischen Fachsprache

Die Verständnisentwicklung beschreibt nicht nur im Chemieunterricht üblicherweise einen Weg von konkreten Objekten hin zu zunehmend abstrakteren Modellen. Diesem Weg folgt analog auch die Fachsprache. Während in der Grundschule Gegenstände betrachtet und benannt werden (z.B. ein Salzstreuer mit Salz), erfolgt im Chemieunterricht ein erster Abstraktionsschritt hin zur Erschließung von Stoffen (Kochsalz oder Natriumchlorid). Erklären kann man die Eigenschaften von Stoffen mit Hilfe von Modellen, die die Struktur der Bausteine darstellen (Natriumchlorid besteht aus einem Gitterverband aus Natrium- und Chlorid-Ionen). In komprimierter und codierter Weise ist diese Information – in unterschiedlichem Umfang – schließlich in den verschiedenen chemischen Formeldarstellungen enthalten (die Summenformel für Natriumchlorid lautet NaCl). Diese gilt es zu erlernen und zu entschlüsseln, also zu decodieren, sowie im begrenzten Rahmen auch aktiv selbst zu gebrauchen, um „Chemie zu sprechen".

H_2O und CO_2 – chemische Formeln haben heute Einzug in den Alltag und die Medien gehalten und sind längst nicht mehr nur eine Fachsprache der Wissenschaft Chemie. Dasselbe gilt für Fachbegriffe, hier jedoch schon weniger einheitlich und eindeutig: Kohlendioxid oder Kohlen*stoff*dioxid? Kohlenhydrate oder Zucker? Polymere oder Kunststoffe? Gerade solche Synonyme oder umgekehrt auch Homonyme, gleiche Begriffe mit verschiedenen Bedeutungen in Alltags- und Fachsprache, stellen vielfach Verständnishürden dar. Kaliumhexacyanoferrat ist Kaliumhexacyanoferrat, aber ist das Kohlendioxid, über das in der Zeitung berichtet wird, dasselbe wie das Kohlenstoffdioxid, über das in der Schule gesprochen wird? Salz und Zucker sind zwei Stoffe unseres Alltags; im Verständnis von Chemikerinnen und Chemikern sind sie jedoch Oberbegriffe, die jeweils viele verschiedene Stoffe umfassen. Den Begriff „brennen" benutzen wir im Alltag für Feuer, Glühlampen, CDs und vieles mehr; in der Chemie ist eine Verbrennung eine ganz spezifische chemische Reaktion.

Fachsprache im Unterricht als Bindeglied zwischen Alltag und Wissenschaft

Die Fachsprache der Chemie basiert, wie jede andere Sprache, auf Regeln und Konventionen, die sich im Laufe der Wissenschaftsgeschichte entwickelt und als brauchbar erwiesen haben. Diese gelten weltweit und erlauben damit einen international fast grenzenlosen Austausch, wenn es um rein chemische Fachinformationen geht. In der Anwendung oder auch in Kommunikationsprozessen zwischen Laien und Experten muss die Fachsprache decodiert und mit Alltagsbegriffen verbunden oder, soweit möglich, in die Alltagssprache übersetzt werden. Eine besondere Hürde stellen, wie bereits angesprochen, Begriffe dar, die in verschiedenen Situationen unterschiedliche Bedeutungen haben. Mischungen zwischen Alltags- und Fachsprache, die beispielsweise im „Laborjargon" von Chemikerinnen und Chemikern zu finden sind, stellen für Experten keine Hindernisse dar, können Laien und Novizen dagegen sehr wohl verwirren.

Ziel von Unterricht muss es daher sein, die Fachsprache der Chemie nicht nur zu lernen, sondern die Kontextabhängigkeit der jeweiligen Begriffsbedeutung bewusst zu machen. Die Kommunikationsprozesse im Fachunterricht Chemie sollen die Lernenden zunehmend in die Lage versetzen, ihre eigenen Vorstellungen mit den im Alltag und den in der Wissenschaft Chemie etablierten Vorstellungen zu vergleichen und somit ein zunehmend besseres Verständnis der Materie und der Reaktionsprozesse in Natur und Technik zu erlangen. Dasselbe gilt für die Fachsprache, auch hier müssen Umgangs-, Alltags- und Fachsprache so miteinander verbunden werden, dass ein wechselseitiges Verstehen und angemessenes Paraphrasieren bzw. „Übersetzen" möglich wird.

Repräsentation für Sichtbares und Unsichtbares

Eine weitere Herausforderung stellt dabei der gedankliche und oft auch sprachliche Wechsel zwischen der Phänomen- und Modellebene dar (vgl. Abbildung 1). Während wir chemische Phänomene beobachten und beschreiben können, gibt es für Atom- und Bindungsmodelle keine unmittelbaren Erfahrungen. Atome kann man nicht sehen, fühlen, riechen oder schmecken. Während für ersteres ein Aushandeln auf Basis gemeinsamer Beobachtungen möglich ist, sind die eigenen Gedanken und mentalen Modelle anderen nicht direkt zugänglich. Folglich ergibt sich die Notwendigkeit, Begriffe und Repräsentationen zu nutzen, um beobachtbare Phänomene zu beschreiben, aber auch um Gedankenmodelle zu explizieren. Dabei werden oftmals Vergleiche und Formulierungen aus der beobachtbaren Welt genutzt, die jedoch zu Missverständnissen führen können: Elektronen „springen" auf ein höheres Energieniveau, Atome „wollen" den günstigsten Zustand erreichen, Säuren „ätzen" einen Stoff „weg" u.v.a.m.!

Auch aus nicht eindeutigen Zuordnungen eines Begriffs zu einer Erklärungsebene oder aus einem bestimmten Kontext heraus können Missverständnisse entstehen. So repräsentiert das simple Wort „Wasser" in der makroskopischen Welt einen Stoff, den wir wahrnehmen und untersuchen können, in der submikroskopischen Welt der Modelle dagegen ein Molekül, das aus zwei Wasserstoffatomen und einem Sauerstoffatom zusammengesetzt ist. Wasser als Stoff hat andere Eigenschaften als das einzelne Wassermolekül. „Reines Wasser" bedeutet im Fachkontext der Chemie nichts weiter als eine extrem große Ansammlung solcher Wassermoleküle, im Alltagskontext dagegen ein sauberes, trinkbares Gemisch, das neben Wassermolekülen auch natürlich vorkommende Mineralstoffe oder Salze enthält. Eine erfolgreiche Kommunikation setzt demnach voraus, dass sich Adressat und Kommunikator über die jeweiligen Bedeutungen und Betrachtungsebenen der verwendeten Begriffe bewusst sind. Dieses Verständnis zu erwerben ist eine zentrale Aufgabe des Chemieunterrichts.

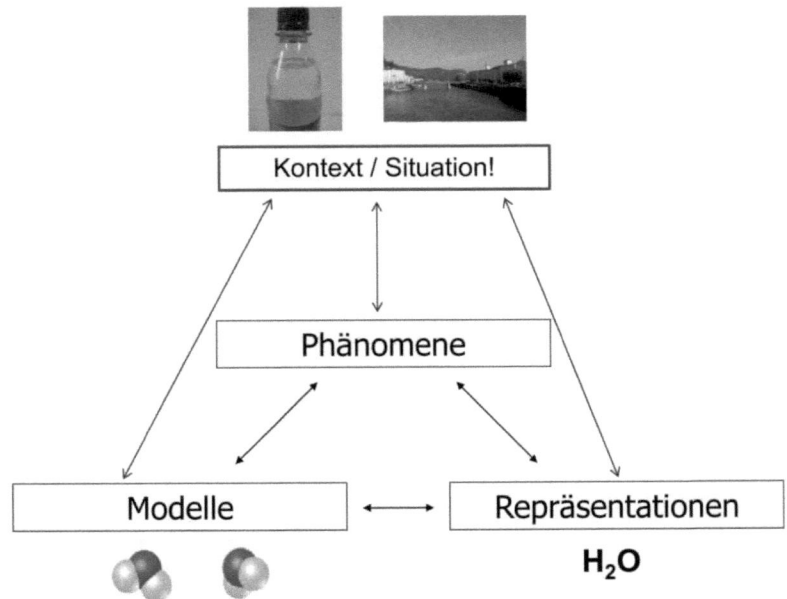

Abb. 1: Betrachtungs- und Erklärungsebenen der Chemie

Chemische Informationen ver- und entschlüsseln

Der Codierung und Decodierung von Bedeutungen in chemischen Formeln liegen Regeln zugrunde, die für ihren Erwerb oder für eine Reflexion mit grammatikalischen Regelwerken verglichen werden können. Die Syntax einer chemischen Formel setzt sich aus den Buchstaben als Elementsymbolen – also Symbolen für eine bestimmte Atomsorte – und den Zahlen als Indizes und Faktoren zusammen, die Anzahlverhältnisse darstellen. So eindeutig die chemische Formelsprache damit auf den ersten Blick erscheint, so problematisch ist sie doch für viele, die sie nicht tagtäglich gebrauchen. Sagen wir doch „H zwei O" für das Molekül H_2O, das aber nicht „ein H" und „zwei O" enthält, sondern gerade umgekehrt aus zwei Atomen Wasserstoff und einem Atom Sauerstoff zusammengesetzt ist. Anders als im Molekül Wasserstoff sind diese beiden Wasserstoffatome im Wassermolekül aber nicht direkt miteinander verbunden, dennoch lautet die Summenformel bzw. der Formelausschnitt in beiden Fällen „H_2". Um nicht in eine Stolperfalle zu laufen, muss berücksichtigt werden, dass eine Summenformel keine Information darüber beinhaltet, welche Atome in welcher Weise miteinander verbunden sind, sondern lediglich über ein Anzahlverhältnis Auskunft gibt. Eine Überinterpretation kann bei der Decodierung chemischer Formeln folglich ebenso zu Fehlern führen wie eine nicht ausreichende Entschlüsselung.

Explizite und versteckte Botschaften über Chemie

Neben der besonderen Symbolsprache, den Fach- und Alltagsbegriffen sowie den hier nicht näher erörterten graphischen und mathematischen Repräsentationen soll abschließend ein weiterer Aspekt aufgezeigt werden, der Kommunikationsprozesse im Chemieunterricht und im Alltag ebenfalls beeinflusst: die in medialen und fachwissenschaftlichen Texten explizit und implizit transportierten Botschaften über Chemie.

Zeitungsmeldungen, die Chemie als etwas Gefährliches und etwas besser zu Vermeidendes darstellen, gibt es zahlreich. Ein Bier mit der Aufschrift „Alkohol" kaufen und bestellen Millionen Menschen, würden sie aber auch ein Bier mit der Aufschrift „enthält Ethanol" kaufen? Führen vielleicht allein chemische Fachbezeichnungen dazu, dass Menschen Gefahren vermuten? Wird dieses Bild von „Chemikalien" im Chemieunterricht geprägt? Eine Antwort auf diese Frage können wir wohl in ein paar Jahren geben, wenn auf Basis fachdidaktischer Konzepte zunehmend auch Alltagsstoffe im Chemieunterricht benutzt und erklärt werden.

Auch Sprach- und Textkonventionen der Wissenschaft können nicht nur zu negativen inhaltlichen Assoziationen führen, sondern auch zu Unverständnis und Desinteresse. Während Alltagserzählungen und Unterhaltungsangebote durch handelnde Akteure und Situationen geprägt sind, die Interesse wecken und aufrecht erhalten, werden beide Elemente in wissenschaftlichen Texten eher vermieden. Dortige Darstellungen sind möglichst präzise auf den wissenschaftlichen Inhalt ausgerichtet und verzichten auf Begleitinformationen aller Art. Damit wird eine Botschaft der Objektivität vermittelt, das dargestellte Ergebnis könnte auf dieselbe Weise wiederholt gewonnen werden, unabhängig von Personen und Situationen. Unterricht muss auch hier zwischen beiden Konventionen vermitteln, um die Sinnhaftigkeit der wissenschaftsnahen Darstellungsweisen aufzuzeigen, gleichzeitig aber auch ein Demotivieren zu vermeiden.

Inwiefern mit wissenschaftlich-nüchternen Darstellungen auch zu naive Bilder von Wissenschaft erzeugt werden, untersucht eine fachdidaktische Forschungsrichtung, die Vorstellungen zur *nature of science*, zum Wesen der Naturwissenschaften, analysiert. Tatsächlich scheinen wissenschaftlichen Texten zufolge Erkenntnisse unmittelbar aus Experimenten gewonnen zu werden. Der (z.T. durchaus kontroverse) Diskurs über Befunde in unterschiedlichen wissenschaftlichen Forschungsgruppen wird in einer einzelnen Veröffentlichung oder auch in einem üblichen Schülerprotokoll selten dargestellt.

Im Anschluss an diese Vorüberlegungen werden nun zu ausgewählten Elementen und Merkmalen der Fachsprache sowie der Kommunikation im Fach einige empirische Forschungserkenntnisse zusammenfassend dargestellt.

3 Stand der Forschung zur Fachsprache und Kommunikation im Chemieunterricht

Vielfältige Untersuchungen analysieren das Verständnis von Schülerinnen und Schülern entlang der verschiedenen Betrachtungs- und Bedeutungsebenen (vgl. Abbildung 1; Johnstone, 2000; Gilbert & Treagust, 2009). Aus dieser Perspektive lassen sich die Schwierigkeiten von Schülerinnen und Schülern (aber auch von Studentinnen und Studenten) entweder als Verständnisprobleme innerhalb einer Ebene (für die makroskopische Ebene der Stoffe z.B. Nelson, 2002; für die submikroskopische Ebene der Teilchen Harrison & Treagust, 2002; für die symbolische Ebene der Formeln und Gleichungen Marais & Jordaan, 2000) oder bezüglich der Verknüpfung verschiedener Ebenen (Gabel, 1998) auffassen. Unklar ist in vielen Studien jedoch, inwiefern tatsächlich ein aus fachlicher Sicht fehlerhaftes Verständnis vorliegt oder aber Begrifflichkeiten und Darstellungen falsch verwendet werden. Hier stellt sich für den Fachunterricht also die Aufgabe, nicht nur verschiedene Repräsentationsformen und ihre Funktion einzuführen, sondern stärker darauf zu achten, auch die „Übersetzung" zwischen verschiedenen Repräsentationen in den Blick zu nehmen und dabei ebenso die Grenzen dieser wechselseitigen Bezüge zu erläutern. Experten-Novizen-Vergleiche weisen in diesem Zusammenhang darauf hin, dass es gerade dieser fließende, bewusste Wechsel zwischen unterschiedlichen Repräsentationsformen und -ebenen ist, der erfolgreiches Problemlösen in der Chemie entscheidend beeinflusst (Bodner & Domin, 2000; Flener Lovitt & Kelter, 2010).

Die Nutzung der Formel- und Symbolsprache ist für Fachexpertinnen und -experten unverzichtbar, für Lernende aber nicht frei von Stolpersteinen und Motivationsverlusten. So ist der Umfang an Unterrichtszeit, der mit dem Aufstellen und Ausgleichen von Reaktionsgleichungen verbracht wird, eine der Erinnerungen, die am negativsten mit dem Chemieunterricht verbunden wird (Goodney, 2006; Gorman, 1981; Hinton & Nakhleh, 1999). Trotz dieses Umfangs an Unterrichtszeit und unterschiedlicher Konzeptionen zur Vermittlung und Anwendung der Formel- und Symbolsprache scheint es dem Chemieunterricht nicht ausreichend zu gelingen, diesen Teil der Fachsprache erfolgreich zu entwickeln, wie zahlreiche Untersuchungen (Harsch, Heimann & Kipker, 2002; Keig & Rubba, 1993) und Reviews (Nakleh, 1992; Taskin & Bernholt, eingereicht) verdeutlichen. Selbst bei Chemiestudierenden, die eine hoch selektive Stichprobe darstellen, finden sich umfangreiche Schwierigkeiten im Umgang mit der Formelsprache (Bernholt, Heuer, Fischer, Taskin, Martens & Parchmann, 2012). Aus den wenig zufriedenstellenden Ergebnissen auf der einen Seite und der Relevanz der Formelsprache für ein erfolgreiches Verständnis der Chemie auf der anderen Seite lässt sich insgesamt die Forderung ableiten, dass der Vermittlung der chemischen Formel- und Symbolsprache im Chemieunterricht mehr Aufmerksamkeit zukommen sollte. Es besteht ein Bedarf an systematischen Ansätzen, die Schülerinnen und Schülern nicht nur ein inhaltliches Verständnis ermöglichen, sondern auch Sinn und Zweck dieser spezialisierten Sprache nahebringen.

Neben der Formel- und Symbolsprache spielt auch die Vermittlung und Verwendung von Fachbegriffen eine zentrale Rolle im Chemieunterricht. Untersuchungen deuten hier auf Probleme der Schülerinnen und Schüler beim Erwerb von Fachsprache hin, zum Beispiel wenn Termini auch in der Alltagssprache Verwendung finden (Snow, 2010; Pfundt, 1981 sowie Busch & Ralle in diesem Band). Ein nahezu klassischer Vorwurf an den Chemieunterricht ist in diesem Zusammenhang, dass zu viele Begriffe eingeführt werden (vgl. Merzyn, 1994) und dass in zu geringem Maße an einer Verknüpfung und Vernetzung dieser Begriffe gearbeitet wird. Dies bestätigen auch neuere, bisher unveröffentlichte Schulbuchanalysen (Schacht, 2011; Jankowiak, 2010), die weder für Fachbegriffe zu bedeutsamen Basiskonzepten wie „Energie" noch für Repräsentationsformen eine konsistente und kumulative Einführung und Verwendung erkennen lassen. Auch das regelmäßige Üben und Reflektieren der Fachsprache selbst wird wenig explizit angeregt, Aufgaben zur Kommunikation beinhalten überwiegend Rechercheaufträge.

Schließlich werden für die Arbeit mit wissenschaftsnahen Textkonventionen Motivationsprobleme berichtet (Nashan & Parchmann, 2008; Gee, 2005; Lemke, 1990). Während das Experimentieren mehrheitlich als ein Interesse förderndes Element wahrgenommen wird, gilt dies für das Erstellen von Protokollen keineswegs. Daraus kann sich für die Lehrkraft, wie bereits angedeutet, durchaus eine Zwickmühle ergeben: Sinkt die Motivation, kann sich dies negativ auf den inhaltsbezogenen Lernerfolg auswirken. Werden dagegen motivierende Dokumentationsformen (etwa durch Fotostories, vgl. z.B. Prechtl, 2011) eingesetzt, wird auf das ebenfalls angestrebte Üben fachbezogener Kommunikationsformen verzichtet.

Aufbauend auf dieser zusammenfassenden Darstellung des Stands der Forschung sollen nachfolgend Ansätze für die Weiterentwicklung des Chemieunterrichts auch als *Fach-Sprach-Unterricht* zur Diskussion gestellt werden.

4   Ansätze zur Förderung von (Fach-)Sprache und Kommunikationsprozessen im Chemieunterricht

Die empirische Forschungsliteratur gibt bereits einige Hinweise zur Förderung von Fachsprach- und Kommunikationsprozessen sowie damit verbundenen Verständnisentwicklungen. So konnten Beerenwinkel & Gräsel (2005) zeigen, dass das explizite Ansprechen und Reflektieren von Schülervorstellungen in Lerntexten die Verständnisentwicklung für Modellvorstellungen fördert.

Verschiedene Interventions- und Beobachtungsstudien haben sich mit der Analyse von Kommunikationsprozessen insbesondere in Kleingruppenarbeiten beschäftigt (Rumann, 2005; Kandt, 2008; Knobloch, Sumfleth & Walpuski, 2011) und Hinweise auf erfolgreiche Strukturen und Unterstützungsmöglichkeiten gegeben (vgl. dazu auch den Beitrag von Schecker & Kulgemeyer in diesem Band).

Die folgenden Überlegungen sind nach den Teilbereichen strukturiert, die sich für den Kompetenzbereich Kommunikation der Bildungsstandards Chemie (KMK, 2004) unterscheiden lassen. Verschiedene unterrichtspraktische Anregungen und Materialien dazu finden sich unter anderem in Themenheften chemiedidaktischer Unterrichtszeitschriften (z.B. Parchmann & Stäudel, 2008).

4.1   Sachgemäßer Umgang mit Quellen

Die ersten drei Standards zielen darauf ab, den sachgemäßen Umgang mit Quellen zu beherrschen und einzusetzen:

Die Schülerinnen und Schüler

K 1   recherchieren zu einem chemischen Sachverhalt in unterschiedlichen Quellen.
K 2   wählen themenbezogene und aussagekräftige Informationen aus.
K 3   prüfen Darstellungen in Medien hinsichtlich ihrer fachlichen Richtigkeit.

Bei Schülerinnen und Schülern wie bei Studierenden hat sich wohl gleichermaßen das Internet als Quelle der Wahl durchgesetzt, wenn es um das Recherchieren von Informationen geht. Wissenschaftler und Wissenschaftlerinnen nutzen dieses ebenfalls, allerdings als Datenbank für den Zugang zu Fachartikeln und wissenschaftlichen Informationen. Diese zielgerichtete Auswahl von geeigneten Quellen fällt Lernenden oftmals schwer. Der Einsatz von themengleichen Darstellungen aus unterschiedlichen Quellen kann eine kritische Bewertung sicherlich unterstützen, ebenso das explizite Thematisieren von allen Appellebenen insbesondere in Medienberichten. Schülerinnen und Schüler werden darauf aufmerksam gemacht, auch „zwischen den Sachinformationen" zu lesen und ihre eigene Textwahrnehmung auf den Prüfstand zu stellen.

4.2 Besonderheiten der chemischen Fachsprache/Fach-und Alltagssprache

Der zweite Block der formulierten Standards thematisiert die oben dargelegte Besonderheit der chemischen Fachsprache, insbesondere die Versprachlichung von mentalen Modellvorstellungen sowie das wechselseitige Übersetzen von Alltags- und Fachsprache.

Die Schülerinnen und Schüler
K 4 beschreiben, veranschaulichen oder erklären chemische Sachverhalte unter Verwendung der Fachsprache und/oder mit Hilfe von Modellen und Darstellungen.
K 5 stellen Zusammenhänge zwischen chemischen Sachverhalten und Alltagserscheinungen her und übersetzen dabei bewusst Fachsprache in Alltagssprache und umgekehrt.

Für das Üben dieses Reflektierens und Übersetzens existieren in der unterrichtsbezogenen Literatur zahlreiche Vorschläge und Materialien (z.B. Parchmann & Venke, 2008). Eine vorgeschlagene Methode ist die Arbeit mit *Concept Cartoons*, in der verschiedene fiktive oder reale Schüleräußerungen zu einem Sachverhalt gegenübergestellt werden und die Lernenden diese vor dem Hintergrund ihrer eigenen Vorstellungen, Überzeugungen und Kenntnisse bewerten sollen. Einen anderen Zugang bietet das Anfertigen von *Mind* oder *Concept Maps*, die bspw. die verschiedenen Bedeutungen ein und desselben Begriffs in der Alltags- und Fachsprache aufzeigen sollen (Busch & Ralle, 2011). Übergreifend betont wird das Bewusstmachen der Betrachtungsebenen (vgl. Abbildung 1), um den Lernenden zu helfen, Begriffe und Bedeutungen situationsgemäß zuzuordnen und zu verstehen.

4.3 Konventionen der Fachkommunikation

Die Konventionen der Fachsprache und Fachkommunikation erfassen die Standards des dritten Teilbereichs.

Die Schülerinnen und Schüler
K 6 protokollieren den Verlauf und die Ergebnisse von Untersuchungen und Diskussionen in angemessener Form.
K 7 dokumentieren und präsentieren den Verlauf und die Ergebnisse ihrer Arbeit situationsgerecht und adressatenbezogen.

Wie oben aufgezeigt, führt das mit dem Experimentieren unverzichtbar verbundene Protokollieren der Ergebnisse oftmals zu Motivationsverlusten. Ein Grund mag die strenge Formalisierung von Protokollen sein, die sich nicht vermeiden, wohl aber nachvollziehbar einführen lässt. Im Rahmen des BLK-Modellversuchsprogramms SINUS (Ostermeier, Krebs & Prenzel, 2004) wurde von einer Gruppe hessischer Lehrkräfte der Ansatz erprobt, die Lernenden im Anfangsunterricht zu einem einfachen Experiment selbst – gänzlich ohne Vorgaben – eine Versuchsdokumentation erstellen zu lassen. Diese wurde anschließend einer anderen Gruppe gegeben, die allein mit dieser Information das gleiche Experiment erneut durchführen sollte. Fehlende Informationen und nicht ausreichende oder irreführende Darstellungen werden auf diese Weise schnell ersichtlich und können zu einer gemeinsamen Erarbeitung standardisierter Protokolle führen.

Darüber hinaus werden gerade in jüngster Zeit aber auch alternative, stärker bildbasierte Dokumentationsformen wie Filmleisten oder Handymitschnitte vorgeschlagen (Prechtl, 2011). Für viele schwächere Lerngruppen stellt das gleichzeitige Lernen von Fachinhalten und Sprachkonventionen oftmals eine Hürde dar, die durch das Entzerren (nicht Vermeiden!) beider Anforderungen gemindert werden kann.

Ähnliches wird – durchaus kontrovers – für das Einführen chemischer Formeln diskutiert (Heuer & Parchmann, 2008). Üblicherweise werden die ersten Formeldarstellungen im Zusammenhang mit der inhaltlichen Ermittlung der Zusammensetzung chemischer Verbindungen eingeführt; auch dies erfordert von den Lernenden den Erwerb ganz unterschiedlicher Fach- und Sprachkonzepte parallel. Studien zur kognitiven Belastung wurden dazu bisher zwar nicht explizit durchgeführt, der oftmals aus der Praxis berichtete Abfall von Motivation und Leistung in diesem Unterrichtsthema deutet jedoch auf eine solche Überlastung hin. Auch hier gibt es Vorschläge, die Regeln der Formelsprache getrennt von der inhaltlichen Erschließung der Verbindungen einzuführen, auch wenn die Bedeutung der Formeln damit zunächst nicht gänzlich bekannt ist. Explorative Studien haben gezeigt, dass die Motivation der (jüngeren) Lernenden für die Arbeit mit chemischen Formeln sehr hoch ist und dass es mit Hilfe verschiedener Erklärungen und Analogien durchaus gelingen kann, ein erstes Grundverständnis für die Bedeutung der Formeln anzulegen (Heuer & Parchmann, 2008). Als alternative Lernhilfen wurden dabei – in Ergänzung zu den üblichen chemischen Modellen – auch Analogien zur Sprache vorgeschlagen:

Wie würde ein Chemiker die folgenden Wörter in Form einer „Formel" darstellen? Begründe Deine Antworten auf Basis der Regeln der chemischen Formel- und Symbolsprache!

Ball – Bal_2
Sonne – Son_2e
Terrasse – Ter_2as_2e oder $Te_2r_2as_2$

4.4 Kommunikation der Lernenden untereinander

Der letzte Block der Standards erfasst die Kommunikation der Lernenden untereinander: Wissenschaft entsteht im Gespräch.

Die Schülerinnen und Schüler
K 8 argumentieren fachlich korrekt und folgerichtig.
K 9 vertreten ihre Standpunkte zu chemischen Sachverhalten und reflektieren Einwände selbstkritisch.
K 10 planen, strukturieren, reflektieren und präsentieren ihre Arbeit als Team.

Fachliches und sprachliches Lernen kommen hier wiederum zusammen, und Gesprächsanlässe können nicht nur im Unterricht, sondern auch darüber hinaus genutzt werden.

Auch das Präsentieren von Phänomenen und Erklärungen für unterschiedliche Adressatenkreise (vgl. den Beitrag von Kulgemeyer & Schecker in diesem Band) zwingt die Lernenden (ebenso wie Wissenschaftler und Wissenschaftlerinnen in öffentlichen Veranstaltungen) dazu, Interessen und Voraussetzungen der Adressaten zu berücksichtigen und geeignete Kommunikationsformen – sprachlich und mit Hilfe anderer Repräsentationsformen – zu finden. Die Organisation öffentlicher Vorstellungen chemischer Experimente, bspw. im Rahmen von Experimentiertagen oder Vorträgen vor einem nichtfachkundigen Publikum, können nicht nur das Lernen unterstützen, sondern ebenso die Motivation von Schülerinnen und Schülern im Umgang mit Chemie fördern (Beeken & Parchmann, 2010).

5 Ausblick

Wie die vorherigen Ausführungen zeigen, bietet die Fachsprache der Chemie über die Untersuchung fachübergreifender Kommunikationsprozesse hinausgehend Lernpotenziale oder auch Stolperfallen, die es empirisch zu untersuchen und durch geeignete konzeptionelle Vorschläge im Unterricht zu berücksichtigen gilt. Die empirische Forschung in der Chemiedidaktik hat sich bisher überwiegend der Untersuchung von Schülervorstellungen und Lernschwierigkeiten unter anderem bei der Nutzung und Interpretation chemischer Symboldarstellungen gewidmet (vgl. Taskin & Bernholt, eingereicht). Interventionen und Langzeitstudien liegen bisher kaum vor, vielmehr besteht der Eindruck, dass sich trotz lange bekannter Herausforderungen bisher wenig an der Vermittlungs- oder Erarbeitungskultur von Fachsprache und von fachbezogenen Kommunikationsmustern in der Schule geändert hat. Aktuelle Arbeiten setzen daher nicht nur im Unterricht, sondern vielmehr schon in der Lehrerbildung an, um Kenntnisse und Überzeugungen zur Bedeutung und Erarbeitung von entsprechenden Aspekten bei (angehenden) Lehrkräften zu untersuchen (vgl. z.B. Nitz, Enzingmüller, Prechtl & Nerdel, 2011). Auch Experten-Novizen-Vergleiche lassen aufschlussreiche Ergebnisse bspw. hinsichtlich der Deutungsprozesse im Umgang mit verschiedenen Strukturdarstellungen durch Chemikerinnen und Chemiker, Lehrerinnen und Lehrer sowie Lernende erwarten. Die aktuelle Entwicklung und Validierung von Aufgaben zur Normierung der Bildungsstandards durch das IQB leistet ebenso einen Beitrag für ein besseres Verständnis und eine bessere Förderung von (Fach-) Sprache- und Kommunikationsfähigkeiten im Chemieunterricht.

Eine weitere Perspektive könnte in der gezielten sprachlichen Sensibilisierung von praktizierenden Chemielehrern und -lehrerinnen liegen, und zwar durch Checklisten, die sie auf bestimmte didaktische Überlegungen und methodische Verfahren aufmerksam machen oder sie zumindest daran erinnern, solche Aspekte im Zuge der Unterrichtsplanung immer wieder zu berücksichtigen (vgl. Thürmann & Vollmer, 2012a). Eine solche Checkliste muss jedoch, um wirklich hilfreich und wirksam zu sein, speziell für den Chemieunterricht adaptiert werden (so wie es bspw. für Mathematik bereits erfolgt ist; Thürmann & Vollmer, 2012b). Daran wird zurzeit gearbeitet. Es bleibt abzuwarten, welchen Effekt ein solches Instrument haben kann.

Literatur

Beeken, M. & Parchmann, I. (2010). „Ich zeige dir, wie Wissenschaft funktioniert" – Schülerinnen und Schüler präsentieren Chemie in der Öffentlichkeit. *Naturwissenschaften im Unterricht Chemie, 117*, 28–31.

Beerenwinkel, A. & Gräsel, C. (2005). Texte im Chemieunterricht: Ergebnisse einer Befragung von Lehrkräften. *Zeitschrift für Didaktik der Naturwissenschaften, 11*, 21–39.

Bernholt, S., Heuer, S., Fischer, I., Taskin, V., Martens, J. & Parchmann, I. (2012). *Die chemische Formelsprache – Stolpersteine nicht nur für Anfänger? Empirische Ergebnisse und erster Ansatz einer Lehrlinie.* Chemkon, im Druck.

Bodner, G. M. & Domin, D. S. (2000). Mental models: the role of representations in problem solving in chemistry. *University Chemistry Education, 4* (1), 24–30.

Busch, H. & Ralle, B. (2011). Fachsprachliche Kompetenzen prüfen und fördern. In S. Bernholt (Hrsg.), *Konzepte fachdidaktischer Strukturierung für den Unterricht* (S. 578–580). Münster: LIT.

Flener Lovitt, C. & Kelter, P. (Hrsg.). (2010). *Chemistry as a second language: Chemical education in a globalized society.* Washington, DC: American Chemical Society.

Gabel, D.L. (1998). The complexity of chemistry and its implications for teaching. In B.J. Fraser & K.G. Tobin (Hrsg.), *International handbook of science education* (S. 223–248). London: Kluwer.

Gee, J.P. (2005). Language in the science classroom: Academic social languages as the heart of school-based literacy. In R.K. Yerrick & W. Roth (Hrsg.), *Establishing scientific classroom discourse communities* (S. 19–37). Mahwah, NJ: Lawrence Erlbaum.

Gilbert, J.K. & Treagust, D.F. (Hrsg.). (2009). *Multiple representations in chemical education.* Dordrecht: Springer Netherlands.

Goodney, D. (2006). Acid-base chemistry according to Robert Boyle: Chemical reactions in words as well as symbols. *Journal of Chemical Education, 83* (7), 1001–1002.

Gorman, M. (1981). Reflections on chemical equations. *School Science and Mathematics, 81* (2), 93–96.

Harrison, A.G. & Treagust, D.F. (2002). The particulate nature of matter: Challenges to understanding the submicroscopic world. In J.K. Gilbert, de Jong, R. Justi, D.F. Treagust & J.H. Van Driel (Hrsg.), *Chemical education: Towards research-based practice* (S. 189–212). Dordrecht: Kluwer.

Harsch, G., Heimann, R. & Kipker, A. (2002). Verständnisprobleme mit der Formelsprache im Chemieunterricht. *chimica didactica, 28* (3), 251–266.

Heuer, S. & Parchmann, I. (2008). Sonne oder Fussball: Wie Sechstklässler die chemische Formelsprache interpretieren. *Naturwissenschaften im Unterricht. Chemie, 19*, 20–24.

Hinton, M.E. & Nakhleh, M.B. (1999). Students" microscopic, macroscopic, and symbolic representations of chemical reactions. *The Chemical Educator, 4* (5), 158–167.

Jankowiak, F. (2010). *Analyse der Komplexität von Unterrichtsmaterialien zu den Themenfeldern „Säuren und Basen" und „Kunststoffe".* Unveröffentlichte Examensarbeit, IPN Kiel.

Johnstone, A.H. (1990). The development of chemistry teaching. *Journal of Chemical Education, 70* (9), 701–705.

Johnstone, A.H. (2000). Teaching of Chemistry – Logical or Psychological? *Chemistry Education Research and Practice, 1* (1), 9–15.

Kandt, W. (2008*).* Offenes Experimentieren im Anfangsunterricht. Tönning: Der andere Verlag.

Keig, P.F. & Rubba, P.A. (1993). Translation of representations of the structure of matter and its relationship to reasoning, gender, spatial reasoning, and specific prior knowledge. *Journal of Research in Science Teaching, 30* (8), 883–903.

Knobloch, R., Sumfleth, E. & Walpuski, M. (2011). Analyse der Schüler-Schüler-Kommunikation im Chemieunterricht. *Chemkon, 18* (2), 1–6.

KMK (Hrsg.). (2004). *Bildungsstandards im Fach Chemie für den Mittleren Schulabschluss.* München, Neuwied: Luchterhand.

Lemke, J.L. (1990). *Talking science.* Westport, CT: Ablex.

Mahaffy, P. (2006). Moving chemistry education into 3D: A tetrahedral metaphor for understanding Chemistry. *Journal of Chemical Education, 83* (1), 49–55.

Marais, P. & Jordaan, F. (2000). Are we taking symbolic language for granted? *Journal of Chemical Education, 77* (10), 1355–1357.

Merzyn, G. (1994). *Physikschulbücher, Physiklehrer und Physikunterricht.* Kiel: IPN.

Nakhleh, M.B. (1992). Why some students don't learn chemistry: Chemical misconceptions. *Journal of Chemical Education, 69* (3), 191.

Nashan, M. & Parchmann, I. (2008). Fachtext versus Geschichte – Kommunikation in den Naturwissenschaften als Zugang zu einem Verständnis für die Natur der Naturwissenschaften. *Naturwissenschaften im Unterricht – Chemie, 19* (3), 57–61.

Nelson, P.G. (2002). Teaching chemistry progressively: From substances, to atoms and molecules, to electrons and nuclei. *Chemistry Education Research and Practice, 3* (3), 215–228.

Nitz, S., Enzingmüller, C., Prechtl, H. & Nerdel, C. (2011). Fachsprache im naturwissenschaftlichen Unterricht – eine empirische Untersuchung zur Einstellung angehender Lehrkräfte. *Unterrichtswissenschaft, 39* (3), 245–262.

OECD (Hrsg.). (2007). *PISA 2006: Schulleistungen im internationalen Vergleich. Naturwissenschaftliche Kompetenzen für die Welt von morgen.* Paris: OECD Publishing.

Ostermeier, C., Krebs, I. & Prenzel, M. (2004). *Befragung zur Akzeptanz im BLK-Programm SINUS-Transfer.* Kiel: IPN.

Parchmann, I. & Städel, L. (Hrsg.). (2008). Themenheft Fachsprache und Kommunikation. *Naturwissenschaften im Unterricht – Chemie, 19*, 106.

Parchmann, I. & Venke, S. (2008). Eindeutig – Zweideutig?! Chemische Fachsprache im Unterricht. *Naturwissenschaften im Unterricht. Chemie, 19*, 10–15.

Pfundt, H. (1981). Fachsprache und Vorstellungen der Schüler – dargestellt an Beispielen aus dem IPN-Lehrgang ‚Stoffe und Stoffumbildungen'. In R. Duit, W. Jung & H. Pfundt (Hrsg.), *Alltagsvorstellungen und naturwissenschaftlicher Unterricht* (S. 161–181). Köln: Aulis.

Prechtl, M. (2011). Diagnostizieren mit Chemie-Foto-Storys. *Naturwissenschaften im Unterricht. Chemie, 23* (124/125), 48–51.

Rumann, S. (2005). *Kooperatives Arbeiten im Chemieunterricht*. Berlin: Logos Verlag.

Schacht, H.R. (2011). *Einführung und Nutzung von Repräsentationsformen in ausgewählten Schulbüchern*. Unveröffentlichte Masterarbeit, IPN Kiel.

Snow, C.E. (2010). Academic Language and the Challenge of Reading for Learning About Science. *Science, 328*, 450–452.

Taskin, V. & Bernholt, S. (eingereicht). Students' understanding of chemical formulae – A review of empirical research. *International Journal for Science Education*. Manuskript eingereicht.

Thürmann, E. & Vollmer, H.J. (2012a). Schulsprache und sprachsensibler Fachunterricht: Eine Checkliste mit Erläuterungen. In C. Röhner & B. Hövelbrinks (Hrsg.), *Fachbezogene Sprachförderung in Deutsch als Zweitsprache: Theoretische Konzepte und empirische Befunde zum Erwerb bildungssprachlicher Kompetenzen*. Weinheim: Juventa (im Druck).

Thürmann, E. & Vollmer, H.J. (2012b). Checkliste zum Sprachsensiblen Fachunterricht (5. – 13. Klasse). *Praxis der Mathematik in der Schule, 45* (54), 10–12.

Elke Sumfleth, Iwen Kobow, Nermin Tunali & Maik Walpuski

Fachkommunikation im Chemieunterricht

1 Grundlagen der Kommunikation

Lehren und Lernen ist prinzipiell ohne die Nutzung von Sprache nicht möglich (Wellington & Osborne, 2009; Merzyn, 1998; Norris & Phillips, 2003; Yore & Treagust, 2006). Neben der allgemeinen Sprachfähigkeit, also der ausreichend kompetenten Nutzung der in der Schule verwendeten Sprache/Unterrichtssprache, spielen die in den einzelnen Fächern unterschiedlichen Fachsprachen eine entscheidende Rolle. So ist der Erwerb der Fachsprache sowohl Ziel des Fachunterrichts als auch Voraussetzung für erfolgreiches Weiterlernen im Fach.

Auch die Interpretation des unbefriedigenden Abschneidens deutscher Schülerinnen und Schüler in den PISA-Studien wird unter anderem mit deren Schwierigkeiten im Textverstehen erklärt (Prenzel, Baumert, Blum, Lehmann, Leutner & Neubrand, 2005; Ramm, Prenzel, Heidemeier & Walter, 2004). Die in der Folge der PISA-Ergebnisse eingeführten nationalen Bildungsstandards (NBS) für die naturwissenschaftlichen Fächer definieren entsprechend einen eigenen Kompetenzbereich *Kommunikation*, gleichberechtigt neben *Fachwissen*, *Erkenntnisgewinnung* und *Bewertung* (Sekretariat der Ständigen Konferenz der Kultusminister der Länder in der Bundesrepublik Deutschland, 2005a, 2005b, 2005c; im Folgenden als KMK abgekürzt).

Kommunikation ist die Weitergabe einer mündlichen oder schriftlichen Nachricht von einem Sender, die von einem Empfänger aufgenommen und erschlossen wird. Jede Nachricht beinhaltet neben einem expliziten Sachverhalt auch implizite Botschaften, die einen Appellcharakter haben können, mit dem der Sender Einfluss auf den Empfänger nehmen kann. Eine zentrale theoretische Basis liefern z.B. das Vier-Seiten-Modell von Schulz von Thun (1981) und das kommunikative Handeln sowie der Diskurs nach Habermas (1971).

Schulz von Thun (1981) argumentiert, dass die Weitergabe von Informationen durch einen Sender und das Erschließen von Informationen durch einen Empfänger zwei zu trennende Eckpunkte eines Kommunikationsprozesses darstellen; dabei ist in keiner Weise gesichert, dass der Empfänger die Information so versteht, wie sie vom Sender gemeint war, was den konstruktivistischen Charakter von Kommunikationsprozessen deutlich macht. Eine gesendete Information enthält neben dem manifesten Kommunikationsangebot verschiedene Botschaften, die im Modell den vier Seiten – Sachinhalt, Selbstoffenbarung, Beziehung, Appell – entsprechen. Diese Botschaften müssen von dem Empfänger erschlossen, also rekonstruiert, werden und entsprechen daher nicht zwingend dem, was der Sender impliziert hatte. Während im *kommunikativen Handeln* (Habermas, 1971) ein gemeinsames Verständnis der Sinnzusammenhänge vorausgesetzt wird, wird im Diskurs der argumentative Charakter von Kommunikationsprozessen deutlich, da hier versucht wird, das gemeinsame Verständnis durch die Begründung von Sinnzusammenhängen zu erlangen. In den Naturwissenschaften hat der wissenschaftliche Diskurs von je her eine große Bedeutung. Kulgemeyer & Schecker (2009) betonen die Notwendigkeit von Kommunikationskompetenz, um naturwissenschaftliches Wissen in Diskussionsprozesse einbringen zu können. Diese Ansicht findet sich ebenfalls in konstruktivistischen Kommunikationsansätzen, in denen die Fähigkeit von Wissenschaftlern, ihre eigenen Theorien gegenüber der Gesellschaft vertreten zu können, als wichtig angesehen wird (Großmann, 1999). Hierbei steht die Weitergabe von Informationen, die nur einer Person vorliegen, im Mittelpunkt (Bromme, Jucks & Rambow, 2004). Das Ziel ist dabei oft nicht, jemanden zu überzeugen, sondern Sachverhalte zu erklären.

Auch in der Sprachwissenschaft wird entsprechend Sprache als Mittel definiert, mit dem Gedanken, Vorstellungen, Theorien, Wissen und Informationen ausgedrückt und ausgetauscht werden können (Bußmann, 2008). Die Unterscheidung zwischen Alltagssprache und Fachsprache bzw. alltäglicher Wissenschaftssprache erfolgt vorrangig durch die in der Fachsprache vorliegende Terminologie. Als weitere Kennzeichen sind in der Syntax das Vorherrschen des Nominalstils und unpersönliche Konstruktionen sowie auf der Textebene eine hohe Kohärenz zu nennen. Die Bedeutungen von Symbolen und Zeichen sind in der Regel eindeutig (Burkart, 2002) und haben den Zweck, eine präzise und effektive Kommunikation in den jeweiligen Fachgebieten zu ermöglichen. Die Entstehung und Veränderung der Fachsprache geschieht vor allem in interpretativen Prozessen im Zuge sozialer Interaktionen mit dem Ziel, in einer Gemeinschaft ein gemeinsames Verständnis zu erreichen (Blumer, 1973; Sutton, 1998).

2 Fachspezifische Anforderungen an die Kommunikation im Chemieunterricht

Die gewünschten kommunikativen Fähigkeiten von Schülerinnen und Schülern in der Chemie sind in den nationalen Bildungsstandards (NBS) beschrieben. Die NBS für den Mittleren Schulabschluss (KMK, 2005b) benennen im Fach Chemie (wie auch in den anderen Naturwissenschaften) den Kompetenzbereich *Kommunikation* neben *Fachwissen, Erkenntnisgewinnung* und *Bewertung* als einen von vier Kompetenzbereichen und formulieren verbindliche Anforderungen in Form der gewünschten Lernergebnisse (Klieme, Avenarius, Blum, Döbrich, Gruber, Prenzel, Reiss, Rost, Tenorth & Vollmer, 2003). Als Grundlage der NBS dient neben dem Weinertschen Kompetenzverständnis die OECD-Definition von *scientific literacy* (OECD, 2003). Den Schülerinnen und Schülern sollen nicht nur Fachkenntnisse vermittelt werden, sondern sie sollen befähigt werden, aktiv an Diskussionen teilzunehmen. Das Kommunizieren umfasst laut NBS zusammenfassend die Kompetenzen, „[…] die für einen fachbezogenen Informationsaustausch auf der Basis einer sachgemäßen Verknüpfung von Alltags- und Fachsprache erforderlich sind" (KMK, 2005b, S. 9). Diese werden durch die einzelnen Standards weiter aufgeschlüsselt. Der Verbalisierung von abstrakten Sachverhalten kommt in den Naturwissenschaften eine besondere Bedeutung zu, da die Erklärung für Phänomene oft auf einer submikroskopischen, nicht sichtbaren, also abstrakten Ebene angesiedelt ist (Carlsen,

2007). Folgt man der Einteilung Suttons (1998), sind hier zwei Funktionen der Sprache gefragt, zum einen *a system for transmitting knowledge*, wenn bereits bestehendes Wissen, z.B. als Erklärung, weitergegeben wird, und zum anderen *an interpretive system for making sense of experience*, wenn Beobachtungen oder Aussagen anderer gedeutet werden müssen.

2.1 Nationale Bildungsstandards als normative Vorgaben

Die NBS sind nur für den Kompetenzbereich *Fachwissen* durch die Basiskonzepte strukturiert. Für den Kompetenzbereich *Kommunikation* lassen sich aber auf Basis der formulierten Standards unter Berücksichtigung von Kommunikationstheorien, Sprachtheorien und naturwissenschaftsdidaktischen Forschungsarbeiten strukturierende Teilbereiche über unterschiedliche Aspekte ausdifferenzieren. Dadurch werden verschiedene Blickwinkel auf den Kompetenzbereich deutlich. Die sich so ergebenden Kompetenzteilbereiche lassen sich als *Informationen erschließen*, *Informationen weitergeben* und *Argumentieren* umschreiben.

Das Erschließen von Informationen wird in drei Standards gefordert:

„Die Schülerinnen und Schüler ...

- recherchieren zu einem chemischen Sachverhalt in unterschiedlichen Quellen (K 1).
- wählen themenbezogene und aussagekräftige Informationen aus (K 2).
- prüfen Darstellungen in Medien hinsichtlich ihrer fachlichen Richtigkeit (K 3)." (KMK, 2005b, S. 12)

Der zweite Kompetenzteilbereich beschreibt die Fähigkeiten der Schülerinnen und Schüler Informationen, Abläufe oder Ergebnisse zu beschreiben, zu erklären, zu dokumentieren oder zu veranschaulichen, Informationen also weiterzugeben. Diese Fähigkeiten werden in den folgenden vier Standards benannt:

„Die Schülerinnen und Schüler ...

- beschreiben, veranschaulichen oder erklären chemische Sachverhalte unter Verwendung der Fachsprache und/oder mit Hilfe von Modellen und Darstellungen (K 4).
- stellen Zusammenhänge zwischen chemischen Sachverhalten und Alltagserscheinungen her und übersetzen dabei bewusst Fachsprache in Alltagssprache und umgekehrt (K 5).
- protokollieren den Verlauf und die Ergebnisse von Untersuchungen und Diskussionen in angemessener Form (K 6).
- dokumentieren und präsentieren den Verlauf und die Ergebnisse ihrer Arbeit situationsgerecht und adressatenbezogen (K 7)." (KMK, 2005b, S. 12 f.)

Der dritte Kompetenzteilbereich ist die Argumentations- und Diskussionsfähigkeit, die sich aus folgenden drei Standards ableiten lässt:

Die „Schülerinnen und Schüler …

- argumentieren fachlich korrekt und folgerichtig (K 8).
- vertreten ihre Standpunkte zu chemischen Sachverhalten und reflektieren Einwände selbstkritisch (K 9).
- planen, strukturieren, reflektieren und präsentieren ihre Arbeit als Team (K 10)."

(KMK, 2005b, S. 13)

2.2 Kompetenzteilbereiche

Beim Kompetenzteilbereich *Informationen erschließen* sind die zentralen Fähigkeiten das zielgerichtete Recherchieren und das Auswerten von Informationsmaterial, also rezeptive sprachliche Handlungen. Dazu müssen Quellen zu vorgegebenen Themenbereichen eingeschätzt und ausgewählt werden. Dabei steht zunächst die Qualität der Quelle im Fokus. Die Schülerinnen und Schüler sollen z.B. erkennen, ob eine Quelle für einen vorgegebenen Adressaten adäquat ist bzw. für welche Adressaten eine vorgegebene Quelle geeignet ist. Dies ist z.B. durch Betrachtung der verwendeten Sprache und der Darstellungsformen möglich. Das Auswerten von vorliegendem Informationsmaterial zeichnet sich durch das Aufbereiten und Organisieren der Informationen aus, um diese gezielt selbst weiter nutzen zu können. Die Informationsquellen erstrecken sich von Büchern und Zeitschriften über das Internet und Datenbanken bis hin zu Filmen, Animationen und Simulationen. Ebenso ist in einem Kommunikationsprozess ein Gesprächspartner als Quelle anzusehen, da die von ihm angebotenen Informationen angenommen und ausgewertet werden müssen. Außerdem müssen Aussagen über die enthaltenen Informationen z.B. hinsichtlich ihrer Passung zur Beantwortung einer Ausgangsfrage, ihrer Glaubwürdigkeit, ihres Wahrheitsgehalts oder ihrer Plausibilität gemacht werden. Die Aussagen über enthaltene Informationen sollten nicht nur auf das Verständnis von Texten und Darstellungen abzielen, sondern auch auf ihre Funktion bezüglich der Kommunikation.

Im Unterschied zum Teilbereich *Informationen erschließen* stehen im Bereich *Informationen weitergeben* produktive sprachliche Handlungen im Mittelpunkt. Diese können auf verschiedene Arten erfolgen, wie z.B. durch Beschreibung, Dokumentation, Darstellung, Erklärung oder Präsentation von Informationen oder Arbeitsergebnissen. Das Dokumentieren dient vor allem dazu, Informationen für die eigene Nutzung zu organisieren und/oder für die Weitergabe darzustellen. Beides kann z.B. durch Erstellen von unterschiedlichen Abbildungen, Diagrammen und Tabellen erfolgen. Für das Präsentieren von Informationen auf einem Poster, einer Folie oder in einem Referat bzw. Vortrag werden ein logischer Aufbau und die entsprechende Verknüpfung der einzelnen Informationsteile erwartet. Während diese Handlungen bis jetzt weitgehend technisch beschrieben worden sind, müssen auch funktionale Unterscheidungen z.B. zwischen Erklären, Berichten und Beschreiben berücksichtigt werden (s. dazu auch Schramm, Hardy, Saalbach & Gadow in diesem Band). Erklären bedeutet, dass nicht-sichtbare, kausale, finale oder sonstige Zusammenhänge von Sachverhalten expliziert werden. Beim Beschreiben liegt der Fokus darauf, dass anschaulich, sachlich, objekt- bzw. prozessorientiert wahrnehmbare Oberflächen von Gegenständen oder Prozessen dargestellt werden. Schließlich dient das Berichten dazu, Versuche, Abläufe oder Geschehnisse wahrheitsgemäß und sachlich wiederzugeben (Becker-Mrotzek & Böttcher, 2005). In den naturwissenschaftlichen Fächern ist ein zentraler Bereich des Berichtens das Protokollieren von Versuchen.

Im Teilbereich *Argumentieren* werden vor allem die Darstellung von Positionen und die Berücksichtigung von Gegenargumenten erwartet. Als sprachliche Handlung bedeutet dies, dass abstrakte Sachverhalte problemorientiert, adressatenbezogen und zum Teil auch persuasiv gestaltet und dabei eigene Perspektiven entwickelt werden. Für den Argumentationsbegriff wird also eine breite Definition genutzt, die sowohl Argumentieren im Sinne der Überzeugungsabsicht als auch im Sinne von Erklärung und Rechtfertigung umfasst. Dazu gehört auch, dass aus Fremdtexten und selbst recherchierten Informationen Beispiele, Stützungen und Gründe genutzt werden. (Eigene) Positionen/Perspektiven zu vertreten heißt, dass – im besten Fall – relevante und damit begründete Argumente oder Thesen mit Beispielen gebildet werden. Darüber hinaus sollen die Schülerinnen und Schüler z B. mehrere Argumente oder Thesen in einer logischen, fachlich korrekten Reihenfolge darbieten. Bei der Berücksichtigung von Gegenargumenten müssen diese mit Blick auf das eigene Argument geprüft werden. Es muss entschieden werden, ob und wie Gegenargumente und Einwände im Verlauf von Diskussionen diskursiv berücksichtigt werden. In einem Argumentationsprozess ist das Antizipieren und Einarbeiten von Gegenargumenten sehr anspruchsvoll und daher vermutlich erst in höheren Schulstufen zu finden.

Durch kommunikatives Handeln in sozialen Interaktionen zwischen Menschen (Rautenstrauch, 2008; Mead, 1968) entstehen Bedeutungen von Zeichen und Symbolen (Blumer, 1973). Diese Bedeutungen sind Grundlage für den Informationsaustausch, der immer auch ein interpretativer Prozess ist, in dem Bedeutungen benutzt und verändert werden. Die im Chemieunterricht genutzten Zeichen und Symbole sind durch ihren Bezug zur Chemie gekennzeichnet. Hieraus entwickelt sich im Laufe der Schulzeit die Fachsprache. Schülerinnen und Schüler sollen in der Fachsprache kommunizieren und zwischen Alltags- und Fachsprache „übersetzen" können. Diese Wechselwirkungen werden unter dem Aspekt *Sprache/Fachsprache* zusammengefasst. Darüber hinaus werden fachliche Informationen in unterschiedlichen Weisen (Formeln, Diagramme usw.) dargeboten, was in dem Aspekt *Darstellungsformen* aufgegriffen wird. Schülerinnen und Schüler müssen also lernen, mit verschiedenen Bedeutungsträgern und insbesondere mit den in den Naturwissenschaften verwendeten Zeichensystemen umzugehen.

Naturwissenschaftliche Bücher und Artikel bestehen meist aus einer Mischung von kontinuierlich und diskontinuierlich geschriebenen Texten; das heißt, neben der Nutzung von Sprache und Fachsprache findet sich eine Vielzahl von Darstellungen. Darstellungen können neben Texten unter anderem Bilder, Zeichnungen, Tabellen, Diagramme, Formelzeichen und Gleichungen sein (Städel, Franke-Braun & Parchmann, 2008). Leisen (2010) weist darauf hin, dass Darstellungsformen unterschiedliche Abstraktionsgrade haben können. So differenziert er mit steigender Abstraktion zwischen gegenständlichen, bildlichen, sprachlichen, symbolischen und mathematischen Darstellungen (siehe Abbildung 1).

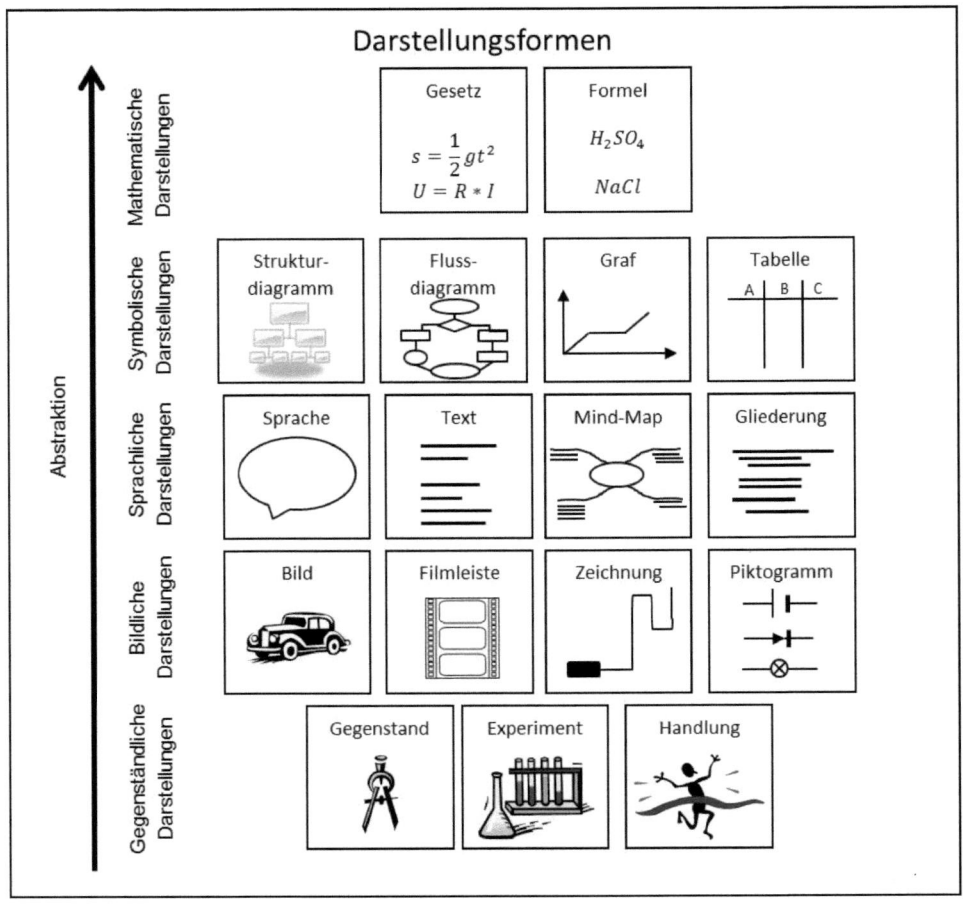

Abb. 1: Darstellungsformen und ihr Abstraktionsgrad nach Leisen (2010, S. 36)

Anhand von Abstraktionsstufen teilen auch Sumfleth und Gnoyke (1995) Abbildungen im Chemieunterricht in realistische Bilder, Bildanalogien und logische Bilder ein. Realistische Bilder sind Repräsentationen, die eine möglichst exakte Nachbildung des betrachteten Gegenstands sind. In einer Bildanalogie sollen z.B. chemische Vorgänge so dargestellt werden, dass deren Bedeutung entnommen und auf ein Phänomen übertragen werden kann. Die Gruppe der logischen Bilder umfasst z.B. Reaktionsgleichungen, Tabellen, Diagramme und Schemata. Dem Wechsel zwischen den verschiedenen Darstellungsformen wird neben einer tieferen Durcharbeitung eines Sachverhalts (Stäudel, 2008) vor allem auch die Möglichkeit des Perspektivwechsels durch wechselnde Herangehensweisen an ein und denselben Sachverhalt zugeschrieben (Leisen, 2005).

Darüber hinaus müssen Schülerinnen und Schüler die syntaktischen Strukturen und spezifischen Textmuster von Protokollen und Berichten zu naturwissenschaftlichen Untersuchungen erlernen, anwenden und dabei den richtigen *Sach- und Adressatenbezug* herstellen. Die adressatenbezogene Verständlichkeit steht im Zusammenhang mit dem Abstraktionsgrad einer Information, den Badura (1973) als Informationsniveau bezeichnet. Die Passung zwischen dem fachlichen Vorwissen des Empfängers und dem Informationsniveau kann die Entschlüsselung einer Nachricht verbessern oder verschlechtern. Durch das Vorwissen des Empfängers wird gleichzeitig auch seine Aufmerksamkeit auf bestimmte Sachaspekte fokussiert, die ihm als besonders interessant erscheinen (Burkart, 2002; Christmann & Groeben, 2006). Dieser Prozess wird zudem durch die Einstellungen und Überzeugungen des Adressaten beeinflusst. Sach- und Adressatenbezug sind unabdingbare Voraussetzungen für erfolgreiche Kommunikation (Bromme, Jucks & Rambow, 2004; Kirchhöfer, 2004). Gleichzeitig muss Kommunikation situationsgerecht sein.

Zusammenfassend ergibt sich damit folgende, in Tabelle 1 dargestellte Strukturierung des Kompetenzbereichs *Kommunikation* in Kompetenzteilbereiche und Aspekte.

Tab. 1: Kompetenzteilbereiche und Aspekte von Kommunikationskompetenz

Kompetenzteilbereiche	Informationen erschließen	Informationen weitergeben	Argumentieren
Aspekte	Sprache / Fachsprache		
	Darstellungsformen		
	Adressatenbezug / Sachbezug		

3 Aktuelle Situation im Chemieunterricht

3.1 Einfluss der Fachkommunikation auf den Lernerfolg

Unter der Annahme, dass ein direkter Zusammenhang zwischen Sprache und Denken besteht, wurde bereits in verschiedenen Zusammenhängen untersucht, ob Verbalisierungen den Wissenserwerb fördern. Formen der Verbalisierung sind z.B. das Selbsterklären und Lernen durch Lehren. Die Wirksamkeit des Selbsterklärens beim Lernen aus mathematisch-naturwissenschaftlichen Beispielaufgaben ist vielfach belegt, z.B. für Physik (Chi & Bassok, 1998; Ferguson-Hessler & de Jong, 1990), Biologie (Chi, de Leeuw, Chiu & Lavancher, 1994; Kroß & Lind, 2001; Lind, Friege & Sandmann, 2005) und für das Rechnen (Renkl, 1997). Rabe (2007) konnte zeigen, dass Selbsterklärungen zu langfristigem Wissenserwerb führen. Auch Renkl (1997) gibt die Qualität von Selbsterklärungen als einen Prädiktor von Lernerfolg an, ähnliche Ergebnisse berichten Chi et al. (1994). Gute und schlechte Problemlöser unterscheiden sich danach quantitativ und qualitativ in der Nutzung der Selbsterklärungen beim Lernen. Gute Problemlöser formulieren mehr und nehmen inhaltlich tiefgründigere Elaborationen vor als schlechte Problemlöser und sie verwenden darauf auch mehr Zeit. Eine besondere Form der Verbalisierung ist das eigentätige Schreiben (Nieswandt, 1998). Hier konnte in zwei Fallstudien gezeigt werden, dass Schreibaktivitäten im Unterricht fachliche Lernprozesse sichtbar machen und unterstützen können.

Verbalisierungen sind vor allem deshalb hilfreich für Lernende, da sie durch das Aussprechen eigener Erklärungen oder Vermutungen Klarheit über das eigene Denken erlangen können (Franke-Braun, 2008). Ähnliche Befunde gibt es auch für das Lernen durch Lehren; so haben nach Wuttke (2005) insbesondere Erklärungen und Formulierungen von Lösungsschritten eine positive Auswirkung auf den Lernerfolg. Neben der Förderung des Sprechers selbst kann eine Verbalisierung auch für die Zuhörenden hilfreich sein, da sie „ihr eigenes Wissen überprüfen und ggf. neu strukturieren können" (Franke-Braun, 2008, S. 32).

Trotz der bekannten Relevanz von Reden und Schreiben auf Lernerseite zeigen Unterrichtsanalysen, dass der Redeanteil von Schülerinnen und Schülern eher gering ist. Sumfleth & Pitton (1998) stellen bei der Untersuchung von acht Klassen zum Ende der Sekundarstufe I bei drei unterschiedlichen Lehrkräften fest, dass die Lehrkräfte in allen Unterrichtsstunden das Geschehen dominieren. Selbst die Kommunikation der Schüler und Schülerinnen untereinander wird weitestgehend durch die Lehrperson gesteuert. Der Satzanteil der Lehrkräfte liegt dabei zwischen 60% und 85%. Die starke Rededominanz der Lehrkräfte zeigt sich sowohl im Hinblick auf den Wortanteil als auch auf genutzten Zeitanteil (Rudow, 1995; Schönwälder, 1988; Wragg, 1999). Der hohe Redeanteil von Lehrkräften wirkt sich allerdings nicht positiv auf den Lernerfolg der Schülerinnen und Schüler aus. In einer Interventionsstudie zu Qualitätsmerkmalen des Chemieunterrichts (Schulz, 2011) wurden Videos von Chemieunterricht in zehnten Klassen im Hinblick auf Qualitätsmerkmale untersucht, die mit den Leistungsdaten der Schülerinnen und Schüler korrelierten. In einem weiteren Schritt wurde überprüft, ob durch eine gezielte Anregung dieser Merkmale der Lernerfolg der Schülerinnen und Schüler im Vergleich zu einer Kontrollgruppe erhöht werden kann. Im ersten Schritt der Studie konnte gezeigt werden, dass der Redeanteil der Schülerinnen und Schüler positiv mit dem Lernerfolg korreliert ($r = 0,208$, $p = 0,001$); gleiches gilt für Schülererklärungen ($r = 0,254$, $p < 0,001$). Reine Lehrervorträge sind hingegen negativ mit dem Lernerfolg korreliert ($r = -0,132$, $p = 0,032$). Der Gesamtredeanteil der Lehrperson zeigt weder einen positiven noch einen negativen Einfluss. Im Rahmen der angeschlossenen Interventionsstudie (Lehrerfortbildung in Form eines Feedbacks zur Stunde) gelang es unter anderem, den Anteil der Schülererklärungen im Vergleich zur Kontrollgruppe signifikant zu erhöhen. Insgesamt führte die Optimierung des Chemieunterrichts von den im ersten Schritt gefundenen Qualitätsmerkmalen zu einer signifikanten Erhöhung des Lernerfolgs.

Mit dem Ziel, den Zusammenhang zwischen fachlicher Kommunikation und dem Lernerfolg von Kleingruppen zu analysieren, haben Knobloch, Sumfleth & Walpuski (2011) ein Kategoriensystem entwickelt, das es ermöglicht, die fachliche Qualität von Schüleräußerungen zu beschreiben. Zur Entwicklung des Instruments zur Analyse der fachinhaltlichen Qualität von Schüleräußerungen wurden Teile eines bereits bestehenden Videokodierschemas nach Neumann, Fischer & Sumfleth (2008) adaptiert, das der Beschreibung des Vernetzungsgrads von Unterrichtsinhalten dient. Es werden mit Blick auf die *Komplexität* von Aussagen drei Niveaus unterschieden: Faktenniveau, Zusammenhangsniveau und Konzeptniveau. Knobloch (2011) ging ferner davon aus, dass die hinter einer Aussage liegenden *kognitiven Prozesse* (reproduzieren, selegieren, organisieren und integrieren) sowie die fachinhaltliche Richtigkeit der Aussagen ein Maß für die fachliche Qualität der Aussagen bilden.

Bei der Auswertung der inhaltlich richtigen Aussagen konnte von Knobloch (2011) gezeigt werden, dass die Gruppen mit einem hohen Lernzuwachs insgesamt mehr inhaltlich richtige Aussagen tätigen ($p < 0,01$). Des Weiteren wird, bezogen auf die beiden

Qualitätsmerkmale *Komplexität* und *kognitive Prozesse*, deutlich, dass die erfolgreichen Gruppen mehr Äußerungen auf höherem Niveau machen und darüber hinaus auch anspruchsvollere kognitive Prozesse verwenden ($p < 0{,}001$ für *selegieren* und *organisieren* und $p = 0{,}05$ für *integrieren*). Auch hier führt eine gezielte Anregung dieses Kommunikationsverhaltens in einer Interventionsstudie zu einer signifikanten Erhöhung des Lernerfolgs im Vergleich zu einer Kontrollgruppe. Gerade im Bereich des vernetzten Wissens schneiden die Schülerinnen und Schüler signifikant besser ab ($t(186) = 5{,}375; p < 0{,}001$). Dabei handelt es sich mit $d = 0{,}85$ um einen großen Effekt.

3.2 Argumentationsqualität

Unter dem Schlagwort *decision making* wurden in den letzten Jahren mehrere Studien zu Gruppendiskussionen im naturwissenschaftlichen Unterricht publiziert. Hierbei wurden verschiedene Schwerpunkte gewählt, wie z.B. die Dimensionen und die Rationalität einer Entscheidung (Abelson & Levi, 1985). Diese Arbeiten setzen sich zwar mit der fachlichen Begründung von Entscheidungen auseinander, beurteilen die fachliche Begründung an sich aber in der Regel in ihrer Qualität nicht. Es werden im Wesentlichen die Strukturen der Prozesse untersucht, die bei der Entscheidungsfindung eine Rolle spielen, oder es werden deskriptive Modelle des Entscheidungsweges entwickelt. Die Untersuchung von Entscheidungsstrategien steht im Vordergrund. Folgt man der in den NBS vorgeschlagenen Einteilung in Kompetenzbereiche, liegt hier der Schwerpunkt auf dem Kompetenzbereich *Bewertung*. Jiménez-Aleixandre (2002) zeigt in einer videobasierten Fallstudie, dass sich die Lernenden beim Argumentieren zwar mit Hintergrundinformationen und wissenschaftlichen Belegen auseinandersetzen, persönliche Wertvorstellungen jedoch einen großen Einfluss auf die Entscheidungsfindung haben. Die fachliche Qualität der Hintergrundinformationen wurde in der Studie jedoch nicht beurteilt.

In anderen Studien, meistens Fallstudien, werden Möglichkeiten der Förderung des Argumentationsverhaltens erforscht. Kortland (1996) untersuchte z.B. den Einfluss von im Unterricht vermittelten Informationen auf den Prozess der Entscheidungsfindung. Die 13- und 14-jährigen Schülerinnen und Schüler einer Fallstudie zum Thema „Müll" konnten vor der Unterrichtseinheit im Physikunterricht die Alternativen nur aufgrund eines Kriteriums abwägen. Nach der Unterrichtseinheit änderte sich daran nichts. Lediglich die Qualität und Klarheit der verwendeten Argumente, die der Entscheidungsfindung zugrunde lagen, nahm zu. Dieser Befund kann als erster Hinweis darauf gesehen werden, dass vor der Weiterentwicklung von Argumentations- und Entscheidungsstrategien zunächst eine Weiterentwicklung auf Basis des Inhaltswissens erfolgt.

Zohar & Nemet (2002) analysieren den Einfluss einer Unterrichtseinheit zum Thema Humangenetik, in der auch explizit allgemeine Begründungsmuster behandelt wurden, in Bezug auf das Argumentieren und die Diskussion. Sie weisen deutliche Veränderungen in der Qualität der Argumentationen und eine höhere Anzahl an vorgebrachten Gründen nach. Darüber hinaus wenden die Lernenden häufiger biologisches Wissen an, um ihre Schlussfolgerungen zu begründen; aber die Qualität der fachlichen Aussagen wird auch hier nicht weiter aufgeschlüsselt.

Die zur Untersuchung des Argumentationsverhaltens in den letzten Jahrzehnten einflussreichste – u.a. von Aristoteles beeinflusste – Theorie ist die von Toulmin (1958,

2003). Er legte ein Modell vor, anhand dessen die argumentative Praxis in so verschiedenen Bereichen wie Kunstkritik und Wissenschaft erfasst werden kann. Toulmin spezifiziert im Modell die Komponenten *claims* (Behauptungen), *data* (Daten), *warrants* (Rechtfertigungen), *backings* (Unterstützungen), *qualifiers* (Anmerkungen) und *rebuttals* (Gegenpositionen). Blair & Johnson (1987) beschreiben ergänzende Kriterien, die ein Argument ihrer Meinung nach auch erfüllen muss: Ein Argument muss relevant, ausreichend für die Schlussfolgerung und akzeptabel sein. Auf Basis des Toulmin-Modells wurden zahlreiche neuere Forschungsarbeiten durchgeführt, die sich mit Argumentation im naturwissenschaftlichen Unterricht beschäftigen (Driver, Newton & Osborne, 2000; Duschl & Osborne, 2002; Erduran, Simon & Osborne, 2004; Jiménez-Aleixandre, 2002; Simonneaux, 2001; Tirri & Pehkonen, 2002; Zohar & Nemet, 2002). Es konnte gezeigt werden, dass das Unterrichten von Argumentationsstrategien im naturwissenschaftlichen Unterricht dazu führt, dass Häufigkeit und Qualität der Argumente gesteigert werden (Erduran et al., 2004; Zohar & Nemet, 2002), während umstritten ist, ob schlechte Leistungen beim Argumentieren eher mit mangelhafter Kommunikationskompetenz oder aber mit mangelhaftem Fachwissen erklärt werden können (Hogan & Maglienti, 2001; Kuhn, 1991; Sadler & Zeidler, 2005). Von Aufschnaiter, Erduran & Osborne (2004) untersuchten in diesem Zusammenhang die Wirkung von Fachwissen auf die Argumentationsqualität und fanden eine große Abhängigkeit vom Vorwissen. Der Zusammenhang zwischen fachlicher Qualität der Kommunikation und Lernerfolg wird dadurch nicht voll geklärt, es liegt jedoch die Annahme nahe, dass hier ein direkter Zusammenhang zu erwarten ist. Auch eine ergänzende Studie durch von Aufschnaiter, Fleischhauer, Rogge & Riemeier (2008) klärt diesen Zusammenhang nicht weiter auf. Es konnte jedoch gezeigt werden, dass bis zu 30% der Zeit in der Gruppenarbeit für Argumentationen sowie für die Klärung von Sachverhalten verwendet wurde. Es zeigten sich auch Unterschiede zwischen den Lernenden der 11. und der 8. Jahrgangsstufe. So verbrachten die älteren Schülerinnen und Schüler 10% mehr Zeit mit dem Argumentieren und Klären. Generell haben Schülerinnen und Schüler im naturwissenschaftlichen Unterricht erhebliche Schwierigkeiten, während einer Kleingruppenarbeit Argumente zu formulieren und diese auszudrücken (Walpuski & Sumfleth, 2007).

3.3 Diagnose fachsprachlicher Fähigkeiten

Die Ergebnisse der PISA-Studie 2000 haben gezeigt, dass die deutschen Schülerinnen und Schüler Schwierigkeiten beim Textverstehen haben. 10% aller Schülerinnen und Schüler erreichten nicht einmal das Kompetenzniveau I und 12,7% liegen mit ihren Leistungen auf Kompetenzniveau I (Baumert, Klieme, Neubrand, Prenzel, Schiefele, Schneider, Stanat, Tillmann & Weiß, 2001). Diese Schülerinnen und Schüler verstehen selbst einfache Texte nur oberflächlich. Besonders schlecht schneiden diejenigen Schülerinnen und Schüler ab, die zu Hause eine andere Sprache als die Testsprache sprechen (Prenzel et al., 2005; Ramm et al., 2004). Obwohl sich die Ergebnisse zur Lesekompetenz von PISA 2000 zu PISA 2009 verbessert haben, gibt es immer noch große Leistungsunterschiede zwischen Schülerinnen und Schülern mit und ohne Migrationshintergrund (Klieme, Artelt, Hartig, Jude & Köller, 2010).

Des Weiteren zeigen die Ergebnisse der PISA-Studie 2006, bei der die Naturwissenschaften im Mittelpunkt standen, dass es einen Zusammenhang zwischen naturwissenschaftlicher Leistung und der Sprachkompetenz in der Unterrichtssprache gibt. Das in Deutschland von Schülerinnen und Schülern mit Migrationshintergrund in den Naturwissenschaften erreichte fachliche Leistungsniveau ist deutlich geringer als das von Jugendlichen ohne Migrationshintergrund. Teilweise haben die Schülerinnen und Schüler der so genannten zweiten Generation sogar schlechter abgeschnitten als die der ersten Generation. Dadurch ist Deutschland mit einer Differenz von 73 Punkten zwischen Schülerinnen und Schüler mit und ohne Migrationshintergrund das in der naturwissenschaftlichen Leistung am stärksten durch den Migrationshintergrund beeinflusste OECD-Land. Dies ist vor allem auf soziale Unterschiede und sprachliche Defizite zurückzuführen (OECD, 2007). Da Lehren und Lernen ohne die Verwendung von Sprache nicht möglich sind (Wellington & Osborne, 2009; Merzyn, 1998; Norris & Phillips, 2003; Yore & Treagust, 2006), wird die Lernleistung der Schülerinnen und Schüler durch die Sprachkompetenz massiv beeinflusst. Andere Studien zeigen, dass nicht nur Schülerinnen und Schüler mit Migrationshintergrund Sprachprobleme haben, sondern auch Schülerinnen und Schüler ohne Migrationshintergrund. Das gilt vor allem für Schülerinnen und Schüler, die aus sozial benachteiligten Familien kommen (Stanat, Baumert & Müller, 2005).

Erschwert wird die Situation dadurch, dass die Schülerinnen und Schüler in den verschiedenen Unterrichtsfächern auch noch die jeweilige Fachsprache erlernen müssen. Dies gilt aufgrund der spezifischen Inhalte vor allem für die Naturwissenschaften mit einer Vielzahl von Fachbegriffen und spezifischen Bedeutungskonstruktionen (Merzyn, 1998). Nach Lemke (1990) ist die Fachsprache nicht ein Teil der Alltagssprache der Schülerinnen und Schüler und muss deswegen explizit gefördert werden. Andererseits weisen Studien darauf hin, dass die Fachsprache keine eigenständige, isolierte Sprache ist, sondern ein Teil der Gesamtsprache mit besonderen Merkmalen, wie gut definierten Begriffen sowie syntaktischen und morphologischen Besonderheiten (Burkart, 2002; Leisen, 2010; Rincke, 2007, 2010). Rincke (2010) betont zudem, dass eine erfolgreiche Kommunikation im Fach eine adressatengerechte Gesprächsgestaltung erfordert.

Vor diesem Hintergrund sind die Fachsprache und ihr Einfluss auf die Lernleistung in den letzten Jahren zunehmend zum Gegenstand fachdidaktischer Forschung geworden. Allerdings liegen zum Chemieunterricht nur sehr wenige Studien vor (z.B. Scheuer, Kleffken & Ahlborn-Gockel, 2010; Busch & Ralle, 2012; Streller, Hoffmann & Bolte, 2012), in denen der Einfluss des Zusammenhangs zwischen Allgemeinsprache und Fachsprache auf die Chemieleistung untersucht wird. Während Scheuer, Kleffken & Ahlborn-Gockel (2010) die Wirksamkeit einer Sprachförderung auf die Sprachkompetenz der Schülerinnen und Schüler in den Naturwissenschaften anhand von ausgewählten Schülerexperimenten und dazugehörigen Arbeitsblättern zeigen konnten, werden von Busch & Ralle (2012) in Zusammenarbeit mit Lehrkräften weitere Sprachfördermöglichkeiten, z.B. durch Versuchsprotokolle, untersucht. Darüber hinaus weisen weitere Studien, wie z.B. zu den KieWi-Sprachcamps Naturwissenschaften, darauf hin, dass eine intensive Sprachförderung in Naturwissenschaften den Schülerinnen und Schülern sowohl sprachlich als auch naturwissenschaftsbezogen große Fortschritte ermöglicht

(Streller et al., 2012). Zur Bewältigung der kommunikativen, fachsprachlichen Standardsituationen schlägt Leisen (2010) Methoden-Werkzeuge vor. Bevor jedoch Fördermaßnahmen sinnvoll entwickelt und erprobt werden können, müssen zur Beschreibung der Ausgangslage erst einmal Ist-Analysen durchgeführt und Möglichkeiten der Diagnose fachsprachlicher Fähigkeiten erprobt werden.

Zur Messung von allgemeiner Sprachkompetenz werden C-Tests eingesetzt. Sie ermöglichen eine objektive und valide Bestimmung des Niveaus der allgemeinen Sprachfähigkeiten (Baur, Grotjahn & Spettmann, 2006). Sie basieren auf dem Prinzip der *reduced redundancy*. Dieses Prinzip geht davon aus, dass in einer Nachricht immer verschiedene Informationen systematisch miteinander verknüpft sind. Tritt eine Störung wie z.B. eine nicht lesbare Handschrift oder uneindeutige Formulierungen auf, kann der Empfänger, der die Sprache beherrscht, die fehlenden Sprachelemente rekonstruieren. Das gilt jedoch nicht für sprachlich weniger leistungsfähige Probanden. Auf der Basis dieser Erkenntnisse wurde ein Testformat entwickelt, bei dem Lücken in einem Text sinnvoll ergänzt werden müssen (Klein-Braley, 1997). Je weniger Fehler dabei gemacht werden, desto besser wird die Sprache allgemein beherrscht – so die zentrale Annahme (Raatz, 2010). Ein C-Test besteht aus authentischen Texten, die nach einem bestimmten Muster mit Auslassungen versehen wurden, die rekonstruiert werden müssen. Pro Text werden bis zu 200 Wörter und 20 bis 25 Lücken verwendet. Charakteristisch für den C-Test ist, dass der erste und letzte Satz komplett präsentiert werden und jedes zweite Wort zur Hälfte getilgt wird.

Während C-Tests ursprünglich zur Messung von Fremdsprachenkompetenz entwickelt und eingesetzt wurden, hat sich ihr Gebrauch in den letzten Jahren erheblich erweitert. So liegen inzwischen auch C-Tests für viele Mutterspachen und für viele sprachliche Anwendungsbereiche vor. Der C-Test (L_U) für die Unterrichtssprache Deutsch hat die folgenden Merkmale (Grotjahn, 2002, S. 222):

- Authentizität;
- keine Fiktion;
- keine direkte Rede;
- kein fach- und kulturspezifischer Inhalt;
- unmarkierte Sätze[1] und Wörter[2];
- angemessener Schwierigkeitsgrad[3];
- Berücksichtigung der Lerngeschichte der Gruppe.

Um den Sprachstand in der chemischen Fachsprache zu erheben, wird eine vom C-Test abgeleitete Testform eingesetzt, der *Teilfertigkeitsorientierte Test* (TF-Test). Dieser TF-Test unterscheidet sich vom C-Test durch den Fachinhalt, der über entsprechende Fach-

---

[1] Die unmarkierten Sätze sind die Sätze, die aus einer Satzgliederung „Subjekt-Verb-Objekt" bestehen (Stahn, Hömig, Burchert & de Bleser, 2010).
[2] Unmarkierte Wörter sind die Wörter, die nicht auf spezifische Verwendungssituationen beschränkt sind und speziellere Wörter ersetzen (Jordan, 2007).
[3] Um adäquate Schwierigkeitsniveaus der Tests zu erzielen, orientieren sich die Testitems an dem Sprachniveau der vorherigen Jahrgangsstufe.

begriffe und den fachspezifischen Satzbau abgebildet wird. Die Lücken entstehen in diesem Fall dadurch, dass die vordere Hälfte der Fachbegriffe gelöscht wird.

Tunali & Sumfleth (2012) haben in einer Studie zur Förderung der chemischen Fachsprache TF-Tests entwickelt. Dabei wurden Schulbücher für das Fach Chemie an Gymnasien und Gesamtschulen hinsichtlich chemischer Fachbegriffe zu bestimmten Inhaltsbereichen analysiert. Diese Inhaltsbereiche waren in diesem Fall „Stoffe und Stoffeigenschaften", „Aggregatzustände", „Stoffgemische" und „Trennverfahren". Anschließend wurden identifizierte Fachbegriffe von zwei Experten im Hinblick auf ihre Fachspezifität bewertet. Die Beurteilerübereinstimmung für die Analyse der chemischen Fachbegriffe beträgt durchschnittlich κ = 0,76 und ist somit sehr gut (Wirtz & Caspar, 2002). Die TF-Tests zur Messung der chemischen Fachsprache (TF-Test L_C) wurden zu aus den Fachbegriffen abgeleiteten Themenbereichen entwickelt und pilotiert. Parallel zum C-Test L_U (allgemeiner Unterrichtssprachentest) und zum TF-Test L_C wurden das chemische Fachwissen, die soziale Herkunft (Kunter, et al., 2002), die kognitive Fähigkeiten (nonverbal) (Heller & Perleth, 2000) und das Interesse am Fach Chemie (Klos, 2008) der Schülerinnen und Schüler erhoben.

Die Reliabilitäten der C-Tests L_U (zwischen .661 und .924) und L_C (zwischen 0.755 und 0.909) wurden als Alphawerte nach Cronbach berechnet. Damit entsprechen beide Tests den Anforderungen des Reliabilitätskriteriums.

Die Ergebnisse der Zusammenhangsanalysen zu den Ergebnissen im Fachwissenstest und denen im Unterrichtssprachentest (C-Test L_U) sowie denen im chemischen Fachsprachentest (TF-Test L_C) geben Hinweise darauf, dass das Fachwissen und die chemische Fachsprache zueinander in Beziehung stehen, während zwischen Fachwissen und dem Unterrichtssprachentest kein signifikanter Zusammenhang vorliegt (siehe Tabelle 2).

Tab. 2: Ergebnisse der Zusammenhangsanalyse zwischen dem Fachwissenstest und dem C-Test L_U sowie dem TF-Test L_C

Korrelationen (Spearman-Rho)	
	Fachwissenstest
TF-Test L_C	r_s = 0,290** p = 0,006
C-Test L_U	r_s = 0,149 p = 0,153

Betrachtet man die Zusammenhangsanalysen zu den Ergebnissen in den vier verschiedenen, inhaltsabhängigen Subtests des chemischen Fachsprachentests (siehe Tabelle 3) und dem Unterrichtssprachentest näher, stellt sich erwartungskonform heraus, dass der TF-Test zum Thema „Stoffe und ihre Eigenschaften" mit dem C-Test L_U signifikant korreliert. Dies lässt sich durch die Bekanntheit der Bedeutung der Begriffe wie „Farbe" oder „Geschmack" aus dem Alltag erklären. Die Themen „Aggregatzustände", „Stoffgemische" und „Trennverfahren" hingegen beinhalten Begriffe, die die Schülerinnen und Schüler nicht aus dem Alltag kennen, was zu den nicht signifikanten Korrelationen führt.

Tab. 3: Ergebnisse der Zusammenhangsanalyse zwischen dem TF-Test Lc und dem C-Test Lu

Korrelationen (Spearman-Rho)	
Thema	C-Test L_U
Stoffe und ihre Eigenschaften	$r_s= 0,274**$ $p = 0,008$
Aggregatzustände	$r_s= 0,030$ $p = 0,774$
Stoffgemische	$r_s= 0,082$ $p = 0,433$
Trennverfahren	$r_s= 0,004$ $p = 0,971$
Gesamt (TF-Test L_C)	$r_s= 0,149$ $p = 0,153$

4 Förderung fachsprachlicher Fähigkeiten

Um die Schülerinnen und Schüler in ihren fachsprachlichen Fähigkeiten zu fördern, können auf Basis der Arbeiten von Leisen (2010) zu den vier „fachspezifischen Sprachkompetenzbereichen" – 1. Wissen sprachlich darstellen, 2. Wissenserwerb sprachlich begleiten, 3. Wissen mit anderen sprachlich verhandeln, 4. Text- und Sprachkompetenz ausbauen – Unterrichtsmaterialien entwickelt werden. Diese Unterrichtsmaterialien sollen den regulären Fachunterricht ergänzen und die Sprachkompetenz der Schülerinnen und Schüler systematisch fördern (siehe Tabelle 4).

Tab. 4: Fachspezifische Kompetenzbereiche (nach Leisen, 2010)

Fachspezifische Sprachkompetenzbereiche	
	Schülerinnen und Schüler werden in ihren Fähigkeiten ... unterstützt.
1	...etwas zu reproduzieren, zu beschreiben und darzustellen, ...Darstellungsformen zu verbalisieren, ...fachtypische Sprachstrukturen anzuwenden,
2	...Sachverhalte zu präsentieren und strukturiert vorzutragen, ...Hypothesen, Vorstellungen, Ideen zu äußern, ...Informationen zu nutzen und Fragen zu stellen,
3	...Sachverhalte zu erklären und zu erläutern, ...fachliche Probleme zu lösen und zu verbalisieren, ...auf Argumente einzugehen und Sachverhalte diskursiv zu erörtern,
4	...Fachtexte zu lesen, ...Fachtexte zu verfassen, ...Sprachkompetenz zu sichern und zu üben.

Das Ziel dieser Materialien ist ein bewussterer Umgang mit der Sprache beim Lernen und Lehren im Fach. Dies führt zu einer sprachsensiblen Gestaltung des Fachunterrichts. Damit werden die Schülerinnen und Schüler in authentische, aber bewältigbare Sprachsituationen gebracht. Sie werden gefordert, ihr Sprachvermögen auszuschöpfen und ggf. zu erweitern. Dabei erhalten sie so wenige Sprachhilfen wie möglich, aber auch so viele wie individuell zum erfolgreichen Bewältigen der Sprachsituationen nötig (Leisen, 2010).

Das Übertragen dieser Ideen auf Inhaltsbereiche der Chemie, wie „Stoffe und Stoffeigenschaften", „Aggregatzustände", „Stoffgemische" und „Trennverfahren", führt zu

Unterrichtsmaterialien, die die Schülerinnen und Schüler nicht nur in ihren fachlichen, sondern auch in ihren sprachlichen Kompetenzen fördern sollen. Mit Hilfe dieser Materialien werden die Schülerinnen und Schüler aufgefordert, ihr Fachwissen zu aktivieren und das Wissen sprachlich korrekt darzustellen. Ein Beispiel ist in Abbildung 2 dargestellt.

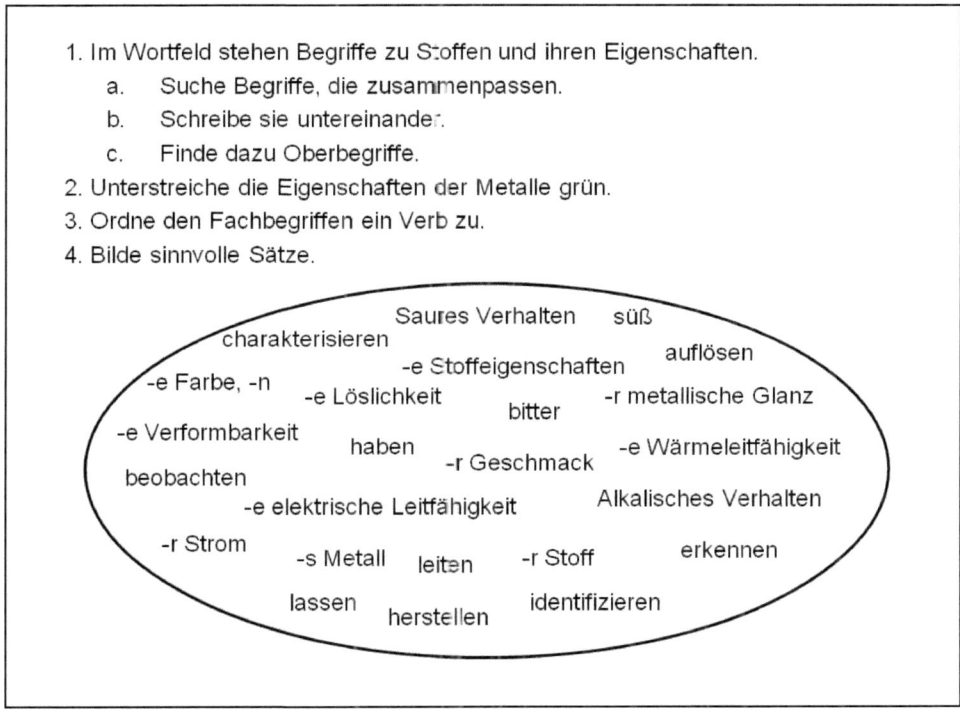

Abb. 2: Arbeitsblatt zum Thema „Stoffe und ihre Eigenschaften" für die Gruppen mit Schwerpunkt der Förderung der chemischen Fachsprache

Herkömmliche Materialien ohne den Schwerpunkt der Förderung der chemischen Fachsprache sehen im Vergleich dazu bei gleichem Inhalt so aus, wie in Abbildung 3 dargestellt.

> 1. Erkläre die folgende Begriffe;
>   - Stoffeigenschaften
>   - Leitfähigkeit
>   - Wärmeleitfähigkeit
>   - Löslichkeit
>
> 2. Schreibe die beobachtbaren und nicht beobachtbaren Eigenschaften der Stoffe auf.
>
> 3. Beschreibe die Eigenschaften der Metalle.

Abb. 3: Arbeitsblatt zum Thema „Stoffe und ihre Eigenschaften" für die Gruppen ohne Schwerpunkt der Förderung der chemischen Fachsprache

Diese Materialien – mit und ohne Förderung der Fachsprache – wurden in einer Pilotstudie unter vergleichbaren Bedingungen in vergleichbaren Lerngruppen eingesetzt. Dabei zeigte der Prä-post-Vergleich der Leistungen im Unterrichtssprachentests (C-Test L_U), dass die Schülerinnen und Schüler, die mit den Materialien mit Fachsprachenförderung gearbeitet haben, einen signifikant höheren Lernzuwachs in der Beherrschung der allgemeinen Unterrichtssprache aufweisen als die Schülerinnen und Schüler, die die herkömmlichen Chemieübungsaufgaben bearbeitet haben (U = 563,000, z = -2,299; p = 0,022). Dieselben Befunde zeigten sich für die chemische Fachsprache (C-Test L_C) in den Themenfeldern „Stoffgemische" und „Trennverfahren" (siehe Tabelle 5). Dieses Ergebnis ist unabhängig davon, welche Sprache zuhause gesprochen wird. An dieser Stelle setzt eine zurzeit laufende Studie ein, in der die unterschiedlichen Materialien eingesetzt werden und die Effekte für die Unterrichtssprache, die Fachsprache und die fachliche Lernleistung detailliert untersucht werden.

Tab. 5: Vergleich des residualen Lernzuwachs von Interventions- und Kontrollgruppen im TF-Test L_C

Thema (TF-Test L_C)	Gruppen	T-Test
Stoffgemische	Interventionsgruppe	$t(25)$= 3,950; p= 0,001
	Kontrollgruppe	
Trennverfahren	Interventionsgruppe	$t(14)$= 2,277; p= 0,039
	Kontrollgruppe	

5 Zusammenfassung und Ausblick

Die Nationalen Bildungsstandards für das Fach Chemie machen normative Vorgaben für die kommunikativen Fähigkeiten, die Schülerinnen und Schüler im Chemieunterricht erlernen sollen. Auf inhaltlicher Ebene können dabei die drei Kompetenzteilbereiche

Informationen erschließen, Informationen weitergeben und *Argumentieren* unterschieden werden. Im Bereich *Informationen erschließen* wird auf rezeptive sprachliche Handlungen fokussiert, wie etwa zielgerichtetes Recherchieren und Auswerten von Informationsmaterial. Im Gegensatz dazu stehen im Teilbereich *Informationen weitergeben* produktive sprachliche Handlungen, wie z.B. Erklären, Beschreiben, Berichten, Dokumentieren und Präsentieren, im Mittelpunkt. Der Teilbereich *Argumentieren* unterliegt einer breiten Definition, die sowohl persuasives als auch erklärendes Argumentieren umfasst. Ergänzend dazu sind in allen drei Kompetenzteilbereichen die Aspekte *Sprache/Fachsprache, Darstellungsformen* und *Adressatenbezug/Sachbezug* zu finden.

In der aktuellen chemiedidaktischen Forschung wurde der Zusammenhang zwischen den Redeanteilen von Schülerinnen und Schülern bzw. Lehrerinnen und Lehrern und dem Lernerfolg betrachtet. Es konnte gezeigt werden, dass ein erhöhter Anteil an Schülererklärungen zu signifikant höherem Lernerfolg führt (Schulz, 2011). Ebenso konnte Knobloch (2011) zeigen, dass in Kleingruppen mit fachlich komplexerer Kommunikation auch ein höherer Lernerfolg auftritt. Außerdem konnte gezeigt werden, dass die Vermittlung von Entscheidungs- und Argumentationsstrategien zu einer Steigerung der Qualität der Argumente führt (Erduran et al., 2004; Zohar & Nemet, 2002). Ein ungeklärter Punkt ist dabei, ob schlechte Leistungen beim Argumentieren mit mangelhaften Leistungen im Bereich der Kommunikationskompetenz oder des Fachwissens zusammenhängt. Von Aufschnaiter et al. (2004) konnten hier zwar zeigen, dass die Qualität von Argumentationen vom Vorwissen abhängt, aber der Zusammenhang zwischen der fachlichen Qualität der Kommunikation und dem Lernerfolg kann nur vermutet werden.

Die Lernleistung von Schülerinnen und Schülern wird grundsätzlich durch die allgemeine wie fachbezogene Sprachkompetenz beeinflusst. Im Chemieunterricht wird die Situation durch das Erlernen der Fachsprache zusätzlich erschwert. Damit eine effektive Förderung von kommunikativen und sprachlichen Kompetenzen erfolgen kann, muss zunächst die vorliegende Sprachkompetenz genauer analysiert werden. Zur Messung des Sprachstandes in der chemischen Fachsprache wurden teilfertigkeitsorientierte C-Tests entwickelt und pilotiert. Zur Förderung der fachsprachlichen Fähigkeiten wurden Materialien entwickelt, die sich sowohl auf die fachlichen als auch auf die fachsprachlichen Kompetenzen der Schülerinnen und Schüler richten. Das Ergebnis einer Pilotstudie zeigt, dass Schülerinnen und Schüler einen höheren Lernzuwachs in der Unterrichtssprache aufweisen, wenn sie mit den Materialien gearbeitet haben, und dass die fachsprachlichen Fähigkeiten ebenfalls gefördert wurden. Weitere Untersuchungen mit einer größeren Probandenzahl werden folgen.

Danksagung

Für die finanzielle Unterstützung der unterschiedlichen Projekte danken wir der DFG (GK 902 und WA 2829-1) und dem Institut für Qualitätsentwicklung im Bildungswesen (IQB). Den beteiligten Schulen danken wir für die Mitarbeit bei der Datenerhebung.

Literatur

Abelson, R.P. & Levi, A. (1985). *Decision making and decision theory.* In G. Lindzey & E. Aronson (Hrsg.), *The handbook of social psychology* (S. 231–309). New York: Random House.

Aufschnaiter, C. von, Erduran, S. & Osborne, J. (2004). *Argumentation and cognitive processes in science education.* Abstractband: Annual Meeting of the National Association for Research in Science Teaching.

Aufschnaiter, C. von, Fleischhauer, J., Rogge, C. & Riemeier, T. (2008). *Argumentation and scientific reasoning – An exploration of their interrelationship. Paper presented at the conference of NARST.* (CD-ROM). Baltimore: USA.

Badura, B. (1973). *Sprachbarrieren. Zur Soziologie der Kommunikation.* Stuttgart: Friedrich Frommann.

Baumert, J., Klieme, E., Neubrand, M., Prenzel, M., Schiefele, U., Schneider, W., Stanat, P., Tillmann, J. & Weiß, M. (2001). PISA 2000. Basiskompetenzen von Schülerinnen und Schülern im internationalen Vergleich. Opladen: Leske + Budrich.

Baur, R.S., Grotjahn, R. & Spettmann, M. (2006). Der C-Test als Instrument der Sprachstandserhebung und Sprachförderung. In J.P. Timm & H.J. Vollmer (Hrsg.), *Fremdsprachenlernen und Fremdsprachenforschung. Kompetenzen, Standards, Lernformen, Evaluation.* Festschrift für Helmut Johannes Vollmer (S. 389–406). Tübingen: Narr.

Becker-Mrotzek, M. & Böttcher, I. (2005). *Schreiblehrgang. Basale Schreibaufgaben und Textarten in Verbindung mit Naturwissenschaftlichen Fächern.* Universität Köln: Unveröffentlicht.

Blair, J.A. & Johnson, R.H. (1987). Argumentation as dialectical. *Argumentation, 1,* 41–56.

Blumer, H. (1973). Der Methodologische Standort des Symbolischen Interaktionismus. In J. Matthes (Hrsg.), *Alltagswissen. Interaktion und gesellschaftliche Wirklichkeit* (S. 80–146). Opladen: Westdeutscher Verlag.

Bromme, R., Jucks, R. & Rambow, R. (2004). Experten-Laien-Kommunikation im Wissensmanagement. In G. Reinmann & H. Mandl (Hrsg.), *Der Mensch im Wissensmanagement. Psychologische Konzepte zum besseren Verständnis und Umgang mit Wissen* (S. 176–188). Göttingen: Hogrefe.

Burkart, R. (2002). *Kommunikationswissenschaft. Grundlagen und Problemfelder. Umrisse einer interdisziplinären Sozialwissenschaft.* Wien u.a.: Böhlau.

Busch, H. & Ralle, B. (2012). Fachsprachliche Kompetenzen prüfen und fördern. In S. Bernholt (Hrsg.), *Konzepte fachdidaktischer Strukturierung für den Unterricht* (S. 578–580). Berlin u.a.: LIT.

Bußmann, H. (Hrsg.). (2008). *Lexikon der Sprachwissenschaft.* Stuttgart: Kröner.

Carlsen, W.S. (2007). Language and science learning. In S.K. Abell & N.G. Lederman (Hrsg.), *Handbook of research on science education* (S. 57–74). Lawrence Erlbaum Associates.

Chi, M. T. & Bassok, M. (1998). Learning from examples via self-explanations. In R. Glaser & L.B. Resnick (Hrsg.), *Knowing, learning, and instruction. Essays in honor of Robert Glaser* (S. 251–282). Hillsdale, NJ: Erlbaum.

Chi, M.T., Leeuw, N. de, Chiu, M.-H. & LaVancher, C. (1994). Eliciting self-explanations improves understanding. *Cognitive Science, 18,* 439–477.

Christmann, U. & Groeben, N. (2006). Psychologie des Lesens. In B. Franzmann, K. Hasenmann, D. Löffler & E. Schön (Hrsg), *Handbuch Lesen* (S. 145–223). Baltmannsweiler: Schneider Verlag Hohengehren.

Driver, R., Newton, P. & Osborne, J. (2000). Establishing the norms of scientific argumentation in classrooms. *Science Education, 84* (3), 287–312.

Duschl, R. & Osborne, J. (2002). Supporting and Promoting Argumentation Discourse in Science Education. *Studies in Science Education, 38* (1), 39–72.

Erduran, S., Simon, S. & Osborne, J. (2004). Tapping into argumentation: developments in the application of Toulmin''s argument pattern for studying science discourse. *Science Education, 88* (6), 915–933.

Ferguson-Hessler, M.G. & de Jong, T. (1990). Studying Physics Texts. Differences in study processes between good and poor performers. *Cognition and Instruction, 7* (1), 41–54.

Franke-Braun, G. (2008). *Aufgaben mit gestuften Lernhilfen. Ein Aufgabenformat zur Förderung der sachbezogenen Kommunikation und Lernleistung für den naturwissenschaftlichen Unterricht. Studien zum Physik- und Chemielernen.* Berlin. Logos Verlag.

Großmann, B. (1999). Der Einfluß des Radikalen Konstruktivismus auf die Kommunikationswissenschaft. In G. Rusch, S.J. Schmidt, R. Burkart (Hrsg.), *Konstruktivismus in der Medien- und Kommunikationswissenschaft* (S. 14–51). Frankfurt/M.: Suhrkamp.

Grotjahn, R. (Hrsg.). (2002). *Der C-Test. Theoretische Grundlagen und praktische Anwendungen.* Bochum: AKS-Verlag.

Habermas, J. (1971). Vorbereitende Bemerkungen zu einer Theorie der kommunikativen Kompetenz. In J. Habermas, N. Luhmann (Hrsg.), *Theorie der Gesellschaft oder Sozialtechnologie. Was leistet Systemforschung?* (S. 101–141). Frankfurt/M.: Suhrkamp.

Heller, K.A. & Perleth, C. (2000). *Kognitiver Fähigkeitstest für 4. bis 12. Klassen, Revision. Manual.* Göttingen: Beltz Test.

Hogan, K. & Maglienti M. (2001). Comparing the epistemological underpinnings of students'' and scientists'' reasoning about conclusions. *Journal of Research in Science Teaching, 38* (6), 663–687.

Jiménez-Aleixandre, M.P. (2002). Knowledge producers or knowledge consumers? Argumentation and decision making about environmental management. *International Journal of Science Education, 24* (11), 1171–1190.

Jordan, S. (2007). *Schreibkompetenz Deutsch – Eine empirische Untersuchung bei türkischstämmigen Duisburger Grundschülern.* München: GRIN Verlag GmbH.

Kirchhöfer, D. (2004). *Lernkultur Kompetenzentwicklung. Begriffliche Grundlagen.* Berlin: Arbeitsgemeinschaft Betriebliche Weiterbildung e.V.

Klein-Braley, C. (1997). C-Tests in the context of reduced redundancy testing: an appraisal. *Language Testing, 14* (1), 47–84.

Klieme, E., Artelt, C., Hartig, J., Jude, N. & Köller, O. (Hrsg.). (2010). *PISA 2009. Bilanz nach einem Jahrzehnt.* Münster: Waxmann.

Klieme, E., Avenarius, H., Blum, W., Döbrich, P., Gruber, H. & Prenzel, M., Reiss, K., Rost, J., Tenorth, H.-E. & Vollmer, H. J. (2003). *Zur Entwicklung nationaler Bildungsstandards. Eine Expertise.* Bonn: BMBF.

Klos, S. (2008). *Kompetenzförderung im naturwissenschaftlichen Anfangsunterricht – der Einfluss eines integrierten Unterrichtskonzepts.* Berlin: Logos.

KMK (Sekretariat der Ständigen Konferenz der Kultusminister der Länder in der Bundesrepublik Deutschland) (2005a). *Bildungsstandards im Fach Biologie für den Mittleren Schulabschluss. Beschluss vom 16.12.2004.* München: Luchterhand.

KMK (Sekretariat der Ständigen Konferenz der Kultusminister der Länder in der Bundesrepublik Deutschland) (2005b). *Bildungsstandards im Fach Chemie für den Mittleren Schulabschluss. Beschluss vom 16.12.2004.* München: Luchterhand.

KMK (Sekretariat der Ständigen Konferenz der Kultusminister der Länder in der Bundesrepublik Deutschland) (2005c). *Bildungsstandards im Fach Physik für den Mittleren Schulabschluss. Beschluss vom 16.12.2004.* München: Luchterhand.

Knobloch, R. (2011). *Analyse der fachinhaltlichen Qualität von Schüleräußerungen und deren Einfluss auf den Lernerfolg. Eine Videostudie zu kooperativer Kleingruppenarbeit.* Studien zum Physik- und Chemielernen. Berlin: Logos.

Knobloch, R., Sumfleth, E. & Walpuski, M. (2011). Analyse der Schüler-Schüler-Kommunikation im Chemieunterricht. Entwicklung und Erprobung eines Kategoriensystems. *Chemkon, 18* (2), 1–6.

Kortland, K. (1996). An STS Case Study about Students" Decision Making on the Waste Issue. *Science Education, 80* (6), 673–689.

Kroß, A. & Lind, G. (2001). Einfluss von Vorwissen auf Intensität und Qualität des Selbsterklärens beim Lernen mit biologischen Beispielaufgaben. *Unterrichtswissenschaft, 1,* 5–25.

Kuhn, D. (1991). *The skills of argument.* Cambridge: Cambridge University Press.

Kulgemeyer, C. & Schecker, H. (2009). Kommunikationskompetenz in der Physik. Zur Entwicklung eines domänenspezifischen Kommunikationsbegriffs. *Zeitschrift für Didaktik der Naturwissenschaften, 15,* 131–153.

Kunter, M., Schümer, G., Artelt, C., Baumert, J., Klieme, E., Neubrand, M., Prenzel, M., Schiefele, U., Schneider, W., Stanat, P., Tillmann, J. & Weiß, M. (2002). *PISA 2000: Dokumentation der Erhebungsinstrumente,* Materialien aus der Bildungsforschung, Bd. 72. Berlin: Max-Planck-Institut für Bildungsforschung.

Leisen, J. (2005). Wechsel der Darstellungsformen. Eine wichtige Strategie im kommunikativen Physikunterricht. *Unterricht Physik, 16* (87), 10–11.

Leisen, J. (2010). *Handbuch Sprachförderung im Fach. Sprachsensibler Fachunterricht in der Praxis. Grundlagenwissen, Anregungen und Beispiele für die Unterstützung von sprachschwachen Lernern und Lernern mit Zuwanderungsgeschichte beim Sprechen, Lesen, Schreiben und Üben im Fach.* Bonn: Varus.

Lemke, J.L. (1990). *Talking science. Language, learning, and values.* Norwood, NJ: Ablex.

Lind, G., Friege, G. & Sandmann, A. (2005). Selbsterklären und Vorwissen. *Empirische Pädagogik, 19,* 1–27.

Mead, G.H. (1968). *Geist, Identität und Gesellschaft aus der Sicht des Sozialbehaviorismus.* Frankfurt/M.: Suhrkamp.

Merzyn, G. (1998). Sprache im naturwissenschaftlichen Unterricht. *Physik in der Schule, 36* (6), 203–288.

Neumann, K., Fischer, H.E. & Sumfleth, E. (2008). Vertikale Vernetzung und kumulatives Lernen im Chemie- und Physikunterricht. In E.-M. Lankes (Hrsg.), *Pädagogische Professionalität als Gegenstand empirischer Forschung* (S. 141–152). Münster: Waxmann.

Nieswandt, M. (1998). Lernen im Chemieunterricht durch eigentätiges Schreiben. Fallanalysen. *Zeitschrift für Didaktik der Naturwissenschaften, 4,* 21–40.

Norris, P.S. & Phillips, L.M. (2003). How literacy in its fundamental sense is central to scientific literacy. *Science Education, 87* (2), 224–240.

OECD (2003). *The PISA 2003 Assessment framework. Mathematics, reading, science and problem solving knowledge and skills.* Paris: OECD.

OECD (2007). *PISA 2006. Schulleistungen im internationalen Vergleich. Naturwissenschaftliche Kompetenzen für die Welt von Morgen.* Bielefeld: Bertelsmann.

Prenzel, M., Baumert, J., Blum, W., Lehmann, R., Leutner, D., Neubrand, M. (Hrsg.). (2005). *PISA 2003. Der zweite Vergleich der Länder in Deutschland – Was wissen und können Jugendliche?* Münster: Waxmann.

Raatz, U. (2010). *C-Test. Welche Theorie liegt zugrunde?* Verfügbar unter: http://www.c-test.de/deutsch/index.php?lang=de&content=beschreibung_theorie&section=ctest [03.01.2012].

Rabe, T. (2007). *Textgestaltung und Aufforderung zu Selbsterklärungen beim Physiklernen mit Multimedia. Studien zum Physik- und Chemielernen.* Berlin: Logos.

Ramm, G., Prenzel, M., Heidemeier, H. & Walter, O. (2004). Soziokulturelle Herkunft. Migration. In M. Prenzel, J. Baumert, W. Blum, R. Lehmann, D. Leutner & M. Neubrand (Hrsg.), *PISA 2003. Der Bildungsstand der Jugendlichen in Deutschland. Ergebnisse des zweiten internationalen Vergleichs* (S. 254–272). Münster: Waxmann.

Rautenstrauch, C. (2008). *Das Sprachspiel des Online-Tutoring. Zur Unterstützung von Wissenskommunikation in lernenden Online-Gemeinschaften. Eine Analyse im Kontext beruflicher Weiterbildung.* Verfügbar unter: http://duepublico.uni-duisburg-essen.de/servlets/DerivateServlet/Derivate-21269/ChRautenstrauch_151208.pdf [01.12.2010].

Renkl, A. (1997). *Lernen durch Lehren. Zentrale Wirkmechanismen beim kooperativen Lernen.* Wiesbaden: Deutscher Universitätsverlag.

Rincke, Karsten (2007). *Sprachentwicklung und Fachlernen im Mechanikunterricht. Sprache und Kommunikation bei der Einführung in den Kraftbegriff. Studien zum Physik- und Chemielernen.* Berlin: Logos.

Rincke, Karsten (2010). Alltagssprache, Fachsprache und ihre besonderen Bedeutungen für das Lernen. *Zeitschrift für Didaktik der Naturwissenschaften, 16*, 235–260.

Rudow, B. (1995). *Die Arbeit des Lehrers. Zur Psychologie der Lehrertätigkeit, Lehrerbelastung und Lehrergesundheit.* Bern: Huber.

Sadler, T.D. & Zeidler, D.L. (2005). The significance of content knowledge for informal reasoning regarding socioscientific issues. Applying genetics knowledge to genetic engineering issues. *Science Education, 89* (1), 71–93.

Scheuer, R., Kleffken, B. & Ahlborn-Gockel, S. (2010). Experimentieren als neuer Weg zur Sprachförderung. In H. Köster, H. Frank & V. Nordmeier (Hrsg.), *Handbuch Experimentieren* (S. 91–114). Baltmannsweiler: Schneider.

Schönwälder, H.-G. (1988). Die Arbeitssituation der Lehrer als Bestimmungsfaktor der Arbeitssituation der Schüler. In J. Berndt, D. Busch, & H.-G. Schönwälder (Hrsg.), *Schulstress-Schülerstress-Elternstress* (S. 97–130). Bremen: Edition bildung & medien.

Schulz von Thun, Friedemann (1981). *Miteinander reden 1. Störungen und Klärungen.* Reinbek: Rowohlt.

Schulz, A. (2011). *Experimentierspezifische Qualitätsmerkmale im Chemieunterricht. Eine Videostudie. Studien zum Physik- und Chemielernen.* Berlin: Logos.

Simonneaux, L. (2001). Role-play or debate to promote students" argumentation and justification on an issue in animal transgenesis. *International Journal of Science Education, 23* (9), 903–927.

Stahn, C., Hömig, R., Burchert, F. & de Bleser, R. (2010). Die aphasische Verarbeitung räumlicher Relationen. In M. Wahl, C. Stahn, S. Hanne & T. Fritzsche (Hrsg.), *Schwerpunktthema Von der Programmierung zur Artikulation. Sprechapraxie bei Kindern und Erwachsenen* (S. 151–154) Potsdam: Universitätsverlag.

Stanat, P., Baumert, J. & Müller, A.G. (2005). Förderung von deutschen Sprachkompetenzen bei Kindern aus zugewanderten und sozial benachteiligten Familien: Evaluationskonzept für das Jacobs-Sommercamp Projekt. *Zeitschrift für Pädagogik,* (51), 856–875.

Stäudel, L. (2008). Mit Informationen umgehen. Übersetzen zwischen verschiedenen Darstellungsformen. *Naturwissenschaften im Unterricht Chemie, 19* (106/107), 40–51.

Stäudel, L., Franke-Braun, G. & Parchmann, I. (2008). Sprache, Kommunikation und Wissenserwerb im Chemieunterricht. *Unterricht Chemie, 19* (106/107), 4–9.

Streller, S., Hoffmann, M. & Bolte, C. (2012). KieWi & Co: Sprachförderung im Kontext naturwissenschaftlichen Lernens. In S. Bernholt (Hrsg.), *Konzepte fachdidaktischer Strukturierung für den Unterricht* (S. 572–574). Berlin, Münster: LIT.

Sumfleth, E. & Gnoyke, A. (1995). Die Bedeutung bildlicher Symbolsysteme für Theoriebildungen in der Chemie. *Der mathematische und naturwissenschaftliche Unterricht, 48* (1), 14–21.

Sumfleth, E. & Pitton, A. (1998). Sprachliche Kommunikation im Chemieunterricht-Schülervorstellungen und ihre Bedeutung im Unterrichtsalltag. *Zeitschrift für Didaktik der Naturwissenschaften, 4* (2), 4–20.

Sutton, C. (1998). New Perspectives on language in Science. In B.J. Fraser & K.G., Tobin (Hrsg.), *International handbook of science education. Part 1* (S. 27–38). London: Kluwer Academic.

Tirri, K. & Pehkonen, L. (2002). The moral reasoning and scientific argumentation of giftes adolescents. *The Journal of Secondary Giftes Education, 8* (3), 120–129.

Toulmin, S.E. (1958). *The uses of argument.* Cambridge: Cambridge University Press.

Toulmin, S.E. (2003). *The uses of argument.* (Überarbeitete Aufl.) Cambridge: Cambridge University Press.

Tunali, N. & Sumfleth, E. (2012). Eine Förderstudie zur chemischen Fachsprache. In S. Bernholt (Hrsg.), *Konzepte fachdidaktischer Strukturierung für den Unterricht* (S. 575–577). Berlin, Münster: LIT.

Walpuski, M. & Sumfleth, E. (2007). Strukturierungshilfen und Feedback zur Unterstützung experimenteller Kleingruppenarbeit im Chemieunterricht. *Zeitschrift für Didaktik der Naturwissenschaften, 13,* 181–198.

Wellington, J.J. & Osborne, J. (2009). *Language and literacy in science education.* Buckingham: Open University Press.

Wirtz, M. & Caspar, F. (2002). *Beurteilerübereinstimmung und Beurteilerreliabilität. Methoden zur Bestimmung und Verbesserung der Zuverlässigkeit von Einschätzungen mittels Kategoriensystemen und Ratingskalen.* Göttingen: Hogrefe.

Wragg, E. C. (1999). *An introduction to classroom observation.* London: Routledge.

Wuttke, E. (2005). *Unterrichtskommunikation und Wissenserwerb. Zum Einfluss von Kommunikation auf den Prozess der Wissensgenerierung.* Frankfurt/M.: Lang.

Yore, L.D. & Treagust, D.F. (2006). Current Realities und Future Possibilities: Language and science literacy-empowering research and informing instructions. *International Journal of Science Education, 28* (2-3), 291–314.

Zohar, A. & Nemet, F. (2002). Fostering students" knowledge and argumentation skills through dilemmas in human genetics. *Journal of Research in Science Teaching, 39* (1), 36–62.

Hannah Busch & Bernd Ralle

Diagnostik und Förderung fachsprachlicher Kompetenzen im Chemieunterricht

In der allgemeinen Bildungsdiskussion ist zunehmend akzeptiert, dass der Aufbau einer naturwissenschaftlichen Grundbildung ein essentieller Bestandteil des schulischen Unterrichts sein muss. Dies kommt zum Beispiel in den Bildungsstandards im Fach Chemie für den mittleren Schulabschluss zum Ausdruck:

> **Naturwissenschaftliche Bildung** ermöglicht dem Individuum eine aktive Teilhabe an gesellschaftlicher Kommunikation und Meinungsbildung über technische Entwicklungen und naturwissenschaftliche Forschung und ist deshalb wesentlicher Bestandteil von Allgemeinbildung. (Kultusministerkonferenz 2004)

Seit geraumer Zeit wird in den Bildungsplänen der Bundesländer betont, dass sprachliches und fachliches Lernen zum Aufbau einer angemessenen naturwissenschaftlichen Kompetenz Hand in Hand gehen müssen (z.B. Ministerium für Schule und Weiterbildung, Wissenschaft und Forschung des Landes Nordrhein-Westfalen, 1999). Auch die Definition von *Scientific Literacy* der OECD macht deutlich, dass naturwissenschaftliche Grundbildung nicht getrennt von Lese- und Sprachfähigkeiten betrachtet werden kann. *Scientific Literacy* wird definiert als

> die Fähigkeit, naturwissenschaftliches Wissen anzuwenden, um Fragestellungen zu erkennen, sich neues Wissen anzueignen, naturwissenschaftliche Phänomene zu beschreiben und aus Belegen Schlussfolgerungen zu ziehen […] sowie die Bereitschaft, sich mit naturwissenschaftlichen Ideen und Themen zu beschäftigen und sich reflektierend mit ihnen auseinanderzusetzen (PISA Konsortium 2007, S. 65).

Um an der gesellschaftlichen Kommunikation teilhaben zu können, sind also sowohl die naturwissenschaftliche Grundbildung als auch die Fähigkeiten, sich diese zu erschließen und im gesellschaftlichen Diskurs mit ihnen umzugehen, von Bedeutung. Bildungssprachliche Kompetenzen spielen daher im Schulalltag eine zunehmende Rolle und sind auch als entscheidende Kriterien für den Schulerfolg anzusehen.

Da inzwischen vermehrt Schüler[1] mit Migrationshintergrund und zusätzlich solche, die zu den Naturwissenschaften von Haus aus keine Beziehung haben, zu unterrichten sind und sich ganz allgemein das Lese- und Schreibverhalten von Schülern verändert hat, kommt dem Bemühen um eine angemessene Bildungssprache und der darin eingebetteten Fachsprachlichkeit im Unterricht heute eine neue Bedeutung zu.

Die PISA-Studien verdeutlichten wiederholt, dass 15-jährige Schüler mit Migrationsgeschichte erhebliche Schwächen in der Lesekompetenz sowie in der mathematischen und naturwissenschaftlichen Grundbildung vorweisen. So hat fast ein Viertel der

---

1 Hier und im Folgenden wird aus Gründen der besseren Lesbarkeit mit Nennung der männlichen Form stets auch die weibliche impliziert, es sei denn, eine Differenzierung ist fachlich angezeigt.

15-jährigen Schüler Schwierigkeiten, Sachtexte zu lesen und zu verstehen (vgl. Grütz & Pfaff, 2006, S. 26). Die Ergebnisse machen deutlich, dass eine enge Korrelation zwischen dem unterrichtssprachlichen Leseverstehen, das als ein wesentlicher Teil von Textkompetenz aufzufassen ist, und sachfachlichen Kompetenzen besteht.

Eine wichtige Aufgabe der Lehrkräfte ist in diesem Zusammenhang die Entwicklung eines Verständnisses von Fachbegriffen und das Sichern von Fachwörtern in sachlichen Zusammenhängen.

1 Theoretische Vorüberlegungen

1.1 Bildungssprache

Wichtig für das Weiterkommen in der Schule und im Beruf ist nicht in erster Linie die Alltagssprache, mit der Schüler häufig keine Schwierigkeiten haben, sondern ein bestimmtes Register von Sprache, das sich von der Alltagssprache der Schüler unterscheidet, die Bildungssprache (Cummins, 2000). Um im Freundeskreis, zu Hause oder auf dem Spielplatz bestehen zu können, müssen Kinder kommunizieren. Dazu gehört ein grundlegender Wortschatz, aber vor allem auch der Wille sich mitzuteilen (Maier, 2006). Um sich Freunden verständlich zu machen, benötigen Schüler keine komplexen grammatikalischen Strukturen oder Begriffe von gehobenem Niveau (Karner & Schweitzer, 2002); die Alltagssprache ist als Mittel zum Zweck zu sehen und die verwendeten Wörter und sprachlichen Muster sind Bestandteile des komplexen inhaltlichen und kontextbezogenen Handelns (Rehbein, 1977). Neben dem Gesprochenen kommen im Kommunikationsprozess zudem viele andere Aspekte, wie etwa Mimik oder Gestik, unterstützend hinzu.

In der Schule nimmt Sprache einen großen Raum ein, und hier gibt es andere Anforderungen an die Sprache. Äußerungen können bei Nichterfüllung dieser Erwartungen u.U. dazu führen, dass auch der Inhalt (absichtlich) nicht beachtet wird (Ehlich & Rehbein, 1986). Die Sprache ist zum einen Lerninhalt, zum anderen aber auch Mittel zum Lernen anderer Inhalte. Sie muss also gleichzeitig angewendet und geformt werden. Unabhängig von der Fachsozialisation wird im schulischen Kontext ein Sprachregister gefordert, das auch im mündlichen Bereich eine hohe Schriftlichkeit der Äußerung erfordert. Hierbei handelt es sich um eine „konzeptionelle Schriftlichkeit" (vgl. Kniffka & Siebert-Ott, 2007, S. 18), was bedeutet, dass von der gesprochenen Sprache erwartet wird, dass sie der geschriebenen Sprache in Komplexität und Abstraktionsgrad gleicht. Die Äußerungen sollen so formuliert werden, dass sie auch unabhängig von Raum und Zeit, also ohne den aktuellen Kontext und ohne nonverbale Verweise verstanden werden können. Dieses Register wird häufig als Bildungssprache bezeichnet. Einen Sonderfall bildet dabei die Fachsprache, da sie neben den bereits genannten Anforderungen an eine Bildungssprache auch fachspezifische Erwartungen stellt (vgl. Abbildung 1) und zwingend an das Fachliche gebunden ist (Grießhaber, 2010). Dargestellt sind hier die Aspekte der Sprache, derer sich eine Fachsprache bedient.

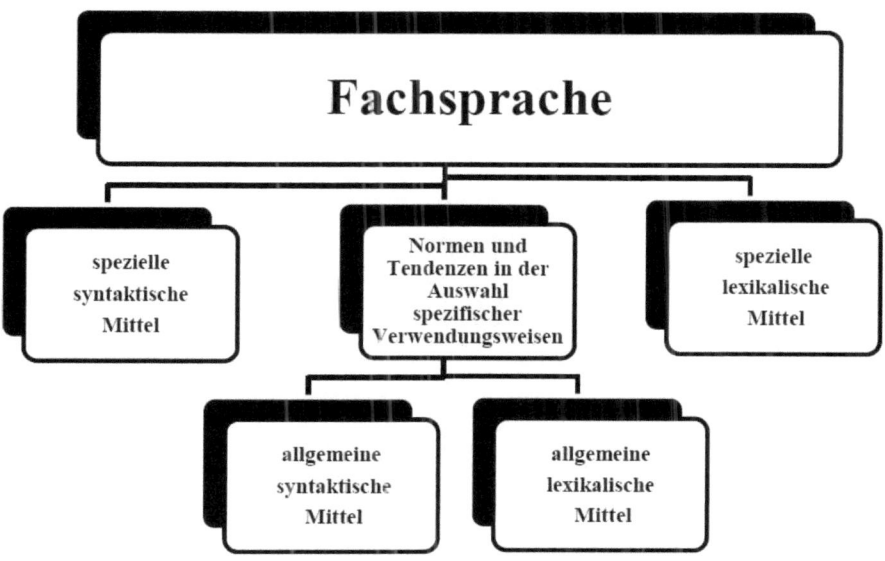

Abb. 1: Fachsprache in Anlehnung an Hoffmann, 1985, S. 35

Bei einer Fachsprache handelt es sich demnach um eine besondere Ausprägung der Gemeinsprache bzw. der Alltagssprache, wobei diese Besonderheit in erster Linie, aber nicht ausschließlich, im Wortbestand begründet liegt. Der gemeinsprachliche Wortschatz wird vertieft und erweitert. Dieser neue bzw. erweiterte Wortschatz ermöglicht eine präzise und differenziertere Bezeichnung der Sachverhalte. Allerdings kann dieser Wortschatz nur „im Zusammenhang mit einem mehr oder weniger umfangreichen unverzichtbaren Rest von Allgemeinwörtern verwendet werden" (Schmidt & Scherzberg, 1968, S. 66). Folglich wird immer ein Gerüst an allgemein sprachlichem Material benötigt, um einen aussagekräftigen Fachtext zu verstehen oder zu formulieren.

Die Bedeutung eines Fachvokabulars entstand also aus dem Bedürfnis, Sachverhalte exakt und eindeutig zu benennen. Hervorstechendstes Merkmal von Fachtexten ist demnach der Fachwortschatz (Grießhaber, 2010, S. 38), der den Zeichenvorrat zur Verständigung über bestimmte Gegenstands- und Sachbereiche sicherstellt. Dies soll möglichst präzise und ökonomisch erfolgen. Durch den Bezug auf die fachlichen Gegenstände und Handlungen entwickelt sich die fachsprachliche Lexik aus der Allgemeinsprache und durch eigenständige Schöpfungen, die spezifisch für jedes Fachgebiet sind (Grießhaber, 2010, S. 38). Die Chemie weist dabei einige Besonderheiten auf.

1.2 Chemische Fachunterrichtssprache

Gemeinsam mit den benachbarten Naturwissenschaften weist „die Chemie" charakteristische fachsprachliche Redemittel auf, die bis in die grammatikalischen Strukturen hineinreichen (Leisen, 2006; Parchmann & Städel, 2008). In den unterschiedlichen Praxisbereichen der Chemie kommt es zu einer jeweils verschieden ausgeprägten Vermischung von Alltagssprache, Wissenschaftssprache, chemischer Umgangssprache und spezieller Unterrichtssprache (Vollmer, 1980). Die Alltagssprache als einer der Pole ist durch eine geringe Schriftlichkeit geprägt, die mit weniger komplexen, teilweise sogar unvollständigen grammatischen Strukturen und einer geringeren Fülle an Wörtern und Begriffen auskommt. Im Gegensatz dazu ist die Wissenschaftssprache so komplex, dass sie von Laien häufig nicht verstanden werden kann. Schülern dagegen wird eine Unterrichtssprache abverlangt, die sich durch eine mittlere Anzahl an Fachbegriffen und einen mittleren Grad an grammatikalischer Komplexität auszeichnet, bei gleichzeitig hohen Erwartungen an die Schriftlichkeit. Sie spiegelt eine bestimmte Facette des bildungssprachlichen Registers wider. Dies bedeutet, dass die bereits skizzierten Kriterien der Bildungssprache berücksichtigt werden sollen, ebenso wie fachbezogene Besonderheiten, wie beispielsweise die für die Chemie charakteristische Formelsprache.

Nur wenn diese Fachsprache des Chemieunterrichts für beide Seiten, für Lehrer sowie für Schüler, (selbst-)verständlich ist – das setzt die Kenntnis der benutzen Begriffe *und* ein Verständnis für ihre fachliche Bedeutung voraus –, kann eine förderliche Kommunikation stattfinden (Merzyn, 2008; Grießhaber, 2010). Erst diese fachbezogene Kommunikation wiederum ermöglicht es den Lernenden, die Inhalte tiefer zu durchdringen sowie Begriffsbedeutungen auszuschärfen.

Begriffe werden nur dann als solche wahrgenommen und in die bestehenden semantischen Strukturen integriert, wenn sie für den Lernenden bzw. Kommunizierenden relevant sind. Bei der Aneignung von Begriffen spielt besonders die Häufigkeit, mit der ein Begriff verwendet wird, sowie die beigemessene Bedeutung eine wichtige Rolle. Grundsätzlich können Fachbegriffe durch ihre Bedeutungen systematisiert werden. Hier werden verschiedene Begriffsgruppen, in Anlehnung an Vollmer (1980), Rincke (2010) und Leisen (2010), unterschieden:

1. Begriffe mit nur einer Bedeutung
   Hierbei handelt es sich um „echte" Fachbegriffe wie *Oxidationszahl*, *Molekülstruktur*, *Ionengitter*. Diese haben eine nur im Fachzusammenhang geläufige Bedeutung; der Begriff als solcher wird im Alltag in der Regel nicht verwendet. Er muss als solcher gelernt werden und die Begriffsbedeutung ist im Fachunterricht auszuschärfen.
2. Begriffe mit mehreren Bedeutungen
   Es handelt sich hier um Begriffe, die größtenteils auch im Alltag verwendet werden, deren Bedeutung dort jedoch eine andere ist als innerhalb des Fachkontextes. In diesem Bereich muss allerdings zwischen unterschiedlichen Untergruppen unterschieden werden:
   a) modifizierte, aber ähnliche Bedeutung in Alltag und Fach
   Die Modifikation der Bedeutung liegt hier häufig im Bereich der Ausschärfung oder Verallgemeinerung. Die Begriffsbedeutung ändert sich nur wenig, ein Zusammenhang zwischen den Bedeutungen ist in der Regel erkennbar. Eine Verwendung des Begriffs mit der fachsprachlichen Bedeutung im Alltag führt größtenteils nicht zu Schwierigkeiten, da das Verständnis des Gesprochenen nicht beeinträchtigt wird. Das Wort *Salz* ist im Alltag häufig ein bestimmter Stoff (NaCl bzw. Koch-

salz); im Fachunterricht ist allerdings eine bestimmte Struktur-/Stoffklasse gemeint.

b) jeweils geläufige, aber unterschiedliche Bedeutungen in Alltag und Fach

Die Begriffsbedeutungen sind jeweils geläufig, jedoch kontext- und situationsgebunden unterschiedlich. Ein direkter Zusammenhang ist hier nicht erkennbar. Diese Gruppe von Begriffen ist die, die die größten Schwierigkeiten birgt: zum einen, weil bekannte Begriffe mit neuen Bedeutungen versehen werden müssen; zum anderen müssen Bedeutungsinhalte kontextgebunden abgerufen werden, damit die bereits verankerten Begriffsbedeutungen erhalten bleiben.

Im Alltag versteht man häufig unter „Niederschlag" unter anderem eine Flüssigkeit, die witterungsbedingt auftritt, sprich: Regen. Im Fach Geographie ist die Bedeutung des Begriffs „Niederschlag" weiter gefasst, da auch die Phänomene Hagel oder Schnee hinzugezählt werden; im Fach Chemie dagegen ist ein ausfallender Feststoff in einer Flüssigkeit gemeint, der sich am Boden des Gefäßes sammelt. Es handelt sich also für den Schüler um unterschiedliche und voneinander trennbare Phänomene, die jedoch die gleiche Wortform besitzen.

c) sich wandelnde fachliche Bedeutungen

In diese Gruppe fallen Begriffe, die nahezu ausschließlich fachlich gebunden sind. Die Bedeutung dieser Begriffe hat sich jedoch historisch gewandelt (Schmidt, 1998). Das hinter dem Wort stehende fachliche Konstrukt war historisch gesehen einer Änderung unterworfen, da mit Zunahme der fachlichen Erkenntnis neue Inhalte aufgenommen wurden oder alte Überzeugungen und Vorstellungen revidiert werden mussten. Einige dieser Begriffe wandeln noch heute im Laufe des Unterrichtsganges ihre Bedeutung. So wird Oxidation an unterschiedlichen Stellen im Chemieunterricht mit unterschiedlichen Bedeutungen und fachlichen Vorstellungen konnotiert. Indem die Schüler systematisch und didaktisch gewollt mit unterschiedlichen Bedeutungen eines Begriffs konfrontiert werden, sind potentielle Verständnisschwierigkeiten quasi angebahnt (Hammer, 1995).

Neben den Fachbegriffen, die in allen naturwissenschaftlichen Fächern eine große Rolle spielen, kommt in der Chemie als Besonderheit noch die mathematische Formelsprache sowie die spezielle Formel- und Symbolsprache hinzu, ohne die ein tieferes Verständnis der chemischen-physikalischen Zusammenhänge nicht erlangt werden kann und deren oft nur ansatzweise Beherrschung zu weiteren Schwierigkeiten bei der Aneignung des Fachwissens und in der unterrichtlichen Kommunikation darüber führt.

1.3 Wechselwirkung Fachwissen und Fachsprache

Fachsprachliche Kompetenz kann sich nur auf der Basis eines angemessenen Fachwissens entwickeln, aus dem heraus die Fachsprachlichkeit erst ihre Sinnbedeutung erhält. Die Versprachlichung von Fachwissen ist umgekehrt ohne ein entsprechendes Repertoire an Fachbegriffen nicht denkbar. Fachbegriffe im naturwissenschaftlichen Unterricht können also nicht als Vokabeln gelernt werden, ohne dass gleichzeitig eine Sinnstellung erfolgt. Allein durch die Abfrage und das Nennen von Begriffen erschließt sich für die Lehrkraft im Unterricht keineswegs die fachliche und damit auch (fach-)sprachliche

Kompetenz von Schülern. Die korrekte Benennung von Begriffen verführt allerdings allzu leicht zu der Annahme, dass man im Unterricht richtiges Fachwissen erworben hat, indem man fachsprachlich angemessen kommuniziert. Dabei werden jedoch oft lediglich inhaltsleere Vokabeln ausgetauscht (Sumfleth & Pitton, 1998, S. 19).

Fachwissen und fachsprachliche Kompetenz bedingen also einander. Indem chemisches Fachwissen den Erwerb und die Nutzung von Fachsprache ermöglicht, kann eine korrekte Fachsprache in Form von lernförderlichen Verbalisierungen (Franke-Braun, 2008) das Verständnis komplexer fachlicher Inhalte erleichtern und den Problemlöseprozess unterstützen. Gerade bei der vertieften gedanklichen Auseinandersetzung mit einem Thema sind in der Regel neue Begriffe erforderlich, die sich erst in der kommunikativen Umwälzung des Themas festigen lassen (Deppner, 1989).

Mangelnde Fachsprachlichkeit dagegen kann im Unterrichtsverlauf und besonders in Prüfungssituationen dazu führen, dass prinzipiell vorhandenes fachliches Verständnis nicht angemessen zum Ausdruck gebracht werden kann. Eine zielführende Kommunikation ist dann nicht möglich, da die fachliche Diskursfähigkeit nicht in ausreichendem Maße ausgeprägt ist. Dabei sind sowohl Lexik und Grammatik der allgemeinen und der Fachsprache von Bedeutung als auch zusammenhängendes Denken und die Überführung dieser Gedanken in Mitteilungen.

Der hier angedeutete Zusammenhang weist auf die komplexen Wechselwirkungen von Fachwissen und Fachsprache hin und hebt die didaktische Rolle des Begriffsbildungsprozesses hervor. Das gilt allgemein (Merzyn, 2008) wie auch im Besonderen für den zweitsprachlichen Fachunterricht (Grießhaber, 2010). Der Prozess der Begriffsbildung muss von der Lehrkraft verstanden werden als ein Weg von dem reinen Lernen einer Vokabel über das Erfassen der Bedeutung eines Begriffes hin zum Aufbau eines angemessenen mentalen Modells. Nach Wagenschein (1970) gehen Denken und Verstehen miteinander einher und der gemeinsame Weg ist das Begriffsverständnis. Hierbei plädiert Wagenschein dafür, abstrakte physikalische Gesetzmäßigkeiten ausgehend von Handlungen und Handlungsbeschreibungen in der Alltagssprache zu entwickeln, um so schrittweise auf die abstrakte Formulierung der gefundenen Gesetzmäßigkeiten in einer neuen Formel zu gelangen (vgl. Wagenschein, 1978; zit. n. Grießhaber 2010, S. 11f.).

Für Schüler mit Migrationshintergrund (L2-Lerner) bedeutet dies häufig eine dreifache Anforderung: Zunächst muss der Begriff als Worthülse in der jeweiligen Sprache gelernt werden, um dann die Bedeutung des Begriffes muttersprachlich und alltagssprachlich zu erschließen. Und schließlich ist die so erarbeitete Bedeutung in einem letzten Schritt des Verstehens in eine exakte Fachsprache im Deutschen einzubringen. Es ist nachvollziehbar, dass es unter fachdidaktischer Perspektive ratsam ist, dass der Übergang von der Alltags- in die Fachsprache bewusst und allmählich geschieht (Bolte & Pastille, 2008).

1.4 Schülerexperimente und Sprache

Da Schülerexperimente ein fundamentales fachdidaktisches Prinzip und zudem charakteristisch für die experimentelle Wissenschaft Chemie sind (Di Fuccia & Ralle, 2009; Lunetta, Hofstein & Clough 2007), hat das Experimentieren einen besonderen Stellenwert im Bereich des naturwissenschaftlichen Unterrichts. Grundlegend ist hier der Gedanke, dass Experimente eine Schlüsselfunktion einnehmen, wenn es um Problemlöseprozesse in der Chemie geht oder wenn ein besonders nachhaltiger Erkenntnisgewinn angestrebt wird (Di Fuccia, 2007). Ein Experiment kann Auskunft darüber geben, ob eine zuvor aufgestellte Hypothese zur Erklärung eines Phänomens akzeptabel ist oder verworfen werden muss (Schmidkunz & Lindemann, 1999).

Mit der Durchführung von Experimenten im naturwissenschaftlichen Unterricht werden verschiedene Aspekte verbunden, die einen Einfluss auf die sprachliche Entwicklung haben können. Ziel des Experimentierens ist die naturwissenschaftliche Erkenntnisgewinnung. Neuere naturwissenschaftsdidaktische Arbeiten greifen das Experimentieren unmittelbar als Kommunikations- und Gesprächsanlass auf (vgl. Lück, 2008; Wlotzka & Ralle, 2008; Scheuer, Kleffken & Ahlborn-Gockel, 2010). Während des Experimentierens werden Schüler zu hohen sprachlichen Leistungen angeregt. Sie sollen Versuchsvorschriften lesen und befolgen, Hypothesen (zumeist sprachlich-verbaler Natur) aufstellen und Versuchsprotokolle erstellen. Versuchsprotokolle sollen den Prozess der Erkenntnisgewinnung dokumentieren und stellen damit auch ein Element der Wissenssicherung dar. Eine fachlich fundierte Sprache ist also unumgänglich, um es dem Autor auch nach längeren Zeitabständen zu erlauben, die beschriebenen Sachverhalte eindeutig einordnen zu können. Weiterhin sollte ein Protokoll so geschrieben sein, dass es einen Nachvollzug der Handlung und der Auswertung für Dritte ermöglicht. Dazu ist eine kontextunabhängige, sachliche Sprache notwendig, die alle Anforderungen an die Kriterien der Bildungssprache erfüllen und zudem unpersönliche, passive Formen verwenden sollte (Enders, 1998). Das Erstellen von Protokollen stellt damit die sprachlich schwierigste Phase des Experimentierens dar.

Ein Versuchsprotokoll besteht aus mindestens drei Textbereichen, die inhaltlich und sprachlich unterschieden werden: die *Durchführung*, die *Beobachtung* und die *Auswertung*. Daneben können weitere Bereiche eingefordert werden, wie etwa Geräte- und Chemikalienlisten oder Skizzen.

Bei der *Durchführung* handelt es sich um eine Handlungs- oder Prozessbeschreibung. Auf Begriffsebene werden hauptsächlich Verben verwendet, die häufig vorkommende experimentelle Handlungen widerspiegeln. Diese werden in kurzen Sätzen zusammengesetzt. Die Begriffe für Geräte und Chemikalien kommen in dichter Abfolge vor. Daher spielt die Begriffsebene in diesem Abschnitt eines Protokolls die Hauptrolle. Auf Satzebene ist keine hohe Komplexität zu erwarten, da Nebensatzkonstruktionen sehr selten sind. Noch müssen keine Zusammenhänge klargemacht werden, weder inhaltlich noch sprachlich.

Der Abschnitt *Beobachtung* ist der subjektivste und somit durch die wenigsten Konventionen bestimmte Bereich des Protokolls. Der Protokollant sollte sich dennoch um Objektivität und Sachlichkeit bemühen, was eine gute Kenntnis der Fachbegriffe voraussetzt. Die Anforderungen an Begriffsvielfalt und grammatische Komplexität sind vergleichsweise gering.

Bei der *Auswertungsphase* handelt es sich inhaltlich sowie sprachlich um den schwierigsten Abschnitt des Protokolls. Auf der Wortebene müssen nun Fachbegriffe korrekt angewendet werden. Diese sind in komplexe grammatische Strukturen einzubetten, da Zusammenhänge verständlich dargelegt werden sollen. Um Zusammenhänge auch sprachlich darzustellen, sind Nebensatzkonstruktionen notwendig. Diese setzen tiefgreifende sprachliche Kompetenzen auf hohem Niveau voraus, die besonders auf grammatikalischer Ebene ausgeprägt sein müssen.

Die inhaltliche wie auch die sprachliche Komplexität der einzelnen Abschnitte gehen also miteinander einher. Je komplexer der Inhalt ist, desto höher werden auch die sprachlichen Anforderungen.

Im Folgenden soll nun ein Einblick in die aktuelle Situation in der Schule ermöglicht werden. Dazu wird zunächst die mit Hilfe eines Fragebogens erhobene Wahrnehmung von Chemielehrkräften beschrieben, um dann Möglichkeiten der Diagnostik und Förderung der fachsprachlichen Kompetenzen von Schülern im Unterricht vorzustellen.

2 Wahrnehmung von Fachsprache durch Chemielehrkräfte

Um einen Einblick in die Sichtweisen und Einschätzungen von Lehrkräften bezogen auf die chemische Fachsprache in ihrem Unterricht zu erhalten, wurde ein Fragebogen zur Einschätzung fachsprachlicher Kompetenzen, zu der Bedeutung von Fachsprache im Chemieunterricht sowie von besonderen Schwierigkeiten bezogen auf fachsprachliches Handeln eingesetzt. Es nahmen 32 Lehrer an der schriftlichen Umfrage teil, die alle im Land Nordrhein-Westfalen in der Sekundarstufe I das Fach Chemie unterrichten.

Der Fragebogen bestand aus vier geschlossenen Fragebereichen zu den Themen:
A. Bedeutung unterschiedlicher Aspekte von Fachsprache
B. sprachliche Ausrichtung verschiedener Teilkompetenzen
C. Schwierigkeiten verschiedener Begriffstypen
D. Bedeutung von Fachsprache für Teilaspekte des Unterrichts.

Im Fragenbereich A wurden die Befragten aufgefordert, die Bedeutung der unterschiedlichen Aspekte des fachsprachlichen Handelns im Chemieunterricht einzuschätzen, wobei eine Einschätzung zwischen 1 (= sehr hohe Bedeutung) und 5 (= gar keine Bedeutung) möglich war.

Grundsätzlich maßen die Lehrkräfte allen Aspekten eine Bedeutung zu. Allerdings wurden „Fachbegriffe" (MW = 1,56) und „Elementsymbole" (MW = 1,75) als von besonderer Bedeutung eingestuft, ebenso wie die Textformen „Versuchsvorschrift" (MW = 1,63) und „Versuchsprotokolle" (MW = 1,69). Geringe Bedeutung wurde beispielsweise dem Aspekt „Grammatik auf Satzebene" (MW = 2,34) beigemessen.

Des Weiteren sollte im Fragebereich B die sprachliche Ausrichtung unterschiedlicher Teilkompetenzen eingeschätzt werden: Welcher Handlung wird eine eher alltags- oder eher fachsprachlich ausgerichtete Verbalisierung und Verschriftlichung zugebilligt? Insgesamt wird hier das vollständige Spektrum der Antwortmöglichkeiten von 1 (= klar allgemein-sprachlich) bis hin zu 4 (= klar fachsprachlich) ausgeschöpft. In der folgenden Abbildung werden nicht alle abgefragten Teilkompetenzen mit ihrer eingeschätzten sprachlichen Ausrichtung aufgeführt, sondern nur jene, die auffällig sind und im weiteren Verlauf der Forschung eine Rolle spielen sollen (vgl. Abbildung 2).

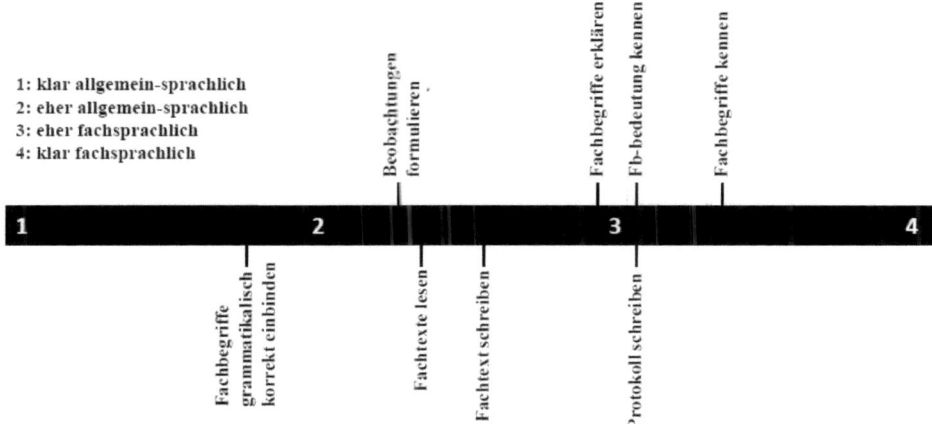

Abb. 2: Einschätzung fachsprachlicher Kompetenzen durch Chemielehrkräfte

Mit einer hohen Tendenz zu einer fachsprachlichen Ausrichtung sind hier das „Fachbegriffe kennen" (MW= 3,31), die „Bedeutungen von Fachbegriffen kennen" (MW = 3,06) und die „Bedeutungen von Fachbegriffen erklären" (MW = 2,97) zu nennen, ebenso das „Schreiben von Versuchsprotokollen" (MW = 3,06). Die mit Abstand deutlichste Orientierung hin zu einer allgemeinsprachlichen Ausrichtung weist „Fachbegriffe grammatisch korrekt einbinden" auf.

Um nun auch die bereits angesprochene Schwierigkeit von Begriffen mit unterschiedlichen Bedeutungen von Lehrern im aktiven Schuldienst einschätzen zu lassen, folgte im Fragenbereich C die Aufforderung, diese unterschiedlichen Begriffstypen einzuschätzen, und zwar bezogen auf die Schwierigkeit, sich deren Bedeutungen anzueignen. Die Antwortalternativen konnten in vier Abstufungen von 1 (= sehr schwierig) bis 4 (= sehr leicht) angegeben werden. Um das Verständnis der Begriffstypen sicherzustellen, wurden hierbei Beispiele angegeben. Bemerkenswert ist, dass kein Begriffstyp als sehr leicht anzueignen eingestuft wurde. In absteigender Schwierigkeit wurden eingeschätzt: Begriffe, die keine Verwendung im Alltag haben (MW = 1,66); Begriffe, die eine andere Bedeutung im Alltag als im Fach haben (MW= 2,00), wie etwa „Niederschlag" oder „Reaktion"; Begriffe, die eine modifizierte Bedeutung haben (MW = 2,16), also Ausschärfungen oder Verallgemeinerungen wie „Luft" oder „Salz"; und schließlich Begriffe, die im Alltag und im Fach die gleiche Bedeutung haben (MW = 2,97) wie „Gas" oder „flüssig".

Im Fragenbereich D wurde um eine Einschätzung der Bedeutung von Fachsprache bezogen auf Unterrichtssituationen und Teilaspekte des Experimentierens gebeten. Die Antwortalternativen waren mit vier Bewertungen *Fachsprache ist unerlässlich, wichtig, unwichtig* oder *überflüssig* anzugeben. Sowohl für alle Unterrichtssituationen als auch für alle Bereiche des Experimentierens wurde Fachsprache als eher wichtig bis unerlässlich eingeschätzt. Lediglich bei der Unterrichtssituation „Gruppenarbeit" fällt die eingeschätzte Bedeutung von Fachsprache geringer aus.

Für die Teilaspekte des Experimentierens ist eine Rangfolge in der Gewichtung der Bedeutung von Fachsprachlichkeit feststellbar. So ist die Fachsprache nach Meinung der Lehrer vor allem bei den schriftlichen Aspekten von Bedeutung, beim Protokoll jedoch noch stärker als bei der Versuchsvorschrift. Für die eher mündlichen Sprachhandlungen „Beobachten" und „Hypothesen bilden" fallen die Einschätzungen immer noch in den Bereich *wichtig*, jedoch nicht mehr mit Tendenz zu *unerlässlich*.

Ähnlich verhält es sich bei den Unterrichtssituationen. Die befragten Lehrer schätzen vor allem im Lehrervortrag (MW= 1,62) und bei der Arbeit mit Texten (MW= 1,63) eine angemessene Fachsprache als besonders wichtig ein. Bei Präsentationen durch Schüler (MW = 2,06) spielt Fachsprache ihrer Meinung nach eine geringfügig größere Rolle als bei geleiteten Gesprächen im Klassenverband (MW= 2,12) und eine deutlich größere Rolle als bei Gruppenarbeiten (MW= 2,61).

Zusammenfassend lässt sich sagen, dass die Befragten aus ihrer Erfahrung heraus Fachbegriffe und deren Bedeutungen als besonders wichtig für die Fachsprache im Chemieunterricht einschätzen und dass diese vor allem beim Protokollieren von Versuchen und beim Schreiben von Zusammenfassungen verwendet werden müssen.

3 Diagnostik fachsprachlicher Kompetenzen

Die von uns verwendeten Instrumente zur Erfassung der fachsprachlichen Kompetenzen von Schülern sind nicht im Sinne einer Leistungsüberprüfung mit anschließender Notengebung zu sehen, sondern vielmehr als ein Schritt in Richtung einer förderorientierten, pädagogischen Diagnostik. Diese wird verstanden als „Instrument von Erkenntnisbemühungen im Dienste aktueller pädagogischer Entscheidungen" (Klauer, 1982, S. 5). Jedes Instrument für sich gibt Einblick in kleine Bereiche des Sprachstandes der Schüler. Dadurch ergeben sich jedoch keine absoluten Werte, die statistisch auswertbar wären. Vielmehr kann durch Kombination verschiedener Instrumente ein zunehmend umfassenderes Bild von den fachsprachlichen Kompetenzen der Schüler erhalten werden. Die Instrumente können auf einfache Weise im Unterricht eingesetzt werden. Durch wiederholten Einsatz können zudem auch Veränderungen in diesem Kompetenzfeld sichtbar gemacht werden (vgl. Busch & Ralle, 2011). Die Instrumente wurden in mehreren Haupt- und Gesamtschulen in Nordrhein-Westfalen eingesetzt und getestet.

3.1 Wortassoziationen

Beim Wort-Assoziationstest handelt es sich um einen projektiven Test, bei dem der Versuchsperson Worte vorgegeben werden, zu denen sie damit assoziierte Gedanken wiedergeben soll (z.B. Assoziationen zu bestimmten Produkten oder Markennamen). In der Lehr-Lernforschung gehört dieser Test zu den weit verbreiteten und ältesten Methoden, um die kognitiven Strukturen von Lernern zu erforschen. Er spielt auch in der fachdidaktischen Forschung eine große Rolle (z.B. Bahara, Johnstone & Sutcliffe, 1999; Maskill & Cachapuz, 1989).

In der vorliegenden Untersuchung wurden die Schüler aufgefordert, in jeweils 90 Sekunden so viele Assoziationen wie möglich zu vorgegebenen „Start-Begriffen" zu generieren und aufzuschreiben. Diese wurden dann je nach ihrer Herkunft in die Kategorien *Fach*, *Alltag* oder *unklare Herkunft* eingeteilt. Es konnte so ein Einblick erhalten werden, wie hoch der Grad der jeweiligen Vernetzung ist und ob eher mit Begriffen der Alltagssprache oder eher mit solchen der Fachsprache gearbeitet wird. Zusätzlich konnten Informationen darüber erhalten werden, mit welchen Fachbegriffen ein bestimmter Fachterminus in Zusammenhang gebracht wird.

Ergebnisse

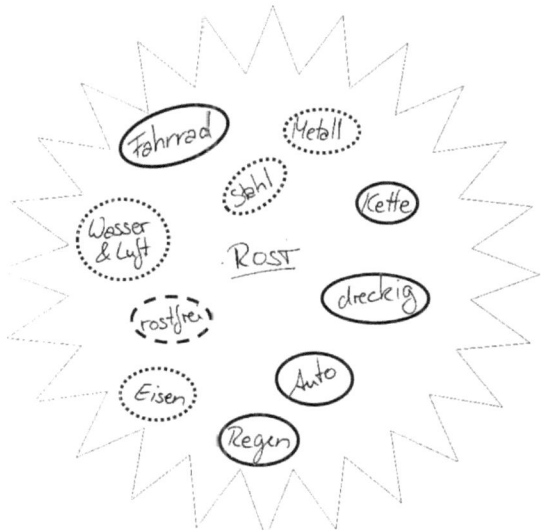

Abb. 3: *Assoziationen von Schülern zum Begriff „Rost" (gepunktet: fachsprachliche Assoziation; schwarz: Alltagssprachliche Assoziationen; gestrichelt: Ausrichtung nicht eindeutig)*

Begriffe wie zum Beispiel „Lösung" oder „Niederschlag", die im Alltag eine andere Bedeutung als im Fachunterricht haben, aber durchaus geläufig sind, lassen eine Beurteilung der fachsprachlichen Schülerleistung zu. Bei Begriffen wie „Ion" oder „Molekül", die vorwiegend oder ausschließlich im Fach eine Rolle spielen, sagen die Assoziationsbilder dagegen lediglich aus, ob der Schüler sie kennt oder nicht.

Verschiedene Begriffe werden von den Schülern unterschiedlich stark mit dem Fach oder mit dem Alltag assoziiert. So weisen die Begriffe „Salz", „Rost" und „Wasser" eine Tendenz zur alltäglichen Bedeutung auf, die Begriffe „Luft", „Stoff" und „Eigenschaft" dagegen tendenziell eher fachliche Assoziationen.

Ein Test mit Wortassoziationen eignet sich also dann, wenn ein Lehrer schnell und unkompliziert herausfinden möchte, was seine Schüler mit einem im Unterricht eingeführten Fachbegriff inhaltlich verbinden. Aufbauend auf dem Wissen um den Assoziationsraum bestimmter Fachbegriffe und der Erkenntnis, welche Begriffe fest im fachsprachlichen Wortschatz verankert sind und welche weniger, können gezielt Übungen zum Wortschatz und zur Begriffsbildung anschließen.

3.2 Wortverknüpfungen

Bei diesem Test werden die Schüler aufgefordert, aus zwei gegebenen Wörtern einen Satz zu bilden. Die Auswertung erfolgt nach fachlichen Aspekten (*richtig, ungenau, falsch* oder *kein fachlicher Aspekt erkennbar*) und ebenfalls nach sprachlichen Aspekten wie zum Beispiel Grammatik, Rechtschreibung, Wortverwendung.

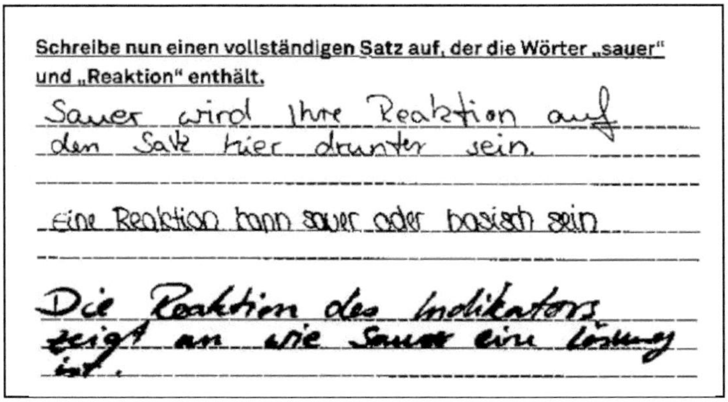
Schreibe nun einen vollständigen Satz auf, der die Wörter „sauer" und „Reaktion" enthält.

Sauer wird ihre Reaktion auf den Satz hier drunter sein.

eine Reaktion kann sauer oder basisch sein

Die Reaktion des Indikators zeigt an wie Sauer eine Lösung ist.

Abb 4: Beispiel Verknüpfungen von zwei vorgegebenen Wörtern

Ergebnisse

In unseren Untersuchungen erstellten die Schüler sinnvolle Verknüpfungen vorwiegend dann, wenn die Wörter in einem direkten Zusammenhang zueinander standen. Mussten sie einen weiteren Fachbegriff verwenden, um eine sinnvolle Aussage zu formulieren, so wurden die Begriffe deutlich seltener verwendet oder mit einer falschen Bedeutung versehen. Bei den Wörtern „Indikator“ und „Konzentration“ ist zum Beispiel der Schritt über den Begriff „pH-Wert“ notwendig, um einen fachlich richtigen Zusammenhang herzustellen. In unseren Erhebungen verwendeten die Schüler bei dieser Aufgabe in nahezu 50 % der Fälle jedoch den Begriff „Konzentration“ als Synonym für „Lösung“, obwohl der inhaltliche Zusammenhang zwischen „pH-Wert“ und „Konzentration der H_3O^+-Ionen“ zuvor im Unterricht aller beteiligten Klassen behandelt wurde.

Qualitative Unterscheidungsmöglichkeiten bei einer prinzipiell korrekten Verknüpfung zweier Wörter erlauben weitere Aussagen. Beispielsweise wurde von uns bei der Verknüpfung von „Säure“ und „pH-Wert“ die Formulierung „Der pH-Wert einer Säure ist kleiner sieben“ fachsprachlich hochwertiger eingeschätzt als die Umschreibung „Säuren haben einen pH-Wert zwischen null und sechs“, da diese Formulierung fachlich unmissverständlich ist und keine Personifizierung der Säure vorgenommen wird.

3.3 Direkte Abfrage von Wortbedeutungen

Um zu erfahren, mit welcher Bedeutung die Lernenden einen Begriff verbinden, lohnt sich das gezielte Abfragen dieser Bedeutungen. Besonders aufschlussreich sind hier Begriffe, die im Alltag und im Fach unterschiedliche Bedeutungen haben, wie zum

Beispiel „Stoff", „Lösung" oder „Niederschlag". Die Schüler werden zunächst nach der Wortbedeutung im nicht-chemischen Sinne gefragt und anschließend nach der fachlichen Bedeutung.

Ergebnisse

Der Begriff „Lösung" ist uns bei diesem Test als besonders problematisch aufgefallen. Obwohl „Lösung" in der Aufgabe beim fachlichen Teil mit dem Verb „herstellen" in Verbindung stand und im direkten Bezug zum Chemieunterricht erwähnt wurde, interpretierten zwei Drittel der Schüler der Untersuchung (N = 56 von 86) „Lösung" als „Ergebnis" oder als „Problemlösung", ohne also auf die spezifische Kollokation (Nomen-Verb-Verbindung) zu achten. Im Alltag oder in Bezug auf die Lösung einer Aufgabe würde man üblicherweise eher von „finden" oder „herausfinden" sprechen. Alle Schüler hatten in ihrem Unterricht zum Zeitpunkt der Erhebung Lösungen von Salzen oder Zucker hergestellt.

Neben der fachlichen Auswertung lassen sich die Schülerantworten auch in Bezug auf ihr sprachliches Niveau überprüfen. Zum einen spielen die allgemeinsprachlichen Aspekte wie grammatikalische und orthografische Korrektheit dabei eine Rolle, aber auch die Richtigkeit und Angemessenheit der Satzstruktur kann genauer betrachtet werden. Im Bereich der Fachsprache können die Umschreibung des Fachbegriffs unterschiedliche Niveaus besitzen, etwa wenn der Begriff „Lösung" einmal mit „ein Salz lösen" umschrieben wird, zum anderen mit „ein in Wasser gelöster Feststoff". Auch dies kann zur Diagnose verwendet werden. Neben den fachlichen Problemen können durch diese Abfragen daher auch sprachliche Hürden aufgedeckt werden, die dann im folgenden Unterricht thematisiert werden können.

Die vorgestellten Instrumente geben jedes für sich lediglich einen Einblick in einen kleinen Bereich der Fachsprache im Chemieunterricht; in ihrer Gesamtheit lässt sich durch sie jedoch ein umfassenderes Bild der Schüler im Hinblick auf ihre Fachsprachkompetenz gewinnen. An die Diagnostik dieser verschiedenen Bereiche der Fachsprache sollte immer eine gezielte Förderung der diagnostizierten Inhalts- und Sprachbereiche anknüpfen.

4 Förderung fachsprachlicher Kompetenzen

Im Folgenden sollen kleine Instrumente vorgestellt werden, mit denen die fachsprachlichen Kompetenzen sowie die sprachlich basierten Fachkompetenzen der Schüler in den Bereichen Vokabular, Begriffsbedeutung und Formulierungen im Unterricht gefördert werden können. Die Instrumente wurden im Rahmen einer Aktionsforschungsgruppe mit acht Lehrkräften aus verschiedenen Schulformen entwickelt und erprobt. Dabei wurde darauf geachtet, dass bei dem Ziel der Förderung der Fachsprache die fachlichen Inhalte nicht vernachlässigt werden.

Eine erfolgreiche und dauerhafte Umsetzung dieser Förderung ist nur dann möglich, wenn sowohl die Äußerungen der Lehrkraft als auch die von Schülern fachsprachlich durchdacht werden und zusätzliche Sprachhilfen in das Arbeitsmaterial eingebracht werden. Die im Folgenden dargestellten Möglichkeiten beziehen sich lediglich auf das Arbeitsmaterial. Aber auch sie können nur dann zu einem Erfolg auf lange Sicht führen, wenn auch die Äußerungen und Verschriftlichungen sprachlich sensibel gehandhabt und bewusst überdacht werden.

4.1 Lernplakat Versuchsvorschriften

Gerade das Schreiben von Versuchsprotokollen bietet einen Anlass, im Rahmen des Regelunterrichts die Fachsprache besonders zu berücksichtigen. Eine Möglichkeit dazu besteht zum Beispiel darin, den Schülern Hilfen für die Formulierung von Versuchsvorschriften an die Hand zu geben, die sie auf spezielle sprachliche und fachsprachliche Kriterien aufmerksam machen, wie es mit dem Lernplakat (vgl. Abb. 5) geschehen kann.

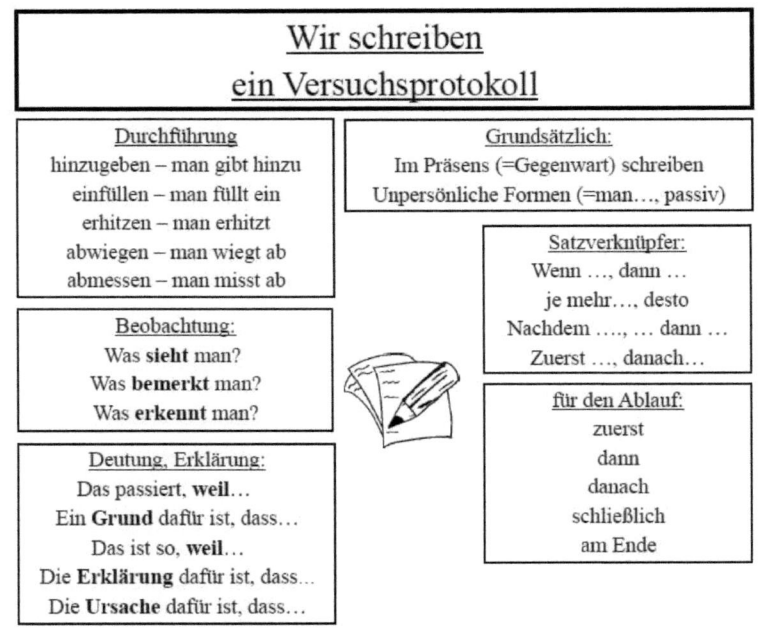

Abb 5: Lernplakat Versuchsprotokoll (mit sprachlichen Hilfen)

So können beispielsweise in Form eines Lernplakats die unterschiedlichen Texttypen eines Protokolls (Durchführung = Prozessbeschreibung, Beobachtung = Faktenbeschreibung und Deutung = erklärender Text mit häufig komplexer Grammatik) in Erinnerung gerufen und entsprechende Formulierungshilfen angeboten werden. Zusätzlich bietet diese Hilfe auch die Möglichkeit, grammatikalische Besonderheiten ins Gedächtnis zu rufen, wie z.B. die Trennung von Partikelverben bei der Umschreibung in einer unpersönlichen Form (z.B. „hinzufügen – man fügt hinzu"). Durch die Bereitstellung typischer Hilfswörter zur zeitlichen Strukturierung können Schüler zudem bei Unsicherheiten auf diese Liste zurückgreifen.

4.2 Bedeutungsvergleiche

Da Begriffe, die mehr als nur eine fachliche Bedeutung haben, in der Regel als schwierig eingeschätzt werden, ist es wichtig, den Schülern in diesem Bereich eine besondere Hilfe anzubieten (siehe auch Rincke, 2010). Im Bereich der Chemie sind hier schon zu Beginn des Chemieunterrichts einige dieser Begriffe anzuführen. „Stoffe", im alltäglichen Kontext verstanden, sind Textilien wie beispielsweise Wolle oder Seide, im Unterrichtsfach jedoch ist ein chemischer Stoff gemeint; „Reaktion" kann etwas mit Chemie oder mit den Reflexen eines Sportlers zu tun haben. Diese Reihe ließe sich fortsetzen. Direkte Gegenüberstellungen der Begriffsbedeutungen können helfen, die Begriffe in unterschiedlichen Situationen kontextgerecht anzuwenden: „Im Alltag ist mit „Stoff" ... gemeint, im Chemieunterricht dagegen verstehen wir darunter ...".

Noch schwieriger wird es, wenn ein Nomen nur durch das zugehörige Verb seine Bedeutung ändert. „Eine Lösung finden" bedeutet etwas völlig anderes als „eine Lösung herstellen", obwohl beides im Chemieunterricht gefordert werden kann. Nur wenn den Schülern der Zusammenhang zwischen dem Nomen mit mehreren Bedeutungen und den zugehörigen Verben verständlich ist (sie also gelernt haben, auf kollokative Verbindungen zu achten), sind sie in der Lage fehlerfrei zu entscheiden, welche Bedeutung nun gefragt ist.

4.3 Concept Cartoons

Cartoons lassen sich als Gesprächsanlass zum Wiederholen von Inhalten einsetzen. Die vom Lehrer erstellten *Concept Cartoons* stellen einen Impuls zum Wiederholen von Inhalten dar (Strenzel & Eilks, 2005). In den Sprechblasen werden versteckte Hinweise oder Widersprüche gegeben, die die Diskussion über die Inhalte erleichtern. Hierbei stehen der sprachliche Aspekt der Kommunikation und das Sprechen über Fachinhalte im Vordergrund.

Gezielt erstellte Cartoons können einen Anlass bieten, um über Begriffe und ihre Bedeutungen zu diskutieren. Dabei sollten mehrere Bedeutungen eines Begriffs in den Äußerungen angesprochen werden, sodass eine Kommunikation angeregt und in deren Folge die Bedeutung des Begriffs ausgeschärft wird.

Enthalten Cartoons zum Beispiel Aussagen, die durch sprachliche Ungenauigkeit fachlich falsch sind, können die Schüler an den Aussagen überlegen, wie diese zutreffender formuliert werden können, damit die fachlichen Aspekte richtig wiedergegeben werden. Es müssen also einerseits Formulierungen korrigiert, andererseits aber auch fachlich treffendere Formulierungen gefunden werden. Besonders das Diskutieren über fehlerhafte und missverständliche Formulierungen bringt die Schüler dazu, genau über ihre Sprache nachzudenken und somit auch die Verwendung und Einbindung von Fachbegriffen zu reflektieren. Vor allem Ungenauigkeiten bei Beobachtungen, die Sprache und Inhalt gleichermaßen betreffen, wurden schnell korrigiert und durch geeignetere Formulierungen ersetzt. Sowohl die Lehrer als auch die Schüler konnten sich schnell an den nun veränderten Stellenwert der Fachsprache gewöhnen.

4.4 Wortlisten, Beschriftungen und Satzbausteine

Versuchsprotokolle und besonders Skizzen bieten sich an, um deklaratives Wissen (vor allem bezüglich der Geräte und Chemikalien) und prozedurales Wissen (bezüglich der Durchführung, Beobachtung und Auswertung) fachsprachlich zusammenzuführen und dabei Fachbegriffe und deren Schreibweisen zu üben.

Sind die Schüler mit den Begriffen vertraut, können vollständige Sätze gebildet werden, indem eine Beschreibung des Versuchsaufbaus gefordert wird. Ist bekannt, dass die Schüler gravierende Probleme mit der deutschen Sprache (entweder als Erst- oder als Zweitsprache) haben, so sind zusätzliche Hilfen (erweiterte Wortliste mit Verben oder Präpositionen) sinnvoll, die die Beschreibung erleichtern. Hier können Bestimmungen von Orten oder Beziehungen mit Hilfe von präpositionalen Ausdrücken zur Verfügung gestellt werden, wie „vor, hinter, neben, über" bzw. „befestigt an, einsetzen in, verbinden mit".

Satzbausteine (wie auch bei Leisen, 2010 beschrieben) geben den Schülern Anhaltspunkte zur richtigen Formulierung von Sätzen. Sie können beim Protokollieren oder beim Schreiben von Texten eingesetzt werden. Durch die Vorgabe von Mustern fällt es den Schülern leichter, vollständige Sätze zu bilden. Gerade sprachlich schwächere Schüler können sich so auch aktiv(er) am Unterrichtsgeschehen beteiligen.

4.5 Umschreiben von Texten

Im Bereich des Formulierens können gute Fortschritte erzielt werden, indem Schüler Texte umschreiben oder in Grafiken übersetzen. Dabei werden sie veranlasst, entweder die Symbolisierungsebene zu wechseln, also von Text A über eine Skizze zu Text B zu gehen, oder einen Wechsel der Sprachebene zu durchdenken. Das kann z.B. durch die Aufforderung induziert werden, einen Text aus dem Fachbuch für den kleinen Bruder verständlich umzuschreiben. Zum einen wird der Inhalt neu durchdacht, zum anderen werden die benötigten Fachbegriffe verwendet oder gegebenenfalls alltagssprachlich paraphrasiert.

5 Zusammenfassung

Sowohl die allgemeine Sprache als auch die fachbezogene spezifische Sprache sind integraler Bestandteil des Chemieunterrichts und der Fachkompetenz in Chemie. Sie geraten nicht allein durch einen zunehmenden Anteil von Kindern mit Migrationshintergrund und deren mögliche Sprachbarrieren in den fachdidaktischen Fokus. Ihre Berücksichtigung ist für das erfolgreiche Lernen aller Schüler von großer Bedeutung. Mit Hilfe der hier vorgestellten Verfahren und Instrumente lassen sich die sprachlichen und fachsprachlichen Kompetenzen von Schülern im regulären Unterricht auf recht einfache Weise überprüfen und vergleichend betrachten. Allgemeinsprachliche und fachsprachliche Kompetenzen greifen dabei ineinander und schaffen gemeinsam die Voraussetzung dafür, dass Fachbegriffe und Konzepte nicht nur schematisch gelernte Worthülsen bleiben, sondern Bedeutungsgehalte erschlossen werden und in den fachlichen Diskurs eingebracht werden können. Bei der Diagnostik der fachsprachlichen Kompetenz stehen vor allem die Bedeutungen und das Einbinden von Fachbegriffen in die inhaltliche Aussage in gesprochener und schriftlicher Form im Mittelpunkt. Die hier vorgestellten Instrumente sprechen diese Punkte dabei auf drei unterschiedlichen Ebenen an und eröffnen zudem den Blick auf mögliche fachsprachliche Fördermaßnahmen, die ohne allzu großen Mehraufwand in den Unterricht eingebunden werden können.

Literatur

Bahara, M., Johnstone, A.H. & Sutcliffe, R.G. (1999). Investigation of students" cognitive structure in elementary genetics through word association tests. *Journal of Biological Education, 33* (3), 134–141.

Bolte, C. & Pastille, R. (2008). Anregungen für einen sprachaktivierenden Unterricht im Fach Naturwissenschaften Jahrgang 7 und 8. In D. Höttecke (Hrsg.), *GDCP-Jahrestagung 2007 „Kompetenzen, Kompetenzmodelle, Kompetenzentwicklung"* (S. 173–175). Essen: LIT-Verlag.

Busch, H. & Ralle, B. (2011). Fachbegriffe und ihre Bedeutung. Diagnostik fachsprachlicher Kompetenz. *Naturwissenschaften im Unterricht Chemie, 22* (124/125), 52–55.

Cummins, J. (2000). *Language, Power and Pedagogy. Bilingual Children in the Crossfire.* Bilingual education and bilingualism, Bd. 23. Aberystwyth: Cambrian.

Deppner, J. (1989). *Fachsprache der Chemie in der Schule.* Dissertation, Freie Universität Berlin. Berlin: Julius Groos Verlag.

Di Fuccia, D.-S. (2007). *Schülerexperimente als Instrument der Leistungsbeurteilung.* Dissertation, Technische Universität Dortmund.

Di Fuccia, D.-S. & Ralle, B. (2009). Schülerexperimente und Leistungsbeurteilung, *MNU 62* (2), 72–79.

Ehlich, K. & Rehbein, J. (1986). *Muster und Institution.* Tübingen: Narr.

Enders, F. (1998). Beschreiben Physikalischer Versuche. *Praxis der Naturwissenschaften Physik, 47* (2), 32–35.

Franke-Braun, G. (2008). Sprache und Verständnis. *Naturwissenschaften im Unterricht Chemie, 19* (106/107), 25–29.

Grießhaber, W. (2010). (Fach-)Sprache im zweitsprachlichen Fachunterricht. In B. Ahrenholz (Hrsg.), *Fachunterricht und Deutsch als Zweitsprache* (S. 37–53). Tübingen: Narr.

Grütz, D. & Pfaff, H. (2006). Wie lesen Schülerinnen und Schüler mit Migrationshintergrund Sachtexte? *Deutsch als Zweitsprache* (1), 26–31.

Hammer, H.O. (1995). Säure-Base-Vorstellungen. Geschichtliche Entwicklung eines Begriffspaares. *Praxis der Naturwissenschaften Chemie, 44* (1), 36–45.

Hoffmann, L. (1985). *Kommunikationsmittel Fachsprache* (2. Aufl.). Tübingen: Narr.

Karner, C. & Schweitzer, C. (2002). *Sprache im Mathematikunterricht.* Wien: TGM Eigenverlag.

Klauer, K. J. (1982). *Handbuch der pädagogischen Diagnostik* (1. Aufl.). Düsseldorf: Schwann.

Kniffka, G. & Siebert-Ott, G. (2007). *Deutsch als Zweitsprache.* Paderborn: Schöningh.

Kultusministerkonferenz (2004). *Bildungsstandards im Fach Chemie für den mittleren Schulabschluss.* Verfügbar unter: http://www.kmk.org/bildung-schule/qualitaetssicherung-in-schulen/bildungsstandards/ueberblick.html [18.07.2012].

Leisen, J. (2006). Was macht das Lesen von Fachtexten so schwer? Hilfen zur Beurteilung von Texten. *Naturwissenschaften im Unterricht Physik, 17* (95), 9–11.

Leisen, J. (2010). *Handbuch Sprachförderung im Fach.* Sprachsensibler Fachunterricht in der Praxis. Bonn: Varus.

Lück, G. (2008). Naturphänomene sprachlich erfassen. *Naturwissenschaften im Unterricht Chemie, 19* (106/107), 84–87.

Lunetta, V.N., Hofstein, A. & Clough, M.P. (2007). Learning and teaching in the school science laboratory: An analysis of research, theory and practice. In S.K. Abell & N. Lederman (Hrsg.), *Handbook of Research in Science Teaching* (S. 393–442). Mahwah, NJ: Lawrence Erlbaum.

Maier, H. (2006). Mathematikunterricht und Sprache. Kann Sprache mathematisches Lernen fördern? *Grundschulmagazin,* (4), 15–17.

Maskill, R. & Cachapuz, A.F.C. (1989). Learning about the chemistry topic of equilibrium: the use of word association tests to detect developing conceptualizations. *International Journal of Science Education, 11* (1), 57–69.

Merzyn, G. (2008). Sprache und Chemie lernen. *Naturwissenschaften im Unterricht Chemie, 19* (106/107), 94–97.

Ministerium für Schule und Weiterbildung, Wissenschaft und Forschung des Landes Nordrhein-Westfalen (1999). *Förderung in der deutschen Sprache als Aufgabe des Unterrichts in allen Fächern.* Schriftenreihe Schule in Nordrhein-Westfalen. Nr. 2005. Frechen: Ritterbach.

Parchmann, I. & Stäudel, L. (2008). Sprache, Kommunikation und Wissenserwerb im Chemieunterricht. *Naturwissenschaften im Unterricht Chemie, 19* (106/107), 4–9.

PISA Konsortium Deutschland (Hrsg.). (2007). *Die Ergebnisse der dritten Internationalen Vergleichsstudie.* Münster: Waxmann.

Rehbein, J. (1977). *Komplexes Handeln.* Stuttgart: Metzler.

Rincke, K. (2010). Alltagssprache, Fachsprache und ihre besonderen Bedeutungen für das Lernen. *Zeitschrift für Didaktik der Naturwissenschaften, 16,* 235–260.

Scheuer, R., Kleffken, B. & Ahlborn-Gockel, S. (2010). Experimentieren als neuer Weg der Sprachförderung. Verknüpfung naturwissenschaftlicher und sprachlicher Bildung. In D. Höttecke (Hrsg.), *Tagungsband der GDCP-Jahrestagung 2009* (217-220). Münster: LIT-Verlag.

Schmidkunz, H. & Lindemann, H. (1999). *Das forschend-entwickelnde Unterrichtsverfahren.* Hohenwarsleben: Westarp Wissenschaft.

Schmidt, H.J. (1998). A label as a hidden persuader: chemists" neutralization concept. *International Journal on Science Education, 13* (4), 459–471.

Schmidt, W. & Scherzberg, J. (1968). Fachsprache und Gemeinsprache. *Sprachpflege: Zeitschrift für gutes Deutsch in Schrift und Wort,* (4), 65–74.

Strenzel, R. & Eilks, I. (2005). Gesprächsanlässe schaffen mit Concept Cartoons. *Praxis der Naturwissenschaften Chemie, 54* (8), 44–47.

Sumfleth, E. & Pitton, A. (1998). Sprachliche Kommunikation im Chemieunterricht. Schülervorstellungen und ihre Bedeutung im Unterrichtsalltag. *Zeitschrift für Didaktik der Naturwissenschaften, 4* (2), 4–20.

Vollmer, G. (1980). *Sprache und Begriffsbildung im Chemieunterricht.* Frankfurt: Diesterweg.

Wagenschein, M. (1970). *Ursprüngliches Verstehen und exaktes Denken.* 2 Bände. Stuttgart: Ernst Klett Verlag.

Wagenschein, M. (1978). Die Sprache im Physikunterricht. In W. Bleichroth (Hrsg.), *Didaktische Probleme der Physik* (S. 313–336). Darmstadt: Wissenschaftliche Buchgesellschaft.

Wlotzka, P. & Ralle, B. (2008). Sprachförderung von Schülerinnen und Schülern im naturwissenschaftlichen Unterricht durch muttersprachliche Experimentieranleitungen – Eine Fallstudie. *NiU Chemie, 19* (106/107), 62–66.

Karen Schramm, Ilonca Hardy, Henrik Saalbach & Anne Gadow

Wissenschaftliches Begründen im Sachunterricht

1 Einleitung

Ohne Argumentation und Evaluation wäre die Konstruktion verlässlichen naturwissenschaftlichen Wissens undenkbar (Osborne, 2010). Es liegt daher nahe, dass die Fähigkeit von Schülerinnen und Schülern, ihre Aussagen über Phänomene der belebten und unbelebten Natur auf der Basis von Evidenz zu begründen und an wissenschaftlichen Argumentationen teilzuhaben, als allgemeine Zieldimension naturwissenschaftlicher Bildung betrachtet wird. So enthalten etwa die Nationalen Standards naturwissenschaftlicher Bildung der USA die Erwartung, dass Schülerinnen und Schüler Erklärungen auf Grundlage gewonnener Daten formulieren und diese im Hinblick auf mögliche Alternativerklärungen kritisch beurteilen können (National Research Council, 2011). Im deutschsprachigen Raum lassen sich Forderungen zum Kompetenzaufbau in den Bereichen Erkenntnisgewinnung und Kommunikation auch für den Sachunterricht der Grundschule finden (z.B. Bos, Lankes, Prenzel, Schwippert, Walther & Valtin, 2003). Beispielsweise werden in den Rahmenplänen bzw. Kerncurricula einzelner Bundesländer die angestrebten Kompetenzen von Viertklässlern u.a. als „Beobachtungen, Vermutungen, Erkenntnisse und Empfindungen als solche versprachlichen", „Erkenntnisse prüfen und bewerten" und „Argumente prüfen, akzeptieren, modifizieren oder verwerfen" spezifiziert (Hessisches Kultusministerium, 2011, S. 19f.).

Vor diesem Hintergrund überrascht es, dass im Unterrichtsgespräch der Grund- und Sekundarstufe das Aufstellen von unbegründeten Behauptungen dominiert (z.B. Hardy, Kloetzer, Möller & Sodian, 2010; Jiménez-Aleixandre, Rodriguez & Duschl, 2000). Beispielsweise stellten Newton & Newton (2000) in einer Analyse von Gesprächsimpulsen von 50 Lehrpersonen aus England in Unterrichtsgesprächen der 3. und 6. Jahrgangsstufe eine Dominanz von Fragen nach Beschreibungen und Fakten fest (40% der Unterrichtszeit). Impulse, die auf kausale Erklärungen von Phänomenen zielen, spielen dagegen eine äußerst geringe Rolle (8% der Unterrichtszeit). Dieser Ist-Zustand mag u.a. mit der Fülle an Themen eines naturwissenschaftlichen Faches zusammenhängen, die Lehrpersonen ihren Schülerinnen und Schülern zu vermitteln versuchen (Osborne, 2010). Dies hat aber zur Folge, dass vielen Schülerinnen und Schülern die Naturwissenschaften als ein unüberwindbarer Berg von Fakten erscheinen, die ohne die Möglichkeit diskursiver Exploration von Ideen, deren Implikationen und Bedeutungen präsentiert werden. So erfahren die naiven Vorstellungen der Schülerinnen und Schüler durch Unterricht kaum Veränderung und haben oft bis ins Erwachsenenalter Bestand (Wandersee, Mintzes & Novak, 1994).

Angesichts der Relevanz des wissenschaftlichen Begründens schon im frühen naturwissenschaftlichen Unterricht untersuchen wir in diesem Beitrag das Beispiel eines Unterrichtsgesprächs im Sachunterricht der dritten Klasse zum Thema Schwimmen und Sinken, welches einer quantitativ angelegten Unterrichtsstudie entstammt.[1] In einer Triangulation diskursanalytischer Verfahren aus der Naturwissenschaftsdidaktik und aus der Unterrichtskommunikationsforschung gehen wir an diesem Unterrichtsausschnitt der Frage nach, welche zentralen Charakteristika eine erfolgreiche Unterrichtsgesprächsführung aufweist. In Abschnitt 2 geben wir dazu einen kurzen Überblick über die entwicklungspsychologische und naturwissenschaftsdidaktische Forschung zum wissenschaftlichen Begründen und zu analyserelevanten Konzepten der Unterrichtskommunikationsforschung. Auf dieser Grundlage kontrastieren wir in Abschnitt 3 die beiden diskursanalytischen Vorgehensweisen, auf denen die Analyse des ausgewählten Unterrichtsausschnitts (Abschnitt 4) basiert. In Abschnitt 5 ziehen wir ein abschließendes Fazit.

2 Zur Sprachlichkeit des wissenschaftlichen Begründens bzw. des Erklärens

2.1 Naturwissenschaftsdidaktische Annäherungen an das wissenschaftliche Begründen

Die Koordination von Theorie und (empirischer) Evidenz ist für das wissenschaftliche Begründen grundlegend in dem Sinne, dass Kinder in der Lage sein müssen, zwischen theoretischen Annahmen und Evidenz als unterschiedlichen epistemologischen Kategorien zu unterscheiden. Erst aus dieser Differenzierung ergibt sich, dass auch zur Erklärung naturwissenschaftlicher Phänomene zunehmend (empirische) Begründungen herangezogen werden, anstatt auf einer ad-hoc Basis bzw. phänomengeleitet vorzugehen (zusammenfassend siehe Zimmermann, 2007). Wissenschaftliches Begründen steht somit im Zusammenhang mit Aspekten der Erkenntnisgewinnung bzw. dem Wissenschaftsverständnis (*nature of science*), der Methodenkompetenz und der Anwendung deduktiver Schlussprozesse bei der Evidenznutzung (z.B. Tröbst, Hardy & Möller, 2011). Forschungsbefunde mit Kindern im Kindergarten- und Grundschulalter belegen, dass diese unter bestimmten Bedingungen durchaus dazu in der Lage sind, evidenzbasiert zu begründen. Beispielsweise fanden Koerber, Sodian, Thoermer, & Nett (2005) heraus, dass Vorschulkinder über einfache Fähigkeiten verfügen, die Beweiskraft von Daten zu beurteilen. Ferner konnte gezeigt werden, dass Erst- und Zweitklässler zwischen beweiskräftigen und nichtbeweiskräftigen Ergebnissen unterscheiden und diese auch im Hinblick auf eine Hypothese erklären können (Sodian, Zaitchik, & Carey, 1991). Dennoch bleibt festzustellen, dass junge Kinder sich stark auf bereichsspezifisches Wissen be-

---

[1] Das hier analysierte Datenmaterial stammt aus einem von der DFG im Rahmen des Schwerpunktprogramms „Bildungsqualität von Schule" (BIQUA) geförderten Projekt (Az: MO 942/1-1; STE 539/9-1). Wir danken Kornelia Möller und Angela Jonen für die aus dieser Studie zur Verfügung gestellten Unterrichtsaufnahmen und -transkripte.

ziehen, wenn sie Daten interpretieren. Dabei übersehen oder fehlinterpretieren sie oft Belege, die ihrem Vorwissen widersprechen (Kuhn, Garcia-Mila, Zohar & Andersen, 1995).

Wird das wissenschaftliche Begründen statt in Laborexperimenten in natürlichen Kontexten untersucht und auf Domänen mit reichhaltigem bereichsspezifischem Wissen übertragen, geschieht dies häufig im Kontext von Unterrichtsdiskursanalysen nach Toulmin (1958/2003): Beispielsweise wird bei Osborne, Erduran & Simon (2004) ein niedriges Argumentationsniveau angenommen, wenn einer Behauptung lediglich eine Gegenbehauptung gegenüber steht; dagegen ist ein höheres Argumentationsniveau durch weitere Elemente wie das Begründen einer Behauptung anhand von weiteren Fakten oder Beobachtungen gekennzeichnet; Argumente des höchsten Niveaus enthalten Sequenzen mit einem oder mehreren Einwänden. Jiminéz-Alexandre et al. (2000) unterschieden zwischen einem rituellen, auf Prozeduren ausgerichteten Unterrichtsgespräch (*doing the lesson*) und einem an Prinzipien und Argumenten orientierten Gespräch (*doing science*). Grundlegend für solch diskursanalytische Herangehensweisen sind Annahmen des sozialen Konstruktivismus, nach dem (naturwissenschaftliches) Wissen durch Aushandlungsprozesse im sozialen Kontext der Lerngruppe konstruiert wird.

Wie kann nun das wissenschaftliche Begründen im Unterricht angeregt und aufrechterhalten werden? In einer Reihe von Interventionsstudien konnte gezeigt werden, dass Curricula mit einem Fokus auf Wissenschaftsverständnis durchaus gewinnbringend sein können (siehe bspw. Osborne, 2010, als Überblick). So entwarfen etwa Carey, Evans, Honda, Jay & Unger (1989) eine Lernumgebung zu grundlegenden Aspekten des naturwissenschaftlichen Erkenntnisgewinns für Siebtklässler, die die explizite Überprüfung von Hypothesen und die kritische Reflektion von Evidenz und Theorieentwicklung umfasste und somit eine Voraussetzung für wissenschaftliches Begründen im Unterricht herstellte. Durch den Vergleich von Interviews, die vor und nach der Intervention geführt wurden, konnte ein deutlicher Fortschritt im Niveau des Wissenschaftsverständnisses der teilnehmenden Schülerinnen und Schüler aufgezeigt werden. Eine Verbindung zum Unterrichtsdiskurs in der Grundschule wurde in der Analyse von Hardy et al. (2010) hergestellt. Hier zeigte sich, dass ein vorgeschaltetes Curriculum zum Wissenschaftsverständnis im nachfolgenden Unterrichtsdiskurs zum Thema Schwimmen und Sinken zu vergleichsweise höheren Begründungsniveaus führte als ein Vergleichscurriculum ohne diesen Schwerpunkt. Allerdings nivellierte sich der anfängliche Unterschied zwischen den Untersuchungsgruppen im Laufe der Unterrichtseinheit.

Neben diesen Formen einer expliziten Förderung des Theorie-Evidenz Verständnisses im Unterricht verweist Duschl (2008) auf die wichtige Rolle der Lehrperson bei der Gestaltung einer Lernumgebung, in der die Schülerinnen und Schüler die Nutzung von Evidenz in wissenschaftlich sinnvoller Weise kennen lernen. So zeigte sich bei Hardy et al. (2010) auch, dass ein signifikanter Zusammenhang zwischen den Impulsen von Lehrpersonen zum wissenschaftlichen Begründen und dem erreichten Begründungsniveau im Unterrichtsdiskurs bestand. Auch die Qualität der Fragen vonseiten der Schülerinnen und Schüler kann für die argumentative Qualität des Unterrichtsgesprächs entscheidend sein (Chin & Osborne, 2008).

Beinbrech, Kleickmann, Tröbst & Möller (2009) fanden ferner einen Zusammenhang zwischen der Anregung von wissenschaftlichen Begründungen aufseiten der Lehrkraft und ihren jeweiligen Vorstellungen zum Lehren und Lernen von Naturwissenschaften: Je praktizistischer eine Lehrperson ist, desto weniger setzt sie Gesprächsimpulse zur Anregung von wissenschaftlichen Begründungen ein. Praktizistische Orientierungen beziehen sich dabei auf die Ansicht, dass praktisches Tun im Unterricht wie bspw. das Durchführen von Experimenten ausreiche, um naturwissenschaftliches Verständnis aufzubauen. Demgegenüber stehen konstruktivistische Vorstellungen, denen zufolge naturwissenschaftliches Verständnis eine aktive kognitive Umstrukturierung bereits vorhandener Vorstellungen über bestimmte Phänomene seitens der Schüler und Schülerinnen erfordert. Eine solche Umstrukturierung gelingt nur, indem die Lernenden angehalten werden, sich (kognitiv) aktiv mit ihren Vorstellungen auseinanderzusetzen, sodass sie nicht nur experimentelle Überprüfungen vornehmen, sondern auch zu Erklärungen, Begründungen und Diskurse angeregt werden (siehe auch Möller, Hardy & Lange, 2012). Hiermit wird deutlich, dass eine konstruktivistische Überzeugung seitens der Lehrperson sehr gut mit der Förderung wissenschaftlichen Begründens bei den Schüler und Schülerinnen vereinbar ist. Obwohl also ein Zusammenhang zwischen den Lehrerimpulsen und der argumentativen Diskursgestaltung zu bestehen scheint, finden Unterrichtsgespräche, wie in Kapitel 1 erläutert, in der Realität häufig auf einem niedrigen Argumentationsniveau statt. In einer Interventionsstudie in der schweizerischen Basisstufe im Kontext von Schwimmen und Sinken bestätigte sich, dass Impulse zum wissenschaftlichen Argumentieren, wie etwa nach Begründungen fragen, Vergleiche anregen oder kognitive Konflikte anregen, bei Lehrpersonen hier nur selten zur Lernbegleitung von Kindern eingesetzt wurden (Leuchter, Saalbach & Hardy, 2011).

Insgesamt kann also angenommen werden, dass wissenschaftliches Begründen im Unterrichtsdiskurs insbesondere durch eine entsprechende Haltung der Lehrperson gefördert werden kann; „conversations [should] mediate the transition from evidence to explanation and vice versa" (Duschl, 2008, S. 280). Schülerinnen und Schüler sollten im Unterricht zu Diskussionen über ihre Beobachtungen, Daten und deren Verbindung zu zugrundeliegenden Theorien und Annahmen angehalten werden. Die Wissenskonstruktion kann als ein dialogischer Prozess aufgefasst werden, der in hohem Maße sprachlich-kommunikativ beeinflusst werden kann (Alexander, 2005).

2.2 Pragmalinguistische Annäherungen an das Begründen und Erklären

Auch aus der Perspektive der Lingusitik, insbesondere des Faches Deutsch als Zweitsprache, liegen zahlreiche Studien vor, die sich der Sprachlichkeit des naturwissenschaftlichen Lernens auf empirischer Grundlage nähern (bspw. Ahrenholz, 2010; Gibbons, 2006; Kuplas, 2010; Quehl & Scheffler, 2008; Röhner, Hövelbrinks & Li, 2011; Tajmel, 2010). Häufig lag der Untersuchungsschwerpunkt dabei auf der Analyse des morphosyntaktischen und lexikalischen Sprachgebrauchs der Schülerinnen und Schüler im Sachunterricht der Grundschule bzw. in den naturwissenschaftlichen Fächern der höheren Klassenstufen. Im Hinblick auf die hier relevanten sprachpragmatischen Zusammenhänge ist jedoch festzuhalten, dass der Erwerb von Sprachhandlungen mit steigender kognitiver und sprachlicher Komplexität für die Schule immer noch wenig erforscht ist

(Reich, 2010, S. 166).² Darüber hinaus findet das fachübergreifende Konzept der Bildungssprache als sprachliches Register, das in Kontexten formaler Bildung relevant ist, zwar aktuell in der Öffentlichkeit großes Interesse, jedoch ist der Bestand an Redemitteln, die für unterschiedliche Sachfachaspekte spezifisch sind, bislang nicht beschrieben (Gogolin & Lange, 2011, S. 113). Die Situierung der Sprachanforderungen ist jedoch ein wichtiges Merkmal bildungssprachlicher Didaktik und entsprechende Sprachhandlungen sind didaktisch elementare Bezugsgrößen (Feilke, 2012, S. 12).

In der pragmalinguistischen Forschung werden *Begründen* und *Erklären* als Fachtermini unterschieden und in ihrer jeweiligen Funktionalität erforscht (Ehlich 2009; Ehlich & Rehbein 1975, 1986; Hohenstein, 2006, 2009; Neumeister, 2011; Spreckels, 2009). Nach Ehlich (2009, S. 17) ist „Erklären als Sinnübertragung [...] ein Prozess der Weitergabe einer Sinnerfahrung, die auf Seiten des Sprechers gemacht wurde und so für ihn vorhanden ist, auf einen Hörer, der diese Erfahrung so noch nicht gemacht hat." Charakteristisch für das Erklären ist der Bezug auf einen Sachverhalt der Wirklichkeit bzw. „die möglichst adäquate Widerspiegelung des Sachverhalts" (Ehlich & Rehbein, 1975, S. 41, zit. n. Neumeister, 2011, S. 54) mit dem Ziel eines Wissensaufbaus und -ausbaus aufseiten des Hörers bei einer Wissensdivergenz von Hörer und Sprecher (vgl. Tabelle 1). Im Unterschied dazu ist aus pragmalinguistischer Sicht das „*Begründen* zentral an Veränderungen innerhalb des ∏-Bereichs [Wissensbereichs] von H [Hörer] interessiert" (ebd.; eigene Hervorhebung) und zielt insbesondere auf eine veränderte Einstellung zu einem Sachverhalt durch den Hörer, die dazu dient, die übergeordnete Handlungskooperation zwischen Hörer und Sprecher fortzusetzen:

> „Beim Behaupten bzw. Begründen [...] geht es darum, eine Behauptung mit Argumenten zu stützen; diese Äußerungsformen werden erst dann erforderlich, wenn in einem Gespräch unterschiedliche Perspektiven in Hinblick auf ein strittiges Problem deutlich werden." (Becker-Mrotzek & Vogt, 2009, S. 142)

Hohenstein (2009, S. 161) spricht in diesem Zusammenhang davon, dass dem Hörer eine Aussage des Sprechers als „nicht folgerichtig erscheint, bzw. im Widerspruch zu [seinen] vorliegenden Wissensstrukturen [...] steht".

Tabelle 1 zeigt weiterhin Abgrenzungsversuche zum Erläutern und Instruieren (s. zur Abgrenzung zum Definieren und Beschreiben auch Neumeister, 2011). Demnach besteht der charakteristische Zweck des *Erklärens* im strukturierten Wissensaufbau des Hörers bzw. seiner Einsicht in einen Funktionszusammenhang der Wirklichkeit (P), den der Sprecher auf der Grundlage seines Wissens über die Wirklichkeit (∏) verbalisiert (p), während das *Begründen* auf die Umorganisation des hörerseitigen Wissens entsprechend der sprecherseitigen (verbalisierten) Wissensstrukturen als Grundlage der weiteren Kooperation von Sprecher und Hörer zielt.

---

2 Eine Ausnahme bildet hierbei im Bereich Deutsch als Zweitsprache die Fähigkeit des Erzählens, für deren Erwerb eine Reihe stufenrelevanter Indikatoren existieren (vgl. Grießhaber, 2005; Haberzettl, 1998; Rehbein, 1982, 1986).

Tab. 1: Synopse dem Erklären nahe stehender sprachlicher Handlungen (Neumeister, 2011, S. 77 nach Hohenstein, 2009, S. 40)

Handlungsmuster/Charakteristik	Begründen	Erläutern	Instruieren	Erklären
Vorgeschichte	Eingeschoben in kooperative Interaktion, reparativ: problematisches bzw. nicht vorhandenes Wissenselement bei H	Entscheidungsdiskurs, Agent-Klient-Interaktion; asymmetrisches Wissen	Lehr-Lern-Diskurs, Handlungsanleitung bzw. -anweisung; asymm. Zuständigkeit	Wissensauf- und ausbau-Diskurse; asymmetrisches Wissen/Wissensdivergenz
Ansatzpunkt	Nicht-sprachliche Handlung (F) bzw. sprachliche Handlung (p) von S	sprachlicher Ausdruck in p, problematisches Symbolfeld	Handlungsfähigkeit Hs für F in P	Funktionszusammenhang (was, wie, warum) in P
Defizienz	H versteht F bzw. p nicht, nicht integrierbar in Π H; gefährdet kooperatives Handlungssystem	H kann Ausdruck nicht mit außersprachlicher Wirklichkeit P verbinden; gefährdet Entscheidung, Handlungsübernahme	Partielle Handlungsunfähigkeit Hs; gefährdet Delegieren/ Durchführen e. Handlung	H hat keine Einsicht in den Funktionszusammenhang; gefährdet ‚nur' eigene Erkenntnis
Bearbeitung	S aktualisiert Wissenselement/e Hs zwecks Verstehenssynchronisierung	S zerlegt Ausdruck in charakteristische, einfachere Bestandteile	S zerlegt Handlungsschritte, orientiert, benennt Abfolgecharakteristik	S zerlegt Erklärensgegenstand in konstitutive Bestandteile, Funktionszuordnung, Verankerung in Π H
Zweck	Umorganisation hörerseitiger Wissensstrukturen p Π H folgerichtig repräsentiert	Ausbau entscheidungsrelevanten Wissens bei H; p P; Befähigen zur Entscheidung, Übernahme einer Teilhandlung	Aufbau handlungsrelevanten Wissens bei H; p F; Befähigen zur eigenständigen Handlungsdurchführung	Strukturierter Wissensausbau; Einsicht/Erkenntnis p (P in Π H)

Legende: H = Hörer S = Sprecher P = Wirklichkeit Π = Wissen p = propositionaler Gehalt der sprachlichen Handlung

Eine Verbindung zu Lerntheorien kann insofern hergestellt werden, als das *Begründen* die kognitive Umstrukturierung von Wissen (im Sinne einer umfassenderen konzeptuellen Umstrukturierung) intendiert, während das *Erklären* den strukturierten Wissensaufbau (im Sinne einer Anreicherung von Wissen) betrifft (z.B. Vosniadou & Brewer, 1992).

Diese pragmalinguistische Unterscheidung ist für die Analyse naturwissenschaftlicher Unterrichtsgespräche dahingehend relevant, dass die lehrerseitige Frage nach einem Funktionszusammenhang in der Wirklichkeit (wie in unserem späteren Beispiel die Frage danach, warum ein Schiff schwimmt) das Handlungsmuster *Erklären* aufruft. Dabei handelt es sich selbstverständlich um eine schulische Verwendungsweise insofern, als dass die Lehrerin um eine Erklärung bittet, obwohl sie diesen Funktionszusmmenhang selbst bestens versteht. Es zeigt sich also, dass der oben vorgestellte Begriff des *wissenschaftlichen Begründens* in der Didaktik der Naturwissenschaften in einem weiteren

Sinne als in der pragmalinguistischen Unterrichtsforschung verwendet wird, die *Erklären* und *Begründen* unterscheidet.[3]

3 Methodisches Vorgehen bei der Analyse von wissenschaftlichem Begründen

3.1 Zur Triangulation diskursanalytischer Verfahren

Auf der Grundlage des referierten Forschungsstandes sollen in diesem Abschnitt nun zwei zu triangulierende diskursanalytische Verfahren vorgestellt werden. Sie unterscheiden sich deutlich in ihren theoretischen Bezugspunkten, sodass man von einer Theorien-Triangulation (vgl. u.a. Flick, 2011, S. 14) sprechen kann, die nicht auf die gegenseitige Validierung von Untersuchungsergebnissen, sondern auf eine aus der Komplementarität der Zugänge entstehende Vertiefung der Einsichten in den Untersuchungsgegenstand zielt.

Das Kodierschema von Furtak, Hardy, Beinbrech, Shemwell & Shavelson (2010) zur Analyse von wissenschaftlichen Begründungen basiert auf einer Kombination diskursanalytischer Verfahren in der Tradition von Toulmin (1958/2003) mit Ratings der inhaltlichen Qualität von Begründungen, sodass eine quantifizierte Einschätzung des Unterrichtsdiskurses auf Basis sogenannter *reasoning units* entsteht. Die Analyse sprachlicher Handlungsmuster in der Tradition der pragmalingusitisch basierten Unterrichtsdiskursanalyse hingegen zielt vorrangig auf funktionale Aspekte der Sprecher-Hörer-Interaktion ab, die mit Blick auf die Einbindung in die übergeordnete Handlung und auf die Handlungsqualität der einzelnen interaktionalen und mit ihnen verbundenen mentalen Handlungsschritte (Pragmeme) erfolgt.

Diese zwei Verfahren werden in der vorliegenden Analyse kombiniert, um beispielhaft die lehrerseitige Gesprächsführung und die lernerseitigen Begründungen bzw. Erklärungen in einem Lehrer-Schüler-Gespräch zu untersuchen, das als vorbildhaft für Merkmale eines auf wissenschaftliches Begründen ausgerichteten Sachunterricht gelten kann (siehe dazu Abschnitt 3.2). Die Zusammenführung der beiden Analyseverfahren aus den unterschiedlichen Disziplinen lässt ein detailliertes Verständnis der (in der Lehrerbildung möglicherweise erlernbaren) Charakteristika eines solchen sprachsensiblen Unterrichts erwarten.

---

3 Vielmehr beinhaltet das Begründen in der Naturwissenschaftsdidaktik die implizite, durch Theorien des sozialen Konstruktivismus gestützte Annahme des Zusammenhangs zwischen der Nutzung von Evidenz zur Begründung von Aussagen im Diskurs und einer (individuellen) Umstrukturierung naturwissenschaftlichen Wissens, ohne dass die Strittigkeit des Problems und die (gefährdete) Fortsetzung der Kooperation thematisiert werden.

3.2 Analyseperspektiven für das wissenschaftliche Begründen in der Unterrichtsforschung

Werden als Grundlage der Analyse von Unterricht nicht wie in der Unterrichtsforschung üblich Ratings herangezogen (z.B. Klieme & Rakoczy, 2008), sondern Transkripte der Lehrer- und Schüleraussagen verwendet, dann können Kategoriensysteme zur Erfassung von wissenschaftlichen Begründungen Verwendung finden. Einerseits kann Diskurs auf der Ebene der Einzelbeiträge (*turns*) kodiert werden, indem beispielsweise Lehreräußerungen nach bestimmten Kriterien eingeschätzt und Auftretenshäufigkeiten bestimmt werden. Andererseits können Analyseeinheiten nach inhaltlichen Kriterien im Argumentationsverlauf bestimmt werden. So können bei der Analyse von Unterrichtsgesprächen im Sachunterricht sogenannte Begründungseinheiten (*reasoning units*) gebildet werden, die durch Referenzen zum Sachgegenstand unterschieden werden (Anwendung bei Beinbrech et al., 2009; Hardy et al. 2010). Ein von Furtak et al. (2010) zur Analyse von wissenschaftlichen Begründungen im Unterrichtsdiskurs entwickeltes Instrument erlaubt es, Begründungen als Stützung von Aussagen zu identifizieren (Toulmin, 1958/2003) und diese auf einem kognitiven Begründungsniveau einzuordnen. Die Identifikation von Begründungselementen als inhaltlicher Bezugsgegenstand, Aussage (*Claim*) und Begründung (Daten, Relationen oder Regeln) dient dabei als Grundlage zur Bestimmung der Begründungsqualität innerhalb von *reasoning units* (siehe Abbildung 1). In Anlehnung an Tytler & Peterson (2005) sowie Driver, Newton, & Osborne (2000) betrifft das unterste Niveau solche Aussagen, denen keine Begründungen nachfolgen; auf Level 2 werden Behauptungen durch einfache Nennung von Einzeldaten bzw. Einzelbeobachtungen gestützt (phänomenologische Begründung); auf Level 3 werden Behauptungen durch die Nennung von Beziehungen zwischen mehreren Einzelbeobachtungen gestützt (relationale Begründung) und auf Level 4 werden Behauptungen durch die Nennung von Zusammenhängen und Verallgemeinerungen gestützt (modellbasierte Begründungen). Im Analyseinstrument ist berücksichtigt, dass die Konstruktion einer Begründung über mehrere Sprecher (-wechsel) verteilt sein kann. Das Begründungsniveau wird also nicht für jede Einzelaussage vergeben, sondern für jede (unterschiedlich lange) Begründungseinheit. Dennoch kann für die weitere Analyse der Daten unterschieden werden, inwiefern eine Lehrkraft zur Begründung beigetragen hat, entweder, indem sie selbst die Begründung geliefert hat, oder indem sie zu einer Begründung aufgefordert hat (siehe Hardy et al. 2010). Ein Vorteil des Instruments ergibt sich aus der Möglichkeit zur quantitativen Analyse von Gesprächsdaten beispielsweise im Hinblick auf systematische Zusammenhänge zwischen Begründungsniveau und konzeptuellem Gehalt von Begründungen oder zwischen Lehrerimpulsen und Schülerbegründungen.

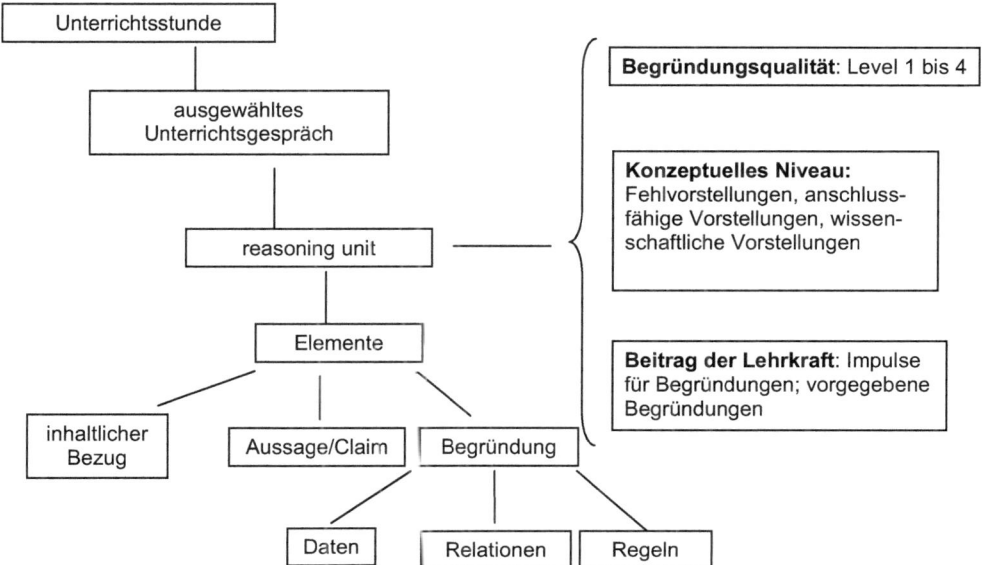

Abb. 1: *Graphische Darstellung des Kodiersystems nach Furtak et al. (2010)*

3.3 Diskursanalytische Perspektiven in Bezug auf sprachliche Handlungsmuster

Einen komplementären Zugriff auf Daten schülerseitiger Erklärungsversuche im Unterrichtsgespräch bietet eine diskursanalytische Untersuchung der videographierten Unterrichtskommunikation in Bezug auf die zugrundeliegenden Handlungsmuster (Ehlich & Rehbein, 1986; Becker-Mrotzek & Vogt, 2009). Der Begriff des sprachlichen Handlungsmusters verweist auf die pragmalinguistische Vorstellung eines gesellschaftlich gefestigten Ensembles von mentalen und interaktionalen Handlungsschritten, die von Sprecher und Hörer aufgrund einer spezifischen Zielsetzung genutzt werden. Somit regt der Musterbegriff eine Analyse der Unterrichtskommunikation an, die für die Segmentierung größere funktionale Handlungseinheiten wählt, deren Elemente bzw. Handlungsschritte wiederum in ihrer funktionalen Qualität erfasst werden.

Das Handlungsmuster, das sich für diese Untersuchung als zentral erweist, ist das auch unter dem Begriff IRF- und IRE-Pattern[4] bekannte Muster *Aufgabe stellen – Aufgabe lösen*. Es manifestiert sich in der sprachlichen Interaktion von Lehrer und Schülern in so genannten Pragmemen (oder Musterpositionen) wie lehrerseitiger Aufgabenstellung, schülerseitigem Lösungsversuch oder Schweigen, lehrerseitiger positiver oder negativer Einschätzung und ggf. Aufgabenstellung mit Wink oder Aufgabenwiederholung, die ggf. zu erneuten Musterdurchläufen führen. Diese interaktionalen Handlungsschritte beruhen auf jeweils mentalen Handlungsschritten, die im Muster ebenfalls modelliert werden (Ehlich & Rehbein, 1986, S. 16; Becker-Mrotzek & Vogt, 2009, S. 84ff.). Tabelle 2 illustriert, dass die Segmentierung der Interaktionsdaten an diesen Hand-

---

4   IRF = *initiation, response, feedback*; IRE = *initiation, reply, evaluation*.

lungsschritten ausgerichtet ist, deren funktionale Qualität (unter Rekonstruktion auch mentaler Handlungsschritte) analytisch als Musterposition (z.B. Lösungsversuch oder Einschätzung) bestimmt wird. So ist an diesem Datenbeispiel zu erkennen, dass auf eine lehrerseitige wortgenaue Wiederholung einer früher bereits formulierten Aufgabenstellung („*Was ist wichtig?*") mit Wink (*„Der Rand? Der muss nicht hoch sein."*) zahlreiche schülerseitige Lösungsversuche erfolgen, die von der Lehrerin negativ eingeschätzt werden, so dass die Lehrerin die komplexe Aufgabenstellung wiederholt („*Was ist wichtig? S5!*").

Tab. 2: *Segmentierung nach Musterpositionen und Pragmem-Analyse eines Datenbeispiel-Ausschnitts; Nummerierung der Musterpositionen nach Ehlich & Rehbein (1986, S. 16)*

Partiturfläche	Äußerung	Pragmem
23–24	L: Was ist wichtig? Der Rand? Der muss nicht hoch sein. ((2,6s)) S3!	Wiederholung komplexer Aufgabenstellung mit Wink (Einbezug der vorherigen Schülerantwort „weil die Ränder so angehoben sind") *[Musterposition 14/15]*
24–25	S3: Wir haben s auch/ äh wir haben es auch rausgefunden, dass es <u>nicht</u> an dem Rand liegt.	evidenzbasierte Bestätigung des Lehrer-Winks
25	L: Genau! ((1,7s)) S2!	positive Einschätzung der Schüleräußerung
26	S1: Da fehlt n Motor.	Lösungsversuch *[Musterposition 7]*
27–28	L: Es schwimmt doch. S2, es schwimmt doch ohne Motor wunderbar.	negative Einschätzung *[Musterposition 11]*
28–29	S: Da ist so/ das ist so n/ da braucht s/ das braucht so ne U-Form.	Lösungsversuch *[Musterposition 7]*
29–30	L: Ja, aber guck mal! Es schwimmt doch. Das ist überhaupt kein U.	negative Einschätzung *[Musterposition 11]*
30	S1: Ach so.	Exothese[5] evidenzbasierter Einsicht
31	S2: Jaha. Aber wenn man was drauf legt.	(inhaltlich wiederholter) Lösungsversuch *[Musterposition 7]*
31–33	L: Das ist alles nicht wichtig. Es braucht keine U-Form, damit s nicht untergeht. Es braucht…	negative Einschätzung (Rekapitulation falscher Lösungsversuche) *[Musterposition 11]*
33	Sx: Keinen Rand.	selbstinitiierte Ergänzung aus Hörerplan
34–35	L: Keinen Rand. Keinen hohen Rand, damit s nicht untergeht.	Fortsetzung der negativen Einschätzung (Rekapitulation falscher Lösungsversuche) *[Musterposition 11]*
35–36	Sx: So ne Kugel hat ja auch keinen Rand. Diese ähm Styroporkugel. Die schwimmt auch.	(selbstinitiierte evidenzbasierte) Stützung der negativen Lehrer-Einschätzung
36–38	L: Genau! Super! <u>Oder</u> der Wachsklotz hier. Der hat ja keinen Rand. Und der schwimmt trotzdem.	Bestätigung und (weitere evidenzbasierte) Stützung der lehrerseitigen Einschätzung
38	L: <u>Was</u> ist wichtig? S5!	Wiederholung komplexer Aufgabenstellung *[Musterposition 14]*

---

5   Unter „Exothese" verstehen wir in Anlehnung an Ehlich & Rehbein (1986, S. 102) „eine unveränderte Abbildung [eines] mentalen Elementes […] in den Interaktionsraum".

4 Empirischer Teil

4.1 Analyse eines Unterrichtsgesprächs im naturwissenschaftlichen Sachunterricht der Grundschule

Das hier analysierte Transkript entstammt dem Datensatz einer quasi-experimentellen Unterrichtsstudie mit Prä-Post-Follow-up-Design zur Bedeutung der Strukturierung von Lernangeboten für die konzeptuelle Entwicklung von Drittklässlern im Sachunterricht der Grundschule. Die Ergebnisse dieser Studie sind in mehreren Publikationen ausführlich dargestellt (z.B. Hardy, Jonen, Möller & Stern, 2006). Es handelt sich bei der Gesamtstichprobe um acht Grundschulklassen der dritten Jahrgangsstufe, von denen sechs an einer (unterschiedlich strukturierten) Unterrichtseinheit von acht Doppelstunden zum Thema „Warum geht ein Schiff aus Eisen im Wasser nicht unter?" teilnahmen. Für zusätzliche Analysen wurden die Unterrichtsgespräche in vier Klassen der jeweils ersten, dritten, sechsten und achten Doppelstunde transkribiert. Das hier als Substichprobe verwendete Transkript basiert auf dem Unterrichtsgespräch in Doppelstunde 8 in einer der Schulklassen mit stärkerer Strukturierung. Der Unterricht wurde von einer examinierten Grundschullehrerin durchgeführt, die als Wissenschaftlerin im Projekt arbeitete.

Der für die Analyse gewählte Ausschnitt betrifft den Beginn der Unterrichtsstunde 8 (Minute 02:37–09:14); das entsprechende Transkript ist im Internet nachzulesen (Mempel & Gadow, 2012). Der Unterricht in den vorangegangenen Doppelstunden im Kontext der Frage „Warum geht ein Schiff aus Eisen im Wasser nicht unter?" beinhaltete jeweils die Erarbeitung von spezifischen, dem Schwimmen und Sinken von Gegenständen zugrundeliegenden Konzepten, welche die Kinder in aktiven, nach Prinzipien des forschenden Lernens ausgerichteten Arrangements wie Phänomenkreisen untersuchten. Es fanden jeweils ein einführendes Unterrichtsgespräch, in dem Vermutungen zu den in der Stunde thematisierten Phänomenen gesammelt wurden, sowie ein reflektierendes Gespräch statt, in dem die Kinder über ihre Erkenntnisse an den Experimentierstationen berichteten (zur detaillierten Beschreibung des Unterrichts siehe Hardy et al., 2006). Im hier analysierten Unterrichtsgesprächsausschnitt hat die Lehrkraft zunächst kurz die Aufmerksamkeit aller Kinder gewonnen und sie aufgefordert, ihre Erfahrungen der vorangegangen Stunden in Bezug zu setzen zur Ausgangsfrage, warum ein Schiff aus Eisen im Wasser nicht untergeht.

Nach dem Verfahren von Furtak et al. (2010) ergeben sich für den betreffenden Unterrichtsausschnitt 30 Segmente bzw. *reasoning units*, die in das Transkript (Mempel & Gadow, 2012) eingetragen wurden. Dort ist zu erkennen, dass die Mehrzahl der *reasoning units* auf den Niveaustufen 1 und 2 verbleiben und erst in den Einheiten/ Segmenten 27, 29 und 33 fortgeschrittene Begründungen vorgenommen werden. Auch die Musterdurchläufe nach Ehlich & Rehbein (1986) sind in das Transkript eingetragen und werden im Folgenden unter Berücksichtigung der *reasoning levels* dargestellt.

Die Lehrerin stellt in Partiturflächen (PF) 1–3 die komplexe Aufgabenstellung „Und wieso… Ihr habt das gestern erklärt. Wieso geht ein Knetklumpen, hier so eine Knetkugel, im Wasser unter und so ein Boot, das schwimmt?"; diese Aufgabenstellung zielt auf die Integration der Konzepte von Dichte, Auftrieb und Verdrängung und damit auf das übergeordnete Stundenziel. Anders als bspw. von Rehbein (1985) und Becker-Mrotzek & Vogt (2009, S. 93) als zentraler Widerspruch am fragend-entwickelten Unterricht formuliert, sind die Schülerinnen und Schüler somit nicht orientierungslos, sondern während des gesamten Stundenverlaufs über das komplexe Aufgaben- und Stundenziel und damit über das Gesamtziel des Unterrichtsgesprächs informiert, auf das die Lehrerin wiederholt und wortgenau zurückkommt.

Der Lösungsversuch einer auf einer Einzelbeobachtung bzw. einem Einzelmerkmal basierenden Schülererklärung „Weil n Boot muss geformt sein. Wie so n, wie so n U." (PF 3–4), wird von der Lehrerin negativ eingeschätzt, die zunächst zu einer Frage nach dem Konzept Form ansetzt, dann aber eine neue Aufgabe formuliert: „Ist die Form … Also ich meine, ich könnte das ja jetzt auch so formen wie n U. Also • • so. Schon fertig. [...] So. Schwimmt das? [...] Das hat ja jetzt ne U-Form." Mit dieser Aufgabenstellung in PF 4–6 bezieht sie die Aufgabenstellung konkret und sinnlich wahrnehmbar auf den vorgetragenen Lösungsversuch, um Einsicht in die Revisionsbedürftigkeit der schülerseitigen Hypothese zu ermöglichen. Weitere Lösungsversuche in den *reasoning units* 9 und 10 zur U-Form und zur Luft erfahren keine explizit negative Einschätzung; stattdessen wiederholt die Lehrerin die hierarchisch übergeordnete komplexe Aufgabenstellung mit der zugespitzten Formulierung „Was war wichtig, dass das Schiff schwimmt?" (PF 13). Diese Aufgabenstellung wird mit einem Wink auf zuvor aktiviertes Vorwissen verbunden und auf diese Weise auf das Teilkonzept Verdrängung fokussiert: „• • Ihr habt gesagt, wenn ich den Topf ins Wasser tauche, dann steigt das Wasser. Hat die Sx gerade noch mal vorgemacht. Und das ist ganz, ganz wichtig, dass das Wasser steigt. Weshalb? S4!" (PF 13–16). Es erfolgt ein weiterer schülerseitiger datengeleiteter Erklärungsversuch: „Weil die Ränder so angehoben sind. Die müssen höher sein." (PF 16–17), der zu einer erneuten Widerlegung der Rand-Hypothese führt (s. PF 17–22 bzw. *reasoning units* 12–15).

Die erneute Wiederholung der komplexen Aufgabenstellung mit Wink auf die ausgeschlossene Rand-Hypothese erfolgt in PF 23–24: „Was ist wichtig? • • Der Rand? ((schüttelt den Kopf)) Der muss nicht hoch sein. (2,6s)" Darauf folgt zunächst eine schülerseitige Bestätigung des Winks (PF 24–25, RU 53); drei sich anschließende Lösungsversuche zum fehlenden Motor, (erneut) zur U-Form und zur Beladung werden im Gesamtpaket negativ eingeschätzt: „Das ist alles nicht wichtig." (PF 31–32), woraufhin sich eine schülerseitig initiierte Widerlegung der Rand-Hypothese ergibt, die die negative Einschätzung der Lehrerin in PF 35–36 evidenzbasiert unterstützt: „So ne Kugel hat ja auch keinen Rand. Diese ähm Styroporkugel. Die schwimmt auch."

Nach einer entsprechenden Bestätigung wiederholt die Lehrerin zum dritten Mal die komplexe Aufgabenstellung „Was ist wichtig?" (PF 38). Ein (datenbezogener) Lösungsversuch zum teilweisen Einsinken (RU25) wird positiv eingeschätzt, ein zweiter evidenzbasierter Lösungsversuch (RU 27) wird als „ganz, ganz wichtig" (PF 43) herausgestellt und in eine neue Aufgabenstellung überführt, die auf das Teilziel Auftrieb fokussiert. In dieser *reasoning unit* wird erstmalig *Level* 3 erreicht: Die Schüler liefern die regelbasierte Aufgabenlösung „Ähm, das, umso größer, umso mehr Druck ist es. Und dann schwimmt s auch." (PF 41–42), die datenbasierte Aufgabenlösung „• • Wenn mehr Druck ist?" (PF 44–45) und die Aufgabenlösung auf relationalem Begründungsniveau

„[...] vielleicht umso größer/ äh umso schwerer meine ich, umso besser schwimmt das."
(PF 46–47). Zur Entkräftung der Hypothese bezüglich des Gewichts im dritten Lösungsversuch stellt die Lehrerin eine untergeordnete Aufgabenstellung zum Schwimmen unterschiedlich schwerer Würfel: „Weißt du/ kennst du noch unseren ((4s)) unsere Würfel? Guck mal Sx! [...] Wer schwimmt am besten? Wer ist der schwerste?" (PF 48–49) zur mentalen Aktivierung des Erfahrungswissens aus den vorhergehenden Stunden und nimmt unmittelbar im Anschluss eigenständig die Lösung vor: „Nee. Also, daran kann's auch nicht liegen." (PF 50–51). Mit dem Aufruf des nächsten Schülers (PF 51) kehrt sie zur übergeordneten Aufgabenstellung bezüglich des Auftriebs zurück, ohne dies explizit zu sagen.

An dieser Stelle kommt es erneut zu besonders komplexen Erklärungsversuchen (*reasoning level* 3). Aus dem Turn „Ähm, es liegt doch daran. Desto größer es ist, • umso besser • ähm kann s dann • auf dem Wasser schwimmen. Weil • es hat dann halt, je mehr man unterdrückt, damit das Wasser das sozusagen auch so ein bisschen hochhalten kann. • • Es liegt auch an der Breite, glaub ich." (PF 53–57) wird in für das Gesprächsverhalten der Lehrerin charakteristischer Weise das Teilkonzept Größe hervorgehoben und für die nächste Aufgabenstellung genutzt: „Die Größe ist auch ganz, ganz wichtig. Das stimmt. Weshalb ist die Größe so wichtig, S11?" (PF 57–58). Mit der schülerseitigen Antwort auf relationalem Begründungsniveau „Da um, um der Platz das da fehlt, ähm, dann will das Wasser vielleicht den Platz wiederhaben. Ja dann drückt das, das, da/ ähm dieses Schiff dann nach oben." (PF 59–61) werden die Teilkonzepte Verdrängung von Wasser und Auftrieb miteinander in gelungener Weise verknüpft und es wird die bisher hochwertigste Erklärung geliefert.[6]

Als besonders positive Merkmale dieses Unterrichtsgesprächs sind vor dem Hintergrund anderer Analysen zum fragend-entwickelnden Unterricht folgende Merkmale herauszustellen:

- Die Schülererklärungen sind auf eine übergeordnete komplexe Fragestellung ausgerichtet. Die für das Muster *Aufgabe stellen – Aufgaben lösen* charakteristische Orientierungslosigkeit der Schülerinnen und Schüler (Becker-Mrotzek & Vogt, 2009, S. 93) durch die Partikularisierung auf Teilziele und eine damit einhergehende Fragmentarisierung des Wissens (Becker-Mrotzek & Vogt, 2009, S. 91) ist aufgrund des transparenten Gesamtziels in diesem Beispiel gerade *nicht* gegeben. Die Schülerinnen und Schüler können Teilziele in den entsprechenden untergeordneten Musterdurchläufen mit dem übergeordneten komplexen (Gesamt-)Ziel in Verbindung bringen. Besonders auffällig ist, dass die Lehrerin die komplexe Aufgabenstellung bzw. das Stundenziel in identischem Wortlaut „Was ist wichtig?" wiederholt und keine Paraphrasen verwendet.

- Erklärungen, die dem Funktionszusammenhang nicht entsprechen, werden von der Lehrperson negativ eingeschätzt; jedoch geschieht dies nicht – wie für das Muster typisch – allein lehrerseitig. Es findet interessanterweise auch kein gemeinsames (zeitaufwändiges) Abwägen der Lösungen (vgl. Becker-Mrotzek & Vogt, 2009, S. 92) statt, sondern die Lehrerin ermöglicht den Kindern systematisch den Nachvollzug

---

6   Das Unterrichtsgespräch setzt sich mit Rückfragen von Schülern weiter fort; vgl. PF 70ff.

ihrer negativen Einschätzung, indem sie Experimente des Vortages in der Erinnerung der Kinder aufruft oder diese Experimente im Wahrnehmungsraum durchführen lässt. Dies erscheint uns für das Gelingen des Unterrichtsgesprächs besonders wichtig, denn so können sich die Schülerinnen und Schüler bei vorgetragenen Fehlhypothesen immer wieder *selbst* von deren Nicht-Zutreffen überzeugen bzw. zu einer negativen Einschätzung gelangen. Diese aktive Konstruktion von Einsichten durch die Nutzung empirischer Evidenz entspricht dem diesem Unterricht zugrunde gelegten didaktischen Vorgehen der konzeptuellen Umstrukturierung und des konstruktiven Wissensaufbaus durch die aktive Auseinandersetzung mit individuellen Schülervorstellungen.

- Erklärungen, die dem Funktionszusammenhang zumindest ansatzweise entsprechen, werden von der Lehrerin aufgegriffen, um Teilziele zu verfolgen. Anders als im sogenannten Trichtermuster (s. dazu Becker-Mrotzek & Vogt, 2009, S. 90–91) wählt die Lehrerin die problemrelevante Zerlegungsmöglichkeit (Ehlich & Rehbein, 1986, S. 15) nicht selbst, sondern reagiert spontan auf schülerseitige Erklärungsansätze, indem sie daraus untergeordnete Aufgabenstellungen zu den Teilzielen Wirkung von Form (PF 4–6; 18–20), Gewicht (PF 48–50) und Größe (57–58) auf die Verdrängung von Wasser formuliert. Dabei fokussiert sie die Schülerinnen und Schüler auf Teilaspekte der Antwort, die sie wiederholt als „ganz, ganz wichtig" positiv hervorhebt. Auf diese Weise gelingt es ihr, die Schülerinnen und Schüler zu komplexeren Erklärungen bzw. *reasoning levels* zu führen, bei denen sie mehrere relevante Teilkonzepte miteinander in Beziehung setzen.

- Bemerkenswert erscheint weiterhin, dass positive Einschätzungen seitens der Lehrerin nicht wie üblich zum Abschluss des Musters und zum Abarbeiten des nächsten Schritts im Lehrerplan führen, sondern dass auch nach einer positiven Einschätzung einer Erklärung weitere Lösungsversuche zugelassen werden – auch solche, deren Qualität hinter den erreichten Diskussionsstand zurückfallen (PF 46–47). Auf diese Weise ermöglicht die Lehrerin den Kindern bei den untergeordneten Teilaufgaben, ihre jeweiligen Einsichten in den Funktionszusammenhang auch dann noch in eigenen Worten zu verbalisieren, wenn bereits eine positiv eingeschätzte Lösung präsentiert wurde.

Nach der sprachpragmatischen Analyse handelt es sich bei dem untersuchten Transkriptausschnitt also um schülerseitige Erklärungsversuche, die vom schulischen Handlungsmuster *Aufgabe stellen – Aufgabe lösen* überformt sind. Im Gegensatz zum in der Forschungsliteratur ausführlich problematisierten fragend-entwickelnden Unterricht erscheint die lehrerseitige Nutzung des Handlungsmusters in diesem Beispiel – nicht zuletzt in Zusammenhang mit dem Kontext der bereits früher durchgeführten und im Wahrnehmungsraum durchführbaren Experimente – besonders gut gelungen.

4.2 Vergleichende Einordnung des Transkripts in die Ergebnisse quantitativer Auswertungen

Die quantitativen Analysen zum wissenschaftlichen Begründen mit dem Gesamtdatensatz aus Hardy et al. (2010) erbrachten Erkenntnisse, welche an dieser Stelle die sprachpragmatischen Analysen des Unterrichtsausschnitts ergänzen sollen: Eine Schwierigkeit bei der Einschätzung von Einzeläußerungen besteht darin, die Begründungsqualität vom konzeptuellen Niveau einer Äußerung zu trennen (hierzu auch Tytler & Peterson, 2005); dies wird auch in den Beschreibungen der Qualität der Schüleraussagen in der hier präsentierten Analyse deutlich. Wenn Begründungen als funktionale Einheiten im Gespräch verstanden werden, dann kann durchaus eine Diskrepanz zwischen dem Begründungsniveau und dem konzeptuellen Niveau einer Schüleräußerung bestehen. Beispielsweise könnte eine Schülerin eine Fehlvorstellung regelhaft zur Begründung von Vermutungen verwenden, wie in der Aussage „Ich glaube, dass das Schiff in einem Teich nicht schwimmen wird, weil umso größer etwas ist, umso mehr Wasser braucht es zum Schwimmen." Während der konzeptuelle Gehalt dieser Aussage also als nicht anschlussfähig bezeichnet werden kann, stützt die Schülerin dennoch ihre Vermutung mit einer Begründung auf hohem Niveau, da sie nicht nur Einzelbeobachtungen heranzieht. Für die Gesamtstichprobe zeigten sich tatsächlich nur geringe bis mittlere Korrelationen der Begründungsqualität mit dem konzeptuellem Niveau auf Basis von *reasoning units*, sodass für diese Stichprobe von zwei trennbaren Konstrukten ausgegangen werden kann. Weiterhin konnte in der Gesamtstichprobe durch Chi-Quadrattests gefolgert werden, dass konzeptuelles Verständnis eine notwendige, aber nicht hinreichende Voraussetzung für Begründungsgüte darstellt, da das höhere konzeptuelle Verständnis (bei simultaner Kodierung innerhalb der *reasoning units*) nicht durchgängig mit höheren Begründungsniveaus einherging. Es reicht also anscheinend nicht aus, den Zusammenhang zwischen den physikalischen Größen im jeweiligen Diskursausschnitt korrekt dargestellt zu haben, um auch Evidenzen an geeigneter Stelle zur Stützung von Aussagen einzubringen. Wichtig ist an dieser Stelle noch einmal der Hinweis, dass es sich bei den zugrundegelegten Analyseeinheiten der *reasoning units* um die durch Schüler und Lehrkraft gemeinsam konstruierten thematischen Zusammenhänge handelt. In der quantitativen Gegenüberstellung der Begründungsniveaus von Stunde 1, 3, 6 und 8 für die untersuchten Klassen zeigte sich weiterhin, dass es keine eindeutige Entwicklung des mittleren Begründungsniveaus über das achtstündige Curriculum gab; trotz des einzelnen Auftretens von Begründungen auf hohem Niveau wurde ein Großteil der *reasoning units* auf dem untersten Niveau als Aussagen ohne Begründungen kodiert. Anders als bei den Begründungsniveaus zeigte sich in der Gesamtstichprobe jedoch eine signifikante Zunahme des konzeptuellen Verständnisses (in den jeweiligen *reasoning units* beurteilt) im Verlauf der Unterrichtseinheit. Insofern sind die hier dargestellten Schüleräußerungen in dem Transkriptausschnitt exemplarisch für das zum Ende der Einheit deutlich elaboriertere konzeptuelle Verständnis der Schülerinnen und Schüler hinsichtlich der physikalischen Zusammenhänge des Schwimmen und Sinkens, welches auch in den Auswertungen der Prä-Postdaten auf individueller Schülerebene bestätigt wurde (Hardy et al., 2006). Ein letztes relevantes Ergebnis der quantitativen Datenanalyse findet sich im signifikanten Zusammenhang zwischen Lehrerimpulsen zum Begründen und den Begründungsniveaus:

Fordert die Lehrkraft die Schülerinnen und Schüler dazu auf, ihre Behauptungen zu belegen und ihre Denkwege offen zu legen, so ist dies mit höheren Begründungsniveaus verbunden als ohne eine solche Aufforderung. Dieser Zusammenhang spricht für die Validität der Interpretationen aus sprachpragmatischer Sicht, in welcher die impulsgebende Funktion der Lehrkraft bei der Einforderung von Schülerbegründungen bzw. -erklärungen hervorgehoben wird.

5 Fazit

Die vorgestellte interdisziplinäre Triangulation diskursanalytischer Verfahren aus der Naturwissenschaftsdidaktik und der Unterrichtskommunikationsforschung erweist sich in dieser Analyse aufgrund ihrer Komplementarität als gewinnbringend. Mit dem Verfahren nach Furtak et al. (2010) kann die inhaltliche Komplexität bzw. das Begründungsniveau innerhalb von *reasoning units* reliabel erfasst werden, während der Abgleich des Unterrichtsgesprächs mit dem Handlungsmuster *Aufgaben stellen – Aufgaben lösen* unter Berücksichtigung des *reasoning level* Einsicht in die positiven Charakteristika des Unterrichtsgesprächs erlaubt, die den mentalen Einbezug der Kinder systematisch begünstigen. Dazu gehören insbesondere (a) die lehrerseitige Benennung des Gesamtziels und die schülerseitige Orientierung auf dieses Gesamtziel, (b) dem Muster *Aufgaben stellen – Aufgaben lösen* untergeordnete Sequenzen, die die evidenzbasierte Nachvollziehbarkeit negativer lehrerseitiger Einschätzungen ermöglichen, (c) die durch schülerseitige Erklärungsversuche getriebene Zerlegung des zu erklärenden Phänomens bzw. die Untergliederung des komplexen Gesamtziels des Unterrichtsgesprächs in Teilziele durch deutliche lehrerseitige Akzentuierung positiv eingeschätzter Teilaspekte der Gesamtlösung und (d) das lehrerseitige Zulassen weiterer Lösungsversuche nach einem bereits positiv eingeschätzten Lösungsversuch.

Bei diesem methodischen Vorgehen wird einerseits die Musteranalyse durch die Berücksichtigung inhaltlich-fachlicher und fachdidaktisch intendierter Zusammenhänge deutlich geschärft; andererseits gewinnt die Analyse der Begründungsniveaus durch die Berücksichtigung funktionaler Aspekte insbesondere im Hinblick auf die Rekonstruktion des Zusammenhangs zwischen *reasoning units* in der argumentativen Entfaltung bzw. des diesbezüglichen Gesamtplans bei der lehrerseitigen Gesprächsführung. Einen besonders richtungsweisenden Aspekt dieser explorativen Triangulation erkennen wir nicht zuletzt darin, dass auf der Grundlage der vorliegenden umfassenden quantitativen Auswertungen der videographischen Aufzeichnungen der Unterrichtsreihen zum Sinken und Schwimmen ein *best-practice*-Beispiel im Hinblick auf eine spezifische sprachliche Handlung im Zusammenhang mit der lehrerseitigen Gesprächsführung untersucht werden konnte. Derartige Untersuchungen bieten unseres Erachtens vielversprechende Anregungen für eine gleichermaßen theoriebasierte wie auch praxisrelevante Einsicht in die sprachliche Basis von inhaltlichem Lernen und damit einen wichtigen Baustein für die Lehrerbildung im Hinblick auf die Möglichkeiten einer zielorientierten Gesprächsführung in einem sprachsensiblen Sach- bzw. Fachunterricht.

Transkript

Mempel, C. & Gadow, A. (2012). „Schwimmen und Sinken". Verfügbar unter: http://www.uni-leipzig.de/herder/Li.site,postext,mitarbeiter,a_id,1451.html?PHPSESSID=negiij33prslh4vatrjn4k9g4n6ii2f2 [17.12.2012].

Literatur

Ahrenholz, B. (2010). Bildungssprache im Sachunterricht in der Grundschule. In B. Ahrenholz (Hrsg.), *Fachunterricht und Deutsch als Zweitsprache*. Tübingen: Narr, 15–36.

Alexander, R. (2005). *Culture Dialogue and Learning: Notes on an emerging Pedagogy*. Kongressbeitrag: International Association for Cognitive Education and Psychology: 10th International Conference, University of Durham UK 10–14 July 2005.

Becker-Mrotzek, M. & Vogt, R. (2009). *Unterrichtskommunikation. Linguistische Analysemethoden und Forschungsergebnisse.* Tübingen: Niemeyer.

Beinbrech, C., Kleickmann, T., Tröbst, S. & Möller, K. (2009). Wissenschaftliches Begründen durch Schülerinnen und Schüler und die Rolle der Lehrkraft. *Zeitschrift für Grundschulforschung, 2* (2), 139–155.

Bos, W., Lankes, E.-M., Prenzel, M., Schwippert, K., Walther, G. & Valtin, R. (2003). *Erste Ergebnisse aus IGLU: Schülerleistungen am Ende der vierten Jahrgangsstufe im internationalen Vergleich.* Münster: Waxmann.

Carey, S., Evans, R., Honda, M., Jay, E. & Unger, C. (1989). "An experiment is, when you try it and see if it works": A study of grad 7 students" understanding of the construction of scientific knowledge. *International Journal of Science Education, 11* (5), 514529.

Chin, C. & Osborne, J. (2008). Students" questions: a potential resource for teaching and learning science. *Studies in Science Education, 44* (1), 1–39.

Driver, R., Newton, P. & Osborne, J. (2000). Establishing the norms of scientific argumentation in classrooms. *Science Education, 84* (3) 287–312.

Duschl, R. (2008). Science Education in Three-Part Harmony: Balancing conceptual, epistemic, and social learning goals. *Review of Research in Education, 32,* 268–291.

Ehlich, K. (2009). Erklären verstehen – Erklären und Verstehen. In R. Vogt (Hrsg.), *Erklären. Gesprächsanalytische und fachdidaktische Perspektiven* (S. 11–24). Tübingen: Stauffenburg.

Ehlich, K. & Rehbein, J. (1975). *Kommunikation in der Schule – Begründen,* Arbeitspapier I. Universität Düsseldorf: Seminar für allgemeine Sprachwissenschaft Düsseldorf (mimeo).

Ehlich, K. & Rehbein, J. (1986). *Muster und Institution. Untersuchungen zur schulischen Kommunikation.* Tübingen: Narr.

Feilke, H. (2012). Bildungssprachliche Kompetenzen – fördern und entwickeln. *Praxis Deutsch,* Basisartikel, 233, 4–12.

Flick, U. (2011). *Triangulation. Eine Einführung.* Wiesbaden: Verlag für Sozialwissenschaften.

Furtak, E. M., Hardy, I., Beinbrech, T., Shemwell, J. T. & Shavelson, R. J. (2010). A Framework for Analyzing Evidence-Based Reasoning in Science Classroom Discourse *Educational Assessment, 15* (3–4), 175–196.

Gibbons, P. (2006). Unterrichtsgespräche und das Erlernen neuer Register in der Zweitsprache. In: P. Mecheril & T. Quehl (Hrsg.), *Die Macht der Sprachen. Englische Perspektiven auf die mehrsprachige Schule* (S. 269–290). Münster: Waxmann.

Gogolin, I. & Lange, I. (2011). Bildungssprache und Durchgängige Sprachbildung. In S. Fürstenau & M. Gomolla (Hrsg.), *Migration und schulischer Wandel: Mehrsprachigkeit* (S. 107–127). Wiesbaden: VS Verlag für Sozialwissenschaft.

Grießhaber, W. (2005). *Sprachstandsdiagnose im kindlichen Zweitspracherwerb: Funktionalpragmatische Fundierung der Profilanalyse.* Verfügbar unter: http://spzwww.uni-muenster.de/griesha/pub/tprofilanalyse-azm-05.pdf [29.05.2012].

Grygier, P. (2008). *Wissenschaftsverständnis von Grundschülern im Sachunterricht.* Bad Heilbrunn: Klinkhardt.

Haberzettl, S. (1998). FHG in der Lernersprache, oder: Gibt es ein diskursfunktionales Strukturierungsprizip im kindlichen L2-Syntaxerwerb? In H. Wegener (Hrsg.), *Eine zweite Sprache lernen. Empirische Untersuchungen zum Zweitspracherwerb* (S. 117–142). Tübingen: Narr.

Hardy, I., Jonen, A., Möller, K. & Stern, E. (2006). Effect of instructional support within constructivist learning environments for elementary school students" understanding of „floating and sinking". *Journal of Educational Psychology, 98*, 307–326.

Hardy, I., Kloetzer, B., Möller, K., & Sodian, B. (2010). The Analysis of Classroom Discourse: Elementary School Science Curricula Advancing Reasoning with Evidence. *Educational Assessment, 15* (3), 197–221.

Hessisches Kultusministerium (2011). *Bildungsstandards und Inhaltsfelder. Das neue Kerncurriculum für Hessen, Primarstufe, Sachunterricht,* 17–18. Verfügbar unter: http://www.kultusministerium.hessen.de/irj/servlet/prt/portal/prtroot/slimp.CMReader/HKM_15/HKM_Internet/med/7ad/7ad1d584-b546-821f-012f-31e2389e481 [25.06.2012].

Hohenstein, C. (2006). *Erklärendes Handeln im wissenschaftlichen Vortrag. Ein Vergleich des Deutschen mit dem Japanischen.* München: iudicium.

Hohenstein, C. (2009). Interkulturelle Aspekte des Erklärens. In R. Vogt (Hrsg.), *Erklären, Gesprächsanalytische und fachdidaktische Perspektiven* (S. 37–55). Tübingen: Staffenburg.

Jiménez-Aleixandre, M., Rodríguez, B. & Duschl, R. (2000). „Doing the lesson" or „doing science": Argument in high school genetics. *Science Education, 84* (6), 757–792.

Klieme, E., Rakoczy, K. (2008). Empirische Unterrichtsforschung und Fachdidaktik. Outcomeorientierte Messung und Prozessqualität von Unterricht. *Zeitschrift für Pädagogik, 54* (2), 222–237.

Koerber, S., Sodian, B., Thoermer, C. & Nett, U. (2005). Scientific reasoning in young children: Preschoolers" ability to evaluate covariation evidence. *Swiss Journal of Psychology Schweizerische Zeitschrift für Psychologie Revue Suisse de Psychologie, 64*, 141–152.

Kuhn, D., Garcia-Mila, M., Zohar, A. & Andersen, C. (1995). Strategies of knowledge acquisition. *Monographs of the Society for Research in Child Development, 60* (4), Serial Nr. 245, S. 1–157.

Kuplas, S. (2010). Deutsch als Zweitsprachenförderung im Biologieunterricht. In B. Ahrenholz (Hrsg.), *Fachunterricht und Deutsch als Zweitsprache* (S. 185–202). Tübingen: Narr.

Leuchter, M., Saalbach, H. & Hardy, I. (2011). Förderung naturwissenschaftlichen Verständnisses von Kindern in der Schuleingangsstufe. Empirische Forschung zur Qualität des (naturwissenschaftlichen) Lernens und Lehrens in der Schuleingangsstufe. In F. Vogt, M. Leuchter, A. Tettenborn, U. Hottinger, M. Jäger & E. Wannack (2011), *Entwicklung und Lernen junger Kinder* (S. 37–52), Münster: Waxmann.

Möller, K., Hardy, I. & Lange, K. (2012). Moving beyond standards: How can we improve elementary science learning? A German perspective. In S. Bernholt, K. Neumann & P. Nentwig (Hrsg.), *Making It Tangible – Learning Outcomes in Science Education* (S. 33–58). Münster: Waxmann.

National Research Council (2011). *National Science Education Standards*. Washington (DC): National Academy Press.

Neumeister, N. (2011). *(Wie) Wird im Deutschunterricht erklärt? – Wissensvermittelnde Handlungen im Sprachunterricht der Sekundarstufe I.* Verfügbar unter: http://opus.bsz-bw.de/phlb/volltexte/2011/3027/pdf/1_Dissertation.pdf [28.5.2012].

Newton, D. & Newton, L. (2000). Do teachers support causal understanding through their discourse when teaching primary science? *British Educational Research Journal, 26*, 599–613.

Osborne, J. (2010). Arguing to Learn in Science: The Role of Collaborative, Critical Discourse. *Science, 328*, 463–466.

Osborne, J. F., Erduran, S. & Simon, S. (2004). Enhancing the quality of argument in school science. *Journal of Research in Science Teaching, 41* (10), 994–1020.

Quehl, T. & Scheffler, U. (2008). Möglichkeiten fortlaufender Sprachförderung im Sachunterricht. In C. Bainski & M. Krüger-Potratz (Hrsg.), *Handbuch Sprachförderung* (S. 95–112). Essen: Neue Deutsche Schule.

Rehbein, J. (1982). Zu begrifflichen Prozeduren in der Zweitsprache Deutsch. Die Wiedergabe eines Fernsehausschnitts bei türkischen und deutschen Kinder. In K. Bausch (Hrsg.), *Mehrsprachigkeit in der Stadtregion* (S. 225–281). Düsseldorf, Schwann.

Rehbein, J. (1985). Institutionelle Veränderungen. Fokustätigkeit, Fragen und sprachliche Muster am Beispiel einer Geschichts- und einer Biologiestunde. In R. Kokemohr & W. Marotzki (Hrsg.), *Interaktionsanalysen in pädagogischer Absicht* (S. 11–45). Bern u.a.: Lang.

Rehbein, J. (1986). Zur Zweisprachigkeit türkischer Schüler. Ein Bericht über Untersuchungen der sprachlichen Handlungsfähigkeit türkischer Schüler im ehemaligen Krefelder Grundschulenmodell. *Materialien Deutsch als Fremdsprache, 25*, 265–279.

Reich, H. (2010). Die Sprachaneignung von Kindern in Situationen der Zwei- und Mehrsprachigkeit. In K. Ehlich, U. Bredel & H. Reich (Hrsg.), *Referenzrahmen zur altersspezifischen Sprachaneignung* (S. 163–170). Berlin: BMBF. Verfügbar unter: http://www.bmbf.de/pub/bildungsforschung_bd_neunundzwanzig_zwei.pdf [17.11.2012].

Röhner, C., Hövelbrinks, B. & Li, M. (2011). Fachsprachliche Elemente in naturwissenschaftlich-technischen Lernsituationen. In E. Apeltauer & M. Rost-Roth (Hrsg.), *Sprachförderung Deutsch als Zweitsprache. Von der Vor- in die Grundschule* (S. 43–54). Tübingen: Narr.

Sodian, B., Zaitchik, D. & Carey, S. (1991). Young Children's Differentiations of Hypothetical Beliefs from Evidence. *Child Development, 62* (4), 753–766.

Spreckels, J. (Hrsg.). (2009). *Erklären im Kontext. Neue Perspektiven aus der Gesprächs- und Unterrichtsforschung.* Baltmannsweiler: Schneider Verlag Hohengehren.

Tajmel, T. (2010). DaZ-Förderung im naturwissenschaftlichen Fachunterricht. In B. Ahrenholz (Hrsg.), *Fachunterricht und Deutsch als Zweitsprache* (S. 167–184). Tübingen: Narr.

Toulmin, S. (1958/2003). *The Uses of Arguments*. Cambridge: Cambridge University Press.

Tröbst, S., Hardy, I. & Möller, K. (2011). Die Förderung deduktiver Schlussfolgerungen bei Grundschulkindern in naturwissenschaftlichen Kontexten. *Unterrichtswissenschaft, 39* (1), 7–20.

Tytler, R. & Peterson, S. (2005). A Longitudinal Study of Children's Developing Knowledge and Reasoning in Science. *Research in Science Education, 35*, 63–98.

Vosniadou, S. & Brewer, W.F. (1992). Mental models of the the earth: A study of conceptual change in childhood. *Cognitive Science, 24*, 535–585.

Wandersee, J., Mintzes, J. & Novak, J. (1994). Research on alternative conceptions in science. In: D.L. Gabel (Hrsg.). *Handbook of research on science teaching and Learning* (S. 177–210). New York: MacMillan.

Zimmermann, C. (2007). The development of scientific thinking skills in elementary and middle school. *Developmental Review, 27* (2), 172–223.

Fokus: Gesellschaftswissenschaftliche Fächer

Saskia Handro

Sprache und historisches Lernen
Dimensionen eines Schlüsselproblems des Geschichtsunterrichts

Mit bildungspolitischem Impetus wird derzeit Sprachförderung als fächerübergreifende Aufgabe in den Curricula implementiert. Höchst vage erscheint dagegen der Zusammenhang zwischen Fachlichkeit und Sprachlernen. Wenn Sprachförderung aus fachlicher Perspektive nicht zu einer Leerformel werden soll, dann müsste zum einen das spezifische Potenzial der Fächer für sprachliche Bildung expliziert und zum anderen das spezifische Potenzial sprachlichen Lernens für fachliche Bildung herausgearbeitet werden. In einem ersten Zugriff widmet sich der folgende Beitrag dem bislang „ungeklärten" Verhältnis von Sprachlernen und Fachlichkeit und diskutiert dieses im Sinne einer Bestandsaufnahme für den Bereich historischen Lehrens und Lernens.

1 „Durchgängige Sprachförderung". Ein fachspezifisches Problem?

Die Diskussion um den Zusammenhang von Sprache und Denken hat Tradition und die Einsicht, dass individuelles Sprachvermögen dem Denken und damit auch dem Lernen Grenzen setzt (vgl. u.a. Wittgenstein, 2003, S. 86), birgt auf den ersten Blick wenig Neues. Polemisch formuliert: Die internationalen und nationalen Schulleistungsvergleichsstudien (Schiefele, Artelt, Schneider & Stanat, 2004; Beck & Klieme, 2007) haben lediglich ein aus der Schulpraxis bekanntes Problem empirisch untermauert.

Für die gegenwärtige Neubetrachtung des Verhältnisses von Sprache und Fach ist jedoch weniger die Diagnose des Problems zentral, sondern seine bildungs- und lerntheoretische Neubewertung im Gefolge der Kompetenzorientierung in den Fächern. Zum einen sensibilisiert das konstruktivistische Lernverständnis für den Zusammenhang von sprachlichen Fähigkeiten und Fertigkeiten des Schülers und subjektgebundenen Denk- sowie Wissenserwerbsprozessen. Zum anderen erscheint mit dem Wechsel vom Paradigma des generalisierbaren logischen Denkens zum Paradigma des domänenspezifischen Denkens die Frage der Sprache im Fach in einem neuen Licht. Sprache ist nicht nur Medium unterrichtlicher Kommunikation, deren Gelingen eine gemeinsame sprachliche und kulturelle Basis, einen *common ground*, geteilter Überzeugungen und Sprachregister voraussetzt. Für den Bereich schulischen Lernens wird vielmehr der bekannte Zusammenhang von Sprache und Denken (von Humboldt [1827], 1973, S. 21 u. 25) wieder entdeckt und Sprachhandeln als Denk- und Lernstruktur (Wygotski 1934/1964, S. 301–313) in den Unterrichtsfächern neu bewertet. Verfolgt man die aktuelle Debatte um eine „durchgängige Sprachförderung" (Gogolin, 2008, S. 20) in den Fächern, dann stößt man auf drei Argumente:

Im Gefolge der internationalen und nationalen Schulleistungsvergleichsstudien zur Lesekompetenz (Schiefele et al., 2004; DESI-Konsortium, 2008) kommt dem *bildungsökonomischen Argument* eine Schlüsselstellung zu, weil die empirisch fundierten Defizite einen Zusammenhang von schulischer Leistungsfähigkeit und sprachlichen Fähigkeiten nahelegen. Fächerübergreifende Sprachförderung bietet in dieser Perspektive die Möglichkeit, auf die migrationsbedingte Mehrsprachigkeit Lernender zu reagieren (Eckhardt, 2008; Fürstenau & Gomolla, 2011), aber auch soziale und geschlechtsspezifische Unterschiede in den Lernleistungen zu kompensieren. Sprache wird so als kulturelles Kapital einer Kommunikations- und Wissensgesellschaft aufgewertet, als Herausforderung der Einwanderungsgesellschaft anerkannt und funktionaler Sprachgebrauch als Kern formaler Bildung modelliert (Gogolin & Lange, 2011, S. 107–112).

Die Forderung nach einer „durchgängigen Sprachförderung" wird durch ein zweites, *linguistisches Argument* gestützt. In Anlehnung an Positionen der funktionalen Grammatik (Halliday, 1993; Schleppegrell, 2004) und der pragmatischen Sprachtheorie (Ehlich, 2007) wird in der laufenden Debatte die kognitive und epistemische Funktion von Sprachlernen aus linguistischer Perspektive neu bewertet. Sprachbildung wird für alle Fächer als komplexer Prozess des Sprachlernens, des Lernens durch Sprache und des Lernens über Sprache verstanden. Nach Halliday eröffnen die Kenntnis sprachlicher Mittel und das Wissen über deren funktionalen Gebrauch sprachliche Wahl- und damit auch alternative Denkmöglichkeiten, die weit über den Erwerb fachsprachlicher Begriffe hinausreichen. „All learning – whether learning language, learning through language, or learning about language – involves learning to understand things in more than one way." (Halliday, 1993, S. 112). Bei Konrad Ehlich (2007, S. 158–163) gewinnt Sprachhandeln als erkenntnisstiftender und kommunikativer Prozess im Funktionszusammenhang Schule weiter an Kontur. Während das bildungsökonomische Argument Sprache als *Lernvoraussetzung* und damit Bildungsressource aufwertet, erscheinen in linguistischer Perspektive Sprache und Sprachhandeln als *Denk- und Lernstruktur.*

Das dritte Argument, das *Argument der Fachlichkeit* sprachlichen Lernens wird aus der linguistischen Betrachtung abgeleitet, ist aber bislang weniger klar konturiert. Vollmer & Thürmann (2010) arbeiteten in Auswertung neuerer Curricula fächerübergreifende Text- und Diskurstypen heraus, in denen der Zusammenhang zwischen kognitiver Aktivität und sprachlichem Ausdruck realisiert wird. Im Bereich der Makrofunktionen sehen sie u.a. im Explorieren, Benennen, Beschreiben, Erklären und Erzählen fächerübergreifend relevante kommunikative Formen des fachunterrichtlichen Erwerbs von Fähigkeiten und Kenntnissen. Gleichzeitig signalisieren die Autoren mit ihrem „Modell zur Beschreibung sprachlichen Handelns im Fachunterricht" fachspezifischen Differenzierungsbedarf, und zwar auf drei Ebenen: auf der lexikalisch bzw. begrifflichen Ebene, auf der Ebene der Arbeitsformen, Methoden, Medien, Textsorten und Zeichensysteme sowie im Bereich fachspezifischer Denkformen und Zugangsweisen zum jeweiligen Lern- und Untersuchungsgegenstand (Vollmer & Thürmann, 2010, S. 112f.).

Interessant scheint weniger die Betrachtung der Einzelebenen, die auf bekannte fachliche Alleinstellungsmerkmale abheben. Interessant ist die hier angelegte linguistische Gesamtbetrachtung, die Schleppegrell (2004, S. 113) genauer ausführt:

> Science, history, and other subject areas present major challenges to students, and a great part of the challenge is linguistic. [...] Language differs in the discourses of different subject areas due to differences in the epistemologies of the disciplines as well as differences in methodologies and pedagogics. Each subject area of schooling has its own expectations in term of the genres that students will read and write, and each genre is constructed through grammatical resources that construe the disciplinary meanings. (Schleppegrell, 2004, S. 113)

Folgt man dieser Argumentation, dann fände die ungeklärte Frage nach dem Verhältnis von Sprache und Fach eine Antwort in der Epistemologie der Fächer und man könnte folglich die Profilierung des Zusammenhanges von Sprache, Denken und Lernen als konsequente Fortsetzung der Kompetenzdebatte in den Fächern begreifen.

Noch ist die geschichtsdidaktische Kompetenzdebatte ein vielstimmiges Konzert heterogener Theoriemodelle und Begrifflichkeiten (Barricelli, Gautschi & Körber, 2012). Doch trotz aller Dissonanzen erscheint zumindest dem fachkundigen Leser Sprachlernen als *implizite Struktur* aller geschichtsdidaktischen Kompetenzmodelle (Günther-Arndt, 2010, S. 29–35). Eine operationalisierbare Systematisierung des Zusammenhanges von Sprache, historischem Denken und historischem Lernen steht jedoch aus.

2 Babylonische Sprachverwirrung. Die curriculare Dimension

Bereits auf curricularer Ebene provoziert die Forderung nach durchgängiger Sprachförderung mehr Fragen, als dass sie das Verhältnis von Sprache und Fach erhellt. Lehrpläne für das Fach Geschichte lassen eine babylonische Sprachverwirrung erkennen, die, positiv formuliert, konzeptionelle Vielfalt verheißt.

Der nordrhein-westfälische Lehrplan für Gesellschaftslehre an den Hauptschulen operiert mit dem Begriff des sprachsensiblen Unterrichts. In der neuesten Fassung von 2011 heißt es:

> Der Erwerb gesellschaftswissenschaftlicher Grundbildung muss mit einer fachbezogenen Sprachförderung verknüpft werden. Kognitive Prozesse des Umgangs mit Fachwissen, der methodischen Fähigkeiten und der Beurteilung und Bewertung von gesellschaftswissenschaftlichen Sachverhalten und Problemen sind ebenso sprachlich vermittelt, wie die Präsentation von Lernergebnissen und der kommunikative Austausch darüber: Solche sprachlichen Fähigkeiten entwickeln sich nicht naturwüchsig auf dem Sockel alltagssprachlicher Kompetenzen, sondern müssen gezielt in einem sprachsensiblen Unterricht angebahnt werden. (Ministerium für Schule und Weiterbildung NRW, 2011, S. 14f.)

Diese Prämissen werden dann im Sinne einer Sprachkompetenzentwicklung mit konkreten Erwartungen an die Sprachhandlungen der Schüler verknüpft. Sprachkompetenz gewinnt hier jedoch weniger als fachspezifische, sondern eher als schulsprachliche Fähigkeit an Kontur. Zudem werden mit den Bereichen Geschichte, Geografie und Politik unterschiedliche Fach- und Wissenskulturen integrativ verhandelt. Folglich bleibt eine für Lehrer operationalisierbare Modellierung fachspezifischer Sprachkompetenzen vage.

Während dem NRW-Lehrplan in Bezug auf sprachliche Konkretisierungsversuche durchaus eine Schrittmacherfunktion zugeschrieben werden kann, unterstreicht eine vergleichende Betrachtung mit Geschichtslehrplänen anderer Bundesländer die konzeptionellen Probleme. Zu erwerbende sprachliche Kompetenzen wie die angemessene Verwendung der Sprache und die Nutzung funktionaler Lesestrategien sind fachunspezifisch formuliert. Fachübergreifende Sprachhandlungen wie Beschreiben, Erklären, Bewerten, Begründen oder Argumentieren werden als Operatoren genannt, aber nicht in ihrer fachlichen Relevanz erhellt. Diesen fachunspezifischen Zugängen stehen Versuche fachlicher Profilierung gegenüber. Häufig wird Sprachlernen auf die Elaboration einer Fachsprache reduziert. Kompetenzorientierte Curricula fassen Sprache ohne weitere Konkretisierung als Teil fachspezifischer Methoden-, Begriffs- oder Strukturierungskompetenz. In fachlicher Hinsicht am überzeugendsten ist der Hamburger Bildungsplan: „Sprachbewusstheit" wird hier als Dimension des Kompetenzerwerbs im Fach Geschichte verstanden, wenn die Schüler „in geregelten Diskussionen und Debatten [...] ihre Deutungen und Wertungen des historischen Materials begründen, verteidigen und gegebenenfalls revidieren", um ein reflektiertes Geschichtsbewusstsein als Ziel historischen Lernens zu entwickeln (Freie und Hansestadt Hamburg, 2011, S. 17). Sprachhandeln wird hier vor allem als kommunikativ-diskursive Praxis des Geschichtsunterrichts beschrieben.

Sicher sollte man Lehrpläne als bildungspolitische Regulierungsinstrumente nicht überstrapazieren. Doch gerade in der Zusammenschau sind die disparaten Auslassungen zur Sprache im Fach verwirrend und von einer Operationalisierbarkeit weit entfernt. Durchgängig bleibt der Zusammenhang von Sprachlernen und Fachlernen in seinen Konturen unscharf und in seiner epistemischen Relevanz unklar. Doch keinesfalls sollten die beschriebenen Strukturprobleme als Defizite der Lehrplankonstruktion oder als Effekt des Bildungsföderalismus abgetan werden. Vielmehr spiegelt sich in den Lehrplänen als Derivaten bildungstheoretischer, geschichtswissenschaftlicher und geschichtsdidaktischer Theoriebildung das bereits angesprochene geschichtsdidaktische Systematisierungsproblem. Denn neben den lernpsychologischen Traditionen, fachliches Sprachlernen auf Begriffslernen zu reduzieren (Wygotski, 1934/1964; Seel, 2003, S. 160–183) oder das allgemeinsprachliche Fundament unterrichtlicher Kommunikation zu betonen (Schöner & Mebus, 2007), verweisen die Curricula auf geschichtstheoretische und geschichtsdidaktische Konzepte, in denen *Sprache als implizite Struktur historischen Denkens und historischer Sinnbildung* immer mitgedacht wird.

3 Historisches Lernen und Sprache(n)

In geschichtsdidaktischer Perspektive stellt die Frage nach dem Verhältnis von Sprache und Fach keine Neuentdeckung dar (Lucas, 1975; Günther-Arndt, 2010). Vielmehr gehört es zu den geschichtsdidaktischen Prämissen, historisches Lernen als Denken und Handeln, als historische Orientierung und Sinnbildung über Sprache zu begreifen. In einem ersten Zugriff können nach Struktur, Stellung und Funktion im Erkenntnis- und Lernprozess vier Sprachen im Geschichtsunterricht unterschieden werden:

- die Ebene der Quellen als Repräsentation vergangener Sprachhandlungen;

- die Ebene der historischen Darstellungen als Repräsentation gegenwärtiger Sprachhandlungen und damit verbundener Sinnbildungen;
- die Ebene der Schülersprache als individuelle Voraussetzung für historisches Lernen und als Lernstruktur im Prozess des Wissenserwerbs;
- die Ebene einer fachspezifischen Schulsprache, die unterschiedliche erkenntnis- und diskursorganisierende Elemente umfasst und in Schulbüchern, in Aufgabenstellungen, in der Lehrersprache sowie in den selten explizierten Anforderungen der Unterrichtskommunikation zum Ausdruck kommt.

Sicher lassen sich diese Ebenen nur in analytischer Absicht getrennt voneinander konstruieren, im produktiven und rezeptiven Sprachhandeln und in der kommunikativen Praxis des Geschichtsunterrichts greifen sie jedoch ineinander. Grundlegend für Sprachhandeln im Geschichtsunterricht und für fachspezifische sprachliche Herausforderungen sind die Struktur des Lerngegenstandes und die daraus abgeleiteten fachspezifischen Denkformen und Erkenntnismethoden. Daher ruht der deutschsprachige Diskurs um das Verhältnis von Sprache und historischem Lernen bislang auf einem geschichtstheoretischen Fundament.

3.1 Historischer Erkenntnisprozess und Sprache. Die geschichtstheoretische Dimension

Nicht nur im Feld der Begriffsgeschichte (Koselleck, 1979, 2006), sondern auch im Zuge des *linguistic turn* in den Kulturwissenschaften wurden verschiedene Dimensionen des Verhältnisses von Geschichte und Sprache diskutiert (Jäger & Straub, 2004, S. 341–466). Wie Jürgen Trabant (2005, S. IX) zeigt, hat dieser sogenannte *linguistic turn* in geschichtswissenschaftlicher Perspektive zunächst wenig mit Linguistik zu tun, sondern die Hinwendung zur Sprache der Geschichte ist zum einen durch die „Sprachlichkeit des Untersuchungsgegenstandes" und zum anderen durch die „Sprachlichkeit der Historiografie" begründet. „Geschichte ist nicht Sprache, und doch existiert sie für uns nur, indem sie zur Sprache gebracht wird." (Goertz, 1995, S. 147f.).

Aus der *sprachlichen Verfasstheit des Untersuchungsgegenstandes* lassen sich fachspezifische Mediengattungen und Textgenres ableiten; mit ihr können Sprachhandlungen, die den historischen Erkenntnisprozess begleiten, systematisiert werden und über die Sprachlichkeit der historischen Überlieferung können methodische und kommunikative Praktiken des Geschichtsunterrichts begründet werden (Handro & Schönemann, 2010, S. 3–8). So begegnet Schülern vergangene Wirklichkeit zumeist als Text. Im Zentrum des Geschichtsunterrichts, der Schüler zur eigenständigen Rekonstruktion von Vergangenheit befähigen soll, stehen Quellen als Repräsentationen vergangener Wirklichkeit, die sich nach funktionalen und formalen Kriterien unterscheiden lassen. Quellengattungen wie u.a. Urkunde, Brief, Akte, Gesetzestext, Historiengemälde oder Plakat repräsentieren mit unterschiedlichen symbolischen und sprachlichen Mitteln vergangene Erfahrungs- und Sinnwelten. Folglich setzt ihre Analyse die Kenntnis gattungsgebundener Symbol-, Sprach- und Sinnstrukturen, aber auch Nutzungszusammenhänge voraus. Insofern kann eine Typologie der Quellengattungen als ein Baustein fachspezifischer Sprachkompetenz verstanden werden (Pandel, 2000, S. 24–41; Pandel, 2005, S. 27–31).

Auf die *Sprachlichkeit der Historiografie* verweisen historische Darstellungen als Ergebnisse der Rekonstruktion von Vergangenheit, als zeitgebundene Erzählhandlungen und historische Sinnbildungsprozesse. Erst durch historisches Erzählen werden zunächst zusammenhangslose Einzelereignisse sinnvoll verknüpft und damit in eine sprachliche Form gebracht. Ob Historikertexte, historische Jugendbücher, Zeitzeugenerzählungen, Gedenkreden, Fernsehdokumentationen – auch hier können neben entsprechenden Gattungsmerkmalen intendierte Sinnstiftungsabsichten nur über sprachliche Mittel, wie Modi der Textverknüpfung (u.a. kausal, temporal, adversativ) und Plotstrukturen, als kulturell vermittelte Erzählmuster (wie Niedergang, Fortschritt, Aufstieg und Fall), Deutungsbegriffe (wie z.B. 1989 als Wende, Zusammenbruch oder Revolution) oder Metaphern erschlossen werden (Pandel, 2005, S. 24–52; Barricelli, 2012, S. 260–262).

Sprache öffnet jedoch nicht nur Türen zu vergangenen Erfahrungs- und Lebenswelten, sondern setzt Grenzen, die mit Hilfe *fachspezifischer Erkenntnisverfahren* (Handro, 2007) ausgelotet werden. Zunächst lassen sich die Grenzen entlang der Grenzen der Überlieferung markieren. Weiter steuern historische Fragen als erkenntnisinitiierende Sprachhandlungen die Auswahl der Quellen und die Recherche *(Heuristik)*. Doch nicht nur die Einsicht in die Partialität und Selektivität historischer Wissensproduktion gehört zu den sprachgebundenen epistemischen Prämissen. Quellen als überlieferte Sprachhandlungen bilden Vergangenheit nicht einfach ab (Koselleck, 1979, S. 300), sondern sie können nur in Kenntnis des funktionalen Sprachgebrauchs sowie des situativen und historischen Kontextes interpretiert werden. Zudem stellen Quellen nur perspektivische Deutungen von Wirklichkeit dar, d.h. ihre Aussagen hängen von Standort und Intention des Autors ab und sie werden durch gattungsgebundene Sprach- und Sinnstrukturen präformiert. Insofern sind fachspezifische Methoden wie *Quellenkritik*, *Quelleninterpretation* (Pandel, 2000) sowie fachspezifische Prinzipien wie *Multiperspektivität* (Bergmann, 2004) sprachanalytische Verfahren, mit deren Hilfe das Verhältnis von vergangener Wirklichkeit und Sprache beschrieben, erklärt und diskursiv verhandelt wird. Ihre bewusste Anwendung setzt gleichzeitig die Einsicht in das Verhältnis von Sprache und historischer Erkenntnis voraus.

Nicht zuletzt stellt die sprachliche Struktur des Untersuchungsgegenstandes Schüler vor hermeneutische Herausforderungen, die sich aus dem *Verhältnis von Sprache und historischem Verstehen* ergeben. Historisches Verstehen changiert als Denk- und Rezeptionsprozess zwischen den Sprache(n) der Vergangenheit und den Sprache(n) der Gegenwart (Gadamer, 1990, S. 270–312; Faber, 1982, S. 147–161). Die Einsicht, dass „Sprache, Metapher und Erzählung [...] den Historiker vom Vergangenen [trennen], das er zu untersuchen hat" (Goertz, 1995, S. 147), dass sie ihn aber auch mit der Vergangenheit verbinden, trifft für Geschichtswissenschaft und historisches Lernen gleichermaßen zu. Nicht nur lexikalische Defizite erschweren historisches Lernen, sondern auch die Historizität der Sprache und des Sprachgebrauchs führt zu Verstehenshemmungen. Denn mit historischen Begriffen verbundene Wertkonnotationen, narrative Opponenten und Metaphern sind nicht nur aus dem gegenwärtigen Sprachgebrauch verschwunden, sondern ihr semantischer Gehalt und sozialer Gebrauch haben sich ebenso verändert wie syntaktische Strukturen (Pandel, 2000, S. 137–148). Mit Blick auf die Sprachlichkeit des Untersuchungsgegenstandes, die Sprachlichkeit historischer Darstellungen, des historischen Diskurses und die sprachanalytische Funktion der historischen Erkenntnisverfahren könnte man historisches Lernen per se als Reflexion über Deutung und Bedeutung von Sprache begreifen.

3.2 Historisches Lernen und Sprache. Die geschichtsdidaktische Dimension

Auch die geschichtsdidaktische Hinwendung zur Sprache hat bislang wenig damit zu tun, dass Lernprobleme im Geschichtsunterricht sprachlicher Natur sein könnten. Auch dieser Diskurs folgt epistemischen Prämissen. Diskursbestimmend ist die Frage nach der Wissenschaftlichkeit und der Gesellschaftlichkeit historischen Lernens.

Bei einer Re-Lektüre erscheint bereits bei Karl-Ernst Jeismann (1978) die kommunikative Praxis *historischen Lernens als erkenntnisgenerierender Diskurs*, in dem Geschichte zur Sprache gebracht und Geschichtsbewusstsein als Einheit von historischem Denken und historischer Sinnbildung entwickelt wird. Jeismann begreift historisches Verstehen und in pragmatischer Absicht historisches Lernen als regelgeleiteten reflexiven Erkenntnis- und Diskursprozess, der drei aufeinander aufbauende Dimensionen umfasst: *die Analyse, das Sachurteil und das Werturteil*. Produktives Sprachhandeln im Geschichtsunterricht könnte folglich entlang der Phasen historischen Lernens beschrieben werden: Die Analyse historischer Ereignisse vollzieht sich im Benennen und Beschreiben. Das theoriegeleitete Sachurteil verlangt die Anwendung logischer Denk- und Urteilsverfahren wie Erklären, Vergleichen und Argumentieren. Ebenso müssen analytisch fundierte Werturteilsbildungen sowie inhärente Einstellungen und Vorurteile im Unterricht argumentativ begründet, diskursiv verhandelt und ggf. revidiert werden (Jeismann, 1978, S. 84 u. 93).

Während Jeismann mit Analyse, Sachurteil und Werturteil Sprachhandlungen und damit verbundene Denkoperationen in didaktischer Absicht entlang des Lernprozesses phasiert, wendet sich Jörn Rüsen zunächst aus geschichtstheoretischer Perspektive dem Ergebnis des historischen Erkenntnisprozesses zu: dem historischen Erzählen, das in seiner sprachlichen Form auf die narrative Struktur historischer Erkenntnis und historischer Aussagen (Rüsen, 1990, S. 133) verweist. Mit Blick auf die lebensweltliche Funktion, d.h. auf das menschliche Grundbedürfnis, Geschichte(n) zu erzählen, definiert Rüsen „Geschichte als Sinnbildung über Zeiterfahrung, die durch die Sprachhandlung des Erzählens vollbracht wird" (Rüsen, 2008, S. 30). Damit kommt dem Sprachhandeln eine doppelte Bedeutung zu: Im *historischen Erzählen als Erkenntnisstruktur* findet die „grundlegende Operation historischen Denkens" ihren Ausdruck, und im *historischen Erzählen als Sinnbildungsstruktur* wird Zeiterfahrung verarbeitet, handlungsleitend gedeutet und auch lebensweltlich relevant (Rüsen, 2008, S. 31). Geschichtsbewusstsein als Ziel historischen Lernens und als mentale Operation entwickele sich folglich in der „Lernhandlung" des historischen Erzählers (Rüsen, 2008, S. 44). In didaktischer Absicht sieht Rüsen die Entwicklung „narrativer Kompetenz" als Aufgabe des Geschichtsunterrichts. Das bedeutet, ein breites Spektrum von Erzählformen und Erzähltechniken als *Erkenntnismittel und Sinnbildungsstruktur* zu nutzen und sich so von der Reproduktion vermeintlich gegebener historischer Inhalte und von der Vorstellung einer „richtigen Geschichte" zu verabschieden. Die geschichtstheoretische Prämisse lautet: Historische Wirklichkeit ist nicht identisch mit dem Erzählten, sondern historische Erzählungen sind

Varianten, Geschichte(n) sinnstiftend zur Sprache zu bringen. Die Sprache(n) der Geschichte werden erst zu einer individuellen Ressource historischen Denkens und historischer Sinnbildung, wenn sie als bedeutungsgenerierende Wahlmöglichkeiten durch Sprachlernen bewusst gemacht und im Sprachhandeln bewusst genutzt werden, d.h. sich als Alternative(n) zum unreflektierten alltagssprachlichen Gebrauch erweisen. Die Entwicklung von Geschichtsbewusstsein verlangt folglich zwei Operationen: Zum einen müssen historische Erzählungen analysiert und auf ihre empirische, normative und narrative Triftigkeit geprüft werden. Zum anderen sollten Schüler historische Erkenntnisleistungen und Orientierungsbedürfnisse in eigene Erzählhandlungen umsetzen und dabei unterschiedliche Erzählformen und Erzähltechniken erproben und argumentativ vertreten (Rüsen, 2008, S. 48–54).

In verschiedenen Phasen entwickelt Hans-Jürgen Pandel dieses Modell weiter und profiliert es in Anlehnung an narrativitätstheoretische Ansätze (u.a. White, 1986) deutlicher als einen sprachgebundenen Konstruktionsprozess, der in seinen formalen Prinzipien dem historischen Denken folgt (u.a. Pandel, 2004, 2005, 2009). Für Pandel ist die historische Erzählung ein „sprachliches Gebilde, das auf eine bestimmte Weise zuvor isolierte Sachverhalte bedeutungsvoll miteinander verbindet und zwar auf drei Ebenen des historischen Denkens: Erkenntnis (Aussage), Darstellung, Diskurs." (Pandel, 2009, S. 149). Anders als die Reproduktion von Wissen (Aufzählen, Nennen und Beschreiben) gewinnt hier historisches Erzählen als eine *epistemische Denk- und Lernstruktur* an Kontur. Die Entwicklung narrativer Kompetenz folgt den Strukturen historischen Denkens, indem beim Narrativieren die Retrospektivität, Temporalität, Selektivität, Konstruktivität und Partialität von Geschichte offengelegt wird (Pandel, 2010, S. 75). Diese Prinzipien historischer Erkenntnis müssten beim historischen Erzählen sprachlich umgesetzt werden. Sprachlernen und Fachlernen sind in diesem Modell eng verzahnt, da narrative Kompetenz sich im sukzessiven Erwerb und Gebrauch fachspezifischer grammatikalischer, lexikalischer und syntaktischer Mittel, kulturell tradierter Textmuster, diskursiver Akzeptabilitätsstandards, adressaten- und mediengerechter Sprachregister und Textfortsetzungsregeln entwickelt. Hier nennt Pandel im Rekurs auf geschichtswissenschaftliche Standards 13 Kriterien, denen eine empirisch, narrativ und normativ triftige historische Erzählung genügen sollte, wie u.a.:

- die Fähigkeit, die empirische Triftigkeit von Aussagen zu bestimmen, z.B. durch Modalwörter (wie „gewiss", „sicher", „wahrscheinlich", „vielleicht") bis hin zu Fußnoten und Zitaten;
- die Fähigkeit, zeitdifferente Ereignisse durch syntaktische und semantische Geschehenskohärenz zu verknüpfen, z.B. durch additive (und/oder), temporale (bevor/dann), kausale (weil/deshalb), adversative (aber/obwohl) oder konditionale (wenn/dann) Konjunktionen;
- die Fähigkeit, Sinnbildungsmuster und Erzähltypen zu erkennen und zu nutzen;
- die Fähigkeit, Präteritum zu nutzen. (vgl. Pandel, 2005, S. 39; 2010, S. 128f.)

Sicher beschränkt sich die geschichtsdidaktische Debatte nicht auf diese drei Modelle, doch die zahlreichen Varianten, Sprachhandeln und Sprachreflexion im Fach implizit zu thematisieren, integrieren diese Theoriekonzepte (Hasberg, 2009; Hartung, 2010a).

In der Zusammenschau der skizzierten geschichtstheoretischen und geschichtsdidaktischen Prämissen stellt das folgende „Prozessmodell sprachlichen Handelns im Geschichtsunterricht" (vgl. Abbildung 1). einen vorläufigen Versuch dar, den Zusammenhang von Sprachhandeln und Fachlernen auf der Makroebene zu beschreiben. Dieser Versuch bedarf fraglos weiterer Diskussion und vor allem der Differenzierung. Hier hat er zunächst eine systematisierende Funktion: Er soll zum einen die Dimensionen sprachlichen Handelns im Geschichtsunterricht entlang des historischen Erkenntnisprozesses erhellen, d.h. von der historischen Frage bis hin zur Interpretation. Zum anderen werden zentrale fachspezifische Sprachhandlungen, d.h. das historische Erzählen (Rüsen, 2008; Pandel, 2010) und der historische Diskurs (Jeismann, 1978) in ihrer epistemischen Struktur sichtbar und als unterrichtlich und gesellschaftlich relevante Sprachpraktiken legitimiert.

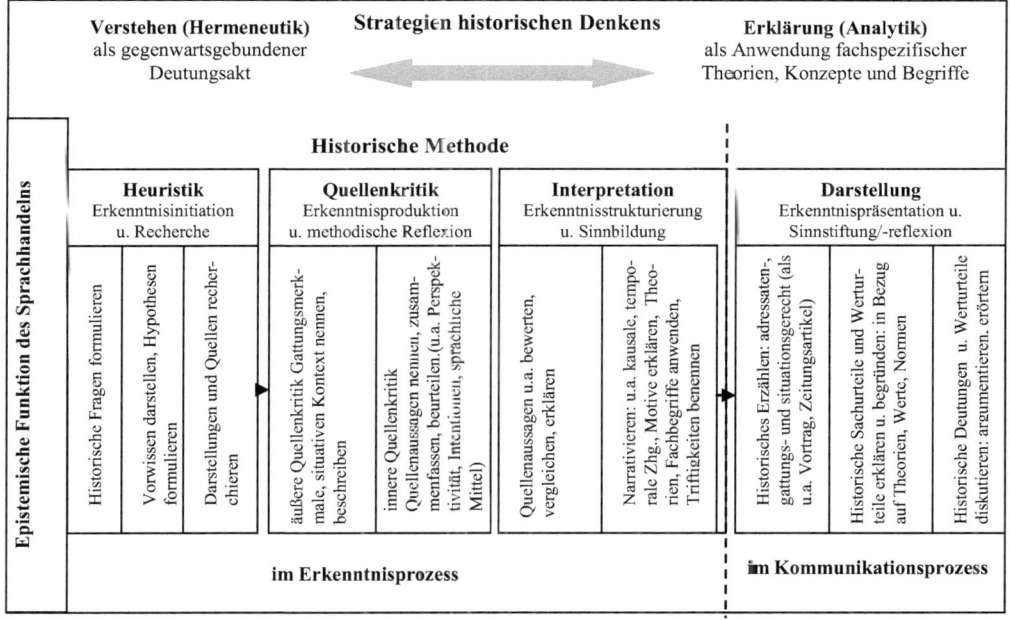

Abb. 1: Prozessmodell sprachlichen Handelns im Geschichtsunterricht

Gleichzeitig werden in dieser prozessorientierten Perspektive die bereits von Hilke Günther-Arndt (2010, S. 33 u. 35) angesprochenen Folgen einer Fokussierung auf historisches Erzählen im Geschichtsunterricht deutlich. Nicht alle Narrationen als sinnbildende Verknüpfungsleistung haben die Form einer historischen Erzählung. Zwar schärft gerade die narrativitätstheoretische Profilierung historischen Erzählens den Blick für den Zusammenhang von Sprache und historischem Denken, d.h. Geschichte wird durch ihre sprachlichen Formen lernbar (White, 2001, S. 235). Doch ebenso dürfte es unstrittig sein, dass Erzählhandlungen im beschriebenen Sinne komplexe Sprachleistungen sind, die am Ende des Lernprozesses stehen.

Die skizzierte theoretische Profilierung trifft auf eine weitgehend unreflektierte Sprachpraxis im Geschichtsunterricht. Eine wie im englischsprachigen Raum anzutreffende Kultur des Schreibens, Durchsprechens und Redigierens von Texten in der Klasse scheint bislang kaum in Sicht (Grant & Fisher, 2010, S. 73–90). Wie Olaf Hartung treffend bemerkt: „Das Schreiben und Erzählen von Geschichte wird im Unterricht kaum thematisiert, dagegen in schriftlichen Leistungstests beständig abverlangt." (Hartung, 2008, S. 157). Ebenso steht die Geschichtsdidaktik auf dem Weg zu einer sprachorientierten Textpragmatik und Gattungslehre erst am Anfang (Pandel, 2010, S. 148–160; Schörken, 1994; Memminger, 2008; Hartung, 2010b).

3.3 Sprache und historisches Denken. Lernpsychologische vs. linguistische Perspektive(n)

Bei der Suche nach der „eigenen Sprachlichkeit" hilft mitunter ein Blick über den nationalen Tellerrand. Im englischsprachigen Raum folgt die Diskussion um Sprachlernen und Fachlernen anderen theoretischen Rahmungen. Ohne an dieser Stelle die Debatte in ihrer kulturellen Eigenart und Entwicklung zu betrachten, sind zwei auf den ersten Blick gegenläufige Ansätze für eine weitere Profilierung des Verhältnisses von Fachlernen und Sprachlernen von Interesse.

Kognitions- und lesepsychologische Untersuchungen beschreiten den Weg vom historischen Denken zum Sprachhandeln. Amerikanische Vertreter dieser Forschungsrichtung sehen in fachspezifischen Denkprozeduren, d.h. im rezeptiven und produktiven Sprachhandeln, die Möglichkeit, *wissenschaftliches Denken durch Sprachhandeln* zu entwickeln. „Along the way, students will become better readers and writers. They will also develop a much deeper understanding of science when they are immersed in the language of science. They will begin to think, read, and write like historians." (Grant & Fisher, 2010, S. 3). *Historical literacy* wird hier nicht geschichtstheoretisch hergeleitet, sondern durch Beobachtung von Expertenhandeln bzw. in Experten-Novizen-Designs (Wineburg, 2001, S. 63–112) rekonstruiert und dann nach Evaluation fachspezifischer Lese- und Schreibstrategien (Perfetti, Britt & Georgi, 1995; VanSledright, 2002) didaktisch und methodisch gewendet (Allen, 2002; Wineburg, Martin & Monte-Sano, 2011). In dieser lernpsychologischen Perspektive erhalten die Vorwissensstrukturen der Lerner, Textstrukturen als Lernstrukturen und dem historischen Denken folgende Lese- und Schreibstrategien ein größeres Gewicht als in der geschichtstheoretisch fundierten deutschen Debatte. Sprachhandeln steht – zumindest in den theoretischen Modellen – im Zentrum fachlichen Lernens.

Vertreter der funktionalen Grammatik in Australien, England und den USA setzen anders an. Ihr Weg führt von der schulsprachlichen Praxis im Geschichtsunterricht zum historischen Denken, d.h. von der Sprache zum Denken (Schleppegrell, 2004; Coffin, 2002, 2004, 2006; De Oliviera, 2011). Die Hinwendung zur Sprache der Geschichte motivieren sie zum einen über die unklaren sprachlichen Anforderungen des Faches, die Lerner frühzeitig das Interesse verlieren lässt (Schleppegrell, 2004, S. 3; Coffin, 2006, S. 1). Zum anderen sieht vor allem Carolin Coffin (2006, S. 2) Geschichte nicht länger als eine Expertendomäne, sondern profiliert – ähnlich dem deutschen Diskurs – historisches Lernen als menschliches Grundbedürfnis und eine boomende Geschichtskultur als gesellschaftliches Phänomen, in dem durch Sprachreflexion und Sprachgebrauch Orientierung gewonnen werden kann. Der Sprache der Geschichte nähern sich die Studien durch linguistische Analyse von Schulbüchern, Unterrichtsmaterialien, Schüleressays und Lehrerbefragungen. Durch die linguistische Untersuchung einer bislang unreflektierten schulischen Sprachpraxis (De Oliviera, 2010, S. 19) werden fachsprachliche Register und Diskurstypen rekonstruiert (Coffin, 2006, S. 168), historische Genres systematisiert (*recount, account, explanation, argument*) und genrespezifische sprachliche Mittel (u.a. *time-constructs, cause-effects, nouns*) beschrieben. Diese überführt Coffin (2006) in ein Progressionsmodell fachunterrichtlichen Sprachlernens und fachspezifischer Schreibhandlungen. Anregungspotenzial besitzen die Studien insofern, als sie kausale, temporale Verknüpfungsmodi, aber auch Ursache-Folge-Beziehungen oder sprachliche Muster der Werturteilsbildung (Coffin, 2006, S. 145) in Bezug auf ihre sprachlichen Mittel weiter typologisieren, damit auch für die Konstruktion von Lehr- und Lernmitteln nutzbar machen und dem Lehrer sprachliche Diagnose- und Förderinstrumente jenseits der inhaltlichen Beurteilung fachlicher Leistungen zur Verfügung stellen.

Aus geschichtsdidaktischer Perspektive bieten diese psychologischen und linguistischen Beschreibungsmodelle historischen Denkens zunächst einen fremden Blick auf das Eigene. Die für den deutschsprachigen Kontext relevante Ebene einer semantischen Beschreibung von Plotstrukturen und damit verbundener Sinnstiftungsmodi bleibt unberücksichtigt. Ebenso wird das für den deutschen Geschichtsunterricht zentrale Problem der Quellenarbeit als Problem der Historizität von Sprache und Semantik nicht diskutiert; auch dies liegt in den nationalen Lern- und damit auch Schulbuchkulturen begründet. Gleichzeitig sensibilisiert die Lektüre dieser Modelle für die Grenzen einer „kognitiven", aber auch „linguistischen Wende" historischen Lernens: Geschichte gewinnt zwar als sprachliches Konstrukt an Profil, verliert jedoch als individuelle und gesellschaftliche Sinnbildungs- und Orientierungsleistung an Bedeutung, weil – dem utilitaristischen literacy-Konzept folgend – historisches Lernen auf historisches Denken reduziert wird. Die affektive Dimension des Geschichtsbewusstseins, die sich im individuellen Sprachhandeln als Orientierungs- und Sinnstiftungsprozess niederschlägt, wenn Identitätsbedürfnisse, Emotionen und Vorurteile zur Sprache gebracht und diskursiv verhandelt werden (von Borries, 2012), entzieht sich einer linguistischen Beschreibung.

Diesen Gedanken weiter zu verfolgen, hieße jedoch die Grenzen einer Hinwendung zur Sprache im Fach von ihrem Ende her zu beschreiben. Dies dürfte derzeit jedoch allenfalls auf theoretischer Ebene und im Sinne der Profilierung fachspezifischer Zugänge angemessen sein.

4 Schülersprache und historisches Lernen. Ein unbestelltes Feld

„Eine Analyse von Lehrer- und Schülersprache im Geschichtsunterricht bleibt ein dringliches Desiderat." (Becher & Lucas, 1979, S. 294). Dies diagnostizierten Lucas und Becher bereits 1979 im einschlägigen Artikel des „Handbuch[es] der Geschichtsdidaktik". Mit wenigen Abstrichen hat dieser Befund bis heute nicht an Gültigkeit verloren. Wendet man sich von den Höhen theoretischer Modellierungen ab und der Sprachpraxis im Geschichtsunterricht sowie den Sprachhandlungen der Schüler zu, dann scheinen die Problemlagen grundsätzlicher Natur. Dies zeigten bereits erste Studien zum Text- und Begriffsverstehen (Beilner, 2004; Beilner & Langer-Plän, 2006). Darüber hinaus trifft man bei der Beschreibung des Verhältnisses von Schülersprache und historischem Denken auf ein unbestelltes Feld, das hier keinesfalls umfassend bearbeitet werden kann. Vielmehr soll das folgende Beispiel das theoretisch beschriebene Zusammenspiel von historischem Denken und sprachlichen Kompetenzen der Schüler problematisieren.

Es handelt sich hier um einen Auszug aus einer Abiturklausur, der dem Evaluationsbericht nordrhein-westfälischer Abiturklausuren entnommen wurde. Der Schüler hatte die Aufgabe, eine Rede Adolf Hitlers auf dem Gautag der thüringischen NSDAP in Weimar am 6. November 1938 zu interpretieren. Er gibt den Inhalt der Rede wie folgt wieder:

„Hitler hat von Beginn an an dem Grundsatz festgehalten, dass der Deutsche entweder der erste Soldat der Welt ist oder überhaupt kein Soldat. Doch da der Deutsche überhaupt kein Soldat nicht sein möchte, wird er der erste sein. Hitler hat dem deutschen Volk diese Wehr und Waffen geschaffen, die auch andere vom Frieden überzeugt haben. Es gibt jedoch Leute, die einen Igel beschimpfen, weil er Waffen hat. Doch ein Igel hat noch niemanden angegriffen, außer wenn er selbst bedroht wird. [...] Deutschland möchte nichts anderes als diese Ruhe, Arbeitsmöglichkeiten und das Lebensrecht für das Volk, welches andere in Anspruch nehmen. [...] Jeder einzelne wusste, dass das Schicksal auch den letzten Einsatz hätte fördern können. Doch der Entschlossenheit des Volkes ist es zu verdanken, dass es nicht der letzte Einsatz war." (Schönemann, Thünemann & Zülsdorf-Kersting, 2010, S. 50)

Der Schüler paraphrasiert die Quellengattung *Rede* ausschließlich im Indikativ. Neben dem Konjunktiv werden von leistungsschwächeren Schülern auch andere sprachliche Mittel der Distanzierung wie Adjektivattribute („angeblich", „vermeintlich") oder Prädikate („behauptet") nicht genutzt. Unklar muss bleiben, ob der Schüler die Rede nicht als intentionalen propagandistischen Sprechakt erkannt hat oder ihm Möglichkeiten der sprachlichen Distanzierung nicht vertraut sind. Sprachliche Phänomene wie diese beschreiben die Autoren der Studie als generelles Defizit vieler Klausuren (Schönemann et al., 2010, S. 49f.) Dieses hier nur illustrativ gebrauchte Beispiel lässt weiter ein grundlegendes Problem im konzeptionellen Wissen Lernender erahnen: Sie haben bereits auf der Ebene der Rezeption Probleme, zwischen Quellen und Darstellungen, d.h. fachspezifischen Textgattungen und ihrem epistemischen Status, zu unterscheiden. So könnte auch die Frage der sprachlichen Umsetzung der Methode der Quellenkritik für Schüler als gar nicht fachliches Problem erscheinen, weil die methodische Prozedur der Quelleninterpretation nur als schulsprachliches Ritual wahrgenommen wird und nicht als gegenstandsgebundene fachliche Erkenntnismethode.

5 Zusammenfassung

Die Forderung nach durchgängiger Sprachförderung gewinnt erst dann an Fachspezifik, wenn Sprache als Lerngegenstand, Lernvoraussetzung und Lernstruktur auch fachlich profiliert wird. Die Geschichtsdidaktik interessiert sich für Sprachhandeln erstrangig als Artikulationsform individuellen und gesellschaftlichen Geschichtsbewusstseins, d.h. als

Erzählung und Diskurs, der auf individuelle und gesellschaftliche historische Denk- und Sinnbildungsmuster verweist. Für den Geschichtsunterricht bedeutet die Stärkung der sprachlichen Dimension historischen Lernens daher keine Neuentdeckung, aber einen Perspektivwechsel. Dieser erscheint auf den ersten Blick weniger grundstürzend, da Sprache, historisches Denken und Lernen eigentlich nur zusammengedacht werden können. Insofern bedeutet eine weitere Profilierung des Zusammenhanges von Sprachlernen und Fachlernen, die sprachliche Fundierung fachspezifischer Denkformen als Strukturen historischen Lernens herauszuarbeiten und die sprachlichen Erwartungen an fachliche Leistungen zu explizieren. Denn mit Blick in die aktuelle Lehrplanlandschaft dürfte die Beobachtung von Schleppegrell (2004, S. 3) auch für historisches Lernen in deutschen Schulen zutreffen. Schüler haben große Probleme, den fachlichen Erwartungen zu entsprechen, weil die mit den fachlichen Anforderungen verbundenen sprachlichen Erwartungen im Unterricht kaum thematisiert werden. Rückmeldungen sind meist inhaltlicher oder allgemeiner Natur: Schüler sollen sich klarer ausdrücken oder es mit eigenen Worten formulieren. Die Sprache der Fächer bleibt so ein „hidden curriculum".

Geschichtsdidaktische Kompetenzmodelle konzentrieren sich auf die Beschreibung der Schlüsseloperationen historischen Denkens, d.h. die Rekonstruktion von Vergangenheit und die Analyse fertiger Geschichten. Zumeist liegt der Schwerpunkt im Bereich rezeptiven Sprachhandelns. Die Bedeutung produktiven Sprachhandelns für den Schüler ist dagegen schwach konturiert und nicht zuletzt aufgrund der primär geschichtstheoretischen Orientierung der Kompetenzmodelle vor allem wissenschafts- und weniger schüleraffin gedacht. Daher wäre neben der theoretischen Systematisierung des Verhältnisses von Sprachlernen und Fachlernen die empirische Untersuchung fachspezifisch relevanter Phänomene der Schülersprache eine zweite Grundlage, die gerade für die Operationalisierung fachspezifischer Sprachförderung zentral sein dürfte, und zwar als Baustein einer sprach- und eben nicht allein inhaltsorientierten Diagnosekompetenz der Lehrer.

Bei der Hinwendung zur Sprache im Fach würde man letztlich auf ein weiteres, bislang nicht angesprochenes Dilemma stoßen: Die Sprache der Schulbücher. Schulbuchtexte prägen durch ihre sprachlichen Muster fachspezifische Denkstrukturen. Hier besteht vor allem im Bereich der Autorentexte Forschungs- und Handlungsbedarf (Pandel, 2006). Dies bestätigt ebenfalls ein Blick über den nationalen Tellerrand. Studien von Crismore & Vande Kopple (1997) zur hedging-Strategien oder von Logtenberg, van Boxtel & van Hout-Wolters (2010) zur Initiation von historischen Fragen durch Textkonstruktion bestätigen, dass durch die Konstruktionsprinzipien von Verfassertexten Grundoperationen historischen Denkens wie eben Selektivität und Kontroversität von Geschichte gefördert werden können. Vergleicht man Autorentexte in Schulbüchern mit dem Pandelschen Katalog narrativer Kompetenz (Pandel, 2010, S. 128f.), dann dürften viele Autoren nicht einmal das basale Niveau erreichen. Dies ist sicher kein fachliches, sondern ein editorisches Problem, das im Unterricht zu einem Problem fachlichen Lernens wird. Das gleiche gilt für die Präsentation von Quellentexten im Schulbuch, deren Kürzungen eine angemessene Interpretation verhindern, weil sich weder gattungsspezifische Textstrukturen erschließen lassen noch unterschiedliche Deutungen möglich sind. Ebenso steht eine fachspezifische Profilierung von Lesestrategien aus, die historisches Denken und nicht nur Textverstehen in einem fächerübergreifenden Sinne fördern.

Literatur

Allen, J. (2002). *Reading history. A practical guide to improving literacy.* Oxford: University Press.

Barricelli, M. (2012). Narrativität. In M. Barricelli & M. Lücke (Hrsg.), *Handbuch Praxis des Geschichtsunterrichts.* Bd. 1 (S. 255–280). Schwalbach/Ts.: Wochenschau.

Barricelli, M. & Gautschi, P. & Körber, A. (2012). Historische Kompetenzen und Kompetenzmodelle. In M. Barricelli & M. Lücke (Hrsg.), *Handbuch Praxis des Geschichtsunterrichts.* Bd. 1 (S. 207–235). Schwalbach/Ts.: Wochenschau.

Becher, U.A.J. & Lucas, F. (1979). Sprache. In K. Bergmann, A. Kuhn, J. Rüsen & G. Schneider (Hrsg.), *Handbuch der Geschichtsdidaktik.* Bd. 1 (S. 209–213). Düsseldorf: Schwann.

Beck, B. & Klieme, E. (Hrsg.). (2007). *Sprachliche Kompetenzen. Konzepte und Messung. DESI-Ergebnisse.* Bd. 1. Weinheim: Beltz.

Beilner, H. (2004). Empirische Zugänge zur Arbeit mit Textquellen in der Sekundarstufe I. In H. Beilner & M. Langer-Plän (Hrsg.), *Quellen in Geschichtswissenschaft und Geschichtsunterricht. Exemplarische Zugänge zur Rekonstruktion von Vergangenheit* (S. 103–126). Neuried: ars una.

Beilner, H. & Langer-Plän, M. (2006). Zum Problem historischer Begriffsbildung. In H. Günther-Arndt & M. Sauer (Hrsg.), *Geschichtsdidaktik empirisch. Untersuchungen zum historischen Denken und Lernen* (S. 215–250). Berlin: Lit.

Bergmann, K. (2004). Multiperspektivität. In U. Mayer, H.-J. Pandel & G. Schneider (Hrsg.), *Handbuch der Methoden im Geschichtsunterricht* (S. 65–77). Schwalbach/Ts.: Wochenschau.

Borries, B. von (2012). Nicht-nur-kognitive Lernziele. In M. Barricelli & M. Lücke (Hrsg.), *Handbuch Praxis des Geschichtsunterrichts.* Bd. 1 (S. 422–438). Schwalbach/Ts.: Wochenschau.

Coffin, C. (2002). The voices of history: Theorizing the interpersonal semantics of historical discources. *Text, 22* (4), 503–528.

Coffin, C. (2004). Learning to write history: The role of causality. *Written Communication, 21* (3), 261–289.

Coffin, C. (2006). *Historical discourse. The language of time, cause and evaluation.* New York: Continuum.

Crismore, A. & Vande Kopple, W.J. (1997). Hedges and readers: Effects on attitudes and learning. In R. Markkanen & H. Schroder (Hrsg.), *Hedging and discourse – Approaches to the analysis of a pragmatic phenomenon in academic texts* (S. 83–115). Berlin, New York: de Gruyter.

DESI-Konsortium (Hrsg.). (2008). *Unterricht und Kompetenzerwerb in Deutsch und Englisch. DESI-Ergebnisse.* Bd 2. Weinheim: Beltz.

De Oliviera, L.C. (2010). Nouns in history: Packaging information, expanding explanations and structuring reasoning. *The History Teacher, 43* (2), 1–13.

De Oliviera, L.C. (2011). *Knowing and writing school history. The language of students expository writing and teachers' expectations.* Charlotte, NC: Information age publishing.

Eckhardt, A. (2008). *Sprache als Barriere für den schulischen Erfolg. Potentielle Schwierigkeiten beim Erwerb schulbezogener Sprache für Kinder mit Migrationshintergrund.* Münster: Waxmann.

Ehlich, K. (2007). *Pragmatik und Sprachtheorie*. Sprache und sprachliches Handeln, Bd. 1. Berlin, New York: de Gruyter.

Faber, K.-G. (1982). *Theorie der Geschichtswissenschaft* (5. erweiterte Aufl.). München: Beck.

Freie und Hansestadt Hamburg (2011). *Bildungsplan Gymnasium Sekundarstufe I. Geschichte*. Hamburg.

Fürstenau, S. & Gomolla, M. (Hrsg.) (2011). *Migration und schulischer Wandel: Mehrsprachigkeit*. Wiesbaden: VS Verlag für Sozialwissenschaften.

Gadamer, H.-G. (1990). *Wahrheit und Methode. Grundzüge einer philosophischen Hermeneutik* (6. Aufl.). Tübingen: Mohr.

Goertz, H.-J. (1995). *Umgang mit Geschichte. Eine Einführung in die Geschichtstheorie*. Reinbek: Rowohlt.

Gogolin, I. (2008). Durchgängige Sprachförderung. In Ch. Bainski & M. Krüger-Potratz (Hrsg.), *Handbuch Sprachförderung* (S. 13–21). Essen: Neue Deutsche Schule.

Gogolin, I. & Lange, I. (2011). Bildungssprache und durchgängige Sprachbildung. In S. Fürstenau & M. Gomolla (Hrsg.), *Migration und schulischer Wandel: Mehrsprachigkeit* (S. 107–127). Wiesbaden: VS Verlag für Sozialwissenschaften.

Grant, M. & Fisher, D. (2010). *Reading and writing in science. Tools to develop disciplinary literacy*. Thousand Oaks, CA: Corwin.

Günther-Arndt, H. (2010). Hinwendung zur Sprache in der Geschichtsdidaktik – Alte Fragen und neue Antworten. In S. Handro & B. Schönemann (Hrsg.), *Geschichte und Sprache* (S. 17–46). Münster: Lit.

Halliday, M. (1993). Towards a language-based theory of learning. *Linguistics and Education, 5*, 93–116.

Handro, S. (2007). Historische Erkenntnisverfahren. In H. Günther-Arndt (Hrsg.), *Geschichts-Methodik. Handbuch für die Sekundarstufe I und II* (S. 25–45). Berlin: Cornelsen.

Handro, S. & Schönemann, B. (2010). Geschichte und Sprache – eine Einführung. In S. Handro & B. Schönemann (Hrsg.), *Geschichte und Sprache* (S. 3–15). Münster: Lit.

Hartung, O. (2008). Geschichte – Schreiben – Lernen. Plädoyer für eine stärkere Schreiborientierung im Geschichtsunterricht. *Zeitschrift für Geschichtsdidaktik, 7*, 156–165.

Hartung, O. (2010a). Die >sich ewig wiederholende Arbeit< des Geschichtsbewusstsein – Sprache als Medium historischen Lernens. *Zeitschrift für Geschichtsdidaktik, 9*, 180–190.

Hartung, O. (2010b). Geschichte schreiben und lernen. Eine empirische Studie. In S. Handro & B. Schönemann (Hrsg.), *Geschichte und Sprache* (S. 61–77). Berlin: Lit.

Hasberg, W. (2009). Sprache(n) und Geschichte. Grundlegende Annotationen zum historischen Lernen in bilingualer Form. *Zeitschrift für Geschichtsdidaktik, 9*, 52–65.

Humboldt, W. von (1973). Über den Dualis (1827). In M. Böhler (Hrsg.), *Wilhelm von Humboldt. Schriften zur Sprache* (S. 21–29). Stuttgart: Reclam.

Jaeger, F. & Straub, J. (Hrsg.) (2004). *Paradigmen und Disziplinen*. Handbuch der Kulturwissenschaften, Bd. 2. Stuttgart: Metzler.

Jeismann, K.-E. (1978). Didaktik der Geschichte. Das spezifische Bedingungsfeld des Geschichtsunterrichts. In G. Behrmann, K.-E. Jeismann & H. Süssmuth (Hrsg.), *Geschichte und Politik. Didaktische Grundlegung eines kooperativen Unterrichts* (S. 50–108). Paderborn: Schöningh.

Koselleck, R. (1979). „Neuzeit": Zur Semantik moderner Bewegungsbegriffe. In R. Koselleck (Hrsg.), *Vergangene Zukunft. Zur Semantik geschichtlicher Zeiten* (S. 300–348). Frankfurt/M.: Suhrkamp.

Koselleck, R. (2006). *Begriffsgeschichten*. Frankfurt/M.: Suhrkamp.

Logtenberg, A., van Boxtel, C. & van Hout-Wolters, B. (2011). Stimulating situational interest and student questioning through three types of historical introductory texts. *European Journal of psychology of education, 26* (2), 179–198.

Lucas, F.J. (1975). Zur Funktion der Sprache im Geschichtsunterricht. In E. Jäckel & E. Weymar (Hrsg.), *Die Funktion der Geschichte in unserer Zeit* (S. 326–342). Stuttgart: Klett.

Memminger, J. (2008). *Schüler schreiben Geschichte.* Schwalbach/Ts.: Wochenschau.

Ministerium für Schule und Weiterbildung NRW (2011). *Kernlehrplan für Hauptschulen in Nordrhein-Westfalen. Gesellschaftslehre. Erdkunde, Geschichte, Politik.* Düsseldorf.

Pandel, H.-J. (2000). *Quelleninterpretation. Die schriftliche Quelle im Geschichtsunterricht.* Schwalbach/Ts.: Wochenschau.

Pandel, H.-J. (2004). Erzählen. In U. Mayer, Ders. & G. Schneider (Hrsg.), *Handbuch Methoden im Geschichtsunterricht* (S. 408–424). Schwalbach/Ts.: Wochenschau.

Pandel, H.-J. (2005). *Geschichtsunterricht nach PISA. Kompetenzen, Bildungsstandards und Kerncurricula.* Schwalbach/Ts.: Wochenschau.

Pandel, H.-J. (2006). Was macht ein Schulbuch zu einem Geschichtsbuch? Ein Versuch über Kohärenz und Intertextualität. In S. Handro & B. Schönemann (Hrsg.), *Geschichtsdidaktische Schulbuchforschung* (S. 15–38). Münster: Lit.

Pandel, H.-J. (2009). Narrativität. In U. Mayer, H.-J. Pandel, G. Schneider & B. Schönemann (Hrsg.), *Wörterbuch Geschichtsdidaktik* (2. überarbeitete und erweiterte Aufl.). (S. 149–150). Schwalbach/Ts.: Wochenschau.

Pandel, H.-J. (2010). *Historisches Erzählen: Narrativität im Grundschulunterricht.* Schwalbach/Ts.: Wochenschau.

Perfetti, C. A., Britt, M.A. & Georgi, M.C. (1995), *Text-based learning and reasoning. Studies in history.* Hillsdale/NJ: Lawrence Erlbaum Associates.

Rüsen, J. (1990). *Zeit und Sinn. Strategien historischen Denkens.* Frankfurt /M.: Fischer.

Rüsen, J. (2008). Geschichtsdidaktische Konsequenzen aus einer erzähltheoretischen Historik. In J. Rüsen (Hrsg.), *Historisches Lernen. Grundlagen und Paradigmen* (S. 25–60). Schwalbach/Ts.: Wochenschau.

Schiefele, U., Artelt, C., Schneider, W. & Stanat, P. (Hrsg.). (2004). *Struktur, Entwicklung und Förderung von Lesekompetenz. Vertiefende Analysen im Rahmen von PISA 2000.* Wiesbaden: VS Verlag für Sozialwissenschaften.

Schleppegrell, M. (2004). *The language of schooling. A functional linguistics perspective.* Mahwah, NJ: Erlbaum.

Schmölzer-Eibinger, S. (2011). *Lernen in der Zweitsprache. Grundlagen und Verfahren der Förderung von Textkompetenz in mehrsprachigen Klassen.* Tübingen: Narr.

Schönemann, B. (2012). Geschichtsbewusstsein – Theorie. In M. Barricelli & M. Lücke (Hrsg.), *Handbuch Praxis des Geschichtsunterrichts* Bd. 1 (S. 98–111). Schwalbach/Ts.: Wochenschau.

Schönemann, B., Thünemann, H. & Zülsdorf-Kersting, M. (2010). *Was können Abiturienten? Zugleich ein Beitrag zur Debatte über Kompetenzen und Standards im Fach Geschichte.* Münster: Lit.

Schöner, A. & Mebus, S. (2007). Kommunikationskompetenz als überfachliche Kompetenz. In A. Körber, W. Schreiber & A. Schöner (Hrsg.), *Kompetenzen historischen Denkens. Ein Strukturmodell als Beitrag zur Kompetenzorientierung in der Geschichtsdidaktik* (S. 361–388). Neuried: ars una.

Schörken, R. (1994). *Historische Imagination und Geschichtsdidaktik.* Paderborn: Schöningh.

Seel, N.M. (2003). *Psychologie des Lernens. Lehrbuch für Pädagogen und Psychologen.* München: E. Reinhardt.

Trabant, J. (2005). Zur Einführung: Vom linguistic turn der Geschichte zum historical turn der Linguistic. In J. Trabant (Hrsg.), *Sprache der Geschichte* (S. VII-XXII). München: Oldenbourg.

VanSledright, B. (2002). *In search of America's past: learning to read history in elementary school.* New York, London: Teachers College Press, Columbia University.

Vollmer, H. & Thürmann, E. (2010). Zur Sprachlichkeit des Fachlernens: Modellierung eines Referenzrahmens für Deutsch als Zweitsprache. In B. Ahrenholz (Hrsg.), *Fachunterricht und Deutsch als Zweitsprache* (S. 107–132). Tübingen: Narr.

White, H. (1986). *Auch Klio dichtet oder Die Fiktion des Faktischen. Studien zur Tropologie des historischen Diskurses.* Stuttgart: Klett-Cotta.

White, H. (2001). The historical text as literary artifact. In G. Robberts (Hrsg.), *The history and narrative reader* (S. 220–236). London, New York: Routledge.

Wineburg, S. (2001). *Historical thinking and other unnatural acts. Charting the Future of Teaching the Past.* Philadelphia, PA: Temple University Press.

Wineburg, S., Martin, D. & Monte-Sano, C. (2011). *Reading like a historian. Teaching literacy in middle and high school history classrooms.* Amsterdam, New York: Teachers College Press, Columbia University.

Wittgenstein, L. (2003). *Tractatus logico-philosophicus.* Frankfurt/M.: Suhrkamp.

Wygotski, L.S. (1934/1964): *Denken und Sprechen.* Berlin: Akademie-Verlag.

Olaf Hartung

Sprache und konzeptionelles Schreibhandeln im Fach Geschichte
Ergebnisse der empirischen Feldstudie „Geschichte – Schreiben – Lernen"

1   Einführung: Sprache und historisches Lernen

Der Fisch reflektiert das Wasser nicht, in dem er schwimmt, sagt ein chinesisches Sprichwort. Was für den Fisch das Wasser, sind für Geschichtslernende und -lehrende nicht selten die Sprache und die Schrift. Der Zusammenhang zwischen Sprache, Schreiben und historischem Lernen ist derart fundamental, dass man sich diesen nur selten bewusst macht. Der Beitrag stellt im Anschluss an einführende sprach- und schreibtheoretische Überlegungen zentrale Ergebnisse der empirischen Studie „Geschichte – Schreiben – Lernen" vor (Hartung, im Druck), die das konzeptionelle Schreibhandeln von Schüler/inne/n im Geschichtsunterricht zum Untersuchungsgegenstand hat.

Das Verhältnis zwischen Sprache und Geschichtslernen ist mindestens ein Doppeltes: Einerseits wegen des konstitutiven Charakters von Sprache für Lehr-Lernprozesse allgemein und anderseits wegen der sprachlichen Verfasstheit des Gegenstandsbereichs, auf das sich das historische Lernen bezieht: „Die Bindung von Geschichte an Sprache ist […] unaufgebbar", stellt Ehlich (2005, S. 34) fest. Ohne Sprache könnte es Geschichte nicht geben, weil dann kein Medium zur Speicherung historischen Wissens vorhanden wäre. Erinnerungen könnten nicht mehr in der Gegenwart präsent sein. Ohne Sprache ließen sich die Grenzen unmittelbarer sinnlicher Erfahrung nicht transzendieren, Veränderungen und historischer Wandel und damit Geschichte würden erst gar nicht wahrgenommen. Geschichte als soziale Praxis lässt sich immer nur durch das Medium der Sprache organisieren, konzentrieren und verändern. Ohne Sprache würde uns auch das Medium der Abstraktion fehlen, das wir zur Integration von individuellen Geschichten, Erinnerungen und Erzählungen in die größere Wissenseinheit Geschichte benötigen (Ehlich, 2007, S. 159). Wären wir ‚sprachlos', würden wir auch über kein ‚Mittel' zur (metasprachlichen) Reflexion dessen verfügen, was Geschichte überhaupt ist – wir hätten im wahrsten Sinne des Wortes nicht einmal einen Begriff von Geschichte.

Eine Folge des besagten ‚Fischverhaltens' im Fach Geschichte ist, dass zumeist nur die Darstellungsfunktion von Sprache gesehen wird, obgleich die spezifisch sprachliche Praxis des historischen Lernen stets auch eine soziale Praxis ist, die in Anlehnung an einen Gedanken Wilhelm von Humboldts als Grundlage des Denkens und Handelns (vgl. Wicke, 1989, S. 59) verändernd auf unsere Beziehung zur Welt wirkt. Nicht nur unsere Sprache, sondern auch unser Denken verändert sich, wenn es sprachlich wird. Das Denken in neuen Begriffen steigert unser Denkvermögen (vgl. Becker-Mrotzek, 2003, S.

75).¹ Das liegt paradoxerweise nicht etwa an der semantischen Exaktheit der Begriffe, sondern auch und vor allem an der Bandbreite unseres sprachlichen Ausdrucksvermögens, das neben der Denotation auch Konnotation enthält und damit Ebenen der Vagheit bis Ambiguität.² Für Humboldt ist es gerade die in der Idealität eines Begriffs liegende „Unbestimmtheit des Gegenstandes", die die „Selbstthätigkeit des Denkens" überhaupt erst möglich macht (von Humboldt, 1979a, S. 62f.). Das Ausgesprochene kann das Gemeinte niemals auf einen endgültigen Begriff bringen, dafür aber das in ihm noch Unausgesprochene formgebend vorbereiten.

Nicht nur der Prozesscharakter und die relative Unbestimmtheit des Sprachhandelns bedingen eine hermeneutische Auffassung vom historischen Lernen als unablässiger kommunikativer Prozess der Auseinandersetzung, Klärung und Einigung im Bedeutungsverstehen. Darüber hinaus erscheint eine solche Auffassung auch wegen des Sprachphänomens angebracht, das Karl Bühler mit dem Begriff *Symptomfunktion* der Sprache (in Abgrenzung zu ihrer Symbol- und Signalfunktion) zu fassen versucht hat (Bühler, 1965, S. 28). Sprechakte sind nicht nur Resultate kognitiver Operationen, sondern bringen zugleich auch die psychischen bzw. emotionalen Zustände eines Sprechers zum Ausdruck, oder in Humboldts Worten: [...] „mit dem dargestellten Objekt [kommen] auch die dadurch hervorgebrachten Empfindungen" zum Vorschein (von Humboldt, 1979b, S. 428). Humboldt war bekanntlich an einer den *ganzen* Menschen anregenden Intellektualität gelegen; Individualität, Sozialität und ästhetisches Empfinden bildeten für ihn eine Einheit. Sprachhandeln ist niemals nur ein kognitiv-semantisches Ereignis, sondern impliziert als kommunikativ-soziales Handeln stets auch die Welt der anderen, die nicht allein auf den direkten Gesprächspartner beschränkt bleiben muss (Friedrich, 1978, S. 248). Als „Ergebnisse von Gestaltungsprozessen" sind Sprachprodukte über Geschichte immer auch ästhetisch geformt (Rüsen, 1994, S. 12).

Historische Lernprozesse erfordern eine Berücksichtigung der kognitiven, psychischen und ästhetischen Dimension des Sprachhandelns auf gleich drei Ebenen: auf der Ebene der historischen Quellen, der Darstellungen sowie der unterrichtlichen Kommunikation.³ Die Sprache der Quellen ist zumeist nicht die gleiche wie die der Darstellungen, die wiederum nicht selten eine andere ist als die der Schüler/innen. Im gewissen Sinne handelt es sich somit bei historischen Verstehensprozessen immer auch um Transformationsleistungen, die auf allen drei genannten Ebenen den Sprachwandel und die individuellen Dispositionen der Sprechenden berücksichtigen müssen. Insofern lassen sich die Prozesse des historischen Lernens auch als Übersetzungen vergangener Sprachhandlungen in eigene sprachliche Konstrukte (Narrationen) beschreiben, die von jedem Lernenden aufs Neue vollzogen werden müssen. Geschichtslernen bedeutet zumeist, abstrakte Konzepte (z.B. ‚Mittelalter' oder ‚Industrialisierung') in weniger abstrakte Begriffe (Ereignisse) aufzuspalten, diese anhand bereits bekannter Ausdrücke zu differenzieren und zu definieren, und zu möglichst sinnhaften Aussagen zu verknüpfen (vgl. KGD,

---

1   Eine entgegengesetzte Auffassung vertritt Pinker (1998), der von einer gänzlich sprachunabhängigen Kognition ausgeht.
2   Verwiesen sei hier vor allem auf die vielfältigen Möglichkeiten des uneigentlichen, ironischen oder metaphorischen Sprechens sowie auf die paraverbalen und nonverbalen Ausdrucksformen.
3   Dies entspricht der Unterscheidung zwischen den Prinzipien Multiperspektivität, Kontroversität und Pluralität im Geschichtsunterricht (vgl. von Borries, 2004, S. 245–250).

2009). Konkrete Begriffe (z.B. Erde, Wasser) strukturieren dabei das Denken, abstrakte Begriffe (z.B. ‚Feudalismus', ‚Renaissance', ‚Aufklärung') sind darüber hinaus die Bausteine von – nicht zuletzt kulturabhängigen – Interpretationen (Zimmer, 1986, S. 159f.). Die meist komplexen und diskursiv geprägten Bedeutungen der Begriffe sind hierbei den Wörtern nicht per se inhärent, sondern sind abhängig vom Gemeinten der Sprechenden. Jede noch so konventionalisierte Sprache lebt in und durch ihre Sprachbenutzer/innen, die nicht zuletzt aufgrund soziokultureller Veränderungen (sprachliche Register) und sprachlicher Heterogenität (Idiom) in ganz unterschiedlichem Maße zum Sprachwandel beitragen.

2 Konzeptionelles Schreibhandeln und historisches Lernen

Geschichte als Umgang mit geschichtlichen Ereignissen (*historia rerum gestarum*) ist eine sprachlich organisierte Form des Wissens, das nur über textuelle Strukturen vermittelt werden kann. Insofern ist Geschichtswissen stets ein textuelles Gebilde, in dem auf vereinzelte Sachverhalte verweisende Aussagen bedeutungsvoll miteinander ‚verwoben' sind, wie es das Wort *Text* ursprünglich auch meint. Um historischen Sinn zu materialisieren, bedarf es narrativer Texte; oder anders gesagt: Jede historische Darstellung erfährt erst im konkreten kommunikativen Akt des Narrativierens Sinnhaftigkeit (vgl. Barricelli, 2005, S. 75). Dieser Doppelaspekt ist wichtig zum Verständnis der dialektischen Wechselbeziehung zwischen Geschichte als Wissensform einerseits und den möglichen Formen ihrer Aneignung andererseits. Geschichtstexte sind nicht nur Repräsentationsmedien für schon fertige Gedanken, sondern auch und gerade Werkzeuge zur historischen Sinnbildung, mithin zum historischen Lernen. Wer Geschichtliches lernen will, muss zu historischen Sachverhalten narrativieren lernen, bzw. wer über geschichtliche Dinge narrative Texte bildet, lernt historischen Sinn auszubilden. Historisches Verstehen weist sich nicht zuletzt dadurch aus, eine (eigene) Geschichte erzählen zu können (vgl. Pandel, 1991, S. 19f.; vgl. auch Barricelli, 2005, 2011).

Narrative Texte lassen sich sowohl in mündlicher als auch in schriftlicher Form kommunizieren. Allerdings ist zwischen mündlichem und schriftlichem Sprachhandeln deutlich zu unterscheiden. Die Verbreitung schriftsprachlicher Fähigkeiten hat sowohl die Sprache als auch das Denken vormals oraler Kulturen verändert, wobei Schriftlichkeit die Mündlichkeit nicht einfach nur ersetzt hat, sondern beide Kommunikationsformen jeweils eigene Betätigungsfelder gefunden haben (vgl. Messerli, 2002, S. 506). Geschriebene Texte sind weder nur schriftliche Umsetzungen mündlicher Texte noch bedeutet Schreiben einfach nur, gesprochene Sprache aufzuschreiben (vgl. Weinhold, 2005, S. 70; Wygotski 1969, S. 224).[4] Die eigene ‚innere Sprache' unterscheidet sich von der äußeren, weshalb Sprechen und besonders Schreiben immer auch einen Transformationsprozess beinhaltet, bei dem die innere Sprache in eine angemessene äußere Form ‚gegossen' werden muss. Dabei macht es einen Unterschied, ob ich für ein Problem des

---

4   Für Wygotski (1969, S. 224) ist Schriftsprache „[...] keine einfache Übersetzung der mündlichen Sprache in Schriftzeichen, und das Erlernen der schriftlichen Sprache [...] auch nicht eine einfache Aneignung der Technik des Schreibens."

Augenblicks spreche oder einen Text auf situative Unabhängigkeit hin gestalte. Im Verständnis von „konzeptualer Schriftlichkeit" (Ossner, 2001; vgl. auch Feilke, 2006) ist Schreiben eine Sonderform des Sprachhandelns mit eigenen Funktionalitäten. Dies gilt auch und gerade im Zusammenhang mit Geschichte. Geschichtsschreibung ist weder allein eine Funktion der historischen Forschung, noch eine rein sekundäre Operation historischer Erkenntnis (vgl. Rüsen, 1982, S. 33), sondern darüber hinaus ein „Erkenntnisverfahren" von hoher Produktivität (Pandel, 2005, S. 38).

Konzeptionelles Schreiben ist ein Prozess der distanzierenden „Vergegenständlichung" (Ludwig, 1983, S. 49). Die Reflexivität des Schreibprozesses und seine Eigenschaft als externer Speicher von Wissen bieten die Möglichkeit, eine Wissensstruktur erst während des Schreibens aufzubauen oder zu modifizieren (vgl. Molitor, 1984, S. 8f.; Eigler, Jechle, Merziger & Winter, 1990, S. 2f.). Schriftsprache stellt nicht zuletzt höhere Anforderungen an die begriffliche und syntaktische Konsistenz und verlangt eine genauere Explikation der Übergänge und Zusammenhänge zwischen den einzelnen verbundenen Aussagen. Der größere Zwang zur logisch geordneten Gliederung geschriebener Texte hat zur Folge, dass ihr Erkenntniswert in der Regel für Lernende größer ist als wenn sie die gleiche Sache nur mündlich vortragen; oft lässt sich das Geschriebene auch besser im Gedächtnis behalten. So meint auch Hans Aebli, es gebe „kein besseres Mittel für den Erwachsenen wie für den Schüler, sich eine Sache klarzumachen, als sie schriftlich darzustellen" (Aebli, 1990, S. 157). Oder anders gesagt: Schreiben ist mehr als einfach ‚nur' eine Technik zur Darstellung von Informationen, da es zugleich auf unser Denken und Sprechen rückwirkt (vgl. Feilke & Schmidlin, 2005, S. 10; vgl. Mertz-Grötsch, 2005, S. 27; vgl. Hartung, 2010). Nicht zuletzt kann Schreiben dabei helfen, sich Vergangenes besonders intensiv zu vergegenwärtigen (vgl. Hermanns, 1988, S. 80f.). Es erlaubt, den Dingen, den Gedanken und Gefühlen nachzuhängen und nachzusinnen. Schreiben kann eine besondere Art des Sich-Erinnerns sein. Schreibend kann man die Erlebnisse anderer oder auch Selbsterlebtes noch einmal durchdenken bzw. ‚durchleben'. Indem man über etwas schreibt, macht man sich das Gedachte und Erlebte wichtig. Schreiben schafft eine Duplizität der (historischen) Ereignisse, eine Wiederholung, die ein Vergessen verhindern kann.

3 Fragestellung, Sampling und Aufgabenformate der empirischen Studie „Geschichte – Schreiben – Lernen"

Zentrales Erkenntnisinteresse des Forschungsprojekts waren die Potenziale des operativ-produktiven Schreibhandelns bzw. konzeptionellen Schreibens für das Lernen von Geschichte. Konkret lautete die Fragestellung, wie Schüler/innen am Ende der ersten und zweiten Sekundarstufe zu und über Geschichte schreiben, wie und was sie dabei lernen und welchen Einfluss die Aufgabenformate und die Textsorten auf ihr Vermögen haben, in Texten historischen Sinn auszubilden.

Das *Sampling* der Studie war ein theoretisches, das nicht auf Repräsentativität, sondern auf die Sättigung von Kategorien abzielte. Die Erhebungs- und Untersuchungseinheiten des Samples bildeten insgesamt acht Klassen bzw. Kurse staatlicher Sekundarschulen, die als quasi-‚natürliche' Lerngruppen auch unabhängig und außerhalb der

Untersuchungssituation Bestand hatten. Aufgrund der zeitlichen und personellen Limitierung des Forschungsprojekts waren beim Sampling forschungspragmatische Gesichtspunkte zu berücksichtigen. Dies betraf sowohl die Eingrenzung des Erhebungsgebiets auf die erweiterte Region der forschenden Institution (Universität Gießen) als auch die quantitative Begrenzung der Untersuchungseinheiten auf insgesamt acht Lerngruppen an sechs Regelschulen. Die Auswahl der Schultypen spiegelte die regionale Schullandschaft einigermaßen adäquat wider. In das Sample aufgenommen wurden ein Gymnasium, ein Oberstufengymnasium, zwei Haupt- und Realschulen, eine Integrierte Gesamtschule (IGS) sowie eine schulformübergreifende Gesamtschule mit abschlussbezogenen Klassen in den neunten und zehnten Jahrgangsstufen. Um die vielfach beklagte „gymnasiale Schräglage" der empirischen geschichtsdidaktischen Forschung (von Borries, 2005, S. 11) nicht zu perpetuieren, wurden zwei zehnte Realschulklassen in das Sampling aufgenommen. Die IGS ist in der Untersuchungsgruppe mit einer zehnten Klasse vertreten, da diese Schulform in Hessen relativ weit verbreitet ist (vgl. Hessisches Kultusministerium, 2009, S. 7). Auf die Verteilung des Merkmals Geschlecht der Schüler/innen wurde beim Sampling keine besondere Rücksicht genommen. Diese ergab sich vielmehr, wie auch das Alter der Schüler/innen, durch die Auswahl der einzelnen Klassen bzw. Kurse nach Schulformen- und -stufen. Insgesamt waren an der Untersuchung 168 Schüler/inne/n im Alter zwischen 14 und 20 Jahren beteiligt (davon 96 männlichen und 72 weiblichen Geschlechts). Da der Schwerpunkt der Untersuchung auf den jeweils fortgeschrittenen Jahrgängen der beiden Sekundarstufen lag, wies das Sample eine ungleichmäßige Altersverteilung auf: Die 15- bis 16-jährigen und die 18- bis 19-jährigen Schüler/innen bildeten die beiden größten Altersgruppen.

Die Untersuchung der tatsächlichen Fähigkeiten von Schüler/inne/n, schreibhandelnd historischen Sinn in Texten zu bilden, erfolgte auf Grundlage einer Textkorpusanalyse. Das gesamte Textkorpus wurde nach sprachlogisch-inhaltlichen Verknüpfungen in 2.801 Segmente zerlegt. Grundlage der Analyse war die semantische Verknüpfung von Äußerungseinheiten. Die vom Verfasser dieses Beitrags nach semantischen Kriterien identifizierten Textsegmente wurden, ergänzt um eine Vielzahl anderer Informationen, in eine Datenbank eingetragen. Der Rekonstruktion der thematischen Struktur und Entfaltung lagen die ‚Volltexte' zugrunde. Die in ‚Raster' umgewandelten gedanklichen Gliederungen der Schülertexte boten einen bemerkenswerten Einblick in die Konzeptualisierung bzw. Nicht-Konzeptualisierung historischer Sachverhalte durch Schüler/innen und damit in ihr historisches Denken. Für die anderen Dimensionen der Untersuchung des Textkorpus erfolgte die Analyse, entsprechend den Grundsätzen der qualitativen Sozialforschung, ebenso dicht am Material.

Die Schülertexte wurden in einer an den Erkenntnissen der Schreibforschung konzipierten Unterrichtsreihe zum Thema der *Weimarer Republik* erhoben und differenziert nach Lerngruppen und Textsorten kategoriengeleitet beschrieben und ausgewertet. Das Kategorienschema orientiert sich an den wesentlichen Parametern des Texthandelns, wie sie von Vertreter/inne/n einer funktional-pragmatisch orientierten Textlinguistik entwickelt wurden (vgl. Gloning, 2010; Schröder, 2003; Wrobel, 1995):

1. Themenstruktur und thematische Entfaltung;
2. Textuelle Handlungsformen;

3. Semantische Verknüpfungen von Aussagegehalten (Propositionen);
4. Sinn verknüpfter Aussagen in Relation zu den Ausgangstexten.

Zu 1.: Die Themenstruktur und die thematische Entfaltung sind wichtige Texteigenschaften. Die von den Schüler/innen bearbeiteten historischen Themen und Teilthemen bildeten den Kern des Textinhalts. Die Beschreibung der thematischen Struktur sowie die Formen der Themenentfaltung gaben Aufschluss über die Art und Weise der gedanklichen Verarbeitung der Sachverhalte bei der Herstellung der Texte. Im Hinblick auf die von den Schüler/inne/n entwickelten Themenstrukturen und Teilthemenspektren konnte ein thematisches Raster gebildet werden, das von der Aufgabenstellung bestimmt war. Als Gegenstände kamen hierbei sämtliche Aspekte in Frage, die die Schüler/innen für die Lösung der gestellten Schreibaufgabe für relevant erachteten. Diese wurden differenziert nach den Kriterien Textsorte und Lerngruppe beschrieben.

Zu 2.: Die Schüler/innen versuchten, ihre jeweiligen Schreibaufgaben durch unterschiedliche funktionale Teiltexthandlungen zu realisieren, die gemeinsam die Handlungsstruktur ihrer Texte ausmachen. Das Konzept der Texthandlung (vgl. u.a. Schröder, 2003) beruht auf dem allgemeinen Konzept der sprachlichen Handlung, wie es in der Sprechakttheorie entwickelt worden ist. Die Grundannahme ist die, dass Schreiben ‚Handeln' bedeutet, mit der Schreibende die Absicht verfolgen, bei der Leserschaft Wirkungen zu erzielen. Insofern zielten die Texthandlungen der Schüler/innen ähnlich wie physikalische Handlungen auf Veränderung. ‚Texthandlung' bezeichnet das, was mit einer Äußerung im Text im kommunikativen Sinne ‚getan' wird. Dies können unterschiedliche Dinge sein, wie beispielsweise Aussagen treffen (assertieren), erläutern, belegen, begründen usw. Die Analyse der auch als Diskursfunktionen bezeichneten Handlungen (vgl. Vollmer, 2011) zielte auf eine textsortendifferenzierte qualitative und quantitative Beschreibung des von den Schüler/inne/n zur Realisierung ihrer jeweiligen Textziele verwendeten Repertoires an Handlungsformen und ihrer Kombinatorik.

Zu 3.: Wie alle Texte sind auch Geschichtstexte als „Propositionskomplexe" *und* als „eine geordnete Menge von Illokutionen" zu begreifen (Gansel & Jürgens 2002, S. 46f.). Ihr kommunikativer Sinn manifestiert sich vor allem in der Art und Weise, wie einzelne Aussagengehalte miteinander in Beziehung gesetzt werden. Die in den Schreibprodukten hergestellten semantischen Verknüpfungen sind Ausdruck historischer Sinnbildungsprozesse. Da die jeweils gewählten Verknüpfungen zugleich Ergebnis und Ausdruck einer konstruktiven, auf Assoziationen und Schlussfolgerungen gestützten Tätigkeit sind (vgl. Lötscher, 2006, S. 19), können sie als Indikatoren für historische Verstehensleistungen, mithin für historische Lernprozesse, analysiert werden. Es ist davon auszugehen, dass Textthema und -ziel nicht nur die Entscheidung für ein bestimmtes Textmuster bedingen, sondern die vorgegebenen Textmuster zugleich auch die Auswahl der Propositionen, deren Anordnung und die Art und Weise beeinflussen, wie diese im Text in Beziehung gesetzt werden. Indem die Schüler/innen Informationen aus den Ausgangstexten auswählen und in Form von Aussagegehalten durch semantische Verknüpfungen zu einem mehr oder weniger kohärenten Text verbinden, geben sie ihrem historischen Wissen eine manifeste Struktur. Die in den Texten geleisteten Aussagenverknüpfungen (z.B. additiv, kausal, adversativ, temporal usw.) sind mithin Ausdruck der realisierten mentalen Prozeduren zur Wissensstrukturierung und Ergebnis der beim Schreiben vollzogenen Denk- und Verstehensprozesse. Somit zielte die textsorten- und lerngruppendifferenzierte Beschreibung der verwendeten semantischen Verknüpfungen auf die von den Schüler/inne/n geleisteten Operationen zur Wissensorganisation.

Zu 4.: Beim Schreiben über geschichtliche Sachverhalte auf der Basis von Ausgangsmaterialien konstituieren die Schüler/innen historischen Sinn durch inner- und intertextuelle Referenzen. Die Beschreibung der von den Schüler/inne/n eigenständig durch Verknüpfung ihres Vorwissen mit den Informationen aus den Ausgangstexten geleisteten Sinnbildungen verfolgt den Zweck, Rückschlüsse auf die beim Schreiben erfolgten Inferenzen und Inferenzweisen (siehe unten Abbildung 1) ziehen zu können. Die Aussagengehalte in den Schülertexten wurden nach dem Kriterium der Sinnverhältnisse zu den Ausgangstexten textsortendifferenziert kategorisiert und quantitativ ausgewertet. Damit sollten nicht zuletzt die heuristischen und epistemischen Potenziale des Texthandelns auf der Ebene der historischen Sinnbildungen beschrieben werden.

Zur Gewinnung analyserelevanter Schreibprodukte wurden den Schüler/inne/n folgende *Arbeitsaufträge* und *Vertextungsmuster* aufgegeben: (1.) drei *Reden* verfassen, die die realen historischen Personen Friedrich Ebert, Wilhelm Groener und Wilhelm Liebknecht zum sogenannten Ebert-Groener-Pakt gehalten haben könnten, (2.) eine *Erörterung* der historischen Frage schreiben, ob das Scheitern der Republik bereits in ihrer Verfassung angelegt war, und (3.) ein *Zeitschriftenessay* über die Kurzepoche der „Goldenen 20er" schreiben. Die Differenzierung der Aufgabenstellungen nach Textsorten, Textfunktion und Kommunikationssituation machte es möglich, die Sinnbildungsleistungen der Schüler/innen vergleichend auszuwerten. Die Auswahl der Textsorten begründet sich dabei wie folgt: Die Vertextungsmuster politische Rede, Erörterung und Zeitschriftenessay variieren nach dem Merkmal ihres kommunikativen Zwecks zwischen eher informierender bzw. expositorischer Funktion einerseits und stärker expressivem Charakter andererseits. Die expositorische Seite wird durch die Argumentation bzw. Erörterung, die expressive Seite durch die fiktive Rede repräsentiert (Eigler et al., 1990, S. 5). Als eine Textsorte, die zwischen den beiden Polen ‚Exposition' und ‚Expression' pendelt, wurde das besonders anspruchsvolle Vertextungsmuster Zeitschriftenessay gewählt. Das Verfassen fiktiver Reden in der Rolle imaginierter historischer Akteure bietet hinsichtlich der Form die meisten Spielräume. Hier konnten die Schüler/innen am besten frei gestalten, indem die Rahmenbedingungen so gesetzt waren, dass sie zwar historisch faktuale Sachverhalte berücksichtigen mussten, sich dieser aber performativ und nicht deklarativ bedienen konnten. Die Textsorte Erörterung ist wie die Rede und der Essay ebenfalls fachübergreifend besetzt, sollte jedoch vor allem eine diskursive Schreibhaltung evozieren, indem die Schüler/innen ihre eigenen Sach- und Werturteile auf Grundlage einer selbst entwickelten Argumentation formulieren konnten. Der Zeitschriftenessay schließlich sollte die Schüler/innen ermuntern, Geschichtswissen vor allem darstellend bzw. ‚erzählend' zu verarbeiten.

Bei den Aufgabenformaten ist es wichtig, zwischen den realen Schüler/inne/n als Kommunikationsteilnehmer/innen im Unterrichtsgeschehen einerseits und dem impliziten Autor[5] der aufgabenindizierten Kommunikationssituation in den Schülertexten anderseits systematisch zu unterscheiden. Die implizite Autorenschaft (Erzählperspek-

---

5 Vgl. zum Konzept des impliziten Autors Kindt & Müller (2006).

tive) der Schüler/innen ist nicht mit den realen Schüler/inne/n gleichzusetzen. Der implizite Autor ist vielmehr ein Konstrukt, das die Schüler/innen zur Imagination ihrer funktionalen Textziele und Adressaten benötigen, zugleich aber von ihrer realen Kommunikationssituation im Unterricht zu unterscheiden ist, da ein impliziter Autor immer nur eine Vorstellung sein kann, die sich nicht mit dem realen Autor und dessen Absichten deckt. Die Schüler/innen verliehen zwar der angenommenen Schreiberrolle persönliche Anteile, übernahmen aber immer auch eine Rolle innerhalb der durch die Aufgabenstellung gesetzten Situation, die zugleich den Rahmen der Annäherung vorgab. Damit kamen subjektivierende Einsichtnahmen ins Spiel, die sich aus der imaginierten bzw. aus den Aufgaben herausgelesenen Bezugswelt als Orientierungsrahmen und der eigenen Realitätserfahrung zusammensetzten. Bei den fiktiven Reden war der implizite Autor fast deckungsgleich mit der zu imaginierenden Rolle des historischen Redners, bei der Erörterung einer historischen Frage war der implizite Autor hingegen nah an der Schreiberrolle der Schüler/innen. Beim Zeitschriftenessay wurde den Schüler/inne/n der implizite Autor und die Kommunikationssituation in der Aufgabenstellung mitgeteilt: Sie sollten den Essay in der Rolle fiktiver Journalist/inn/en für eine Kulturzeitschrift verfassen.

4 Ergebnisse von „Geschichte – Schreiben – Lernen"

Im Hinblick auf die Frage nach den Lernpotenzialen eines schreiborientierten Geschichtsunterrichts zeigen die erhobenen Daten, dass Schüler/innen beider Sekundarbereiche in einem an den Erkenntnissen der Schreibforschung ausgerichteten Unterrichtssetting selbstständig schreibhandelnd historischen Sinn ausbilden können. Bei entsprechenden Aufgabenstellungen sind Schüler/innen prinzipiell in der Lage, konzeptionell über Geschichte zu schreiben, ihre Texthandlungen am kommunikativen Zweck des Textziels auszurichten und dabei auf Basis von Ausgangstexten und Vorwissen selbstständig Wissensstrukturen über historische Zusammenhänge zu generieren. Allerdings unterscheiden sich die Schreibprodukte leistungsschwächerer und -stärkerer Schüler/innen erheblich, wobei die Unterschiede zwischen den verschiedenen Schreibniveaus auf eine Entwicklung schließen lassen, die weniger vom Einfachen zum Komplexen als vielmehr vom Unvollkommenen zum Vollkommeneren verläuft. Beispielsweise können zwar auch schwächere Schüler/innen bereits wesentliche Themen und Argumente in den Ausgangstexten identifizieren und in ein eigenes Schreibkonzept überführen, gegenüber den guten Schreiber/inne/n entfalten sie in ihren Texten jedoch seltener thematische Strukturen, die alle wesentlichen Aspekte beinhalten, um das übergeordnete kommunikative Textziel zu erreichen. Prinzipiell gelingt es jedoch auch den Schüler/inne/n der ersten Sekundarstufe, die Perspektive der imaginären bzw. hypothetischen Adressaten einzunehmen und eine Schreibhaltung zu entwickeln, die der gestellten Textaufgabe angemessen ist. Dabei zeigt sich, dass die Fähigkeit zur Perspektivenübernahme nicht nur eine wünschenswerte, sondern eine notwendige Eigenschaft ist, um Aussagen über historische Sachverhalte zu kohärenten Texten zu verknüpfen. Die Notwendigkeit zur Perspektivenübernahme bedingt, dass die Schüler/innen das aus den Ausgangstexten entnommene Wissen nicht einfach nur reproduktiv wiederholen, sondern selbstständig weiterverarbeiten bzw. umstrukturieren. Indem die Schüler/innen die in den Ausgangstexten stehenden Informationen gezielt auswählen und in neue Wissensstrukturen überführen, werden Denkprozesse in Gang gesetzt, die zur Formulierung eigener Schlussfolgerungen anregen. Dies bedeutet jedoch nicht, dass die Schüler/innen frei fiktionalisieren würden. Vielmehr sind sie zumeist bemüht, die in ihren Texten verarbeiteten historischen Sachverhalte so gut wie möglich an der imaginierten außertextuellen historischen Wirklichkeit auszurichten. Dies gilt selbst dann, wenn die Aufgabenstellung – wie bei den fiktiven Reden – den Schüler/inne/n die Möglichkeit zum performativen und fiktionalisierenden Umgang mit Geschichte einräumt. Prinzipiell lassen die Texte der Schüler/innen auf einen hohen Wahrheitsanspruch ihrer Verfasser/innen schließen. Dies deckt sich mit den Ergebnissen einer anderen geschichtsdidaktischen Untersuchung, bei der ebenfalls Schülertexte erhoben und ausgewertet wurden (vgl. Barricelli, 2005, S. 276). Andererseits gibt es jedoch zu denken, dass nicht wenige Schüler/innen einschließlich vieler Abiturient/inn/en einem epistemologischen Missverständnis aufsaßen: Die Ausgangstexte wurden grundsätzlich für ‚wahr' gehalten, ein kritischer Umgang mit Quellen blieb praktisch aus.[6] Das erstaunt umso mehr, als die Schüler/innen wiederum fast durchgehend die Fähigkeit zur Perspektivenübernahme unter Beweis stellten. Aus dem ‚Rollenhandeln' wird offensichtlich nicht der Schluss gezogen, alle historischen Quellen auf ihre Perspektivität hin zu befragen.

Die in den Arbeitsaufträgen vorgegebenen impliziten Kommunikationssituationen und Textsorten bedingten grundsätzlich die Art und Weise, wie Schüler/innen das in den Ausgangstexten repräsentierte Wissen weiterverarbeiten bzw. zu kohärenten Texten strukturieren. Dies konnte anhand der Beschreibungsdimensionen *textuelle Handlungsformen* und *semantische Verknüpfungen* nachgewiesen werden (siehe Tabelle 1). Die Vorgabe, eine fiktive historische Rede zu verfassen, animierte die Schüler/innen viel häufiger zur Begründung und Beschreibung von Handlungsmotiven imaginierter historischer Persönlichkeiten, wohingegen sie beim Verfassen der Erörterungen stärker zum Erläutern historischer Sachverhalte und zum Beschreiben historischer Zu- und Umstände neigten. Das Bewerten und Begründen von Werturteilen war wiederum vor allem eine Domäne der Erörterungen. Bei der Aufgabenstellung, eine Kurzepoche in Form eines Zeitschriftenessays vorzustellen, zeichnete sich eine deutliche Monostruktur bei den Texthandlungsformen ab, da die Schüler/innen hier vor allem historische Zu- und Umstände beschrieben, dafür aber nur selten historische Sachverhalte erläuterten oder bewerteten.

Im Hinblick auf die Frage, inwieweit Schüler/innen zum Selbst- bzw. Abschreiben neigen, deuten die Befunde ebenfalls auf einen Einfluss der Textsorte. So schneiden die fiktiven Reden in der Kategorie *Paraphrase* (3 %) besser ab als die beiden anderen Textsorten (Erörterungen: 7 %; Zeitschriftenessays: 14 %); diesmal jedoch vor allem auf Kosten der Zeitschriftenessays. Es scheint, als würden die Schüler/innen in der Rolle der imaginierten historischen Akteure nicht nur die Sachverhalte häufiger angemessen reproduzieren, sondern auch seltener zum Abschreiben neigen, obgleich sie beim Ver-

---

6   Dieser Befund ist kompatibel mit den Ergebnissen von Schönemann, Thünemann & Zülsdorf-Kersting (2010), die feststellten, dass den Abiturient/inn/en die grundlegende Differenz zwischen Quelle und Darstellung ebenso wie die Modi analytischer Distanzierung weitgehend unbekannt waren.

fassen der Reden die Möglichkeit zur wortwörtlichen Übernahme von Formulierungen aus den entsprechenden Quellentexten gehabt hätten. Dass die Zeitschriftenessays den höchsten Anteil an Segmenten mit abgeschriebenen Phrasen aufweisen, ist wiederum ein Indiz für die besonderen Schwierigkeiten der Schüler/innen, geschichtliche Sachverhalte in einer integrierenden Gesamtdarstellung zu präsentieren. Demgegenüber fällt den Schüler/inne/n das Schreiben einer fiktiven Rede in der Rolle eines historischen Akteurs nicht nur vergleichsweise leichter, die Aufgabe animiert sie auch häufiger dazu, eigene sinnerweiternde Schlussfolgerungen und Deutungen zu formulieren.

Tab. 1: Dominante textuelle Handlungsformen, semantische Verknüpfungsformen und Inferenzformen differenziert nach Aufgabenstellung/Textsorte

	Fiktive Rede in der Rolle eines historischen Akteurs	**Erörterung einer historischen Frage**	**Darstellung einer Kurzepoche in Form eines Zeitschriftenessays**
Dominante textuelle Handlungsformen	Begründen und Beschreiben von Handlungsmotiven	Erläutern historischer Sachverhalte, Beschreiben historischer Zu- und Umstände, Bewerten und Begründen von Werturteilen	Beschreiben historischer Zu- und Umstände
Dominante semantische Verknüpfungsformen	konditionale und finale Relationen	kausale Relationen	additive, temporale und konsekutive Relationen
Dominante Formen des Schlussfolgerns	elaborativ und deduktiv	analogisch, deduktiv und elaborativ	elaborativ, analogisch und induktiv

Dass sich die textziel- und textsortenbedingten Unterschiede nicht nur auf die Handlungsformen, sondern auch auf die Art und Weise der Wissensorganisation auswirken, zeigen nicht zuletzt die unterschiedlichen Dominanten bei den semantischen Verknüpfungen (siehe Tabelle 1). Beim Verfassen der fiktiven Reden verwenden die Schüler/innen verhältnismäßig häufig konditionale und finale Junktionen, wohingegen sie in den Erörterungen relativ häufig kausale Sinnzusammenhänge konstruierten. Im Unterschied dazu weisen die Zeitschriftenessays vor allem additive, temporale und konsekutive Verknüpfungen auf. Das Verhältnis zwischen den ‚nur' aneinanderreihenden und den kausalen, finalen und konditionalen Verknüpfungen fällt bei den Essays viel stärker zugunsten des aggregierenden Typs aus als bei den Erörterungen oder fiktiven Reden. Grundsätzlich neigen die Schüler/innen beim Darstellen einer historischen Kurzepoche seltener zur Konstruktion eindeutiger Wirkzusammenhänge als bei den auf Überzeugung der Adressaten zielenden appellativen Reden und argumentierenden Erörterungen, in denen häufiger aussagenlogisch stärker bindende Verknüpfungstypen verwendet werden. Der Gebrauch der semantischen Verknüpfungen wird jedoch nicht allein von der Textsorte und der impliziten Kommunikationssituation beeinflusst, sondern auch vom Lernalter der Schüler/innen. Die im Bildungsgang weniger fortgeschrittenen Schüler/innen konstruieren häufiger streng kausale Zusammenhänge als die weiter fortgeschrittenen Schüler/innen. Insofern scheint die Formulierung eindeutiger historischer Wirkzusammenhänge weniger ein Kennzeichen für eine differenzierte historische Sinnbildung als vielmehr ein Merkmal für einen vereinfachenden (womöglich monokausalen) Umgang mit Geschichte zu sein.

Die Texte leistungsstarker und -schwacher Schüler/innen unterscheiden sich vor allem in den Merkmalen des thematischen Umfangs, der Zerlegungstiefe der thematischen Entfaltungen und der kontextuellen Weite der historischen Sachverhalte sowie der Herleitung neuer Sinnzusammenhänge. Während schwächere Schüler/innen nur selten auf Basis ihres Vorwissens, ihrer Interessen, Ziele und Textkenntnisse sachlich angemessene Deutungen her- oder ableiteten, die nicht in den Ausgangstexten standen, gelang es den leistungsstärkeren Schüler/inne/n häufiger, Schlussfolgerungen über mögliche historische Sinnzusammenhänge aus dem im Text erarbeiteten Gesamtzusammenhang und ihres Vor- und Weltwissens zu ziehen. Gute Schreiber/innen sind eher in der Lage, Einzelbeobachtungen zu Regeln oder Begriffen zu verallgemeinern und ihr eigenes Welt- und Kontextwissen in ihre Texte einzuflechten, um die semantischen Leerstellen der Ausgangstexte im Sinne der Gesamtaussage ihrer Texte aufzufüllen. Dies zeigt nicht zuletzt die im Nachfolgenden exemplarisch vorgestellte Untersuchung der nach Inferenztypen klassifizierten Sinnerweiterungen der Schüler/innen in Relation zu den Ausgangstexten, die als Manifestationen einer kognitiven Konstruktivität verstanden werden (vgl. Christmann & Schreier, 2003, S. 247). Die Inferenzforschung kennt eine Vielzahl verschiedener Inferenztypen, deren Klassifizierungskriterien sich jedoch nicht immer klar voneinander unterscheiden. Für die Analyse der Schüler/innentexte bot sich eine Klassifizierung der Inferenztypen nach dem Kriterium der Weite an (vgl. ebd., S. 255f.). Die nachfolgende Grafik veranschaulicht die zur Klassifizierung der im Textkorpus identifizierten *Sinnerweiterungen* nach dem Kriterium der Weite ihrer referentiellen Bezüge.

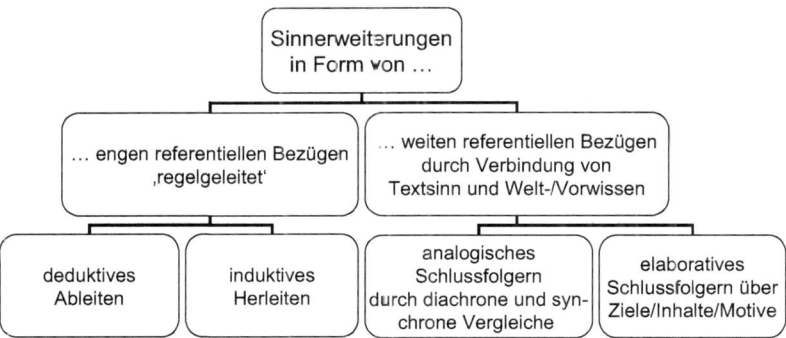

Abb. 1: Inferenztypen differenziert nach der Weite ihrer referentiellen Bezüge

Einerseits basierten die Inferenzleistungen der Schüler/innen auf eher *weiten* referentiellen Bezügen, das heißt, die Schüler/innen zogen ihre Schlüsse über mögliche historische Zusammenhänge und Bedeutungen, indem sie den generellen Textsinn mit ihrem Vorwissen verknüpften. Andererseits stellten sie eher *enge* referentielle Bezüge her, indem sie ihre Schlüsse und Deutungen mehr oder weniger logisch zwingend aus den im direkten Aussageumfeld aufgestellten Prämissen oder Thesen her- oder ableiten. Die häufigsten Arten des engen Schlussfolgerns waren das deduktive und induktive Schließen. Beim weiten Schlussfolgern lassen sich die beiden heuristischen Unterformen analogisches und elaboratives Schließen unterscheiden. Beim analogischen Inferenztyp gewinnen die Schüler/innen neues Wissen über Eigenschaften eines historischen Sachverhalts aufgrund der Kenntnis seiner Ähnlichkeit mit einem anderen Sachverhalt. Hierbei bezogen sie sich zumeist auf einen aus anderen Kontexten bekannten Sachverhalt, um einen strukturell ähnlich gelagerten Sinnzusammenhang zu verdeutlichen oder zu erklären. Der elaborative Typ wurde schließlich festgestellt, wenn die Schüler/innen ihre Schlussfolgerungen über mögliche historische Sinnzusammenhänge aus dem im Text erarbeiteten Gesamtzusammenhang und ihres Vor- und Weltwissens zogen. Die Kategorie der deduktiven *Sinnerweiterungen* umfasst die Schlussfolgerungen, Deutungen und besonderen Sachverhalte, die eine allgemeine Regel oder ein allgemeines Prinzip erkennen lassen, auf dessen Basis die Schüler/innen mit mehr oder weniger logisch zwingender Konsequenz schlussfolgerten. In dem hier interessierenden hermeneutischen Lernzusammenhang beschränkte sich die Kategorie jedoch nicht nur auf die formallogisch exakten Syllogismen. Vielmehr verwenden die Schüler/innen auch häufig Heuristiken, mentale Modelle oder Inferenzschemata (vgl. Seel, 2003, S. 190–193), deren logische Strukturen nicht immer systematisch eindeutig sind.

Im Anschluss an die Beschreibung der Kategorien und deren Zuordnung zu den einzelnen Textsegmenten konnte das Auftreten der Inferenzarten auch quantitativ erfasst werden (Abbildung 2–5). Insgesamt überwogen im Textkorpus die weiten Inferenzarten (*analogisch* und *elaborativ*) vor den engen Typen (*deduktiv* und *induktiv*). Dies indiziert einerseits die hohe Bedeutung der bisherigen Erfahrungswelt und des Vorwissens der Schüler/innen für ihr heuristisches Vermögen, andererseits deutet es auf deren geringe Neigung, einzelne Sachverhalte *induktiv* zu übergreifenden Vorstellungen und Regeln zu verallgemeinern. Ein aufschlussreiches Bild vermittelt zudem die nachfolgende textsortendifferenzierte Betrachtung des Datenmaterials:

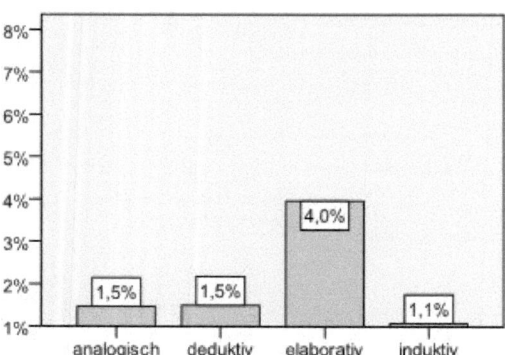

Abb. 2: Sinnerweiterungen in Relation zu den Ausgangstexten, alle Textsorten (n=2081 Segmente, davon 224 Segmente Sinnerweiterungen)

Sprache und konzeptionelles Schreibhandeln im Fach Geschichte 347

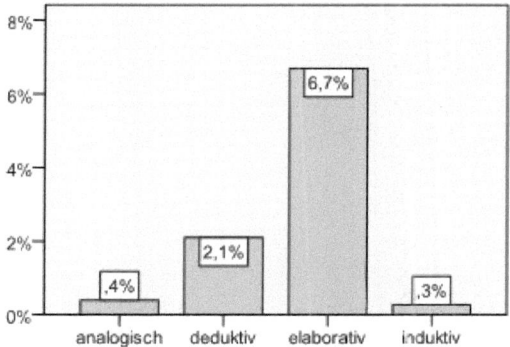

Abb. 3: Sinnerweiterungen in Relation z. d. Ausgangstexten, nur Textsorte fiktive Rede (n=761 Segmente, davon 72 Segmente Sinnerweiterungen)

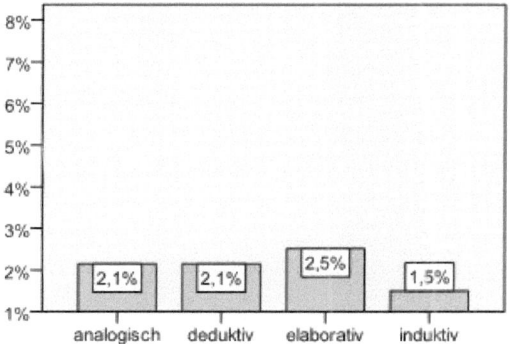

Abb. 4: Sinnerweiterungen in Relation zu den Ausgangstexten, nur Textsorte Erörterung (n=983 Segmente, davon 89 Segmente Sinnerweiterungen)

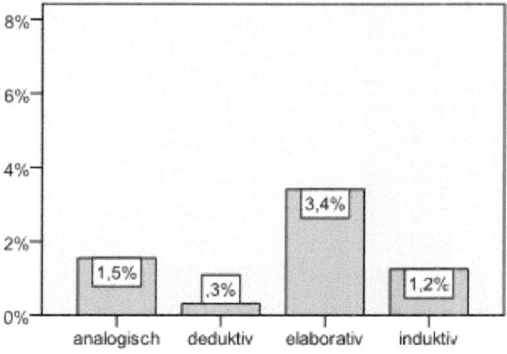

Abb. 5: Sinnerweiterungen in Relation z. d. Ausgangstexten, nur Textsorte Essay (n=905 Segmente, davon 63 Segmente Sinnerweiterungen)

Demnach fand *induktives* Schlussfolgern vor allem beim Erörtern und bei der Darstellung einer Kurzepoche im Format eines Zeitschriftenessays statt, wohingegen beim performativen Umgang mit Geschichte in den fiktiven Reden das weite *elaborative* Herleiten überdurchschnittlich häufig vorkam. Auch hier scheint die Wahl der Schreibformate nicht folgenlos, sondern die Art und Weise mitzubedingen, wie die Schüler/innen schlussfolgern. Gewisse Textaufgaben scheinen für die Förderung bestimmter Denkoperationen besser geeignet zu sein als andere. So scheint etwa der Auftrag, eine fiktive Rede in der Rolle eines historischen Akteurs zu verfassen, eher geeignet, Schüler/innen dazu zu veranlassen, sich *elaborativ* mit den Zielen und Motiven historisch handelnder Personen auseinanderzusetzen, wohingegen das Verfassen einer Erörterung eher zum logisch stringenten Erläutern geschichtlicher Zusammenhänge anregt. Möchte man bei den Schüler/innen hingegen die Fähigkeit entwickeln, historische Zusammenhänge im engeren Sinne (*temporalisierend*) zu narrativieren und einzelne Phänomene zu verallgemeinerbaren Regeln zu verdichten, kann das Zeitschriftenessay das bevorzugte Mittel der Wahl sein. Dabei reichte das Spektrum – wie die qualitative Betrachtung der Segmente mit eigenständigen Sinnerweiterungen zeigt – von einfachen Ausdeutungen gegebener Informationen über die Berücksichtigung von zusätzlichem historischem Sachverhaltswissen bis hin zum sozialkritisch engagierten Schreibhandeln. Nicht selten war den Schüler/innen daran gelegen, sich von den Aussagen der Ausgangstexte zu distanzieren oder sich gegenüber den Sachverhalten kritisch zu positionieren. Einige Schüler/innen wollten nicht nur vorgegebenen historischen Sinn reproduzieren, sondern auch mit dem Ziel schreiben, das historische Wissen mit ihren eigenen Werthaltungen in Beziehung zu setzen und dabei eigene Deutungen und Meinungen zum Ausdruck zu bringen.

5 Zusammenfassung und Ausblick

Die Frage, ob und was Schüler/innen beim konzeptionellen Schreiben über Geschichte lernen, lässt sich zusammenfassend wie folgt beantworten: Zuallererst ist festzustellen, dass sie sich dabei geschichtliches Sachverhaltswissen ‚erlesen' und ‚erschreiben', wenngleich der Umfang dieses Wissens je nach Vorwissen stark variieren kann. Zweitens bemerken sie beim konzeptionellen Schreiben, dass Geschichte jeweils in Abhängigkeit von der Textfunktion und dem kommunikativen Ziel unterschiedlich perspektiviert und dargestellt werden kann. Sodann haben die Schüler/innen in ihren Texten nachgewiesen, dass sie die Fähigkeit entwickeln, mögliche Einwände von Adressaten vorauszusehen und zu widerlegen, indem sie Aussagen und Argumente nicht nur aneinanderreihen, sondern logisch miteinander verknüpfen. Sie konnten zudem erfahren, dass zur Darstellung von Geschichte die in den Ausgangstexten stehenden Informationen gezielt ausgewählt und in eine neue Wissensstruktur überführt werden müssen.

Das alles sind grundlegende Fähigkeiten, mit denen sich die Schüler/innen selbst als Akteure einer sich stets wandelnden Geschichtskultur wahrnehmen und an dieser produktiv mitgestalten können. Es ist anzunehmen, dass dieses Wissen die Fähigkeit, Neues zu lernen, fördert, weshalb die Vermutung begründet erscheint, dass Geschichtsunterricht dann besonders effizient sein kann, wenn auch die Funktionen und Strategien des Schreibens sowie die möglichen Vertextungsmuster Arbeitsgegenstand – Ausgangspunkt und Endpunkt – des Lernens sind.

Das alles bedeutet für die geschichtsdidaktische Pragmatik, bei der Aufgabenformulierung und -bearbeitung ein stärkeres Augenmerk nicht nur auf die Wahl der Zieltextformate, sondern generell auf die Bedingungen des sprachlichen Handelns zu legen. Geschichts- und Sprachlernen bedingen sich wechselseitig. Einerseits ermöglicht Sprache überhaupt erst fachbezogene Kognitionen, anderseits erweitern die kognitiven Operationen im Fach das Spektrum der sprachlichen Fähigkeiten. Es ist an der Zeit, dass das Sachfach Geschichte seine Indifferenz gegenüber den sprachlichen Operationen und der Verfügbarkeit von sprachlichen Mittel und Strategien bei der Bewältigung kognitiver Leistungen überwindet und auch diesen Aspekt systematisch in den Blick nimmt. Denkbar wäre beispielsweise die verstärkte Konstruktion sogenannter Scaffolds beim konzeptionellen schreiben auch im Geschichtsunterricht (vgl. Thürmann, 2010, S. 14f.), die den Schüler/innen als sprachliche Gerüste bei der Lösung ihrer Aufgaben dienen und mit zunehmendem Lernfortschritt nach und nach ‚zurückgebaut' werden. Dass damit eine fächerübergreifende Forschungsperspektive und eine Zusammenarbeit mit anderen Sachfächern und den Sprachdidaktiken eröffnet ist, liegt auf der Hand.

Literatur

Aebli, H. (1985). *Zwölf Grundformen des Lehrens: eine Allgemeine Didaktik auf psychologischer Grundlage (2. Aufl.).* Stuttgart: Klett-Cotta.

Barricelli, M. (2005). *Schüler erzählen Geschichte. Narrative Kompetenz im Geschichtsunterricht.* Schwalbach/Ts.: Wochenschau Verlag.

Barricelli, M. (2011). Historisches Erzählen: Was es ist, soll und kann. In O. Hartung, I. Steininger & T. Fuchs (Hrsg.), *Lernen und Erzählen interdisziplinär* (S. 59–79). Wiesbaden: VS Verlag.

Becker-Mrotzek, M. (2003). Mündlichkeit – Schriftlichkeit – Neue Medien. In U. Bredel, H. Günther, P. Klotz, J. Ossner, G. Siebert-Ott (Hrsg.), *Didaktik der deutschen Sprache, Bd. 1: ein Handbuch* (S. 69–89). (2. Aufl.). Stuttgart: Schöningh UTB für Wissenschaft.

Borries, B. von (2004). *Lebendiges Geschichtslernen. Bausteine zu Theorie und Pragmatik, Empirie und Normfrage.* Schwalbach/Ts.: Wochenschau Verlag.

Borries, B. von (2005). Fragestellung und Verfahrensweise. In B. v. Borries, C. Fischer, S. Leutner-Ramme & J. Meyer-Hamme (Hrsg.), *Schulbuchverständnis, Richtlinienbenutzung und Reflexionsprozesse im Geschichtsunterricht: eine qualitativ-quantitative Schüler- und Lehrerbefragung im deutschsprachigen Bildungswesen 2002* (S. 11–36). Neuried: Ars Una.

Bühler, K. (1965). *Sprachtheorie: die Darstellungsfunktion der Sprache* (2. Aufl.). Stuttgart: G. Fischer (zuerst erschienen in Jena: Fischer 1934).

Christmann, U. & Schreier, M. (2003). Kognitionspsychologie der Textverarbeitung und Konsequenzen für die Bedeutungskonstitution literarischer Texte. In F. Jannidis, G. Lauer, M. Martínez & S. Winko (Hrsg.), *Regeln der Bedeutung. Zur Theorie der Bedeutung literarischer Texte* (S. 246–285). Berlin, New York: de Gruyter.

Ehlich, K. (2005). dabar und logos. Kursorische Überlegungen zum Verhältnis von Sprache und Geschichte. In J. Trabant (Hrsg.), *Sprache der Geschichte* (S. 27–39). München: Oldenbourg.

Ehlich, K. (2007). Sprache und sprachliches Handeln. Pragmatik und Sprachtheorie, Prozeduren des sprachlichen Handelns, Diskurs, Narration, Text, Schrift (3 Bände.), Bd. 1: *Pragmatik und Sprachtheorie*. Berlin, New York: de Gruyter.

Eigler, G., Jechle, T., Merziger, G. & Winter, A. (1990). *Wissen und Textproduzieren*. Tübingen: Narr.

Feilke, H. (2006). Entwicklung schriftlich-konzeptualer Fähigkeiten. In U. Bredel, H. Günther, P. Klotz, J. Ossner & G. Siebert-Ott (Hrsg.), *Didaktik der deutschen Sprache. Ein Handbuch* (2. Aufl.) (S. 178–192). Stuttgart: Schöningh UTB für Wissenschaft.

Feilke, H. & Schmidlin, R. (2005). Forschung zu literaler Textkompetenz – Theorie und Methodenentwicklung. In H. Feilke & R. Schmidlin (Hrsg.), *Literale Textentwicklung* (S. 7–18). Frankfurt/M., Berlin, Bern, Brüssel, Oxford, New York, Paris: Peter Lang.

Friedrich, C. (1978). *Sprache und Geschichte. Untersuchungen zur Hermeneutik von Johann Martin Chladenius*. Meisenheim am Glan: Friedrich Hain Verlag.

Gansel, C. & Jürgens, F. (2002). *Textlinguistik und Textgrammatik. Eine Einführung*. Wiesbaden: Westdeutscher Verlag.

Gloning, T. (2010). Funktionale Textbausteine in der historischen Textlinguistik. Eine Schnittstelle zwischen Handlungsstruktur und der syntaktischen Organisation von Texten. In A. Ziegler (Hrsg.), *Historische Textgrammatik und historische Syntax des Deutschen: Traditionen, Innovationen, Perspektiven* (S. 173–193). Berlin, New York: de Gruyter.

Hartung, O. (2010). Historisches Lernen und (Schreib-)Kultur. Zur Bedeutung einer ‚Kulturtechnik' für das Geschichtslernen. In O. Hartung, I. Steiniger, M. C. Fink, P. Gansen & R. Priore (Hrsg.), *Lernen und Kultur: Kulturwissenschaftliche Perspektiven in den Bildungswissenschaften* (S. 67–79). Wiesbaden: VS Verlag.

Hartung, O. (im Druck). *Geschichte – Schreiben – Lernen. Empirische Erkundungen zum konzeptionellen Schreibhandeln im Geschichtsunterricht*. Münster, Berlin: Lit Verlag (i.E.).

Hermanns, F. (1988). Schreiben als Denken: Überlegungen zur heuristischen Funktion des Schreibens. *Der Deutschunterricht, 40* (4), 69–81.

Hessisches Kultusministerium (2009). *Bildungspolitik in Zahlen – Daten aus dem Schulbereich 2008*. Wiesbaden.

Humboldt, W. von (1979a). Latium und Hellas. In A. Flitner & K. Giel (Hrsg.), *W. v. Humboldt, Werke in fünf Bänden, Bd. II: Schriften zur Altertumskunde und Ästhetik – Die Vasken* (3. Aufl.). Darmstadt: Wissenschaftliche Buchgesellschaft.

Humboldt, W. von (1979b). Über die Verschiedenheit des menschlichen Sprachbaues und ihren Einfluss auf die geistige Entwicklung des Menschengeschlechts. In A. Flitner & K. Giel (Hrsg.), *Wilhelm von Humboldt, Werke in fünf Bänden, Bd. III: Schriften zur Sprachphilosophie* (S. 368–756) (3. Aufl.). Darmstadt: Wissenschaftliche Buchgesellschaft.

Kindt, T. & Müller, H.-H. (2006). *The Implied Author. Concept and Controversy*. Berlin/New York: de Gruyter.

Konferenz für Geschichtsdidaktik (KGD). (2009). *Konzeptpapier zur V. Nachwuchstagung „Sprache und Geschichte"*. Verfügbar unter: http://www.kgd-geschichtsdidaktik.rub.de/media/ Nachwuchstagung/Bommerholz%202009%20Call%20for%20Pa-pers%20Sprache.pdf [10.06.2012].

Lötscher, A. (2006). Die Formen der Sprache und die Prozesse des Verstehens. Textverstehen aus grammatischer Sicht. In H. Blühdorn, E. Breindl & H.U. Waßner (Hrsg.), *Text – Verstehen. Grammatik und darüber hinaus* (S. 19–4). Berlin, New York: de Gruyter.

Ludwig, O. (1983). Einige Gedanken zu einer Theorie des Schreibens. In S. Grosse (Hrsg.), *Schriftsprachlichkeit* (S. 37–73). Düsseldorf: Schwann.

Merz-Grötsch, J. (2005). *Schreiben als System. Bd. 1: Schreibforschung und Schreibdidaktik. Ein Überblick* (2. Aufl.). Freiburg i. Br.: Fillibach Verlag.

Messerli, A. (2002). *Lesen und Schreiben 1700 bis 1900. Untersuchung zur Durchsetzung der Literalität in der Schweiz*. Tübingen: Niemeyer.

Molitor, S. (1984). *Kognitive Prozesse beim Schreiben* (Forschungsbericht Nr. 31). Tübingen: Deutsches Institut für Fernstudien.

Ossner, J. (2001). *Erziehung zur Schriftlichkeit*. [Vortrag 24.02.2001]. Verfügbar unter: http://www.fachverband-deutsch.de/index.php?action=download&path=project/docs/cms/downloads&file=Vortrag-ProfDrOssner-24022001.doc [10.06.2012].

Pandel, H.-J. (1991). Verstehen und Verständigen. Hermeneutische Konsequenzen aus einer erzähltheoretischen Historik. In H.-J. Pandel (Hrsg.), *Verstehen und Verständigen* (S. 11–23). Pfaffenweiler: Centaurus.

Pandel, H.-J. (2005). *Geschichtsunterricht nach PISA. Kompetenzen, Bildungsstandards und Kerncurricula*. Schwalbach/Ts.: Wochenschau Verlag.

Pinker, S. (1998). *Der Sprachinstinkt. Wie der Geist die Sprache bildet*. München: Kindler Verlag.

Rüsen, J. (1982). Geschichtsschreibung als Theorieproblem der Geschichtswissenschaft. Skizze zum historischen Hintergrund der gegenwärtigen Diskussion. In R. Koselleck, H. Lutz & J. Rüsen (Hrsg.), *Formen der Geschichtsschreibung* (S. 14–35). München: Deutscher Taschenbuch Verlag.

Rüsen, J. (1994). Was ist Geschichtskultur? Überlegungen zu einer neuen Art, über Geschichte nachzudenken. In J. Rüsen, T. Grütter & K. Füßmann (Hrsg.), *Historische Faszination. Geschichtskultur heute* (S. 3–26). Wien, Köln, Weimar: Böhlau.

Schönemann, B., Thünemann, H. & Zülsdorf-Kersting, M. (2010). *Was können Abiturienten? Zugleich ein Beitrag zur Debatte über Kompetenzen und Standards im Fach Geschichte* (S. 5–15). Münster, Berlin: Lit Verlag.

Schröder, T. (2003). *Die Handlungsstruktur von Texten*. Tübingen: Narr.

Seel, N.M. (2003). *Psychologie des Lernens. Lehrbuch für Pädagogen und Psychologen*. München & Basel: E. Reinhard.

Thürmann, E. (2010). Lernen durch Schreiben? Thesen zur Unterstützung sprachlicher Risikogruppen im Sachfachunterricht. *dieS-online*, 0, 1–25.

Vollmer, H.J. (2011). *Schulsprachliche Kompetenzen: Zentrale Diskursfunktionen*. [online-Manuskript, Stand 26.11.2011] Verfügbar unter: http://www.home.uni-osnabrueck.de/hvollmer/VollmerDF-Kurzdefinitionen.pdf [10.06.2012].

Weinhold, S. (2005). Narrative Strukturen als Sprungbrett in die Schriftlichkeit? In P. Wieler (Hrsg.), *Narratives Lernen in medialen und anderen Kontexten* (S. 69–84). Freiburg i. Br.: Fillibach Verlag.

Wicke, E. (1989). Die Entsprachlichung der Sprache und die Technisierung des Denkens. In K. Heipcke (Hrsg.), *Hat Bildung noch Zukunft? Herausforderungen angesichts der gefährdeten Welt* (S. 59–78). Weinheim: Deutscher Studienverlag.

Wrobel, A. (1995). *Schreiben als Handlung: Überlegungen und Untersuchungen zur Theorie der Textproduktion*. Tübingen: Niemeyer.

Wygotski, L.S. (1969). *Denken und Sprechen*. Frankfurt/M. (zuerst 1934): Fischer.

Zimmer, D.E. (1986). *So kommt der Mensch zur Sprache: über Spracherwerb, Sprachentstehung, Sprache & Denken*. Zürich: Haffmann.

Alexandra Budke

Stärkung von Argumentationskompetenzen im Geographieunterricht – sinnlos, unnötig und zwecklos?

Seitdem in den nationalen Bildungsstandards für den Geographieunterricht (DGfG, 2008) der Kompetenzbereich „Kommunikation" aufgenommen wurde, diskutiert man in der Geographiedidaktik auch über die Bedeutung der Argumentation für unser Fach. Im Folgenden soll in vier Schritten Einblick in die aktuelle Diskussion gegeben werden, wobei immer von typischen Thesen derjenigen Praktiker und Didaktiker ausgegangen wird, die die Stärkung von Argumentationskompetenzen im Geographieunterricht für sinnlos, unnötig und zwecklos halten.

1 „Argumentationskompetenzen sind sinnlos"

VertreterInnen der oben genannten These sprechen Argumentationen jegliche Bedeutung ab. Der Hintergrund dieser Auffassung könnte sein, dass die Möglichkeiten der interindividuellen Verständigung, Kompromiss- und Entscheidungsfindung durch Argumentation generell in Frage gestellt werden, da die Unterworfenheit der Einzelnen unter politische, ökonomische oder ideologische Machtverhältnisse als entscheidend angesehen wird.

Abb. 1: Argumentation[1]

---

1   http://www.brainworker.ch/Dialog/argumentation.jpg

Tatsächlich kann die Existenz von Machverhältnissen nicht geleugnet werden und herrschaftsfreie Diskurse, wie sie nach Habermas (1981) Ziel der Argumentation sind, kann man nur selten finden. Daneben gibt es aber viele gesellschaftliche Bereiche, in denen Argumentationen wichtige Funktionen erfüllen. Sie sind u.a. in der Wissenschaft ein wichtiges Werkzeug, um empirische Ergebnisse zu beurteilen, die Bedeutung von Theorien abzuschätzen und das Wissen durch Austausch in der Community zu erweitern. Auch die Politik greift in demokratischen Gesellschaften auf die Argumentation bei der Entscheidungsfindung zurück. Idealerweise sollen diejenigen Entscheidungen vom politischen System getroffen werden, für die in der Diskussion die besten und überzeugendsten Argumente vorgebracht wurden (Kopperschmidt, 2000, S. 26ff.). Des Weiteren spielt die Argumentation auch bei sozialen Konflikten eine große Rolle. Diese können durch sprachlichen Austausch friedlich gelöst werden. In diesem Zusammenhang wird die Fähigkeit überzeugend zu argumentieren zu einer Machtressource (Bayer, 1999, S. 65) mit deren Hilfe die eigenen wirtschaftlichen, politischen, ökologischen oder sozialen Interessen durchgesetzt werden können.

Zudem dient die Argumentation dem/der Einzelnen dazu, sein/ihr eigenes Weltbild zu konstruieren, Zusammenhänge zu erklären und Voraussagen treffen. Orientierungskompetenz wird in unserem postmodernen Zeitalter u.a. durch Argumentation erlangt (Wohlrapp, 2006, S. 33). Argumentation hilft allerdings nicht nur bei der privaten Entscheidungsfindung, sondern auch bei der Rechtfertigung der individuellen Wahl von Beruf(en), Wohnort(en), Freund(en), Lebenspartner(n) und Überzeugungen, was heute im Hinblick auf die Pluralisierung der Lebensstile nötig geworden ist.

Wie die obigen Ausführungen ergeben haben, gehört die Argumentation zu den zentralen Kulturtechniken unserer Gesellschaft, die Grundlage von demokratischen Entscheidungsprozessen in allen gesellschaftlichen Teilbereichen ist. Dies könnte auch das große gesellschaftliche Interesse an der Argumentation erklären, wie es die unübersehbare Flut an Ratgebern zum Thema oder die 14 Mio. Treffer bei der Eingabe von „Argumentation" in die Google-Suchmaschine dokumentieren. Allerdings sollte entsprechend der Eingangsthese nicht aus dem Blick geraten, dass nicht jeder Konflikt und jeder Dissens durch Argumentation gelöst werden kann.

2 „Die Förderung von Argumentationskompetenzen kann kein Ziel geographischer Bildung sein"

Nehmen wir an, dass wir unsere virtuellen Gesprächspartner von der generellen Bedeutung der Argumentationskompetenzen überzeugen konnten. Diese stellen jetzt jedoch in Frage, dass Argumentationskompetenzen ausgerechnet im Geographieunterricht erworben werden müssen. Im Sinne der schulischen „Arbeitsteilung" der Fächer sehen sie die Vermittlung von Argumentationskompetenzen eher als Aufgabe des Deutsch- und des Fremdsprachenunterrichts sowie der politischen Bildung.

Entgegen dieser Auffassung wurde in die nationalen Bildungsstandards der naturwissenschaftlichen Fächer, der Mathematik und auch der Geographie (DGfG, 2008) der Bereich „Kommunikation" aufgenommen, welcher auch Argumentieren beinhaltet. Hintergrund dieser Neuausrichtung sind empirische Studien aus naturwissenschaftlichen

Fächern, welche die Bedeutung von Schülerargumentationen für ihren Lernerfolg, das Verständnis fachlicher Konzepte und die individuelle Wissenskonstruktion untersuchen und belegen (u.a. Aufschnaiter, Erduran, Osborne, & Simon, 2008; Clark & Sampson, 2008; Gromadecki, Mikelskis-Seifert & Duit, 2007; Mercer, Dawes, Wegerif & Sams 2004; Duschl & Osborne, 2002; Driver, Newton & Osborne, 2000). Auch eine Studie von Wuttke (2005) hat ergeben, dass es im Besonderen die hochwertigen Argumentationen sind, bei denen durch den Austausch von unterschiedlichen und begründeten Sichtweisen vielfältige Anbindungsmöglichkeiten an das Vorwissen der Schüler bestehen und diese daher besonders zur Verständnisförderung beitragen. Gemäß des soziokulturellen Konstruktivismus ist Lernen ein konstruktiver Prozess. Dabei spielt das Abwägen und Einschätzen bereits vorhandener Wissensbestände vor dem Hintergrund neuer Erkenntnisse und Beobachtungen eine zentrale Rolle. Die Verknüpfung älterer Wissensbestände mit neuen Erkenntnissen geschieht vorrangig in der interaktiven Aushandlung von Bedeutungen durch Kommunikation im Klassenzimmer. In diesem Zusammenhang spielt die Argumentation, bei der kreativ Belege dazu eingesetzt werden müssen, um eine strittige These zu bestätigen oder zu widerlegen, eine zentrale Rolle.

Aus der Unterrichtsforschung zum Geographieunterricht liegen hierzu bisher keinerlei empirische Studien vor. Es ist jedoch anzunehmen, dass Schülerargumentation im Geographieunterricht ebenso zur Verständnisförderung beiträgt, wie dies in anderen Fächern der Fall ist. Wenn die SchülerInnen im Geographieunterricht die Gelegenheit bekommen, aus unterschiedlichen Perspektiven zu einem geographischen Thema Stellung zu beziehen, können zusätzlich Meinungsbildungsprozesse gefördert werden,

Für den Geographieunterricht ist allerdings nicht nur die Integration von Argumentationen in die Kommunikationsprozesse im Unterricht bedeutsam, was dem Erwerb und der Schulung von Kompetenzen in der Argumentationsproduktion gleichkommt, sondern auch die Beschäftigung mit typischen geographischen Argumentationen, also die Förderung der Argumentationsrezeption. Jede Disziplin und in der Folge auch jedes Schulfach nimmt die Welt unter einem speziellen Blickwinkel und Interesse wahr. Üblicherweise begreift sich die Geographie selbst als Raumwissenschaft, wobei unterschiedliche Raumbegriffe (u.a. Weichhart, 2008) und zentrale Konzepte zur Fachdefinition herangezogen werden (u.a. Taylor, 2008). Ziel des Unterrichts kann es sein, dass die Schüler gängige geographische Argumentationen verstehen und das Fachtypische daran erkennen können. Ein besonderes Charakteristikum des Faches ist, dass sowohl naturwissenschaftliche Argumente (physische Geographie) als auch gesellschaftswissenschaftliche (Humangeographie) behandelt werden (siehe Abbildung 2). Bei Themen aus dem Bereich der Mensch-Umweltbeziehungen, wie z.B. die Wassernutzung in Mumbai, werden beide Argumentationsarten aufeinander bezogen.

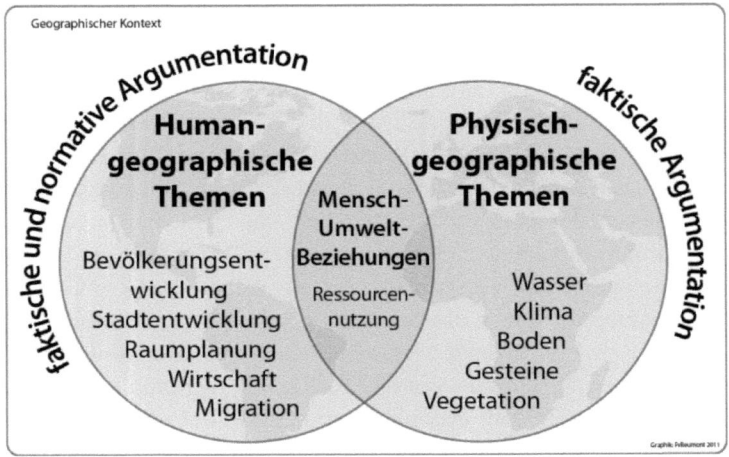

Abb. 2: Argumentationen zu verschiedenen geographischen Themenbereichen

Grundsätzlich kann man zwischen faktischen und normativen Argumentationen unterscheiden (Kienpointner, 1983, S. 71), die beide für den Geographieunterricht relevant sind. Faktische Argumentationen beruhen auf Fakten und normative Argumentationen auf Wertvorstellungen. Welche Art von Argumentation angebracht ist, ist vorrangig von der gestellten Frage abhängig. Während auf die Frage: „Inwiefern ist der Klimawandel anthropogen verursacht?" mit faktischer Argumentation geantwortet wird, bei der u.a. auf die verfügbaren Temperaturmessungen und den Konzentrationsanstieg des Treibhausgases Kohlendioxid eingegangen wird, werden auf die Frage „Inwiefern sollte das Klima geschützt werden?" auch Wertvorstellungen ins Feld geführt, um zu überzeugen. Im Geographieunterricht wird eine Vielzahl von gesellschaftlich strittigen Fragen behandelt, welche nur auf der Grundlage von normativen Argumentationen beurteilt werden können. Dies sind z.B.: Wie sollten Städte und Regionen entwickelt werden? Wie soll mit Migranten umgegangen werden? Wie sind die Wirtschaftsbeziehungen zwischen Industrie- und Entwicklungsländern zu beurteilen? Welche Ressourcen sollen zur Energieversorgung genutzt werden? Welche bevölkerungspolitischen Maßnahmen sind akzeptabel?

Der Geographieunterricht kann es nicht leisten, die Argumentationen in der Fachwissenschaft zu all diesen Themengebieten in ihrer Breite darzustellen. Es ist jedoch möglich, einige grundsätzliche Argumentationen zu behandeln, um die Kontroversität der Themen sichtbar zu machen, den „geographischen Blick" zu üben, der inhaltlichen Komplexität Rechnung zu tragen und eine realistische Vorstellung von wissenschaftlicher Erkenntnisgewinnung in der Geographie zu vermitteln. Hierzu gehört auch, dass die Schüler ein kritisches Bewusstsein davon erlangen sollten, welche Folgen „typisch geographische" Argumentationen haben können.

Ebenso kann kritisch hinterfragt werden, wann, von wem und mit welchen Folgen im Alltag und in den Medien „geographisch" argumentiert wird. Beim Themengebiet „Europa" kann z. B. gezeigt werden, dass der Verweis auf die „natürlichen" Grenzen Europas in politischen Argumentationen dazu eingesetzt wird, die Nichtaufnahme der

Türkei in die Europäische Union zu begründen. Damit könnte der Geographieunterricht auch noch stärker zum Verständnis von gesellschaftlich relevanten Diskursen beitragen.

3 „Die Förderung von Argumentationskompetenzen ist unnötig"

Hintergrund der in der Überschrift wiedergegebenen Auffassung könnte entweder sein, dass die SprecherInnen annehmen, dass aufgrund der Förderung in anderen Fächern die Kompetenzen bei den SchülerInnen schon vorhanden sind und nicht weiter vertieft werden müssten oder dass der aktuelle Geographieunterricht diese schon ausreichend schult.

Die These ist nur schwer zu widerlegen, da es in der Geographiedidaktik nur sehr wenige empirische Studien gibt, die darüber Auskunft geben, wie gut SchülerInnen in den verschiedenen Klassenstufen geographisch argumentieren, wo die Hauptprobleme liegen und wovon die Performanz beeinflusst wird. Als erste Annäherung können zwei Untersuchungen dienen, bei denen SchülerInnen einer 7. Klasse und einer 11. Klasse eines Gymnasiums schriftlich zu geographischen Fragestellungen argumentieren sollten (Budke, Schiefele & Uhlenwinkel, 2010a). Die Auswertung der Schülertexte hat große Defizite beider Gruppen offengelegt. Häufig waren keine vollständigen Argumentationen vorhanden, da nur Behauptungen geäußert wurden oder die logische Verbindung zwischen Behauptungen und Belegen fehlte. Es ließen sich zudem kaum Leistungssteigerungen zwischen der 7. und der 11. Klasse beobachten. Diese Ergebnisse stimmen mit denen von verwandten Fachdidaktiken überein, die ebenfalls Argumentationsdefizite von SchülerInnen und StudentInnen belegen (Aufschnaiter et al., 2008; Clark et al., 2008; Winkler, 2006). Die Forschungsarbeiten von Kuhn (1992) zeigen, dass die SchülerInnen im Laufe der Grundschule nur geringe Fortschritte hinsichtlich ihrer Argumentationsfähigkeit machen. Das Hauptproblem besteht darin, dass die SchülerInnen ihre Behauptungen nicht ausreichend begründen und häufig unvollständige und einfache Argumente verwenden (z.B. Clark et al., 2008; Zohar & Nemet, 2002). Die Arbeit von Yi Kwak (2005) belegt zudem, dass deutsche SchülerInnen sehr viel größere Schwierigkeiten haben, vorgelegte schlechte Argumente richtig zu bewerten als vorgelegte gute Argumente.

Es schließt sich die Frage an, inwiefern im Geographieunterricht überhaupt Möglichkeiten für die SchülerInnen bestehen, zu argumentieren. Von uns durchgeführte Unterrichtsbeobachtungen in 1.414 Geographiestunden an Brandenburger und Berliner Schulen ergaben, dass nur in 8,4 Prozent der Stunden argumentiert wurde (Budke, 2012a).

Dieses Ergebnis stimmt mit denjenigen aus verwandten Fächern überein. Unterrichtsevaluationen (Jiménez-Aleixandre, Bugallo Rodríguez & Duschl, 2000) und systematische Beobachtungen (Driver et al., 2000) ergaben, dass SchülerInnen im traditionellen naturwissenschaftlichen Unterricht kaum die Möglichkeit erhalten, ihre Argumentationskompetenzen zu verbessern.

Zusätzlich zu den Unterrichtsbeobachtungen wurden 18 Leitfadeninterviews mit GeographielehrerInnen geführt (Budke, 2012a). Diese zeigten, dass nur ein Teil der Lehrkräfte die Bedeutung von Argumentationen für den Geographieunterricht nur erkennen. Dies scheint eng mit dem Fachverständnis einiger Befragten zu tun zu haben, die in ihrem Unterricht vor allem Wissen und geographische Konzepte vermitteln wollen. In diesem Kontext sehen sie die Relevanz von Argumentationen nicht, da sie diese als reines Mittel zur Meinungsbildung wahrnehmen, die in ihrem Unterricht jedoch kein vordingliches Ziel darstellt.

Die größtenteils sehr vagen Aussagen zur Unterrichtsplanung, zur methodischen Durchführung von Diskussionen und zu den Möglichkeiten der Argumentationsanalyse und -auswertung lassen zudem darauf schließen, dass bei den Befragten sehr wenig Wissen und Erfahrung besteht, wie man Argumentationskompetenzen bei den SchülerInnen gezielt aufbauen und fördern könnte, was vermutlich ebenfalls dazu beiträgt, dass Argumentationen im Geographieunterricht oftmals nicht angestrebt werden.

Letztendlich scheinen die teilweise negativen Erfahrungen vieler Befragter mit Argumentationen vor allem im Unterricht der Sekundarstufe I dazu zu führen, dass diese nur in geringem Umfang zugelassen werden und zwar hauptsächlich dann, wenn sie sich spontan im Unterricht ergeben. Vielfältige Aussagen weisen auch darauf hin, dass LehrerInnen schon das Scheitern von Argumentationen erlebt haben. Sie beziehen sich vorranging auf Erfahrungen mit Diskussionen im Geographieunterricht. Erfolglose Diskussionen sind für die Befragten Diskussionen, die nicht zustande kamen, da sich nicht genügend SchülerInnen beteiligten, die in Beschimpfungen der SchülerInnen untereinander endeten oder die keinen fachlichen Bezug erkennen ließen. Der Hauptgrund für das Misslingen von Disskussionen in der Sekundarstufe I wird von den Befragen im Fehlen des fachlichen Wissens der SchülerInnen gesehen. Daneben spielen nach den Lehrkräften auch die fehlenden Argumentationsfähigkeiten und mangelnde soziale Fähigkeiten, wie die Toleranz gegenüber anderen Meinungen, eine Rolle.

Auch in dem für den Geographieunterricht noch immer zentralen Medium, dem Schulbuch, werden Argumentationen nur selten in Aufgabenstellungen gefordert. Argumentationsaufgaben sind Aufgaben, welche dazu auffordern, eine strittige Behauptung anhand der Verknüpfung von richtigen Belegen mit passenden Geltungsbeziehungen zu bestätigen oder zu widerlegen (Förderung produktiver und interaktionistischer Argumentationskompetenz) oder eine vorgefundene Argumentation anhand der oben beschriebenen Gütekriterien zu beurteilen (Förderung rezeptiver Argumentationskompetenz). Eine Schulbuchanalyse von aktuellen Geographiebüchern der Klassenstufen 5–10 in Brandenburg/Berlin und Nordrhein-Westfalen ergab, dass von den 5.783 Aufgaben nur 361 Argumentationsaufgaben waren. Dies entspricht einem Anteil von 6,7 Prozent (Budke, 2011). Der Förderung von Argumentationskompetenzen wird in den untersuchten Geographieschulbüchern im Durchschnitt nur eine sehr geringe Bedeutung beigemessen, wobei die Werte zwischen den einzelnen Büchern jedoch stark variieren. Ein Großteil der Schulbuchaufgaben fordert nach wie vor rein reproduktive Leistungen und die Relevanz der argumentativen Durchdringung des Themas für die Verknüpfung der neuen Wissensbestände mit älterem Wissen, für die individuelle Gewichtung und Meinungsbildung wird bisher nicht ausreichend erkannt. Die Förderung rezeptiver Argumentationskompetenz fehlt in allen Bänden fast völlig. Als ein Grund für dieses Ergebnis ist anzusehen, dass in den untersuchten Schulbüchern über Sachtexte, Karten, Bilder oder Diagramme vorwiegend „neutrale" Sachinformationen angeboten werden, die eine Argumentation, welche eine kontroverse Auseinandersetzung zwischen mindestens zwei Positionen beinhaltet, erschweren. Beispielargumentationen, die im Geographieunterricht analysiert werden können und mit denen die rezeptive Argumentationskompetenz gefördert werden könnte, sind bisher nicht formuliert worden. Besonders selten beziehen sich die Argumentationsaufgaben auf Themengebiete der Physischen Geographie.

Auch wenn keine der genannten Studien zum Geographieunterricht als repräsentativ gelten kann, deuten doch alle empirischen Ergebnisse darauf hin, dass viele SchülerInnen keine qualitätsvollen Argumentationen entwickeln können und dass die Förderung der Argumentationskompetenz im Geographieunterricht bisher nicht umfassend erfolgt.

4 Argumentationskompetenzen lassen sich nicht messen und bewerten

Die Auffassung, die Argumentationskompetenzen seien zu komplex, um sie zu modellieren und zu bewerten, hört man nicht selten von Fachkollegen. Tatsächlich gibt es weder in der Geographiedidaktik noch in anderen Fachdidaktiken ein empirisch fundiertes Struktur- und Stufenmodell der Argumentationskompetenz. Dies erscheint insofern als Defizit, als dass kaum eine gezielte didaktische Förderung möglich ist, solange nicht definiert wird, welche Dimensionen diese Kompetenz erfasst und in welchen qualitativen Stufen sie sich gliedert. Wenn man Argumentationskompetenz diagnostizieren will und Aussagen darüber treffen möchte, in welchen Bereichen die SchülerInnen schon gute Fähigkeiten besitzen und in welchen anderen sie noch Defizite haben, benötigt man eine Vorstellung darüber, in welche Dimensionen sich die Argumentationskompetenz gliedert und wie deren qualitative Stufung aussieht.

Möchte man ein Argumentationskompetenzmodell aufstellen, kann man auf umfangreiche Arbeiten in der Kommunikations- und Argumentationstheorie zurückgreifen. Diese besagen, dass bei einer Argumentation eine strittige Behauptung durch Begründungen widerlegt oder bestätigt wird (u.a. Lueken, 2000; Bayer, 1999; Kopperschmidt, 1995; Kienpointner, 1983). Das Ziel der Argumentation ist es, durch logische Begründung bei den jeweiligen Interaktionspartnern Zustimmung zur eingenommenen Position zu erreichen. Die grundlegende Argumentationsstruktur besteht damit aus drei Elementen: Der strittigen Behauptung, den Belegen und der Geltungsbeziehung zwischen Belegen und Behauptung. Der grundlegende Ansatz für alle folgenden Arbeiten zur Argumentationstheorie stammt von Toulmin (1996). Neben der schon beschriebenen Grundstruktur, die im Konzept von Toulmin aus Daten (Belege), Konklusionen (strittige Behauptungen/Urteil) und der Schlussregel (Geltungsbeziehung) besteht, unterscheidet er noch zusätzlich eine Feinstruktur der Argumentation. Der Operator gibt den Grad der Stärke der Geltungsbeziehung an. Dies sind Wörter wie „zwingend", „sicherlich", „wahrscheinlich" etc. Des Weiteren werden nach Toulmin (1996) häufig Ausnahmebedingungen definiert, unter denen die Geltungsbeziehung nicht relevant ist. Letztlich wird häufig noch eine Stützung (zusätzliche Daten) angeführt, welche die Geltungsbeziehung belegen soll.

Die von Toulmin spezifizierte Struktur der Argumentation wurde von einer Vielzahl empirischer Studien im Bildungskontext erfolgreich zur Datenanalyse eingesetzt (u.a.

Aufschnaiter et al., 2008; Clark et al., 2007; Erduran, Simson & Osborn, 2004; Jiménez-Aleixandre, Bugallo Rodrígez & Duschl, 2000). Die vorgestellte Argumentationsstruktur scheint fachunabhängig zu sein, ebenso wie die von Wohlrapp (2006, S. 229) identifizierten argumentativen Grundoperationen: Behaupten, Begründen und Kritisieren. Auch die aus dem Gemeinsamen Europäischen Referenzrahmen für Sprachen (GER) (Europarat, 2001) abgeleiteten Kompetenzdimensionen: Argumentationsrezeption, -produktion und -interaktion sind für alle Fächer relevant und können demnach auch auf den Geographieunterricht bezogen werden (Budke, Schiefele & Uhlenwinkel, 2010b). Geographische Argumentationskompetenz bedeutet in Anlehnung an die allgemeine Kompetenzdefinition von Weinert (2001, S. 27), dass die SchülerInnen über Fähigkeiten und Fertigkeiten verfügen, mündliche und schriftliche Argumentationen in geographischen Kontexten zu verstehen, eigene Argumentationen zu produzieren und in der Interaktion mit anderen auf geographische Argumentationen angemessen zu reagieren, sowie auch dass sie die damit verbundenen motivationalen, volitionalen und sozialen Bereitschaften aufweisen, diese Argumentationsfähigkeiten in variablen Situationen erfolgreich und verantwortungsvoll zu nutzen.

In Anlehnung an argumentationstheoretische Arbeiten (Kopperschmidt, 2000) kann die Güte von Argumentationen anhand der Kriterien „problemspezifische Relevanz", „Gültigkeit" und „Eignung" beurteilt werden. Eine Argumentation kann grundsätzlich danach bewertet werden, ob Belege und Schlussfolgerungen für das zu diskutierende Problem relevant sind. Die Argumente müssen zu dem Bereich passen, in dem diskutiert wird. So können z.B. ethische Probleme nur mit ethischen und nicht mit mathematischen Argumenten erörtert werden. Des Weiteren müssen die Belege, die für eine These angeführt werden, gültig oder wahr sein. Die Schlüsse zwischen den Belegen und der These müssen geeignet sein, diese zu stützen oder zu widerlegen. Die Geltungsbeziehung muss richtig oder zumindest wahrscheinlich sein. Ein weiteres Gütekriterium ist der Adressatenbezug der Argumentation, da die Bedeutsamkeit der Argumente interaktiv mit dem Interaktionspartner ausgehandelt wird (u.a. Walton, 2006; Winkler, 2006; Lueken, 2000; Hansmann, 1999; Kopperschmidt, 1995; Wohlrapp, 1995). Begründungen, die überzeugen wollen, müssen damit nicht nur formal logisch, sondern auch auf den jeweiligen Adressaten zugeschnitten sein. Schließlich können Argumentationen nach ihrem Komplexitätsgrad beurteilt werden, der sich daraus ergibt, wie umfassend die vertretene Position begründet wird. Die in der Theorie genannten Gütekriterien wurden operationalisiert, so dass sie zur qualitativen Beurteilung von Schülerargumentationen eingesetzt werden konnten (Budke & Uhlenwinkel, 2011).

Zusammenfassend lässt sich demnach zur vierten These sagen, dass es einige sehr fruchtbare argumentations- und kommunikationstheoretische Arbeiten gibt, auf deren Grundlage man ein Modell der geographischen Argumentationskompetenz erstellen kann (Budke et al., 2010b). Dieses wurde allerdings bisher noch nicht empirisch überprüft, was in diesem Bereich sicherlich weitere Forschungen nötig macht.

5   Fazit und Ausblick

Abschließend ist zu sagen, dass die Argumentationskompetenzen im Kontext des Geographieunterrichts bisher wenig empirisch erforscht, modelliert und didaktisch gefördert wurden. Vor dem Hintergrund, dass durch die Förderung von Argumentationskompetenzen einige zentrale Ziele des Faches erreicht werden können wie das Verständnis für geographische Zusammenhänge und raumbezogene Konflikte, die Bewusstmachung der geographischen Perspektive und letztlich die Bildung mündiger Bürger, die geographische Informationen bewerten und selbst in Argumentationen einsetzen können, erscheint die weitere didaktische Forschung und Entwicklung in diesem Bereich als sehr sinnvoll.

Es stellt sich die Frage, was getan werden könnte, um die Argumentationskompetenzen bei den SchülerInnen zu entwickeln.

Schulbücher und andere Medien für den Geographieunterricht

Hinter allen Themen des Geographieunterrichts stehen kontroverse Diskussionen in der Fachwissenschaft und kommunikative Aushandlungsprozesse in der Gesellschaft. Dass diese in geographischen Schulmedien fast vollständig weggelassen werden und stattdessen der Schwerpunkt auf vermeintliche Sachinformationen und Strukturen gelegt wird, erschwert das Verständnis der geographischen Prozesse, der Beweggründe ihrer zentralen Akteure, der Wege der argumentativen Auseinandersetzung und Entscheidungsfindung sowie der geographischen Forschung insgesamt. Daher sollten neben Sachinformationen verstärkt auch kontroverse Sichtweisen der relevanten Akteure in den Schulbüchern präsentiert werden. Wenn also z.B. das Thema „Stadt" behandelt wird, sollten nicht nur internationale Stadttypen, Stadtstrukturen in historischer Entwicklung, aktuelle Stadtentwicklungsprozesse (z.B. Suburbanisierung und Gentrifizierung) behandelt werden, sondern auch die Interessenskonflikte der zentralen Akteure bezüglich der Nutzung städtischer Räume, die u.a. durch Argumentationen ausgetragen werden, berücksichtigt werden.

Die stärkere Integration von kontroversen Sichtweisen in die Schulbuchdarstellungen bedeutet allerdings auch, dass man einzelne Themen intensiver behandeln und gleichzeitig die Themenvielfalt reduzieren müsste. Die stärkere Integration von (authentischen) Argumentationen in die Schulmedien würde auch zur Förderung der rezeptiven Argumentationskompetenz bei den SchülerInnen beitragen. Dabei sollte man nicht nur auf Texte, sondern auch auf Argumentationen mit Karten und Diagrammen zurückgreifen. Zu allen Argumentationsdimensionen müssten Aufgabenstellungen vorhanden sein. Auf den jetzt schon in vielen Büchern vorhandenen „Methodenseiten" könnten zudem leicht Informationen zum Vorgehen bei der Argumentationsproduktion und -analyse integriert werden.

Methodenentwicklung

Vielen LehrerInnen sind neben Diskussionen und Planspielen kaum Methoden bekannt, mit denen man Argumentationskompetenzen im Geographieunterricht fördern, evaluieren und bewerten könnte, was u.a. auf den geringen Umfang diesbezüglicher fachdidaktischer Veröffentlichungen zurückzuführen ist. Zur Behebung dieses Defizits wurden erste Ansätze entwickelt (Budke, 2012b). Besonders großer Entwicklungsbedarf besteht noch bei Methoden zur Förderung von rezeptiven und produktiven Argumentationskompetenzen. Dabei müssten Methoden für die unterschiedlichen Klassenstufen entwickelt werden. Die von Wohlrapp (2008, S. 229) identifizierten argumentativen Grundoperationen Behaupten, Begründen und Kritisieren könnten z.B. in unteren Klassenstufen getrennt geübt werden. Zudem sollte in diesen die Komplexität der Argumentation reduziert werden, indem nur zwei gegensätzliche Positionen eingenommen oder analysiert werden.

Zusammenarbeit mit anderen Fächern

Empirisch ist bisher ungeklärt, inwiefern es sich bei den Argumentationskompetenzen um fachübergreifende oder fachspezifische Kompetenzen handelt. In diesem Bereich sind weitere interdisziplinäre Untersuchungen der Fachdidaktiken nötig. Nach unserem aktuellen Verständnis gibt es sowohl fachübergreifende als auch fachspezifische Elemente. Als fachübergreifend wird die Struktur der Argumentation angesehen (Toulmin, 1996) und als fachspezifisch die jeweilige kontroverse These und die inhaltliche Füllung der oben beschriebenen Gütekriterien. Was demnach als diskussionswürdige These, gültiger Beleg und geeignete Schlussfolgerung anerkannt wird, hängt vom Fachkontext ab, in unserem Fall der „geographischen Brille". Die Verschiedenheit der Sichtweisen der Schulfächer könnte den SchülerInnen offensichtlich werden, wenn in unterschiedlichen Fächern zeitgleich zum selben inhaltlichen Thema unterschiedliche Argumentationen entwickelt bzw. rezipiert würden. Da die Geographie sowohl zu den sozialwissenschaftlichen als auch zu den naturwissenschaftlichen Fächern thematische Überschneidungsflächen hat, sollte es nicht schwer fallen, geeignete Themen zu identifizieren.

Wenn in den Sprachen verstärkt die allgemeine Struktur der Argumentation und die Methodik der Argumentationsentwicklung und -analyse geübt würden, könnte dies sicherlich den Geographieunterricht und die anderen Fächer, in denen ebenfalls argumentiert wird, entlasten. In diesem Zusammenhang sind auch fachübergreifende Projekte mit den Sprachen sinnvoll, in denen zu geographischen Themen Argumentationen entwickelt werden.

Lehrerausbildung

Bisher liegen keine Studien vor, welche die argumentativen Kompetenzen bei Geographiestudierenden untersuchen, die später LehrerInnen werden möchten. Es erscheint jedoch zwingend nötig, dass GeographielehrerInnen selbst über gute Argumentationskompetenzen verfügen, um diese später auch vermitteln zu können. Daher sollten im Studium verstärkt Argumentationsanlässe geschaffen werden.

Literatur

Aufschnaiter, C. von, Erduran, S., Osborne, J. & Simon, S. (2008). Arguing to learn and learning to argue: Case studies of how students' argumentation relates to their scientific knowledge. *Journal of Research in Science Teaching, 45* (1), 101–131.

Bayer, K. (1999). *Argument und Argumentation. Logische Grundlagen der Argumentationsanalyse.* Wiesbaden: VS.

Budke, A. (2011). Förderung von Argumentationskompetenzen in aktuellen Geographieschulbüchern. In E. Matthes & C. Heinze (Hrsg.), *Aufgaben im Schulbuch* (S. 253–264). Bad Heilbrunn: Klinkhardt.

Budke, A. (2012a): Argumentationen im Geographieunterricht. *Geographie und ihre Didaktik / Journal of Geography Education, 1*, 23–34.

Budke, A. (2012b). *Diercke – Kommunikation und Argumentation.* Braunschweig: Westermann.

Budke, A. & Uhlenwinkel, A. (2011). Argumentieren im Geographieunterricht. Theoretische Grundlagen und unterrichtspraktische Umsetzungen. In C. Meyer, R. Henrÿ & S. Stöber (Hrsg.), *Geographische Bildung. Kompetenzen in der didaktischer Forschung und Schulpraxis* (S. 114–129). Braunschweig: Westermann.

Budke, A., Schiefele, U. & Uhlenwinkel, A. (2010a). „I think it's stupid" is no argument – some insights on how students argue in writing. *Teaching Geography, 2*, 66–69.

Budke, A., Schiefele, U. & Uhlenwinkel, A. (2010b). Entwicklung eines Argumentationskompetenzmodells für den Geographieunterricht. *Geographie und ihre Didaktik / Journal of Geography Education, 3*, 180–190.

Clark, D.B. & Sampson, V. (2008). Assessing Dialogic Argumentation in Online Environments to Relate Structure, Grounds, and Conceptual Quality. *Journal of Research in Science Teaching, 45* (3), 293–321.

Deutsche Gesellschaft für Geographie (DGfG). (2008). *Bildungsstandards im Fach Geographie für den Mittleren Schulabschluss – mit Aufgabenbeispielen.* Berlin: DGfG.

Driver, R., Newton, P. & Osborne J. (2000). Establishing the norms of scientific argumentation in classrooms. *Science Education, 84* (3), 287–312.

Duschl, R. & Osborne, J. (2002). Supporting and promoting argumentation discourses in science education. *Studies in Science Education, 28* (1), 39–72.

Europarat (2001). *Gemeinsamer europäischer Referenzrahmen für Sprachen: Lernen, lehren, beurteilen.* Verfügbar unter: http://www.goethe.de/z/50/commeuro/deindex.htm [07.05.2012].

Erduran, S., Simon, S. & J. Osborne (2004). TAPping into Argumentation: Developments in the Application for Toulmin's Argument Pattern for Studying Science Discource. *Science Education, 88* (6), 915–933.

Gromadecki, U., Mikelskis-Seifert, S. & Duit, R. (2007). Naturwissenschaftliches Argumentieren im Anfangsunterricht Physik. In D. Höttecke (Hrsg.), *Naturwissenschaftlicher Unterricht im internationalen Vergleich* (S. 166–168). Berlin: Lit Verlag.

Hansmann, O. (1999). Operative Pädagogik und rhetorische Argumentation unter dem Gesichtspunkt des Angemessenen. In A. Dörpinghaus & K. Helmer (Hrsg.), *Beiträge zur Theorie der Argumentation in der Pädagogik* (S. 135–152). Würzburg: Verlag Königshausen & Neumann.

Habermas, J. (1981). *Theorie des kommunikativen Handelns.* Handlungsrationalität und gesellschaftliche Rationalisierung, Bd. 1, Zur Kritik der funktionalistischen Vernunft, Bd. 2. Frankfurt/Ma.: Suhrkamp.

Jiménez-Aleixandre, M., Bugallo Rodrígez, A. & Duschl, R. (2000). „Doing the Lesson" or „Doing Science": Argument in High School Genetics. *Science Education, 84*, 757–792.

Kienpointner, M. (1983): *Argumentationsanalyse.* Insburck: Institut für Sprachwissenschaften der Universität.

Kopperschmidt, J. (1995). Grundfragen einer allgemeinen Argumentationstheorie unter besonderer Berücksichtigung formaler Argumentationsmuster. In H. Wohlrapp (Hrsg.), *Wege der Argumentationsforschung* (S. 50–73). Stuttgart: frommann-holzboog.

Kopperschmidt, J. (2000). *Argumentationstheorie.* Hamburg: Junius Verlag.

Kuhn, D. (1992). Thinking as argument. *Harvard Educational Review, 62* (2), 155–178.

Lueken, G.-L. (2000). Paradigmen einer Philosophie des Argumentierens. In G. Lueken (Hrsg.), *Formen der Argumentation* (S. 13–51). Leipzig: Universitätsverlag.

Mercer, N., Dawes, L., Wegerif, R. & Sams, C. (2004). Reasoning as a scientist: ways of helping children to use language to learn science. *British Educational Research Journal, 30* (3), 359–377.

Taylor, L. (2008). Key concepts and medium term planning. *Teaching Geography, 2,* 50–54.

Toulmin, S. (1996). *Der Gebrauch von Argumenten.* Weinheim: Beltz.

Walton, D. (2006). *Fundamentals of critical argumentation.* New York: Cambridge University Press.

Weichhart, P. (2008). *Entwicklungslinien der Sozialgeographie.* Stuttgart: Franz Steiner Verlag.

Weinert, F.E. (Hrsg.). (2001). *Leistungsmessungen in Schulen.* Weinheim: Beltz.

Winkler, I. (2006). Argumentierendes Schreiben im Deutschunterricht im Spiegel von Aufgaben für Lern- und Leistungssituationen. In E. Grundler & R. Vogt (Hrsg.), *Argumentieren in Schule und Hochschule* (S. 157–166). Tübingen: Stauffenberg.

Wohlrapp, H. (1995). Einleitung. Bemerkungen zu Geschichte und Gegenwart der Argumentationstheorie, zum Anliegen der Hamburger Gruppe und dem Sinn des vorliegenden Bandes. In H. Wohlrapp (Hrsg.), *Wege der Argumentationsforschung* (S. 9–49). Stuttgart: frommann-holzboog.

Wohlrapp, H. (2006). Was heißt und zu welchem Ende sollte Argumentationsforschung betrieben werden? In E. Grundler & R. Vogt (Hrsg.), *Argumentieren in Schule und Hochschule* (S. 29–40). Interdisziplinäre Studien. Tübingen: Stauffenberg.

Wuttke, E. (2005). *Unterrichtskommunikation und Wissenserwerb. Zum Einfluss von Kommunikation auf den Prozess der Wissensgenerierung.* Konzepte des Lehrens und Lernens, Bd. 11. Frankfurt/M.: Peter Lang Verlag.

Yi Kwak, J. (2005). *Pupils' competencies in proof and argumentation – Differences between Korea and Germany at the lower secondary level.* Oldenburg: Universität Oldenburg.

Zohar, A. & Nemet, F. (2002). Fostering students' knowledge and argumentation skills through dilemmas in human genetics. *Journal of Research in Science Teaching, 39* (1), 35–62.

Stefan Altmeyer

Die (religiöse) Sprache der Lernenden
Sprachempirische Zugänge zu einer großen Unbekannten

1 Einführung

Ende der 1960er Jahre vollzieht sich (auch) in der Religionsdidaktik eine linguistische Wende. Im Mittelpunkt steht die doppelte Einsicht, dass zum einen Sprache *an allen Prozessen* des Verstehens, Erkennens und Lernens einen aktiven Anteil hat. Zum anderen erkennt man, dass Sprache auch der entscheidende Schlüssel für *spezifisch religiöse Lernprozesse* ist: Religiöse Erfahrungen und Traditionen besitzen ihre eigenen charakteristischen Sprachformen, die erst erschlossen werden müssen, soll religiöses Lernen in Gang kommen. So fordern schon früh namhafte Fachvertreter, den Religionsunterricht insgesamt als Sprachunterricht zu konzipieren (v.a. Halbfas, 1969; Zirker, 1972). Heute folgen ganze Unterrichtswerke dieser sprachsensiblen Didaktik, und auch in den Bildungsplänen ist das Thema religiöses Sprachverständnis flächendeckend verankert (Altmeyer, 2011; Schulte, 2001).

Allerdings ist diese religionsdidaktische Hinwendung zur Sprache in einem gravierenden Punkt einseitig geblieben: Zwar ist die Sprachlichkeit der Inhalte breit entfaltet worden, doch ist die religiöse Sprache der Subjekte religiöser Bildung eine große Unbekannte geblieben: Was wissen wir eigentlich über die religiöse Sprache der Schüler/innen? Welche Möglichkeiten gibt es, deren Sprachkompetenzen systematisch zu erfassen? Dieser Fragestellung widmet sich das vorgestellte sprachempirische Forschungsprojekt. Es fordert zunächst einen theoretischen Paradigmenwechsel: Nicht allein die *Sprachlichkeit der Inhalte*, sondern der *Sprachgebrauch der Lernenden* soll in den Mittelpunkt der Aufmerksamkeit treten. Ein sprachempirischer Ansatz, der auf Methoden der Korpuslinguistik zurückgreift, ermöglicht es, diesen Sprachgebrauch systematisch zu beschreiben.

Anhand exemplarischer Forschungsergebnisse zeigt der Beitrag, wie mithilfe dieser sprachempirischen Methoden ein Zugang zum Sprachgebrauch der Lernenden gefunden werden kann. Es wird ein empirisches Forschungssetting vorgestellt, das über den religionsdidaktischen Bereich hinaus vielfältige Anschlussmöglichkeiten für fachdidaktische Forschungen eröffnet. Denn aus dem Wissen über Struktur und Eigenart der Schülersprache lassen sich Felder identifizieren, auf denen eine systematische Förderung der fachspezifischen Sprachkompetenz erfolgen müsste und könnte.

2 Von der Sprachlichkeit der Inhalte zum Sprachgebrauch der Lernenden

2.1 Sprache im Religionsunterricht

Der Religionsunterricht ist schon von seinem Gegenstand her immer auf das Phänomen Sprache verwiesen (Niehl, 2006; Grözinger, 2001). Denn wesentliche seiner Inhaltsbereiche wie vor allem die biblische Überlieferung oder die kirchliche Glaubenstradition sind sprachlich vermittelt. Von daher gehört etwa die Auseinandersetzung mit Texten zum Kernbestand des Religionsunterrichts, wenngleich darüber hinaus natürlich zahlreiche weitere Lernbereiche wichtig sind (Hilger, Leimgruber & Ziebertz, 2010; Bitter, Englert, Miller & Nipkow, 2006, S. 213–291). Doch gerade die besondere Eigenart dieser zentralen Texte hat schon früh dazu geführt, dass die Religionsdidaktik sich der charakteristischen *Sprachlichkeit der Inhalte* des Religionsunterrichts zugewendet hat. Nachdem bereits in der ersten Hälfte des zwanzigsten Jahrhunderts im sogenannten hermeneutischen Religionsunterricht das Verstehen und gegenwartsbezogene Auslegen der biblischen Texte als zentrale Aufgabe entdeckt wurde (Baldermann, 2001), vollzieht sich eine tatsächliche sprachliche Wende mit Nachdruck im Verlauf der sechziger und siebziger Jahre. Diese Wende ist so grundlegend, dass sie im Rückblick wie der Verlust einer naiven „sprachlichen Unschuld" (Gärtner, 2002, S. 53) erscheint. Was steckt hinter diesem Schlüsselerlebnis religionsdidaktischen Erwachsenwerdens?

Auf eine kurze Formel gebracht verbindet sich mit diesem *linguistic turn* der Religionsdidaktik die Einsicht, dass die bloße Kenntnis religiöser Sprachformen noch keine religiöse Bildung ermöglicht, ja sie vielleicht sogar eher verhindert. Zuvor weitgehend unhinterfragte Glaubensaussagen werden im Zuge der starken gesellschaftlichen Veränderungen und Säkularisierungsprozesse grundlegend fragwürdig: Was bedeuten eigentlich Sätze wie ‚Ich glaube an Gott, den Vater, den Allmächtigen, Schöpfer des Himmels und der Erde' aus dem Glaubensbekenntnis oder der biblischen Überlieferung wie ‚Christus ist für unsere Sünden gestorben' (1 Kor 15,3)? Solche zentralen Aussagen geraten jetzt für die große Breite der Schüler/innen/schaft in scharfen Konflikt mit vorherrschenden Plausibilitätsstrukturen und Denkmentalitäten, die weitgehend naturwissenschaftlich oder technisch geprägt sind (Halbfas, 1969). Für *wen* bedeuten sie *was* zu *welcher Zeit*, unter *welchen Bedingungen* und mit *welchem Geltungsanspruch*? Auf der Ebene des erkenntnistheoretischen Diskurses spiegelt sich dasselbe Phänomen in fundamentalen Anfragen an den Bedeutungsgehalt religiöser und theologischer Sprache, wie etwa in folgender charakteristischen Position aus der analytischen Philosophie, wonach „ein Satz unmöglich zugleich sinnvoll sein und von Gott handeln kann" (Ayer, 1970, S. 156–157; Laube, 1999, S. 74–88). Ausgangspunkt für die sprachliche Wende ist für die Religionsdidaktik die Wahrnehmung einer fundamentalen *Sprachkrise* (Altmeyer, 2012), oder anders ausgedrückt: die Entdeckung einer seit langem ausstehenden Übersetzungsleistung (Latour, 2011, S. 25–30).

Die Religionsdidaktik antwortet auf diese Herausforderung mit einer konsequenten Hinwendung zur Sprachlichkeit der Inhalte des Religionsunterrichts: Den religiösen Traditionen ist, so die Einsicht, ein charakteristischer Umgang mit Sprache eigen

(Schüßler, 2008; Astley, 2004). Denn ihre Sprachformen transportieren Sinn weniger durch Bezeichnen einer Sache als durch Referenz auf Erfahrung. Wer entdeckt, dass Sprache nicht nur nachträglich Wirklichkeit bezeichnen, sondern diese auch eröffnen kann – als neue und andere Möglichkeit der Erfahrung von Welt – der versteht, auf welche Weise Religion von Wirklichkeit spricht: als von dem nämlich, was „uns im Tiefsten angeht" (Tillich, 1964, S. 111). In dieser Art des Sprachgebrauchs ist religiöse Sprache näher dem poetischen Sprechen verwandt als dem Sprachgebrauch der sogenannten exakten Wissenschaft. Ihre charakteristischen Sprachformen sind Metapher und Symbol, Mythos, Erzählung, Gedicht etc. Und selbst das Dogma ist keine Gattung reiner Informationsvermittlung, sondern lebt von dem erfahrungsbezogenen Mehr, das es in seiner extrem verdichteten Sprache transportiert: Religiöse Sprache, und auch das Dogma, will nicht zuerst informieren, sondern „verändern, verwandeln, erschüttern" (Latour, 2011, S. 34). Religiöses Lernen (in seiner sprachlichen Dimension) bedeutet, diese besondere Art des Sprachgebrauchs kennenzulernen. Religiöse Bildung meint die Befähigung, jenen charakteristischen existenziellen Anspruch und damit die Eigenlogik religiöser Sprache wahrnehmen und verstehen zu können.

Die Religionsdidaktik hat diese Wende von der Vermittlung vorgegebener Sprache zur Entwicklung eines adäquaten Verstehens religiöser Sprache seither weitgehend umgesetzt. Eine grundsätzliche Sensibilität für die sprachliche Dimension religiösen Lernens ist heute so gut wie jedem konzeptionellen Ansatz des Religionsunterrichts eigen (Schulte, 2001, S. 45). In den curricularen Standards für den evangelischen wie katholischen Religionsunterricht sind Kenntnis und Verständnis religiöser Sprachformen verpflichtend verankert (Kirchenamt der Evangelischen Kirche in Deutschland, 2011, S. 20; Sekretariat der Deutschen Bischofskonferenz, 2006, S. 21, 2004, S. 14). Insofern ist es sicher zutreffend zu sagen, dass Religionsunterricht heute zu einem gewissen Teil Sprachunterricht ist. Dies beinhaltet das Kennenlernen verschiedener Textgattungen von Erzählung über Mythos und Parabel bis zum Gleichnis etc. ebenso wie das Erproben der und Nachdenken über die vielen Möglichkeiten und auch Grenzen von Sprache allgemein. Ein Verständnis und eine Wertschätzung für metaphorisches und symbolisches Sprechen gehören zu den Grundbedingungen, um die theologische und kirchliche Gottesrede überhaupt verstehen zu können. Am konsequentesten hat wohl der katholische Religionsdidaktiker Hubertus Halbfas sein schon in den achtziger Jahren entwickeltes und seither mehrfach überarbeitetes Unterrichtswerk für den Religionsunterricht von der Primar- bis zur Sekundarstufe an einer solchen Sprachpropädeutik orientiert, die durchgängig an der Entwicklung des allgemeinen Sprachverständnisses orientiert ist (Halbfas, 1983ff.; 1989ff.). Eine Art konzeptionelle Summe des bis heute beachtlichen Ansatzes ist in seiner „religiösen Sprachlehre" zu erwarten (Halbfas, 2012).

2.2 Ein notwendiger Perspektivenwechsel

Einige Jahrzehnte nach diesem ersten Schritt aus der ‚sprachlichen Unschuld' stellen sich heute jedoch erneut grundlegende Fragen. Mithilfe eines *allgemeinen Modells* zur Beschreibung der Schulsprache im Fachunterricht, wie es Vollmer & Thürmann (2010) vorgeschlagen haben, lassen sich deutlich die Grenzen des vorherrschenden *religionsdidaktischen Sprachlernmodells* aufzeigen. Sprachliches Lernen im Unterricht darf, so

Vollmer & Thürmann (2010), keineswegs eindimensional nur von den Inhalten her gedacht werden. Gerade dies tut aber die Religionsdidaktik, wenn sie meint, schon allein aus dem Wissen um die Eigenart religiöser Sprache könne aktive religiöse Sprachkompetenz entstehen. Zieht man eine metaphorische Parallele zum Fremd-sprachenerwerb, wird die prekäre Logik dieser religiösen Sprachdidaktik deutlich: Aus dem Lernen von Grammatik und Vokabeln soll sich praktische Sprachkompetenz ergeben. Wenn ich recht sehe, dürfte diese simple Gleichung im Sinne aktueller Fremd-sprachendidaktik als überholt gelten (ohne dass deshalb Grammatik und Vokabeln nutzlos würden!). Religionsdidaktisch wäre daher zu fragen: Funktioniert ‚religiöser Spracherwerb' tatsächlich auf die etablierte deduktive Weise, durch zuvorderst kognitive Einsicht in die religiöse Sprachstruktur? Wären nicht auch hier der Sprachgebrauch und damit die verschiedenen Felder sprachlichen Handelns im Unterricht deutlich höher anzusetzen, so wie es Vollmer & Thürmann fächerübergreifend modelliert haben?

Folgt man dieser Forderung, so wird unmittelbar einsichtig, dass im Religionsunterricht nicht nur das Verstehen der vorgegebenen religiösen Sprache erarbeitet, sondern auch Gelegenheiten zum Gebrauch religiöser Sprache sowie zum Diskurs über ihre Eigenschaften geschaffen werden müssten: etwa im Austausch über die eigenen Gottesvorstellungen, im Streit um gesellschaftlich wichtige ethische Normen, in der kreativen Eigengestaltung religiöser Rituale, in der Suche nach passenden Ausdrucksformen für das eigene religiöse Empfinden etc. Und natürlich geschieht dies auch tagtäglich. Nur ist es erstaunlich, dass über die auf diese Weise entstehende ‚gebrauchte' religiöse Sprache der Lernenden so gut wie nichts bekannt ist. Empirische Befunde zeigen zwar, dass es sich hierbei um eine äußerst selbständige und komplexe „*Eigensprache*" (Porzelt, 1999, S. 254) handelt, doch eine systematische Erschließung dieser ‚großen Unbekannten' ist bislang nicht erfolgt.

Dabei sprechen verschiedene Gründe klar für eine verstärkte Aufmerksamkeit für den Sprachgebrauch der Lernenden: Bringt man etwa das Globalziel des Religionsunterrichts nach seinem Verfassungsauftrag (Art. 7(3) GG) in Anschlag, nämlich religiöse Urteils- und Entscheidungsfähigkeit als Ermöglichung einer positiv verstandenen Religionsfreiheit (Freiheit *zur* Religion), dann liegt die Notwendigkeit auf der Hand, nach dem Stand der aktiven religiösen Sprach- und Diskurskompetenz der Lernenden zu fragen. Denn ohne diese wird das genannte Ziel nicht zu erreichen sein (Vollmer, 2009, S. 6). Allerdings hätte ein solches Umdenken zur Folge, dass religiöse Sprache nicht mehr nur über einen Kanon vorgegebener Sprachformen (wie Bibel, Dogma etc.) definiert werden könnte, sondern als etwas, das erst im Sprachgebrauch entsteht. Doch auch theologisch ist klar, dass Religiosität nicht als Eigenschaft von Wörtern und Sätzen gedacht werden kann, sondern eine Frage der im Akt des (individuellen und gemeinschaftlichen) Sprechens zum Ausdruck gebrachten Gottesbeziehung ist (Altmeyer, 2011, S. 314).

Insgesamt liegt ein erneuter religionsdidaktischer Perspektivenwechsel auf der Hand. Nach dem Verlust der ‚sprachlichen Unschuld' geht es jetzt darum, die ‚sprachliche Blindheit' zu überwinden: Welche Sprache gebrauchen Schüler/innen eigentlich, wenn sie beginnen, selbst religiöse Sprache zu sprechen?

2.3 Zur Methode

Die Umsetzung dieses Forschungsprogramms muss über die etablierten Wege sozialempirischer Zugänge hinausgehen. Denn während es dort um die Erhebung, Analyse und Interpretation von Erfahrungswissen geht, steht hier die Frage nach systematischem Wissen über einen bestimmten Sprachgebrauch im Vordergrund (Bubenhofer, 2009, S. 43–46). Ein entsprechendes sprachempirisches Instrumentarium stellt die empirisch arbeitende Sprachwissenschaft zur Verfügung. Insbesondere die Erhebung und Analyse von Sprachgebrauchsmustern, die sich nicht nur mit intra-, sondern auch extralinguistischem Interesse interpretieren lassen, ist für interdisziplinäre Fragestellungen relevant. Ein entsprechendes anerkanntes Forschungsparadigma ist in der Korpuslinguistik gegeben (zur Einführung: Lemnitzer & Zinsmeister, 2010; Scherer, 2006; Scott & Tribble, 2006).

Korpuslinguistik verfolgt das Ziel, einen konkret umrissenen authentischen Sprachgebrauch methodisch abgesichert zu beschreiben und Hypothesen bezüglich der Merkmale dieser Sprache zu bilden. Ihr empirisches Material ist das Korpus, eine nach expliziten Kriterien erstellte, digital verfügbare Zusammenstellung von authentischen Beispielen geschriebener oder transkribierter gesprochener Sprache (Leech, 2007). Geleitet von einer spezifischen Forschungsfrage werden mittels quantitativer und qualitativer Methoden Sprachgebrauchsmuster im Korpus identifiziert und von ihrem Gebrauchskontext her interpretiert. Das theoretische Fundament dieser induktiven Hypothesenbildung liegt im Sprachmodell des britischen Kontextualismus (Lemnitzer & Zinsmeister, 2010, S. 28–32; Tognini-Bonelli, 2001). Dessen zentrale Prämisse ist, dass die Bedeutung einer sprachlichen Äußerung sich aus der Analyse des Sprachgebrauchs erschließt, wie er sich im Kontext der untersuchten Äußerung niederschlägt. Nicht sprachliches Wissen eines Sprechers (Kompetenz) ist der entscheidende Zugang zum sprachlichen Verstehen, sondern die Beziehung zwischen Form, Inhalt und Kontext konkreter Äußerungen. Daraus leitet sich das Forschungsziel der Korpuslinguistik ab, nämlich „sprachliche Äußerungen und deren verschiedene linguistische Aspekte als Funktionen des sprachlichen und nicht-sprachlichen Kontextes zu erklären, in dem die Äußerungen stehen" (Lemnitzer & Zinsmeister, 2010, S. 28; Sinclair, 2007). Gegenstand der Korpuslinguistik ist deshalb authentischer Sprachgebrauch in unterschiedlichen Kontexten (vom unmittelbaren Wortumfeld bis hin zum sozialen Kontext einer Äußerung). Ausgehend vom Sprachgebrauch werden durch Kontextanalysen induktiv Hypothesen gebildet über die der empirischen Sprache zugrunde liegende Strukturen, die Art und Weise also, wie im Sprachgebrauch Bedeutung erzeugt und transportiert wird (Scott & Tribble, 2006, S. 3–10).

Auf dieser Grundlage wurde für das nun vorzustellende religionsdidaktische Forschungsvorhaben ein methodisches Setting mit folgenden vier elementaren Schritten entworfen (Altmeyer, 2011, S. 141–157): Die Forschungsfrage formuliert ein konkretes religionsdidaktisches Frageinteresse, das durch die Analyse eines bestimmten Sprachgebrauchs beantwortet werden kann. Es schließt sich die Aufgabe der kriteriengeleiteten Korpuserstellung an, wobei die Herausforderung darin besteht, relevante Ausschnitte der anvisierten Sprache angemessen zu repräsentieren. Korpuslinguistische Analysen decken in verschiedenen Schritten Sprachgebrauchsmuster auf. Diese werden schließlich sowohl im sprachlichen Kontext als auch im Kontext religionsdidaktischer Theoriebildung interpretiert.

3 Sprachempirische Zugänge zum Sprachgebrauch der Lernenden

Welche religiöse Sprache sprechen also Schüler/innen? Welche Möglichkeiten bietet die Korpuslinguistik, deren Sprachkompetenzen systematisch zu erfassen und zu fördern? Im Folgenden sollen exemplarisch einige Zugänge zu dieser ‚großen Unbekannten' vorgestellt werden. Es werden Beispiele ausgewählt, die einerseits inhaltliche Kernbereiche ansprechen (Gottesvorstellungen, Gebetssprache) und andererseits das Potential wichtiger methodischer Instrumente (Schlüsselwörter, Kollokationen, Visualisierung) vorstellen. Zum Schluss illustriere ich, wie im Sinne eines forschenden Lernens im Unterricht mit korpuslinguistischen Methoden gearbeitet werden kann.

3.1 Schlüsselwörter von Schülertexten zu ihren Gottesvorstellungen

Das erste Beispiel zeigt ein Korpus aus insgesamt 2186 Texten, die Schüler/innen im Religionsunterricht zu ihren persönlichen Gottesvorstellungen geschrieben haben (Altmeyer, 2011, S. 189–234). Die Frage „Was sagt mir ‚Gott'?" diente als Schreibimpuls. Die Texte sind im Zeitraum 2003–2008 als Beiträge zu einer von der Zeitschrift „Christ in der Gegenwart" initiierten Schreibaktion entstanden, sind alle in deutscher Sprache verfasst und lassen sich alle eindeutig einer der Klassenstufen neun bis dreizehn und einer Schulart zuordnen; einige Texte von Religionskursen aus Österreich sind ebenfalls enthalten. Leitend für die Untersuchung ist die Frage, welche Merkmale die Sprache kennzeichnet, die Schüler/innen gebrauchen, wenn sie ihre Gottesvorstellungen schriftlich artikulieren.

Exemplarisch möchte ich hier nun auf das Ergebnis einer *Schlüsselwortanalyse* zu sprechen kommen (Scott & Tribble, 2006, S. 55–72; Wynne, 2008, S. 730–733). Sie liefert einen ersten Überblick über das Korpus, der bereits fundierte und praxisrelevante Hypothesen liefert und eine Fülle weiterer Fragen eröffnet. Dazu werden mithilfe eines statistischen Verfahrens Wörter im Korpus identifiziert, die aufgrund ihrer Häufigkeit auffällig sind. Unter einem Schlüsselwort versteht man dabei ein Wort, das nicht einfach aufgrund seiner absoluten Häufigkeit hervorsticht, sondern das im Vergleich zu einer Norm signifikant häufig gebraucht wird, wobei ein Maß für diese Signifikanz angegeben werden kann (*keyness*). Die Vergleichsnorm wird durch ein zweites Korpus (Referenzkorpus) abgebildet und kann entsprechend der Fragestellung gewählt werden. Es gibt große öffentliche Korpora, die als Referenzkorpus die deutsche Gegenwartssprache zu repräsentieren versuchen (Lemnitzer & Zinsmeister, 2010, S. 102–107). Nimmt man ein solches Referenzkorpus zur Hilfe wie im vorliegenden Fall das Kernkorpus des ‚Digitalen Wörterbuchs der Deutschen Sprache' (Berlin-Brandenburgische Akademie der Wissenschaften, o.J.), erhält man typische Wörter, die das untersuchte Schülerkorpus inhaltlich und stilistisch wie in einer mit Karte und Maßstab versehenen Satellitenaufnahme charakterisieren. Ein Referenzkorpus der deutschen Schülersprache ist, wenngleich extrem wünschenswert, bislang leider nicht verfügbar.

Das Ergebnis der Schlüsselwortanalyse lässt sich hervorragend in Form einer Wortwolke (*tag cloud*) visualisieren, wobei die Größe der Darstellung der Bedeutung (*keyness*) des Schlüsselwortes entspricht. Abbildung 1 zeigt eine solche Satellitenaufnahme des Korpus aus Schülertexten über ihre Gottesvorstellungen.

Abb. 1: Schlüsselwörter von Schülertexten zu ihren Gottesvorstellungen

Zu sehen sind nicht alle Schlüsselwörter, sondern nur eine bestimmte, bereits um Kontextinformationen angereicherte Auswahl. Gefiltert nach Wortarten wurde die Treffermenge auf Nomen reduziert, diese wiederum mit Hilfe einer inhaltlichen Heuristik in Klassen eingeteilt und durch verschiedene Graustufen visualisiert. Die ‚Auflösung' der Darstellung zeigt die 30 Nomen mit der höchsten Signifikanz.

Zunächst sieht man, dass die Schüler/innen ihre Texte mithilfe eines elementaren Kernvokabulars verfasst haben. Dies umfasst zunächst einige Wörter, die im engen Sinn dem *theologischen Bereich* zuzuordnen sind, wobei insbesondere „Glaube", „Kirche", „Bibel", „Religion" und „Gebet" als kategoriale Begriffe und „Jesus" als Name signifikant benutzt werden. Ergänzt werden sie durch Wörter wie „Mensch", „Leben", „Existenz", „Person", „Welt" etc., die auf den Bereich eher *philosophischer Reflexion* über die Gottesfrage verweisen. Schon hier fällt auf: Der sprachliche Kontext, in dem die Schüler/innen ihr Schreiben über Gott verorten, kommt mit Ausnahme von „Glaube", „Kirche" und „Bibel" ohne theologische Konzepte im engeren Sinn aus (wie etwa: Schöpfungslehre, Christologie, Eschatologie etc.), wohingegen die anthropologische Verhältnisbestimmung Gott-Mensch-Leben-Person anschlussfähig erscheint. Damit korrespondieren zwei weitere Gruppen von Schlüsselwörtern, die von einigem Interesse sind, da sie diesen Kontext näher verdeutlichen: Mit den auffällig signifikanten Schlüsselwörtern „Hoffnung", „Geborgenheit", „Kraft", „Halt" und „Hilfe" auf der einen und „Leid", „Tod" sowie „Probleme" auf der anderen Seite greifen die Schüler/innen auf eine an *Erfahrungen* ausgerichtete Sprache zurück, die es ihnen erlaubt, ihre Rede von Gott in ihrem eigenen Leben und im Leben anderer zu verorten.

Durch diese Beobachtungen werden erste Merkmale der religiösen Sprache der Lernenden deutlich, die von hoher religionsdidaktischer Relevanz sind, zumal sie nicht einen Randbereich, sondern mit der Artikulation der Gottesvorstellung den Kern religiöser Sprachkompetenz betreffen. So wird z.B. deutlich, dass ein bestimmtes, stark selektives theologisches Kernvokabular benutzt wird. Auf welche Weise genau jedoch etwa von „Kirche" und „Bibel" in Zusammenhang mit Gott gesprochen wird oder wie sachgerecht diese Rede ist, bedarf weiterer Klärung. Auch der mögliche Einfluss außersprachlicher Variablen wie Geschlecht, Alter, Schulart oder Herkunft wäre zu überprüfen. Umgekehrt ist aber schon klar, dass viele theologische Konzepte gänzlich fehlen, die – wenn sie aus inhaltlichen Gründen als notwendig gelten – gezielt in die Lernprozesse einzubringen sind. Von besonderer Relevanz für die Entwicklung einer religiösen Sprachkompetenz ist jedoch die Einsicht, dass es mit den positiven und negativen Erfahrungskategorien offensichtlich zwei Kontexte gibt, in denen die Schüler/innen bevorzugt ihr Nachdenken über die Gottesfrage verorten. Wer die Praxis religiösen Sprechens fördern und Kompetenzen entwickeln möchte, wird hier anschließen können (und müssen).

3.2 Personale Gottesvorstellungen in der Sprache der Schüler/innen

Bietet die Schlüsselwortanalyse wie in einem Satellitenbild einen Makroblick auf die Sprachgebrauchsmuster der Schülertexte, so gibt es andere korpuslinguistische Verfahren, um dieses notwendig grobe Bild in ausgewählten Ausschnitten heranzuzoomen, zum Beispiel die Untersuchung von Kollokationen (Evert, 2009; Scott & Tribble, 2006, S. 33–35; Sinclair, 1995, S. 109–122). Hierzu werden der unmittelbare Kontext (Wortumfeld) eines Suchworts und damit seine mikrologischen Gebrauchsmuster untersucht. Das gemeinsame Vorkommen zweier Wörter nennt man Kollokation. Identifiziert man signifikante Wortkombinationen in einem definierten Kontext, so lassen sich Hypothesen über relevante Bedeutungsmuster bilden. Kollokationen lassen sich in *Strukturgraphen* darstellen. Somit werden nicht nur verschiedene Kollokationspartner eines Suchworts sichtbar, sondern auch deren Verbindungen untereinander. Abbildung 2 zeigt exemplarisch die signifikanten Verbindungen von Aussagen der Form „Gott ist".

Abbildung 2 lässt sich lesen wie ein Netz zusammenhängender Elemente, wobei Knoten die Bausteine darstellen, aus denen die Schüler/innen in ihrer Sprache Aussagen über das Wesen Gottes als Ist-Aussagen konstruieren. Ausgehend von der Wurzel „Gott ist" kann man entlang der Pfeile (deren Länge hier rein technisch bedingt ist) typische Aussagen rekonstruieren, wie etwa: „Gott ist wie ein Freund, der immer da ist, wenn man ihn braucht", oder „Gott ist jemand, der mir Kraft gibt". In dieser Sprachstruktur spiegelt sich eine stark anthropomorphe Gottesvorstellung. Gott erscheint als jemand, der bestimmte positive menschliche Erfahrungen in sich vereinigt. Er wird als ein Beziehungswesen artikuliert, das ansprechbar ist und Merkmale einer wichtigen Person aufweist. In direkten Bildern wird er entsprechend als „Schöpfer", „Vater" bzw. „Freund" bezeichnet.

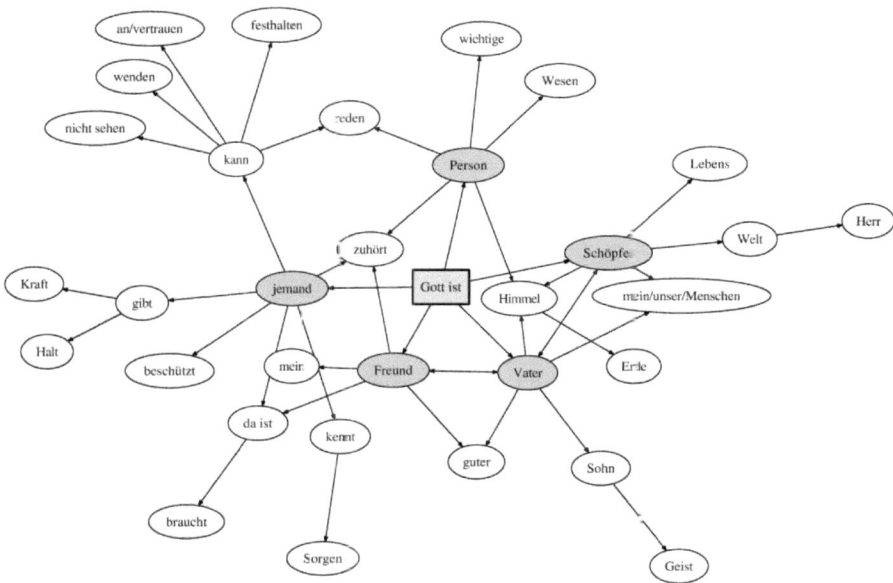

Abb. 2: Kollokationen von „Gott ist" in Schülertexten

Zur Interpretation dieser Beobachtungen ist zunächst zu ergänzen, dass sich neben diesen personalen noch zwei weitere Vorstellungsbereiche identifizieren lassen: nicht-personale Gottesbilder (z.B. Gott als eine Macht, Kraft) bzw. abstrakte positive Gottesattribute (Gott als Liebe, Leben etc.). Doch schon der Blick auf die personalen „Gott ist"-Aussagen lässt weit reichende Folgerungen zu: Im Vergleich mit dem sehr reichen Repertoire biblisch-metaphorischer Gottesrede (z.B. Gott als König, Gutsherr, Architekt etc.) fällt die extreme Konzentration auf drei Bilder (Schöpfer, Vater, Freund) ins Auge. Zudem lässt sich zeigen, dass diese signifikant mit Alter und Geschlecht verbunden sind: Personale Gottesvorstellungen werden besonders von Mädchen und in den Klassenstufen neun und zehn artikuliert und nehmen dann durchgängig ab (Altmeyer, 2011, S. 203). Zu lesen wäre das als eine große, mit dem Alter zunehmende Fremdheit zwischen religiöser Sprache der Lernenden und v.a. biblisch-metaphorischer Sprache. Vielleicht ist dies ein Hinweis darauf, dass Jugendliche die biblische und kirchliche Gottesrede für sich als zu konkret, für ihre eigenen Vorstellungen jedenfalls als nicht passend empfinden (Feige, 2010, S. 920; Ziebertz, Kalbheim & Riegel, 2003, S. 376–377). Damit ist aber klar, warum der herkömmliche religionsdidaktische Ansatz, religiöse Sprachkompetenz durch Einsicht in Grammatik und Vokabular überlieferter religiöser Sprache zu entwickeln, heute an seine Grenzen stößt. Es könnte sogar sein, dass er mit für Entfremdungseffekte verantwortlich ist.

3.3 Gebete von Jugendlichen

Eine ohne Zweifel zentrale Gattung religiöser Sprache ist das Gebet, das damit schon aus sachlichen Gründen Gegenstand der Reflexion (und nur im Ausnahmefall der Praxis) im Religionsunterricht ist. Hinzu kommt ein durchaus erstaunlicher Befund, wonach empirische Untersuchungen bis heute immer wieder eine hohe, mindestens konstant bleibende Gebetspraxis auch bei Jugendlichen feststellen (Altmeyer, 2011, S. 261; Bertelsmannstiftung, 2009). Sogar ein relativ hoher Anteil Jugendlicher, die sich als nicht religiös bezeichnen, gibt an, dennoch zu beten. Doch was und wie Jugendliche beten, wenn sie beten, ist bislang merkwürdig ungeklärt.

Mithilfe korpuslinguistischer Methoden lässt sich auch dieses unbekannte Feld religiöser Sprache teilweise erschließen. Ein Korpus von 307 Gebetstexten, die Jugendliche überwiegend im Alter von 13 bis 17 Jahren Anfang 2008 im Rahmen eines Projekts des Bistums Münster verfasst haben, wurde dazu unter der Fragestellung untersucht, welche Merkmale diese Gebetssprache auszeichnet und wie sie sich von kirchlicher Gebetspraxis (am Beispiel Fürbitten in der Liturgie) unterscheidet (Altmeyer, 2011, S. 158–188). Das Ergebnis muss in einem bedeutenden Punkt überraschen. Es lassen sich nämlich signifikante formale wie inhaltliche Merkmale angeben, in denen die Gebetstexte der Jugendlichen denen liturgischer Fürbitten erstaunlich stark ähneln.

In *formaler* Hinsicht lehnen sie sich in großer Mehrzahl an die einfache Standardstruktur „Anrede – Deprekativ – Anliegen" (z.B. „Guter Gott, hilf uns, den richtigen Weg zu finden.") an: Mit nur sechs verschiedenen Anredeformen und Eröffnungsformeln lassen sich 75 % alle Gebetstexte erfassen, und zwei von fünf gebrauchen mindestens eine der Imperativformen „hilf", „gib" oder „lass", wie sie als typische Formeln an Gott gerichteter Bitten in der Liturgie (Deprekative) gebraucht werden. Fragt man mittels Kollokationsanalysen nach den Anliegen, die durch solche Gebetsformeln artikuliert werden, so zeigt sich die starke *thematische* Überschneidung zwischen Gebeten der Jugendlichen und in der Liturgie: Hier wie dort werden Bitten an Gott v.a. in positiven Erfahrungskategorien formuliert, d.h.: In der Erfahrung von „Kraft", „Liebe", „Mut" und „Hoffnung" sehen beide das erhoffte und erbetene Handeln Gottes.

Diese Beobachtungen reiben sich mit der verbreiteten und plausibel klingenden Ansicht, wonach Gebete von Jugendlichen eine Sprache sprechen, die sich von der in Kirche und Liturgie gebrauchten unterscheidet, eventuell der Entwicklungslogik des Jugendalters entsprechend sich auch bewusst von ihr absetzt. Zumindest für die hier untersuchten Gebetstexte, die allerdings auch im Umkreis kirchlicher Jugendarbeit entstanden sind, lässt sich diese Annahme widerlegen. Für die Frage nach didaktischen Wegen des religiösen Spracherwerbs lässt sich daraus bei aller Vorsicht folgende Hypothese ableiten: Vorgegebene Formen und Strukturen (wie im Beispiel des Gebets) können eine Hilfe sein, damit Jugendliche ihre eigenen Themen zum Ausdruck bringen können – und das wohl insbesondere dann, wenn aufgrund fehlender religiöser Sprachpraxis selbst erprobte Alternativen schlicht fehlen. Dies kann dazu ermutigen, auch bestimmte vordergründig sperrige religiöse Sprachformen wie etwa formalisierte Gebete als signifikant andere Sprachformen in religiöse Lernprozesse einzubringen (Kammeyer, 2009).

3.4 Korpuslinguistisches Arbeiten im Unterricht

Die bisherigen Beispiele zeigen, wie mithilfe korpuslinguistischer Methoden ein systematisches Wissen über den religiösen Sprachgebrauch bei Lernenden aufgebaut werden kann. Anhand eines zusammen mit der Universität Wien an zwei Wiener Schulen (Gymnasium bzw. Berufskolleg) durchgeführten Projekts möchte ich nun zeigen, wie korpuslinguistische Methoden auch direkt im Unterricht eingesetzt und damit sprachliche wie fachliche Kompetenzen gefördert werden können. Das von mir begleitete Projekt steht im größeren Zusammenhang einer Initiative, die Schüler/innen im Sinne eines forschenden Lernens im direkten Austausch mit Wissenschaftler/inne/n an aktuelle wissenschaftliche Methoden heranführt. Thematisch geht es um eine *Kultur der Anerkennung* und das Anliegen, dass Schüler/innen selbst Indikatoren einer solchen Kultur für ihre Schule entwickeln sollen (Jäggle & Krobath, 2010; Jäggle, Krobath & Schelander, 2009). Ziel ist die methodisch geleitete Suche nach Merkmalen eines gemeinsamen Lernens und Lebens an ihrer Schule, in denen gegenseitige Anerkennung (von ethnischer, religiöser, kultureller Diversität und Individualität etc.) erkennbar wird.

In zwei dieser Projektkurse wurde mit korpuslinguistischen Methoden gearbeitet. Dazu wurde zunächst ein eigenes kleines Korpus erstellt, indem die Schüler/innen eines Kurses zu einer selbst entwickelten Fragestellung individuelle Texte zu ihrer „Anerkennungsbilanz im Schulzentrum XY" verfassten. Mithilfe einer Schlüsselwortanalyse untersuchten sie nun ihre eigene Sprache, indem sie selbst eine Klassifizierung der Schlüsselwörter entwarfen und durch individuell gestaltete Wortwolken visualisierten. Abbildung 3 zeigt eine solche am Berufskolleg von Schüler/inne/n im Alter von 18 bis 21 erstellte Wortwolke ausgewählter Schlüsselwörter.

Abb. 3: Im Projektunterricht von Schüler/inne/n gestaltete Schlüsselwortwolke

In der Reflexion der Unterrichtsprozesse stellte sich die Arbeit mit den Wortwolken als zentral heraus: Die Visualisierung der eigenen Sprache wirkte stark produktiv entfremdend, und zwar in sprachlicher wie thematischer Hinsicht: Die Schüler/innen fragten und diskutierten, warum ihnen diese Begriffe wichtig seien und jene wiederum nicht; welche Vorstellungen sie überhaupt mit ihnen verbinden und was sie eigentlich zu einer schulischen Kultur der Anerkennung negativ oder positiv beitragen. Zum Verständnis der Begriffe zogen die Schüler/innen selbständig ihr eigenes Korpus zurate, indem sie nach Fundstellen suchten und entsprechende Zitate herausfilterten. Zum Abschluss ihres Projektes wurden verschiedene Wortwolken und Korpuszitate zu einer Präsentation zusammengestellt, die mehrere Tage lang am Infoscreen der Schule öffentlich zu sehen war und damit weitere Diskurse über eine Kultur der Anerkennung an und für diese konkrete Schule eröffnete.

Das Projekt macht exemplarisch deutlich, wie einfache korpuslinguistische Methoden auch direkt im Unterricht zum Einsatz kommen und dabei zwei zusammenhängende Kompetenzbereiche fördern können: Im Blick auf die Sprachkompetenz sind sie ein Mittel, den eigenen Sprachgebrauch bewusst zu machen und in seinen Stärken und Schwächen selbst zu reflektieren. Zugleich erfolgt damit untrennbar – wie hier am Anerkennungsbegriff – ein fachlicher Klassendiskurs über die in dieser Sprache verhandelte Sache. Sprache und Wissen hängen untrennbar zusammen (Beacco, Coste, van de Ven & Vollmer, 2010, S. 7–8).

4 Fazit und Ausblick

Mit der sprachempirischen Erfassung der (religiösen) Schülersprache ist religionsdidaktisches Neuland betreten. Die aufgezeigten Einsichten sind exemplarisch und lassen sich an vielen Punkten weiter ausdifferenzieren, wie ich an anderer Stelle gezeigt habe (Altmeyer, 2011). Zugleich bleiben wichtige Anschlussfragen weiterer Forschungen offen, z.B.: Wie steht es um die praktische Sprachkompetenz in weiteren zentralen Inhaltsbereichen neben der Gottesfrage und weiteren Dimensionen sprachlichen Handelns im Unterricht? Auf welche Weise beeinflussen Faktoren wie soziale Schicht, Herkunft, Familie, Schulart, Region etc. die religiöse Sprachfähigkeit? In welcher Weise wirken bestimmte didaktische Modelle auf den religiösen Spracherwerb im Religionsunterricht? Bislang scheint immerhin klar, dass die Entwicklung einer religiösen Sprachkompetenz im Religionsunterricht wesentlich auf der Förderung der religiösen Sprachpraxis der Schüler/innen beruhen sollte. Denn wer immer in der pluralen Gegenwartsgesellschaft frei und selbstbewusst von Gott sprechen möchte, muss die Plausibilität dieser Rede an der eigenen Erfahrung und im Diskurs über sie bewähren. Was religiöse Sprache ist, bleibt dann immer zu einem bestimmten Teil offen, und es ist nicht vollständig vorgegeben, was als solche zu gelten hat.

Die korpuslinguistischen Untersuchungen ermöglichen ein verlässliches Wissen über die Strukturen und Eigenarten der religiösen Schülersprache, die in diesem offenen Feld entsteht. Damit steht ein empirisches Instrumentarium zur Verfügung, die (fachspezifische) Sprachkompetenz systematisch zu erfassen. Insbesondere im Vergleich mit den charakteristischen Merkmalen der überlieferten religiösen Sprache (Sprachlichkeit der

Fachinhalte) lassen sich Felder identifizieren, auf denen eine systematische Förderung der fachspezifischen Sprachkompetenz erfolgen müsste, wo diese anknüpfen könnte und wo allerdings auch mit typischen Schwierigkeiten zu rechnen wäre. Darüber hinaus bestehen Möglichkeiten, einfache korpuslinguistische Methodenelemente auch unmittelbar mit den Schüler/inne/n im Unterricht zur Förderung sprachlicher und fachlicher Kompetenzen einzusetzen. Dies erscheint, wie am Beispiel ‚Indikatoren einer Kultur der Anerkennung' gezeigt, insbesondere überall dort als hilfreich, wo ein reflektiertes Sprachbewusstsein aus inhaltlichen und fachlogischen Gründen unerlässlich erscheint. Insgesamt lassen sich mithilfe des korpuslinguistischen Zugangs wichtige theoretische und praktische Grundlagen zur gezielten Förderung fachspezifischer Sprachkompetenz legen, auf jeden Fall in der Religionsdidaktik, aber vielleicht nicht nur dort.

Literatur

Altmeyer, S. (2011). *Fremdsprache Religion? Sprachempirische Studien im Kontext religiöser Bildung.* Praktische Theologie heute, Bd. 114. Stuttgart: Kohlhammer.

Altmeyer, S. (2012). Im Anfang war das Wort – sind nun die Worte am Ende? Über religiöse Bildung und die „Fremdsprache Religion". *Theologisch-praktische Quartalsschrift, 160,* 58–69.

Astley, J. (2004). *Exploring God-talk: Using language in religion.* Exploring faith, Theology for life. London: Darton, Longman & Todd.

Ayer, A.J. (1970). *Sprache, Wahrheit und Logik.* Aus dem Englischen v. H. Herring. Stuttgart: Reclam.

Baldermann, I. (2001). Hermeneutische Religionspädagogik, Hermeneutischer Religionsunterricht. In N. Mette & F. Rickers (Hrsg.), *Lexikon der Religionspädagogik. Bd. 1* (Sp. 829–834) Neukirchen-Vluyn: Neukirchener.

Beacco, J.-C., Coste, D., van de Ven, P.-H., & Vollmer, H.J. (2010). *Language and school subjects: Linguistic dimensions of knowledge building in school curricula.* Verfügbar unter: http://www.coe.int/t/dg4/linguistic/langeduc/boxd2-othersub_EN.asp#s1 [26.03.2012].

Berlin-Brandenburgische Akademie der Wissenschaften. *DWDS Kernkorpus.* Verfügbar unter: http://www.dwds.de/resource/kerncorpus/ [26.03.2012].

Bertelsmannstiftung (Hrsg.). (2009). *Woran glaubt die Welt? Analysen und Kommentare zum Religionsmonitor 2008.* Gütersloh: Bertelsmann.

Bitter, G., Englert, R., Miller, G. & Nipkow, K.E. (Hrsg.). (2006). *Neues Handbuch religionspädagogischer Grundbegriffe* (2. Aufl.). München: Kösel.

Bubenhofer, N. (2009). *Sprachgebrauchsmuster: Korpuslinguistik als Methode der Diskurs- und Kulturanalyse.* Sprache und Wissen, Bd. 4. Berlin: de Gruyter.

Evert, S. (2009). Corpora and collocations. In A. Lüdeling & M. Kytö (Hrsg.), *Corpus Linguistics. An international Handbook. Vol. 2* (S. 1212–1248). Handbücher zur Sprach- und Kommunikationswissenschaft, Bd. 29.2. Berlin: de Gruyter.

Feige, A. (2010). Jugend und Religion. In H.-H. Krüger & C. Grunert (Hrsg.), *Handbuch Kindheits- und Jugendforschung* (2. Aufl.), (S. 917–931). Wiesbaden: VS Verlag für Sozialwissenschaft.

Gärtner, S. (2002). Identitätsbildung durch Glauben? Zur religiösen Kommunikation mit Kindern und Jugendlichen. *Religionspädagogische Beiträge, (48),* 53–67.

Grözinger, A. (2001). Sprache. In N. Mette & F. Rickers (Hrsg.), *Lexikon der Religionspädagogik. Bd. 2* (Sp. 2028–2031). Neukirchen-Vluyn: Neukirchener.

Halbfas, H. (1969). *Fundamentalkatechetik: Sprache und Erfahrung im Religionsunterricht* (2. Aufl.). Düsseldorf: Patmos.

Halbfas, H. (1983ff.). *Unterrichtswerk für den katholischen Religionsunterricht in Primarschulen.* Düsseldorf: Patmos.

Halbfas, H. (1989ff.). *Unterrichtswerk für den katholischen Religionsunterricht in Sekundarschulen.* Düsseldorf: Patmos.

Halbfas, H. (2012). *Religiöse Sprachlehre.* Ostfildern: Patmos.

Hilger, G., Leimgruber, S. & Ziebertz, H.-G. (2010). *Religionsdidaktik: Ein Leitfaden für Studium, Ausbildung und Beruf* (Neuausgabe). München: Kösel.

Jäggle, M. & Krobath, T. (2010). Bildung, Gerechtigkeit und Würde: Kultur der Anerkennung: Ein Beitrag zum Schulentwicklungsdiskurs in Österreich. *Amt und Gemeinde, 61,* 51–63.

Jäggle, M., Krobath, T. & Schelander, R. (Hrsg.). (2009). *lebens.werte.schule: Religiöse Dimensionen in Schulkultur und Schulentwicklung.* Wien: Lit.

Kammeyer, K. (2009). *„Lieber Gott, Amen!" Theologische und empirische Studien zum Gebet im Horizont theologischer Gespräche mit Vorschulkindern.* Stuttgart: Calwer.

Kirchenamt der Evangelischen Kirche in Deutschland (Hrsg.). (2011). *Kompetenzen und Standards für den Evangelischen Religionsunterricht in der Sekundarstufe I.* EKD-Texte, Bd. 111. Hannover.

Latour, B. (2011). *Jubilieren: Über religiöse Rede.* Aus dem Französischen von A. Russer. Berlin: Suhrkamp.

Laube, M. (1999). *Im Bann der Sprache: Die analytische Religionsphilosophie im 20. Jahrhundert.* Theologische Bibliothek Töpelmann, Bd. 85. Berlin: de Gruyter.

Leech, G.N. (2007). Corpora. In W. Teubert & R. Krishnamurthy (Hrsg.), *Corpus linguistics. Vol. 2* (S. 3–17). Critical concepts in linguistics. London: Routledge.

Lemnitzer, L. & Zinsmeister, H. (2010). *Korpuslinguistik: Eine Einführung* (2. Aufl.). Narr Studienbücher. Tübingen: Narr.

Niehl, F.W. (2006). Sprache/religiöse Sprache. In G. Bitter, R. Englert, G. Miller, & K.E. Nipkow (Hrsg.), *Neues Handbuch religionspädagogischer Grundbegriffe* (2. Aufl.), (S. 230–233). München: Kösel.

Porzelt, B. (1999). *Jugendliche Intensiverfahrungen: Qualitativ-empirischer Zugang und religionspädagogische Relevanz.* Graz: Manumedia-Verlag Schnider.

Scherer, C. (2006). *Korpuslinguistik.* Kurze Einführung in die germanistische Linguistik, Bd. 2. Heidelberg: Winter.

Schulte, A. (2001). *Die Bedeutung der Sprache in der religionspädagogischen Theoriebildung.* Religion in der Öffentlichkeit, Bd. 5. Frankfurt: Lang.

Schüßler, W. (Hrsg.). (2008). *Wie läßt sich über Gott sprechen? Von der negativen Theologie Plotins bis zum religiösen Sprachspiel Wittgensteins.* Darmstadt: WBG.

Scott, M. & Tribble, C. (2006). *Textual patterns: Key words and corpus analysis in language education.* Studies in corpus linguistics, Bd. 22. Amsterdam: John Benjamins.

Sekretariat der Deutschen Bischofskonferenz (Hrsg.). (2004). *Kirchliche Richtlinien zu Bildungsstandards für den katholischen Religionsunterricht in den Jahrgangsstufen 5–10/ Sekundarstufe I (Mittlerer Schulabschluss).* Die deutschen Bischöfe, Bd. 78. Bonn.

Sekretariat der Deutschen Bischofskonferenz (Hrsg.). (2006). *Kirchliche Richtlinien zu Bildungsstandards für den katholischen Religionsunterricht in der Grundschule/ Primarstufe.* Die deutschen Bischöfe, Bd. 85. Bonn.

Sinclair, J. (1995). *Corpus, concordance, collocation* (3. Auf.). Oxford: Oxford University Press.

Sinclair, J. (2007). Meaning in the framework of corpus linguistics. In W. Teubert & R. Krishnamurthy (Hrsg.), *Corpus linguistics. Vol. 1* (S. 182–196). Critical concepts in linguistics. London: Routledge.

Tillich, P. (1964). *Das Ewige im Jetzt. Religiöse Reden. 3. Folge.* Aus dem Englischen von C. Henel. Stuttgart: Evangelisches Verlagswerk.

Tognini-Bonelli, E. (2001). *Corpus linguistics at work.* Studies in corpus linguistics, Bd. 6. Amsterdam: Benjamins.

Vollmer, H.J. (2009). *Language in other subjects.* Verfügbar unter: http://www.coe.int/t/dg4/linguistic/langeduc/boxd2-othersub_EN.asp#s1 [26.03.2012].

Vollmer, H.J. & Thürmann, E. (2010). Zur Sprachlichkeit des Fachlernens: Modellierung eines Referenzrahmens für Deutsch als Zweitsprache. In B. Ahrenholz (Hrsg.), *Fachunterricht und Deutsch als Zweitsprache* (2. Aufl.), (S. 107–132). Tübingen: Narr.

Wynne, M. (2008). Searching and concordancing. In A. Lüdeling & M. Kytö (Hrsg.), *Corpus Linguistics. An international Handbook. Vol. 1* (S. 706–737). Handbücher zur Sprach- und Kommunikationswissenschaft, Bd. 29.1. Berlin: de Gruyter.

Ziebertz, H.-G., Kalbheim, B. & Riegel, U. (2003). *Religiöse Signaturen heute: Ein religionspädagogischer Beitrag zur empirischen Jugendforschung.* Religionspädagogik in pluraler Gesellschaft, Bd. 3. Freiburg: Kaiser & Gütersloher: Herder.

Zirker, H. (1972). *Sprachprobleme im Religionsunterricht.* Düsseldorf: Patmos.

Steffi Donnerhack, Annette Berndt, Eike Thürmann
& Helmut Johannes Vollmer

Bildungssprachliche Kompetenzerwartungen für den Mittleren Schulabschluss – am Beispiel des Faches Evangelische Religion

1 Einleitung

Im Bemühen, Lücken in der schulischen Leistungsfähigkeit von sogenannten sprachlichen Risikogruppen zu schließen – gemeint sind hier Kinder und Jugendliche aus bildungsfernen Familien mit oder ohne Migrationshintergrund –, nimmt die aktuelle bildungspolitische und pädagogische Diskussion die besondere Sprache der Schule in den Blick. Die Argumente für die (Wieder-)Entdeckung des Stellenwerts von Schulsprache für den Bildungserfolg lassen sich knapp so zusammenfassen:

- Das Kognitions-Argument: Kognitive Aktivitäten und Wissensstrukturen einerseits und sprachliche bzw. literale Prozeduren andererseits sind wechselseitig aufeinander angewiesen, d.h. fachbezogene Könnens- und Wissensstrukturen entwickeln sich im Zusammenhang mit den literalen Fähigkeiten, sie sind weitgehend sprachlich geformt. Wie eng dieser Zusammenhang ist, zeigt sich an den Bezeichnungen für kognitive Handlungen (z.B. schlussfolgern, zusammenfassen, nennen, Hypothesen aufstellen/prüfen), die mehr oder minder auch zur Bezeichnung sprachlicher Handlungen eingesetzt werden, so u.a. im Zusammenhang mit Krathwohls (2002) Überarbeitung der Bloomschen Taxonomie und in Mohans *knowledge framework* von 1986.
- Das curriculare Argument: Die Bildungsstandards der KMK implizieren bildungssprachliche Kompetenzen gleich in doppelter Weise: (a) weil in einer Reihe von Fächern (z.B. Mathematik, Naturwissenschaften) Standards für den Kommunikationsbereich explizit ausgewiesen sind und (b) weil das von den KMK-Bildungsstandards geforderte prozedurale Wissen (z.B. Problemlösungsfähigkeit) epistemische Sprachhandlungsfähigkeit notwendigerweise einschließt.
- Das gesellschaftliche Argument: Die im Fachunterricht erworbenen literalen Fähigkeiten sind Voraussetzung sowohl für eine erfolgversprechende Fortsetzung des Bildungswegs wie auch für die vollumfängliche Teilhabe am politischen und kulturellen Leben, vgl. dazu u.a. das Konzept „Bildungssprache" von Habermas (1990).
- Das schulrechtliche Argument: Feststellung und Bewertung von Schulleistungen basieren überwiegend auf dem sprachlichen Filter. Somit beziehen sich schulische Erfolgsprognosen und die Vergabe von Berechtigungen implizit immer auch auf bildungssprachliche Normen. SchülerInnen, die aufgrund ihres aus den Familien mitgebrachten kulturellen Kapitals diese Normen erfüllen, wird meist eher zugetraut, dass sie sich mit Erfolg den Herausforderungen weiterführender Bildungsgänge stel-

len können und somit auch höherwertige Zugangsberechtigungen zu eben diesen weiterführenden Bildungsgängen erhalten. Das Bildungssystem in Deutschland ist in Folge von PISA erst im Begriff, sich systematisch auf die Lernbedarfe von SchülerInnen mit minderer Ausstattung an kulturellem Kapital einzustellen. Im gegliederten Schulsystem wird die Aufgabe, bildungssprachliche Kompetenzen gezielt zu vermitteln, nur zögerlich angenommen. Oft wird gerade an Gymnasien die Verfügbarkeit solcher Kompetenzen als gegeben unterstellt bzw. als Eignung für diese Schulform vorausgesetzt.

Aus der aktuellen Diskussion ist auch abzuleiten, dass die Verantwortung für die Förderung umfassender bildungssprachlicher Kompetenzen nicht allein dem Sprach- bzw. Deutschunterricht oder ergänzenden Fördermaßnahmen in Deutsch als Zweitsprache zugewiesen werden kann, sondern dass SchülerInnen authentische und plausible Anlässe in allen Fächern und Lernbereichen brauchen, um bildungssprachliche Elemente, Strategien und Gebrauchsmuster zu entdecken, zu erproben, zu reflektieren und sie sich damit sicher anzueignen.

Wenn man also Beteuerungen wie „Jeder Lehrer ist Sprachlehrer", „Sprachbildung ist Aufgabe aller Fächer" oder „Schule hat eine Gesamtverantwortung für Sprachbildung" zustimmt, dann bedarf es konkreter Zielvorstellungen, was in dieser Hinsicht am Ende eines Bildungsgangs erreicht werden soll. Und wenn Anbahnung und Unterstützung bildungssprachlicher Kompetenzen als fächerübergreifende Maßnahmen der Schul- und Unterrichtsentwicklung verstanden werden wie z.B. in dem Modellprogramm „Förderung von Kindern und Jugendlichen mit Migrationshintergrund (FÖRMIG)", das in den Jahren 2004 bis 2009 in zehn Bundesländern durchgeführt wurde (vgl. Gogolin et al. 2011), dann bedarf es der fächer- und lernbereichsübergreifenden Koordination, sodass auf der Ebene der einzelnen Schule oder systemisch auf Landesebene die fächerübergreifende didaktische Arbeitsteilung tatsächlich konkretisiert und organisiert werden kann.

Bei der anstehenden Überarbeitung von Kernlehrplänen in Nordrhein-Westfalen war man auf der politisch-administrativen Ebene inzwischen dafür sensibilisiert, dass gerade an Hauptschulen Bedarf für eine fächer- und lernbereichsübergreifende Koordinierung der Sprachbildung im Regelunterricht besteht und dass die Fachlehrpläne entsprechende Kompetenzerwartungen enthalten sollten. Thürmann & Vollmer wurden damit beauftragt, ein allgemeines Raster bildungssprachlicher Kompetenzerwartungen für das Ende der Vollzeitschulpflicht (Mittlerer Schulabschluss) zu entwickeln, das Kernlehrplankoordinatoren für die Hauptschule über alle Sachfächer hinweg als Orientierung dienen sollte. Das Ergebnis wird in Kapitel 3 vorgestellt.

2 Modellierung eines Referenzrahmens für bildungssprachliche Kompetenzen

Die Aufgabe bestand darin, schulisch definierte Bildungssprache bzw. bildungssprachliche Handlungsfähigkeit als mehrdimensionales Konstrukt zu modellieren, das für den Sachfachunterricht insgesamt Gültigkeit beanspruchen kann, ohne zunächst einzelfachliche Besonderheiten in den Anforderungen zu berücksichtigen. Unter Bildungssprache wird hier pragmatisch die Schnittmenge der unterrichtssprachlichen Anforderungen in allen Fächern im Sinne von *language across the curriculum* (Vollmer, 2009a) bzw. Cummins' (1979) *cognitive academic language proficiency* verstanden, obwohl beides im theoretischen Sinne deutlich unterdeterminiert ist. Dennoch kann man Bildungssprache gleichsam als das gemeinsame Fundament des fachunterrichtlichen Sprachgebrauchs verstehen – vorstellbar als *common underlying proficiency* (CUP) der Lernenden mit hohem Transferpotential von einem Unterrichtsfach zum anderen wie auch von der Erst- zur Zweitsprache und vice versa (vgl. dazu u.a. Cummins, 2000). Dieses Fundament ist zwar so (noch) nicht empirisch nachgewiesen, es lässt sich jedoch zunächst in hypothetischer Weise aus einer Generalisierung aller im Fachunterricht erworbenen sprachlich-kommunikativen Fähigkeiten und Kenntnisse konstruieren, über die SchülerInnen am Ende eines Bildungsgangs (hier: Mittlerer Schulabschluss) in Klasse 9/10 verfügen sollten (Abschluss-Standards). Der Aufbau eines solchen Fundaments ist im Sinne durchgängiger Sprachbildung dementsprechend auf das koordinierte Zusammenwirken aller Schulfächer angewiesen – natürlich unter Einbeziehung des Deutschunterrichts sowie aller anderen Sprachfächer und sprachlichen Förderangebote.

Die Entwicklung des unten aufgeführten bildungssprachlichen Abschlussprofils konnte sich wegen des Zeitdrucks und mangelnder Forschungsressourcen noch nicht in ausreichendem Maße auf verlässliche empirische Daten (etwa durch Videographie bzw. Beobachtung und Analyse fachunterrichtlicher Sprachhandlungen, Befragung von Fachlehrkräften und fachdidaktischen Experten) stützen. Vielmehr wurde das Abschlussprofil theoriegeleitet in einem Top-Down-Verfahren erstellt, wobei sich die Autoren auf die Ergebnisse umfangreicher eigener Vorstudien stützen konnten:

- Analyse von Kernlehrplänen für die Grundschule in Nordrhein-Westfalen (Kunst, Mathematik, Sachunterricht, Deutsch, ev. Religionslehre) zur Erprobung von Verfahren für die Dekonstruktion komplexer normativer curricularer Vorgaben.
- Analyse curricularer Dokumente für die Fächer Biologie Geschichte, Mathematik der Sekundarstufe I aus fünf Bundesländern (BE, HH, NRW, SA, TH) nach dem in der Pilotstudie erprobten Dekonstruktionsverfahren.

Insgesamt wurden für die Grundschule und die Sekundarstufe I annähernd 2.700 einwertige fachunterrichtliche Kompetenzaussagen (Operator + Fachinhalt + Realisierungsbedingungen) in eine Datenbank eingegeben und danach untersucht, welche Anforderungen an (bildungs-) sprachliche Kompetenzen explizit spezifiziert werden bzw. welche sich daraus ableiten lassen (s. dazu Vollmer, Thürmann, Arnold, Hammann & Ohm, 2008/2010). Die theoretische Grundlegung des Konzepts eines fächerübergreifenden Abschlussprofils bildungssprachlicher Kompetenzen erfolgte sodann in Vollmer & Thürmann (2010), wobei dieser Prozess noch nicht abgeschlossen ist.

Es ließ sich zweifelsfrei nachweisen, dass Bildungsstandards und Kernlehrpläne für die sogenannten Sachfächer keinesfalls die anzustrebenden fachunterrichtlichen Diskursfähigkeiten systematisch und verlässlich oder für Lehrkräfte und die an Schule interessierte Öffentlichkeit auch nur einigermaßen verständlich und nachvollziehbar abbilden. Dies hat folgende Ursachen:

- Der Umgang mit Operatoren als wichtigste Bestimmungsgröße für zu erwartende kognitiv-sprachliche Aktivitäten erweist sich in den curricularen Dokumenten als überwiegend unsystematisch und wenig reflektiert. Es gibt kaum Anzeichen für eine fächerübergreifende Koordination in der Handhabung der Begrifflichkeit. Für die Sachfächer der Sekundarstufe I wurden z.B. 286 unterschiedliche Operatoren ermittelt (bei insgesamt 1.994 Verwendungen). Davon treten 159 nur ein- oder zweimal auf, haben also im pädagogischen Sinne für Lehr- und Lernprozesse keinerlei strukturbildende Wirkung. Eine größere Gruppe von Operatoren sind Passe-Partout-Bezeichnungen, die Handlungen weder sprachlich noch kognitiv spezifizieren (z.B. „anwenden", „verwenden", „beherrschen", „übertragen", „entwickeln"). Eine weitere Gruppe bezieht sich auf mentale Vorgänge ohne Bezug auf konkrete Sprachhandlungen (z.B. „bewusstmachen", „nachdenken", „kennen", „wissen").

- Die Modalität des erwarteten sprachlichen Handelns (z.B. „Die SchülerInnen setzen sich respektvoll mit Gottesvorstellungen anderer auseinander und formulieren erste Einschätzungen dazu") wird für die sogenannten Sachfächer häufig nicht weiter präzisiert. Es bleibt offen, ob die Sprachhandlungen monologisch oder interaktiv, schriftlich oder mündlich ausgeführt werden sollen bzw. welche Kompetenzen in dieser Hinsicht angestrebt oder vorausgesetzt werden.

- Außerdem machen die Kompetenzformulierungen (z.B. „Die SchülerInnen beschreiben lebensgeschichtliche Veränderungen von Gottesvorstellungen und Gottesglauben und deren Anlässe bei sich und anderen") nur vereinzelt genauere Angaben, nach welchen Textmustern und -strukturen gehandelt werden soll bzw. an welchen Genres bzw. Textsorten sich SchülerInnen beim Sprechen oder Schreiben orientieren sollen. Nur in wenigen Ausnahmen werden in den Kernlehrplänen der Sachfächer für die Textproduktion Angaben zum Grad der Selbstständigkeit und Vollständigkeit (z.B. „in Ansätzen", „stichwortartig", „in Anlehnung an Beispiele", „unter Hilfe von") gemacht.

- Anforderungen bezüglich des Registers bzw. der stilistischen Angemessenheit (Umgangssprache/Gemeinsprache = „mit eigenen Worten" bzw. Bildungssprache, Fachsprache = „in fachsprachlich bzw. fachunterrichtlich angemessener Weise") beziehen sich – wenn sie überhaupt in den Formulierungen enthalten sind – vorwiegend auf den lexikalisch-begrifflichen Bereich.

- Erwartungen bezüglich des normativ-korrekten Sprachgebrauchs fehlen in den Kompetenzerwartungen der Sachfächer weitestgehend.

Wenn auch an den curricularen Dokumenten die spezifischen sprachlichen Anforderungen des jeweiligen Fachunterrichts nicht unmittelbar nach Art, Höhe und Umfang ablesbar sind, so hat eine vertiefte qualitative Analyse des oben skizzierten Korpus doch zur Ermittlung von Dimensionen geführt, die für die Beschreibung bildungssprachlicher Kompetenzen relevant und valide erscheinen und die in dem Beitrag von Vollmer & Thürmann in diesem Band ausführlich dargestellt werden.

Für einen ersten Versuch der konkretisierenden Ausdifferenzierung von bildungssprachlichen (Teil-)Kompetenzen, die für den Mittleren Schulabschluss von Bedeutung

sind, wurden ergänzend zu den die in den Pilotstudien herangezogenen curricularen Dokumenten weitere Materialien berücksichtigt:
- eine Stichprobe von Aufgaben aus aktuellen Lehrwerken für den Fachunterricht ausgewählter Fächer;
- die Auswertung eines von der Bundesagentur für Arbeit (2009) veröffentlichten Kriterienkatalogs zur Ausbildungsreife bzw. zu den sprachlichen Anforderungen, die seitens der Wirtschaft in der Regel an SchulabgängerInnen gestellt werden;
- die Berücksichtigung der von der Gesellschaft für Fachdidaktik (2009) publizierten „Mindeststandards am Ende der Pflichtschulzeit".

Das folgende a priori fächerübergreifend konzipierte Abschlussprofil für den Mittleren Schulabschluss[1] sollte dann in weiteren Schritten einzelnen Fächern und Lernbereichen zur kritischen Prüfung und fachdidaktischen Konkretisierung überantwortet werden als komplementäres Bottom-Up-Verfahren zur Verifizierung des allgemeinen fächerübergreifenden Abschlussprofils (hier exemplarisch für das Fach Evangelische Religion in Abschnitt 4).

3 Fächerübergreifendes Profil bildungssprachlicher Kompetenzerwartungen am Ende der Vollzeitschulpflicht (Mittlerer Schulabschluss)

3.1 Allgemeine Interaktion im Klassenzimmer

> Die Schülerinnen und Schüler können die Bedingungen für die Bearbeitung und Bewältigung von Aufgaben klären, Arbeitsprozesse zielführend organisieren und Ergebnisse aushandeln.

Dazu gehören u.a. die folgenden kommunikativen bzw. sprachlichen Fähigkeiten:
- aufmerksam zuhören;
- sachgerecht antworten;
- sachbezogen Fragen stellen bzw. nachfragen;
- auf Äußerungen anderer sachbezogen reagieren;
- Aufgabenstellungen und Arbeitsaufträge im Detail prüfen, um festzustellen, was von ihnen unter welchen Bedingungen erwartet wird;
- eigene Aufzeichnungen übersichtlich und aktuell organisieren;
- Arbeitsergebnisse in strukturierter und verständlicher Form dokumentieren;
- sich bei Team- und Gruppenarbeit mit anderen fachbezogen verständigen und Funktionen innerhalb der Gruppe (z.B. Gesprächsleitung, Protokollart) übernehmen;

---

[1] Englische und französische Fassungen verfügbar unter Thürmann & Vollmer (2012a).

- in sprachlich angemessener Form Vorschläge zu Arbeitsprozessen einbringen und dabei eigene Bedürfnisse und Interessen thematisieren.

3.2 Grundlegende kognitiv-sprachliche Strategien und Diskursfunktionen

> Die Schüler können Informationen, Erfahrungen, Beobachtungen und Überlegungen mit geeigneten Strategien und sprachlichen Mitteln verarbeiten und sich dabei grundlegender Sprachfunktionen bedienen.

Dazu gehören u.a. die folgenden kognitiv-sprachlichen Fähigkeiten:

Benennen, Definieren
- relevante Lebewesen, Objekte, Prozesse, Ereignisse sowie Themen und Problemstellungen vermittels ihrer besonderen Merkmale erfassen und bezeichnen, indem die grundlegende fachunterrichtliche Begrifflichkeit verwendet wird.

Beschreiben, Darstellen
- kürzere fachbezogene Beiträge zusammenhängend ohne intensiven Gebrauch von Körpersprache oder Zeigegesten mündlich so formulieren, dass Zuhörer diese ohne weitere Rückfragen verstehen;
- fachunterrichtlich relevante Lebewesen, Objekte, Prozesse, Ereignisse, Themen und Problemstellungen, die entweder direkt beobachtbar oder das Ergebnis von experimentellen Handlungen sind, nach Merkmalen wie Aussehen, Funktionen und Relationen beschreiben;
- sich bei der Beschreibung von fachunterrichtlich relevanten Lebewesen, Objekten, Prozessen und Ereignissen auf Tatsachen beziehen, die auch für andere offensichtlich oder zumindest nachvollziehbar sind;
- fachlich relevante Lebewesen, Objekte, Prozesse, Ereignisse, Themen und Problemstellungen nach einzelnen vorgegebenen Merkmalen (z.B. Aussehen, Beschaffenheit, Funktion) vergleichen.

Berichten, Erzählen
- in der Vergangenheit liegende Ereignisse und Erlebnisse wiedergeben – zwischen der subjektiven Darstellung des Erzählens und der auf Objektivität zielenden Darstellungsform des Berichtens unterscheiden;
- grundlegende Textsorten des Berichtens unterscheiden (z.B. Protokoll, Versuchsbeschreibung, Praktikumsbericht, Zeitungsbericht, Reportage, Unfallbericht) und ihre charakteristischen Merkmale bei der eigenen Textproduktion berücksichtigen;
- den Informationsgehalt und die Abfolge von Informationen auf den konkreten Zweck des Berichts abstimmen;
- die Funktionen des Erzählens und Berichtens für Argumentationen erkennen.

Erklären, Erläutern

- die Ursachen/Gründe für fachunterrichtlich relevante Prozesse und Ereignisse von mittlerer Komplexität feststellen und unter Bezug auf einige wenige Wirkfaktoren erklären;
- bei einer eingeschränkten Zahl von Faktoren Ursache-Wirkungsrelationen herstellen und dabei sowohl direkte wie indirekte Ursachen berücksichtigen und diese auf vergangene oder zukünftige Ereignisse im Sinne einer Generalisierung beziehen;
- Ideen zu Ursache-Wirkungsrelationen äußern und Hypothesen formulieren.

Bewerten, Beurteilen

- eigene Meinungen und den eigenen Standpunkt verständlich und überzeugend vertreten;
- Sachverhalte, Ereignisse, Verhaltensweisen vor dem Hintergrund des eigenen fachlichen Wissens, ethischer Prinzipien sowie eigener Erfahrungen beurteilen und bewerten;
- aus Einzelbeobachtungen Schlüsse ziehen bezüglich der Angemessenheit von Verhaltensweisen und der Geltung von Ursache-Wirkungsrelationen;
- die Angemessenheit von Verhaltensweisen und Positionen abwägen und dabei unterschiedliche Perspektiven (Interessen, Bedarfe, Voraussetzungen) berücksichtigen;
- Kritik äußern und begründen bzw. mit Kritik an der eigenen Position umgehen.

Argumentieren, Stellung beziehen

- zwischen „Behaupten" und „Argumentieren", „Überreden" und „Überzeugen" unterscheiden;
- bei der Bewertung von Argumentationen zwischen faktengestützten Aussagen und Annahmen/Vermutungen unterscheiden und diese Unterscheidung auch bei eigenen Argumentationen berücksichtigen;
- Vor- und Nachteile von Sachverhalten und Verhaltensweisen klären, gegeneinander abwägen und erörtern, um zu einer eigenen Position zu gelangen;
- in Gesprächen und in Texten den Gang einer Argumentation nachvollziehen und ihre Stimmigkeit auf der Grundlage eigenen Wissens, eigener Erfahrungen überprüfen und ggf. widerlegen – die Argumente anderer durch Gegenargumente entkräften;
- auf Argumente des Gegenüber eingehen und verbleibende Unterschiede thematisieren.

3.3 Informationsbeschaffung und -verarbeitung

> Die Schülerinnen und Schüler können, ausgehend von eigenen Interessen und/oder Arbeitsaufträgen, gezielt Informationen beschaffen bzw. Texten und Medien relevante Informationen entnehmen.

Dazu gehören u.a. die folgenden kommunikativen bzw. sprachlichen Fähigkeiten:

- sich durch gezieltes Fragen notwendige Informationen beschaffen;
- einfache Recherchen durchführen;
- unterschiedliche Informationsquellen nutzen;
- Befragungen/Interviews vorbereiten, durchführen und auswerten;
- sich in Büchereien orientieren und Literatur bzw. Medien zu einem fachrelevanten Thema finden;
- alltägliche Printmedien in ihrer Struktur und Funktion durchschauen und sich über aktuelle Entwicklungen informieren;
- Nachrichten, Reportagen und Berichten der Medien zu fachunterrichtlich relevanten Themen gezielt Informationen entnehmen;
- im Internet recherchieren, Suchmaschinen zeiteffizient nutzen und Informationsangebote kritisch vergleichen;
- zentrale Aussagen eines gesprochenen oder geschriebenen Textes ermitteln;
- Struktur und Gedankengang komplexerer Texte im Großen und Ganzen erfassen;
- zwischen relevanten und nicht-relevanten Informationen unterscheiden;
- wichtige innertextliche Bezüge herstellen;
- Belege für die Verfasserintention, -position und -perspektive zusammenstellen;
- für die Nutzung von Informationen den Kontext ihrer Veröffentlichung berücksichtigen (z.B. Zeitpunkt der Veröffentlichung, Zielgruppe, Art der Veröffentlichung);
- die zentralen Aussagen von einfach strukturierten Diagrammen, Tabellen, Skizzen, schematischen Darstellungen erfassen;
- aufgaben- bzw. interessengesteuert Karten, Diagrammen, Tabellen, Skizzen, schematischen Darstellungen gezielt Einzelinformationen entnehmen und dabei die Begleitinformationen (z.B. Legende, Quellenangabe) berücksichtigen.

3.4 Dokumentation, Präsentation und Austausch von Lernergebnissen

> Die Schüler können eigene Überlegungen sowie Arbeitsergebnisse in angemessener Form darstellen bzw. präsentieren und kommunizieren und sich dabei der oben aufgeführten grundlegenden Sprachfunktionen bedienen.

Dazu gehören u.a. die folgenden kommunikativen bzw. sprachlichen Fähigkeiten:

- Gelesenes, Gehörtes, Gesehenes unter Berücksichtigung einer vorgegebenen Aufgabenstellung mündlich/schriftlich wiedergeben bzw. zusammenfassen;

- komplexe Sachverhalte und Abläufe mit Hilfe von visuellen Mitteln darstellen (z.B. in Form von Schemata, Skizzen, Bildern, Karten);
- die Ergebnisse von Gruppen- oder Projektarbeit mit Visualisierungshilfen adressatengerecht dokumentieren (z.B. Poster, Wandzeitschriften);
- Prozesse, Argumentationen in ihrer zeitlichen bzw. logischen Abfolge in Form von Stichwortskizzen dokumentieren;
- solche Skizzen mündlich bzw. schriftsprachlich in zusammenhängend formulierte Darstellungen umsetzen;
- Arbeitsergebnisse in knapper zusammenhängend formulierter Form mit Unterstützung von visuellen Medien präsentieren und dabei das Interesse und Vorwissen der Zuhörer berücksichtigen;
- beim Vorlesen und Vortragen Gestaltungsmittel bewusst einsetzen (Kontrolle der Betonung, der Lautstärke und des Sprechtempos, Pausen, Mimik, Gestik);
- allein oder im Team schriftsprachliche Produkte redaktionell überarbeiten und dabei schwerpunktmäßig auf Aspekte wie formale Korrektheit, fachunterrichtliche Begrifflichkeit, Gliederung, Vollständigkeit, Stringenz in der Abfolge von Informationen bzw. Argumenten etc. achten bzw. entsprechende Checklisten nutzen.

3.5 Verfügbarkeit von sprachlichen Mitteln[2]

> Die Schüler können in alltagsüblichen Situationen sprachliche Mittel weitgehend angemessen und korrekt verwenden.

Dazu gehören u.a. folgende Fähigkeiten, situationsangemessen geeignete sprachliche Mittel und Strategien zu wählen:
- sich verständlich in der Standardsprache Deutsch äußern;
- einfache Texte verständlich formulieren und weitgehend fehlerfrei schreiben;
- mit einem angemessenen Wortschatz Alltagssituationen bewältigen;
- Bedeutungen von bisher unbekannten Wörtern klären und somit den eigenen Wortschatz erweitern;
- Texte in lesbarer handschriftlicher Form schreiben;
- grundlegende Regeln der Satzbildung bzw. Satz-/Wortstellung einhalten (z.B. im Zusammenhang mit unterschiedlichen Satztypen);
- grundlegende Regeln der Rechtschreibung und der Zeichensetzung anwenden;
- zwischen Alltags- bzw. Umgangssprache und dem Sprachgebrauch in fachlichen Zusammenhängen unterscheiden sowie zwischen mündlichem und schriftsprachlichem Sprachgebrauch;

---

2 Für den naturwissenschaftlichen Bereich finden sich Konkretisierungen u.a. bei Leisen, 2010.

- bei der Wahrnehmung eigener Interessen im Umgang mit Institutionen, Funktionsträgern und Gremien Konventionen des Sprachgebrauchs einhalten (z.B. Wortwahl, Höflichkeitsformeln, Textsorten).

> Die Schüler können in stärker formalisierten Situationen der themen- und inhaltsorientierten Kommunikation sprachliche Mittel und Strategien einsetzen, um sich sach- und fachgerecht zu verständigen.

Dazu gehören u.a. folgende Fähigkeiten, auf unterschiedlichen Ebenen situationsangemessen geeignete sprachliche Mittel und Strategien zu wählen:

Auf der Ebene der einzelnen Wörter, Gebrauchsmuster, Redewendungen

- die für die fach- und sachbezogene Kommunikation jeweils grundlegende Begrifflichkeit verwenden und ihre Bedeutung mit umgangssprachlichen Mitteln erläutern;
- Bedeutung und Funktion von Nominalisierungen bzw. für die fachbezogene Sprache typische Substantivierungen von Infinitiven verstehen und beim Verfassen von Texten selbst gebrauchen;
- Erkenntnisse zur Struktur von zusammengesetzten Substantiven und Adjektiven bei der Texterschließung nutzen;
- Wörter in ihre Bestandteile (z.B. Grund- und Bestimmungswort, häufig auftretende Prä- und Suffixe) zerlegen und diese bei der Texterschließung nutzen;
- fachunterrichtlich häufig auftretenden Wortbestandteilen griechischen bzw. lateinischen Ursprungs Bedeutungen zuweisen und diese bei der sprachlichen Texterschließung nutzen;
- fachbezogen häufig auftretende Abkürzungen sowie Wortzusammensetzungen mit Ziffern, Buchstaben und Sonderzeichen verstehen;
- Bedeutungsrelationen in Form von Wortfeldern darstellen und strukturieren und auf diesem Wege den fachbezogenen Wortschatz erweitern;
- die Bedeutung von Funktionswörtern für die Genauigkeit, Eindeutigkeit und logische Stringenz der fachbezogenen Kommunikation erkennen und das verfügbare Repertoire erweitern (vor allem Beachtung der Präpositionen und der von ihnen geforderten grammatischen Fälle, Konjunktionen, Pronomina und Modalverben);
- die in der fachbezogenen Kommunikation häufig auftretenden Gebrauchsmuster, Redewendungen und Funktionsverbgefüge erkennen und selbst vor allem im schriftsprachlichen Gebrauch verwenden;
- den Grad der Gewissheit von Aussagen kennzeichnen (z.B. mit Hilfe von Modalwörtern wie „vielleicht", „(höchst)wahrscheinlich", „eventuell", „Ich glaube/vermute, nehme an, schätze, dass ...");
- Leser/Hörer auf die Funktion der folgenden Aussage für die Aussageabsicht hinweisen und redeankündigende Formulierungen verwenden (z.B. „im Folgenden werde ich nachzuweisen versuchen ...", „das soll hier mit einem Beispiel aus ... belegt werden", „damit will ich andeuten, dass ...").

Auf der Satzebene:
- bei der Erschließung von Texten komplexe Sätze in ihre Bestandteile zerlegen, um auf diesem Wege ihre Aussage auch im Detail zu verstehen;
- einen Zeitpunkt bzw. die Dauer eines Vorgangs präzisieren (z.B. mit geeigneten Präpositionen wie z.B. „ab", „zwischen", „um", „binnen", „seit", „während" und mit Konjunktionen oder Adverbien wie z.B. „damals", „nachher", „später", „morgen", „übermorgen", „gestern");
- präzise Ortsangaben machen;
- eine Begründung einleiten und näher kennzeichnen (kausal, instrumental, konditional, konzessiv, final);
- Aussagen zur Art und Weise markieren (z.B. Grad/Maß, Beschaffenheit);
- die Zeitunabhängigkeit von Aussagen durch angemessenes Tempus/Modus (Präsens, Indikativ) markieren;
- die Personenunabhängigkeit von Aussagen durch den Gebrauch des Passivs oder anderer geeigneter Redemittel markieren;
- Eigenschaften präzise kennzeichnen (z.B. durch erweiterte Attribute und attributive Nebensätze);
- Vergleiche anstellen und die Ausprägung von Eigenschaften näher kennzeichnen – dabei Gliedsätze vermeiden.

Auf der Textebene:
- eigene Texte dem Zweck entsprechend und adressatengerecht strukturieren und gestalten (z.B. thematisch kohärente Textpassagen durch Abschnitte, Einrücken, Zwischenüberschriften);
- gesprochene Texte gliedern (z.B. durch Sprechpausen);
- einzelne Sprecheinheiten bzw. Abschnitte unter ein Thema stellen;
- in schriftsprachlichen Texten den Satzbau redaktionell so kontrollieren bzw. variabel gestalten, dass beim Leser nicht der Eindruck der Monotonie entsteht;
- wahrnehmen, was den inhaltlichen bzw. gedanklichen Zusammenhang eines Textes (Kohärenz) ausmacht und mit welchen sprachlichen Mitteln dieser Zusammenhang angezeigt werden kann (Kohäsion);
- Präsuppositionen vermeiden und neue Satzgegenstände geordnet einführen;
- Verweise auf außertextliche Sachverhalte vermeiden;
- Leserlenkung praktizieren;
- Wörter und Wendungen des informellen alltäglichen Sprachgebrauchs (vor allem Jargon) in eigenen Texten lokalisieren und ersetzen.

So weit die Formulierungen des Abschlussprofils, wie es dem Land Nordrhein-Westfalen von den Autoren vorgeschlagen wurde und sodann auszugsweise in einzelne Kernlehrpläne für die Hauptschule übernommen und eingearbeitet worden ist (u.a. Ministerium für Schule und Weiterbildung des Landes Nordrhein-Westfalen, 2011b, 2011c). Darüber hinaus dient dieser Entwurf eines bildungssprachlichen Abschlussprofils den Fächern und Lernbereichen zur didaktischen Überprüfung und Konkretisierung ihrer je eigenen unterrichtssprachlichen Anforderungen. Er erscheint auf systemischer Ebene geeignet, weitere bildungspolitische und pädagogische Diskussionen über Bildungssprache und deren explizite Verankerung in Curricula der deutschen Bundesländer in Gang zu halten und auf der Ebene der einzelnen Schule Vorhaben der Unterrichtsentwicklung zu unterstützen.

4 Überprüfung und Konkretisierung des Abschlussprofils aus Sicht des Faches Evangelische Religion

Der Fachbereich Deutsch als Fremdsprache an der Technischen Universität Dresden hat sich in enger Zusammenarbeit mit dem Lehrstuhlinhaber für Evangelische Religionspädagogik mit dem oben aufgeführten schulsprachlichen Abschlussprofil auseinandergesetzt.[3] Dabei wurde der zentralen Frage nachgegangen, ob sich mit der Struktur des Abschlussprofils die für den evangelischen Religionsunterricht konstitutiven sprachlichen Handlungen abbilden lassen. Weiterhin sollten im Sinne einer fachdidaktischen Nostrifizierung allgemein formulierte Indikatoren des Abschlussprofils für den Religionsunterricht nach Möglichkeit konkretisiert werden. Als Grundlage für diese Konkretisierungen diente u.a. die Analyse verschiedener Curricula für das Fach Evangelische Religion (bzw. Religionslehre) an Mittelschule bzw. Realschule und Gymnasium in den Bundesländern Sachsen (Sächsisches Staatsministerium für Kultus, 2004/2009) und Nordrhein-Westfalen (Ministerium für Schule und Weiterbildung des Landes Nordrhein-Westfalen, 2011a). Zudem wurde die Konzeption des Comenius-Instituts in Münster „Grundlegende Kompetenzen religiöser Bildung" bei der Erarbeitung hinzugezogen (Fischer & Elsenbast, 2006). Für ausgewählte Bereiche des Kompetenzprofils wurden zusätzlich Schlüsselaufgaben für die Klassenstufe 7 entworfen. Mit Hilfe solcher Schlüsselaufgaben und ihrer Bearbeitung kann – so die Intention – das Erreichen sowohl fachinhaltlich definierter wie auch bildungssprachlicher Kompetenzen im Religionsunterricht nachgewiesen werden.

Am Beispiel der Diskursfunktion „Argumentieren/Stellung beziehen" lässt sich exemplarisch zeigen, zu welchen Ergebnissen der fachdidaktische Aneignungsprozess gelangt. Die religionsdidaktischen Modifikationen und Erweiterungen des vorgegebenen allgemeinen Rasters werden im Folgenden durch Kursivierung angezeigt:

Argumentieren, Stellung beziehen

- zwischen „Behaupten" und „Argumentieren", „Überreden" und „Überzeugen" unterscheiden;
- bei der Bewertung von Argumentationen zwischen faktengestützten Aussagen und Annahmen und Vermutungen unterscheiden und diese Unterscheidung auch bei eigenen Argumentationen berücksichtigen, *z.B. sich positionieren zum Schöpfungsauftrag*

---

3   Prof. Dr. Roland Biewald, Religionspädagogik an der Technischen Universität Dresden, sei an dieser Stelle für seine engagierte Zusammenarbeit mit dem Autorenteam gedankt.

und zur Übernahme von Verantwortung im eigenen Leben & in der Gesellschaft (z.B. Bebauen und Bewahren: Gen 1, 26-28, Umweltzerstörung);
- Vor- und Nachteile von Sachverhalten und Verhaltensweisen klären, gegeneinander abwägen und erörtern, um zu einer eigenen Position zu gelangen, z.B.
  - gegenüber anderen religiösen und weltanschaulichen Vorstellungen einen eigenen Standpunkt vertreten und eigene Glaubensüberzeugungen von denen anderer begründet abgrenzen (z.B. im Gespräch mit Freunden);
  - Entscheidungssituationen der eigenen Lebensführung als religiös relevant erkennen und mithilfe religiöser Argumente bearbeiten (z.B. Schwangerschaftsabbruch, Sterbehilfe);
- in Gesprächen und in Texten den Gang einer Argumentation nachvollziehen und ihre Stimmigkeit auf der Grundlage eigenen Wissens, eigener Erfahrungen überprüfen und ggfs. widerlegen – die Argumente anderer durch Gegenargumente entkräften, z.B. sich mit anderen religiösen Überzeugungen begründet auseinandersetzen und mit Angehörigen anderer Konfessionen bzw. Religionen respektvoll kommunizieren und kooperieren;
- auf Argumente des Gegenüber eingehen und verbleibende Unterschiede erkennen, z.B.
  - im Umgang mit Angehörigen anderer Religionen und Weltanschauungen Unterschiede sowie Grenzen der Kooperation respektieren;
  - auf der Grundlage biblischer Bilder vom Menschen Stellung zu anderen religiösen und säkularen Menschenbildern nehmen;
- sich positionieren zum verantwortungsvollen Umgang mit Freundschaft, Liebe und Partnerschaft (z.B. Aussagen der Bibel, kirchliche Traditionen);
- sich positionieren zu Aussagen der Bergpredigt;
- sich positionieren zum Anliegen der Bekennenden Kirche und zur Barmer Theologischen Erklärung (z.B. Widerstand gegen Willkür, Diktatur und Irrlehren);
- sich positionieren zum Verhältnis von persönlicher Freiheit und Verantwortung für sich selbst und andere (z.B. Frieden, Politik, Grundgesetz, soziale Gerechtigkeit, Berufsfindung, Arbeitswelt, Arbeitslosigkeit, Schwangerschaft);
- sich positionieren zum Verhältnis von Juden und Christen in Geschichte und Gegenwart (Shoa, Staat Israel);
- sich positionieren zum verantwortungsvollen Umgang mit dem Leben und Sterben;
- sich positionieren zu verschiedenen Ansätzen christlicher Lebensgestaltung am Beispiel ausgewählter Persönlichkeiten (z.B. Martin Luther King, Dietrich Bonhoeffer, Albert Schweitzer, Papst Johannes XXIII., Mutter Teresa, Maximilian Kolbe, Roger Schütz);
- sich positionieren zur These: „Glück ist ein Geschenk Gottes." (Begriffe: Glück, Unglück, Lebenssinn, Segen Gottes, Seligpreisungen, Mt 5, 1-12).

Insgesamt lassen sich die Ergebnisse der kritischen fachdidaktischen Überprüfung, der Überarbeitung und Konkretisierung des allgemeinen Abschlussprofils aus Sicht der Evangelischen Religionspädagogik im Wesentlichen wie folgt zusammenfassen:[4]

- Die Grundstruktur des allgemeinen Profils einschließlich der Untergliederung der grundlegenden kognitiv-sprachlichen Strategien und Diskursfunktionen findet im Prinzip Akzeptanz. Aus didaktischer Sicht des evangelischen Religionsunterrichts werden zwei Grundfunktionen ergänzt, nämlich „Deuten, Interpretieren, Analysieren" und „Simulieren, Modellieren". Die erste dieser beiden Funktionen wird durch die folgenden Teilkompetenzen konkretisiert:
  - Formen religiöser Sprache auffinden und analysieren;
  - Grundformen religiöser Sprache deuten (z.B. Mythos, Gleichnis, Symbol, Bekenntnis, Psalm, Gebet, Gebärden, Dogma, Weisung, Metapher);
  - eigene Erfahrungen mit angemessenen sprachlichen Mitteln als religiöse Erfahrungen deuten;
  - lebensfeindliche religiöse und säkulare Menschenbilder analysieren.

An diesem Beispiel zeigt sich bereits, dass die Überarbeitung und Konkretisierung aus fachdidaktischer Sicht vor allem solche Genres explizit aufruft, die fachunterrichtlich relevant und in ihrer Spezifik nicht Gegenstand anderer Fächer und Lernbereiche sind. Für die Funktion „Simulieren, Modellieren" werden folgende Teilkompetenzen genannt:
  - beschreiben, in welcher Weise die Auseinandersetzung mit religiösen Fragen modellhaft das eigene Selbst- und Weltverständnis erweitern kann;
  - Situationen – z.B. mit Hilfe von Dilemmageschichten – simulieren, an denen grundlegende Einsichten über religiöse Vorstellungen (z.B. Gottesbilder) gewonnen werden können.

Auch aus Sicht der Didaktik des katholischen Religionsunterrichts kommt eine Bestätigung, dass das allgemeine Profil eine brauchbare Ausgangsbasis für eine fachunterrichtliche Konkretisierung ist und dass eine konfessionelle Ausdifferenzierung der von evangelischer Seite vorgenommenen Überarbeitung nicht erforderlich sei. Allerdings – so kommentiert Altmeyer (Universität Bonn) – fehle ein eigener sprachlicher Kompetenzbereich, der für den Religionsunterricht prägend sei. Er bezeichnet ihn als „grundlegende kommunikativ-emotionale Fähigkeiten und Haltungen". Als Teilkompetenzen führt er auf:

- empathisch und wertschätzend kommunizieren: die/den andere/n als gleichberechtigte/n Kommunikationspartner/in wahrnehmen;
- die Ich-Perspektive authentisch und diskursoffen in die unterrichtliche Kommunikation einbringen;

---

4 Das vollständige Abschlussprofil für die fachunterrichtlichen sprachlichen Anforderungen des evangelischen Religionsunterrichts in Sachsen zum Mittleren Schulabschluss einschließlich einer Auswahl von Musteraufgaben ist verfügbar unter: https://sites.google.com/site/eikethuermann/home/bildungssprache-schulsprache/bildungssprachliche-abschlussprofile [01.11.2012]

- die Ich-Perspektive mit der Perspektive der anderen ins Gespräch bringen, abweichende religiöse Positionen aushalten und annehmen können;
- Dialogkompetenz: die emotionale Ebene religiöser Kommunikation erkennen und in religiös-kommunikativen Konfliktsituationen vermittelnd agieren können;
- über elementare sprachliche Mittel zum Ausdruck religiöser Emotionen verfügen;
- religiöse Traditionen auf ihre expressive Funktion für die eigene Religiosität erproben.

Für die Ebene der Teilkompetenzen zeichnen sich vier Tendenzen für die fachspezifische (fachdidaktische) Aneignung des Profils für den evangelischen Religionsunterricht ab:

- ein erheblicher Anteil der im allgemeinen Abschlussprofil aufgeführten Teilkompetenzen wird wörtlich übernommen, so z.B. für die Dimensionen „Allgemeine Interaktion im Klassenzimmer" und „Verfügbarkeit von sprachlichen Mitteln in alltagsüblichen Situationen";
- Teilkompetenzen des allgemeinen Profils werden im Prinzip übernommen, allerdings mit spezifischen fachunterrichtlichen Konkretisierungen veranschaulicht und ergänzt, so wird z.B. für die Dimension „Verfügbarkeit von sprachlichen Mitteln" auf der Ebene der einzelnen Wörter der allgemein formulierte Indikator „die für die fach- und sachbezogene Kommunikation jeweils grundlegende Begrifflichkeit verwenden und ihre Bedeutung mit umgangssprachlichen Mitteln erläutern" u.a. durch „die Buße", „der Segen", „die Trinität", „die Gnade", „die Erlösung", „die Vergebung", „der Schöpfer" konkretisiert. In ähnlicher Weise werden auch fachunterrichtlich häufig auftretende Gebrauchsmuster und Funktionsverbgefüge konkretisiert, z.B. „das Vaterunser beten", „das Sakrament empfangen", „auf Gott vertrauen", „Buße tun", „das Halleluja anstimmen", „Opfer bringen", „Zeugnis ablegen", „Schuld sühnen";
- Teilkompetenzen werden unter konkretem Bezug auf fachspezifische Inhalte und Methoden – vor allem in der Dimension der kommunikativ-sprachlichen Strategien und Diskursfunktionen – weiter ausdifferenziert, wie an folgendem Beispiel eines Indikators für „Beschreiben, Darstellen" deutlich wird:

Allgemeines Profil	Fachdidaktische Anpassung und Konkretisierung
fachunterrichtlich relevante Lebewesen, Objekte, Prozesse, Ereignisse, Themen und Problemstellungen, die entweder direkt beobachtbar oder das Ergebnis von experimentellen Handlungen sind, nach Merkmalen wie Aussehen, Funktionen und Relationen beschreiben	religionskundlich relevante Lebewesen, Objekte, Prozesse, Ereignisse, die direkt beobachtbar sind, nach Merkmalen wie Aussehen, Funktionen und Relationen beschreiben bzw. darstellen, z.B. • Grundformen religiöser Praxis beschreiben (z.B. Feste, Feiern, Rituale, Diakonie); • religiös bedeutsame Sprache und Glaubenszeugnisse wahrnehmen und beschreiben; • grundlegende Aspekte der Beziehung von Kirche zu Staat und Gesellschaft im Verlauf der Geschichte und in der Gegenwart an Beispielen beschreiben; • Formen der wechselseitigen Beeinflussung von Religion und Religionsgemeinschaften auf Politik, Wirtschaft und Gesellschaft in Geschichte und Gegenwart beschreiben; • den religiösen Hintergrund gesellschaftlicher Traditionen und Strukturen darstellen (z.B. Unterscheidung Werktag/Sonntag; verkaufsoffener Sonntag).

Tab. 1: *Beispiel für die Anpassung des allgemeinen bildungssprachlichen Abschlussprofils an didaktische Prinzipien und Fachinhalte des evangelischen Religionsunterrichts*

- Der Anpassungsprozess des allgemeinen Profils an die didaktischen Gegebenheiten des evangelischen Religionsunterrichts mündete schließlich in erste Versuche, Musteraufgaben (exemplarisch für die Jahrgangsstufe 7) zu erstellen, mit denen bildungssprachliche Kompetenzerwartungen aus den unterschiedlichen Dimensionen zu einer plausiblen komplexen sprachlichen Handlung zusammengeführt werden. Exemplarisch sei hier eine Aufgabe zitiert, die der Diskursfunktion „Bewerten, Beurteilen" zugeordnet wird:

Lehrplan Evangelische Religion Sachsen, Gymnasium, Klasse 7, Lernbereich 4
„Einblick gewinnen in die Entwicklung und Ausbreitung der christlichen Gemeinden bis zum 4. Jahrhundert"
Kompetenzorientiertes Ziel:
Die SchülerInnen sind in der Lage, den Übergang des christlichen Glaubens zur Staatsreligion im Römischen Reich des 4. Jahrhunderts („Konstantinische Wende") hinsichtlich ihrer Folgen für Kirche und Theologie zu beurteilen.
Mögliche Aufgabe:
Beschreibe die Veränderungen, die sich für die christliche Kirche infolge der „Konstantinischen Wende" im 4. Jahrhundert ergaben, und beurteile diese Auswirkungen auf die Institution und die Theologie anhand eines Vergleichs mit biblischen Aussagen zur Kirche. Beziehe dabei aktuelle Diskussionen zur Reform der Kirche ein.

Positiv ist zu diesen Aufgaben anzumerken, dass in der Folge einer didaktischen Wende zur Aufgabenorientierung auch im evangelischen Religionsunterricht (vgl. Girmes, 2009) offene Produktionsformate in den Vordergrund rücken, die von den Lernenden kohärente Sinnentfaltung über die Formulierung von zusammenhängenden Texten verlangen. In dem hier angeführten Beispiel signalisieren Komplexität der kognitiv-sprachlichen Anforderungen und die fachinhaltliche Dimension die Notwendigkeit einer differenzierten Urteils- und Argumentationsfähigkeit in schriftsprachlicher Bewältigung. Es zeigt sich an diesem Beispiel weiterhin, dass für die Lernenden und ihre Unterstützung zur Entwicklung bildungssprachlicher Kompetenzen genauere Angaben in der Aufgabenstellung zu der erwarteten Textsorte und zu den Realisierungsbedingungen (hier z.B. Posterpräsentation) eine Hilfestellung bedeuten würden (vgl. dazu u.a. Hallets Beitrag zum generischen Lernen in diesem Band).

5 Resümee und Ausblick

Das Experiment, ein vorgegebenes Top-Down-entwickeltes bildungssprachliches Abschlussprofil auf fachdidaktische Kompatibilität prüfen zu lassen, ist inzwischen über den evangelischen Religionsunterricht hinaus auch auf andere Fächer ausgeweitet worden, wobei die Ergebnisse hier aus Gründen des Umfangs im Einzelnen nicht dargestellt werden können.[5] Allerdings bestätigt sich in diesen Studien und in den diskursiven Auseinandersetzungen mit/zwischen den Sachfachdidaktiken die Nützlichkeit der von uns gewählten Option für Curriculum-, Schul- und Unterrichtsentwicklung, nämlich über die Grenzen der Fächer und Lernbereiche hinweg einen gemeinsamen Referenzrahmen abzustimmen, mit dem einerseits fachspezifische unterrichtssprachliche Anforderungen abgrenzend beschrieben werden und andererseits auch Gemeinsamkeiten und damit der Kern des bildungssprachlichen Transferpotenzials definiert werden können.

Ein allgemeines Profil bildungssprachlicher Kompetenzen, wie es hier vorgestellt wird, könnte auf Schulebene als Grundlage für die Koordination der didaktisch-methodischen Arbeitsteilung zwischen den Fächern, also für die konvergente Planung von Lerngelegenheiten zum Erwerb bildungssprachlicher Kompetenzen dienen. Damit kann den SchülerInnen die Einsicht in die Bildungszusammenhänge der Fächer ermöglicht und der fächerübergreifende Transfer von Erkenntnissen und Fähigkeiten erleichtert

---

5 Im Einzelnen sind bislang führende Vertreter der Biologiedidaktik, der Chemiedidaktik, der Geschichtsdidaktik, der Mathematikdidaktik und der Physikdidaktik um eine Sichtung, Kommentierung und ggf. Umarbeitung des vorgelegten Profils für ihr Fach gebeten worden. Die Ergebnisse werden systematisch zu einem späteren Zeitpunkt zugänglich gemacht und diskutiert. Für den Mathematikunterricht liegt bereits eine gekürzte, fachspezifische Variante der Checkliste für einen sprachsensiblen Fachunterricht veröffentlicht vor (Thürmann & Vollmer, 2012b). Auch der Europarat hat seine Bemühungen zur Identifizierung bildungssprachlicher Items, die für bestimmte Fächer eine zentrale Rolle spielen, zunächst auf vier Fächer konzentriert. Im Einzelnen liegen intensive Ableitungen, Beschreibungen und Analysen schulsprachlicher Anforderungen für die Fächer Geschichte (Beacco, 2010), für die Naturwissenschaften (Vollmer, 2009b), für den Literaturunterricht (Pieper, 2011) und für Mathematik (Linneweber-Lammerskitten, 2012) vor.

werden. Zum anderen könnte ein solches Dokument als Grundlage für die Bestimmung von bildungssprachlichen Mindestanforderungen fungieren, die zu bestimmten Zeiten in einzelnen Bildungsabschnitten und einzelnen Fächern von allen SchülerInnen erreicht werden sollten. Schuleigene Arbeitspläne wären der geeignete Ort, bildungssprachliche Fächerpartituren (= jahrgangsbezogene Planung, die einzelnen Fächern bildungssprachliche Schwerpunkte zuweist) aufzunehmen. Entsprechende Prozesse der Schul- und Unterrichtsentwicklung setzen jedoch voraus, dass Lehrkräfte zunächst selbst die Herausforderungen erkennen, die die in ihrem Fachunterricht üblichen Textsorten und sprachlichen Verwendungsmuster mit sich bringen (s. dazu u.a. Thürmann & Vollmer, 2012c). Nicht zuletzt kann das exemplarische Abschlussprofil bei Lehrenden und Lernenden für Transparenz der Anforderungen und für die Entwicklung eines reflektierten Sprachbewusstseins in den einzelnen Sachfächern sorgen, was für den Schulerfolg insbesondere von Kindern und Jugendlichen mit Migrationshintergrund und deutschsprachig aufwachsenden SchülerInnen aus bildungsfernen Familien förderlich wäre (vgl. dazu Thürmann, Vollmer & Pieper, 2010).

Noch ausstehende Desiderata wären u.a. das Herunterbrechen der vorgestellten bildungssprachlichen Abschlussstandards auf verschiedene Jahrgangsstufen innerhalb der Sekundarstufe I sowie die unterrichtspraktische Erprobung der hinzugefügten Aufgabenbeispiele – wie etwa für das Fach Evangelische Religion. Zusammenfassend lässt sich festhalten, dass bildungssprachliche Kompetenzen unabdingbare Voraussetzung für die weiterführende Bildungslaufbahn in der allgemeinbildenden Sekundarstufe II (bis hin zur Qualifizierung für ein Hochschulstudium) und für die qualifizierende Berufsausbildung sind. Außerdem sind sie für die Teilhabe am öffentlichen Leben überhaupt und die Wahrnehmung von Bürgerrechten und -pflichten unentbehrlich (vgl. GFD, 2009). In einem sprachsensiblen Fachunterricht könnten die in diesem Beitrag vorgestellten Überlegungen und Abschlussstandards für das Ende der Sekundarstufe I einen entscheidenden Anteil an der Entwicklung einer sowohl durchgängigen als auch fächerübergreifenden Sprachbildung haben.

Literatur

Bundesagentur für Arbeit (Hrsg.). (2009, Nachdr.). *Nationaler Pakt für Ausbildung und Fachkräftenachwuchs in Deutschland. Kriterienkatalog zur Ausbildungsreife.* Verfügbar unter: http://www.arbeitsagentur.de/zentraler-Content/Veroeffentlichungen/Ausbildung/Kriterienkatalog-zur-Ausbildungsreife.pdf [13.07.2012].

Beacco, J.-C. (2010). *Items for a description of linguistic competence in the language of schooling necessary for learning / teaching history (end of obligatory schooling). An approach with reference points.* Strasbourg: Council of Europe. Verfügbar unter: http://www.coe.int/t/dg4/linguistic/Source/Source2010_ForumGeneva/1_LIS-History2010 _en.pdf [17.07.2012].

Council of Europe (o.J.). *Languages in Education – Languages for Education. A platform of resources and references for plurilingual and intercultural education.* Verfügbar unter: http://www.coe.int/t/dg4/linguistic/langeduc/le_platformintro_EN.asp [06.11.2011]. Zum Aufbau, zur Entwicklung und zur näheren Begründung des Projekts siehe auch http://www.coe.int/t/dg4/linguistic/Schoollang_EN.asp [06.11.2011].

Cummins, J. (1979). Cognitive/academic language proficiency, linguistic interdependence, the optimum age question and some other matters. *Working Papers on Bilingualism, 19*, 121–129.

Cummins, J. (2000). *Language, power and pedagogy: Bilingual children in the crossfire*. Clevedon: Multilingual Matters.

Fischer, D. & Elsenbast, V. (2006). *Grundlegende Kompetenzen religiöser Bildung: Zur Entwicklung des evangelischen Religionsunterrichtes durch Bildungsstandards für den Abschluss der Sekundarstufe I*. Münster: Comenius-Institut. Verfügbar unter: http://ci-muenster.de/biblioinfothek/open_access_pdfs/bildung22_Kompetenzen.pdf [30.08.2011].

Gesellschaft für Fachdidaktik (GFD). (2009). Mindeststandards am Ende der Pflichtschulzeit. Erwartungen des Einzelnen und der Gesellschaft – Anforderungen an die Schule. Ein Positionspapier der Gesellschaft für Fachdidaktik e.V. (GFD). *Zeitschrift für Didaktik der Naturwissenschaften, 15*, 371–377. Langfassung verfügbar unter: http://gfd.physik.rub.de/ [17.07.2012].

Girmes, R. (2009). Herausfordernde Aufgaben im Unterricht. Vorschlag für eine bildungstheoretische Grundlegung. In A. Feindt, V. Elsenbast, P. Schreiner & A. Schöll (Hrsg.), *Kompetenzorientierung im Religionsunterricht. Befunde und Perspektiven* (S. 99–116). Münster: Waxmann.

Gogolin, I., Dirim, I., Klinger, T., Lange, I., Lengyel, D., Michel, U., Neumann, U., Reich, H. H., Roth, H.-J. & Schwippert, K. (2011). *Förderung von Kindern und Jugendlichen mit Migrationshintergrund FÖRMIG. Bilanz und Perspektiven eines Modellprogramms*. FÖRMIG-Edition, Bd. 7. Münster: Waxmann.

Habermas, J. (1990). Umgangssprache, Bildungssprache, Wissenschaftssprache. In J. Habermas (Hrsg.), *Die Moderne – ein unvollendetes Projekt* (3. Aufl.) (9–31). Leipzig: Reclam.

Krathwohl, D.R. (2002). A revision of Bloom's taxonomy: An overview. *Theory into Practice, 41* (4), 212–264.

Leisen, J. (2010). *Handbuch Sprachförderung im Fach. Sprachsensibler Fachunterricht in der Praxis*. Bonn: Varus.

Linneweber-Lammerskitten, H. (2012). *Items for a description of linguistic competence in the language of schooling necessary for learning/teaching mathematics (in seconday education). An approach with reference points*. Strasbourg: Council of Europe. Verfügbar unter: http://www.coe.int/t/dg4/linguistic/Source/Source2010_ForumGeneva/4_LIS-Mathematics2012_EN.pdf [17.07.2012].

Ministerium für Schule und Weiterbildung des Landes Nordrhein-Westfalen (2011a). *Kernlehrplan für das Gymnasium – Sekundarstufe I: Evangelische Religionslehre*. Frechen: Ritterbach. Verfügbar unter: http://www.standardsicherung.schulministerium.nrw.de/lehrplaene/upload/lehrplaene_download/gymnasium_g8/G8_Ev_Religionslehre_Endfassung.pdf [30.08.2011].

Ministerium für Schule und Weiterbildung des Landes Nordrhein-Westfalen (2011b). *Kernlehrplan für die Hauptschule in Nordrhein-Westfalen. Lernbereich Naturwissenschaften. Biologie, Chemie, Physik*. Düsseldorf (MSW). Frechen: Ritterbach. Verfügbar unter: http://www.standardsicherung.schulministerium.nrw.de/lehrplaene/upload/lehrplaene_download/hauptschule/NW_HS_KLP_Endfassung.pdf [18.07.2012].

Ministerium für Schule und Weiterbildung des Landes Nordrhein-Westfalen (2011c). *Kernlehrplan für die Hauptschule in Nordrhein-Westfalen. Gesellschaftslehre. Erdkunde, Geschichte/Politik*. Frechen: Ritterbach. Verfügbar unter: http://www.standardsicherung.schulministerium.nrw.de/lehrplaene/upload/lehrplaene_download/hauptschule/GL_HS__KLP_Endfassung.pdf [18.07.2012].

Mohan, B. (1986). *Language and content.* Reading, MA: Addison-Wesley.

Pieper, I. (2011). *Items for a description of linguistic competence in the language of schooling necessary for learning/teaching literature (end of compulsory education). An approach with reference points.* Strasbourg: Council of Europe. Verfügbar unter: http://www.coe.int/t/dg4/linguistic/Source/Source2010_ForumGeneva/1_LIS-Literature2011_EN.pdf [17.07.2012].

Sächsisches Staatsministerium für Kultus (2004/2009). *Lehrplan Mittelschule: Evangelische Religion.* Dresden. Verfügbar unter: http://www.sachsen-macht-schule.de/apps/lehrplandb/downloads/lehrplaene/lp_ms_evangelische_religion_2012.pdf [18.07.2011].

Thürmann, E. & Vollmer, H.J. (2012a). *A framework of language competences across the curriculum: Language(s) in and for inclusive education in Northrhine-Westfalia (Germany).* Strasbourg: Council of Europe. Verfügbar unter: http://www.coe.int/t/dg4/linguistic/Source/Checklist_Nord-Rhein-Westphalia_en.pdf [28.02.2012]. [Engl. u. frz. Fassung des Abschlussprofils].

Thürmann, E. & Vollmer, H.J. (2012b). Checkliste zum Sprachsensiblen Fachunterricht (5.–13. Klasse). *Praxis der Mathematik in der Schule. Sekundarstufen I und II.* Themenheft *Ausgesprochen Mathe – Sprache fördern, 45* (54), 10–12.

Thürmann, E. & Vollmer, H.J. (2012c). Schulsprache und Sprachsensibler Fachunterricht. Eine Checkliste mit Erläuterungen. In C. Röhner & B. Hövelbrinks (Hrsg.), *Fachbezogene Sprachförderung in Deutsch als Zweitsprache.* Weinheim: Juventa.

Thürmann, E., Vollmer, H.J. & Pieper, I. (2010). *Language(s) of schooling: Focusing on vulnerable learners.* Strasbourg: Council of Europe. Verfügbar unter: http://www.coe.int/t/dg4/linguistic/Source/Source2010_ForumGeneva/2VulnerLLearnersThurm_EN.pdf [11.07.2011].

Vollmer, H.J. (2009a). Language across the curriculum. In M. Ivšek (Hrsg.). *Languages in education. Proceedings Sept. 25–26, 2008, Ljubljana, Slovenia* (27–39). Ljubljana: Zavod Republike Slovenije Šolstvo. Verfügbar unter: http://www.zrss.si/pdf/zbornikJeziki2008.pdf [18.07.2012].

Vollmer, H.J. (2009b). *Items for a description of linguistic competence in the language of schooling necessary for learning/teaching sciences (at the end of compulsory education). An approach with reference points.* Strasbourg: Council of Europe. Verfügbar unter: http://www.coe.int/t/dg4/linguistic/langeduc/BoxD2-OtherSub_en.asp#s1_1 [18.07.2012].

Vollmer, H.J. & Thürmann, E. (2010). Zur Sprachlichkeit des Fachlernens: Modellierung eines Referenzrahmens für Deutsch als Zweitsprache. In B. Ahrenholz (Hrsg.), *Fachunterricht und Deutsch als Zweitsprache* (2. Aufl.) (107–132). Tübingen: Narr.

Vollmer, H.J., Thürmann, E., Arnold, C., Hammann, M. & Ohm, U. (2008/2010). *Elements of a framework for describing the language of schooling in subject-specific contexts: A German perspective (draft version).* Strasbourg: Council of Europe.

Die Beitragenden

Albrecht, Christian, ist wissenschaftlicher Mitarbeiter am Lehrstuhl für Didaktik der deutschen Sprache und Literatur an der Friedrich-Alexander-Universität Erlangen-Nürnberg. Seine Forschungsinteressen liegen in den Bereichen empirische Literatur- und Mediendidaktik, ästhetische Erfahrung im Literaturunterricht sowie Filmdidaktik und -ästhetik.

Altmeyer, Stefan, Dr., ist Privatdozent am Seminar für Religionspädagogik der Katholisch-Theologischen Fakultät der Universität Bonn. Seine Forschungsschwerpunkte liegen insbesondere in den Bereichen der korpuslinguistische Erforschung religiösen Sprachgebrauchs, Theorie religiöser Lernprozesse, allgemeine Religionsdidaktik und religiöse Erwachsenenbildung.

Becker-Mrotzek, Michael, Dr., ist Professor für deutsche Sprache und ihre Didaktik sowie Direktor des Mercator-Instituts für Sprachförderung und Deutsch als Zweitsprache der Universität zu Köln. Seine Arbeitsschwerpunkte liegen in der Sprachdidaktik, vor allem der Schreib- und Gesprächsdidaktik sowie der Angewandten Linguistik.

Berndt, Annette, Dr., ist Professorin für Deutsch als Fremdsprache an der Technischen Universität Dresden. Die Forschungsschwerpunkte sind: Fremdsprachenlernen im Alter (60plus), Fremdsprachen in der Perspektive lebenslangen Lernens.

Bernholt, Sascha, Dr., ist wissenschaftlicher Mitarbeiter am IPN in der Abteilung Didaktik der Chemie. Seine Forschungsschwerpunkte liegen auf dem Gebiet der Kompetenzmodellierung und Kompetenzmessung, insbesondere in den Bereichen Fachwissen und Fachsprache.

Brüggemann, Jörn, Dr., ist wissenschaftlicher Mitarbeiter am Lehrstuhl für Didaktik der deutschen Sprache und Literatur an der Friedrich-Alexander-Universität Erlangen-Nürnberg. Seine Forschungsschwerpunkte liegen in den Bereichen empirische Literaturdidaktik, Geschichte des Deutschunterrichts und Theorie des Literaturunterrichts.

Budke, Alexandra, Dr., ist Professorin für Geographie und ihre Didaktik am Seminar für Geographie und ihre Didaktik der Universität zu Köln. Ihre Forschungsinteressen liegen insbesondere in den Bereichen der Argumentationskompetenz, dem interkulturellen Lernen und dem Geographieunterricht in der DDR.

Busch, Hannah, ist wissenschaftliche Angestellte im Lehrbereich Didaktik der Chemie 1 an der Technischen Universität Dortmund. In ihrer Promotion befasst sie sich mit den Möglichkeiten der Diagnostik und Förderung von fachsprachlichen Kompetenzen im Chemieunterricht.

Donnerhack, Steffi, qualifiziert sich an der Technischen Universität Dresden in den Fächern Englisch, Latein und Deutsch als Fremdsprache für das Lehramt an Gymnasien.

Feilke, Helmuth, Dr., ist Professor für Germanistische Linguistik und Didaktik der Deutschen Sprache an der Justus-Liebig-Universität in Gießen. Aktuelle Forschungsinteressen liegen im Bereich der Theorie der Sprachkompetenz, der Wissenschaftslinguistik und der Literalitäts- und Schreibkompetenzforschung.

Frederking, Volker, Dr., ist Professor für die Didaktik der deutschen Sprache und Literatur an der Friedrich-Alexander-Universität Erlangen-Nürnberg. Seine Forschungsschwerpunkte liegen in den Bereichen empirische Literatur- und Mediendidaktik, ästhetische Bildung, literarisches Verstehen, Medientheorie und Medienkulturgeschichte, Philosophieren im Deutschunterricht.

Gadow, Anne, ist wissenschaftliche Mitarbeiterin für Deutsch als Zweitsprache mit Schwerpunkt Didaktik/Methodik an der Universität Paderborn. Sie promoviert zur Bildungssprache in der Grundschule.

Gerner, Volker, Dr., ist wissenschaftlicher Mitarbeiter am Lehrstuhl für Didaktik der deutschen Sprache und Literatur an der Friedrich-Alexander-Universität Erlangen-Nürnberg. Seine Forschungsschwerpunkte liegen in den Bereichen empirische Literaturdidaktik und Unterrichtsforschung sowie der Bildungstheorie.

Hallet, Wolfgang, Dr., ist Professor für Didaktik der englischen Sprache, Literatur und Kultur an der Justus-Liebig-Universität Gießen und leitet das dortige Teaching Centre des International Graduate Centre for the Study of Culture. Seine Forschungen und Publikationen umfassen Beiträge zur Literatur- und Kulturdidaktik, zu Literatur und Kognition, zu zeitgenössischen Romanen und zur Narratologie sowie zum Bilingualen Unterricht und zur Aufgabendidaktik. Homepage: http://www.uni-giessen.de/cms/hallet

Handro, Saskia, Dr., ist Professorin für Didaktik der Geschichte unter besonderer Berücksichtigung der historischen Lehr- und Lernforschung an der Westfälischen Wilhelms-Universität Münster. Ihre Forschungsschwerpunkte liegen in den Bereichen der massenmedialen Vermittlung von Geschichte, der historischen Schulbuchforschung, des historischen Textverstehens und der Geschichte des Geschichtsunterrichts.

Hardy, Ilonca, Ph.D., ist Professorin für Grundschulpädagogik und Empirische Bildungsforschung an der Goethe-Universität Frankfurt. Ihre Forschungsinteressen liegen in den Bereichen naturwissenschaftliche Kompetenzentwicklung im Elementar- und Primarbereich, kognitive Strukturierung von Lernumgebungen und Lernen von zweisprachigen Kindern.

Hartung, Olaf, PD Dr., ist Vertretungsprofessor für Didaktik der Geschichte an der Universität zu Köln und wissenschaftlicher Mitarbeiter in der Abteilung Hochschuldidaktik am Zentrum für fremdsprachliche und berufsfeldorientierte Kompetenzen (ZfbK) der Justus-Liebig-Universität Gießen. Seine Forschungsinteressen liegen in den Bereichen historisches Lernen durch Schreiben, Museen als Medien des historischen Lernens sowie empirische Lehr-/Lernforschung.

Henschel, Sofie, MA, ist wissenschaftliche Mitarbeiterin in der Abteilung für Erziehungswissenschaftliche Methodenlehre an der Humboldt-Universität zu Berlin. Sie beschäftigt sich mit der Modellierung, Entwicklung und den Determinanten des literarischen Textverstehens.

Hiller, Florian, Dr., ist akademischer Mitarbeiter am Institut für Sprachen an der Pädagogischen Hochschule Ludwigsburg. Er forscht im Bereich der deutschen Sprache und ihrer Didaktik, speziell zum Leseverstehen/Lesen in Deutsch als Zweitsprache.

Kobow, Iwen, ist als Promotionsstipendiat im Graduiertenkolleg Naturwissenschaftlicher Unterricht an der Universität Duisburg-Essen in der Didaktik der Chemie tätig. Seine Forschungsinteressen liegen in der Erfassung von Kommunikationskompetenz durch schriftliche Tests im Fach Chemie sowie der Untersuchung des Einflusses des chemischen Fachwissens auf die Kommunikationskompetenz.

Kulgemeyer, Christoph, Dr. rer. nat., ist wissenschaftlicher Mitarbeiter in der Abteilung für Physikdidaktik des Instituts für Didaktik der Naturwissenschaften der Universität Bremen. Zurzeit vertritt er zudem die Professur für Didaktik der Physik an der Universität Osnabrück. Seine Forschungsinteressen liegen im Bereich der Modellierung physikalischer Kommunikationskompetenz, der Analyse von Erklärungsprozessen im Physikunterricht sowie der Diagnostik professioneller Handlungskompetenz angehender Physiklehrkräfte.

Linnemann, Markus, Dipl. Päd., ist wissenschaftlicher Mitarbeiter am Institut für Deutsche Sprache und Literatur II der Universität zu Köln. Seine Forschungsinteressen liegen insbesondere in den Bereichen Forschungsmethoden der empirischen Sprachdidaktik, Testentwicklung und kognitive Prozesse beim Schreiben.

Linneweber-Lammerskitten, Helmut, Prof. Dr. phil., ist Leiter der Professur für Mathematikdidaktik und ihre Disziplinen an der pädagogischen Hochschule der Fachhochschule Nordwestschweiz (Institut Sekundarstufe I und II) und Privatdozent für Philosophie an der Universität Bern. Arbeitsschwerpunkte: Bildungsstandards und Kompetenzmodelle; Mathematik, Sprache und Logik; mathematische Kurzfilme.

Lütke, Beate, Dr., Koordinatorin des Deutsch-als-Zweitsprache-Moduls und Wissenschaftliche Angestellte am Institut für deutsche Literatur, Didaktik der deutschen Sprache und Literatur, der Humboldt Universität zu Berlin. Ihre Forschungsinteressen liegen in den Bereichen DaZ im Fachunterricht, Sprachbewusstheit im Grammatikunterricht, Wortschatzentwicklung und -arbeit.

Mehringer, Volker, ist Lehrkraft für besondere Aufgaben an der Professur für Pädagogik der Kindheit und Jugend an der Universität Augsburg. Seine Forschungsinteressen liegen insbesondere im Bereich Integration von Kindern und Jugendlichen mit Migrationshintergrund in die Schule.

Meier, Christel, Dr., ist Akademische Oberrätin für Didaktik der deutschen Sprache und Literatur an der Friedrich-Alexander-Universität Erlangen-Nürnberg. Ihre Forschungsschwerpunkte liegen in den Bereichen empirische Literaturdidaktik, ästhetische Bildung, literarisches Verstehen, Sprachaufmerksamkeit.

Parchmann, Ilka, Dr., ist Direktorin der Abteilung Didaktik der Chemie am IPN und Professorin für Didaktik der Chemie an der Universität Kiel. Ihre Forschungs- und Entwicklungsinteressen liegen in den Bereichen des kontextbasierten Lehrens und Lernens, der Lehrerbildung sowie aktuell in der Konzeption von „Outreach-Maßnahmen" von naturwissenschaftlichen Erkenntnissen und Verfahren in schulische und außerschulische Bildungsprozesse.

Prediger, Susanne, Dr., ist Professorin für Mathematikdidaktik am Institut für Entwicklung und Erforschung des Mathematikunterichts der Technischen Universität Dortmund. Sie ist Sprecherin des interdisziplinären Forschungs- und Nachwuchskollegs „Fachdidaktische Entwicklungsforschung zu diagnosegeleiteten Lehr-Lehrprozessen" und beschäftigt sich mit Tiefenanalysen zu mathematischen Lehr-Lehrprozessen und darauf basierender individueller Förderung im Mathematikunterricht. Seit einigen Jahren finden sprachliche Aspekte in mehreren, auch BMBF-geförderten Forschungsprojekten besondere Berücksichtigung.

Ralle, Bernd, Dr., ist Professor für Didaktik der Chemie 1 an der Technischen Universität Dortmund. Seine Forschungsinteressen liegen insbesondere in den Bereichen Entwicklung und Evaluation von kompetenzbasierten Konzeptionen für den Chemieunterricht, Lehr- und Lernforschung für den Experimentalunterricht sowie fachliches und sprachliches Lernen im Chemieunterricht.

Rieder, Adelheid, ist wissenschaftliche Mitarbeiterin am Lehrstuhl für Didaktik der deutschen Sprache und Literatur an der Friedrich-Alexander-Universität Erlangen-Nürnberg. Ihre Forschungsschwerpunkte liegen in den Bereichen empirische Literaturdidaktik und ästhetische Erfahrung im Literaturunterricht.

Reiss, Kristina, Dr., hat den Heinz-Nixdorf-Stiftungslehrstuhl für Didaktik der Mathematik an der TUM School of Education der Technischen Universität München. Sie beschäftigt sich in ihrer Forschung vorrangig mit der Entwicklung mathematischer Kompetenzen und ihren wesentlichen Einflussfaktoren.

Roick, Thorsten, Dr. rer. nat., Gastprofessor und Leiter der Abteilung Erziehungswissenschaftliche Methodenlehre an der Humboldt-Universität zu Berlin. Seine gegenwärtigen Arbeits- und Forschungsschwerpunkte sind literarisches Textverstehen, kognitive Determinanten von Schulleistungen sowie Erfassung und Modellierung von Kompetenzen.

Saalbach, Hendrik, Dr., ist Oberassistent und Dozent für Lehr- und Lernforschung an der ETH Zürich und PH Luzern. Seine Arbeitsschwerpunkte sind naturwissenschaftliches Lernen und Lehren, Sprachentwicklung sowie Zweisprachigkeit im schulischen Lernen.

Schecker, Horst, Dr. rer. nat. habil., ist Professor für Didaktik der Physik am Institut für Didaktik der Naturwissenschaften der Universität Bremen. Sein Arbeitsschwerpunkt ist die empirische fachdidaktische Forschung, aktuell mit den Bereichen Kompetenzdiagnostik und Kompetenzmodellierung, sowie Entwicklung und Evaluation von Maßnahmen zur Förderung der Experimentierfähigkeit.

Schmölzer-Eibinger, Sabine, Dr., ist Professorin für Sprachlehrforschung und Deutsch als Fremd-/Zweitsprache und Leiterin des Fachdidaktikzentrums der Geisteswissenschaftlichen Fakultät an der Universität Graz. Ihre Forschungsschwerpunkte liegen im Bereich Schriftlichkeitsforschung, Textkompetenz, Schreibdidaktik und Wissenserwerb in der Zweitsprache.

Schramm, Karen, Dr., ist Professorin für Deutsch als Fremdsprache mit Schwerpunkt Didaktik/Methodik am Herder-Institut der Universität Leipzig. Ihre Forschungsinteressen liegen insbesondere in den Bereichen fremdsprachliches Lesen, zweitsprachliche Alphabetisierung, Sprachlernstrategien und Interaktion im Fremdsprachenunterricht.

Stephany, Sabine, ist wissenschaftliche Mitarbeiterin am Institut für Deutsche Sprache und Literatur II der Universität zu Köln. Ihre Forschungsinteressen liegen insbesondere in den Bereichen Sprache im Fachunterricht (vor allem im Mathematikunterricht), Schreibforschung und Zweitspracherwerb.

Sumfleth, Elke, Dr., ist Professorin für Didaktik der Chemie an der Universität Duisburg-Essen. Ihre Forschungsinteressen gelten empirischen chemiebezogenen Lehr-, Lern- und Unterrichtsforschung. Die Schwerpunkte liegen aktuell im Bereich der Analyse von Kontextwirkungen, der Fachsprache und der Kompetenzmodellierung und -messung im Zusammenhang mit den nationalen Bildungsstandards im Fach Chemie.

Thürmann, Eike, Dr. MR i.R., vormals im Ministerium für Schule und Weiterbildung NRW zuständig für Curriculum- und Qualitätsentwicklung, z.Z. Lehraufträge in den Bereichen Sprachlehrforschung und Deutsch als Zweit-/Fremdsprache, Expertentätigkeiten für den Europarat und die Zentralstelle für das deutsche Auslandsschulwesen. Interessensschwerpunkte: Mehrsprachigkeit, Qualität des Sprachunterrichts.

Tunali, Nermin, ist Doktorandin in der Didaktik der Chemie an der Universität Duisburg-Essen. Ihre Forschungsinteressen liegen insbesondere in den Bereiche der fachbezogenen Sprachförderung, des sprachsensiblen Lehrens und Lernens im Fach Chemie, und der Bedeutung der Fachsprache beim Lernen im Fach Chemie für Schülerinnen und Schüler mit und ohne Migrationshintergrund.

Ufer, Stefan, Dr., ist Professor für Didaktik der Mathematik an der Ludwig-Maximilians-Universität München. Seine Forschungsinteressen liegen unter anderem in der Bedeutung sprachlicher und fachsprachlicher Fähigkeiten für den mathematischen Kompetenzerwerb.

Vollmer, Helmut Johannes, Dr., ist Professor i.R. im Bereich Anglistik: Sprachwissenschaft/Sprachlehr- und -lernforschung an der Universität Osnabrück. Seit einigen Jahren arbeitet er auch im Rahmen des Projekts „Languages for Education, Languages in Education" als Experte für den Europarat in Strasbourg. Seine Forschungsinteressen liegen insbesondere in den Bereichen Zwei- und Mehrsprachigkeit, Bilingualer Unterricht, Language Across the Curriculum, Reform der (Fach-)Lehrerausbildung

Walpuski, Maik, Dr., ist Professor für Didaktik der Chemie an der Universität Duisburg-Essen. Seine Forschungsinteressen gelten der Kompetenzmodellierung und -messung im Zusammenhang mit den nationalen Bildungsstandards im Fach Chemie, sowie der Prozess- und Kommunikationsanalyse in Experimentierphasen mit Hilfe von Unterrichtsvideos.